本書受陝西師範大學優秀學術著作出版基金資助

江標集

黄政 輯

鳳凰出版社

圖書在版編目（ＣＩＰ）數據

江標集 / 黃政輯. -- 南京 : 鳳凰出版社，2018.12
ISBN 978-7-5506-2869-4

Ⅰ. ①江… Ⅱ. ①黃… Ⅲ. ①江標（1860-1899）—
文集 Ⅳ. ①C52

中國版本圖書館CIP數據核字(2018)第273329號

書　　　　名	江標集
著　　　　者	黃　政　輯
責 任 編 輯	徐珊珊
出 版 發 行	鳳凰出版社(原江蘇古籍出版社)
	發行部電話 025-83223462
出版社地址	南京市中央路165號,郵編:210009
出版社網址	http://www.fhcbs.com
照　　　　排	南京凱建圖文製作有限公司
印　　　　刷	江蘇省句容市排印廠
	句容市春城鎮南,郵編:212212
開　　　　本	890×1240毫米　1/32
印　　　　張	20
字　　　　數	520千字
版　　　　次	2018年12月第1版　2018年12月第1次印刷
標 準 書 號	ISBN 978-7-5506-2869-4
定　　　　價	98.00圓
	(本書凡印裝錯誤可向承印廠調換,電話:0511-87871135)

江標像

江標《禁烟私議》(《申報》1882年8月21日第9版)

江標《山左治河議》（《字林滬報》1885年12月21日第1-2版）

江標譯《咸同以來中俄交涉記》

江標刻《許君年表》（國家圖書館藏）

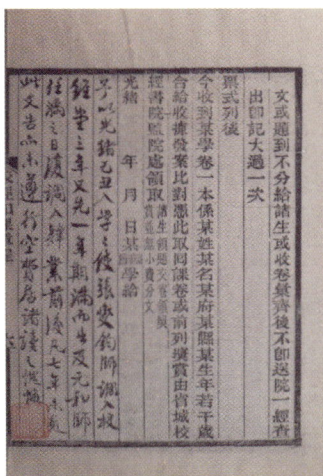

江標《湖南觀風題目》（湖南圖書館藏）

江標篆題尹彭壽《漢隸辨體》

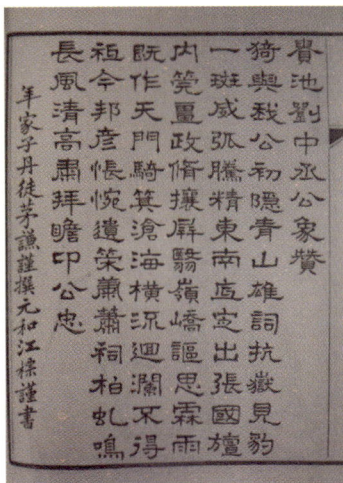

江標隸書劉瑞芬
《養雲山莊詩文集》像贊

書寫雕造無令差錯致誤後人牒至準

敕故牒

雍熙三年十一月　　日牒

給事中叅知政事辛仲甫

給事中叅知政事呂蒙正

中書侍郎兼工部尚書平章事李昉

余所據宋本乃從印三川先生校本過臨印本四卷至十卷

及十三卷皆與校語或先生所見殘宋本也光緒十一年

三月二十七日鐙下元和江標識於沴南使院之石芝書屋

江標批校本《說文解字》（上海圖書館藏）

昔嘗侍潘文勤師於京邸出所藏古
金吉拓本以賜真曰子為壽如黃美圃曰宋
一屢故事戚攀古樓賦可手余謹謝以非
令之恩適對然心寫願之以文勤之藏晉
冠絕古今若之部居而賦之真一絶大鉅
製也若文勤巳千古矣六年以來迄未
成曰今諸彦愙齋世伯集古圖三錄巳
卷惟藏之富鑒別之精義與文勤相等
且曷聚於吳縣誠寺遇此當敬求全目
滿毫執春合文勤兩蔵戚兩金賦以奇
亦後未憲文當許者也光緒廿一年
乙未十月元和江標謹記於湘中使院之
請二通齋

江標題吳大澂《愙斋集古图》（採自影印本《愙齋集古圖》）

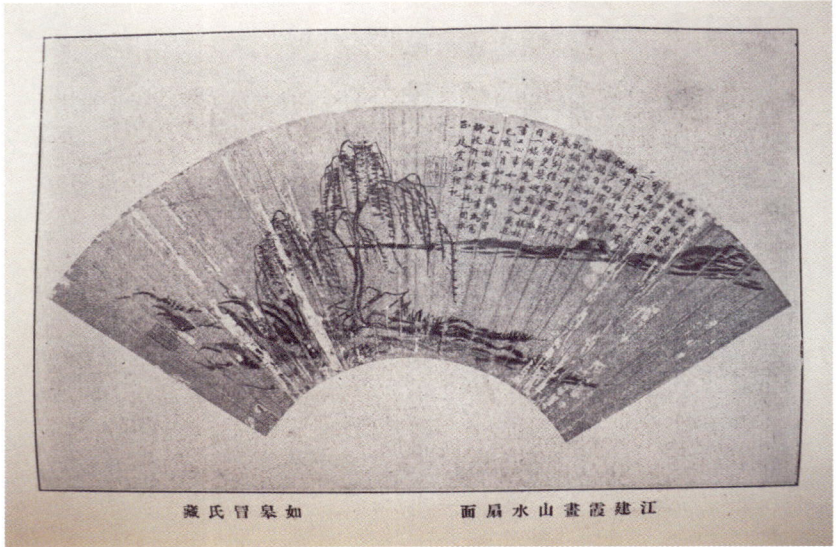

如皋冒氏藏　　　　　江建霞畫山水扇面

江標為冒廣生所畫扇面及題詩
（《詞學季刊》1934年第1卷第4期）

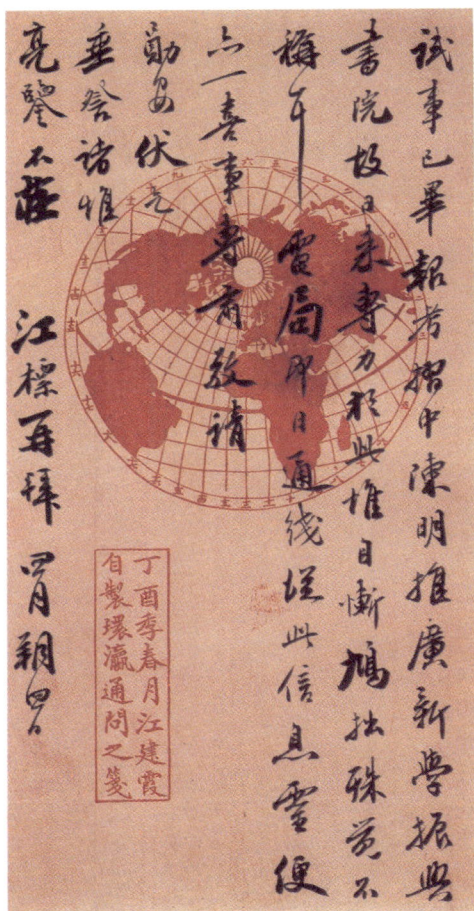

江標致盛宣懷書

（上海圖書館藏，採自《近代名人手札真蹟——盛宣懷珍藏書牘初編》）

建赧

笤诊

獭祭巢

江標之印

匋穴

爲人戒有暇日

蕭江書庫

目　録

前　言

　　江標(1860—1899)，字建霞，號師鄦，江蘇元和(今蘇州市)人，光緒十四年(1888)鄉試中式，次年連捷成進士。光緒二十年至二十三年(1894—1897)任湖南學政，在任期間改革考試科目，整頓長沙校經書院，創立校經學會，創辦《湘學新報》，與張之洞、陳寶箴、汪康年等互通聲氣，大興新學，開湖南維新風氣。因政聲卓著，光緒帝命以四品京堂候補在總署章京上行走。光緒二十四年(1898)八月，戊戌變法失敗，江標被誣"庇護奸黨，暗通消息"而革職永不叙用，并交地方官嚴加管束，次年病卒，年僅四十歲。

　　江標是清代著名官員、學者、詩人、藏書家、出版家、書畫家，著有《倉頡篇疏證》《聲類考逸》《説文經字疏證》《宋元本行格表》《黃蕘圃先生年譜》《古泉拓存》《甲午銷夏册》《紅蕉詞》等，譯有《咸同以來中俄交涉記》，并刊行《許君年表》《海源閣藏書目》《持靜齋宋元校鈔各本書目》《鐵琴銅劍樓藏宋元本書目》《龔禮部己亥雜詩》《留漚唫館詞存》《靈鶼閣叢書》《宋元名家詞》《唐人五十家小集》等。至於其詩文，年少時所作詩歌頗多，光緒七年(1881)曾以《寫韻集》示友(鄒弢《三藉廬贅譚》卷十二)，但後來詩文并未見結集出版。汪辟彊《光宣詩壇點將録》謂其"有《靈鶼閣稿》，頗自秘惜，己亥毀於火"，江標在上海的寓所於其去世前數月發生火災，故汪氏所言蓋爲實情。其《笘誃日記》稿本中所存詩歌往往在首尾有符號標示，可能是備選成集過程的遺留痕迹。

　　江標詩文散見各處，給今人研究造成諸多不便，因此有必要加以搜輯整理。編者從中國國家圖書館、中國第一歷史檔案館、上海圖書館、蘇州圖書館、湖南省圖書館、台北"國家圖書館"、北京大學圖書館、復旦大學圖書館、華東師大圖書館、蘇州大學圖書館等單位以及拍賣會預展等處搜得其章奏、書信、序跋、藏書與書畫題識、詩詞等，并得到江標後人陸建初先生、中國社會科學院孔祥吉教授、中國社會科學院近代史研究所馬忠文教授、浙江大學白謙慎教授、華東師範大學王耐剛兄惠賜相關資料，逐漸彙成三十萬餘字的篇幅。此外，部分單位所藏靈鶼閣舊有藏書以及私家所藏書畫作品中可能尚存的部分江標題跋，暫時無法獲觀，只能留待日後增補。

本書彙集的《申報》《字林滬報》所載江標詩文、《筥籗日記》中所存二百餘篇詩詞信札、湖南省圖書館所藏《湖南學政觀風題》、友人張炳翔與錢國祥著述中有關江標早年事跡與創作的大量記錄、葉德輝與江標爭奪校經書院學生的信札等均爲此前極少利用的資料。希望對瞭解與研究江標生平與學術、探究滬上報紙與江南學者群體的關係以及近代史研究提供助益。

本書正文部分包括奏議、公牘、湖南學政觀風題、信札、電稿、考卷、報論、序跋、書畫碑拓題跋、藏書題跋、雜傳、札記拾零、懷珠閣卮言、靈鶼閣詩、靈鶼閣詞、聯語等十六類，附錄部分包括他人題贈、傳記、其他相關記載、江標之子江小鶼事跡與作品四類。

其中奏議主要採自中國第一歷史檔案館檔案與《申報》所載《京報》，公牘基本取自《筥籗日記》底稿，信札主要採自其友朋著述，考卷取自《清代硃卷集成》及王先謙《清嘉集》等，報論輯自《申報》與上海圖書館藏《字林滬報》，序跋輯自《靈鶼閣叢書》與江標友朋著述，書畫碑拓題跋主要採自各大拍賣會所見江標真跡，藏書題跋輯自現存於北京、上海、長沙、蘇州、臺北、日本等處的江標藏書，札記、雜傳、詩詞主要採自《筥籗日記》底稿、《紅蕉詞》。部分詩歌雖然日記中有底稿，但本書採用《申報》《字林滬報》《花團錦簇樓詩輯》等正式出版的版本。

他人題贈部分、傳記、相關記載部分，則是從近百種友朋著述以及上海圖書館所藏多種近代報刊中摘録彙集而成，江標之子江小鶼的事迹與作品主要輯自北京大學圖書館、上海圖書館所藏多種近代報刊。

本書附録江小鶼事迹與作品，一方面因其爲民國時期著名畫家與雕塑家，曾發起成立天馬會、藝苑繪畫研究所，任上海美術專門學校總務長，多次參與全國美展的組織活動，并曾爲孫中山、黄興、蔣介石、陳英士、譚延闓、戈公振、邵洵美、陳三立等人塑像，影響十分廣泛，爲一時名流，而事迹與文字散落，頗可惜之；另一方面，其學術與藝術價值取向都與江標有一定關係，其原名江新，後改名小鶼，意在追慕其父之號“靈鶼閣主”，所繪自畫像更是手持篆文捲軸，與其父篤好《説文解字》及篆書的氣質一脉相承。兩代才俊，蜚聲當世，佳話當傳，合觀爲美。

本書所彙集的材料大多附有案語，指出文獻來源，間有考證。其中所收拍賣市場所見書畫題跋，均爲在日記與友朋著述中存在相關輔證者，其餘僞作與疑似僞作者均不敢闌入。友朋信札則加以考證後按時序排列，其無可考者置於最後。詩歌亦按時序排列，其有多種出處者，均見案語説明。因編者學識水平所限，書中訛誤恐不能免，尚祈讀者是正。

二零一八年九月二十一日岳州黄政書於陝西師範大學長安校區

整理説明

一、本書各大類一般按時間順序排列，但《序跋》部分按經史子集四部排序，附録三各條目大致按在湘政事、離任軼事、樸學、收藏、文學、雜記的順序排列。

二、日記中墨迹過淡致無法辨認者，均作□號。報章文字原有的空格、日記材料原有的空格與圈號，在本書中亦作□號，并括注"原缺"。字迹潦草塗抹過甚者，作■號。改正原文誤字，作〔　〕號。

三、《靈鶼閣詩》中有部分詩原稿并無題目，但鑒於江標有自題《無題》者，本書將原稿未題之詩均冠以《缺題》。

四、本書中大量詩文均採自江標《笘誃日記》稿本，其中塗抹較多者亦儘量釋讀，納入集中，但《金布令甲賦》一篇除起首數句，餘下塗抹嚴重，基本無法辨識，故本書不予收録。

奏　議

甲午治日議

竊前議倭情叵測，邊釁必開，不戰既不能和，戰則須籌善和之道，前次條陳略盡其説。今兵事已成，軍情萬變，然料倭人決不敢久戰，吾國不可求速和。和議一成，即若無事，不知其間循環倚伏即出乎此。昔者金陵議款，則有津門之役；臺灣議酬，則有琉球之役；經界不正，則有伊犁之役；西貢不問，則有北寧之役。力求速成，事必中變，覬覦之所以易生，肆侮之所以迭乘也。此次倭人不待理喻，無端開釁，襲吾軍火，傷吾士卒，毀吾運船，此等伎倆已屬下乘，實早爲吾國窺破。皇上赫然震怒，命將出師，直當掃穴犁庭，痛除醜類。所恐天討方張而款局忽定，數十年來忽和忽戰，皆墮敵國之迷途，殷鑒不遠，徒勞後悔。標略曉敵情，妥籌久計，僅擬管見四條，皆目前至要之策：

一宜飭海軍奪取對馬島，重扼釜山，以斷其接濟郵傳之路。養海軍十餘年來，徒糜千萬之餉，未濟一日之用，可恥甚矣。海軍提督丁汝昌統率各船，藉名保護，退守威海，實屬有覥斯任。今宜嚴飭丁汝昌酌率諸輪奪取對馬，重扼釜山，以贖前愆。按對馬島在倭肥前國之南、壹岐島之前，離釜山僅英里六十八里，一航可達，通有海綫，其邑曰嚴原，在島之北。明豐臣秀吉用兵高麗，即從此渡海，至今軍馬、糧餉、兵火、郵書至高麗者皆出此道。彼國亦視爲重鎮，故惟對馬及佐世保兩地皆有水雷隊，以固防守。吾國此時宜趁其不備，密飭兵輪直抵原港，速毀其郵傳電局，使無所通遞信息。或恐觸水雷，則船抵也良崎，或折瀨，或阿須灣三處口外，載兵上岸，直撲嚴原并豆酘等處，以絕其北援，一面船抵島南大浦、佐須奈口外，以禁其南運。對馬一得，則倭喉已扼，速約陸軍力注釜山，內外交攻，其敗可決。郵信電綫不通，則呼告不靈，其氣自餒；糧餉軍火不濟，則作爲無助，其心自亂。海軍固有保護本國之責，亦有奪取他國之權，未可聽其無事則逍遙海外，有事則逃避島中。該提督自知上觸天威，定必力圖報效。葉志超陸路一軍，可前鑒也。

一宜飭陸軍直撲漢城，兼襲元山，分截南來軍馬大道，以蹙其勢。牙山之軍既已獲勝，黃海道之陸軍繞漢城之東，聞可與牙山兵接，則陸軍之勢已定，宜步步爲營，悉力南攻。倭兵出則與之接仗，退即復前駐扎，以窮其勢。另派兩軍，一西攻漢城，一東襲元山，以分其力，大要則專意截斷釜山南來倭兵糧餉軍火。更約東三省練軍爲後應，不必前進，以防其北竄而已。相持不及一二月，則必力懲求退者也。

一不必藉泰西各國兵力以求速勝。兩國行軍，若欲藉他國兵力以求勝，即竟勝矣，將何以酬其勞？近今各國往往有此舉動，然當察其來意耳。昔俄土之戰，英助土，以有黑海之防；普法之戰，南北日耳曼助普，以有蠻觸之釁。今中與泰西僅爲通商之國，倭與泰西均非仇敵之邦，既不能助倭以欺中，亦未必助中以敵倭。若有暗濟軍火、密助糧餉者，吾國方笑他之不暇，何必自受其牢籠？現計中國兵力足以勝倭，中國人心更足以勝倭。咸豐十年粵匪之亂，俄人請助剿代運，時統兵大臣曾國藩、袁甲三、薛煥、王有齡等力止不可，事寢而亂亦旋平。以蹂躪十餘省之巨寇，尚足掃蕩淨盡，區區倭逆，何必藉力異邦？苟能海陸并用，則事無不成，但在持之以久，吾國一日不撤兵，則彼國一日不安枕。吾兵可陸行，彼兵須航海，軍火糧餉之接濟，難易懸殊，力蹙勢窮，可立而待也。

一不可徇泰西各國之請，輒與議和。吾軍不勝，各國必笑其無能；吾軍稍勝，各國必出惟求款，可逆料而得者也。此何以故？一恐久戰則關礙各口商務，一或受倭人之私求，陽爲調停之使，陰有狐兔之悲。吾國宜深究敵情，自持大局，直須待其勢窮力乏，方與議城下之盟。萬不可蹈台灣之役，議約於總署；越南之戰，遽和於津門。此無他，彼恐軍前立約，不能逞其私志耳。事到此時，彼必以議者無全權爲詞，吾國當特遣專使以關其口，嚴絶各國，以免其欺。即此一端，足以詟服四夷，昭示後世矣。

以上四條，僅據目前情形，宜速命海陸各軍，以期其必行，嚴絶泰西之詞，以持其堅志。不可因小挫而動大局，不可信妄報而生矯心，誠以此舉有關亞洲大局，爲萬國所共覘。目前之失雖微，後日之患無盡。標坐視不能，緘默不敢，用敢再爲瀆陳，以備採擇，幸甚。

江標謹擬。

案：見中國社會科學院近代史研究所檔案館李鴻藻檔案，檔號 JDS-JB-0070_010-02_03。中日甲午開戰前後，江標多次向其會試座師、時任軍機大臣李鴻藻上呈條陳。《笘誃日記》光緒二十年六月十五日："數日未爲一事。略擬治高策，恐徒爲杞人之憂也。"十九日："録一稿，交郎師轉呈高陽師。"二十日："得郎師書，云高陽師極言鄙説之善，又改寫一分呈翁師。"廿二日："晨謁高陽師，云已將條陳存軍機處，并屬於再擬一妥辦之法……晚擬一條陳，僅兩端而已，一以陸路進兵，一速遣專使。"廿四日："午後進城見郎亭師，云兩次條陳皆爲高陽師送軍機處。"七月初四日："作《治日議》一篇，生四條，呈於高陽師。"本篇條陳正作四條，故應作於光緒二十年七月初四日。

奏報接印湖南學政日期摺

湖南學政翰林院編修臣江標跪奏，爲恭報微臣接印任事日期、叩謝天恩、仰祈聖鑒事。竊臣蒙恩簡放湖南學政，於九月初五日跪聆聖訓後，遵即束裝就道，馳抵湖南省城。十一月十二日，准前任學政臣張預將學政關防并書籍文卷委員齎送前來，當即恭設香案，望闕叩頭謝恩，祇領任事訖。伏念學政一官，莫重乎擢才，莫先乎養才。湘中人文，近益炳蔚，通才碩學，冠冕諸行省，皆經歷任學臣陶鎔培植所致。如臣至愚，懼無以資表率，惟有恪遵聖訓，厘剔弊習，選拔真才，若有實在敦品力學，有爲有守，才能出衆之士，經臣考察確鑿，再當恭遵陛辭時訓示，循例薦舉，送部引見，候旨酌量擢用，以備國家任使，冀以仰副聖天子破格求才之至意。所有微臣到任接印日期，除恭疏題報外，理合繕摺具奏。

再，臣出京一路經過直隸、河南、湖北地方，二麥均已播種，輿情安帖，堪以上慰宸廑，合併附陳，伏乞皇上聖鑒，謹奏。十一月十二日。

光緒二十年十二月十七日奉硃批：知道了，欽此。

案：原件藏中國第一歷史檔案館，檔號 03－7174－008。又見《申報》光緒二十一年二月二十三日（1895 年 3 月 19 日）第 12 版《光緒二十一年二月初七日京報全錄》。

奏爲考過四府二州縣歲試情形摺

湖南學政翰林院編修臣江標跪奏，爲恭報微臣考過四府二州歲試情形、仰祈聖鑒事。竊臣於上年十一月到任，謹將接印日期報明在案。茲於本年正月二十五日出省，按試寶慶、永州、桂陽、郴州、衡州五屬；於七月初八日回省，按試長沙；八月二十六日，四府二州一律考畢。查湘省文學武事，各有師承，耄學孤寒，不廢誦習，人多額少，益自奮勉。長沙、寶慶、衡州頗多器識之士，不僅以詞華美贍見長。永州、桂陽、郴州離省較遠，亦皆文采斐然，武力堅實。臣於歲試生童正覆各場終日在堂，細心防範鎗替傳遞等弊，尚覺其伎難施。文武生童中偶擅片長，必自面加獎勉，曉以敦品力學。遇有行止有虧、健訟濫保之生員，立即嚴加懲汰，以端士習。至於考覈屬官，整頓書院，崇尚實學，採訪遺書，皆職所應爲之事，按試所至，隨處留心，不敢自甘廢墮。臣又因省城舊有校經書院，自前學政臣朱逌然創設以來，通省人才於茲薈萃，以前各學政每於回省之日更設加課，廣爲導進。臣到任後，以經、史、掌故、輿地、算術、詞章分立六門，加設季課，親定甲乙，捐廉給獎，以示鼓勵。惟書院經費不足，圖籍闕如，將來尚擬設法擴充，恪遵聖訓，培植人材，即以書院爲根柢。茲擬於十月中出省，前往岳州、澧州、常德舉行歲試，辰州、沅州、永順、靖州循例舉行歲科并試。七屬試畢，再行回省。

再，臣此次經過地方，長沙、衡州所屬州縣晴多雨少，秋收歉薄，現在經撫臣籌備，調濟，民情極爲安謐，堪以上慰宸廑。合併聲明，所有湘省歲試四府二州情形，謹繕摺具陳，伏乞皇上聖鑒，謹奏。九月初一日。

光緒二十一年十月初四日奉硃批：知道了，欽此。

　　案：原件藏中國第一歷史檔案館，檔號 03-5331-018。又見《申報》光緒二十一年十一月十八日（1896 年 1 月 2 日）第 11 版《光緒二十一年十月二十九日京報全錄》。

奏歲試岳常澧三屬并辰沅永靖歲科并考兼舉行選拔情形摺

　　湖南學政翰林院編修臣江標跪奏，爲歲試岳常澧三屬并辰沅永靖四屬歲科并考文武生童兼舉行選拔試竣回省情形恭摺、仰祈聖鑒事。竊臣上年考試長沙府畢後，於九月初一日將已試南路各屬情形恭摺具陳，欽奉硃批“知道了，欽此”。自上年十月出棚，往試岳州，旋往澧州、常德、辰州、永順、沅州、靖州六屬，五月二十日，除岳澧常三屬歲試事畢外，并將辰沅永靖四屬歲科并考文武生童兼舉行選拔事竣，六月初四日回省。所試各屬，文事武備皆極講求，如額取進之外，尚多清通可造之才。南洲廳初次附考澧州試棚,即覺人多額少,已經督撫臣會同具奏,候旨加額在案。四屬選拔之士,亦皆如格擇其文優品端,策論頗能曉暢古今、切中時務者。湘中士子屢經前學臣啓導在先,復有鄉哲遺型默資教迪,雖村僻孤儒,亦多好學。臣之所至,惟恐甄錄之不盡,不敢言搜採之惟艱。方今皇上首重育才,廣徵新學,湘中有志之士,聞風奮起,講貫情殷。臣亦爲之破除積習,多方開導,以期仰副聖主作育人才之至意。

再,臣經過地方雨暘應時,農田可卜有秋,民情極爲安謐,堪以上慰宸廑。臣即於六月初七日科考長沙府屬,下月出棚,科試岳常澧等處,以次遍及各屬。所有臣現試岳常澧三屬歲試完竣、并辰沅永靖歲科併考兼舉行選拔情形,理合繕摺具陳,伏乞皇上聖鑒,謹奏。六月初六日。

光緒二十二年七月二十三日奉硃批:知道了,欽此。

案:原件藏中國第一歷史檔案館,檔號 03 - 7201 - 029。又見《申報》光緒二十二年九月十四日(1896 年 10 月 20 日)第 12 版《光緒二十二年九月初五日京報全錄》。

奏爲推廣書院章程講求新學以勵人材摺

湖南學政翰林院編修臣江標跪奏,爲推廣書院章程,講求新學,援案恭懇聖恩以勵人材事。竊謂各省書院之設,所以培養人才,學臣之職,所以錄取人才。書院一月而一課,學臣則三年兩試。若無書院以輔學校之不及,則培養失而錄取難,人才亦因兹而日少。臣伏查湖南舊有校經書院,仿古人成法,分經義、治事兩齋,專課全省通曉經史、熟習掌故之士。創始於前任撫臣吳榮光,經前學臣朱逌然、張亨嘉先後擴充,規模頗具,人才亦因兹會萃。惟長年經費僅取給於湘岸淮商及紳士捐款,發商氂息,每年入不敷出。近來各屬向學人多,往往限於課額,致擯門外,寒士咨嗟,學臣惋惜。續捐既難,集腋籌款,更無章程。臣到任之後,先自推廣季課,捐廉給獎,併於書院隙地建造書樓,廣購經籍,并添置天文、輿地、測重諸儀,光化礦電試驗各器,俾諸生於考古之外,兼可知今。且擬添設算學、輿地、方言學會,兼立《湘學新報》,專述各種藝學,開人智識,恪遵二十二年七月初三日總理各國事務衙門奏定新章,推廣新學。臣伏查《欽定學政全書》,奉天瀋陽書院於本省每學學田租銀內酌量撥給,作爲師生膏火。又順天金台書院每年動撥直隸藩庫存公銀四百兩,旋因肄業諸生日漸加增,不敷分給,又於豐壩營田雜糧變價餘賸銀兩,每年撥解銀二百兩,奏請分撥各在案。仰見聖朝嘉惠士林,無微不至。臣因查省學租原爲散給各學廩生貧生之用,給散之餘,由學臣擬交藩庫充公,湘省除給散外,每年約餘銀五六百兩不等。現在校經書院原係課通省實學之士,而經費支絀,課額膏火無多,可否援照奉天瀋陽、順天金台兩書院舊章,於每年學田租銀內,除給散廩生、賑恤貧生之外,現在所餘,擬自光緒十八年起未解藩庫存公銀兩酌撥,每年銀五百兩,作爲該書院長年課額膏火之費。即由臣署發交校經書院□調,核實支用,再將撥餘銀兩仍舊扣交藩庫充公,一併造冊,咨部報銷,著爲定章。倘蒙俞允,則該書院全省肄業之士,皆得共沾實惠,款不外求,事經久遠,於藩庫存公中一年,短此數百金,固不覺其盈虧,而實於書院中一年足可培植數十寒士。臣愚昧之見,是否有當,伏乞皇上聖鑒訓示遵行,謹奏。

　　奉硃批:該部議奏,欽此。

　　案:見《湘學新報》第 4 期。又見《申報》光緒二十三年三月十一日(1897 年 4 月 12 日)第 11 版《光緒二十三年二月二十七日京報全錄》,缺字較多。

附：户部議覆湖南學政奏請推廣校經書院經費摺

奏爲遵旨議奏事湖南學政翰林院編修江標奏湖南校經書院常年經費不敷，援案請在每年學租餘銀内酌撥膏火之費一摺，光緒二十三年二月二十四日奉硃批“該部議奏，欽此”。欽遵由内閣鈔出到部，據原奏内稱：湖南舊有校經書院，仿古人成法，分經義、治事兩齋，專課全省通曉經史、熟習掌故之士，常年經費僅取給於湘岸淮商及紳士捐款，發商生息，每年入不敷出，臣到任後，先自推廣季課，捐廉給獎，併於書院隙地建造書樓，廣購經籍，并添置天文、輿地、測重諸儀，光化礦電試驗各器，俾諸生於考古之外，兼可知今。且擬添設算學、輿地、方言學會，兼立《湘學新報》，專述各種藝學，開人智識，惟經費不足，創辦惟艱。伏查《欽定學政全書》，奉天瀋陽書院於本省每學學田租銀内酌量撥給，作爲師生膏火。又順天金台書院每年動撥直隸藩庫存公銀四百兩，旋因肄業諸生日漸加增，不敷分給，又於豐壩營田雜糧變價餘賸銀兩，每年撥解銀二百兩，奏請分撥各在案。臣查省學租原爲散給各學廩生貧生之用，給散之餘，由學臣擬交藩庫充公，湘省除給散外，每年約餘銀五六百兩不等。現在校經書院經費支絀，可否援照奉天瀋陽、順天金台兩書院舊章，自光緒十八年起酌撥，每年銀五百兩，作爲該書院長年課額膏火之費，再將撥餘銀兩仍舊扣交藩庫充公，一併造冊，咨部報銷等語。

臣等伏查湖南學政每年造報各屬學田租穀易銀一千五百九十二兩，零内除被水免徵、并支給面賑貧生等項外，每年餘銀五六百兩不等，嚮皆照例移解藩庫充公，歷經造冊報銷，至光緒十七年止。今該學政因校經書院常年經費入不敷出，請援照奉天瀋陽、順天金台兩書院成案，於該省學租支賸銀内每年酌撥銀五百兩，作爲該書院膏火之資。藩庫出入有常，原未可輕言改撥，第近來該省書院章程漸加推廣，經費不足，當係寔在情形。該學政酌盈劑虛，請以學田餘款撥充學校要需，尚覺名正言順，與分外請撥他款者有間。且核與奉天瀋陽書院撥用學租、順天金台書院請領藩庫銀兩各成案，情事相同。臣等公同商酌，擬請自本年起，每年准於學租支賸銀內撥銀五百兩，以充該書院膏火之用，餘銀仍照向章，如數解交藩庫，按年造冊，所請由十八年起撥用之處應請，毋庸置議。至前項准撥銀兩，本係指撥餘款，嗣後如遇歉歲，收成有減，所餘之數不敷應撥之數，亦止准儘數撥給，年清年款，不得前後牽算，及另請別款補足，以示限制而垂定章。如蒙俞允，伏候命下，應由臣部咨行湖南學政欽遵辦理，并令轉飭該書院提調等核實動用，務使涓滴歸公，以仰副朝廷培植人才之至意。所有臣等遵議緣由，理合恭摺具陳，伏乞皇上聖鑒，謹奏。

光緒二十三年四月初四日具奏本日奉旨依議，欽此。

案：見《湘學新報》第 4 期。

奏報湖南全省歲科兩試完竣情形摺

湖南學政翰林院編修臣江標跪奏，爲恭報湖南歲科兩試及舉行全省選拔一律完竣情形恭摺、仰祈聖鑒事。竊臣於上年試畢全省府州各屬，於六月初四日回省，當將文武歲試完竣情形恭摺奏報在案。臣即於六月初七日科試長沙府屬，七月初八日事竣，十三日出棚試岳州府，接試澧州、常德兩屬，隨由陸路南行，再試寶慶府、永州府、郴州、桂陽州及衡州府五屬，二十三年正月十二日，衡屬試畢，由水路於十八日回省。各屬文風，以長沙、衡州、寶慶、常德爲優，其餘亦多苦學有志之士，選拔諸生，一律如額錄取。臣歲試之時，每教士以求有用之學爲進身之始，湘士本多好學，故於經古一場，分列經學、史學、掌故、輿地、算學、詞章六類，任人擇報，類各命題以覘平日讀書之效，擇尤取錄，廣勵諸生。科試之時，長沙一府，報考之士多至五千餘卷，其餘衡州、常德、寶慶等屬亦各不下三四千卷，人材蔚出，各盡所長。臣於正場文字則專取根柢實學、清真雅正之士，間有強自揣摩、誤尚時習、文體詭變、不就範圍者，臣必察其文筆之雅俗而定學業之真偽，因材升降，不敢自欺欺人，以仰副皇上廣育真才之至意。臣又因近來屢奉部文通飭各省整頓書院，故於上年長沙科試事竣及常德試畢路過省城之時，不敢循守舊章，稍息暑勞，及在省度歲，始得於今年正月從容竣事。現在回省之後，時日尚寬，擬專意變通書院規程，廣求英俊，以育真才，不敢稍自暇逸。尚有考取優貢、録送遺才，統俟鄉試前次第辦理。

再，臣經過地方，雨水調匀，民情安謐，堪以上慰宸廑。所有歲科兩考及舉行全省選拔一律完竣情形，理合恭摺具陳，伏乞皇上聖鑒，謹奏。

奉硃批：知道了，欽此。

　　案：見《申報》光緒二十三年三月十七日（1897 年 4 月 18 日）第 11 版《光緒二十三年三月初四日京報全録》。又見《湘學新報》第 4 期。

奏薦舉教官并激勵生員以重實學摺

湖南學政翰林院編修臣江標跪奏，爲薦舉教官并激勵生員以重實學恭摺、仰祈聖鑒事。竊臣查向例學臣三年期滿，於教職生員中擇優奏請恩施，均蒙俞允。臣惟以待之過優，即當察之至慎。臣三年視學，加意考求，循分守職者固多，才能出衆者殊少。惟查有華容縣教諭嚴家鬯，文學明通，踐履篤實，屢經歷任督撫學臣具登薦牘，清望卓著。該員前經保薦，曾奉部議，准作應升知縣之員，臣覆查其律身，證諸訓士，確非司鐸一官即能盡其所用。惟該員現尚丁憂在籍，可否俟服闋後送部引見，候旨酌量録用，以爲士林矜式。臣又查有長沙縣學廩生王先慎，學業深沉，力求實用，已成之書有《韓非子集解》二十卷，合諸家之説，推闡發揮，義取持平，通資弼教，實非尋常著述之才。武陵縣學附生蔡鍾濬，博淹四書，廣徵諸子，志趣超卓，議論宏通，屢列優等，不騖虛名，洵爲學識兼全之士。以上各生皆學養相符，姿材清淑，援照成案，擬請賞以教職，歸部銓選，以照激勵，出自逾格鴻施。臣爲振興實學、慎重人才起見，所有薦舉教官激勸生員錄由，是否有當，伏乞皇上聖鑒訓示，謹奏。

奉硃批：著照所請該部知道，欽此。

案：見《申報》光緒二十三年十一月十九日（1897 年 12 月 12 日）第 12 版《光緒二十三年十一月初九日京報全錄》。

奏爲懇恩賞假回籍修墓片

湖南通省歲科兩考即舉行選拔一律完竣情形，前經具奏在案。現在文武鄉試錄遺及考選優貢，現已畢事，所有科試及選拔優貢等冊卷，當即敬謹清理，分別咨部。臣俟新任學臣到省交卸後，應即回京供職，惟臣籍隸江蘇，有親母迎養在任，思回本籍，臣母年高，遠涉江湖，須臣親自護送。又因離鄉八年，聞先人塋墓近因雨水沖刷，亟宜修培，必須親往省視，以期安慎合無。仰懇天恩俯准，賞假兩個月，侍親回籍及修理先塋。出自鴻慈，實深感悚。臣交卸後，擬即侍母自湘起程，護送回籍，趕將先塋修理。一俟假滿，即行入都，恭覆恩命，不敢遲逾，謹附片陳請。伏乞聖鑒訓示遵行，謹奉奏。

硃批：著賞假兩個月，欽此。

案：見《申報》光緒二十三年十一月十九日（1897 年 12 月 12 日）第 12 版《光緒二十三年十一月初九日京報全錄》。

奏爲任滿交卸遵旨侍母回籍修墓摺

湖南學政翰林院編修臣江標跪奏，爲恭報微臣任滿交卸、遵旨侍母回籍修墓起程日期、仰祈聖鑒事。竊臣於九月二十八日，謹將文武科試完竣情形，併懇恩給假侍母回籍修墓微忱恭摺具奏，十一月二十二日，承差齎回原摺，奉硃批"著賞假兩個月，欽此"。聞命之下，感激難名。所有任內應辦事件，已經敬謹清理，并將一切册卷分晰，咨部在案。兹新任學臣徐仁鑄行抵湖南，臣於十一月二十五日謹將學政關防并書籍文卷，委長沙府學教授王錫疇齎送新任學臣徐仁鑄接授訖。臣即於是日交卸，束裝遵旨起程，侍母回籍修墓，一俟假滿，即赴闕廷，恭覆恩命。除謹具疏題報外，理合將微臣任滿交卸、起程回籍日期恭摺具陳，伏乞皇上聖鑒，謹奏。十一月二十五日。

光緒二十三年十二月十七日奉硃批：知道了，欽此。

案：原件藏中國第一歷史檔案館，檔號03-5353-090。

附：陳寶箴《江標任滿循例具奏摺》

頭品頂戴湖南巡撫臣陳寶箴跪奏，爲學政任滿循例具奏、恭摺仰祈聖鑒事：竊各省學政任滿，例應由督撫將考試聲名、辦事若何據實具奏。兹查湖南學政江標，自光緒二十年十一月十二日到任後，迄今屆滿三年，該學政已將湖南各屬歲科考試及考優考拔錄科各事務先後辦理完竣。臣查該學政學術淹貫，智識閎通，衡文備極精詳，去取胥歸允當，士林推服，毫無間言，且本忠愛之忱，力求有用之學，湘中士習漸次改觀，於造就人材之方殊多裨益。理合據實恭摺具奏，伏乞皇上聖鑒。謹奏。

硃批：知道了。

案：見《光緒朝硃批奏摺》第12輯。

附：湖廣總督張之洞密奏學政考試品學聲名附片

查湖北學政翰林院編修龐鴻文本年考試武昌、漢陽、黄州、德安、荆州、宜昌等府，湖南學政翰林院編修江標本年考試長沙、寶慶、衡州、永州、岳州、桂陽、郴州等府州生童。臣隨時密加察訪，該學政等學問優長，品行端謹，每值考試，場規整肅，去取公平，弊絕風清，士林翕服。茲屆年底，應行具奏之期，謹循例據實密陳，伏祈聖鑒。謹奏。

　　案：原件藏臺北“故宮博物院”，檔號 008519。

公　牘

校經書院加課章程

　　自乙未年起，四季加課，課分六學：一經學，一史學，一掌故之學，一輿地之學，一算學，一詞章之學。學各四題或六題，作過半者即作完卷論，能多作、能兼課諸學者更善，惟每學須各謄各卷。

　　一、此課合校通省人才，不論生童俊秀，皆可與課。

　　一、春季，正月五日散題，夏季、秋季、冬季，皆以月朔散題。題刻以紙，除實貼校經講堂外，餘分發九府四州五廳學官，由府州廳發所屬各縣學，實貼學門，并將餘紙分給各生童應課。

　　一、題到各屬，由學官速即張貼分給，限題到後四十日爲期，彙齊固封送院。作者不得逾限，學官收卷後不得任意遲延，致干督課不力之咎。

　　一、課卷作者自備，卷面寫明某姓某名，某府某州某廳某縣某生，及年歲若干，不得捏造、冒名。

　　一、課卷送學時，即由該學付以收票一紙，票式由本院頒發，將來俟出案時比對。如有獎賞，即憑票由省中校經書院監院并卷給發，如列次等、無獎賞者，亦憑票領回課卷。

　　一、獎賞由本院捐廉，取定甲乙後，即於卷面及案上姓名下注明數目，即彙款交校經書院監院憑票給發，聊備膏火之需，不足買書之用，願作者勿哂其微，勿嫌其瑣可也。

　　一、此課期諸久遠，作者不得因事中輟，學官亦不得視爲具文，或題到不分給諸生，或收卷彙齊後不即送院，一經查出，即記大過一次。

票式列後：

今收到某學卷一本，係某姓某名，某府某縣某生，年若干歲。合給收據，發案比對，憑此取回課卷或前列獎賞，由省城校經書院監院處領取。諸生領題、交卷、領獎賞，并無小費分文。

光緒　　年　月　日，某廳州府縣學給。

　　案：附於光緒二十年刻本《湖南學政觀風題目》（湖南圖書館藏）。

手諭校經書院諸生

爲整頓書院手書告誡諸生事。使者未到湘省之日，習聞校經書院立法之善，培植之良，通省人才於兹薈萃，竊議齋額不多，意欲籌款擴充，多方調取。及經來省，訪問情形，據云近來常年住院諸生不及其半，其餘或有未經調取而反住院中者。書院立規至精且密，不及五年，何以一變至此！習慣自然，毫無顧忌，殊覺可耻可慨。日前，使者親自查看齋舍，見有灑掃不净，器具不全，曾經申飭，監院及管理書院書役人等現已嚴定章程，力求整頓，每屋仍照舊章點齊木器。適值諸生散館之時，即飭監院逐屋封鎖，俟明年諸生到院，按數開屋，俾無争奪及一人住兩屋等弊。舊章，凡調院，勿論遠近城鄉，均應住齋，如但虚應月課者，即開缺另補。立法周密，正欲收諸生親師之益，實當永遠遵守。今自乙未年始，飭監院逐月造册，詳報某生請假、某生常住，以察其勤惰而定去取。月課諸卷，俟定甲乙發案後，亦即封送使者覆校，以證爲學之損益。每年四季，使者别設加課，捐廉獎賞，以補膏火之不足。齋舍東西合計共六十三間，原額四十四，尚多空屋十九，使者略籌擴充之法，如有真肯讀書好學之士，未經調取，或格於舊例而願自備膏火住此院齋空屋者，許由原調四十四額中諸生四人出結互保，呈明監院，稟明院長，即准進齋住宿，隨同月課，課卷亦送使者覆校，以察學業之真偽。如不呈明監院，或無四生互結，擅自住宿，許同院諸生聯名呈報監院，即當勒令出院。或不應月課，或課作潦艸，毫無長進者，亦不准空占院舍。再，院內使役各有職守，若有曠廢等情，監院原有廉察之責。使者昨至書樓，見有卷帙紛亂、缺失等事，詢以該管書吏，茫無以對。舊章所派管書書辦，殊與各省書院藏書條例不合，使者擬擇在院諸生四人常年管理，發去《豐湖書院書藏四約》一冊，即由監院付交現在住院諸生。先在書樓點查現存書籍，照院中所刻書目，有無短缺破損，再仿照《四約》大意，各擬詳妥章程，呈交監院，轉送使者點定，永遠遵守，以慎書樓之筦鑰。以上各條，實爲整頓書院、鼓勵人才起見，親自手諭，諸生當不視爲具文。若監院及在院書吏人等容情曠職，使者聞知，亦當立即查懲，毫無寬假。如使者有耳目所未及、體察所未到者，亦許該生等詳具條陳，送交監院封進，以爲集思廣益之助。特此手告，其各聞知。

光緒二十年十一月二十二日。

　　　案：附於光緒二十年刻本《湖南學政觀風題目》（湖南圖書館藏）。

諭各學廩生

各學廩生知悉：

　　考試武童，向例認派兩保隨同入場，終日在大堂站立，於武童上堂時認保稽查，雁行鵠立，寒暑無異。本院爲體恤起見，設法變通，不辭勞苦，仍如文場例，親自於頭門點名。每教師帶領所保本童，按次魚貫聽點，認派兩保，即於入場時諸保稽查，一有可疑，立即由衆廩保驅逐出外，不准入場。點名畢後，即可各歸寓所，以免終日站堂之苦。爾等皆讀書明理之人，當能知本院體恤之情，認真查察。如入場時未經廩保舉發，經本院查出槍替等情者，該廩生保有專責，不能諉曰不知。本院照例嚴辦，決不稍存姑息之情，事到此時，勿貽後悔，切切。

　　案：見《笵諺日記》第十九冊末。第十九冊所記始於光緒二十一年正月初一日，止於同年十二月十四日。

諭各屬教習等

　　諭各屬教習知悉：武童槍替，責任爾等稽查，如敢扶同矇混，教習褫革究處，決不寬貸。

　　童生考試，例由縣送府，由府賫院，如未經府州縣正考者，不准臨場補考。如各學敢將武童藉詞妄請補考、插卷入場者，即將該學教官記過。如該府兵房膽敢私行補名造冊者，立即提拏重辦，決不姑寬。

　　武生正場，仰各學教官督同門斗先行在儀門外點名查驗，如有頂名過射等事，經本院查出者，即將該學教官記大過一次。武生縣府考試認定廩保，如敢於本院考試臨場更換者，即將該童扣考，該認保革廩降附，不准開復。

　　文武生員已經斥革報部者，不准遽請開復。如該學官妄與申請者，立即批飭記過。

　　武生已經斥革，若敢仍充教師、領童入場者，即將該學教官記大過一次。

　　武生此次未經歲考，遽敢充當教師者，除將該生斥革外，即將學官記過。

　　佾生衹准憑文挑取，及學官子弟隨任者，方准詳充。如各學有憑空詳請者，除批斥外，即將教官記過。

　　案：見《笵諺日記》第十九冊末。

諭邵陽武場生童

本院挑取邵陽武童步箭，一秉至公，毫無遺漏，而教師□□□竟敢代其徒通稟，將不能開二號弓力之李□□，竟云曾開頭號弓力、未得挑取，意圖欺矇，實屬目無法紀。姑念年老，未即枷號，勒令交出其徒李□□重辦。如再有欺矇，求挑遞稟之人，不論生童，概行枷號，即將該犯隨棚，俟歲試畢後，再行釋放，以爲察亂考政者戒。

案：見《笘誃日記》第十九冊末。《日記》光緒二十一年乙未二月二十日："試邵陽武童。"

諭新化武場生童

新化武童陳應奎、曾幹松，雇人槍替入場，經本院查出，除立將該兩童查拏到案、嚴加懲辦外，先將教習劉丙寅、蕭漸泉革去衣頂。認保袁華衮兩次狡飾，情罪尤重，革廩降附，發學戒飭。認保鍾士驤革廩降附。派保戴樹人、顏燮勳，□其降附，發學戒飭。以上各人皆經本院從寬發落，皆養爾等之廉恥，仍欲期以自新，所以體聖天子作育人材之至意。若誤以爲故意寬縱，後來人毫無畏懼，仍敢效法者，實失本院待士之心。本院才淺德薄，不能教化勸人，以致愚蒙仍復，錮茲積習，撫心自愧，咎亦難辭，尚望嗣後諸生童皆當體本院苦心，去此小□，勉成大器，父兄師友，互相勸戒，實亦本院所厚望者也。

案：見《笘誃日記》第十九冊末。《日記》光緒二十一年乙未二月廿四日："試新化武童。"

諭邵陽學

據詳，該學附生劉能紀願任訂補《海國圖志》，深思好學，直繼古微。輿圖一門，尤非尋常纂輯可比，該生果能成書，豈可限以月日，尚望力肩鉅制，步武鄉賢，先睹爲快，本院實有厚望焉。由該學傳諭劉生知之，若能先成《釋例》送院，得與商榷諸要端，尤深殷盼也。

案：見《笤諆日記》第十九册末。

諭承科

諭承科知悉：

如有衆家人等向該房支用銀錢，將來如有虧空拖欠等情，帳房概不代爲經理了結，特此諭知。四月十四日。

案：見《笤諆日記》第十九册末。

諭船户

諭船户知悉：

本院此次所經水路，除已經嚴飭書役家人不准携帶私貨等情外，特諭各船户知悉：本院下船後不論何時，親自到各船查察，如該船户膽敢私帶貨物，搭趁□人，一經查出，將該船户送交地方官重辦，貨物抛入水中，□人嚴行枷責，鎖■船頭，沿途示衆。本院令出惟行，勿謂言之不早也。

案：見《笤諆日記》第十九册末。

諭道州學

　　查道州舊詳文新生秦廷鏡屢抗月課，恃刁逞蠻，著先以劣行註冊，仰學勒傳云云。現在事隔經年，該生是否果能悔過自新，仰學速覆。事非重大，輒以一劣了其終身，殊失國家得士之道。本院風聞各學往往藉端私讐以抗課，詳讀注劣，為挾制諸生地步者，不知凡幾，實屬荒謬糊塗，以後如有所聞，定將該教官參處不貸。

　　　案：見《笘誃日記》第十九冊末。《日記》光緒二十一年乙未四月初四日："試道州文童。"

諭祁陽教師及武童

諭祁陽教師及武童知悉：

　　向聞湘省武事以祁陽為最，科第蟬聯，蔚為國器；又聞湘省武試諸弊以祁陽為最，重名槍替，毫不知羞。本院心竊訝之，以為既有科名，人必敦品，豈有甘為此無恥之事？及來永州試武生日，有李攀元等公稟，為近聞海氛不靖，求請為武生設立學堂，講求有用之學，其事雖一時難行允准，然足見祁邑諸生忠義之氣冠絕湘省，豈有如此而甘為此不端事者？湘省向例待武生極嚴，考試禁弊至有剃髮染手等事，查出重名濫保，則有斥革、注劣等事。夫志切觀光，文武一體，豈可先以盜賊之心待人？重名濫保，尚不致如包攬詞訟、武斷鄉曲，豈能遽加以革劣二字？是上不能以公道待人，故下必致橫行無忌。本院事事躬親，文武等視，片長必録，一介無私。該生童等如能體諒本院之心，嚴自約束，一切弊端，悉行蠲絕，在本院則倖得待士之名，在該生等則自受敦品之譽。且見重名頂替等人即能徼倖入場，仍屬毫無把握，偶經指出，則親友指摘，鄉里恥笑，尤所難堪。本院待爾等如子弟，故不忍不教而誅，特此曉諭。諸生童等如仍視所具文，甘蹈惡習者，一經痛懲，莫怪不公，曉諭在先，毋貽後悔。

案：見《笳誃日記》第十九册末。《日記》光緒二十一年乙未四月十二日："竟日校祁陽武場。"

諭衡州府清泉學官

茲查得清泉童生正場名册，同姓同名者甚多，仰該學官即督同書斗詳檢點名册，將同姓名者另造一册，傳集■及認■兩保當堂畫押，以杜重名之漸。於十一日午後將册送進，以備本院查驗，毋得疏漏遲誤，致干咎戾。特諭。

案：見《笳誃日記》第十九册末。清泉，即今湖南省衡陽市衡南縣。據《日記》，此次考試衡州府在光緒二十一年乙未六月。

諭諸生點名擁擠事

點名擁擠，流弊滋多。本院按試以來，久經曉諭在先，而昨試童生古學，擁擠喧嘩，且有不候唱名，不候諾保，紛紛取卷者。本院按試四屬以來，未有見及此種情形。正場在即，如仍不挨序次，不候唱名，不候諾保而進，喧嘩無禮者，定將試卷扣除，驅逐出門，且將該認保降附示懲。言出法隨，毋貽後悔。

案：見《笳誃日記》第十九册末。此處謂"按試四屬以來"，據《日記》，光緒二十一年按試之地前四處爲寶慶府、永州府、桂陽、郴州，第五處爲衡州府，時當六月。

諭廩保

諭廩保知悉：

武場稽查槍替重射，是爾等專責，向例站立案旁，逐名查驗，雁行鵠立，寒暑無異，雖曰功令，實爲酷政。本院在寶慶日，特設案坐於堂東，許廩保開點應名後，即退坐於此，候諸童門外點進，重復稽查。如有重名槍替等弊，即由爾等驅逐出外，不准進試。如該童及教師等不服稽查，有心混鬧者，准即指明，按例重辦，決不姑容。如爾等以爲有此退息之地，藉圖惰懶者，殊失本院體恤爾等之心。湘士多才，極守功令，諒諸生等當亦不待本院多言，早能辦理盡善矣。

案：見《笘誃日記》第十九冊末。

諭某府屬各學教官

諭□□府屬各學教官知悉：

照約，各學詳補廩生，例應奉批後方准出保，即各學已經詳請，或驛遞貽誤，或本院尚未批發者，亦可於按臨日面稟，立即批出。本院訪聞湖南各屬，多有未奉批示，擅行出保，殊屬有違功令。此事皆由已貢廩生霸恃不出，應補之生無缺可補，該學官意在回護舊廩，又恐應補之生不願報此違法之事，若只有求免賄保等情者，非本院所能知，亦非本院所忍言。想此等不肖教官，湘省未必有之，爲此特行牌示，仰各該學逐細查明，其有未詳者，起速詳報，未批者，立即面稟。如敢混行出保，朦混造冊，一經查出，即將該生注作劣附生，教官記大過一次，決不從寬，切切，特示。

案：見《笘誃日記》第十九冊末。

批瀏陽生員羅棠等擬改書院章程

據稟，瀏陽城鄉五書院，舊皆專課時文，近擬將南臺書院永遠改爲算學館，與四書院文課相輔而行。業有專長，學求實用，振今稽古，事創功先，循覽稟詞，實深嘉尚。當即札飭瀏陽縣知縣立案，准將南臺書院改爲算學館，并會同公正明白紳耆董理經費，細定章程，妥爲辦理。本院事事核實，樂觀厥成。若或有名無實，徒事更張，既失育才養士之心，必開立異矜奇之誚，尚望不避艱難，力求振作，當仁不讓，後效無窮，本院有厚盼焉。

案：採自譚嗣同《瀏陽興算記》。底稿見《莽蒼蒼齋日記》光緒二十一年乙未七月初九日，“董理經費”後原有“慎選儒師，嚴精考覈”語，“當仁不讓”原作“法不善則屢改，學不精則勿惰”。用《日記》原題。

校經學會書樓章程稿

書樓三大楹，上庋書籍，下儲器皿及製造槍炮各件。器皿分電學、礦學、化學、聲學、光學、水學、重學各器，每隔七日試驗一類。如有人學習考究此事者，先二日函告管理之人，領一憑紙，屆時持單入堂，挨次坐定，聽試驗之人申說其用處，日驗其變化。如有人能會通其理，推廣用法，即歸而成說，錄寫成篇，送管理處，候會中人公同考究是否可行。槍炮則向軍裝局先借，每件一物，每月考察兩次，如何裝藥，如何測角度，如何打靶，如何裝卸，惟不發機。使人人皆知何炮何名，何槍何名，式樣之不同，輕重之各異，或宜於陸，或宜於水。近日戰事，尤重於炮，而炮之用，絕非付一愚魯邨民便可取勝，第一須知角度之高低，裝藥之巧妙。若平日無人學習，一有事起，有炮與無炮等。去年用兵，半坐此病，言之痛心。近日各學■因皆譯有成書，故不能不先考究讀書，兹已向上海各處購得■書，一一完備。擬每日下午一點鐘起，四點鐘止，即屬在院諸生之專門者將書演説，任人觀聽，以各類分日。假如第一日電學，第二日化學，以次輪推，周而復始，則人不苦其煩。惟化學一門，其用甚大，其費甚巨，擬請分此學於求賢館中，校經則略具小器皿，以便初學試驗。再，近日譯書中尚有公法、交涉、律例等學，亦擬屬在院諸生各人分任一門，專心講究，解釋書義。若有讀書人願習各學者，准其向管理處報名，届時聽其抄録，每次若干紙，不准中輟。

　　案：見《笘誃日記》第十九册末。約作於光緒二十一年乙未九十月間，題爲編者所擬。

諭岳州府諸生

諭岳府諸生知悉：

　　本院於發落事畢，爾等或欲面呈遺書，自來學業者，許各具名單，至内號房掛號，聽候挨次接見，略取古人出贊韋、從王業并■之義。本院不受贄敬，不收門包，如有人從中阻撓爲難，不肯代爲引進，及借端需索者，許爾等指名稟白，確查，懲治不貸。

　　案：見《笘誃日記》第十九册末。據該册《日記》，考試岳州府在光緒二十年乙未十一月。

曉諭諸生童戒除弊習事

　　本院來湘已及一載，按臨已過七屬，極重諸士子文章華實，心地樸厚，爲他省所不及；然有好事希榮、不守本分、意圖徼倖之輩，若或有勝於他省者。本院既有教督之責，即視之如子弟，有所見聞，必警必戒,亦師友切磋之道,願爾等聽之。

一戒干預公事。湘省士人,往往借公事爲名,遍傳揭帖,或稱書■,或寫同人,轉相號召,一呼千至。初尚正直之士力主公平,繼則刁劣之徒從中煽惑,縉紳退避,守令倉皇。偶或得行,轉相誇耀,殊不知事不切己,已屬非分,主謀國事,尤屬妄爲,既非泰西議院之時,足啓前代朋黨之漸。本院聞之驚心,言之□□,小疏不塞,大患將成,噬臍何及。

一戒代作訟詞。今日之所謂訟棍者,并非諳熟例律之徒,特不過文理稍通,依照舊狀,描頭畫角,哄騙愚民,藉博現錢,不顧後事,而受其愚者已深累矣。本院訪聞,城鄉書院往往借作包訟之所,實深駭異。夫書院所以培植人才,非借以斨喪人才也,此等風氣一開,人心習俗,關係匪淺,無怪湘士動輒爲官長詳革。視功名爲兒戲,如不痛自戒改,將來必有奇禍。

一戒藉詞干謁。讀書人出入大小衙門,本干例禁,而湘省士子安分者固多,而犯此者亦不少。即如本院衙門關防嚴密,尤當禁絕往來,然亦有藉呈詩文,借詞請見者,不一而足。此等伎倆皆早爲本院看破,非但視若無睹,實開輕視之心。或有求見不得而往來於號房書役之所,尤屬可恥。未犯者勿來,已過者自戒,本院實有厚望焉。

案:見《笞諍日記》第十九冊末。據"來湘已及一載,按臨已過七屬"語,知作於光緒二十一年乙未十二月。

爲勸荒歉各邑被災諸生安分守己手書告誡事

爲勸荒歉各邑被災諸生安分守己手書告誡事。天災流行,致成亢旱,被災各屬顆粒無收,此數十年以來湘省未有之事,而尤爲我士人生平未遇之苦。本院不德,奉職無能,坐視諸生流離困頓,既不能一拯於倒懸,又任犯法罔上,設奸行詐,窮而走險,毫不顧聞者,尚能忝爲諸士師乎？使者查自去年夏旱以來，衡山、醴陵等屬尤甚，衡州府學文生衡山許潤玉、許漸逵因災旱，抬集男婦出境求食，經該縣申請，詳革衣頂，所以戒挾衆爲首，藉端生事者。其得咎也固宜，然使者衡情執法，未肯遽使□□，故僅予注劣。其餘各屬因饑寒無路，未能恪守卧碑，借端生事者，不一而足，使者皆有所耳聞，筆有所記。揆諸法律，當早斥革，雖理有所當然，而情有所不忍。天災所及，人實無能，現在各災區雖獲甘霖，耕犁可動，惟當青黄不接之時，仍恐有各處災民推學中文武生員爲首，造言生事，借公便私，或該生員引動愚民，阻難行詐，或竟無食可謀，代人包訟營私，欺孤害寡，出入衙門，結交蠹吏。種種作惡，爲害地方，使者一經聞見，定當律以應得之罪。惟不告而罪，古人所戒，有過則改，事非所難。須知荒旱乃偶然之困苦，功名爲難得之遭逢，若爭一日之安樂，必致終身而廢棄。況現在中丞已設法籌款，發粟散糜，平糶分振，無微不及，爾等自當悉心耐守，茹苦安貧，以迓天麻而回災象。士乃四民之首，尤爲一邑所觀望，若能爲鄉里之式，安民息事，助振救災，富者散財，貧者出力，使無一夫失所，一女無歸，則今日之儒生，即爲他日之名臣。使者固不僅願諸生等閉户窮守、委身溝瀆以爲善士者也，如有才具優長之士，又能奉公守法，助理振務，絲毫不苟，是爲士表者，使者聞知，亦當優奬。特此手告，願各聞知。

案：見《笘誃日記》光緒二十二年丙申正月。

校經書院學會章程（附書樓章程）

一、學會分列三門，曰算學、曰輿地、曰方言。算學務求淺近實用之法，輿地須知測量繪圖之法，方言專習英文。所有詳細章程，由學長自行酌定，送學院批准。

一、學會分調三學長各專一門，學額每類四十名，報名逾額，即分作前後兩班課習。

一、學課時候：方言每日早八點鐘起，至十一點鐘止；算學十二點鐘起，二點鐘止；輿地三點鐘起，五點鐘止。凡各學肄習時，學長必在學堂，屆時即無一人來學，亦不能退歸私室。

一、學會總理一人，即派監院，司理賬目書籍雜物一人，由公紳選充，學院札委，公紳二人。由學院商同省中紳士聘請。

一、公紳爲管理學會一切事務，其權可選舉學長、管束學生、進退司理以及修理學堂書樓、清查書籍、添置器具、整頓條規、綜核款目，皆其專責，其權在總理人之上。

一、學會中收支清賬，由司理每月造冊三分，由總理分送，一存學院，一存公紳，一存學會。俾知此中盈絀之數，以昭覈實，以防弊竇。

一、學長三人，除例調入書院内課，每月膏火銀八兩外，另送膳金每月銀六兩，照一年膏火例，支送十箇月。

一、學長教課不勤或不足爲諸生者表率，可由公紳隨時函商學院更換，不論何時，皆可另行選充。

一、學生不論生童及年歲大小，曾經肄業書院及非肄業書院，皆可報名入會學習。

一、入會肄業之生，伙食自備。會中只能終年豫備茶水，將來如能公費充裕，再由公紳察核添備伙食。

一、報名入會之生，皆准給予上樓看書憑據一紙，以便到學之時過早，可先上樓看書等候。及課畢後，準其上樓看書歇息。

一、凡願入會學習者，先令自備錢貳拾千文，交司理轉交公紳，經收作訂，方准報名入會。其學習之期定以三年爲滿，期滿之日，仍由公紳將錢如數發還。如有不遵學規、滋生事端者，由學長、司理、總理會同計議，告之公紳，除將該生扣名出院外，并將所存之錢一併充公，以示懲責。惟有因事故告退、查屬實在者，不在斯例。

一、凡報名入會者，先赴司理人處交清錢數，取有回條，再至總理處報名繕寫三代籍貫、年歲、名條，登簿編號，給予憑單，方准入會學習。以外不收分文。如有容情先付憑單者，由總理加賠，出每名四十千文，收入公費，即將學生出會，以肅規章。

一、現在當籌公費每月銀一百兩，豫備學長膳金，修理書樓，添置書籍器具，及打掃房屋地板、前後院天井，洗擦窗格玻璃，夫役薪工以及每月日記優劣等次獎賞，每季公紳獎賞，每年學院大考獎賞，均出此中。

一、報名時，每人給予三十葉日記一本，不取分文。學生領回，須逐日將自己學課及可疑不解之處寫入記中，到學即呈學長批點。每月由學長詳察勤惰，評定等次，封交總理，由總理轉交公紳公同閱看，秉公加閱，亦准重定次序。即寫案實，帖學會東廊，優給前列獎賞，以示鼓勵。每月發案不得逾十日。日記每月發給。

一、正在學習課之時，有非學會肄業之人擅自入室者，責成司理人告知情由，令其退出。因而羞怒爭論者，准肄業諸生同聲正告，毋許遷延停留片刻。如來人係學生之親友，學生出為阻護者，准學長將該生肄業憑據扣留，候公紳、總理秉公令其一併出院。如有願看學會規矩及會中功課者，准其預先告明，司理或公紳處給予憑紙，司理人方准領入，以資博覽，以杜混淆。如有要事須見學長、學生者，由閽人通知，引至廳事立談數語。擅入被斥者自誤。

一、每季由公紳另請專門之人到堂查課一日，即將優劣評定發案給獎。

一、每年由學院到堂大課一日。發案後，超、特前列諸名，公紳按名製贈學會獎賞小銀牌，上刻學生姓名、年月、等第，并給予超、特等憑單，預備將來保送總理各國事務衙門及南北大學堂等處，三等皆無給獎。

一、學生屢列前名，由公紳、總理將其姓名記存，以備續充學長。

一、總理衙門奏准新例，如有學業優長者，總理、公紳同名公舉，由學院會同撫院列名奏保。

一、學會書樓，每日七點鐘開門，五點鐘關門。五、六、七、八四個月，每日六點鐘開門，五點鐘關門。過遲過早，惟管書人是問。

一、欲看藏書，規制不論何人皆准上樓游觀。惟看書須由公紳給予看書憑單。至樓看書時，由管書人先在樓下驗收，方准開櫥付書。看畢交書後，將憑單給還。如有損失等情，即將憑單存留，稟明公紳辦理。

一、憑單分注院內院外字樣。凡非院內之人，皆不准携書下樓。即院內人，亦須查明確係常住院齋者，方准携書入齋房看書。限十日一繳，過期由管書人於册上注明，三次逾期者，即將憑單扣存，稟明公紳，不准再給看書憑單。院長、學長看書，亦由公紳先送憑單，以免冒領。凡院中人所領之書，由管書人逐日寫於大白漆牌，懸掛樓邊，以備檢查，并寫存收付底册備檢。

一、公紳無更換之期，實在有事辭退，即請公紳舉保續理之人，再由學院商同省中諸紳妥議聘請。

一、會中經費不充，公紳皆有力好善之人，決不計較薪水，故不致送。

一、司書人原有歲給薪工銀五十兩，茲既有管理賬目雜務諸事，當另行籌款，加給其數，每月不得過十千文。

一、打掃房屋地板、洗擦窗格玻璃夫役一名，每月給薪工錢三千文。擦損玻璃賠補，即於薪工上扣算。因畏賠懶擦致玻璃昏黑及不勤打掃者，司理轉告公紳，驅逐另換。

一、學會非一人私主之權，凡有窒礙更動之處，學院及總理皆不得任意專擅，必由公紳約集省中諸紳秉公酌奪，以昭公允。諸紳屆時不得有意推辭，方足事垂久遠。

一、學會凡初二、初九、十六、二十四等日爲休沐之期，師生皆不到會。每年二月十五啓會，十二月十五日散會。清明、立夏、端午、中秋、重陽、冬至各令節，准其於休沐之外給假一日。休沐之日，不啓書樓。

　　一、學會及書樓章程條規，上下人等均須恪守，不得稍有違越。有礙章程者，由公紳、總理辭去，務須任勞任怨，力除情面，事事核實，始足永久不廢。

　　　案：見光緒二十三年四月初一日《湘學新報》第 2 期，又入甘韓《皇朝經世文新編續集》卷十七。

學報補正

　　《例言》既以素王改制之説爲過激，斯不然之矣。然其後仍屢見書者，如第一册言，將來環球大抵不能越素王改制精心，又云素王改制垂世之苦心，經權互用；第三册言《王制》爲孔子改定、垂世之書，是與《例言》刺繆也。南皮尚書曰：素王改制乃近日公羊家新説，倡於井研廖平，盛於南海康有爲，恐有流弊，以後宜勿陳此義。《湘[學]報》學者曰：善哉，大君子之愛學者何深且摯也。《湘[學]報》本旨尚求平實，且爲尊崇洙泗起見，使今之學者曉然於孔子以布衣之儒，儦然坎坷塞抑，終猶悲天憫人，憂一時不已，憂萬世，而我什佰億萬衿褸乃侷促拘攣不自憂，遂不能憂國憂種憂教。且或出其貌孔非孔之讕言以自爲學，斷斷不休，是其學益失矣。然憂之匪徒憂之而已，固將取古今實學之異同得失，旁參曲證，以爲他日致用之本。故曰：欲學者智，在講明中西掌故，欲講明中西中西掌故，在知周孔垂世翼教之苦心。又曰：百變不離其宗，時中斯之謂聖。故本報之間稱素王改制者，在專明孔子損益百王之制，歸諸至善，以見今日中國誠能專求實學，上規三代，下萬環球，不獨民智開、人心正、國力堅，即五洲各國不能出其範圍，非迂也，聖人之心、之力、之識，固與地球相始終也。其與廖君曉曉古今之辨而蔽罪通學之康成，康君恫心經術末流之禍而歸獄作僞之劉歆，自謂不爾矣。但本報於素王改制四字，未經辨明，或恐蹈經生附會之陋，此矛盾之咎之不能辭，而大君子殷勤匡誨之苦心所宜敬佩無既者也。

案：見光緒二十三年八月初一日《湘學新報》第 14 期。

批沅州府知府連培基擴修沅水校經堂稟

據稟，沅水校經書院經該府到任清理撙節，擴歲租，添齋舍，又於原課經、史、理、算、詞章、時務六門，斟酌裁改，定爲經學、史學、算學、掌故學、輿地、譯學六門，上規朝制，下順輿情。其并理於經，該時務於掌故，裁詞章，增輿地、譯學，識力尤爲明卓，具見賢太守宏育英才、克勤職守之苦心。值此時事多艱，交涉日棘，亟需通權達變、折衝禦侮之才，凡我臣子，自以建學興賢爲第一義。若得各府州縣盡如賢太守之罔辭勞怨，共濟艱難，圭璋髦士，以匡時局，庶有豸乎！

所有沅水校經書院改訂章程，詳覽再三，無任欽遲，實與本院鼓舞膠庠之隱念深相符合。仍候督部堂、撫部院批示遵行可也。繳。稟存。

案：見光緒二十四年三月初一日《湘報》第 14 號。

湖南學政觀風題

　　使者觀風，命題課士，所以覘通省之人才，察學術之趨嚮。湘省士子無書不讀，師承家學，各有專門。今使者所舉諸題，欲集通省好學之士，而擴使者纂述之舊志。諸士子取其平日之所肄習者，各依其類，專成一藝，如能兼及，足徵通才。使者將彙而觀之，分定甲乙。惟學者勿哂其鉅，勿苦其難，則使者之所深願者也。

　　《述而不作，信而好古》。

　　《天子之制，地方千里，公侯皆方百里，伯七十里，子、男五十里，凡四等。不能五十里，不達於天子，附於諸侯，曰附庸》。

　　《探賾索隱，鉤深致遠》。

　　《士載言》。

　　《續經義考》。此自秀水朱氏原書，後有大興翁氏之《補正》、嘉定錢氏之《補考》及《續考》。然錢氏書至今未刻，即有存稿，數十年來亦可續補。茲仿朱氏原書例，分經續纂，凡一人專治一經者，即作完卷論，兼治者更善。

　　《九經古義補》。惠氏原書以訓詁解經，爲乾嘉以來學派之祖。近日古書（如慧琳《一切經音義》等所引古逸書）古字（如古金彝器文字）日出，新義益明。茲當搜採舊文，互相參證，勿穿鑿附會，勿襲舊説舊解，貴精不貴多，仍踵惠氏例可也。惠氏書無《孟子》《孝經》《爾雅》，或專補此三經亦可。

　　《續小學考》。南康謝氏原書搜採極博，實爲小學之通牖。然百年以來，專家輩出，饌述日富，輯錄古小學書多乾嘉諸老所未見，亟當依謝氏書例，爲之續考。

　　《讀廿四史表志札記》。諸史精例，具詳表志，學者讀書有得，必多確説。茲擬彙集各家，以成通釋，專習一史或專習一表一志亦可。成卷惟約，不剿習舊説，不附評論，不襲明人批尾習氣。考證、校勘、補遺、訂訛，循此四類以求，可矣。

《沅湘理學淵源録》。沅湘理學，醇儒代出，授受淵源，至今未絶。使者奉命後，蒙恩召對，皇上猶詢湖南尚有講理學人否，可見儒林宗派，上係宸懷。然身體力行，不涉迂腐，此爲真理學。今擬仿安溪李氏《閩中理學淵源考》之例，博採師承，條析支流，分撰小傳，各注其所據之書，併附其論學之語，以爲傳記之實。

擬重訂補《海國圖志》釋例。邵陽魏氏此書厥功甚鉅，後有議之者，不知其創之難也。兹擬循其舊例，逐門訂補，圖表二門尤當精確。此學湘中師承有素，必有奇才以成大著，如擬《釋例》後再能訂補成書者，尤深殷盼也。

擬刻《子學叢書》，先定條例，并舉目録。此非重刻古子書也，擬專刻國朝諸家補遺、訂誤、集證、校勘諸子各書。意在搜遺，不求習見，生存人稿本確有成書者，亦當列於目中，詳其提要，以備採訪，或録副送署備刊。

擬輯《行人録》。劉子政《説苑》有《奉使》篇，今欲於《史》《漢》《通鑒》中採録奉使專對不辱之才，如蘇武、鄭衆之使匈奴，班超之使鄯善、于闐，燕梁塚之使苻秦，魏李順、于什門之使涼燕，後唐姚坤之使契丹，富弼之力争獻納，洪皓、張邵、朱弁三人之不辱命。自漢而唐而宋元明，至國朝同治、光緒以來關涉洋務之書，無不廣輯，擬次爲《行人録》，亦當世之要務也。

《吴荷屋中丞〈筠清館金文〉釋誼補正》。此書足爲《積古齋款識》之後一勁敵，然向聞此書釋誼皆出仁和龔氏。百年以來，金器日出，大篆古籀，人盡能讀，書中頗有誤釋及遺漏之處。世有薛尚功其人，必能舉經史小學諸書爲之訂補焉。

《古今算書解詁》。《周髀》《九章》爲算學最古之書，音義撰於李籍，厥後疇人輩出，名目日增，若無釋解以明之，幾不知作何語，此算書之所以難讀也。程汝思《算法統宗》首列乘除用字，釋義最便初學，試仿其例，取古今算學書中名目，分字編韻，以小學家訓詁之法解之。

《對數通釋》。真數對數相求，舊用連比例，屢求中率，或真數遞次開方，假數遞次折半，立術繁重，取徑艱深。道咸之間，烏程徐氏、錢塘戴氏、金山顧氏、南海鄒氏、海寧李氏，及近譯諸西書，各刱新術，日趨簡易。然以代數解之，術雖不一，理實相通，盍臚舉諸家之術，列式演艸，以明其理之所以同與術之所以異。

《駢體通議》。仿會稽章氏《校讐通義》例，分類凡幾，折衷諸家，究其原委，作《駢體通義》若干篇，惟行文宜以駢體，略與章氏原書不同。

《湖南金石詩》。靈石楊氏連筠簃所刻江寧嚴氏《湖北金石詩》，意在考據，茲仿其例，尤重在搜遺，補著錄所未及。諸士子能舉本邑所存，上自三代彝器，下及宋元碑刻，各成一詩。詳注款識文字，紀年月日，撰書人姓名，并收藏存佚，附以考證，亦金石家不廢之學也。能兼及通省通府者更善。

《弭會匪策》。曾文正公論會匪，謂不必問其會不會，且先問其匪不匪。至哉斯言，亦仁者之言也。是弭會匪之法，宜先從有無爲匪實迹上分別，再定弭之之策。湘人見聞較確，果能從文正之説入手否，其條舉要策以對。

《便郵政議》。

《論勘界事宜》。

《宋元刻書官私板本考》。

《今日之戰用炮用槍孰爲優劣論》。

《廣東廣微讀書賦》。

《鏡賦》。

《論帖絶句》。吳荷屋中丞有《帖鏡》一書，惜未見寫本，聞皆詳記刻帖原委，一字一行，前後損益，真僞之不同。此例創於大興翁氏，中丞踵其後也。潭州，古本刻帖之祖，宋元以來系續不絶，茲擬采集各帖，分詠絶句，下附條注，則從吳例可也。

《論畫絶句》。海鹽吳氏取生平所見或自藏唐宋以來妙迹，各賦一絶，附以注語。茲仿其例，僅據前人書畫錄所記，未見真迹者不在此列。國朝吳、惲、四王諸大家或乾嘉以來諸老圖畫題詠成卷者，皆當著於篇。

以上共二十六題。題到之日，即由該學出示，曉諭諸生童，即將題紙分給。再另將題紙一分實貼該學門前，以備諸生童傳鈔，限兩月內交卷。任擇一題，作成一藝者，即作完卷論，能兼及兩三題至各題者更善，然在精不在多。且兼及各題者，須各謄各卷，以便每題定一甲乙。若有願任大著，或一人專撰一種，或數人合撰一種，即速報明本學，自定限期，遲至科考前爲止。先由該學報明本院，屆時察看成否，以知學者之勤惰。如果能卓然成書者，即由使者勘定付刊，惟不得假手於他人，盜名舊作。昔阮文達公在浙江、江西，畢秋帆尚書在陝甘，皆合衆力，成書多且速。使者雖不敢仰希前哲，然沅湘學者未必無臧拜經、孫淵如、洪北江、江鄭堂其人，使者實有所厚望焉。

　　光緒甲午十一月十二日，湖南提督學政五品銜翰林院編修江標記。

　　案：見光緒二十年刻本《湖南學政觀風題目》（湖南圖書館藏）。

信　札

致葉昌熾（六十一通）

一

夫子大人函丈：

　　謹稟者，久違面命，深切悚惶，實以家叔祖母彙弔一切略爲經理，故未得脱閒也。今日即欲赴白門，本欲叩別函丈，并聆訓誡，又以時促事多，尚須收拾，諒夫子當不責標之懶也。兹呈閲陳碩夫先生赤牘一函，附《竹柏雙清圖》一幅，稟稿一紙，謹求夫子大人名箸駢文序一首，以光慈蔭，不勝銘感，秋帆歸後，當即叩領也，修敬一函附呈，伏乞哂留。專上，恭請鈞安，尚希賜訾。受業江標百拜稟，七月初四日。

　　案：《笘誃日記》光緒十七年辛卯九月二十五日：“今年八月十八日爲母六十正壽……年五十，江蘇學使黄漱蘭夫子書‘畫荻風清’匾額旌於門，母堂兄簽秋舅氏畫竹柏圖爲壽，比吾郡袁氏之竹柏樓，以重節也。”王先謙《虚受堂詩存》卷十五亦有詩題曰《江建霞母華太夫人守節教子，五十時其兄翼繪繪竹柏圖爲壽》，首句云“竹柏樓高壯江縣，雙清復此開圖卷”。又葉昌熾《緣督廬日記》光緒八年壬午七月初六日：“得建霞書，附來陳碩夫先生册葉一本。”故此札作於光緒八年。

二

夫子大人函丈：

標自十五日歸里，曾至金太師場兩謁師門，閽人均辭以他出，又至花橋里第，則又辭以在館，往反南北，未得一謁清光，更深惶悚。賜叙《竹柏雙清圖》，并馮魯川手書《說文》跋，百拜謹謝。呈查翼翁一書，乞謇入。夫子何日歸第，或示以時日，俾至花橋親行叩見。肅上，叩請鈞安。受業標謹稟，二十三日。

案：據前札內容，知此札亦作於光緒八年。

三

夫子大人函丈：

謹稟者午前叩謁，知貴體違和，不敢請見，兹呈上修敬六番，伏乞賜納。標終歲荒落，有負栽植之意，近復行裝匆促，不能成文，諸祈原諒是幸。手肅，恭請痊安，伏祈冰鑒。受業標百拜上稟。

碩父先生赤牘，便乞擲還，至幸。

案：據札中借還陳奐赤牘事，知此札當亦作於光緒八年。

四

昨承賜諭，標已詢過前途，據云《朱樂圃集》可否六元，《中庵集》肯再定價，望示一數。自兹將原書五冊呈上，乞謇入。專上，肅請夫子大人鈞安。受業標拜上。

案：葉昌熾《緣督廬日記》光緒八年壬午十二月初一日：“購尤舞漁手鈔《朱樂圃餘稿》三冊，價洋六元。”故此札當作於光緒八年十二月之前。

五

昨拜誦鈞諭，謹悉種切，《中庵集》欲寄閩中，前途自無不可，惟渠意中需值約七八元方肯脱手也。專上，恭請鈞安。受業標拜上夫子大人函丈。

案：據上函所云購《中庵集》事，知此札亦作於光緒八年。

六

夫子大人函丈：

謹稟者日前拜讀賜書并陸集三種，昨晚叩謁，知尚未歸，又以天忽大雪，不克趨謁，殊悵。昨忽接羊辛楣師由湖北途次來書，始悉已浼陶子縝先生薦標於高勉翁學使處，校讀經古各卷，歲可得二百金，已將關書聘贐諸儀送來。標決計應聘。惟明歲正月初旬即擬附輪西去，緣來函有燈節後必須出棚之語也。初次出門，諸事均未熟悉，況勉翁從未識荊，不知脾氣若何。好在焱輪往來，旬日可達，且終年奔走，無崇山峻嶺之險，皆由江漢一帶也。陸集前途，昨日又有書來，渠因歲底急需，竟八元肯售，不識老師能再爲設法否。瑣瀆之罪，出於門人，深自不安，故未將全書送上，如得俯允，當即一併送呈也。今日上午如不到館，諸事尚擬面聆訓言，乞示悉，至幸。肅此，上請大安。受業江標百拜上。

費宅大殤，想老師處亦報，不識還何禮，乞示悉。

案：葉昌熾《緣督廬日記》光緒八年壬午十二月十八日：“得建霞書，知明年就鄂中高學使館。”故此札作於光緒八年十二月。

七

奉鈞諭恭悉種切，陸集四十八冊，乞詧入，瑣瀆之至。讀薌老書，老師又爲小子所累，然薌老眼光亦頗不惡。二十一日叩謁。此肅，上請夫子大人鈞安。受業標拜上。

案：由札中陸集事，疑與上札時間相隔不久。

八

夫子大人函丈：

　　謹稟者標於初八日抵滬，十三日附北京輪，十七日辰初抵鄂，即僱船過江，下午進衙，適勉翁抱恙，不能出見。出棚約須出月初旬。陶子縝先生亦見過，年未四旬，箸述頗富。已刻之書已有六種，其第六種爲《淮南許注同異詁》，精審詳塙，今之戴、郝。標去年曾取原書略一斠讀，見此可省兹心力矣。巽庵先生處，今日去拜，適已於十六日赴京，不及一見，懷刺而返，致函仍寄呈。志局一事，未知其詳。子縝先生緩數日即欲歸里，度其詞意，中不甚愜，未知如何。標到鄂後，水土等尚幸平復如常，所幸同幕俱係同鄉，一爲顧繹如老伯，即住虹橋；一爲朱董郢，嘉定人；一爲蘇某，上海人，尚未到；一爲李鮫江伊沅，順天人，係得解而即革去者。餘皆官親，徒掛虛名而已。卸裝匆促，拉雜略布。肅此，上請福安，伏祈賜鑒。受業江標百叩稟，十八日燭下。

　　案：據札中初到湖北語及後札“標到省有十七八日”語，知此札作於光緒九年正月十八日。

九

夫子大人函丈：

　　敬稟者日前由舍間寄呈一稟，想早賜鑒，敬維起居勝常如祝。日來想早開館，抑有他就否？標到省有十七八日，現定於初八日起馬。勉之先生人極和平，且有藹然可親之意。此間書局已不刻書，祇擇其已刻者刷印發賣，鋪中書遠不如吾鄉之多，惟四川宏達堂新刻各書價廉物美，頗可買也。老師曾欲補買叢書另種，便希開單示悉。日前承題《竹柏雙清圖記》，如蒙脫稿，便乞寄下，來書乞徑寄本衙門，可由本衙門加封遞寄也，如托通志局柳、查二君帶來，尤便捷也。大約三月間考漢陽，四月黃州，五月武昌，即歇夏矣。此間經心書院爲香濤先生所設立，近閱觀風卷，中有佳卷，俱係書院肄業諸生，亦可見栽培之厚矣。賤軀尚幸托庇犕適，堪紓慈廑，惟學薄才疏，深惴惴耳。肅此，敬請崇安，伏祈垂鑒。受業江標百拜謹稟。二月初七日午。

案：據其內容，知時在湖北學政幕中，故此札作於光緒九年二月初七日。

十

夫子大人侍右：

頃拜賜諭敬悉，鄂省通志局在省城秦道嶺，命瑑《文子》封面，午後本擬叩謁，當帶呈，一切亦容面稟。肅復，上請鈞安。受業標叩稟。

案：據其內容，知時在湖北學政幕中，故此札作於光緒九年。

十一

夫子大人侍右：

謹稟者，《洪北江全集》，想夫子必有是書，擬假讀詩文全集，并《曉讀書齋雜錄》《外家紀聞》等三種。惟恐此書未必携在案頭，或俟歸第時檢出，祈示一日期，俾使伻至第領取。今日郎亭處又有書來，屬早束裝，然得翁書來，言露宿星飯，頗形跋涉，計水程七天，陸行十四天，途中伏汛陡發，幾瀕於危，可見出門之難，見此又有戒心矣，故七月中決不首途也。附呈篆書《山海經贊》，學篆日淺，殊媿不工，想夫子必有以教之也。肅上，祇請鈞安。受業標叩稟。

案：《緣督廬日記》光緒九年癸未八月十二日："建霞來，云月內赴山東學幕。"本札謂"郎亭處又有書來，屬早裝束"及"七月中決不首途"，則此札當作於光緒九年七月以前。

十二

八月十二日標叩頭謹上

夫子大人門下：

《守山閣家刻書目》十卷呈覽。昨譚次及鄭、王祥禪之異，以記憶不真，不敢妄對，歸而檢書。案《會典》載品官喪禮本《性理》《家禮》之説，曰："期而小祥，設次陳練服，再期而大祥，設次陳禪服，大祥後中月而禪，卜日祭而釋吉焉。石梁王氏曰：二十七月禪祭，徙月則樂矣，徙月者二十八月，禪祭不言設次陳服者，蓋小祥即易練服，大祥即易禪服，禪祭即易吉服。"此今禮也。唐杜佑折中鄭、王之義，以爲君子教孝，禮宜從厚，以禪服二十七月終而吉，徙月樂，是古而合於今禮也。柴虎臣紹炳，浙江人《省軒文鈔》中《論禪》有服與祭之別説曰："禪服者，大祥除喪之後猶有餘哀，故服介於凶吉之間。《檀弓》所謂'祥而縞，是月禪'，《間傳》所謂'又期而大祥，素縞麻衣'是也。'是月禪'者，謂大祥之後則服禪服。禪服者，素縞麻衣是也。禪祭者，服終而釋吉，卜日以祭。案《唐韻》釋曰：'禪者，除服祭也。'鄭氏曰：'禪者，澹澹然平安之意。'此指禪祭，非言服也，即《儀禮》所謂'中月而禪'，《間傳》所云'禪而纖，無所不佩'是也。""蓋既祭而釋吉，故禪服曰'是月'，禪祭曰'中月'，由此言之，再期而大祥，復間一月而禪，要以二十七月爲斷矣。"此説《經世文編》中曾載之。案近人皆俗守二年六十日，是二十六月矣，實本《檀弓》"祥而縞，是月禪，徙月樂"之語，是二十五月而祥，不改月而禪，徙而及於二十六月，遂及於樂，似與今《會典》不合。蓋《會典》本《家禮》，今俗本《語類》也。標襁褓孤露，讀《禮》未通，略摭群籍，録呈定正，伏惟起居萬福。標叩頭。

　　案：葉昌熾《緣督廬日記》光緒九年癸未八月十三日："得建霞書，論祥禪之異，頗有折衷。"故此札作於光緒九年八月十二日。柴紹炳《柴省軒先生文鈔》卷四《禫説》有"若禫則有服與祭之别焉"之語,本札中篇名爲不精確引用。

十三

夫子大人侍右:

昨拜五月十九日訓,謹審種切,令以洨民先生歸里之便,謹略陳之,歸期稍緩,此書先發,三徑刊書許留一部,叩謝。《滂憙齋》聞廉價印售,甚憙,不知其數若干。現試沂州,事畢即欲歸省。標系隨棚校襄,碌碌輪蹄,未免勞苦耳。命代搜訪六朝以後、唐以前石刻,標當留心。所列中州碑目,此間鋪中却未見一紙,山東雖爲鄰省,而購者不多,故難得也,容訪之。夏間回省,郎亭先生擬招精於金石者來署,仿文達公積古齋故事,如尹生彭壽,諸城人,著有《諸城金石志》,工於篆,家藏有西漢朱博頌殘石及六朝造像,丁生培基,濰人,曾有校《益都金石志》,已刊,皆好古之士,擬羅致也。屆時訪諸於二君,必有頭緒。先示定值,爲數不多,標極當謹送。惟標家况清貧,所有修脯概由家中領取,此間除月費席敬之外,絲毫無入,數番之款尚可報命,令數稍多,既承諭言毋許客氣,敢不實言。現有定值者,如武梁祠全套,精者錢五千,次者三四千,其餘另拓六朝造像墓志等,每紙不過一二百文,多至四百文。如以二十餘番之數,所得必多矣,其款姑俟購定後再行奉聞。維《滂憙齋書》如價在五番以内者,稍多亦可,乞代購一部,即留師處,惟恐售完後不能再得也,其款得能在拓本上劃算,至妙,至感。郎亭得芾卿先生書,知新得《大藏音義》、采齡《音義》二書,亦擬輯補《倉頡篇》,傳聞標已有輯本,擬不再輯,實則標并未見及此書,惟知會稽陶子縝方琦太史已成輯本,較孫本倍之矣。翼甫先生是否歸里,標於五月十二日曾由馬遞一函至通志局,爲有微事相托,不知是否收到。如在吴中,乞一詢并求轉致,即賜一復音爲盼。餘事一切,洨翁歸里,可面詢也。肅復,專上,恭請鈞安,伏乞垂督。受業標叩頭,閏月十六日。

　　案:《笥訉日記》光緒十年甲申閏五月十六日:"今日作與稼
秋書……并鞠裳師書,托購《滂憙齋[叢書]》,其款擬於碑帖上划
算,附家書中。"

十四

夫子大人侍右:

　　六月二十日拜賜書并翼甫先生一函,敬案起居康泰如祝。《倉
頡》一書,回省以後又以校書院卷事繁,不克藏事。近以孫輯所引《一
切經音義》多有訛漏,擬補輯一二,已讀至十一卷矣,惟任氏《小學鉤
沉》未見,不知所輯若何。《大藏音義》聞有售本,然價太貴,非標所能
得,空覺垂涎耳。以篇韻校《說文》,鈕氏《考異》聞即如此,擬見《考
異》後再行卒業。諭中又以帖括亦須兼習,夫子誘掖之心,標已銘諸
心版,敢有遺忘。承代留叢書,感激之至。經幢題名,山左尚有,惟恐
已有所得,茲先抄一目目頗難抄,因此等物時有時無故也,容後再寄。呈
覽,如有所需,即圈識之,當可覓致也。回省之後偶游書肆,略有所
得,大約皆尋常之本,惟得《唐李翰林太白詩集》二十六卷,每頁二十
二行,行二十一字,行款與繆刻同,首有年譜,無文,小黑口,裝潢尚爲整
齊,以廉價得之。同人中有疑爲宋刊者,標遍檢各家藏書目,并無二
十六卷之本。標定爲元人坊間繙刊之本,以紙係元紙,搞不可易,而
無避諱字,故知決非宋刊也。然刊刻之精,刷印之佳,非尋常可比,我
此書次序大約如繆目,而自八賦之後即續以贊歌一卷,中間抽去序頌等篇,殊不
可解師所見目錄最多,宋元刊本中不知有二十六卷之本否? 此書出
自聊城楊氏,有圖章可據,而楊氏《宋存書室書目》中却無此本,可疑
也。申季先生一書内有傳稿,早已到矣。泰安道中見新出造像一區,
遇時出土僅二日。高僅尺許,擬購之而重不能舉,一笑棄之,拓文以歸,
字頗精也。子樅、洨民二君同歸,想均見及矣。標日來偶受風寒,至
感微恙,午後小坐,率爾書此,乞恕不恭之罪。專復,謹上,祗請鈞安。
受業江標謹啓,六月二十二日。

案：據《笚誃日記》，得《李翰林集》事在光緒十年甲申六月十三日，又《日記》同年六月二十二日：“晚飯後作與浚民、鞠師二書。”當即此札。

十五

夫子大人侍右：

叩別已月餘矣，襄校紛繁，未敢率爾上書。今日已按試萊州，行裝乍卸，拉雜上陳，惟夫子詧之。登州試經者二，試算者一，蘭皋先生曾孫二人，一列高等，一入泮宮，皆郎亭特拔之，振興文教，於此略見。試畢出游，登蓬萊閣觀海市，未見。閣中有張廉卿書朱曼君銘盤集句云“奥區神皋，陛絕入海；捫參歷井，峻極於天”，閣中楹帖無數，惟此特精。與陸惕翁、孫浚民出游，得古銅器，陸得漢鏡一，孫得劍臘一，有“司馬馬”三字，頗似雁足燈文，又得漢人銅節印三。標得元人圓印一，其他大者、貴者皆不能得。山左吉金之富，以此可知。漢碑新出土者，西漢有《河平三年麃孝禹碑》，東漢有《琴亭國李夫人靈第門》，又《孔子擊磬圖》《君車圖》，字繪皆完，筆勢奇偉。此外晉魏以下造像、佛座、經幢、墓銘，不可以數計。惟拓本頗昂，非數金不可得一紙，標略收得，便中當寄呈也。郎亭有續《山左金石志》之議，幕中惕翁專治帳席，祁子翁及中州諸君皆統閱試卷，汪子淵尚未到東，頃聞已束裝矣。郎亭更延嚴子萬先生入幕，吳會人才一時濟美，其阮太傅、畢尚書之遺風猶在乎。書肆舊槧精抄不見一二，聞日前試東昌時曾至靈石楊氏連筠簃暢觀宋元板本及抄校各精品，并借其《宋存書室即楊氏藏書處書目》一册而歸。標已遲到，惜不及見，惟曾手録目録一册，惜又不能寄覽，大約宋本不外士禮居、藝芸書舍各本，蓋楊氏之書皆在吳中所得也。日來想夫子康健勝常，至以爲念。標初次北游，車馬未習，山石犖确，顛簸異常，回想南中，幾如天上，幸笑譚交接不異故鄉。惟朔風吹襟，膚冷於銕，飛沙積几，旋掃即盈，中宵馬鳴，頑僕催起，昏黃得食，腹餓於鴉，此又行路之難也。黃水泛濫，又決巨口，哀

鴻遍地，賑撫孔艱，外夷交訌，南風不競，荆襄教起，黨連數省，出没靡
常，清源無本，時事之艱難，何以能言！標千里饑驅，鄉關隔絶，慈母
遠離，兩兄時違，讀書數番，雜事擾至，握管半温，興敗輒止。言念及
此，不禁黯然。上陳清聽，藉當面數，伏惟起居萬福。十月二十三日
三鼓燭下，標謹狀。

《爾雅》敬藏，手告奉悉。匆促不及附書，緩再詳布。二十四日。

案：《緣督廬日記》光緒十年甲申十一月廿八日：“得淡民及
建赧書，據云山左銅器極多，兩君及愓身各有所得。淡民在靈石
曾見楊氏《宋存書室書目》，藝芸、士禮所藏，大半在其中也。”與
此札所述正相合。

十六

夫子大人侍右：

日前曾上一函，諒蒙鑒及。昨拜賜函，謹念君子唯宜，福禄多豫。
循環省覽，伏增欣躍。叔鵬愛古好名，力任鉛槧，得夫子導引，他日書
成，必多可觀。翼甫先生鄂中把臂即似深交，來書獎借，曷勝知己之
感。東省藏書維海源閣，然宋元書目中却無道藏本《文子》，可見此書
之少矣，容再訪之。標到東後，立志不收隋以後拓本，此間新出土者
頗多，已另留一分，歸時可呈覽也。孔廟各碑不能自拓，須於明年試
兖州時商之於衍聖公，或可得也。若非精拓之本，則遍地皆是，固不
足供一笑也。天氣嚴寒，車騎頗憚。日前過濰縣，知陳壽卿學士所藏
銅印以萬計，古陶器得六千餘件，見瓦、秦詔量，字畫如寫。估人以陶
器五十餘件求售，每器俱有大篆，索價二金，一事未能買也。見三代
古鉨，大者徑寸，小者僅二分，璃法奇古，價貴不得，徒飽眼福而已。
郎亭有重刻《山左金石志》之議，擬在吳中刊之，明年或欲屬校也。燈
下拉布，祇請鈞安。十二月朔日，弟子標叩頭。

　　案：《笘誃日記》光緒十年甲申十一月二十七日：“至濰縣，宿
於北關外，時僅申初。即進城。”二十八日：“陳壽卿子（厚滋）貽
郎亭劉文清墨迹小楷册十二頁。”十三年丁亥二月初六日：“簠齋
故後，郎丈爲之點主，其子九蘭即以此册相報者也。”札中謂日前
過濰縣，得知陳介祺藏品，正與日記此數條相合，故此札作於光
緒十年十二月朔日。

<h1 style="text-align:center">十七</h1>

夫子大人尊前：

　　謹稟者二月中曾上一書，想蒙鑒及。項自三月下旬由東昌觀海
源閣藏書歸，山左之行，素願始畢，亦幸事也。惟所稱四經四史之齋，
據其《楹書隅録》，如《藏書志》例，盡云宋刻佳本，及開讀之，不禁啞然
而笑，蓋八籍半係僞品，其真者則皆殘鱗片甲，無一完璧，世之佞宋如
是乎！蓋至堂先生本不若黄顧輩之審定，而如汪孟慈、姚伯昂、包慎
伯輩則皆各據一是，未免有從容之意也。惟《咸淳臨安志》百卷全帙，
即《竹汀日記》劉燕亭所見曹楝亭藏本，然細睹之，紙墨之色尚有可
疑。其所藏抄校各本實爲甲觀，如毛抄、周研農抄各本、何、惠、沈、顧
各手校本已爲希有，而蕘翁手校本至有八十餘種之多，尤爲人間至
寶。奉讀兩時，僅一晡眒，不禁怡魂而澤顔也。此間試事將竣，仲夏
之初當可由運道南還，不識夫子此時有北行之説否？兩歲未侍函丈，
急欲一言其志。二月中過商河，於城隍廟廊下搜得周顯德二年經幢，
絶似虎阜之幢，字尚清，爲阮志所未收，亟求郎亭命人拓之，然氈蠟不
精，歸時當奉鑒也。日來并無所得，惟收有舊拓《史晨》前後碑，前碑
較今拓多卅餘字，亦罕見矣。近見吳㤅齋《説文古籀補》，實爲二千年
來絶學，已刷印貽人矣。陶子縝學使遽爾作古，趙撝叔刺史亦亡，二
君遺書皆極精核，已刻者固必傳布，未刊者未識能有人爲之校刻否？
查翼翁先生想在里門，附呈一書，伏乞轉交，餘再容稟。肅此，敬請鈞
安。受業江標叩稟，四月三日作於大明湖上。

　　案:據《笘誃日記》,江標至海源閣觀書事在光緒十一年乙酉三月二十一日。故此札作於光緒十一年四月初三日。

十八

夫子大人函丈:

　　去年十月下旬,孫浚翁至登州,奉到賜諭并天一閣、莫氏二書目,范書款。尊論代購石拓,徑不寄奉矣。前所得《李太白集》確與天禄本相合,雖爲坊本,似亦罕見之品,且樂史《叙》中"互有得失"一語,惟此本作"牙有得失",可合《釋文》所引鄭氏《易》注"牙讀爲互"之證。龔氏所藏金石拓本,數年前曾見兩大簏,皆全裝,頗有顧千里等題跋,今夫子所得,當亦此簏中物也。《佳趣堂書目》曾見於士禮居跋語,《紅雨樓》僅見收藏小印而已,如許命抄手録副,當面領也,該款亦俟面繳。標近輯《菉圃先生年譜》一卷,大約專記某年月日得某書、跋某刻、刻某部、校某籍,兼及校書瑣事,專從題跋中録出,其餘旁見他籍者則注明出某書中。椎輪大輅,粗稿已成,惟於先生二十六歲以前事絲毫無證,究未能稱爲完書也。先生故於某年,一時亦無從考。惟藉知先生一生讀書之勤,實非後生小子所能企及。因輯書而兼及校事,得所刊題跋之訛字若干,另紙録呈。近又輯《水經注引書目》一卷,擬於每書名下注明注中共採若干條,此係標一人私例,未識可否,容歸里後呈稿。南中新刊各書已許代各留一分,至感至幸。郎亭宮詹頃擬校刊陳南園《師友淵源録》,已付寫手矣。標擬五月初歸里,徑由運河南下較便利也。近日無所得,固係物少,亦爲泉少耳。肅此敬上,恭請鈞安。受業江標叩頭。

　　外附大明湖匯泉寺庭中經幢拓本,乃《山左[金]石志》中所未收者,標訪得而手拓也。

　　　　案:《笘誃日記》光緒十年甲申十月二十八日:"知孫浚民、錢南泉均已航海至煙臺,明日可到登郡矣。"與本札首句相合。又

《緣督廬日記》光緒十一年乙酉三月二十三日:"得乙生書,柳門屬校《師友淵源記》,陳碩夫先生所撰也。"亦與本札相合。另據札中"標擬五月初歸里"語,此札作當於光緒十一年四月。

十九

夫子大人侍右:

秋初歸里,拜六月中賜諭後,述新得唐碑事,似當再有前諭,而未得拜讀,不知浮沈何所。標自去年奉賜諭後,至今秋始得此書,六月之中當必有賜諭,尚乞示知,以便訪查。標匆促赴試録科,倖得列名,然須補歲,尚未得定期也。白門市肆,舊槧少佳者,偶有可觀,價貴異常,未敢得也。惟明刻《文子》一種,據云從徐注録出,似從道藏本所出也。世叔大去,以師之友愛,悲慟何如。不知何日入都,標歸里時,未識能叩謁否?專肅祇上,恭請鈞安。受業江標叩頭。七月二十一日。

　　案:據《笟誃日記》,江標在南京書肆得明刻《文子》事在光緒十一年乙酉七月。故此札作於光緒十一年七月二十一日。

二十

夫子大人函丈:

謹稟者,標於二十日自白門啓行,二十四日抵里門,三場侔畢,聊藉觀光,深自媿惡,謄呈首藝一首,伏乞賜鑒。本擬親聆訓辭,實因自中秋日腹瀉,寒熱交作,至今尚未復元,道路稍紆,即難步履,一俟就痊,即親自叩安也。肅此恭上,祇請鈞安。受業功江標百拜上。

　　案:《笟誃日記》光緒十一年乙酉八月二十五日:"晨起解維,午初抵閶門,步行進城,至家已午後矣。"二十八日:"燈下復葉師書。"故此札當作於光緒十一年八月二十八日。

二十一

送呈《藏書志》十二册,《虞山小志》七册,乞晉入。莫偲老批注《簡明目》如便在案頭,或乞檢交去手爲幸。又陽嘉刻石拓本呈請賞收。《提要》如數日内有便可檢出,當走領。《古籀疏證》聞不在吳門刷印,能否屬徐元圃先多印紅樣一分,至感。專上,衹請夫子大人鈞安。受業標叩頭。葉師老爺,外帖一紙,書十九册,候片。

案:《緣督廬日記》光緒十一年乙酉九月十七日:"《虞山小史》七本,無撰人,高麗人録本,據建霞云出自錢東澗。又《愛日精廬藏書志》一部。"故此札作於光緒十一年九月。

二十二

奉諭并書領到。昨發案,得首列,吳縣則曹,府學爲張正鏞、長洲周霖也,《申報》尚未檢寫,明日送呈。昨賦題《司馬君實獨樂園賦(以題爲韻)》,經解之題甚易也。專上,敬請夫子大人鈞安。受業江標叩上。

案:《笟誃日記》光緒十二年丙戌二月初七日:"古學場,考詩古經解二卷……"十一日:"《司馬君實獨樂園賦》。"本札曰"昨賦題",故當作於光緒十二年二月十二日。

二十三

通志[堂]本《釋文》,標無此書。殘本《唐子西集》《湧幢小品》呈覽。敬復夫子大人。標叩頭。

案:《緣督廬日記》光緒十二年丙戌二月廿八日:"讀抄本《唐子西集》,已佚其半。"故此札作於光緒十二年二月。

二十四

夫子大人函丈：

　　謹稟者標自廿八晨赴滬，初一到後即見郎亭，詳言一切，大約皆可如願。維渠必欲標偕去，再三懇辭，決不應允，現已許於夫子及申季先生到後，標即言歸，少停再往，以備檢理行李。實以此次出門衣服食用皆未帶來，今特南行，只得當在滬上小住兩月，不能算出門也。現幕中到者陸惕翁、祁子翁之外，尚有程蒲生績溪人，工詞章、經學、顧蓉舫、趙叔垣伯厚先生世兄三人。程履新尚未到，今又屬標飛函，速華若溪表兄來同襄校，大約亦須八月方歸，再行南往。標此行不竟，必欲同行，匆促萬分，諸多不便，維有聽諸自然之理而已。匆布，上請鈞安。受業標叩稟。七月初二日未刻。

　　　　案：據《笘誃日記》，光緒十二年丙戌六月底江標自蘇赴滬，七月一日見汪鳴鑾，與札中首句相合。故此札作於光緒十二年七月初二日。

二十五

夫子大人函丈：

　　前日曾上一稟，想已鑒及。標已爲郎亭丈挾來粵東，今已抵試院。海中風穩，無異平地。到粵後亦不甚大熱，已可穿單矣。幕中程蒲孫孝廉秉銛，績溪人，學問淵雅，不可多見之士。郎亭必欲招若溪來粵，未識能乞否也。八月望後能即束裝，至妙，緣以後海面恐有風浪也。專上，即請鈞安，受業江標拜上。七月十二日戌刻，作於粵東使院之藥洲。

　　束裝時，舍間或有托携之物。

　　　　案：《笘誃日記》光緒十二年丙戌七月十二日："作與若溪、鞠師、心淵書并家書。"

二十六

夫子大人侍右：

　　十二日又上書，想均蒙察入。此間幕友現到者甚少，初四出棚，頗有不敷之患。總諸多閱試卷而已。若溪表兄已就粵聘，屆時可同伴南來，大約先行奉拜也。附輪可徑至汕頭，由該鎮換船至府城，僅走一日，九十里，則較至省轉折爲善。此事後一二日當另再詳細探稟也。先此上請鈞安，百惟畢等。受業標拜肅。

　　申季丈請安。僕人似宜帶來爲善，且恐不能一僕分侍二主也。七月廿八日三鼓作於粵東使院之藥洲精舍。

　　　　案：見《鄭逸梅收藏名人手札百通》。《笘誃日記》光緒十二年丙戌七月十二日："作與若溪、鞠師、心淵書并家書。"七月底："寄家書，托譽卿，并葉師、若溪、心淵三書。"與札中首句、落款相合。故此札當作於光緒十二年七月二十八日。

二十七

夫子大人侍右：

　　昨由舍間轉呈一稟，想先瞽入。今午，錢冠兄來，奉到初四日賜諭，謹悉南游準約，欣幸無極。出棚日次，已詳前稟，頃學使言擬請長者偕申季先生、若溪表兄附輪徑抵汕頭鎮，由該鎮另易民船到府署，一切另行詳述，乞另行所述，若溪處不詳書矣，見時乞示之。案行時尚有另件托帶，當由家中送呈也。瞽入。承諭今冬暫歸，是可不必，誠是，容再面請教益。專上，恭請鈞安。受業標叩頭謹啓，八月朔日。

　　自上海至潮洲、汕頭屬澄海縣。招商局船，月有三四次，最稱便捷，洋行船亦有數次，切勿坐雜港船。船舊而擠，又小而不穩，客位却便宜。到汕後，可住廣泰來客棧，其棧主係吳植卿景萱之舊僕黃芳洲，人頗幹練，一切雇船等事均可命渠照料。自汕頭至潮州府九十里，陸行一日可達，夫價甚貴而不免辛苦，水路係上水，須三四日可到，似水路較安穩也。至汕頭時，袛説係潮州府朱太守幕友，一徑至府署暫住。朱名丙壽，字少虞，己未舉人，乙丑進士，係學使同年熟人，故一切照料必可周到。此間嘉應試畢，至潮州約在九月望後，二十邊亦未可知，蘇州或稍遲起程亦可。

　　　案：八月考試嘉應事見《笘誃日記》光緒十二年丙戌八月日記，則此札當作於光緒十二年八月初一日。

二十八

　　日昨所上書并附家書一函，想先鑒及。今午已過羚羊峽，山色空濛，頗似畫圖也。頃聞初夏有還里之説，想定傳聞之訛，若塙有其事，標之衣箱能便先爲附歸，甚感，否則將鑰封固，并箱交在省者，維不願爲他人啓耳。專肅，上請夫子大人福安。受業標叩稟。二十二日於肇慶道中。

　　　案：《笘誃日記》光緒十三年丁亥二月二十二日："晨起，天雨，舟行江中，江甚闊，惟水淺可下篙耳。午後見兩岸皆山，石壁如畫，瀑布聲潺，按圖知即羚羊峽，蓋將至肇慶矣。"

二十九

夫子大人函丈：

　　數日來神識頓昏，語亂心煩，幾不知天地爲何物。承一再訓導，仍未能省悟，觸犯撞突，無奇不有。直至今日下船，神始守舍，静想數日以來，追悔莫及。在夫子曲能體諒下情，明察其憨劣無知，決不因此等事常存心意。然在標則更惶悚萬分，終日惴惴，如能寬容，則標再生亦當感激。留省中大衣箱，於天晴時止須飭阿和開箱，將箱面椅墊一曬，以下均已曬過，并遍置樟腦，自可無虞，不必再行翻動也。家書一函，臨行時忘寄，附呈，乞即飭局中速寄，掛號錢回省送繳，餘容續稟。匆肅，恭請崇安。受業江標百拜謹上。初十日，大通道中。

案：廣東湛江（清代屬高州府）有大通街，以札中衣箱事及將
表游幕經歷，此札疑作於光緒十三年丁亥三月，當時正隨汪鳴鑾
考試高州府。

三十

夫子大人函丈：

三月二十七日，高凉棚次，奉到鈞諭，祗悉一切，感愧莫名，前言
得諸耳聞，標早疑不塙，今讀手諭，益爽然矣。讕言之不可信如是。《説
文雜識跋》附呈。日來文場已畢，稍得安逸，然終日笑譚，毫無常課，
且有如汪問禮所云“跬步才踊，荆棘已生”之苦，苟居停非笞河、纏蘅，
恐嶺南無標矣。近成申丈誄一篇，用以寫哀，兼以自悼，匆促不及寫
清稿呈政，容後續上。若兄同室起居，沈默自好，標不能也。天時已
穿單衫，想省中亦如此也。到後亦并不陰雨，維蚊已成雷耳。出月初
六七必能起馬矣。家中仍無信來，盼甚，真莫解其所以然矣。附一
函，附府報中，求飭送，不必亟亟也，屢瀆罪甚。十八日曾上一稟并他
函，想先鑒入矣。驛使坐待，匆肅，恭請崇安。受業標謹拜稟，三月二
十七日二鼓，高凉試院。

申丈身後，一至於此，聞之腹痛，誄文一首呈政，頗乖少不誄長之
義，且筆墨荒俗，聊以當哭而已。標再稟。上海、蘇州兩函乞飭送，又
本地一函。

案：《笘誃日記》光緒十三年丁亥三月初七日：“至高州府
城。”二十六日：“三日來未爲一事，僅成駢語管申丈誄一篇，用以
寫哀。”二十七日：“得葉師書。作第二十一次家書，并上葉
師書。”

三十一

夫子大人侍右：

行裝甫解，正擬肅函，適奉賜諭，敬案起居曼福如祝。標自十三隨輄起程，二十渡海，即日進試院。途中托庇平安，天氣亦不甚大熱，晚間仍須綿被也。昨得大家兄書，知鈕佚畋先生於二月杪接聘，定於三月十四日開館，於十一日來城，先住標家。不意於十三日午前因詢及小兒所識之字，頗覺煩重，遂自謙抑，必欲言歸，經大家兄再四挽留，未蒙允可，臨行留書一函，屬轉呈，今將原書寄上。即此可見鈕先生古道照人，足以警世俗蹈虛之習。後以小兒課字漸荒，急於求師，遂即聘請祝桐尊兄，標則未知之也，及至昨接桐兄函始知之。標實深抱不安，以桐兄雖係至好，然一旦就任小席，何以爲報？且小兒頑劣，桐兄長厚，恐未能駕策，故得信後，悶愧殊甚。然此事標未與人知之，乞秘而勿宣。標廩事大約不成矣。此間試事須八月杪可回省，標若歸里，須在七月。勢必先歸，然水陸屢易，孤行獨宿，頗非易事，若能在瓊州航海而歸，則便捷矣，恐不能也。先肅復，上請大安。受業標拜稟，四月二十四日。今日生正場，晚間無興閱卷，肅此。

案：《笘誃日記》光緒十三年四月二十日：“申初，已至瓊口……上岸即坐轎，行十里進瓊州城，至試院。”二十四日：“得菊常師［書］……”與本札行程及“奉賜諭”語相合。

三十二

夫子大人侍右：

謹稟者月前曾上一書，想蒙詧及。唐仁齋處，經幢未送來，大約已成虛約矣。茲因沈福至粵，托渠帶呈經幢兩種，具蕱本。據仁齋云塙係幢文，果爾則此甚寶貴，以書法頗近眉山，高而言之，則爲《馬鳴寺》矣，尚求審定。附上郎丈書，謹求即寄，至感。標歸里後，未讀一卷書，可媿。專上，敬請鈞安。受業江標謹上，八月五日。

　　案:《笘誃日記》光緒十三年丁亥八月初三至初十日:"日來
米鹽之事甚於書籍,應試之事勝於誦讀,即日記亦未暇爲之……
上憲齋丈書,暨上郎丈、葉師書(經幢二,交沈福)。"與本札相合。
故此札作於光緒十三年八月初五日。《馬鳴寺》即北魏《馬鳴寺
根法師碑》。

三十三

夫子大人侍右:

　　標以哭篴舅靈故,於試事畢後匆匆赴蕩,未及他事。日前曾蒙賜
書,亦未肅復,今晨奉賜函,并承寄《心矩齋叢書》十六册,拜領叩謝。
標試古學,正覆幸俱首列,文場正案次六,覆試得首列。考案俱見《滬
報》,當早見及矣。優場曾與其事,共十二人,至望日始畢。叔鵬因病未
入場。此次文場正覆兩案,顛倒殊甚,聞試常州府屬亦如此。廣府聞
月望開考,閱卷人數能夠否?

　　夫子身弱,萬望節勞,標所心禱。標廣府恐未能束裝,且孤行無
伴,若兄又萬不能行,此事真無從説起矣。考市中僅得元篆圖互注本
《揚子法言》二册,係張塘橋蔡氏蠹餘,在標已奉以英佛七尊矣。叔鵬
蔡氏書竟未得一卷,反以百金購乾嘉通行本巨部,取其多而已,不知
其故也。日來心緒惡劣,無暇詳布一切,若兄云前寄書已收到。專
此,恭請崇安。受業標謹叩,九月廿四日。

　　案:《笘誃日記》光緒十三年丁亥八月十八日:"晨起,母氏至
蕩口外家,晚得篴秋舅氏噩耗,愴痛無已。"與札中首句相合。故
此札作於光緒十三年九月二十四日。

三十四

　　頃知闈墨中標刻有《爲電》文一首,頭場二篇,若谿已許作矣。
頭、三兩篇,萬望賜撰,容面叩領謝。敬上夫子大人,受業標再拜。

自撰既不能見人，欲求他人，又心有所不敢，尚乞成全，不勝惶恐。

> 案：《爲電》爲江標鄉試五經文。《笘誃日記》光緒十四年戊子十月初一日："得稼秋書，知闈墨本刻余《爲電》一篇。"初二日："見闈墨，知《爲電》藝一字未易。"故此札當作於光緒十四年十月初。

三十五

諸事紛來，皆無可置擱，奇窘異常，幾不能出門一步矣。後日須至江陰填供，一切皆無處置，粵行萬不能緩，然將奈何。此苦惟夫子知之，餘皆不信也。《漢隸字源》擬於粵行前了之，未識三經肯解此一囊否。終日茫無頭緒，索索無生氣，半月來未讀一卷書也。何日北上，示知。敬請夫子大人行安。受業標再拜。

> 案：《笘誃日記》光緒十四年戊子十月初十日："晨起略檢行李，即同大哥至婁門下船，同行者爲沈子良同年，晚泊望亭。此行爲至江陰填親供也。"札中言"後日須到江陰填供"，故此札當作於光緒十四年十月初八日。

三十六

欲假師前日所校之《鹽鐵論》一觀，因舊藏本欲加跋語也。標謹啓，夫子大人函丈。

> 案：《緣督廬日記》光緒十六年庚寅十月廿八日："夜校《鹽鐵論》。元本爲建霞所藏，出於麻沙書肆，亥豕迷目，而時有一二絕佳處，古本所以可寶也。"故此札作於光緒十六年十月二十八日之後。

三十七

殘唐寫《大般若經》卷一，扶桑木刻多賀城碑臂擱一，恭呈賜收，受業標謹啓。夫子大人侍右。

案:《緣督廬日記》光緒十六年庚寅十一月十九日:"建霞贈唐人寫經手卷及日本刻多賀城碑閣臂各一，頗精。"故此札當作於光緒十六年十一月。

三十八

昨見岯懷，知行期已改後，大可隨侍同行。再同前輩處百幣，願精刻十印相易，如許，可即交下，當立刻奏刀也。然須先見百幣方刻。方足布，標處已有四百餘枚，以此聚類，即不刻印，亦當許之也，藉博一笑。夫子大人留安。受業標再拜。

案:據其內容，知作於居京師期間，即光緒十五年至二十年間。

三十九

同鄉單一紙，當即注明交西蠡。明日芍農師命飲，西蠡同坐，陶然之舉，當與面商。再復，敬上，恭請夫子大人鈞安。受業標叩啓。劉太老夫子處，何日可去，乞示知。似須在請同鄉之前。

案:據其內容，知作居京師期間，即於光緒十五年至二十年間。

四十

十五日下午六點鐘，廣和居便酌。恭請師駕賜臨，同坐皆同鄉熟人，并欲邀君直兄一坐，當蒙許可，恕不具簡，屆時再行催請也。夫子大人鈞右。受業標謹啓。

案：據其内容，知作於居京師期間，即光緒十五年至二十年間。

四十一

賜示祗悉，此次大痛，雖延頸就斃，亦不夠此一擲，奈何脂盉。中島許十金，標嫌其太廉，擬再與商之，故未復也。數日内，當先籌去年蒙假之款奉繳，暫應急需。日來百物躪棄，開元一石，亦爲筱珊前輩要去，餘亦視之若敝屣矣，可憐又可痛也。夫子大人函丈。標謹啓。

住京之病，莫大於携眷屬，現在舍之不可，因循則百病叢生，將垂絶矣，奈何。

夫子大人侍右，標謹啓。

案：據“住京之病，莫大於携眷屬”語與《笘誃日記》，知作於光緒十六年至二十年間。

四十二

彭氏諸集及韓桂舲、石琢堂兩先生集如蒙檢出，祈賜假一補蕘公年譜。夫子大人鈞右，受業標謹啓。如有當時同人諸集，均乞一借。

案：《笘誃日記》光緒十八年壬辰正月十七日：“韓桂舲《還讀齋詩集》、石琢堂詩集、彭文敬集，皆素與黄蕘圃往還，必有紀事，宜查補入《年譜》中。”故此札作於光緒十八年正月。

四十三

夫子大人侍右：

前上啓并廣函想早到。頃見吉甫，云粤關已調人，須速去爲上。

磨勘事已告假，然徐老大發雷霆，出此知會，即録呈閲，重伯亦代告假矣。燕秋中矣，爲徐壽老奇賞，二三場批有“班、揚復生”之語，首藝云似莊子，而山西所中王君聞住蘇州則似老子。日來一老一莊，人皆稱譽不去口，亦文之妖也，世道之變，於此可見。恭請福安。受業標謹啓。

　　供事孫彬等謹稟：奉掌院諭，自本月廿一日爲始，所有接見人員不必按定俸次之先後，每次酌點十員到署接見。如有三次不到者，著取具圖片、印結到署告假，即照例辦理，毋得自誤。爲此謹稟，并請批知。

　　　　案：《笘誃日記》光緒二十年甲午四月十一日：“戌正得燕秋中信，亥正得大哥中信，一家兩得大喜，闔宅歡幸。”故此札當作於光緒二十年四月。

四十四

長洲俞君宣《自娱集》兩册，謹呈書庫，餘面啓。恭請夫子大人福安。受業標謹啓。

　　　　案：《緣督廬日記》光緒二十年甲午五月廿三日：“建霞贈明俞琬綸《自娱集》二册。”故此札作於光緒二十年五月。

四十五

奉去石印一，乞詧收。標北行尚擬暫緩數日，如欲索鍾越生刻印，便乞交下，當可代求也。敬上夫子大人函丈。受業江標叩頭。五月朔。

　　昨聞鍾君刻例，即日有加泉之説，如欲索鎸，盍從速交下。

四十六

頃蕩口友人托售新舊各書，其新書一單，不外局刊通行之籍，故未呈覽。茲將舊書單呈上，中圈出者均已售去，或頭本携出。并頭本全書計共拾伍册。如有合意者，請示價以便轉詢。肅上，祇請鈞安。受業標叩陳。夫子大人函丈。

四十七

王復齋、薛尚功、吳荷屋三書均乞督入。近日之爲吉金之學者，能求釋例，當勝解詁。率爾之言，借博一姕。夫子大人函丈。標謹啓。

四十八

拜賜示謹悉。質卿先生書當携交也。標以鑛局無車，需八月中旬束裝。容再面稟一切。肅復，恭請夫子大人午安。受業標叩復。

四十九

《字原》潤筆，擬需五十金，未識太多否，若以每字五文計之，尚不止此數也。尚求酌定。如看三徑，萬不肯出此巨資，不必以標信與之看也，即望示悉。敬上夫子大人。標再拜。

五十

頃得郎師書，送閱，明日當於午前同來。敬上夫子大人函丈，標謹啓。

五十一

小印兩器，聊以饋歲，天寒臂弱，奏刀粗惡，乞姕政。謹上夫子大人。標叩頭，除夕。

五十二

石印五方鎸就，即奉。先此肅復，上請起居曼福。正月朔日，標再拜。

五十三

賜示謹悉。石章三方皆刻好，惟須略修整，標擬足成之，明日即可送上也。夫子大人侍右。標謹啓。

五十四

夫子大人鈞鑒：

謹稟者日來以先塋祭掃未完，不得叩安爲罪，兹特送呈課作二首，謹求謩入，并附修脯，還祈檢入，至幸。專此謹稟，恭請鈞安，伏祈垂詧。受業江標百拜稟，寒食日。

五十五

一昨匆匆不聆訓辭爲罪，兹有書友周景亭携新舊各書求售，用特轉引，如有可取，或留數種。此人與費屺翁常相往來，頗有善本可取也。六月二十日，受業江標百拜上，夫子大人函丈。

五十六

賜書謹悉，拓本擬一飽眼，少遲當趨謁也。敬上夫子大人。標上。賜鼓文叩領。

五十七

沈石田畫幅呈鑒，渠意須十元，若不能，即照本價八元亦可。此幅真而且精，似尚不貴也。敬上夫子大人。標再拜。渠意即欲回音，因今日須趁夜航回蕩也。

五十八

奉上《經籍訪古志》《儀顧堂集》二種，乞詧入。敬上夫子大人。受業標叩頭。

五十九

昨上書想蒙賜鑒，茲特遣車奉迓，敬乞惠臨。標叩上。夫子大人鈞右。

案：以上五十九札，除第二十五札外，均出自中國國家圖書館所藏《江建霞尺牘》，其中第四十四札以後暫未確定寫作時間。

六十

夫子大人侍右：

去冬坐鐵甲兵輪從基隆遇風後，由澎湖文報局曾肅寸啓，詳言行路之所難、海軍之無用，想已早登記室，敬承禄祐屢臻，如頌如祝。謹啓者標自去臘到粵，即由劉静皆同年招住同文館，承賜各函，一一致送。小住兩月，惟筱帥年丈接見甚殷，并貽厚儀百元，其餘如公款四百元外，皆祇多十餘金，當道亦皆未得一望顔色，同鄉中惟碩丈招呼周摯可感，合計所得約有千元。惟粵中番餅多破爛，耗折七八，涂次所費，家中宿負，償抵不足。然一切皆出夫子之賜，不致空手而歸，爲大幸耳。標現已束裝料理，急欲登程，大約偕屺懷、勝之兩同年同行，月內就道。學殖淺薄，荒嬉日多，自慚自憾，惟恐有負栽植爲懼，聆訓不遠，欣喜無極。日來外間訛傳夫子有查辦事件出都之事，未見邸抄，不敢專信，大約不塙也。專肅，祇請崇安，伏惟萬福。受業江標謹啓，閏月朔日。

案：《笘誃日記》光緒十五年己卯十二月載，江標坐丁汝昌定遠號輪，從上海出發赴臺灣，於基隆附近遇大風，遂順風南下至

澎湖，後經香港赴廣州。此札言"去冬坐鐵甲兵輪從基隆遇風"、
"去臘到粵，即由劉靜皆同年招住同文館"，故作於光緒十六年
（1890）閏二月。劉靜皆即劉世安，江標好友，曾任廣州同文館漢
文教習，參《京師同文館學友會第一次報告》。

六十一

夫子大人鈞座：

謹啓者叩辭翌日，檢束行李，午正出彰義門，宿良鄉。翌晨無驛
馬，自雇驢十餘頭，直至涿州宿。晨起，又因輿夫僅四名，飭抬空轎，
自坐騎行，宿定興，至北河。昨至安肅午尖，保定宿，即發電函，想早
鑒及。至保定，知吳柲香前輩於十三出京，亦至保定。今晨行，申正
至望都宿。聞湘撫已有旨，餘姚署缺將來尚求函告照拂，因素未謀面
也。計程按日，大約十月十五六日必至武昌，惜南皮已行，省中無相
識者。頃已函告芍棠方伯代爲函告鄂中，或可有濟也。東事寂然，如
同世外，維昨過安肅，大令來譚，云見合肥大有瘋意，此可怪也。此行
途中尚有泥水，幸自雇車，僅要驛馬，頗覺靈便，否則必遲遲此行矣。
匆匆肅啓，恭請福安。受業標謹啓。

九月十九日望都行館。此邑辦差周到可感，以後想一路較善矣。

案：據《笘誃日記》所記行程，知作於光緒二十年（1894）九月
十九日，時在赴任湖南學政途中。以上二札今存上海圖書館。

致孫傳鳳(三通)

一

汶民先生經席：

前上之書當早察及，比爲文章大吉如祝。去年在世經堂曾見《然脂集》殘本四册，此書師鄦亦有殘本，當時擬購之，後因配入而仍不能全，故未易得，事後思之，頗爲婉惜。今懇先生與侯老商之，如此書尚在，或已售去而設法猶能取回，當出價購之，或取舊刻佳籍與彼相易，萬乞代爲謀之。另附一信，即面交爲荷。師鄦於省中起馬之日，忽購得舊籍六七種，如嘉靖本《嘉祐集》、未剷本《感舊集》、初印紅豆山房本《精華録訓纂》、初印《堯峰文鈔》及照曠閣本《齊東野語》、璜川吴氏擺板《中吴紀聞》、阮刻郝《山海經》、聚珍本《直齋書録解題》，雖非希有之物，然亦南中極貴之品矣。泰山秦石刻當代購之，然郎亭一人先要一百分，恐從此少矣。前日所見之觀款乃會真觀詩觀款，題名非爲秦石而有也，可不必得之。如遇有唐以前拓本而罕見者，當代留之。

先生前在東昌所見之舊鈔杜詩，書已爲郎亭以十四金得之矣。日前，楊鳳阿中書送來北宋小字《説文》，師鄦定爲元刻明印。甚矣，宋本之不可靠也如是。此次出棚只帶兩小木箱書，以觀風之卷尚未掃清，無暇及他事。兩箱之中，則又專帶目録之學各書，校讀之暇，專從事於此也。祁子翁想已動身，殊念校閲人少。昨日分卷有三百餘本，至天明始畢事，憊矣。南中見佳籍否？東昌楊氏之書肯售，除去宋本，索賈五千金。有人許以三千，未允也。陳冠生殿撰家藏書極精美，且頗能品其甲乙，實爲咸同以來歷科之中所未有也。八月二十一日，標頓首謹上。

案：《笘誃日記》光緒十年甲申八月二十一日：“午後，作與得之書及侯駝子書，爲謀《然脂集》事。”與此札相合。祁子翁即祁肇麟,光緒二年舉人。

二

汶民先生侍史:

九月朔拜七月晦手誥,謹審文字吉祥如祝。承寄《纂詁》等書,已
於中秋後寄到。觀風卷尚未閱畢,其懶可知。今日已至青州,仍住舊
室,同人皆在東西兩院,虛左以待,頗覺寂寞,惟有一快事敢告執事。
重陽日於省中得匋器三十一件,半兩錢土範一件,茲拓呈一分,擬刻
一印曰"匋穴",以志其幸。又得元板《六經天文編》《周易》鄭康成注
兩書,皆《玉海》附刻之本也。丁少山先生新刊北宋本小字《説文》即
據聊城楊氏原書,而正孫刻之謬改之訛。丁申甫廣文曾貽師郙一部
《説文統系圖》,已托尹生彭壽上石,尚未告成也。餘再陳。伏惟起居
萬福,標叩頭。九月十七日申正。

臨封函時,因太厚恐失去,竟不寄矣,容面呈。

案:《笘誃日記》光緒十年甲申九月初八日:"於舊書攤得元
刊明修《六經天文編》《周易鄭注》二書。"與此札相合。故此札作
於光緒十年九月十七日。

三

酉初發書,酉正獲手教,前函已不能復追矣。西雍《説文古本考》
耐代覓一部帶來,至感。此間試事由青而登而萊,郎亭意中欲先生從
陸道而北較爲穩妥。蓋海氛甚熾,事有不測,一也。即至東海登陸,
無車,二也。防海健兒動輒生事,肱奪之案層見迭出,不可不防,三
也。行期不可預決,若至萊而輜車已西,則有千里之勞,傷力損財,四
也。此四端,郎亭於自行函布外,再屬師郙詳細陳之,伏惟詧奪。譽
翁事已代陳矣。今日無事,手拓匋器數分,姑以一分寄覽,不知耐
到否。

先生如要匋器，尚能覓，致或割愛。惟擬易尊藏之書，不識可否另單開呈？求購孫刻《説文》兩部，乞勿忘。此上洨民先生。九月十七日戌刻標叩頭。

案：據上札與本札首句，此札當作於光緒十年九月十七日。以上三函承蒙江標後人陸建初先生惠賜複印件。

致曹元弼（二十三通）

一

聞憙，不即趨賀爲歉。至好不爲頌辭，惟相約讀書識字而已。弟近取《文選注》中引經異文，輯出略加疏證，仲冬當可挩稿，擬就正有道，或乞敘言爲幸。先此布陳，聊當面譚。即上叔彦吾兄經席。弟標叩頭。

案：《笘誃日記》光緒十一年乙酉九月十三日："晨起，至花橋巷本家，同上船出齊門，至山塘祭孝子湘侯公祠，午後還家。知南闈已揭曉，長洲李□□（秉章）、吴縣曹叔彦（元弼）、沈蘭台（維驄），元和無人，北闈則王申之（同愈）、張崢角（一麐）二人，共計五人，爲近科最少之數。"札中謂未能趨賀，蓋指此事。

二

叔彦吾兄吾師經席：

數日來手漸平復，脚忽大潰，致不能下慶，悶甚。近讀金文款識，始知篆不同於真書而同於草書，蓋草書或云始於漢章帝，然塙在真書之前，熸繹舊文，與篆同文形者不一而足，如充類以釋金文，當有塙據。弟近於大篆竭力講習，然欲求金文拓本頗難，終日菆門，拭觚學笘，亦樂事也，惜不能與從者共商之耳。《漢學師承記》及汪、胡二農、禮部札，乞檢出擲還。張氏《禮圖》已經人售出。姚刻《説文》，世經堂已無其書，又有人有者，價須三元八扣，如要當可代購。此上，即請著安。小弟標頓首。

　　案：《苕誃日記》光緒十一年乙酉七月二十七日：“曹叔彦來，暢談爲學之道，獲益頗多，假以《漢學師承記》、胡汪二先生與陳碩甫札抄本而去。”十月十二日：“連日手漸平復，足忽潰腫。”十月二十日：“得叔彦書并還《漢學師承記》等書，言日來讀《詩》《禮》頗有心得，《繫傳》已看至第十卷。”則此札當作於光緒十一年十月。

三

承示謹悉。弟手已平復，足忽大潰，終日坐臥牀褥，室暗不能讀書，悶甚。吾兄尚能得半日之功，已幸事也。此上，即請叔彦吾兄。弟標叩復。

　　案：《苕誃日記》光緒十一年乙酉十月十二日：“連日手漸平復，足忽潰腫……得曹叔彦書，即復。”蓋即此札。

四

聞大駕已歸，急欲趨譚，俟天晴後擬趨候，同訪毓先、曉雲諸君子，未識得暇否。《四庫提要》擬明日遣人走假。此上叔彦吾兄大人經席。弟標叩頭。

　　案：《苕誃日記》光緒十一年乙酉十月十八日：“假叔彦《四庫提要》。”則此札作於光緒十一年十月十八日前。

五

日來所讀書，必更多心得。弟因病足，坐卧小樓，處城市若山林也，惜讀書無定程耳。近讀吳愙齋先生跋自書大篆《孝經》曰："自漢儒以隸書寫經，而孔壁經文不可得而見，僅散件於鄮氏書中，許書所引經文如'居'字作'凥'，'侵'字作'悠'，皆許所引《孝經》古文，即孔壁書，知鄮書正文不盡小篆也。"標謂鄮氏生當東漢之時，時已通行隸書，小篆之存恐已不能完五百四十部之文，故據壁書鼎彝而補小篆之未備。古籀之文散見於正文者甚多，近儒以爲《說文》收古籀之略，皆因同於小篆者而刪去之，不知古籀之散見於正文，以小篆所未備而存之也。其自叙曰：其稱《易》孟氏、《書》孔氏、《詩》毛氏、《禮》《周官》、《春秋》左氏、《論語》《孝經》皆古文也，今《說解》所稱皆不在重文之列，是古籀不專在重文中之塙證也。繆論乞指正是幸。

日前譚次言《儀禮》鄭注爵弁異說，標近讀族祖愼修先生《儀禮釋例》，又引陳祥道《禮書》，云鄭釋巾車雀弁飾，黑多赤少，謂與《士冠禮》注"赤而彌黑，如爵頭然"二說不同。金山錢氏熙祚謂巾車注統爵而言，與《士冠禮》注有別，是與尊說一詳制、一詳用之說相合，即可爲吾兄多一旁證也。昔陳蘭坡先生欲取《儀禮》經文，依吳中林《章句》分節寫之，每一節後寫張皋文之圖，又以凌次仲《釋例》分寫於經文各句下，名曰《儀禮三書合鈔》，有說而未成，見《東塾讀書記》卷八。蘭坡先生爲阮文達弟子，掌教廣東學海堂三十年，其學漢宋并治，所撰《讀書記》中分《鄭學》《朱子》二卷。其曰鄭學者，乃取孔沖遠"《禮》是鄭學"之語也。見《月令明堂位雜記疏》中。記鄭則取王西莊所云"學者若能識得康成深處，方知程朱義理之學"，記朱則據其《論語訓蒙口義自序》云"本之注疏以通其訓詁，參之《釋文》以正其音讀"，蓋欲使兩家如一家也。聞所著又有《漢儒通義》七卷，未見。專上，書彥三兄吾師。十一月十二日。標叩頭。

案：《笘詢日記》光緒十一年乙酉十一月十二日："與叔彥書，

言大篆、《儀禮》之學頗詳。"當即此札。

六

手畢衹悉。尊論許君五百四十部大都古文，其注明篆文某者乃李斯所始改。創解獨得，足可證張懷瓘《書斷》、封演《聞見記》之塙，二説桂氏皆駁之，欽佩奚似。標亦謂許君專志復古，萬無五百四十部僅取小篆之理。惟《叙》語有曰"今叙篆文，合以古籒"，似五百四十部不必盡是大篆，塙有所證。且《叙》又云："偁《易》孟氏、《書》孔氏等皆古文也。其於所不知，蓋闕如也。""不知"者，不知古文也。"蓋闕"者，闕古文也。古文不足，而以小篆補之，故曰"今叙篆文，合以古籒"。此篆文決爲小篆。先儒多以"蓋闕如也"專主《説解》中闕字説，此決非也。《説解》中闕字，乃傳寫脱落，後人不能補其義，故書曰闕也，此説已見前人書中。閣下又謂漢時又多仍用古籒，不遵小篆。此説也，標嘗疑之。蓋許君當時通行文字皆用隸書。有《後漢書·光武紀》注引漢制度可證。齊人正讀，説字未央，皆罕見之事，故《叙》中述之。所云"馬頭人爲長"，"人持十爲斗"，"虫者屈中"，皆隸書之體。段氏謂今"馬頭人"之字罕見，疑猶拘於小篆之體。案隸書"長"字，正馬頭人也。可見當時已盡易隸書。徐鼎臣校定《説文》，叙曰："許慎作《説文解字》，至安帝十五年始上奏之。而隸書行之已久，習之益工。"故許君決意復古也。槧右率復，未識有當，尚乞博證舊文，以成信史爲快。敬上叔彦我兄。弟標叩頭。十一月十九日。槧右。

　　案：此札主要部分又見引於王欣夫《蛾術軒篋存善本書録·辛壬稿卷一》。《箬誃日記》光緒十一年乙酉十一月十五日："燈下復叔彦，言許書不盡大篆書。"當即此札。

七

日前奉到手畢，并屏八幅，適以即日遷居碌碌，未得即復爲罪。

昨見王學使觀風題，有《吳疆域圖説》一題，注云"發去《中山疆域圖
説》二册，略仿其例而變通之"。按學使既有是語，想《中山》一書定必
頒發各屬，可否便詢令岳，如有此書，能暫發出一閲，知其體例，即可
奉繳也。孫氏《岱南閣集》插架有否，如有，尚擬借觀，乞示知。日來
未讀一頁書，可愧。上叔彦我兄。弟標頓首。

八

　　刻奉手畢，謹悉一切。弟擬於數日内面謁令岳，如便，能乞先爲
道及，至感。頃見王學使《勸學瑣言》，精警無比，弟當力任一門也。
叔兄鑒。弟標頓首。

九

　　奉手教并《中山圖册》，弟當於明後日親謁令岳送去也。老伯大
人賜以隆儀，萬不敢當，謹謝。即上叔彦我兄。弟標頓首。

　　　　案：《笘誃日記》光緒十一年乙酉十二月十二日："叔彦處送
　　來王學使《中山疆域圖》二册。"故此札作於光緒十一年十二月。
　　前兩札當作於十二月十二日前。

十

叔彦吾兄經席：

　　近日讀書，若何精密？三日不見，便覺相思矣。昨承代領《中山
疆域圖志》兩册，兹特送繳。弟本擬親謁令岳，面呈此書，適以爲筆墨
事所累，緩日當親叩師門也。頃聞王學使有《勸學瑣言》一書頒發各
屬，許學者領讀，可否再致書於令岳，代乞一部，曷勝感感。弟擬於此
中書分治《説文》《文選》二種，繼及他書。《水經注》，弟於去歲曾輯有
《引書目》一書，即仿汪韓門《文選注引書目》之例。他日此二書如能
卒業，擬再從事於此也。上海徐母江茂才保大，系出漱蘭先生門，爲

近來治許書者之冠，頃得友人來書，知已於前月得嘔心疾而卒，年僅弱冠。吾輩少一傳人，當亦同聲一哭也。毓仙、曉雲聞俱歸里，不得一見爲恨。得暇能否賜顧，作竟日談，乞先示一定期，當恭候也。余容再陳，只請饌安，不盡縷縷。弟標叩頭。十六日。

　　　　案：《笘誃日記》光緒十一年乙酉十二月十二日：“叔彥處送來王學使《中山疆域圖》二冊。”十五日：“得稼秋書，知徐母江已赴玉樓，爲之愴然。母江聞名已三載矣，不得一見，何才人之多厄也。”故此札作於光緒十一年十二月十六日。光緒十一年十二月二十八日（1886 年 2 月 1 日）《字林滬報》及同日《申報》第 4 版載有江標爲徐保大所撰輓聯。

十一

昨晚歸奉手畢，知元旌定於廿四發日，屬書之件尚未篆就，當趕緊於閣下行期之先送呈也。今日爲曲園師招飲，明日得暇，尚擬趨送。敬上，即請叔彥吾兄大人侍安。弟標頓首。

　　　　案：《笘誃日記》光緒十二年丙戌正月十八日：“俞曲園師來，未見。”二十一日：“晨起，赴曲園席。”故此札作於光緒十二年正月二十一日。

十二

春風小別，良友遠違，搦管陳情，曷禁惘惘。命書草就，惡俗可愧，得正其畫，至感。附書一函，并石印一方，乞交若溪兄。渠去年在津門，日來想已入都，或先至錫金會館詢之，或訪叔頌，當知其行止也。叔頌兄屏條一時不及操管，當托他友寄奉，乞與溪兄言之。婪尾花間，或是故人到候，當走馬千門，首賀大魁也。天雪，不能走送爲恨。敬上，預賀叔彥吾兄元安。第標頓首。正月二十三日。

案:《笘誃日記》光緒十二年丙戌正月二十三日:"晨起,書篆屏畢,即與叔彥并托寄若溪書(有圖章)、郎亭信。"故此札作於光緒十二年正月二十三日。

十三

師鄭先生著席:

小別已二旬矣,獨學寡歡,無可言喻,從者當知其苦也。師鄭本擬到滬一游即返,不意必欲偕行,涂篋無書,衝寒無服,惘惘然不自知其所止也。同幕程蒲孫孝廉秉鉽,少年爲經濟家,近已遁入考據,學海狂肆,請益無窮,一幸也。學使必欲招若谿來,不知果應聘否,如來則又一幸也。緣督師、操救先生同來,小子得往來於四人之間,則更一大幸也。粤書值廉,以幕囊得奇書,千里載婦,又生平之願、生平之幸也。南方苦炎,雨過微凉,蚊市若雷,汗下如雨,一苦也。勾周格桀,方言不通,擲物買罕,誇奇欺僻,一苦也。師鄭不敏,曾歷歲省,苦莫逾此。然師友相聚,亦莫幸於此也。秋末擬歸里小住,可握手也。從者正禮表鄭,何學爲先? 師鄭謂學者一生無著述可矣,日記不可一日缺也,從者當首肯,努力而從之也。得書即復,我幸也。七月朔十六日,標叩上。於粤東使院之環翠園。

案:據《笘誃日記》光緒十二年丙戌所記,六月廿八日動身赴上海,七月十一日隨廣東學政汪鳴鑾至廣州,與此札所記小別二旬、初至粤省之事相合,故當作於光緒十二年七月十六日。

十四

叔彥吾兄大人經席:

舟窗無事,忽念故人。讀書若何,識字若何,能一一述之否。南方名士若鯽,恐故鄉反寥落矣。然如執事之孤學,不必出門求轍,良友固在萬巷中也。若谿不就合肥之招而應聘南來,吾兄聞之,當爲稱

快。弟學植淺薄，尚幸得良師友之助，且舟窗閒暇，頗便讀書，南菁之
游已擬暫緩矣。譽卿好學不倦，日讀《漢書》，兼以識字，且刻勵自好，
實所心折，學使亦訓愛周摯，頗不以尋常弟子視也。毓仙想常見及。
屺懷日來專研何籍，抑從事《釋文》否？粵中新設書局，續刻《皇清經
解》，又欲彙刻國朝人史類各書，搜採頗備，主其事者爲方柳橋觀察
也。舟次略布，祇請著安。弟標頓首。八月十四日作於羅浮山畔。

　　　　案：《筥諺日記》光緒十二年丙戌八月十三日："作第五次家
　　　書，即發。附與心淵、叔彥、叔鵬各書。"十四日："晚泊河源縣
　　　界。"當即此札。

十五

　　尊論《鄭君非馬融弟子》，三證塙鑿，欽佩欽佩。呈上桂氏《説
文》、張氏《儀禮圖》三十五册，乞察入。《毛詩傳箋通釋》無有。近見
日本書單有《詩箋疏》，閣下曾見之否？鄭君年譜能得老兄重訂之，甚
善。許君年譜則會稽陶子縝先生已有專稿，詳塙甚於鐵橋，可不必重
複矣。餘俟面譚。九月十八日，標頓首。

　　　　案：《筥諺日記》十二年丙戌六月初一日："叔彥言近擬撰《儀
　　　禮喪服正義刊誤》，未成，又拟重訂《鄭君年表》。"故此札當作於
　　　光緒十二年九月十八日。

十六

　　潮州試院奉到兩次手書，博我以文，愛吾之摯，有生以來所希見
也。回環循誦，感勒肺肝矣。師鄭於校藝之隙一無所成，深以爲愧，
惟日記則無一日之間，偶有聞見，必錄必書，或加案語以證其心得，爲
學之道，如是而已。出門日多，友好遠隔，故往往以翰牘爲性命，然以
通候爲戒，塙守古人切磋之義。今出門又四月矣，偶有所獲，敢貢其

愚，乞爲漢儒之斷斷，毋學聽者之藐藐，則一過而不復。每處一事，不先謀而後行，他如治身接物，終覺視之爲便易，此等蔽皆自知之，而郋亭先生亦深知師鄒之蔽而痛戒之。即如讀書一事，前日得毓仙書，亦云古人爲學，必有精神獨到之處方可以成家。師鄒亦嘗知之，然生平以由博返約一語爲的，故十年來東輼西興，幾同掠販。他人視之，方爲師許惜，而不知師鄒自有所主也。今師鄒自視讀書之徑，惟小學、目録、校勘爲近，擬專力於此。然小學，經類也，而必以目録、校勘輔之，則入史類矣，似覺不倫。師鄒則爲讀書切實之學，無不從校勘而起，吳之惠、高郵之王，皆爲經學大儒，而於校訂則嚴於一字，乾嘉諸老先生若從此入手者，其學必精，遺風未墜，可證也。即證諸古，若鄭注《周禮》并存故書、今書，注《儀禮》并存古文、今文，陳蘭坡先生謂即後來校書之法。師鄒又謂鄒書引經，同一語也，而文各有異，此猶見古人兼取各本之意，正可爲後人引書知版本之師法。此足以見鄒、鄭二君之大，吾二人師之之幸也。

手示爲家無書，又無著書之地，甚是甚是。師鄒嘗云，假如欲治一經，必先知此經古文、今文之不同，古鈔今刻之多異，自來曾注此經者若干家，存者若干，佚者若干，即存而爲此經之病者何種，即佚而可採此經之遺者何書，他若何書足以爲此經之羽翼，何書曾以覈此經之短長。若不旁搜目録，考求校勘，遍及子史群集，則何從而知之？昔人謂牧豕足以聽經，牛背亦能通史，何必有地而成。不知此皆讀書之才，非著書之才也。苟欲著書，則必廣搜群籍，如無容書之地，則有所不可。古人著書之地，今人往往可指，雖多附會，然亦知非此不可也。師鄒生平有此二病，今從者亦以爲病，故敢是之。又審從者擬將讀《禮》條記纂成《胡氏儀禮喪服正義訂誤》，師鄒嘗藏有竹邨先生與碩甫先生手書，時先生已得癱症，以左手作字，言《正義》僅成十分之六，手足若不獲瘳，唯有仿漢儒專注《儀禮喪服》之例，將此一篇《正義》梓行。蓋《喪服》關係最重，而弟於此篇搜考尤詳，約有十五六萬字云云。師鄒案，此數語似《正義》一書於此尤精，師鄒於禮制茫然，胡書亦未詳考，今從者奮起而爲之訂訛，其大旨若何，尚祈略示一二，至感。

師鄴嘗讀乾嘉諸老説經之書，初讀之覺其精美，三四過後便覺有無數疑義，恨不得起諸老而證之，可知著書一事，椎輪難工，踵事易好。師鄴素憙輯録之學，前年擬義證《倉頡篇》，初僅取孫輯本爲之，又於班書、蕭選等注補採若干條，以爲盡矣。及於癸未春，見陶子縝先生於鄂中，始知日本佚存古書可以補輯者不少。去歲始見陶説各書，即百卷《音義》之中，可補孫輯數倍，他如《玉篇》卷子本、《玉燭寶典》等書中，亦可搜補若干條。師鄴先從事於《音義》，至第六十卷而病，遂存此四十卷，以待今歲之暇。孰意饑驅萬里，囊篋未携，即欲由家中檢寄原稿，然亦勞人草草，無地無書，力薄心單，徒存私願，或爲學未深，天故使之有待於將來邪？無聊之思，藉以自解，亦大可憐矣。舟中無事，拉雜布陳。敬候師鄭先生起居萬福。十一月朔二日。標再拜于越南長樂道中。

案：《笆諺日記》光緒十二年丙戌十一月初三日：“晨起，船過長樂境。晚抵清溪。”江標此年七月至廣州，至此閲四月，與札中“今出門又四月矣”語合，故此札作於光緒十二年十一月初二日。

十七

師鄭吾師閣下：

去冬上書後，未蒙手復。側聞嘉禮既修，邕於萬喜，繼又知桓譚苦思，疢患時作，豈以此而廢邪。申丈南歸，方冀重來，豈知遭此大厄，此吳中學業盛衰所關，我輩私痛，其小焉者也。郡中劬學之士，閣下年最少而最專，體亦最弱，讀書固非戕伐可比，然亦當有所節宣。張皋文、戴子高，閣下皆服膺者也，當亦可以爲鑒矣。標在他人決不敢以此爲喻，維閣下學力似於張、戴，故不覺發之於詞耳。古人有曰：“但願愛玉體，珍金相，保期頤，享黃髪，猶冀蒼雁頳鯉，時傳尺素。”敢爲閣下誦之。嶺外游子，專此寄遠，日來已渡海，宿澄邁矣。天南地北，相見有時，伏惟萬福。江標啓。

案：《笘誃日記》光緒十三年丁亥二月初二日："聞叔彥大病新愈，蓋吐血幾危也。"十九日："菊師得家書，知申丈已於初八日去世。"故此札約作於光緒十三年二月下旬。

十八

初八日巳刻，蒭蔬奉訂，在坐惟鞠裳師及申季、翼甫諸君，曼乞賜顧，元旌將發，藉得暢叙爲快。此上，即請叔彥吾兄大人元安。弟標頓首。朔六日。

案：《笘誃日記》光緒十三年丁亥十二月初九日："携兩僕起程……叔彥不及來送行，以《張茗柯集》見貽。"此行自蘇州赴廣東，札中"元旌將發"當指此事。

十九

師鄭吾兄經席：

日來治《禮》，當益精深，聞兼讀字書，慰甚，惜不得一暢譚也。鞠裳師歸里，吾兄多一往返矣。西蠡近治何書？天南游子，輒念良朋。日來已將《聲類》寫定清本，嘗謂自來以聲爲經之書，莫古於此。蓋以五聲命字，不立諸部，尚無四聲之繆。自平側嚴而此書廢，今傳僅有《廣韻》一書爲最古，然僅供唐人詞賦之要，非漢魏學者有用之書也。今所輯本，較任、章、陳三家二倍之，似足以存也，惜不能與君商榷其疑耳。敬審侍福百益。二月廿六日。標再拜。

案：江標輯佚《聲類》甚早，《笘誃日記》光緒十二年丙戌二月十八日《許君年表序》："標少憙輯録之學……嘗輯有《蒼頡篇》、

《聲類》二書……時充諸生二年，丙戌正月元和私淑江標謹識。”後來又有補充，《笘誃日記》光緒十四年戊子二月二十四日：“午後錄《聲類》。燈下作《聲類叙》，約千言。”二月二十六日：“作第五次家書，并與心淵、西蠡、叔彦三書。”故此札作於光緒十四年二月二十六日。

二十

《詩詁考異》，昨往彼店詢之，竟視爲奇貨，非得如陳《毛詩》價不售，且不肯携出。或吾兄得暇，自往觀之，弟於午後當再往商也，再定去取，如何？嚴州本《儀禮》、金誠齋《禮説》、汲古本《説文》，先檢出呈覽，餘有續得，再行呈送。專復，敬上叔彦吾兄。弟標頓首。

案：此札暫未能確定何時所作。

二十一

昨聞朱曼翁已至幕中，吾哥盍往一拜，并乞先容。弟於朱君傾倒已久，擬俟足下往後，弟當特訪之也。專上，請叔彦吾師著安。弟標頓首。

案：此札暫未能確定何時所作。

二十二

久不相見，念甚。天雨不能趨謁爲罪，得暇盍顧我一談。專上，叔彦吾兄。弟標頓首。廿九日。

案：此札暫未能確定何時所作。

二十三

又，與汪郎亭先生書，其寓居不知何處。老兄入都後，當可詢得也。郎亭請許君崇祀爲千古傳人，或一見之。又上師鄭吾兄。弟標頓首。

　　案：此札暫未能確定何時所作。光緒元年，時任國子監司業的汪鳴鑾就曾奏請將許慎從祀文廟，摺存中國第一歷史檔案館，檔號03－5523－099。以上二十三札原文録自崔燕南整理《曹元弼友朋書札》，并附考證。

致黃協塤（一通）

　　滄波無極，頫鯉不逢，一日三秋，不足爲喻。韓山使院讀貽籾秋詩，情韻絶佳，悲緒時觸，故人之迹，有如對面。藉寀餐衛適時，箸撰多豫，甚善甚善。萬里浪游，水宿星飯，炎方燠熱，絶異江南，舊侣零星，還思故里。日者讀鷗所之詩，恨遲識面，上袁孫之壽，愧未隨行，路邇人遐，塗乖趣別，不亦偅哉，恨如之何。事隙之辰，偶思蓬島，開函録句，緘紙寄遠。伏惟大雅，矜其孤響，更有名篇豔什，迭互鋒起，亦付寫官，并留情致。若能盡傳鉛槧，藉布王州，識海外之多才，結文章之知己，則珠瓅百琲，或伐以新辭，錦瑟千年，得成爲佳話，達此妄舉，副以虛心。書不盡言，伏惟萬福。

　　案：見《笘誃日記》光緒十二年丙戌九月二十八日，其前附云："以小花小影題辭并同人詩録出寄夢畹，附以書曰云云。"札中所謂小花小影，是指江標所繪日本歌姬山田美代的畫像《東鄰巧笑圖》。《申報》於同年十一月連續三天刊出了覽禪（吴昌碩）、香禪居士（潘鍾瑞）、柤亭（查燕緒）、劉毓麐、蟄庵（曾習經）等九人的題詩十餘首,當即此札中附帶抄出者。① 信中提及"韓山使院",是指此時江標隨廣東學政汪鳴鑾按試至嘉應州、潮州府境内。"紉秋"指紉秋館主人吳蘭仙。"鷗所"指日本漢詩人北條直方(1866—1903)。北條氏當時寓居上海,常在《申報》上與鄒弢、黄協塤、袁祖志、畢以鍔等人奉酬唱和,自署"海上浮查客"。

致俞樾(二通)

一

遠違絳幃,倏届經年;似聽青琴,幾遇滄海;繒賤久曠,思仰彌深。恭惟夫子大人孿經征壽,春融先春在之奇;養德三吳,曲園即枝園之緒。莊氏陽湖之學,文孫親受《公羊》;婺源三《禮》之微,弟子早登金馬。況以叢書盈篋,小精舍於浮溪;廣學十洲,陋三槎之風雅。繼錢潛孿之講學,補王懷祖之通聞,證昭代之名儒,皆吾公之實録。文非貢膒,願洽頌私。

標孤學不成,遠游自媿。當洪更生之入幕,裁過冠年;有朱笥河之愛才,過推仲則。昔游東魯,憩小舍於滄浪;今過仙湖,訪高齋於九曜。緬前修之未遠,媿弱質之難攻。維以甘泉弟子,既見重於江門;附鮚孤兒,況受書於蔣母。所以掇遺文於《倉頡》,冀拾補乎岱南;搜《七略》於酈元,思分功於汪選。古甸入録,矜阮翁未見之奇;年譜成書,征百宋所藏之富。數年以來,輯《倉頡篇疏證》四卷,《水經注引書目》一卷,《古甸録》一卷,《黄蕘圃先生年譜》一卷。馬背船脣,雪抄露寫。守章家之法,旁證遺文;似四録之堂,未傳副本。敢略陳乎目次,比《玉函》待輯之篇;博莞爾於先生,採《世說》維新之語。祈求訓誨,頌禱平安。

---

① 見《申報》影印本,第 29 册,第 954、961、968 頁,上海書店出版社,2008。

案：見《笘誃日記》光緒十二年丙戌十二月十七日，原題《上曲園師書》。又見張炳翔《忍盦隨筆·人事》（蘇州圖書館藏稿本）。

二

標自春孟回省，即拜通省試竣之摺。日來擬推廣書院章程，重建校經藏書樓，廣購圖籍。湘士近亦頗談西學，以初蛻之蟬而欲震響於九霄，難矣。且西學事事求實，全憑確證；今之談者則變爲空虛之術，彼己之理不明，緩急之事莫辨，徒事嚚張，毫無實際，竊有慨焉。證以夫子來書之論，益覺恍然矣。今年無事，爰於學會中創設學報，語語求切實之要。三月二十一日爲始刻行之期，謹呈一册，尚祈誨正。三月二十二日。

案：見中國嘉德國際拍賣有限公司 2015 年春季拍賣會預展品《俞樾舊藏友朋書札》第十册《門生》。札中言及《湘學新報》始刻，故作於光緒二十一年三月二十二日。

致吳大澂（二通）

一

前奉賜題金文拓本三册。束裝珞珞，未及叩辭；臨岐匆匆，亦失謁謝。磚名《保母》，經白石而題珍；銅出古齊，問少君而始確。從此一函永寶，隻字千金矣。伏惟先生修學好古，理董六書；鞶史縏經，商榷三代。以此輔翼籀書，俎豆倉頡，開絶學於漢人之先，釋精義駕宋儒而上。翠墨手拓，富越夫薛、王；金薤廣收，下視乎郭、夏。固已極金縢石室之觀，續《滂喜》《凡將》之作矣。

若夫拾遺補藝，自在後賢；耳食口傳，或多放失。世有讀河陽《汗簡》之篇，信尚功《款識》之釋，甚至漆髹楮刻即曰齊桓之盤，嵌寶鏤金便是唐虞之製，既無補乎學問，適有詒於將來。蒙有惑焉，請陳其略。

　　夫因宜刻石，既摹寫之多乖；博古纂圖，亦採集之未塙。然椎輪大輅，創事難工；會意象形，臆決易失。或有信《嘯堂》之録，求缺角之秦璽；執《岣嶁》之文，冀或逢乎禹鼎。伯魚敦好，便夸闕里之遺；邃仲觶傳，即爲君子之弟。此信古之失一也。

　　殷人尚質，象形則未必成文；商瞿非戈，合觀則始能成字。雖學人之新説，亦名論之不刊。然而世多傖夫，讀少齊人。古器有屈曲之文，謬稱鹿字；勤武本句吳之物，竟曰商鐘。是何異於吳札之墓，皆珍孔篆；泰山之松，必曰秦樹？此詫釋之失又一也。

　　左林右泉，殷盤僞造；祖辛父乙，古器通稱。往往以真贋雜投，貴賤并取。漁洋詩好，或吳劍之非真；漢陽鼎存，本秦賈之補刻。嘉禮尊爲宋造，重曰秦篆；合同印創元人，寶爲虎節。此濫收之失又一也。

　　鷓鴣斑艷，夸手澤於前朝；翡翠綠深，寶土花爲至品。畫有回雲之象，便曰金罍；加以漆古之名，妄稱秘器。四麟七乳，謂漢鏡之皆然；玉馬銅人，證周車之舊飾。此賞鑒之失又一也。總此四失，實其大綱，蓋宋元之世多不察乎古文，恐乾嘉之朝尚未破其固陋也。

　　標少略識字，生值盛治，聞前賢之緒餘，視古刻爲性命。昔讀《説文》之叙，喜山川得鼎彝；後游齊魯之郊，入文章之林府。舉凡彝器之屬，固略識名矣，他若周鉢齊化之奇，瓦豆泥封之品，莫不一一搜羅，斤斤自守，得片紙以爲珍，獲一觀以爲福。其意蓋欲博則續阮吳之款識，成此鉅編；精則補説解之重文，申茲古義者也。及讀先生《古籀》之補、《恒軒》之圖，始恍然其昔浮潢洿之舟，莫測滄波之大；種崝嶁之樹，未見黃山之松也。學者至此，其亦可爽然若失，廢然而返矣。然而寸株初植，猶思漸及乎豐林；一簣既成，更欲求高乎五嶽。所以數載以來，手摹書乞，長賜朋遺，積有千言，裒成數冊。雀飛不遠，忽思學乎鵬搏；螢照微明，冀分光於樺燭。相如有曰，彼離朱之所見，蓋特其小小者耳，猶未能遍睹也。今之所爲，毋乃類是？先生顧此，其亦笑其妄爲，抑矜其苦志乎？

　　抑標更有請者。昔勤搜采，尚掇拾於殘鱗；今睹靈光，敢失諸於交臂。所望於考訂之餘，摩挲之日，樵以河東之紙，慰原父之癖深，賜以秘笈之文，成復齋之全册，除已有者編目附鑒，惟未睹者拜手誠求。嘻！芥猶小草，見琥珀而必投；桐本朽株，惟洛鐘而始應。小子之愚陋，長者之愛深，理或同然，語毋不類乎？敢稱薪續，特爲莚撞，荼苦薺甘，區區願鑒。

　　案：見復旦大學圖書館藏《靈鶼閣駢文録存》，原題《上吳愙齋中丞书》。《笘誃日記》光緒十三年丁亥二月十九日：“愙齋丈送還余舊拓金文三册，中有爲余題語十餘處。”三月初二日：“上愙齋書成，駢文，擬乞渠金文拓本也。”與此札相合。時吳大澂任廣東巡撫。

<h2 style="text-align:center">二</h2>

愙齋世伯大人鈞座：

　　謹啓者，閏月九日郴州試院奉到五月廿八日賜書，教誨周詳，莫名感佩。士風丕振，絶學當興，邊境臚歡，屬史知省，政盛所布，實越尋常。昔以乾嘉畢、阮開府諸省，關中、學海，首植士類，以今方古，或有過之。沅水校經書院，事雖創始，成效已睹，若遽中廢，豈僅可惜。前接諸生所稟，方懼力小任微，不足表率，今得長者啓導，湘士之福，亦學臣之幸。松守處已遵示札飭，具咨鈞禀，伏希鑒察。[標]歷按數郡，見湘人建置書院，皆踴躍可敬。然往往爲官吏所非，不爲扶植，或竟阻撓。推其故，亦皆由紳士借端提用公存款項，又或攤派款目，經人投控，該吏即以此爲口實。前月過耒陽，士紳中先有具稿，言杜陵書院近已頹廢，兹合之五鄉倡捐重建，奉賜札之後，已集有成數云云。[標]過耒陽，詢諸縣令，即對言此舉亦無意願中廢，爰親履其地，谷朗碑即在院中，是日曾於東牆下搜得朗子永寧侯柏碑額，自趙明誠以來從未再見著録者也。紳董出迎，并呈捐數，已得萬二千緡，畚□方興，大開廣廈，似尚不致有名無實。[標]遂諭以籌款不易，力崇節省，多買書籍，以備諷誦。且宜將所捐之款先存公所，後事經營則量入爲出，方不竭蹶，士紳諾諾似皆首肯。然推縣令之説，亦有自來。蓋十年前該邑北鄉有以二萬餘金造一書院，取名洍水，院方落成，經費已缺，迄今數年，未開一課，未住一士。該令有鑒乎此，恐蹈前車，故曰不如中轍[撤]也。然因噎廢食，古人所戒，事無不■，全在得人。故僅飭以“惜浮費、戒勒派、嚴章程、多書籍”十二字而已。兹因沅水事，故特詳告，想聞之當亦爲然也。

再，[標]又以湘士好訟，按臨所至，沿途投控，冠服泥途，鄉人環觀，毫不知恥。及以呈詞閱之，半多影射，亦涉瑣屑，於切己二字皆不體會。渠等只求收詞，不問結案，已屬可恨，又有村愚鄉曲、老婦稚兒以錢財口角裝點重情，牽涉衿士，紛紛投告，語不由衷，則皆由好弄刀筆者竄掇而成，一紙詞准，恣壑已飽。狹路攔輿，竟有一手持錢，一手投呈。該邑所派來之民壯輿夫，故意遲頓，據爲利藪。此風以祁陽、零陵爲最，新化次之，言之實堪痛恨。故惟有以“攔輿不收”四字以斷其利源，以絶其訟根。蓋此等呈詞實情頗少，即有二三確鑿之案，亦多反覆强辯，不涉陷害，即求脱卸，如有真情實據，早經地方官紳公斷公評，萬無覆冤不伸之理，而不必候學使一批也。故每逢下學講書之日，即親戒諸生息訟，嚴飭教官查訪訟棍，將來此風或可少息。

[標]遇事勇爲，惟苦才短，兹得長者隨時啓導，欣幸曷極，當與三湘學者同聲感頌也。前聞請假卅日，暫息塵坌，遇此暑熱，尚祈頤養盅抱。安閒静舍，録成銷夏，圖寫山居，初秋歸來，當許飽讀。

案：見《笘誃日記》光緒二十一年乙未閏五月初五日，時江標在歲試途中，吳大澂時任湖南巡撫。

致劉嶽雲（一通）

風雨黯涂，當春不華。朝別藥洲，夕宿沙渚。歌舫隔水，明燈若星；番舶計籌，行賈如織。翌晨風利，蒲帆忽輕，日未西沉，已過百里。城市漸荒，山壑轉秀，波路壯闊，漁歌互起。經由三日，忽直奧區，石壁雙舉，江水激深。懸瀑十丈，則孤松掩青；削巖千尋，則飛鳥半落。訪以舊聞，證諸載籍，即圖所謂羚羊峽矣。循麓西行，即達端州，石室猶在，星巖半空，行軺匆匆，懶未探選。自此以西，涓流淺澄，卵石錦回，游魚頻唼。官舫銜屬，篙師駕勞，江源已竭，易篋陸去。山行竟日，復達一水，則艇小如瓜，帆不掩席，篙槳之使，半雜以嬋娟。朝刺沙棠，呼以駕孃；暮唱木魚，便爲蕩婦。薦枕洛水，解佩漢皋，陳迹類是，比毋太過。吾公聞之，能勿齹然。既過陽春，復經電白。山花不落，杜鵑半紅，林荔繁枝，野猿自守。溫泉曉浴，疑入華清；荒寺晚吟，時答虎嘯。如此五晝，始達高涼。蓋所行已十有八日矣。

　　念切吾公，盤跚海濱，爲道之損，劬學自勵。阮咸孤詣，荀勖深折；馬融布算，康成獨知。七音九弄之根，五紀六物之秘，偶舉一隅，皆超凡解。此古所謂君子之言，信而有徵乎。歲月不居，著述自愛，金沙文字，珠湖疇人。連輿接茵，端在閣下；標之黯淺，尚好經籍。瀏覽所及，失於潛擘；輯錄枝繁，損其志趣。家法自守，行役爲勞。衆藝博通，有朱生之志；閉廬精誦，無樂恢之勤。以此屢瘥，減其回蕩，惟恍惟惚，奈何奈何。蒲公谿兄，醰粹并處，鏗鏗皉皉，汪洋深博，非我敢及，是公所歡。春芳將謝，望舒又圓，所止海南，抑返嶺北。滄波千里，尤勤遠懷。惟軫芳猷，懋宣時譽。執弦代贊，書不盡云。

　　　　案：見復旦大學圖書館藏《靈鶼閣駢文錄存》，原題《與劉佛卿書》。《笴諁日記》光緒十三年丁亥三月二十三日：“燈下作與劉佛卿書，駢語也。”

致汪康年（十九通）

一

穰卿仁兄同年世大人閣下：

自都門歸，至滬浦見浙榜，忻悉高得魁選。昆玉三美，樂爲學之有益，頌吾師之遴才。都門一別，竟償奇願，快無可言。大著謹見兩藝，欲窺全豹，如能速寄一讀，尤幸。順德師過吳門，弟尚未歸，不及一見。吾兄榜後，當能一謁，師生鍼芥之投，自不待言。此科江南一榜，亦儶得人，然較貴省後矣。明歲何時入都？能相見於海上否？弟到家廿日，頃因謁孝達年丈來滬，數日内即擬作閩海之游，大約歲暮歸里，明春或至武林，當相見於六橋三竺之間也。專此，敬賀大喜。年世小弟江標頓首。十一月初九日昆山舟中。

拙卷拙刻呈鑒，賜書乞徑寄蘇州城内臨頓路懸橋巷敝居。

案：據《笘誃日記》所記行程，知作於光緒十五年。

二

拙書呈政，并乞改，舊作也。何日南行，容再趨送。穰卿仁兄同年。弟標頓首。

汪老爺。七井胡同翰林院葉宅。

案：據“趨送”“七井胡同”語，二人均在京城。汪康年中式進士在光緒十八年，江標離京赴任學政在光緒二十年，故本札當作於此二年之間。

三

日前奉到股票八紙及書兩部，俟款彙齊後，當再送上。兹附上銀

票十兩、書目一紙，祈即檢付去手帶回各書爲感。餘再面叙。此上穰
卿仁兄同年，弟標頓首。

四

頃奉到之書内，缺《修簫譜》一種，大約遺檢在内，望再付下，至
感。餘件能否函信寄來，至妙。瑣瀆容面謝。此上穰卿吾兄同年。
弟標頓首。

刻書目祈檢付數紙。

汪老爺。

《咸淳臨安志》，四兩二錢八分。《樊榭山房集》，一兩四錢六分。
《道古堂集》，二兩九錢二分。《清尊集》，七錢三分。《依舊草堂遺
稿》，七分三釐。《瓶笙館修簫譜》，一錢四分六釐。《北隅掌録》，一錢
四分六釐。《湖船録》，七分三釐。

五

送上書四部、股票四紙、銀四兩。餘二錢餘，在前購振綺堂書上
劃算。尚有心淵處兩部，聞另繳價矣。兄處除《史學叢書》外，尚有寄
售石印何書，均祈檢付一部，弟欲購也。《史學叢書》亦要。此上穰卿
吾兄同年。弟標頓首。

六

日前得譚爲快。兹特遣人走領《廿四史》全部，乞檢交去手。其
股票係伯唐兄經手，與汪範卿處一票連號，到湘即檢出寄呈無誤。日
來行囊已竭，此間無熟人，能否吾兄代籌百番，到湘即寄，遲至一月。
一切托心淵兄面陳。即刻奉訪，乞勿他出。《西域志》《滿洲考》兩書
即望交下，《清尊集》亦要。此上穰兄左右。弟標頓首。

案：據《笘訝日記》，光緒二十年十月，江標南下赴任途中經

過武昌時，曾與汪康年見面兩次。此札言"日前得譚""到湘即寄"，則當作於光緒二十年十月尚未抵達長沙時。

七

示悉。楊星翁回信未奉到，大約遺忘矣，然亟欲一看也。今日檢隨身書簏，皆無可奉閲之件。輿圖已送總署，各書俟到湘必寄閲也。此上穰卿吾兄同年。標頓首。

案：札中"輿圖已送總署"語蓋指光緒朝因修《會典》而令各省重新測繪輿圖之事。湖南輿圖告成在光緒二十一年八月，巡撫陳寶箴上奏在十一月二十四日，參《光緒朝各省繪呈〈會典·輿圖〉史料》（《歷史檔案》2003 年第二期）。則此札當作於光緒二十一年十一月下旬。

八

前款想已代匯，費神之至。頃有要信并銀，祈即交票號，此款即祈於前寄所餘計算可也，尚有贏餘，恐歲暮尚有所需，能代存留，至感。日來已到澧州，考事平安。近爲立志大興校經書院，爲經費所窘，明年望君來作臂助也，助學問也。匆布，上穰卿吾兄同年。弟標頓首。

案：據"日來已到澧州"、"近爲立志大興校經書院"語與《笘誃日記》所記行程，知作於光緒二十二年八月中旬。

九

穰卿吾兄同年大人左右：

久疏通問，馳念曷已，敬惟起居佳適爲祝。得心淵書，知順德師家事，聞之愴然。弟憶前年出京，師曾以世兄相屬，本擬同來湘中，比以有人訛傳師私移眷屬者，遂即終止。臨行一書，言詞悽愴，本疑不可釋，然師付屬之心，未嘗一日或忘也。今思世兄猶未及歲，歸里後，恐難久居。弟欲仍遵師舊屬，願迓之來湘，將來弟至何處，必與偕行，教讀衣食皆弟一身任之，將來俟世兄學業有成，再行設法。然日來見《申報》，知靈櫬已過上海，世兄當亦回里，此語將來與何人説知，則仗吾兄矣。如以爲然，祈爲轉達，終約何日來湘，弟當布置一切。世兄年尚輕，往在師處見有一粵嫗，侍護極密，儘可隨侍同來，弟亦稍可放心。此函不及他事，弟實因聞信後轉展思惟，別無他法。回憶吾師臨別之言，和淚馳墨，矢願有成，諒公亦當不置諸度外也。匆布，敬請日安。四月廿八日。弟標再拜，自靖州書，鵠候復書。

　　　　案：據李文田"靈櫬已過上海"與"自靖州書"語，知作於光緒二十二年四月二十八日。

十

穰卿吾兄同年左右：

　　前奉手書，鹿鹿未復，至歉。比惟起居佳勝如頌。報事想日有起色，湘中幾致家弦户頌，且試者以之爲兔園册，風氣開闢一至於此，可喜也。嶽麓院長王祭酒師，曾有勸閲《時務報》手諭，刻出遍給諸生，茲特寄呈一紙，大可刻入報中也。弟試事明年正月可畢，擬在校經書院創立方言、算學、輿地三舍，方言齋長則鄭子忠，漣，長沙人，炳之子。算學齋長則傅鶯翔，巴陵人。輿地齋長則晏忠悦，新化人，即在新建書樓下。并欲開立《湘學新報》。日來已請旨撥給學租餘銀，每年五百兩，作爲常年經費，如蒙俞允，則諸事順手。將來擬定章程，尚擬求附入報中，以示天下也。悄悄此心，亦無他願。雖時事不易挽回，亦聊盡斯職耳。讀梁孝廉《讀西書》兩種，頗合夙志，何以無方言書，不可解，豈以此學非師承不可邪？前存兄處之款，共存若干？乞速示知。弟擬將此款半助貴報，半助廣學會，聊盡區區之心而已，勿疑其是藉端索遍也。弟近刻叢書已成三集，寄去兩部，一奉糾正，一祈轉呈梁孝廉爲禱。都中近事有所聞否？弟略得一二書，皆以不肯改變，勤輒傾軋爲言，且有牽涉鄙人之處。所聞異辭，弟亦聽之，此都門長技，無足深怪也。弟擬刻順德師遺書，聞伯唐兄處多抄本，乞轉假。如有信致孔曼世兄，亦祈代索，或求師手抄、手批小種書刻之亦好，祈竭力爲之。餘無他語，相見遥遥，以時通函爲妙。此上，即請日安。弟標頓首。十月二十三日。永州試院。

外書兩部。

　　案：結合《笘誃日記》所記行程，知此札作於光緒二十二年十月二十三日。

<h1 style="text-align:center">十一</h1>

穰卿仁兄同年大人左右：

久不作函，聞尊事亦甚忙，心印而已。惟起居佳勝爲祝。昨由沅帆處送到《代數通藝錄》，謝謝。此間事無足述者，除書院添設學會外，專主《學報》，現在主筆者爲唐蔧丞、陳樸三二生，其餘皆幫忙而已。唐力最多，即住署中，一切皆渠動筆，准二十一日出報，上海擬即附尊報館寄售，一切章程皆可通融辦理，惟不知每月寄報，由漢至滬，與郵局是否説通？吾兄寄報至漢若何？即弟寄報至滬亦若是也？祈速復。所有章程、例言、總叙擬借重登尊報中，未知可否？另寄五份，祈分致各報館可也。心淵即日回滬，一切書籍等由渠面交。此函托恪士便致，未知何日可到？或另有函告也。湘中前爲一德人，省中全局震動，少見多怪。此事初與沅帆、秉三等商，甚好，繼知有人借此下手，故突作閉門計，甚非所願也。見恪士當知之。此請日安。年小弟標頓首。三月十六日。

　　案：據“湘中前爲一德人，省中全局震動”（即德國人諤爾福竄入湖南事）語,知作於光緒二十三年三月十六日。

十二

穰卿吾兄同年大人左右:

日來想諸事佳勝,至慰。此間《學報》已將出第二期,第一期之報,特屬家人許升携呈五十本,將來能推廣否,尚乞示知。上海及廣東各報館,擬各致送一分,即在五十本内抽送可也。不必算錢。此次遣家人至滬,特爲康侯觀察所贈學會各件,并購辦各儀器。日來專心在此,儘徒勞無功,亦頗深願也。此間再有數日即將交代,一切事不得不立定脚跟,以後之盛衰興廢,非吾所能意矣。代數《通藝録》,謝謝。匆布,敬請日安。年小弟標頓首。三月廿四日。

再者,心淵至滬,欲謀一事,未知吾兄能代設法否?標又頓首。

案:據"學報已將出第二期"語,知作於光緒二十三年三月二十四日。

十三

穰卿吾兄同年大人侍史:

來書悉。康侯處早致電,不知如何?乞一問。有電覆云飭禁。所須續寄每期五百分,現在添印不及,寄轉不易,當盡力設法。公度來,一切事與商,甚合。餘後復。敬請日安。弟標頓首。初八日。

近刻辦學校章程呈閱,盍刻入《時務報》中?叢書不易售,可暫緩也。

案:據信中"公度來"(指黃遵憲到任湖南鹽法道)語,知作於光緒二十三年。

十四

穰卿吾兄同年大人左右：

數月來諸事叢集，一函鮮通，想彼此有同情也。承代銷各報，以公處爲大宗，漢口、江南次之，餘皆不足言，然銷路雖廣，而填款甚巨，幾有力窮之勢，奈何。六月杪外省結帳之期，不知共收若干？所云長購一節，此法甚妙，弟處第十二期已照行矣。茲有幕友黃廣生兄回省，有劃付洋六十圓，乞即檢收。款照付，其餘仍請核結，先將帳目寄示，以便交經手人總核。匆匆，即請日安。年小弟標頓首。

案：據信中《湘學新報》第十二期已出版之語，當作於光緒二十三年七月以後。

十五

穰卿吾兄同年左右：

此間時務學堂擬敦請卓公爲主講，官紳士民同出一心，湘士尤盼之甚切也。弟亦望卓公來，可以學報事交托，惟上海無人，奈何。弟十月杪可交卸，專候研芙來，請假兩月，當可於海上相見。然以後出處，尚無定主，惟頗不願住京耳。擬於蘇州創一大學堂，而同好者無其人，願南皮再至兩江，則事可成矣，此皆囈語也，可歎可憐。敬請日安。年小弟標頓首。八月十三日。

外書兩部，此守舊之學也，擇好之者貽之。續要之五百分，合計須六七千本，無錢買紙，吾兄處能先寄若干否？至盼。

案：據“弟十月杪可交卸，專候研芙來”（研芙即繼任學政徐仁鑄）語，知作於光緒二十三年八月十三日。

十六

穰卿吾兄同年大人左右：

事冗病苦，未得通問，至念。前寄之二百四十元，秉三處未便劃用，茲將原信附還，即留此款在上海面取可也。以後之款亦乞勿寄，此間已劃歸弟帳矣。弟此歸一無所有，到滬恐靠此一款用度，其餘可想矣。心淵想日見，另一函與之。到滬無住處，擬住天保棧，又恐不便，因漢口無接客也。且俟面談。匆布，即請日安。弟標頓首。十月十二日。

《湘報》交公度接手，可長久矣。（十月廿四到。）

　　案：據"《湘報》交公度接手"語，知作於光緒二十三年十月十二日。

十七

穰卿吾兄同年左右：

日前奉手書，具念種種。即欲束裝來滬，適因家兄有秣陵之行，歲暮無人照料家事，諸多不便，只得中止。繼思此事只要兄與曾君面見連納，一詢實在情形，便可主張，不必弟在座，反啓連君之疑也。吾兄以爲然否？茲啓者，上海育才中學堂已稟准浙撫，於太、鎮、嘉、寶、上海五處銷鹽，每斤加價一文，以充經費，即於光緒廿五年正月初一日起捐。現在蘇府屬學堂正苦經費支絀，當即援以爲例。頃有創辦蘇府中西小學堂張雲搏孝廉一鵬往浙，擬即上稟，求照太、鎮各屬例領撥，批詳由張君面呈，以備考核。恐到浙投稟，無熟人照引，必多遲滯等情。弟特屬張君先到上海與公面商，務乞格外照料，能否賜以數函？俾到浙辦事容易准行，尤深感禱。即蘇屬學人亦同感先生盛意，日夜盼切者也。蟄仙聞在浙，能助一臂力尤幸。一切統祈指引，奚啻躬被。張君弟平日所最欽佩者，人品學問皆極超頂，敢願爲之作前導也。弟牙痛至今不止，上顎生一堅肉，勢將糜爛矣，諸事不能用心，只能安息坐臥，大是苦境，見雪君可告之也。專布，即請日安。年小弟標頓首。二十日。（戊年　收）

案：據"歲暮""戊年"語，當作於光緒二十四年十二月二十日。

十八

穰公同年左右：

伯斧來，知台從不克來蘇，探梅之約似尚不遲，今年花較遲也。張雲摶兄來云：浙撫院批，尚無眉目，能否求吾公電催。其電費一切，歸雲兄照繳，祈速示爲盼。敬請日安。弟標頓首。十四日。

筱軒强詞奪理，如何辦法？兄必有以處之，乞示。（己正月十六日）

十九

霞裳欠款二百餘元，在鄂結帳時無錢可付，除已收現款外，另寫一信，尚欠百元，歸尊處借付。去年到滬，兄不在此，故未將此信交去，兹特檢出，照劃可也。至於廿三期以前報事，必須日内清結，非出催迫，實有萬不得已之苦衷，尚乞原宥。兄既至杭，此間有何人代理？尚乞示知，免有無可商量之苦，或即就近屬心淵作調人亦可。此請穰公吾兄日安。弟標頓首。廿八日。（庚杏月補收，不記日）

案：以上十九札原件藏上海圖書館，收入《汪康年師友書札》。兹據該書録文，并附考證。

致李盛鐸（四十通）

一

方氏書目，前途催取數次，乞即檢還，因即刻欲送去也。敬上木齋同年。弟標頓首。

李大人。舊簾子胡同察院。

二

頃在督署，聞得電音，知潘鄭盦師薨於位，專此飛聞。標謹上。木齋吾兄同年。初一日。

　　　案：據潘祖年編《潘祖蔭年譜》，潘祖蔭卒於光緒十六年十月三十日。故此札當作於同年十一月初一日。

三

日昨細檢手書，紙價塙已收到，乃誤以鳳石前輩之款作吾兄也，茲特繳還。木齋吾兄同年。標頓首。

《輔教編》擬屬家奴影鈔一分呈順德師，能檢出與《簡明》同付，至感。

四

允假西菜盆碟刀叉，乞檢付去手，共數若干，祈開存一帳。木齋同年。標頓首。

李老爺。後孫公園安徽館間壁翰林院。

五

汪師母係三十九歲，是日雖不做壽，却豫備酒席也，特此奉聞。木齋仁兄同年。弟標再拜。

六

前面懇賜函致楊鵠翁位置邸弁一節，頃邸弁自天津來，據云初十鐵路開工。拜乞速惠一函，俾持函前往，以免落後，感感。敬上木齋仁兄同年大人閣下。年小弟江標、王同愈頓首。

篆屏一條附呈。

七

勝之同年扶安輿出都，臨行云欲坐新濟輪船南歸，屬弟致意。吾兄能否速作一函與雅泉，懇船中照料一切，因男僕祇一人也。書不必交下，兄處徑寄可矣。敬上木齋同年。標再拜。

八

屢擬趨譚，適因感寒臂痛，神頗委頓，圍鑪枯坐，興致索然。近來愛臨趙鷗波書，苦乏佳刻。因憶兄處有石印《兩漢策要》，能否借臨數日？曷勝感感。如藏有趙書他種，尤願一觀也。敬上木齋仁兄同年。弟標再拜。

石印《三希堂》能一借否？

九

數日未快譚爲悵。明日楊市之約果否？想不改期。午前當奉候。木兄。標頓首。

十

數日來彼此往還，不得一見，城堙之隔，便如千里，可笑可笑。明日兄如出城，乞先顧我，或早晨函示定期，至妙。敬上木公同年。標頓首。廿九日酉刻留書。

十一

木齋仁兄同年左右：

到津住五日，今午坐大車至塘沽，附海晏南返矣。前日寄存兩馬吾兄處，如尚未轉寄，頃孫慕庵兄特遣人往借，伏乞餉交帶回爲感。餘俟至上海再行函布。敬請日安。年小弟標頓首。廿二日。

慕兄意欲黑馬。如兩馬并不必用，皆交慕兄亦可。又復。

十二

舊簾子胡同。都察院李都老爺台啓。江、彭緘。

示悉。帖於今午即送去。菜是否亦歸柚岑？抑須仍用孫廚？今明如有人出城，乞即示知，以便豫備。敬復木齋仁兄同年。弟標再拜。明日福隆如到，面譚更妙。

十三

示悉。寫同鄉京官謝恩摺畢，即趨譚，大約須午飯後也。餘面譚。木公同年。標頓首。

貴大人。

案：以上十三札爲私人收藏。

十四

頃有某家人送來煙一罐，欲求善沽者。吾兄盍來一品，遲則恐不能久留也。味尚佳，故不忍還之。木齋同年。弟標頓首。

十五

勝之書來，有聞所未聞者，盍來一看。木公同年。標頓首。

十六

日前醉酒飽德，歡憙謹謝。燕秋痢疾已瘳，足病大發，終日僵臥，轉側需人，甚爲焦悶。渠意仍欲住省而囊無一泉，每言及此，聲淚俱下。其家累之重，堂上又不能迎養，遠省固是實情。弟現爲渠籌得二百餘金，尚短百五六十金，而遲至今日，午後不能不上光。燕兄意中不敢累閣下，因既荷垂青，若以此等事干求，殊抱不安，且恐爲不知者所知，貽爲口實。然弟再三思之，一時竟無可向他處設法，故敢與吾兄商之。能否暫移百五十金，以救其急而成茲美事，吾兄亦可云始終成全矣。在燕兄，飲水思源，當決不稽遲，將來必早還璧也。如蒙允可，能否於今日午前交下。弟於午後三點鐘時即交源豐潤上兌，萬不能再遲緩矣，因二十二日早晨須送至庫上也。臺灣本一水可達，且渠與唐方伯交情甚深，顧廉訪亦素所器重，將來到省，必不致如他省落寞也。辱承知愛，容敢代陳，尚祈恕以冒昧，成茲佳事爲幸。專布，敬請木齋仁兄同年早安。年小弟標再拜。二十一日早。

十七

亮之原信奉閱，如不合，可交去手帶回。振夫已到京，頗有可譚可觀之事。明日盍來作竟日譚。此上木公同年。弟標頓首。

十八

羊肉胡同，翰林院李大人鞱啓。江械。
木齋仁兄同年左右：

鹿鹿未能走譚爲歉。燕秋同年於兄有知遇之感，屢屬弟介紹，欲附弟子之列，此漢人傳經例也，出自至誠，吾公不可却之。初六日清晨當奉贄晉謁，祈勿辭爲幸。專上，敬請鞱安。年小弟標頓首。

十九

李大人簡啓。

有事面譚，未知吾兄能一見否，卧譚亦甚雅。如允，吾當於午後詣前，因悶甚也。木公同年。標頓首。

二十

日來右脚起泡而爛，竟日静坐，是天責不寫摺子之故。昨午勉强出門，歸來大痛。廣濟之約，竟成畫餅，可笑。尊摺想益好，祈與芸閣各賜一開，千萬勿却，如能小愈，必走候也。日前美濃紙兩刀，想已收入。木公同年。弟標頓首。

二十一

示悉。極欲趨陪，而車馬皆爲勝之假去，不得出門。尊輿如便，能一來迎，至幸。此席大約冠帶，故不能徒步而來也。木齋仁兄同年。弟標頓首。

二十二

尊召極欲趨赴，且可與秋葊兄一譚。奈今晚與陳衡山兄餞行，不先如願。明日祈約秋兄早臨，至幸。此上木齋仁兄同年。弟標頓首。

二十三

示悉。紙筆均好，謝謝。册已校有數條，還時乞抽去之。此物必無人肯出此重價，可竟還之，稍遲必可得也。惟以後尚望微探之。此上木公同年。標頓首。李大人。

二十四

今日祀先，不能早到，午飯乞勿候。大約申初必到。弟亦有一楹帖祝鵠老，當携至尊處寫好奉托并寄也。此上木公同年。標頓首。

二十五

石印本《書目答問》、李鼎和紫毫筆，如蒙檢賜，祈付下。薄竹紙如尚有存者，望檢付，至感。此上木齋仁兄同年。弟標頓首。

二十六

二十八日同坐有洛才、芸閣諸君，千萬早臨勿却爲幸。專臨。敬請木齋仁兄同年大人開安。弟世安、標頓首。

二十七

外册軸各一。李大人鈔開。江械。

夢樓、麓臺兩件，願售百金，兹特遣人送上，乞詧收。因前途急欲言歸，不得不借作盤費也，乞諒之。此上木公同年。標頓首。

二十八

《楹書隅録》先繳兩册，餘寫畢即繳。專上，即請木齋仁兄同年大人刻安。弟標頓首。李大人。

二十九

昨失迓，罪甚。胡《文選》先繳，餘於明日檢齊送上。下午少暇，或詣譚也。木兄同年。標頓首。貴大人。

三十

手示具悉。此舉專爲順德師而行，今既不到，似當改期，未知是否。明日見抽存，看渠如何説法，再行奉聞。木齋吾兄同年。弟標頓首。貴老爺。

三十一

李老爺韜開。

良駟暫留一宵，因明早擬借往南池也。如兄必須用之，即當送還。木齋吾兄同年。標頓首。

三十二

日前復函，想早轉告前途。頃因有人亟欲一見此物，能否即付還，否則亦望即示定信，因恐兩誤也。明日午後千萬示復。木齋吾兄同年。標頓首。

三十三

十四日午刻，廣和居祈早臨。同坐皆熟人，恕不再速。木齋同年。標頓首。李大人。

　　案：據《笘誃日記》，十四日午刻會飲於京師廣和居者，惟在
光緒十七年五月。

三十四

木齋吾兄同年：

　　別已月餘，惟起居萬吉如祝。弟侍家母北上，已於月杪到津，大
約初五六日必可到通，欲借厩馬一用。茲特屬輿人走領也，屬其勤加
芻秣，入都後即送趨也。匆匆布達，即請開安。弟標頓首。閏月初一
日中和棧中書。

　　李大人韶開。

　　案：據《笘誃日記》，江標侍母北上至溏沽，時在光緒十八年
六月卅日，故此札作於光緒十八年閏六月初一日。

三十五

　　李大人韶開。

　　示悉，至感。今日必去。今日午後尚擬續有寫稿，明日可送閱
也。昨見中、高二公，人多，不能提一字，明日擬往探之，必有新説，當
再奉聞。木兄同年。弟標頓首。

　　案：此札大約指從李鴻藻（高陽）等處探聞朝鮮戰事對策。
當作於光緒二十年。

三十六

　　昨譚爲快，勝信已取回呈閱，能即另録一分，將原稿付還？至感。
因郎師索閱也。聞陳夢陶言，接電奏，知聶將身被七創而亡，葉帥不

知下落，漢城南無華兵矣，可歎。歸思浩然，秋風起時，鱸魚正美也。此上木公同年。標頓首。

案：札中言及朝鮮戰事，當作於光緒二十年。

三十七

昨日失迓，至歉。聞和局已有七八分，大約星使諸公可不必歸來矣。時事如此，可歎，可痛。木公同年。弟標頓首。

案：札中言及和局，當指中日戰事，當作於光緒二十年。

三十八

木齋仁兄同年左右：

前數月曾上一緘，意已必至都門矣。後得雅泉書，知尚上滬濱，且聞有喪明之痛，殊深繫想。兩月以來，不意竟兩聞可痛之事。鞠常師世兄，年僅弱冠，竟赴玉樓，鞠師只此一綫，想較兄更悲。然兄亦可以自解矣。不然更看郎師，年已花甲，而後顧茫茫，楹書誰付，當益痛心。然尚能達觀一切，夫復何言。又聞兄今歲不入都銷假，明年未必考差，此何故歟，殊不可解也。

弟試事已漸告竣，自明年正月後，便可息影署齋，專候瓜代。三年廉俸，僅得敷衍，大是可笑，然自思究勝困守東華，故頗覺自足，以後事又當另行布置矣。所餘千金，適振夫經理萍鄉礦務，已盡數交之，云可獲巨利，不知確否，此亦作信天翁事而已。吾兄聞之，能勿一哂。弟諸事無常性，日來已念念虎阜鄧尉間，如身在萬梅花下矣。

日來未知至蘇否？郎師想常見，聞精神勝昔，山林固勝廊廟也。

大家兄作令三月，已大苦腦痛，急欲改圖，此較弟已更性急矣。煥庭仍在滬否？其家苦窘，然有兄可恃，尚何言哉。乞問訊。蠟前匆布，敬請年安。年小弟標再拜。十二月十五日郴州試院。

案：此札言及明年學政交卸，故作於光緒二十二年十二月十
五日。

三十九

羊肉胡同李大人輯開。鵠候□□，建槭。

木公大喜：

時事未定，以中立爲上策，無他言也。郎師屬弟請假兩月，恐不
妥，先與樂言，函告華相，現擬於廿六日發電總署矣。

章京無此才具，而參贊之興大發。公不棄，祈一援之，必無礙，或
與公有益也。允否，乞速電復，英泥城橋敝寓。此事志在必得，十年
顧愛，此事實升諸九天也，公當能神悟。鶼頓首。八月廿一日。

案：光緒二十四年七月二十四日，江標受命以四品京堂候補
在總署章京上行走。而札中言及"總署""章京"，故當作於光緒
二十四年八月廿一日。札中言"敝寓"在英租界泥城橋，而當時
江標確在上海。但就在寫此信的同一天，清廷下詔將江標革職，
永不敘用。札中江標仍然希望出任駐外參贊，應是當天早些時
候寫信時尚未收到革職的信息。

案：以上二十六札原藏中國社會科學院近代史研究所圖書
館，茲錄自《近代史所藏清代名人稿本抄本》（影印本）第一輯第
140冊。第一通、第三十七通當爲江標光緒十五年中式進士以
後、光緒二十年赴任學政之前住京期間所作。

四十

木公左右：

別來一月，時事變亂一至於此，亦可慨也。鄙意但求國事平安，
則新舊之法，同一功用，杞人之心，如是而已。前日兩上書後，忽奉旨

削職管束，則以上兩書事早成秋夢。最可疑者，旨云"庇護奸黨"，鄙人本不與康黨親密，何從庇護？又旨云"暗通消息"，鄙人與若輩從未通一尋常函牘，況緊要消息乎？何從有暗通之事？既云暗通，人何知之？是更不可解者也。以此八字冤獄而幾於置人於死地，誰人爲之？聞係木易，或云湘守舊黨人，亦慘恨極矣。實則今日之攻者，非攻康黨也，攻湖南黨也。湖南之黨，實起於鄙人任滿之後，而竟牽連及之，亦殊可笑矣。昨日又度拿問，事更蔓延。鄙人以後即此了結，亦難把握，然餘權所握，皆在榮宰。吾兄如念舊交，洞矚鄙冤，還望速告宰公，勿再有牽涉，至深頌禱。鄙人康黨既從不聯絡，湘黨又在去後，忽然享此大名，殊覺不稱。從此當匿迹消聲，不問世事。茫茫天壤，相見何時？能知鄙之心，能察鄙人之事者，惟公一人。臨穎不勝悚切之至，專懇，即請文安。弟名頓首，八月二十五日。

　　案："庇護奸黨，暗通消息"爲上諭將鄭孝胥、江標革職之語，又據"湖南之黨，實起於鄙人任滿之後"語，知爲江標所作，時爲光緒二十四年八月二十五日。榮宰即榮禄。兹錄自孔祥吉《晚清佚聞叢考》之《〈上木公函〉與湖南學政江標》。

致華世芳（一通）

若溪表兄大人左右：

　　久疏玉音，如饑如渴。兹因小兒派報單事，一時□親稱呼中記不明白，特乞將蕩口所有老親稱呼開一清單來，以便各處派報用。餘再瀆布。此請日安。弟標再拜。三月廿六日。

　　案：見中國嘉德國際拍賣有限公司 2015 年春季拍賣會預展。

致潘祖年（一通）

　　翌日酉刻，敬請賜臨聚豐園，杯酒清譚，藉承教益，衣冠脫略，殊屬不恭，尚祈原諒。敬上，請仲午世叔大人行安，侄江標再拜。廿四日。

　　聞明晚上船，薄暮儻可在岸也。

　　　　案：見《八家詩翰手札》（中國國家圖書館藏）。潘祖年，字仲午，潘祖蔭弟，潘仁麖（江標祖姑父）堂弟。

致李文田（一通）

　　月前叩送，時切依依，恭惟星軺過處，福祉絣紛，遙企龍門，時殷雀躍。保定文場想早完畢，向聞蓮池書院大有人才，比來應試，當樂識拔，績學之士，能得幾許？歲試兼及武場，政躬當益辛苦，殊為□□。標局守宣南，循分供職，讀書多暇，謀食為難。故今歲四月，適黎純齋觀察力勸出洋，且為作書與薛叔耘年伯，援汪芝房前輩之例，謀為二等參贊之使，乞其奏調，至今尚無覆音。後探知因王子裳兄奏調在先，而尚未往，故不能再行奏請。頃聞子裳兄決計不願西行，則參贊一席，尚在虛懸。可否函丈念其有志，從速作書與叔耘年伯，仗鼎力一言，必可允從。惟此事不可少緩，如蒙俯允，祈即賜一函，當逕寄上海轉遞，則明年二月可得覆音。自念年力尚輕，有志遠游，昔人使絕域，每讀史至此輒徘徊不已，夫子聞之，當亦為之莞爾也。

　　　　案：見《笥誃日記》光緒十七年辛卯十一月十五日。原稿未言收信人，今據"保定文場"、"歲試兼及武場"之語推知為時任順天學政的李文田。

致繆荃孫（九通）

一

《藝文類聚》三冊奉到，至感。尊缺當亦爲補鈔也。西箋適存小半匣，即以送呈，乞察入。筱珊老前輩左右。侍標再拜。

二

碌碌尚未趨答爲罪。碩卿書已轉寄，只得俟有覆再爲設法。元本《藝文類聚》闕卷已查出開呈，如能於束裝前檢出，至感，因近招得一抄手也。前輩如需補抄，亦可照目檢呈。專此布懇，瑣瀆不安。敬上筱珊老前輩大人左右。侍標再拜。

《藝文類聚》少序目一至二卷，少九十六至百卷。

三

示悉。《藝文類聚》三冊奉繳。侍處全部付森寶堂重裝，尚未送來，侍南行往返一月，歸後必送上也。頃見碩卿，聞醉六事，爲之惋惜，到滬或得一詳詢也。匆匆不及走辭爲歉。敬請筱珊年老前輩大人刻安。侍標頓首。

案：繆荃孫《藝風老人日記》光緒十八年壬辰五月十七日："取江建霞交《藝文類聚》三冊回。"故此札當作於光緒十八年五月。"醉六"指上海醉六堂書坊。

四

雙紅豆卷，涂就呈政。宋廛《續跋》能一借鈔否？書棚本小集如檢出，許爲影刊，尤感。敬上筱珊年老前輩。侍標再拜。

案：《藝風老人日記》光緒二十年甲午五月十二日："江建颿

送……《士禮居續跋》來。”故札中借鈔《續跋》事在此之前。故此
札當作於光緒二十年春。

五

筱珊年老前輩大人左右：

正月在省，由蕭主政處奉到賜書，獎借逾恒，誘掖備至，極慚極
感。伏審啟導群英，起居多適爲祝。世事萬變，一官如贅，公能決然
脫此羈絆，或有疑公過激者，此非知人也。標自忝非分，日夜凜懼，盡
力所至，可否不知。自出省後，已試寶、永兩郡，幸尚安靜，惟毫無暇
晷，欲如祁文端堂上讀書之樂，難矣。《唐人小集》已盡付梓人，別刻
小種，俟印訂後寄呈。湘潭有葉焕彬吏部德輝，原籍蘇州洞庭山，入
籍長沙，住居省城，校勘之學，今之思適也。藏書亦多，亦有宋元本，
益吾師極稱之。吏部與前輩有聞聲相思之雅，大約同出一源者，仍是
我蘇州派也。正作書間，適接省報，知和事已有端緒，然事事吃虧，將
來何以結局，究竟能了與否，此間仍不得知。天下多故，豈以文字能
致太平，我輩亦太好事矣。洞庭書便，尚祈時賜箴言爲禱，敬請箸安。
年侍生標再拜。四月十日。

案：據“自出省後，已試寶、永兩郡”語，知作於光緒二十一年
四月十日。

六

新刻書棚本《唐人小集》一種，藉呈清鑒。尚欲續刻《朱慶餘集》，
惜《唐山人詩》一時無影本也。小山老前輩大人。年侍標頓首。

繆大人。

案：江刻書棚本《唐人小集》始於光緒二十一年夏。

七

再啓者，秋間如海上無事，洞庭水滿，盍飛渡來湘，作十日之聚。益吾師葵園，秋色頗佳，正好暢游，亦一樂事也。八月初旬至重陽節後，此一月間爲侍休息之日，當掃榻恭迓。再請箸安。侍又頓首。

案：據《笘誃日記》，光緒二十年八月初旬江標尚未到湘，二十一、二十二年的八月江標均忙於考務，故此札作於光緒二十三年秋。

八

昨日醉否？《唐人小集》一部呈鑒。此書本當多奉幾部，惜所印精本只二十部，已所存無幾矣，到蘇當補呈。筱珊年老前輩。侍標頓首。

案：據精印《唐人小集》"到蘇當補呈"語，知此時當已卸任學政，即將回蘇州。又據"昨日醉否"語，知江、繆二人曾共飲。查《藝風老人日記》光緒丁酉十二月初十日所記，二人同在武昌，該日兩度同席宴飲，正當江標卸任之後、回鄉之前。故此札當作於光緒二十三年十二月十一日。

九

日前趨詣，不值爲悵。得章碩卿先生書，亟欲覆之，不知近居何所？書中云詢前輩能知近況，乞詳示，至感。渠需事甚急，而未詳述其所以然。如前輩處能知其意，乞示。以早晚得閒時，當面聆教益爲幸。侍標再拜。筱珊老前輩左右。

案：以上九札原稿爲吳縣潘博山收藏，上海圖書館藏過錄本，今收入《藝風堂友朋書札》。其中第八札又收入潘承厚輯《明清藏書家尺牘》。

致朱幼蘅（一通）

　　數日鹿鹿，未先暢譚，至歉。惟箸饌多福，起居萬吉如祝。弟昨晚讀祜弟四書文課，自《欲速則不達》題至《不念舊惡》前後五題，題似別有所指。初思吾兄生性爽直，當非有意，及讀批尾，神味淵永，目光四射，弦外之音，幾令人莫解，不覺始而駴，繼而疑，終而啞然曰，先生誤矣。念自半載以來，蒙就敝居，祜生第諸承訓誨，弟亦時接■澤，欽佩之心，實非朝夕，斷不致喪心病狂而有所開罪。再四思維，大約因三月廿三日弟自課祜生弟文而起，然此誠大誤會事，今請爲剖別言之。弟之所以謬然命題者，以是日兄正出館，弟值小病，雨窗無事，欲以覘其學力之所向，驗其文筆之遲速，察祜弟之勤惰，非察吾兄之勤惰也。今《欲速則不達》題，若代祜弟以責我察課之非分者，其誤會一也。既出題文成矣，則不能不改，然觀其文筆，頗覺淺陋，故以改而易批，使其先知讀書之道，及所以千里從師之意。當時但知有一祜弟而已，而不知其以爲欺吾夫子也，此誤會二也。學問之道無窮，博采通人，許君嘗語，■■識字，昌黎有言。故弟批祜弟之文，有讀書數語，兄恐祜弟因此而失彼，故有《舍學從吾》題，是誠愛吾祜弟，至以盡矣，然誤會又一也。十日以來，每見課祜弟題，知必大有所誤會，真如骨鯁在喉，欲哇不得，一恐明言之有所開罪，一恐兄誤會而更無已時。昨見《不念舊惡》一題，始知所以藏身者尚非有所不恕也。然惡字何說，殊不可解，證以詁訓則不合，例以經義則大非，斷章取義，何爲乎來？則兄又大誤會矣。以此誤會，竟成輊輵，筆墨往復，已於何時。即以祜弟觀之，必竊笑曰：此非夫子與世兄文字交如此也？將來祜弟萬一亦效法於他人，而曰有所師承，豈非又一大誤會乎？然今日之主意，弟惟望祜弟之讀書有成，想兄之意中當亦欲祜弟如此也。若徒以意氣相尚，口舌爲工，則非但不敢測吾兄，亦自信平生無此妄念。舍本而求末，指桑而説槐，此世間無用人爲之，吾與兄當毋蹈此習也。辱承知愛，用敢直書，他日若以紙技示他人，以爲大有辱於先生者，祈無信此誤會，可也。

案：見《笆誃日記》光緒十九年癸巳四月初四日。

致王仁堪（一通）

夫子大人函丈：

謹啓者不事師門已經三載，祇以朽材■種，陋拙依然，桃李門牆，虛其栽植，因慚成畏，意鈍無辭。惟處遠望鈞，時聞德政，歡心■■。標自去夏迎慈親入都，全家北上，仍住城南。原憲之貧，朝無夕粟；管寧之居，客迹家人。每欲苦燈疾寫，破篋聚寶，又復爲食而廢學，因窮而見拙，足牢如■羈，心轉似轆轤矣。今年四月十五一試，臆决唱聲，自知匪敵之，神勞心苦，不夢九天，固其宜矣。《焦山歸石圖》卷，舊得於菜市東肆，遠送歸山，欲存陳迹，名心猶在，夫子喻之。舊朱宮扇一柄，取以伴函，伏乞笑納。謹肅，上請崇聽，伏惟雅鑒，無任依馳。

案：見《笆誃日記》光緒十九年癸巳五月初十日。

致盛宣懷（十二通）

一

杏蓀世叔大人侍右：

前拜手盦，久疏箋肅，敬惟福祉萬臻，勛績楸著，一如下頌。標玉堂忝列，視艸多間，與屺懷諸君月興畫社，以當清譚。兹有博古主人劉君載寶來津，欲謁清秘，以求真賞，屬爲一言以進。聞此次搜羅頗富，或有可觀。然顧廚珍秘甚多，未識能博一弞否。專泐瑣瀆，敬請勛安。諸惟鑒詧不備。世愚侄江標頓首。

案：原件藏上海圖書館，收入《近代名人手札真迹——盛宣
懷珍藏書牘初編》。據"與屺懷諸君月興畫社"（指與費念慈等人
結來蝶仙堂詩畫社）語，知作於光緒十九年十一、十二月間。

二

翰林院江寓緘托
杏蓀世丈大人侍右：

春來驛使奉到雙梅，感高情之摯厚，翻欲言而踟躕，敬惟經濟冠
今，賢勞任己，起居佳勝，定洽系忱。標人海漚居，學業苦少，所幸今
年家兄得入詞林，差慰北堂期望耳。夏雨雨人，漸成潦象，泥途苦滑，
車轍頻膠。去年自通至京僅數十里，運道梗滯，糧價湧貴，飢民遍衢
巷，撫振不易。事至此時，方知鐵道之不可少。向之拘泥不化者，亦
翻然思變矣。吾丈向以天下為己任，非常之業創非一端，何妨趁此機
會成茲大舉。區區數百里，僅數百萬金，當籌之甚易。天下聞風，決
不從而阻難之矣。即如郵政一事，近日都中士大夫頗信遞寄之便，臺
吉廠一局轉相尋投，門庭若市，此明證也。不世之業，有望於賢者。
標之愚陋，當引領待之。蓋以此道一通，便足轉移風氣，於是再求夫
大者遠者，則事無不成矣。天陰如墨，屋漏多痕，率意布陳，惟希垂
鑒。敬請勛安。世愚侄江標拜上。

敬再啓者，廠市寄觀閣主人携有法梧門家舊藏各件，欲呈鑒收，
屬標一言，未知於政事之餘能許一見否。法家物多精品，惜值貴耳。
聞清秘庋藏已甲吳會，惜不得一飽眼福。將來鐵道如通，此亦一易事
矣。一笑。再請勛安。標又頓首。

案：今藏上海圖書館。據標兄江衡入翰林院語，知作於光緒
二十年。

三

敬呈盛大人台啓。江復。

杏蓀尊丈大人閣下：

　　頃奉各件并手示具悉。此事原與廣泰福論交涉，以公言須仲魯前輩有信，故特函告之。不意仲公仍推入廣泰，且云經手人有虧空，是以小股分之款抵經手人之虧空，而仍還諸大股分之囊。不知商務中有此辦法否。此事既無轉圜，標當另有辦法。好在經手人尚在，股票尚在，廣泰福雖售出而商務交涉之情理尚在也。重勞垂注，不勝感感。區區此數，標亦未必能救大飢，特不能甘心耳。匆覆叩謝，敬請勛安。肅賀大喜。世愚侄標頓首。元旦。

　　　　案：今藏上海圖書館。

四

寶源祥督辦鐵路大臣盛大人勛啓。片請，江緘。

杏蓀世丈大人侍右：

　　頃承教益，又蒙發電，仲魯前輩以絕不相干之事擾瀆無已，殊慊然也。仲公今日如有復電，尚祈示知。此款遲早不妨，惟須有著落方好，出自大力，曷勝感禱。《章程》及拙刻各書，行篋尚未解動，今日想不及呈上矣。專上，敬請勛安。世小侄標頓首。廿九日下午。

　　　　案：今藏上海圖書館。仲魯指宗室志鈞。據“《章程》及拙刻各書”（指《校經學會章程》及江標所刻《靈鶼閣叢書》）語，當作於光緒二十二年。

五

杏蓀尊丈大人左右：

　　久隔清儀，時殷企想，敬惟爲國求賢，爲民生利，開古今未有之局，奪中外必爭之權，人方頌公之能事，標已惜公之遲來。往日之顛倒夢想，不圖於今見之，故亦覺私心竊喜矣。標使湘三載，報稱毫無，惟生平素志，不以腐學誤人。湘士多才，亦知宗尚，化移之速，夙願所不及。心力所結，毀譽胥忘，先生聞之，當亦莞爾。近奉新章，當選算學生赴北闈。湘中自咸同以來，此學不廢，且更加精，頗多苦學之士。茲聞得以進身，極形踴躍。惟寒士居多，皆礙於旅費，觀望不前。心想又苦，因思先生素日亦以國運之興衰關乎人才之進退，格致書院、師範學堂，良工苦心，無煩贊頌。此次擬將所選算學生員由湘中官輪渡送漢口，由漢口至滬、至津、至南西門外。鐵路請自漢局起，見咨送文憑一紙即給來回票限期五箇月一紙，俾得共仰皇仁，均沾德賜。事雖創舉，志在必成，尚望體此群材，開通宏局。將來湘士之感頌，定無涯矣。新章催考甚急，標一俟覆書即行選送，尚祈速行賜示，至感。將來是否須用公牘，并祈酌示，至盼。近日湘中新學昌明，似較他省尤盛，不揣鄙陋，創辦《湘學新報》，分列六學，意在試事已畢，報考摺中陳明，推廣新學，振興書院，故日來專力於此。惟自慚鳩拙，殊覺不稱耳。電局即日通綫，從此信息靈便，亦一喜事。專肅，敬請勛安。伏乞垂詧，諸惟亮鑒。不莊。江標再拜。四月朔四日。

　　案：原件藏上海圖書館，收入《近代名人手札真迹——盛宣懷珍藏書牘初編》。據“近奉新章，當選算學生赴北闈”語，知作於光緒二十三年四月初四日。

六

杏蓀尊丈大人左右：

　　奉覆電，感媿，維起居佳勝如祝。算學生昨日考試，頗多佳者，俟發案後當開單呈閱，大約在二十人內外也。頃知蔣丞光濬至鄂，屬其攜呈思古人箋十六匣，乞呈政。又拙刻叢書一部，哂收。匆匆不及詳布。敬請勛安。江標再拜。十三日。

案：原件藏上海圖書館，收入《近代名人手札真迹——盛宣懷珍藏書牘初編》。參上下兩札，知此札作於光緒二十三年五月十三日。

七

杏蓀尊丈大人閣下：

日前托蔣從九帶上叢書及思古箋，想蒙詧及。算生已考取給咨共二十二人，大約去者只二十人，或尚不足。茲先將名册開呈，將來見一咨文付一船價可也。此事湘人士極感雅誼，亦足見風氣略開之一端。一切托衿亞沈庶常面陳。匆匆不及莊書。祗請勛安。江標再拜。五月廿二日。

案：原件藏上海圖書館，收入《盛宣懷檔案名人手札選》。作於光緒二十三年五月二十二日。

附：盛宣懷復書

復湖南學台江建霞仁兄大人閣下：

奉五月廿三日惠書并算生名册，敬承一是，就審興學勸藝，陶鑄益宏，至殷鈒佩。算學生附輪赴津一節，原擬漢廠有裝運焦炭商輪名"公平"者，回空直放，徑附北上，取途較捷，當已電達台端。頃接漢口來電，算生十九名，業經到漢。當即電囑漢口商局照給小半，促免票，附輪來滬，再行由滬赴津，以副誘掖之盛意。數理精奧，自宣城梅氏而後，罕有導師。閣下博極群書，於湖湘間特開風氣，將來譯署甄録，取多用宏，莫非文宗作育之力也。前承寄賜思古人牋，洵稱極品，客中携帶無多，更適於用，不勝感謝。肅復，敬請衡安，惟希冰照。愚弟。

案：今藏上海圖書館。

八

[前殘]開人智識，敬呈首、二兩期報各四册，尚希指示謬誤，曷勝禱祝。此事即從校經學會推廣，經費極形支絀，將來是否必能支持，不敢定也。此間頗盼百廢俱興以救瘠貧，尚有望於大賢。秉三吉士、少穆太守想將一切情形奉告矣。蘇滬鐵路何日開辦，標日盼之。湘中[後殘]

　　案：今藏上海圖書館。少穆即蔣德鈞。據"敬呈首、二兩期報各四册"（指《湘學新報》）語，知作於光緒二十三年三四月間。

九

杏蓀世丈大人閣下：

　　昨晚始抵鄂省，亟思趨謁一譚，適感腹疾，不克過江，至慊。慈航官輪由湘拖帶，標船將至省城，汽機忽有小損，欲承貴局一修，其工價一切均歸該輪管帶自發。特懇爲之一言，祈飭尊匠從速修整，不勝感禱。專布，敬請勛安。世小侄江標再拜。初八日。

　　案：原件藏上海圖書館，收入《近代名人手札真迹——盛宣懷珍藏書牘初編》。據"昨晚始抵鄂省""由湘拖帶"語，當作於光緒二十三年十二月。

十

前復一椷，想賜鑒。今日午後趨詣後，尚須回武昌也。專誠奉謁，想得承教。風雪釀寒，不敢勞冠帶送迎。但得便衣晏坐，一申積忱，不勝快幸。先此肅陳，敬上杏蓀世丈大人座右。侄標再拜。

　　案：原件藏上海圖書館，收入《近代名人手札真迹——盛宣懷珍藏書牘初編》。當亦作於光緒二十三年十二月。

十一

奉賜復，又承惠佳肴，曷勝感荷。標聞江寬已到，恐明日匆忙，故於今日午後侍家慈上船矣，承借小輪，不必派往矣。昨晚南皮招飲，至四鼓始歸，商一非常變法之議，由南皮主稿，遍約各省督撫、學政聯名入奏，如得俞允，則中國或有轉機之一日也。明日當詣譚詳告。或別有新議，則更佳矣。膠事如何，能得聞近報否？敬上杏蓀世丈大人左右。侄標再拜。

廣泰福事悉如尊諭，至佳。馬處覆音有無眉目？

　　案：原件藏上海圖書館，收入《近代名人手札真迹——盛宣懷珍藏書牘初編》。札中提及膠東事變，當亦作於光緒二十三年十二月。

十二

杏蓀尊丈大人左右：

奉手示，至感。標擬十三日上午過江，詣譚種種，十年一別，世事紛紜，擬一聽偉論也。敬上。即請勛安。侄標再拜。

　　案：原件藏上海圖書館，收入《近代名人手札真迹——盛宣懷珍藏書牘初編》。據"十年一別"語及《笘誃日記》光緒十五年九月與盛宣懷相見記載，知此札作於光緒二十四年。

致熊鐵生(一通)

□□仁兄軍門大人閣下：

久仰龍威，實深儀慕。昨午中途相遇，君輿吾馬，未得一譚，回首風前，尚深企想。敬維勛功夙著，紀律精嚴，十載相思，欣茲一遇。方今海波東沸，萬馬南來，足使小醜驚逃，巨酋喪膽，金戈所指，自當直搗倭巢。在都屢與芍棠方伯談，極盼吾公早日北上，以慰宸廑，而救萬民於水火。今果相值，■慰無■。然昨日以弟處馭者誤碰尊車，致觸貴部健兒之怒，刀槍并舉，竹木兼施。僕輩受傷，自有應得之咎，小兒年十三，方在馬背學騎，亦致面受刀痕，衣成破絮。初弟方申飭己僕之不善語言，而忽欲勒令弟下騎，嗣以貴部中亦有知禮者屬爲速解。適遇章君蔭庭告之以詳，弟實不敢前行，恐再逢貴部，不得已設法懇章君留凌弁同行，得以自壯。今日已至滋口，到鄂僅數十里，當可無妨，特屬凌弁速歸消差。兩日來承渠照料，穩慎安詳，極深感激，尚祈推愛擢用爲幸。若謂欲吾公治若輩之罪者，非鄙人之意也，使吾公知凌弁不得不留隨兩日也。中途匆布，不查所言，敬請勛安，伏維垂詧。

　　案：見《笘誃日記》光緒二十年甲午十月十二日，當日《日記》又云："鐵字營者，熊溪珊鐵生所部也，向著戰名，何以軍律不嚴至此，所行終日，未見一隊整齊者。溪珊自坐玻璃大轎，余騎馬過，已覺文武之倒置矣。"熊鐵生，字溪珊，湘軍提督，曾國藩舊部，光緒二十三年任湖南永州鎮總兵。章文彬，字蔭庭，熊鐵生部下，鐵字營營主。凌弁，指差弁凌南榮。

致張之洞（二通）

一

□□年伯大人鈞座：

　　謹啓者仲秋曾肅寸函，亮塵記室。嗣於九月初五恭請宸訓，隨即束裝，於十五日起程，沿途平適，於十月三日止宿臨潁。聞長者有十八啓節之説，計佺到鄂時，尚得一接鈞儀，恭承清誨，如禱，歡忭無量。日來倭奴猖獗，萬里勞師，或云盟敵之難摧，實在要領之未得，若再因循，恐難持久。〔昔游倭國，略曉彼情。器利氣盛，此其長技；奇師苦力，則彼不如我。]天下仰望長者如雲霓，當必有以措施也。自出都以後，幾如已入桃源，寂無聞見矣。現計於十四日可抵武昌。家兄衡奉家慈由上海溯江，先在鄂渚相候，擬同坐江船，借鄂省中小輪徑送長沙，現在湖水未消，當可如願。家兄係今科庶常，到時當先以後輩禮進謁，一切或先詳述矣。途中率布，尚乞鑒詧，伏望雅愛。

　　案：見《笘誃日記》光緒二十年甲午十月初十日，時江標正在赴任湖南學政的途中，即將入鄂。信中提及到鄂必當拜見"長者"，疑收信者爲張之洞或譚繼洵。同年十月初五日之前，張之洞爲湖廣總督，譚繼洵爲湖北巡撫；之後，張之洞署兩江總督，譚繼洵繼任湖廣總督。[①]信中又言中日甲午開戰之後"天下仰望長者如雲霓"，則能擔此重任者宜爲張之洞。中括號裏的内容原稿中被圈刪，今仍留之。

二

　　春間曾肅一函，具述湘中振興新學及近來改變情形，由驛遞發，想蒙鈞鑒。前日任廩生元德携小兒聰游歷，過鄂進謁，極承破格待士，宏獎新學，湘人聞之，無不奮起。湘中本來專守舊學，界限頗嚴，及見各省振興，尚復委迤非笑。自長者創設兩湖書院，而湘士方知學問之廣；設立自强學堂，而湘士方知新學之精。然猶以重湖阻隔而知之者希，故標到湘以來，亟亟於校經堂加設季課，添造書樓，特欲小辟新規，漸移舊習。兩載以來，湘中人士頗不以此事爲非。然天下之大，時事之亟，區區動作，無足重輕，長者聞之，能勿莞爾。湘中丞陳年丈於振啓新學極意佐助，獲益非常，標所深感。日來長沙科試已畢，出試岳、澧、常、衡、永、寶、郴、桂八屬，約於歲暮年初，歲、科兩試

　　①　魏秀梅《清季職官表》，"中央研究院"近代史研究所，1977 年，第 552、625 頁。

皆可告竣。擬專意振興新學，爲湘士率，一切宗旨，具述前函，兹不贅陳楚功。輪船往返，極承雅意，感謝不盡。專肅，恭請鈞安。

　　案：見《笘誃日記》第二十册末。據"長者創設兩湖書院"、"設立自强學堂"語，知爲致張之洞書。據"日來長沙科試已畢"語，參《日記》所記行程，知作於光緒二十二年丙申七月上旬。

致陳寶箴（七通）

一

　　敬再啓者：校經書院舊有藏經閣，略庋書籍，制極卑小，實因創始之時經費不足，小具規模，以俟擴充。侄自去年出京，見前學使張燮鈞前輩，竭力屬以此事爲重。到湘以後接見士子，皆以有志讀書而不得圖籍爲憾。今年歲試畢後，到書院相度基址，見有西北雜房空地，大可改建書樓三大楹，藉得廣購圖籍，便士誦讀。初次作工建造，約錢千串内外，兹擇於十一月廿五日破土開工，而經費分文無著，不得已，於前日設法函告湘省繼任諸紳士，勸各樂助，以成大舉。現在各處雖尚未得覆，而諸紳中必能顧念桑梓培植人才，決不以此爲多事。惟開工後一切費用不得不先行填給，兹將侄明年正月至六月養廉擬暫先借支，以付公款。如明年夏間回省後，款尚未齊，侄即以此爲捐助之例，能否轉告李仲仙觀督，暫先提用養廉，支給■造校經堂樓，并祈速爲籌付。此事因支取養廉不合成例，故不得不上瀆鈞聽，伏候轉飭，至深感荷。其建樓後所有一切藏書看書章另立細則，隨後録呈鑒定。

　　案：見《笘誃日記》第十九册末，原稿未署收信人，據"去年出京"語，知作於光緒二十一年。

二

叩別以來，已越兩旬，岳州試院曾上一椷，懇飭輪船帶送至安鄉，俟因二十七日獎賞後，即日上船，二十八日北風正勁，兩日已安渡洞庭，初二日已至沅江矣。一路水漲至二三丈不等，若用輪駛，皆可暢行，可知夏秋之交若興商輪，則其利必重矣。在岳州時，有人控告瀏陽礦務案，已控臬控府，故即發長沙府，提訊確鑿以便斥革辦理。

舟中無事，因思今日天下之貧，若不以礦務爲利源，則不可救藥，若任上官辦理而下民阻塞，亦不可救藥。推源其故，皆因不知開礦之法，徒知冶礦之利，上之興也爲民，而民之謀也爲己，不顧大局，不知利害，皆在於不知礦學。然今欲速化之一法，非興學堂、購機器而民能信之也。西人欲興一利，必開一報館而專論之，以筆代口，知者易而改者速，此百不一失者。俟昔年游日本，見上至國政，下至廚婢，無一不有專門日報，故改變之速如此。無他，一有啓導之功，一無偏私之見，人皆信之，而事實由此興矣。

兹擬請長者在礦局專設一《礦學報》，首論開礦之益及礦質之用，并引圖書；次取近日各省開礦雜事及五洲開礦之近事，可集錄各報語；繼采湖南通省礦產，及已開、未開，及開而得利，及開而何以不得利之説而條列之，任人考究，如有所見，准其投函報局，採而登之，再任人研究；繼則舉阻撓礦務諸案及現在辦法而直錄之，則奸人不能行其私，胥吏不能握其權，州縣不敢陽奉而陰違，紳商不得利私而害公。此報或每月出六紙，或十二紙，或用一小石印機，或購一活字機，隨其款項爲之，大約所費不多而所益甚大。不僅銷湘省，而兼可銷天下。然電報、小輪尤當并力行之，則相佐益得矣。俟明年回省，亦擬興《湘學報》於校經書院，將來印字機可并用之，一切章程用再錄呈鑒定。俟此次專爲礦務起見，設此一法，以救目前無窮之利害，以爲後來有益之憑證，如蒙采而行之，則湘民幸甚，天下幸甚。

現在湘中之士民，仿佛一美國百年前之景象，新學之興正在可信不可信之間，若不堅其識力，一見偶有挫頓處，必群起而非笑之，其事敗矣。倕遍察通省，於諸士交接時觀其文字，證其語氣，故知之甚確，用敢附陳，非私度也。故礦報之興，其益匪淺，正所以關讀書者之口而使其受實在之益也。

案：見《笘訬日記》光緒二十二年丙申八月初二日，原題《致陳右丈書》。

三

佑民年伯大人侍右：

桂陽試院奉訓覆詳示種種，復蒙電止京件，至深感荷。伏維恩容疊晉，政福萬增，如頌如祝。摺弁未識是否回省？前件若轉寄試棚，則今年不及上發，且因安摺及包紙一切皆已無餘，前次肅函求幕府代繕，想可俯允也。其摺費，仍祈飭弁臨行至敝署領取爲感。

湘中百廢俱舉，振興氣象，日甚一日。礦產大興，是無窮之利。電信即通，尤關商務血脉。一切得長者握其要綱，又分別而助拔之，標嘗謂湘中必成一特立堅固之行省，此其驗亦。過郴、桂諸山，見煤礦層疊，而黑鉛一礦大可煉銀，法易而利巨，不知已有行之者否？陳哲甫觀察亦有心世道之人，非徒在牟利者，雖未能得接鈞範，當亦深感知己矣。

前月接若溪表兄函，言龍城舊席未便遽辭，有負雅命，屬道慊罪。聞明年立民先生不願離家，日來當已聘定他賢。標處幕友黃陂許茂才兆魁，年少學純，其算理極爲華氏二表兄所特賞，明年試事畢後尚無他就，若以之教湘中諸算士，必不辱命，尚望留意焉。

校經書院新建實學堂，設立方言、算學、輿地學會，其學長則長沙鄭漣教方言，巴陵傅鸞翔教算學，新化晏忠悦教輿地，皆湘士多才者。算學總教，則請許君爲之條理焉。

日來郴屬童場已畢，十八日起馬赴衡州，彼處試者衆多，須明年燈節前後方可回省。聞南路巡閱已定二月初出省，則尚可暢承教誨也。校閱小間，拉雜布陳。歲月易更，椒盤又獻矣。肅此，恭請福安。祗賀新喜。伏乞鑒察不莊。年愚侄江標拜上。十二月十四日。

　　案：據"日來郴屬童場已畢，十八日起馬赴衡州"語與《笘誃日記》所記行程，知作於光緒二十二年十二月十四日。

四

年伯大人鈞座：

　　謹啓者，子培處電函已改，照鈞示發去，束脩四百金，由侄處新收督銷局款內撥用。峴帥已允長年千金，而實甫處咨文堅持數百金之說，三次咨文往復，至今尚未見答。惟昨見夏子鑫觀察云校經既有提調名目，似當有札委，方可認真辦理，且可督率監院等因，似非無見。標以意度之，當日創辦之初必有札委，後漸簡易，可否飭查舊稿補給，方有專責，或竟重立新章，二月中奏明常年撥款歸提調核實收支，會銜札付，將來提調各事自益臻鄭重矣。是否有當，伏乞訓示。茲呈舊刻張燮鈞前輩所刻《校經志略》一本呈閱。

　　標到湘後，實收到書院捐款譚文翁、王芍翁各千兩，譚敬翁肆百兩。自造立書樓、學會及添藏礦質、儀器，所費已及四千餘金，除收釐局撥用六百金即去年長者允撥之款，今年閏已勻還四百金、新款支用五百金外，所短一千一百餘兩皆歸標捐充矣。學報用費亦逾千兩，本省收款僅抵刻費，各縣買報已皆絕響，可笑，所有紙張、刷刻、裝訂，每月須用百金，皆由標填用，將來或可於省外報費內收還也。

　　標行將交替，所有書院、學會、學報各事，亦粗有頭緒。將來尚乞長者暨研芙同年實力維持，日新月改，俾成妥善，舊章不足久恃也。

　　愚陋之見，率陳無狀，尚乞恕之，伏惟萬福。年小侄江標謹啓。十二日。

　　教再啓者，日前有人求遞創興抽水機器公司一稟，此事是否可行，乞請鈞裁，或發交礦局驗實批行方妥。前有《水學圖》兩幅、《圖說》一本，祈便檢還，因欲裝箱也。標又上言。

　　　　案：據"行將交替"語，當作於光緒二十三年（1897）十一月。夏時泰，字子鑫，湖南衡陽人，與江標爲同榜進士，曾入張之洞幕，調補湖北東湖縣。

五

年伯大人鈞座：

　　謹啓者，今日本擬趨謁，適得蘇州電音，仲兄遽逝，不勝摧傷。雖出嗣家叔，而相處不離，一旦永別，痛苦倉皇。所幸交替在即，便可歸里料理後事。惟有大功之喪，日來交卸以前，一切儀節，不知應何合體。生平未經手足之痛，諸事昏蒙，尚乞憐示。新使到接，應穿何服色？即此瑣瑣，亦望酌奪，不勝感禱。肅上，敎請崇安。年小姪標再拜。十三日午。

　　昨日一函未上，一併呈閱。

　　　　案：據"交替在即"語，知作於光緒二十三年（1897）十一月。

六

年伯大人鈞座：

　　頃奉賜諭，據禮明墦，昭然豁蒙，曷勝感戴。一切當遵照辦理。心緒惡亂，將來或尚有求敎也。賜顧萬不敢當，先此肅謝，伏未垂鑒。姪標叩復。十三日夜。

七

年伯大人鈞鑒：

　　敦請沈主講電稿呈閱，尚乞改正賜下，當即照發。昨日與公度商添設分敎一席，合共千二百金，俾更周密。專肅，祇請福安。年小姪標叩啓。

案：此札爲敦請沈曾植來湘主講時務學堂事，結合《汪康年師友書札・鄒代鈞（六十九）》，此札當作於光緒二十四年（1898）五月底。以上五札原件藏上海圖書館，兹録自柳岳梅整理《陳寶箴友朋書札（三）》（上海圖書館歷史文獻研究所編《歷史文獻》第五輯）。

致胡祥（一通）

琴庵仁兄大人左右：

　　湘春一別，又已秋風，積思如霉，時殷夢戲，敬惟履候清勝、筆研嘉樂如祝。桂子香濃，想怡園佳趣必多，雅集惜不得來作座中客也。鶴一、廉夫、心蘭、墨耕馳念甚苦，乞一一道候。勝之、印若尚在故鄉否？近見劇迹多否，能否爲吾留之？在辰州略有所得，然皆中品。日前所云袁隨園札尚在否？弟在省得見香光畫册六葉，紙色如玉，生平罕見，索值太巨，尚未購妥，恐爲人先得耳。前托裝潢山樵、石谷兩軸，是否已成？山樵雖僞迹，石谷雖損爛，弟頗愛之，故欲得名手，成一完美之物，兄當不忘之也，能設法寄來否？弟前見怡園有顧橫波夫人寫蘭長卷，不知此物尚在否？如有割愛，或換物，或酬價，皆可。因弟近得一湘蘭長卷，欲配作雙美也。再如有明人畫蘭卷册及本朝錢擇石畫蘭，弟皆酷愛之，能代覓否？明人須文停雲、陳元素、周公瑕諸家，或文門弟子，須蘇州派者爲佳，弟亦收集頗多也。又，梅觀察已到杭州，未知來游虎丘否？夜燈拉布，不盡所云，敬請秋安，翹盼覆音。小弟江標頓首。八月十六日澧州試院書。

　　附侯念椿一函，乞轉交。

　　案：見《篤齋藏清代百家書札》。據《笘誃日記》與“澧州試院"語，知作於光緒二十二年丙申八月十六日。胡祥，字琴庵，江蘇吳縣人，畫家，工人物、仕女，傳見《吳縣志》。鶴一應作鶴逸，即顧麟士，廉夫即陸恢，心蘭即金心蘭，墨耕即倪墨耕。怡園雅集指吳大澂、顧麟士等於光緒二十一年所創蘇州怡園畫集。

致沈同芳（一通）

越若同年侍史：

桂陽道中奉書并《鸞簫集》廿册，至慰，伏審侍堂福壽，房幃歡喜，如頌如頌。前讀群雅，謬發拙言，乃承遽付棗梨，曷勝慚悚，後編珠玉，盼讀尤切。公以家衖休居，苦意寒薄，此事亦足消磨英氣，然飲啄俯仰皆關天付，弟知之深矣。洞庭春水未發，正好掛帆，當望公來萱圃，快譚十日，至候至盼。鄙人日來頗多遐思，一燈相對，覺世味益深。年未四十而鬢已二毛，遇事竭蹶，自歎才拙，明年當息影署齋，專候瓜代。近來魂夢中已如見小姑山色矣。夜燈函布，即請侍安，并頌儷祉。

案：見《清代軍政名牘彙編》卷十八。據"明年當息影署齋，專候瓜代"語，當作於光緒二十二年。

致華芝汀（五通）

一

芝汀尊丈左右：

滬江別後，日切馳思，想起居佳勝如頌。茲懇者，日來蕩口糙米□每石約價洋若干，統收大約能得若干石，祈速示知爲盼。信寄上海□大馬路泥城橋江公館甚便。專此，即請日安。標頓首。十一月十七日。

案:見中國嘉德國際拍賣有限公司 2015 年春季拍賣會預
展。據《笘誃日記》，江標中進士前，每赴上海，均住客棧；寓京之
後，常陷拮据，不可能在滬購買居所。故此泥城橋寓所當在卸任
湖南學政之後所購。又，據皮錫瑞《師伏堂日記》光緒二十三年
十一月廿六日所載，江標當日尚在長沙，而光緒二十五年十月江
標已去世，故此札當作於光緒二十四年十一月十七日。

二

芝汀姻丈左右：

頃奉手示，具悉一切。徐家櫓店餘屋是否堅固？安裝米石，不致
濕漏，便可合用。每年價約若干，無頂，首或包租二三年。即速商定
至少價錢示悉。再，蕩口錢莊與上海大錢莊來往共有幾家，即祈問明
開示，以便往還匯劃，不必自帶現銀至妙。前托問糙粳如在三元五六
角上下，擬買一千擔，惟須先定房屋，方可裝存，否則須借寄他處。如
何合算，乞示知。此請日安。魯師、應兄前，均此不另肅。幼兄將歸
矣。標再拜。十一月廿日。

案:見北京保利國際拍賣有限公司 2014 年春季拍賣會預
展。結合上札內容，此札當作於光緒二十四年十一月二十日。

三

芝汀尊丈左右：

得手示後，米樣直至今日方到。此間行市與蕩口似有出進。如
莊中無事，能即日抽空來上海面商各事，至妙。所有盤費一切皆歸敝
處代付可也。因開辦在即，非與公面商不可也。此請日安。魯師、應
兄、幼兄均頌。標頓首。廿九日。

案:見中國嘉德國際拍賣有限公司 2015 年春季拍賣會預

展。結合上兩札內容,此札當作於光緒二十四年十一月二十日以後。

四

南北迢遙,音書久隔,惆悵何如。去冬承賜牋函佳品,拜領,敬謝。適以公務匆促,不及即行函謝爲罪。近維起居多吉如祝。晤面不及半載,幸也何如。匆上,祇請芝汀母舅大人日安。甥江標再拜。

案:見中國嘉德國際拍賣有限公司 2015 年春季拍賣會預展。

五

芝公左右:

四福後事,其媳帶回之洋如不敷,請墊數元,當即繳還。其子只得托四福之女照看,否則要餓死。可與四福之女說明,每月貼飯食若干,將來歸標處付彼可也。此懇,即請日安。標頓首。二十一日午。

案:見北京保利國際拍賣有限公司 2013 年秋季藝術品拍賣會預展。

致冒廣生(二通)

一

初五日準巳刻,船泊泰伯廟橋下塘橋塊,船戶名沈招大,弟即在彼恭候,務乞早臨,至盼。此訂,鶴亭吾兄。標頓首。

恕速此游,惜季眖先生不在此,已覺寂寞。

再啓者,小册一本,求賜一題,并乞轉交粟公一題。此册大江南北名士盡矣,非得良君子筆墨,不能成全璧也。務祈速藻。標又懇。

二

日前失迓，至慊。頗思作竟日談，苦不得閒。初五日擬訂作山塘之游，清茶小舫，無聲色之娛，坐中惟金粟先生及君直同年，如何？如見粟公，能代訂日期至妙。此日無暇，再期亦可，乞示。謹上鶴亭吾兄左右。弟標頓首，初二日。

案：以上二札原件藏上海博物館，收入《冒廣生友朋書札》。當作於光緒二十五年(1899)。

致金武祥(一通)

日前趨詣不值爲悵。送上拙刻《靈鶼閣叢書》及南宋書棚本唐詩，聊充鄴架。初五日擬訂作山塘之游，清茶小舫，無聲色之娛，座中惟鶴亭、君直兩孝廉，當荷俯允。如是日無暇，示期定後，當遣舟奉迓。

案：見金武祥《蘭言偶録》。參照前録致冒廣生札，知此札亦作於光緒二十五年。

致宮島誠一郎(一通)

栗香先生閣下：

一昨奉手畢，適至橫濱，未即裁會，深以爲歉。維起居佳勝爲祝。大集捧讀一過，深情浩唱，各見擅場。貴國詩才，往往似我隨園、船山諸家，易近淺熟。君詩則別聞蹊徑，尤爲希見。三覆回環，愛不忍釋，欽佩欽佩。別録大稿詩九首，不敢僭評。謬和一律，藉博一粲。弟此來惜匆促，不及廣見貴邦文士，然紅葉館一集，已見東海多才，實深忻羨。弟後日晨即欲回國，從此蓬山萬里，不知相見何時。他日弟入朝供職，如有書翰，擬徑投貴邦駐我國公使署中，未知能達到否？尚乞示知。外附拙刻書目一種，家兄舊著一冊，拙篆小額一幅，藉留海外鴻泥，不敢求政也。侍裝匆布，伏維萬福。

光緒十六年庚寅九月二日弟江標再拜

案：原件藏日本國立國會圖書館，已見薛英輯録《江標致宮島信》(《文獻》1988 年第 3 期）。

致藤野真子（一通）

大清國翰林院編修江標同婦敕封孺人汪鳴瓊再拜
大日本女士藤野真子粧閣：

愚夫婦生長江南，遠隔六千餘里，前聞清望於前日本使臣黎公，遂企高華，時深眷異。去年秋，標來貴都，止黎公署中二十日，匆匆西返，以不得一拜文閣爲憾。適乞貴邦女史野口小蘋爲繪愚夫婦靈鶼閣圖，歸國後介黎公求此圖後記。不嫌冒昧，竟許染翰，捧讀再三，實深佩感。愚夫婦遠違海國，不獲親叩華階，維林下雅音，時深想慕。女士東國奇才，天生淑質，方諸敝邦才女，豈僅詠絮解圍，維願善保千金，主持閨■。貴國才女若張景婉鱸澤，愚夫婦皆素傾仰，惟望繼起前美，■成後秀，此愚夫婦所日夜頌禱者也。今遇貴國贊使今立君回都，附遣一書，并呈書籍筆墨雜件，藉供清翫。再寄愚夫婦寫真二紙，以結海外之契。女士寫真能亦遠惠，曷勝歡樂。如許答書，即望寄貴國駐北京使館中島雄轉投，甚妥也。臨楮空言，不勝主臣，伏惟萬福。

江標、汪鳴瓊同拜上　藤野真子女士粧閣。

案：見《笘誃日記》光緒十七年辛卯九月初四日。

附：葉德輝致熊希齡書（爲阻江標携石陶鈞、劉焕辰往上海學堂事）

秉三仁兄同年大人閣下：

　　醉六，靈兼主人欲送至上海學堂，弟初意不以爲然，猶謂一人之見也。據昨日席間論，閣下未以爲可，梁、李二君亦未以爲可，然則舊黨與新黨説到人情天理，固無有不合者也。

　　初，靈兼送醉六至舍間讀書，弟見其才智開拓、性情篤實，故先教之以讀《資治通鑑》及一切經世有用之書。其時閣下身無公事，時相過從，其一日千里，閣下固及見之。弟嘗以昔人言“小時了了，大未必佳”之言爲有至理，又習見許老八少稱神童，長無表見，又宋文起、梁賡陶先後夭折，故頗不以學使拔取幼童爲然。至於醉六則不然，其家之父兄世務耕讀，積累頗深。又見自來小孩子非輕浮即放誕，而醉六天姿既敏，志趣尤奇，嘗見其行笥中日記推許其鄉先達江忠烈之爲人，甚能得其深至之處。故因材以教，頗有所成。弟本專爲考訂之學，而未嘗以之教醉六，則弟固絶無門户之見者也。今年醉六住學署數月，名爲讀書，而實無所事，幸其根底深厚，學不進不退，故亦置之不辯。靈兼每欲送其入時務學堂，弟持以爲不可。非不可時務也，一事不知，儒者之耻，時局如此，尚欲三尺童子坐以待斃，雖至愚至陋，計不出此。蓋深悉靈兼之至隱，欲遍開校經舊額，大送人情，故暗中以此相抵攔，使靈兼無間可入，而不意其有携往上海之舉也。弟初晤卓兄，即告以醉六之可造就，并告醉六，欲其往見梁先生。弟愛才之深、育才之切，固非人所及知者，開去校經缺亦復何惜？惟其父兄乃鄉下人，以爲失此校經，即無進取之路，將來返里，必一怒而不令其再來，則此才亦可惜矣。閣下拔起邊隅，設非師友之力，何有今日？爲今之計，只可聽其開校經之缺，再爲設法補入，或時務學堂添設學長，加五金，高明以爲如何？

　　又衡州一劉生，年與醉六相等，來舍三數次，人既沈默，相尤方面大耳，聞靈兼并欲送至上海。蓋亦因留署數月之久，無校經缺可補，意中對伊不住，故有此舉。靈兼神妙，後來事可想而知。弟以爲到不得了時，送伊輪船費十餘元了結，再書一函，不薦於弟，即薦於閣下，此一定之事，不如免費周旋，預先截留爲要。此兩生均已食餼矣，留其在學堂，通曉萬方之略，周知天下之情，毫不累於考試，亦不累於章句。又，其人沈默寡言，亦不至長浮囂之氣。

間世英傑，固運會所鍾，至於尋常各督撫，如其鄉人劉武慎、陳桂陽一流，則固師友之力也。弟亦嘗謂此兩生，欲其不爲劉江南，不爲江忠烈，只欲其爲劉、陳二人。至於胡、曾一流，則已有人爲之矣。此事爲舊學改新學之機，惟閣下圖之。此叩撰安，年小弟葉德輝頓首。

　　案：此札作於光緒二十三年十二月初一日（1897 年 12 月 24 日），見《湘報》第 112 號（1898 年 7 月 15 日）。又《國聞報》光緒二十四年六月二十四日（1898 年 8 月 11 日）、《申報》光緒二十四年六月二十五日（1898 年 8 月 12 日）第 5 版。靈兼即靈鶼。

附：葉德輝致石秉鈞書

松舫仁弟大人閣下：

不晤又數月矣。初聞臺端冬間晉省，冀圖聚談，今已歲暮，恐相見在明春也。醉六校經開缺，余爭之數次，幾於絕交。建霞初意不過欲送醉六至時務學堂，以了一重公案。余窺其至隱，蓋既有愛才之心，又迫於外間之請托，故多開校經一缺，即多作一人情，與令弟言則云帶伊至上海師範學堂肄業。於是與余相持二十餘日，迨至後來，弄假成真，勢非帶醉六去不可。於是余將醉六扣留不發，建霞大怒，作書與葵園、碩甫、頌年，又別以一函告新學使。人皆以余所持爲正論，而以建霞爲小孩子，中間波折最多，問醉六自知其詳。建霞愛才之篤固自可嘉，而其處事之不明，亦覺可笑。醉六學并未成，今歲在學署居住一年，毫無所事，此大衆皆知者。在舍間居將一年，其教法未爲不善，此吾弟之所深知。惟當時不教之以西學，誠以孩提之性，根柢未深，聖賢之義理不明，而欲其爲雜家之學，是猶去薪而求火，去釜而求炊，從古無此辦法也。寶府開考在即，醉六既不愛作時文，又習聞建霞之言，以時文爲無用，科第恐非所宜。然余亦非重科第之人也，但求其爲名諸生，爲鄉里善人，一旦桑梓有事，如江忠烈、劉武慎諸公，皆不必以科第見重於世，豈非吾道之光乎？建霞以醉六既已食餼，可以不必與考，此説余尤不以爲然。昔曾文正家書以考爲居家之寶，醉六年僅十六，即不以考爲事，勢必頹喪其志氣，消磨其歲月，一日不考，即有一日之偷閒，此懸之國門不可易之論。學臺考試，以入學爲始，以優拔終，得優拔以後，則學可謂之小成，安有不必與考之理，此大怪事也。今建霞行矣，一切言行，余久不以爲然，昆仲學有本原，自能一定其是非。明年新使按臨，古場、正場皆須吾弟督之與考，且試藝須盡平日之長，不可潦草塞責，宋人主敬之説，深有至理，凡事不敬，其人直無用耳。余所望於昆仲者至遠且大，蓋亦因材而施教，非薄於待人，而獨厚於待昆仲也。校經開缺，余當設法爲之補救，餘言後述。此叩，侍安。小兄德輝手啓。冬十二月初二日。

　　案：此札作於光緒二十三年十二月初二日（1897 年 12 月 25日），湖南省博物館藏。

電　稿

覆張之洞電（二通）

一

奉書慚感。學報蒙允廣播，至幸。惟刻劣校疏，病在速成。以後當求精慎。惜款絀，無鉛板、石墨耳。主筆唐才常、蔡鍾濬、楊毓麟、姚炳奎、李固松、陳爲鎰，皆湘士。晚標叩。東。

案：原件見中國社會科學院經濟研究所圖書館藏抄本《張之洞電稿》第 35 册《各省來電二》之《江學臺來電》，光緒二十三年七月初一日申刻發、到。

附：張之洞來電

《湘學報》閎通切實，洵爲有裨士林，佩甚。秉筆者係何人，祈臚示。惟刻工尚非極精，且間有訛字，閱者不能爽目，似宜再加精刊，務令十分精美，字體光潔可愛，毫髮畢現，方易暢行。弟當勸勉楚人多看，以副盛意。管見祈酌。洞。豔。

案：原件見中國社會科學院近代史研究所圖書館藏《張之洞電稿》之《致長沙江學臺》，光緒二十三年六月二十九日巳刻發，檔號甲 182—484。

二

賜諭悚感。《湘學報》本旨力求平實，而諸子意在閎肆。學派旁分，一尊無定，可愧可懼。茲擬將已刊者分誤義、誤字、誤例三類，一一校訂，附刊於後。未刻者當守謹嚴篤實之義，以副厚望。晚標謹覆。元。

　　案：原件見中國社會科學院經濟研究所圖書館藏抄本《張之洞電稿》第 35 冊《各省來電二》之《江學臺來電（自長沙來）》，光緒二十三年七月十三日亥刻發、到。以上三篇録自茅海建《張之洞與陳寶箴及湖南維新運動》（《中華文史論叢》2011 年第 3 期）。

附：張之洞來電

《湘學報》宏通切實，弟擬發通省書院閱看，以廣大君子教澤。惟有一事奉商：《湘學報》卷首即有"素王改制"云云，嗣後又復兩見。此説乃近日公羊家新説，創始於四川廖平，而大盛於廣東康有爲。其説過奇，甚駭人聽。竊思孔子新周王魯，爲漢製作，乃漢代經生附會增出之説，傳文并無此語，先儒已多議之，然猶僅就《春秋》本經言。近日廖、康之説，乃竟謂六經皆孔子所自造，唐虞夏商周一切制度事實，皆孔子所定治世之法，托名於二帝三王，此所謂"素王改制"也。是聖人僭妄而又作僞，似不近理。《湘學報》所謂改制，或未必如廖、康之怪，特議論與之相涉，恐有流弊。且《湘報》係閣下主持刊播，宗師立教，爲學校準的，與私家著述不同，竊恐或爲世人指摘，不無過慮。方今時局多艱，橫議漸作，似尤以發明爲下，不倍之義爲亟。不揣冒昧奉商，可否以後於《湘報》中勿陳此議。如報館主筆之人有精思奧義、勿［易］致駭俗者，似可藏之篋衍，存諸私集，勿入報章，則此報更易風行矣。尚祈鑑諒賜教，不勝惶恐，即盼電覆。元。

　　案:原件藏河北省博物館,兹録自趙德馨主編《張之洞全集》第九册《致長沙江學臺》。光緒二十三年七月十二日亥刻發。

三

奉咨感荷,報已印訂齊,候輪即寄。標。支。

　　案:原件見中國社會科學院經濟研究所圖書館藏抄本《張之洞電稿》第 35 册《各省來電二》之《江學臺來電(自長沙來)》,光緒二十三年八月初四日酉刻發,戌刻到。兹録自茅海建《張之洞與陳寶箴及湖南維新運動》(《中華文史論叢》2011 年第 3 期)。

考　卷

光緒十年甲申五月寧波辨志文會輿地課卷

圜水圖水辨

《漢書·地理志》："上郡白土，圜水出西，東入河。"注："師古曰：圜音銀。"又下文："西河郡圜陰，惠帝五年置。莽曰方陰。"注："師古曰：圜字本作圖，縣在圖水之陰，因以爲名也。王莽改爲方陰，則是當時已誤爲圜字。今有銀州、銀水，即是，舊名猶存，但字變耳。"又下文"圜陽"注："師古曰：此縣在圖水之陽。"又《匈奴傳》："居於西河圜、洛之間。"注："晉灼曰：圜音罶，《三倉》作圖。"師古說與《地理》同。據此，是圜水、圜陰、圜陽、圜洛皆當作"圖"，諸文均誤，殊以爲疑。

因考《史記·匈奴傳》"居於西河圜、洛之間"，裴氏《集解》引徐廣曰："圜在西河，音銀。"與師古同。又考司馬《索隱》云："晉灼音罶，《三蒼》作圖。"此據《索隱》單行本，今合刻本《史記》正文"圜"作"圖"，《集解》作"徐廣曰，圖在西河"，《索隱》作"《三蒼》圖作圜"，誤，觀下引韋注可見。《地理志》云："圖水出上郡白土縣西，東流入河。"韋昭云："圜當爲圖，《續郡國志》及《太康地志》并作圖也。"是韋說與師古同。且司馬彪、王隱正作"圖"，似他本作"圜"，其誤無疑矣，不知非也。古無"圖"字，而"圜"字與"圖"聲相近，凡聲近之字，例得相假，故借"圜"爲之。何者？許氏《說文》無"圖"篆，古本苟作"圖"字，則叔重必收之，不應獨闕。王莽改"圜陰"爲"方陰"，由不識"圜"乃假字，誤爲"方圜"之"圜"。韋、顏并以"圜"當爲"圖"，亦由未達通借之例也。

圜水、圜陰、圜陽、圜洛，其字無作"圖"者。漢平周鉦所紀縣名，有平周、平定、圖陰，漢印有"圖陽宰印"，《少室神道石闕銘》《開母廟石闕銘》并有"西河圖陽馮賓"，《劉寬碑》陰有"西河圖陽田植"，是"圖水"之"圖"，古皆作"圖"，尤爲有證。

然則酈道元《水經·河水》注引《志》"圖水"作"圖"，何歟？曰：是據韋注改之耳。近人全祖望校本乃謂善長所見本不錯，後人因王莽"方陰"之名妄改爲"圖"字。果爾，則《漢志》本作"圖"字，韋何以云"圖當爲圖"耶？夫亦可知其非矣。

"圖"字當始於魏晉之間云。

丹陽丹楊辨

《漢志》："丹陽郡，故鄣郡，屬江都。武帝元封二年更名丹陽。"又下文云："丹陽，楚之先熊繹所封，十八世，文王徙郢。"南監本如是，汲古本則"陽"均作"楊"，俗本又作"揚"，從手，或郡作"楊"，從木，縣作"陽"，從阜，紛紛不一，莫能是正。要之，"陽"則俱當作"陽"，"楊"則俱當作"楊"，郡縣決不異字也。

請先辨其義。《晉書·地理志》"屬縣丹楊"注云："丹楊，山多赤柳，在西也。"據此則縣名從木，郡亦當以此得名，其郡名作"陽"者誤。王存《元豐九域志·江南東路·江寧府》古迹類引江南地志云："漢丹陽郡北有赭山丹赤。"以爲郡名，蓋亦是意，而字作"陽"，蓋義取丹楊之陽，或楊音近陽，誤爲丹陽耳。且丹楊安知非因赭山性赤、楊樹多赤而名之乎？

試更辨其地。酈道元《水經注》云："丹陽城據山跨阜，周八里二百八十步。東北悉臨絶澗，西帶亭下溪，南枕大江，嶮峭壁立。楚熊繹始封所都也。"《地理志》以爲吳子之丹陽，尋吳楚悠隔，藍縷荊山，無容遠在吳境。宋沈括《夢溪筆談》、王楙《野客叢書》、王應麟《詩地理考》《通鑒地理通釋》、近顧炎武《日知録》均主其説。何義門《讀書記》亦謂，《左傳》"子革曰熊繹僻在荊山"，則云在枝江者近之。蓋丹水之陽，非此丹楊也，以班氏爲誤。

案，云在枝江者，《史記·楚世家》徐廣之注。今湖北省宜昌府歸州有丹陽故城，當是其縣；其爲今江蘇省鎮江府之丹陽縣者，當是其郡。蓋周成王時，吳尚微小，祇在蘇松一隅，丹陽郡之丹陽亦必屬楚無疑，故《志》以爲熊繹所封之地。至劉敞謂秦分三十二郡無鄣郡，不當益“郡”字，則又未知班書通例之故。《志》云：“丹陽郡，故鄣郡。”不云“故秦鄣郡”，則非秦置可見。《志》凡稱“故”者，皆據漢初而言，如“故齊”“故趙”“故梁”“故楚”“故淮南”，并漢初封國也。泗水國云“故東海郡”，與此文正同。東海郡既高帝置，則鄣郡亦必漢置矣。

難者曰：《志》末總論又以丹陽爲吳分，其説不顯相刺繆歟？曰：此知必有以《志》文爲誤者，因再就晚周之吳境言之，使後人會其文義而得，正古人著書垂後之深心也。後人不晤，遂無有知爲楚境者。觀徐堅《初學記·州郡類·江南道》所引山謙之《丹陽記》可見。竊謂無論經史傳注，相悖盩者，俱可通。班《志》之丹陽，自以爲屬楚、屬吳，猶《禹貢》之梁山，或謂在雍、在冀也。於是乎考《莊子》之吕梁。

問《莊子·達生》篇“孔子觀於吕梁”當今何地

自來地理之學，莫要於考實。《莊子·達生》篇云“孔子觀於吕梁”，即《禹貢》“治梁及岐”、《詩》“敬避梁山”、《春秋傳》“梁山崩”之梁，今陝西省同州府郃陽、韓城二界是其地。晉時所崩梁山之石，至今尚存，在龍門下數十步，水中浮石如嶼，俗所呼爲禹王墳者也。

請博引經傳而詳辨之。孔安國《禹貢傳》云：“梁山在雍州。”蘇軾《東坡書傳》、吕祖謙《書説》均主其説。王應麟《困學紀聞》、王天與《書纂傳》引晁以道説，則疑雍去冀甚遠，不知梁山與壺口止隔一河，不得謂甚遠。蔡《傳》亦疑雍之山不當載於冀。曾旼云：“壺口、梁岐一役也，其施功同時，不可分言於二州，故并言於冀。”近蔣廷錫《地理今釋》引之，謂得此可釋蔡《傳》之疑綿。

今案，曾説猶未盡也。吕梁本一山，綿亘雍、冀之間，大禹闢之，以流河曲者也。昔巨靈擘華山而有太華、少華之稱，則禹闢吕梁，亦可謂之大梁、小梁。何以言之？漢賈讓言，大禹治水，山陵當路者毀之，故鑿龍門，闢伊闕，析底柱，破碣石，墮斷天地之性。則是禹鑿斷梁山爲二，而河出其中，故《爾雅》以梁山爲晉望，而《大雅》詠梁山於韓敬避，且《春秋》"晉梁山崩"，《公》《穀》傳均謂"壅河三日不流"，使梁山非臨河，兩岸橫直如梁，安能壅河三日不流乎？晁氏拘於《爾雅》諸文，謂若爲雍州之山，則當爲秦望，非通人之論也。

或曰：果爾，則是時梁山已崩，下文云"縣水三十仞，流沫四十里"者何指？曰：崩止壞圮之謂，非全山盡夷爲平地也。《尸子》《呂氏春秋》《淮南子》并言"龍門未闢，呂梁未鑿，河出孟門之上，大溢逆流，名曰鴻水"，則既闢之後，縣水流沫，亦固其宜。蓋《莊子》寓言，事雖烏有，名物地理，具有可徵。惟謂見一丈夫游之云云，置諸不論可耳。

然則陸德明《釋文》引司馬云"河水有石絕處也"，今西河離石有此縣絕，世謂之黃梁，非歟？曰：以呂梁在離石西，是元朗申彪注語，酈道元《水經·河水》注已有此語，乃主冀州而言。《史記·夏本紀》注引鄭康成云"梁山在左馮翊夏陽"，《漢書·地理志》同，則主雍州而言。考《禹貢》者，能知河西夏陽之梁山東麓抵河者，即壺口南之呂梁山，即知《莊子》之呂梁，而在離石、在夏陽兩説一以貫之矣。至或以爲古公所踰之梁山，或以爲徐泗之呂梁，此誤謬之顯然者，不復辨。

　　　案：以上三篇見復旦大學圖書館藏胡玉縉《辨志漢學卷》，卷前頁書"肄業輿地之學，蘇州府元和縣附生江標"，"甲申五月"，印"壹等貳拾玖，五月分"。

光緒十二年丙戌江蘇歲試卷

不得其醬不食，肉雖多，不使勝食氣

（歲試元和縣學一等一名　江標）

精調和之味，更戒以毋貪味焉。夫醬所以和物味也，既精矣，而

仍以貪味爲戒，意深哉。

　　今夫天付我以眇眇之躬，穀豆必精，口腹是飽，亦生人之當然也。顧羹藜含糗，既失之苟，炙肥烹脆，亦失之放。竊嘗謂有醯醢而不和，對肥鮮而過愛者，同一愼於知味而已矣。割而不正，不食可矣。夫豈獨割而已哉？鹽梅考《周官》之掌，魚腥麋膾，配和貴得其宜，苟佐籩登盤，不必如巨毫是塡，而鹹適辛調，當知滋味。滑甘徵《洪範》之推，豢豹封熊，燔炙宜求其備，雖日烹月養，未可以口慾自熾，而膲多臇少，不辨臐熬，醬不得則又不當食也。夷考醬，醯醢也。醯，所以化物之性，使其去臭而收其堅。醢，所以益物之腴，使淡者濃而厚者薄。是皆指食時聽配之醬，非指烹時所用之味，如所謂濡雞醯醬、濡魚卵醬、濡鼈醯醬者是也。夫子明此理而不食，故記者不曰無，而曰不得也。

　　惟食當有禮，故夫子食於少施氏而飽禮也者，所謂飲養陽氣、食養陰氣也。王之饋食用六穀，膳用六牲，是食氣先於肉之證。夫氣，穀食也，夫子知其禮，正所以傲如坻如陵之誇也，故特記之曰：肉雖多，不使勝食氣。捨嘉餚而不享，取亦太廉；惟鼎養之特隆，尊何過甚。皇古無燔炰之利，尚茲淡泊，何以有沃膏聶切之繁乎？迨後人烹飪日興，往往有饔人之掌勝於膳夫，不知烹調極相濟之功，明詳《內則》，制度有一定之法，特著《少儀》。凡人口實是求，明不能遵遺典於先朝，即隱，不能養身心於一旦。饕餮居四凶之族，古人所以象槃鼎也。夫裁製有抉擇之精，本絜矩以宰物，調劑得中和之氣，即順義以養心。中古無毛血之生，惟爾馨香，亦所貴應律取時之用耳。迨後世和調失度，往往有藜膜紛羅，勝於黍稷，不知父母姑舅先棗栗而後脂膏，酸苦辛鹹配陰陽以養肝胃，平昔起居有節，君子自得平心之樂。故聖賢無慚鼎養之榮，豪奢爽二季之師，後世所以戒口腹也。夫更益之以酒，《詩》所謂“殽核維旅，舉醻逸逸”也，而仍以不亂爲戒焉。

　　批語：卓立夭骨森開張。

　　　案：採自王先謙編《清嘉集初編》卷一。“殽核維旅，舉醻逸逸",出《詩·小雅·賓之初筵》。《笳誃日記》光緒十二年丙戌二月初九日:"三鼓起身入場。文題《不得其醬不食肉雖多不可勝食氣》。"《申報》光緒十二年二月十五日(1886年3月20日)第2版:"初九日四學生正場題:府:《詩云既明且哲以保其身其斯之謂與》;長:《民不改聚矣》;元:《不得其醬不食肉雖多不使勝食氣》;吳:《故爲政者每人而悅之日亦不足矣》。通場次題:《糈糕》。詩題:《賦得客有薦雄文似相如者得雄字》。"四學指蘇州府學、長洲縣學、元和縣學、吳縣學。

光緒十三年丁亥江蘇科試卷

召校官弟子作雅樂奏《鹿鳴》賦
(以召校官弟子作雅樂爲韻并序)

（科試蘇州生員古學正取一名　江標　元和）

案《晉書·樂志》,魏武平荆州,獲漢雅樂郎杜夔,僅能歌《文王》《鹿鳴》《騶虞》《伐檀》四篇,太和之末,又亡其三,惟有《鹿鳴》,至晉乃亡。蓋自《鹿鳴》亡後,聲詩之道息矣。劉彥和曰,宣帝雅頌詩效《鹿鳴》,遞及元成,稍廣淫樂,是在西漢之世,雅樂漸失。迨永平之時,又越百年,獨能祖構大音,正飭文字,采詩夜誦,上法武帝。惟武帝嘗舉司馬相如等造爲詩賦,略論律呂,惜孝明之時,獨無詞臣爲之揚導。覽古有觸,爰敷陳其事,未敢比相如之工,取班孟堅所云雖不好學,亦善傅會之意爾。其辭曰:

漢孝明之世,辟雍立,養老詔,祀先王,禘帝廟。興樂府協律之科,治太學成均之要,誦寶鼎之歌,異咸莖之調。紫宮申郊祀之音,朱宇炳脅蕭之燿。嚮風者聽和適之正音,晝日者感律司之相召。鱗集羽萃,景景曤曤。聿有校官,明茲十教,弟子百員,一經分敷。誦武德而肅雍,進鼓員而量較。登歌奏兮乾豆陳,雅吹上兮采薋貌。明帝曰咨,雅樂之作,爾士所樂。昔我先皇,建武之年,亦嘗拜博士,舉桓榮,幸太學,稽古效雅,吹擊磬盡,日怏佼兮,亦爲朕六詩以悦愉,舞八音而騰趠,鋪駁乎璧水圜橋,而廣兹學校。校官弟子乃拜手稽首而偁曰,臣等崇厲實學,卬望八鑾,亦嘗鑄金礰石,探末引端,慨夫溺音騰沸,古詩叢殘,或述酣宴而靡侈,或符奇瑞而夸謾,紀其鏗鏘,則制氏未絶,定其容止,則叔孫三歎。

今日者按河間薦詩之典,立武帝樂府之官,凡夫宴群臣嘉賓之禮,自當宣《小雅》之始,聯一日之歡。敬陳肆夏之奏,而縱其聽觀。於是六體分,九露啓,七始華。始揚其功,十月逆氣成其禮。蓋自河間獻王集雅樂,故能叕有周之遺文,登皇漢之堂陛。惟三象以昭功,遂九變而八柢。其始也,開山川之風;其繼也,竟繁遏之體。興太學而中聲成,博皇道而群才濟。暢黄門之鏗鍧,圜雅樂之子弟。霍濩紛葩,有聲淵美。弜籧弄之折槃,眷稽詣之張弛。蓋鹿鳴之章進焉,賽道德之愔愔,騁群臣之比比。笙簧琴瑟衍其聰,幣帛筐篚表其旨,綴苹蒿而忠舒,按風興而喜起。於焉説嘉賓,頌天子,穆穆乎感心,洋洋乎盈耳。明帝曰咨,朕光誦純懿,皇圖廣博,以有此雅奏也。蓋將綜核群公,欰歙列爵,衢室酣歌,澤宫衎樂。進博士而舊章參,坐更老而讜論作,其非撮僞體以製歌,競曼聲而示薄。朕何妨御塤篪以和之,樂嘉賓以進酌。

嗟乎!《鹿鳴》之歌,僅存漢㢈,杜夔傳則列《騶虞》之先,行禮詩則次洋洋之下,或因舊歌而云亡,或謂刺詩而辭寡,或謂無取於朝考之舊聞,或云僅守漢魏之儒者。彼後世之繦和,渺不合於正雅,故明帝之世,衹存此辭,章帝之時,復徵於野。所以《鹿鳴》之歌,猶同於碣石調幽蘭,迄今出日本航頭之寫,爰作頌曰:

恢恢漢家,昭禮樂兮,金石堅結,舞干箾兮,八風化動,奠四嶽兮,七始情感,神清邈兮,金鐃翠簫,紛擊撲攥兮,大濩夏籥,戛鈞鐲兮,璘斌法宫,六龍角兮,星冠皮弁,舞鸞鷟兮,核仁肴義,開靈幄兮,斟輿元化,陋曲學兮。

批語:古誼雅辭,紛綸揮霍。

　　案：採自王先謙編《清嘉集三編》卷三。《笘誃日記》光緒十三年丁亥八月二十七日："飯畢進試院，已辰初矣。賦題爲《召校官弟子作雅樂奏鹿鳴賦以召校官弟子作雅樂爲韻》。"二十九日："余卷批云：序賦均典雅凝重，淵然穆然，詩精切，經説妥愜，書法均極堅卓，洵美才也。"《申報》光緒十三年九月初一日（1887年10月17日）第2版《蘇試題目》："八月廿七日王益吾大宗師科試蘇屬生員：經古題：《召校官弟子作雅樂奏鹿鳴賦以召校官弟子作雅樂爲韻》，《賦得細詠新詩嚼雪風得新字五言八韻》。算學附西學：《問甲乙二箱所存銀兩不知其數止云甲與乙廿四兩則甲所餘得乙四分之一若乙與甲三十兩則乙所餘得甲六分之一試問所存幾何》，《書嘉定時氏百雞術衍後》，《積微釋義》。"

光緒十四年戊子江蘇优贡卷

江蘇優貢卷光緒戊子科
正取第一名優貢江標，江蘇蘇州府元和縣學增生，民籍
欽命兩江爵督部堂曾　　批：疏解精塙
欽命江蘇督學部院王批：考核詳明

旅酬，下为上

酬以序行，自上下下焉。

夫旅，序也，酬自上而下，以相酬也。上而酬下，則上其下矣，故曰"下爲上"。且禮有獻，有酢，有酬，有旅酬，有無算爵。獻酢酬，敵者相接之禮也，主乎敬；旅酬無算爵，尊卑相接之禮也，主乎歡。何以言旅酬爲尊卑相接之禮而主乎歡也？則以旅酬皆由尊酬卑故。

宗廟中序爵序事，祭時既然，至正祭將終，則有飲酒禮。考《特牲饋食禮》：三獻畢，主人獻賓，賓卒爵，主人受爵，酌酢，獻衆賓，乃尊兩壺於阼階東，西方亦如之。主人酌於西方之尊，酬賓，奠賓觶於薦北，

賓取之，奠於薦南。此酬賓即爲賓旅酬發端也。賓既遷觶，俟主人獻長兄弟、衆兄弟、內兄弟，及長兄弟、衆賓長加爵，及嗣舉奠後，兄弟弟子乃於阼階前北面舉觶於長兄弟。此爲長兄弟旅酬發端也。

　　旅酬也者，旅，序也，酬之言周，忠信爲周。旅酬者，使尊卑上下序相勸酒，各盡其忠信，以交恩定好，行之廟中。所謂得人之歡心，以事其親，其禮大矣。其行之也，賓取主人酬賓之觶，阼階前北面酬長兄弟，長兄弟在右，賓奠觶拜，長兄弟答拜，賓立，卒觶，酌於其尊，東面而立，長兄弟拜受觶，賓北面答拜，揖，復位，衆賓及衆兄弟交錯以辯。此長兄弟酬衆賓，衆賓又酬衆兄弟，各以其序相酬也，而西階一觶，旅畢矣。至爲加爵者作止爵，長兄弟又取弟子所舉之觶酬賓，如酬賓兄弟之儀，以辯。此長兄弟酬賓，賓酬衆兄弟，衆兄弟又酬衆賓客，各以其序相酬也，而阼階一觶，旅畢矣。特牲禮之旅酬如此。

　　夫賓與長兄弟敵也，論主人尊賓之義，則賓稍上，長兄弟稍下。禮以賓先酬長兄弟，則是賓尊長兄弟，而以長兄弟之下者爲上矣。賓上於衆賓，亦上於衆兄弟；長兄弟上於衆兄弟，亦上於衆賓。禮以長兄弟酬衆賓，賓酬衆兄弟，則是賓與長兄弟尊衆兄弟、衆賓，而以衆兄弟、衆賓之下者爲上矣。自是以降，衆賓、衆兄弟，上者皆酬下，下者皆爲上，循其序，極其歡，貴賤等，尊讓明。君子觀於旅酬，而知自上下下之道焉。

　　雖然，下爲上之禮盡此乎？未也。旅酬，成於無算爵者也。旅酬惟獻者得與，至無算爵始，執事者皆與。苟有旅酬而無無算爵，則下猶有未爲上者。雖祭之旅酬，公有司、私臣皆已與旅，而猶恐神惠之或有未均也，故《特牲》經又有"賓弟子及兄弟弟子洗，各酌於其尊"，"舉觶於其長"，爲無算爵發端，而下爲上之禮，乃得而備矣。

　　夫下爲上者，旅酬之定法。故《鄉射禮》司正升相旅，曰某酬弟子，稱酬者之字，受酬者曰某子。以下爲上，尊之也。蓋旅酬者，逮賤之道也；下爲上，所以逮之也。

　　案：江標同科優貢名單見《字林滬報》光緒十四年八月初六

日(1888 年 9 月 11 日)第三版《江蘇戊子科考取優貢生名單》。

光緒十四年戊子江南鄉試卷

江南鄉試同裹硃卷光緒戊子科

中式第三十一名舉人江標,江蘇蘇州府元和縣本科優貢生,民籍

同考試官江蘇即用知縣汪閱,薦批

大主考翰林院修撰、上書房行走王　取批

大主考翰林院侍讀學士、南書房行走李　　中批

本房原薦批:

　　第壹場:首藝以權字作主,語意深奧,學有根柢。次、三斑駁陸離,考核宏深,典古處如披異書,精奧處如摹篆鼎,是之謂淵博才。

　　第貳場:考核詳明,援引宏富,非腹有五車書,不能如是淵博。

　　第叁場:包羅廿一史以及諸子百家,洞悉光明,引據處觸類旁通,如淮陰將兵,多多益善。第五道用齊梁駢體,句句有典,淵博宏深,定是名手。

衡鑒堂原批:

　　第壹場:奧衍似子書,深洞西法,存之。

　　第貳場:子家及總集多所寓目,復多覽雜書,方能辦此。

　　第叁場:筆意似左太沖、劉彥和,不難其博,而難其約。

　　　　子曰:可與共學,未可與適道;可與適道,未可與立;
　　　　可與立,未可與權。唐棣之華,偏其反而,豈不爾
　　　　思,室是而遠。而子曰:未之思也,夫何遠之有

　　權以精思爲本,《詩》教通於《春秋》矣。夫學至可權,則適道與立,皆其所已至矣。

　　然非深於思者,何以知反經之爲權哉! 今夫《春秋》一書,聖人之權書也,何言乎權。精思以合乎經也,自夫人昧於用思,雖日習夫百

家之學、群聖之道，毅然有以自立矣，而可與處常，未可與處變。聖人憂之，因舉《詩》之言思者，爲天下用權者告，此《春秋》之作，所以補《詩》教之衰也。

聞之權者，從變而移，《春秋》之常辭也。謂離經可以言權，其言固未之思；謂行權必不合經，其言亦未之思也。夫子不遽與言權也，先與論思；亦不遽與言思也，先與論學。夫學亦蘄至於道而已，道也者，非他，仁義之善道也。適堯、舜、文王者爲正道，非堯、舜、文王者，他道。君子正而不他，則一切異端之説奚從惑之？所謂立德、立功、立言，非其選歟？由是而進於權。苟利於事，不必膠見；苟通於法，不必尊前。不義之中有義，義之中有不義。辭不能及，皆在於指，非精心達思，其孰能知之？

若是者，《唐棣》之詩嘗言之矣。其詞曰：“唐棣之華，偏其反而。”唐棣，栘也，其華先反後合。詩人之意，蓋喻權道之先反常，而後至於大順也。又曰：“豈不爾思，室是遠而。”以言思其人而不見者，其室遠也；思其權而不見者，其道遠也。《春秋》之世，宋襄之仁，苟息之忠，目夷子臧之節，守一時之經，而流禍及於數世，非不知權，不知思耳。夫子曰：“未之思也，夫何遠之有？”謂釋《詩》可，謂述《春秋》之志，亦無不可。

雖然，經可反乎？不知溺則捽父，祝則名君，反乎經，正所以合乎善。夫經者，法也，法久必變。《易》曰：“窮則通，通則變，變則久。”故反寒爲暑，反暑爲寒。日月運行，一寒一暑，廼爲順行；恒寒恒燠，則爲咎徵。禮減而不進則消，樂盈而不反則放，此反之説，亦權之説也。《春秋》赴問數百，應問數千，同留經中，幡援比類，其學至精，其道至贖，而其立天下之大防又至嚴，是以史不能究，而游夏不能主也，如之何勿思？

苟不然者，拘於一隅而不能反覆以思，則祭仲之不忠，而《春秋》以爲賢，不予夷狄而予中國，其常教也。而邲之戰偏然反之；推之逢丑父當斬，而轅濤塗不宜執，何一不啓後人之疑？而《春秋》之學荒矣。此夫子所由以《詩》明權也。

及其廣厚,載華嶽而不重,振河海而不洩

欲徵廣厚之全體,載於振皆動象也。

夫華嶽,至難載也;河海,至難振也。而廣厚者獨見爲不重不洩,非地之順動,曷以及此?且扶輿磅礴鬱積之氣崒而峙者,不知幾何高也,融而流者,不知幾何深也,苟非有大氣以舉之,孰能負之而趨哉?豈知地以圓而順動,即以動而生力,而凡峙者以形附形,流者以氣合氣,莫不爲地心之力所攝引而適如其分量焉。夫乃歎滂沱四潰者,固若是之高而不危,滿而不溢也。不然,第以撮土言地,是直部婁已耳,是直涓滴已耳,猶未及其廣厚也。試進論之。

章亥紀東西之步,持籌者往往侈語奇零,顧按尺寸而度之,逐其末者未足探其本;《周髀》合渾蓋之精,覆矩者往往矜言勾股,顧憑儀器而測之,驗諸實者尤貴運於虛。聞之地厚蓋三萬里,以周三徑一之率計之,其周爲九萬里,由是以推全體之冪積,當得二百七十億里。然則地之廣厚爲何如乎?則試徵之於載華嶽,則試徵之於振河海。

八埏八紘之曠邈而無極也,苟不舉宇內嶙峋之絶境以爲之程,則地所載者,非地亦能載之,何以見坤軸運行之妙?間嘗仰觀天表,見夫三峰巢業,削成者上薄丹霄;千仞崔巍,環拱者遥連翠巘。其綿亘於雍豫之郊者,維華與嶽,重莫能比矣。地廣厚者載之,九州作鎮,用以標識夫封疆;兩界所分,藉以紀綱乎天下。故雖太華少華疑其孼,吳嶽西嶽異其稱,而千古常有此華嶽者,夫何虞八柱之或折也,謂非運行者妙哉?

四極四荒之塊扎而無垠也,苟不極寰中渹沄之奇觀以爲之例,則地所振者,非地亦可振之,何以徵坤輿翕受之宏?間嘗俯察坎流,見夫百川奔注,望碣石而爭趨;萬派朝宗,問歸墟之何在。其包絡夫州域之外者,維河與海,洩之誠易矣。地以廣厚者振之,波濤鬱起,初不見其盈虧;潮汐流行,卒不聞夫挹注。故雖河流之改易靡常,海陸之變遷

無定，而亘古不廢此河海者，夫何有尾閭之能容也，謂非翕受者宏哉？

不重不洩，地之廣厚爲何如乎？論繞日而行之理，地轉而莫不與之俱轉，舉凡華嶽之高出地上，河海之深入地中者，直附麗焉耳，故載與振，亦忘其固有之能；論順天而動之機，地游而莫不與之俱游，舉凡華嶽以相抵而定，河海以互推而流者，直翕合焉耳，而重與洩，遂失其本然之性。更觀萬物之載，地之廣厚可知，地之順動益可知矣。

堂高數仞，榱題數尺，我得志，弗爲也；食前方丈，侍妾數百人，我得志，弗爲也；般樂飲酒，驅騁田獵，後車千乘，我得志，弗爲也。在彼者皆我所不爲也

極形富貴之事，觀人即以自警焉。

夫富貴之人，僅宮室起居游宴之美耳。孟子有觀於當日之富貴，不可自警其志乎？且甚哉，宮室之美，炭業而杳窱；起居之適，華錯而繽紛；游宴之樂，徘徊而容與。試執人而語之曰，此志不可有，豈不疑其矯情乎？然而不必疑也。彼在醉夢之中，而吾處寥廓之外。穹窿也，麗靡也，颶屬也，彼方快然，而我益淡矣。

我何以藐大人哉？蓋以我游列國，見夫富貴之家。輝輝然，鍔鍔然，神明鬱其特起，遂偃蹇而上躋者，堂也；碧瑠流離，鱗眴而棧齴，上辯華而交紛者，榱題也。巍乎煥乎，溶矣炕矣，其志如此，而我則何取？

又見夫衎衎行庖，皤皤易飲，并山爲肴，調味惟雋，又復二八侍娥，九侯嫩女，前示姱容，後陳步綺，在他人見之，當志與目移也，而我則何取？

又有人焉，謂藐盼不壯，是衣冠而桎梏也；銜勒不戒，是六師無耳目也。於是造我而言曰，某將有儲跱之事，惟君同之。則見夫大綏徐下，佐車扣輪，羅衣綷縰，奄忽無塵，後之從者，則皆駕馴駁之駟，乘赤檀之輪，如是者亦可以爲天下之窮覽極觀者矣。有志於此，而我則何取？

嗟乎！天下事之一發而不可收者，十常八九，豈人盡不知之哉！

人因我創，人同我異，人通我褊，於是爭高以爲先，致大以爲足，涓涓不修，莘莘是樂。在我歷國邑，行萬里，數十年間撫迹懷人，芳流而景歇者，比比也。吁！天地一蓬廬耳。雖璇臺之九重，而僅足容一骸焉；雖蛾眉之萬眇，而不能奪一目焉；雖游畋乎萬里，而止雄此一瞬焉。蓋自我觀之，草舍耳，飯糗耳，狂藥耳。土木被朱紫，勞神而苦形，不如從我之志，而逍遥乎道藝之林。

夫人各異性，本不相類。世有讀三代書者，當知古聖王之制度，不以當前之富貴驕天下，可矣。天下之不富貴者，亦毋藏頭畏尾，徒碌碌也。

賦得金罍浮菊催開宴（得鳴字，五言八韻）

蕊榜將開候，群催宴鹿鳴。罍黃金錯采，釀白菊浮英。器列雷文古，花含露氣清。犧尊排燦爛，蟻醯泛輕盈。好重龍門價，何勞羯鼓聲。癸辛商款識，甲乙宋科名。酌詠周南句，歡增楚客情。聖朝恩澤渥，坡老句重賡。

爲電

卦有取象於天文者，可以體用驗之也。

蓋離爲火，故取象爲電。電有體用，不可繼曰以驗之乎？今夫有象而無遠近者，燿燿兮若烈火之始翔，爐爐兮若初日之未央。始凝睇於東隅，繼轉眴於西方。爍明金，攝奇璜，引之搏搏，即之茫茫，外澤純氣，中含幽光。胡觸手而猥慄，忽值吐而耀芒；偶蓄之而淫裔，乃疾去而五方。

占象者乃屬使者求之，三反而無見也。於時小學元士、天文之家萬畢，方術化冶變幻之上卿客儒，矚斯象也，翕然而動，惚然而靈，眩者遇之而明，瞀者睹之而精，剚揿者侤之而飽，厤痿者觸之而醒。

占象者神思屛然，穆若有間，以屬元士，元士乃起而對曰："斯殆黢易激燿而致歟？聞之黢易相薄爲靁，激易爲電，電是靁光。蓋易氣之發，硫石之精，地氣陰冷，格鬥而成。説其文則從雨從申，從申雨者，天氣之降，地氣之騰。氣之回屈則爲靁，氣之引申則爲電。電者乃自其光燿言之。或有謂電即餘聲之霆者，此訛説也。或曰，電，矤也，乍見則矤滅。此説也，吾於《釋名》得之。蓋展轉相訓，不離初音，乾，健也，坤，順也，即此證也。聲音之理通，而六經之恉得矣。"

占象者聞之而色喜，方以爲盡説矣，天文之家乃推而進之曰："此説也，吾雖聞之，而未得爲堉也。斯電也，浩蕩兮無極，倐忽兮不識，胎乎無始之鄉，釀乎自然之域，環行乎地球九萬里，則一瞬可三匝焉。電本無光，礩蕩而出，光極而後得聲，則爲靁。靁者，居乎電之後。試證諸激火之理，則先見火而後聞聲，其聲則以光之遠近而後分遲速。小學家以靁霆而次電之前者，此亦未得其堉理也。電有氣，氣有黔易，有暵濕，有冷熱。電之體如是，其用則僕病未能也。"

於是方技之家并起而對曰："卦之爻，有互象，有假象，有專象。專象者，蓋取諸用也。今且徵夫電，則有漫漫衍衍，不絕如綫。執其兩端，各蓄其電。電以金爍，彼動此擊，應也如響，萬不錯一。重溟絕域，彈甲可接，目以瞟眇，耳亦髣髴。燂爍五金，腐解木石，光幻陸離，力攝虎伯。或有瘀傷顛眴，蹈齬嗽獲，亦能啓其惰竅，和其血脉，雖令扁鵲治內，巫咸治外，何能及哉！"

占象者曰："善。此離之所以爲電也。"遂命通《易》者筆諸書，破二千載不傳之惑。

淮海惟揚州

由徐及揚，淮海其界也。夫界不正，則水不可治。

以淮海界揚州，地理始分，禹故繼徐而治之，惟皇地祇位主山川，不能自辨其位。是故古昔書有《八索》，以政其人民，皆將於是乎東，於是乎西，於是乎南，於是乎北，則一表不妄陟，一步不妄尺，一城一郭，不妄甌脱，是亦有政。試證諸《禹貢》"淮海惟揚州"。

志淮北，志海南，或志海東南，是也。淮爲四瀆，爲經水，自南陽平氏桐柏大復山，東南入海，説者曰"淮，圍也，圍繞揚州北界，東至海"者，是也。蓋《禹貢》之淮，發源於豫，入海於徐，不與江、河通。或謂淮東流而會汝水，合澮水，出清江，與河會，東由黃河以入海，南達邗溝以入江。此説非《禹貢》之淮，吾無所取也。

海自東北迤而南，揚州之海，東南之海也。有以爲五嶺之南至於海皆揚州地，此説近誕。謹求之《詩》，曰"於疆於理，至於南海"，即揚東南所距之海，豈竟踰嶺以至番禺哉！蓋南域但爲當日聲教所暨，未必在九州之內，即域在九州，亦當分繫荊、梁，豈得遽入揚界？禹分九州，揚地不當斗入西南數千里，此事易明者也。後人於九州之外，別列南越，此可補經義之缺。或有起而非之者，愚矣。

揚州者，州界多水，水波揚揚，故名之曰揚。或謂江南其氣慘勁，厥性輕揚，故有揚之稱。或又謂揚州漸大陽位，天氣奮揚，履正含文明，故取是名。此三説也，皆同聲相應之理，乃後人詁字之精，説經之例也。蓋有定者文，無定者聲，以聲生義，著而易明。然欲分淮海之界者，則不取乎此。

分界奈何？試證諸"惟"。惟者，是也。謹求之《康誥》，曰"人有小罪，非眚，乃惟終"，即同訓也。揚州之界，淮海之地在是，故曰"惟揚州"。蓋兹事嚴武，無蹈無踰，若越後禩，之東之西，之南之北，帝朔或未訖也，王教或未經也，禹踵未或步也，則在乎後之聖人涉重洋，探流沙，以成大一統之國。

既景迺岡，相其陰陽，觀其流泉

參高岡而相觀，可以證司天、形法之理矣。

夫測日景於岡，司天也；相陰陽，觀流泉，形法也。其理如此，不從可考哉！且蒞政而不審授時，不可也；營都而不識地形，尤不可也。大圜在上，孰營度之，揆之以日，方位斯出，則司天之理明矣；定勢望氣，條絡度脉，高城卑屋，求其凶吉，則法地之説備矣。竊嘗測圭臬，按圖經，晻晻沍沍，粲然而陳，於是恍然曰：此其制，莫詳於《公劉》

之詩。

今試進司天家而請之曰：“天不可階，地不可度，高岡在彼，何以景矖？”司天家曰：“有象數之學焉，辨方定位，觀象首務，蓋必先定南北，而後可以測北極，候中星，步日躔。謹求之《考工記》，曰：‘匠人建國，水地以縣，置槷以縣，眡以景，爲規，識日出之景與日入之景。’此周公雒邑之制也，而不知其法實肇於公劉豳館之年。間嘗參考舊聞，驗諸實測：地欲其平，坱圠則舛；槷欲其直，拳曲則乖。以規之一端立乎地中，一端運乎其外，繞一匝而成圜周，如是者由小而大凡數重，乃植槷於圜心，以取日景。凡景切圜上者，皆作點以識之，視其兩點之同在一圜周者，作直綫以聯之，即東西綫。取東西綫之正中，向圜心作垂綫，即南北綫。此測景之法，振古迄今，未之或改也，而必有取夫岡者，蓋以其山脊邑屋，林木不能蔽之，則人目之外，庶不與濁氛相合，此測量至精之理也，故必取夫岡。”

於是司天者出，乃進形法家而請之曰：“陰陽何錯？流泉何洿？不變不溢，其理幾何？”形法家曰：“有形氣之理在焉。聞之形與氣相首尾，亦有有其形而無其氣，有其氣而無其形，此精微之獨異也。相，省視也，其在《易》曰‘輔相天地之宜’，天爲陽，地爲陰，則義可通於《易》矣。推之，右陽左陰，背冬涉春，陰陽靁靁，氣之相通，非有鬼神之憑，乃數之自然而分也。觀者，諦視也，流泉何以諦視之？則在分脉絡，探往來，辨開閉，察死生，種叢樹以引水，分清濁而知音。若夫水圓折者有珠，方折者有玉，雖亦合於陰陽之理，而徵信不足。故度明以爲向，度幽以爲蔽，辨之以四方，叙之以五行，參之以八變，憲之以九星，則相之旨合矣。求其水之過之徑，齊以六對，董以三鑒，傃以六道，則觀之旨得矣。《詩》之曰“相”，誠相也，曰“觀”，誠觀也，夫然後陰陽流泉之理明”。

噫！時至今日，學益陋矣。昔之尋常習用之事，今皆嚙舌張目而不能知，反卑而詆之，曰九九技耳、堪輿術耳，烏知其爲古聖人之學哉！

鄉試策問第三問

問：六經既興，諸子競顯，五千《道德》，戰國盛行，韓非《解老》《喻老》兩篇所引《老子》與漢後本即有異文殊解，能舉之歟？《莊子》有逸篇，散見何書？宋代何人曾爲搜聚？郭象注相傳襲取向秀，其說出於某書，引於某氏，有據無據，孰是孰非，可略言歟？《尸佼》亡於何代，《尹文》佚於何時，《墨子》所散失者何篇？後來兵家所創，算學、立學、重學、光學相傳是其遺法，其說安在？昭烈帝教後主，謂《商君書》益人神智，有謂諸葛亮治蜀，其學近似，果有徵否？《孫子》有"度生量，量生數"之語，《孫子》《算經》果一人所撰否？《素問》《靈樞》胡見遺於《漢志》？燕丹、慎到或不棄於通人，多士研究九流，必有其說。

自六經以外，立說者皆子書也。其初亦相侔，自《七略》區而別之，名品乃定。其中或佚不傳，或傳而後復散失，或古無其目而今增，古各爲類而今合。

老子《道德經》二卷，凡五千七百四十八言，八十一章，《隋志》載："《河上丈人注老子經》二卷，亡。"《韓非子·解老》篇："故曰：方而不割，廉而不穢。"本引《老子》文，王弼作"廉而不劌"，河上公作"廉而不害"。案，"害"與"劌"義相近，"穢"即"劌"之誤文。《禮記·聘義》："廉而不劌。"《荀子·榮辱》篇："廉而不見。"劌者，賞也。鄒書："劌，利傷也。"與利害義可證。《喻老》篇："故曰：白圭之行，堤也，塞其穴；丈人之慎，火也，塗其隙。"二篇凡有"故曰"，皆《老子》文，而《老子》今本無之。故或謂此文佚去，或疑"曰"字衍文也。

《莊子》逸篇如"閼奕""修危言""游鳧""子胥"之篇，皆佚。他如北齊杜弼注《莊子·惠施》篇，今無此篇，謂之逸，可也。若《索隱》以《老莊列傳》之"畏累虛"爲篇名，按之《正義》以《亢桑子》爲《庚桑楚》，而庚桑楚居畏累之山，似"畏累虛"即《庚桑楚》篇中所指之畏累山，不得與上文《漁父》《盜跖》《胠篋》同指爲篇名也。故《漢志》五十二篇，今止三十三篇，是逸十有九矣。《淮南鴻烈》、唐司馬彪《後漢書》《文選》、《世說》注、《藝文類聚》《太平御覽》間見之，宋王伯厚頗爲搜捃。

又有搜漢嚴遵《老子指歸》所引《莊子》以補王氏之漏，至向秀爲《莊子解義》，未竟《秋水》《至樂》二篇，其後秀義別本出，故今有向、郭二莊注。其説出於劉氏，引於《晉書》，宋王伯厚至以何法盛竊郄紹《晉中興書》相比。今向逸郭存，以陸氏《莊子釋文》暨張湛《列子注》中凡文與《莊子》同者，兼引二注，互校同異，所謂竊據向書、點定文句者，殆非無證。又《釋文》於《秋水》篇亦引有向注，則并《世説》所云"象自注二篇"者尚未必實録。而錢曾乃曲爲之解，謂傳聞異辭，《晉書》云云，恐未可信。何哉？

《尸子》書以商鞅誅，入蜀，造書二十篇，《藝文志》列之雜家。後亡九篇，魏黃初中續之，至南宋而全書散佚。或從唐以來傳注、字部類書、内典雜爲輯存，大旨近於名家之説。

《尹文子》出於周之尹氏，齊宣王時居稷下，與宋鈃、彭蒙、田駢、慎到同學老子之道，作華山之冠以自表。著述二篇，後多脱誤，雖經仲長統撰定，尚有不可讀者。陳振孫《書録解題》尚存其書，亦佚於宋後。

《墨子》七十一篇，今佚《即用下》第二十二、《節葬上》第二十三、《節葬中》第二十四、《明鬼上》第二十九、《明鬼下》第三十、《非樂中》第三十三、《非樂下》第三十四、《非儒上》第三十八。凡闕，有題八篇，無題十篇。據陳氏《解題》《館閣書目》，有十五卷六十一篇者，多訛脱，不相聯屬。是無題十篇，宋本已闕；有題八篇，闕文又在宋本以後。近人校刊《墨子》，列其篇目於後，詳且確也。其文頗多合於格術之學，如所云"端體之無序而最前"者，即今算學點綫面體之説；又如"有閒者，中也；閒者，不及旁也"，説云"有閒謂夾之者也，閒謂夾者也"，此算學夾角之理中同長也；説云"心中自往相若也"，又云"圓，一中同長也"，此算學圓徑圓心之理；"挈有力也，引無力也"，此即力學之理；"均髮均縣，輕重而髮絶，不均也。均，其絶也莫絶"，"一少於二，而多於五"，"説在重，非半弗斫"，"倍，二尺與尺，去其一"，此即金錢雞毛之喻，實爲重學之祖；又云"臨鑒立景，二光夾一光，足被下光，故成景於上，首被上光，故成景於下”，“鑒者近中，則所鑒大，景亦大；遠中，則所鑒小，景亦小”，此即窪鏡凸鏡之謂，尤爲光學所本。然則西人之學雖明季始入中國，而墨子已早發其端矣。

秦商鞅撰《商子》二十九篇，今佚其五。太史公論鞅天資刻薄；而《三國志注》載昭烈帝教後主，謂《商君書》益人神智；諸葛亮治蜀，信賞必罰，嚴法不避謗，亦似有取於徙木示信者。

《孫子算經》三卷，不著撰人名氏。或以爲孫武撰，蓋以首言度量所起，次言乘除之法，設爲之數合乎兵法“地生度，度生量，量生數”之文。又十三篇中所云廓地分利、委積遠輸、貴賤兵役分數，比之《九章》方田粟米差分商功均輸盈不足之目，往往相符。而要在得算多，多算勝，是以《指是》篇爲出孫武。然據本書，長安、洛陽相去九百里，又云佛書二十九章、章六十三字，似後漢明帝以後人語。且上考韋曜《博奕論》“枯棋三百”注引邯鄲《藝經》謂棋局十七道，今云棋局十九道，則其人當更在漢以後矣。

《黃帝素問》二十四卷。按《漢志》但有《黃帝内經》而無《素問》之名，至後漢張機《傷寒論》引之，始稱《素問》。晉皇甫謐以《鍼經》九卷、《素問》九卷合《漢志》十八篇之目。《隋書·經籍志》：“《鍼經》九卷，《黃帝九靈》十二卷。”是《九靈》自《九靈》，《鍼經》自《鍼經》，不可合爲一。王砅以《九靈》爲《靈樞》，不知其何所本。或以即汪砅所依托，或謂從《倉公論》中鈔出，故至南宋史崧始傳於世。

《燕丹子》三卷，長於叙述，嫺於詞令，亦略與《左氏》《國策》相似，在縱橫、小説之間。且多古字古義，故《史記·刺客列傳》即引“天雨粟，馬生角”之言，李善注《文選》亦多援引其書。《宋志》尚著於錄，至明遂佚。後采輯《永樂大典》所載，并爲三卷。

《慎子》之學，近於釋氏，然《漢志》列之於法家。今考其大旨，欲因物理之當然，各定一法守之，不求於法外，亦不寬於法中，則上下相安，可以清净而治。然法所不行，勢必刑以齊之，道德之爲刑名，此其轉關，所以申、韓多稱之。其書久佚，今存七篇，亦皆從故書中得之也。

　　蓋諸子爲六經郛郭，豈如劉勰所譏"徒裨文章，無益經術"？故雖流別不同，純駁亦異，但有其名，無不著録。近日佚子古書又多得從海外，聖朝丙部之學，不綦重哉！

　　　案：《清代硃卷集成》江標部分未録策問題目，兹據《光緒十四年戊子科江南鄉試題名録》（上海圖書館藏）補入。

光緒十五年己丑會試卷

鄉會聯捷硃卷光緒戊子己丑科

中式第七十八名貢士江標，江蘇蘇州府元和縣民籍增生

同考官、内閣中書加三級周　閎，薦：力厚思沉，經策淹貫。

　　大總裁、禮部右侍郎、總理各國事務大臣加三級廖　取，批：精心結撰，經策明通。

　　大總裁、經筵講官太子太保頭品頂戴、工部尚書管理火藥局事務、管理溝渠河道大臣、管理八旗官學大臣、會典館副總裁、兼管順天府府尹事務、南書房翰林加三級潘　取，批：思精筆鋭，經策賅括。

　　大總裁、經筵講官、工部尚書、正藍旗漢軍都統、管理户部三庫、光禄寺事務管理左翼幼官學大臣、稽察右翼宗學大臣、稽察京通十七倉大臣、稽察會同四譯館大臣、對引大臣、管宴大臣、專操大臣加三級宗室昆　取，批：雄深雅健，經策淵萃。

　　大總裁、太子少保、武英殿總裁、玉牒館副總裁、禮部尚書加三級李　中，批：真力彌滿，經策條達。

　　本房原薦批：首藝疏宕中饒有根據。次以選詁題淵懿樸茂，古色爛班。三語有包孕，詩筆不俗。《易》《詩》二藝，精於訓詁之學，本本元元，却有證佐。《書》藝考據詳晰。《春秋》主公羊説，别開生面。《禮》藝古色古香，宜風宜雅，信非飣餖家數。

聚奎堂原批：首有考據，此以選詁題，三亦古致，二三場極佳。

子曰：行夏之時，乘殷之輅，服周之冕，樂則《韶舞》

聖人法帝王之治，禮樂明備矣。

夫夏時、殷輅、周冕，禮之可法者也，《韶舞》，樂之可法者也，爲邦者不可求明備之治哉！聞之六經之道同歸，而禮樂之用爲急，故象天地而制禮樂，所以《小正》傳，大路貴，五服昭，九成美者也。二者并行，合爲一體。畏敬之意難見，則著之於明時，考工司服；和親之説難形，則發之於詩歌，詠言筦弦。

蓋王者必因前王之制，順時施宜，有所損益，即民之心，稍稍製作，至太平而大備矣。如顏淵問爲邦，夫子固有以示之矣。上在於君：改正朔，異器械，易服色，一朝聿著其規模，而顯諸聲容，宣諸律呂，煌煌乎美備情文焉，則經綸大也。下在於臣：參天道，相地理，顯人文，千古永垂其模範，而奏之郊廟，譜之明堂，肅肅乎神人觀聽焉，則變理精也。

一曰時則夏正尚矣。以三統言之則爲人，以四時言之則爲春，以十二月定之則爲正月。謹求諸《詩》，曰《七月》，述《公劉》，即主夏正之證也。"陽氣和震圜煦，釋物咸稅其枯而解其甲"，則夏之所取時爲宜也。至如豺獸獺魚，法參殷制，虎交雞乳，訓合《周官》，取而行之，則知步算之精，早定於三古之世，故一切四分三統可以求。

一曰輅則殷制貴矣。木輅爲上，名曰大輅，先輅次之，次輅又次之。謹求諸《禮器》，曰大路，繁纓一就，次路七就，即重殷輅之證也。鸞旂皮軒，通帛綪斾，雲罕九斿，閶戟輇轄，則殷之所取，輅爲古也。至如泥楢山橾，風追夏世，利牙轉轂，工啓周官，取而乘之，則知巾車之事，不起於有邰之日，故一切指南奇肱皆其原。

一曰冕則《周禮》重焉。一曰大裘冕，二曰袞冕，三曰鷩冕，四曰毳冕。謹求諸《大行人》，曰"上公之禮，冕服九章"，即見周冕之制也。九旒而明，散燿垂文，華組之纓，從風紛紜，則周之所用冕爲美也。他若蠙珠來貢，夏闕弁師，殷寶薦俘，殷無玉藻，取而服之，則知繢飾之工，實本諸天地之象，故一切鷸冠翠被皆非宜。

由是治定制禮者功成作樂，則在於舞，惟《韶》爲美焉。鳳皇秋秋，其翼如干，其聲若簫。謹求諸《書》，曰"簫韶九成"，即見《韶舞》之盛也。象容表度，協律被聲，同進退讓，化漸無形，則吾必以《韶》爲觀止也。他若一曲薰風，璣衡應化，兩階干羽，藻火分華，取而則之，則知協律之事，原起於擊壤之歌，故一切樂府雅詩可不作。禮樂明備，此其至矣。

取人以身，修身以道

得人在乎治己，可先盡其道矣。

夫以身率人，則官方飭，必以身主道，則心法昭也。治身之道，不綦重歟？今將欲陶冶百僚，甄提庶類，果曷克致咸熙，歌糺緷哉？其必聖喆淵明，榮鏡寓宙，體睿窮幾，含靈獨秀，則豪彦尋聲而響臻，志士希光而景就，胸中豁其洞開，群材湊而畢進，若辰至度，如響斯膺，表相祖宗，贊揚寒畯，備哉燦爛，真神明之本也。

爲政在人，得人其難，是曷由庶官無曠，舉不失策哉？概自王維將墜，國祚綴旒，欲使内贊謀謨，外康流品，昂靈發祥，辰精感運，豈徒在科條之督責，恃法令之紛更云爾哉？蓋上之化下，下之從上，猶泥之在匋，維甄者之所爲，猶金之在鎔，維冶者之所鑄也。夫紫衣賤服，猶易齊風；長纓鄙好，且變鄒俗。是故聖皇蒿宮正己，蘿圖出治，斧藻玉德，琢磨令範，求緝熙之大業，遵至善之厥修，兢兢焉，業業焉，誠聖學之極功也。

於是皇極既協，彝倫是叙，英華浮沉，聲教布濩。聿在百僚，安宅京室，執鞭珥筆，出從華蓋，入侍輦轂，承答聖問，拾遺左右。營傅說於胥靡，求伊尹於庖廚，四門開闢，英彦梟藻，藹若鄧林之會逸翰，爛如溟海之納奔濤。不煩咨嗟之訪，不假蒲璧之招，羈九有之奇駿，咸總之於一朝，遂乃翱翔衍溢，郁隆響隆。藉非修身以道，而何能剖別妍媸,研覈英跱,同條共貫,不相雜廁如此哉?

　　且夫天動星回,而辰極猶居其所;璣旋衡轉,而權軸猶執其中。克明峻德,此乃陶唐氏所以基皇業也;温德允塞,此乃有虞氏所以昭帝功也;祇台德先,此乃夏后氏所以開皇運也。上垂拱而司契,下緣督而自勤。茂育之功既該,而帝王之道備矣。

　　又況容盡盛德,愛馨丹府,和而不弛,寬而能斷,聽察無嚮,詹睹未形,如冰之潔,如砥之平,爵公亡私,僇違亡輕,心鏡萬機,攬照下情,堂哉皇哉,足以雍容垂拱,永永萬世也。然而猶未已也,蓋道盡於外,而仁處於心,則又張仁讓之閩,杜華競之津,下舞上歌,蹈德詠仁,豈不懿歟?

曰:子不通功易事,以羨補不足,則農有餘粟,女有
餘布。子如通之,則梓匠輪輿皆得食於子

　　論互市之要,戰國時已發其端矣。

　　夫通功易事,即互市之端也。農女無餘粟布,梓匠輪輿得食,不可證孟子之所言乎?告彭更曰:今有人焉,倮然獨守,膠執而不化,雖吾身外之物,亦不屑與他人相往來,則將槁死黄壤已耳,豈人世之當然哉?是以大道無所不可,可在其理。三代而下,人齒日繁,藝技百出,若不通易之而致民倦反者,是未讀貨殖之書也。如謂士無事而食不可,今且爲子證之於農夫女子。

　　聞之殖穀曰農,農爲政本,金湯非粟而不守,水旱有待而無遷。故先王睹農人之耘耔,亮稼穡之艱難,務使溝洫脉散,疆理綺錯,黍稷油油,粳稻莫莫,則農者非種以自食也明甚。若一旦而却其所出而不納之,則農夫飽欲死,不農者饑欲死矣。女修蠶織,禮也。古之語曰,一女不織,或受之寒,則布尚焉。若鋼其業,則五十之可以衣帛者,豈將以自織乎?故聖人取夫通者,蓋將度其有無,通四方之物也。

　　易者何?日中爲市,致天下之民,聚天下之貨,交易而退也。食足貨通,然後國實民富,而教化成也。不然,羨餘者將無用矣。則何

論乎工？

三代以下，《考工》之記成，則梓匠輪輿爲貴焉。如不求之，則筥簴不成，溝洫不治，輪轂不圜，彼蚩蚩之民者，亦將抱其器而泣焉。惟其通之，則使天下各食其力，無一夫之失所矣。謹求之《易》，曰"裒多益寡，稱物平施"，《書》曰"懋遷有無"，此通功易事之證也，後世所以有輕重之書云。

今日者水土平矣，男女生矣，彼富貴不亟需之物，賤貧者猶且筋力以成之，歲月以靡之，舍是則賤貧無所托命。然而一邑之地，專守其業者，彼必有一邑之地，亦專守其業，因其權而交易之，則奮相守其業而勿失矣。

因時審勢，聖人所知。蓋聖人之治天下，非易民性也，拊循其所有而滌蕩之而已。於是抱四海而爲家，富有之業，莫吾大也。若智不足權變，勇不能決斷，而徒閉關以自守者，非治國安民之本也。故曰，國之所以富强，則在於互市。

賦得馬飲春泉踏淺沙（得泉字，五言八韻）

半日村中路，沙平馬不前。踏剛來淺渚，飲恰到春泉。新漲長堤外，斜陽古渡邊。波搖紅杏雨，人倚綠楊煙。畫欲臨韓稿，投應選項錢。香飛塵漠漠，清吸溜涓涓。水暖消三尺，風輕送一鞭。行行蓬島近，得意快鑣聯。

案：以上鄉試、會試卷見《清代硃卷集成》第 62 冊。

翰林院考課

白蓮花賦（以月曉風清欲墮時爲韻）并序

余以季夏之月，久客思返，定從南越歸於三吳。適方伯易公以《白蓮花賦》題課書院諸生，人皆曰：嬉，香嬌影薄，皓質素心，野風自開，弱顏可喻。余曰：不然。物之美於夏者，莫如白蓮花焉。此花潔而有容，清而克粹，庶可以比君子之德乎。意之所曈，感而賦之，其辭曰：

爰有奇葩，素馨發越。夏蕤以舒，春條已捽。惟一莖以獨呈，蘊兩儀而秀發。感貞卉之獨芳，應良幹於夏月。爾其素質亭苕，孤根窈窕；體同玉寒，色欺霜皎；明月自燿，良風轉矯。擬幽蘭之芬芳，豈夭桃之姍嫋。乘炎運而挺生，出星河而没曉。雨露助其豐翳，曦陽領其皤皎。若夫秀萼初吐，芳薾盡紅。亭亭水謝，隱隱玉櫳。明霞曉覆，珠露夕融。彼素體以皓露，耀清影於芳藂。葉田田而自轉，絲裊裊而善通。映紫蓼於寒淑，舞落英於當空。惜芳華兮易逝，忽搖落於秋風。表清節於良序，挺素質兮莫同。幸永辭於翦伐，産不比於舜英。維君子而可證，托寒波而寄情。謝絕潤之跃蔓，殊窮崖之抽萌。乃委蛇於廢沼，保薈蔚於太清。維三吳之雅郡，有奇葩而截玉；比良節於高郵，扇清風於暑瀲。感長洲之宿莽，惜塵國之穠綠。吾徜徊而自娛，聊比影於朝旭。嗟移植兮不良，惟佇眙而自欲；看本實之未落，喜繽紛而尚可。念此花之獨芳，知化機之猶頗；何獨鍾於兹幹，非色取於美嫱。止沉流而不搖，慚鬧紅於一墮。物雖微而有值，氣雖轉而能持。彼弱枝之寸苗，豈明德之於兹。感孤姿之沈菀，含清氣兮方滋。耿獨立之是懼兮，恐繁霜之莫支。何所憑以清且潔兮，庶不染乎塵緇。對葳蕤而自感兮，惜荏苒此芳時。

案：採自復旦大學圖書館藏《靈鶼閣駢文録存》，底稿見《笤帚日記》第十四冊（光緒己丑十月十九日至庚寅六月八日）。

白虎觀議五經異同賦（以天下學者得成其業爲韻）

漢建初四年，儒學盛，雅訓專，三雍立，五經編，定十四博士之考，求卅八執略之篇，衆説兼采，群經自研。然而古《易》盛興於圖緯，毛《詩》未見夫傳箋，微言則《穀梁》將絶，《尚書》則夏侯難全，果何以百家是究，大義重宣，鉤《河》摘《洛》，畫地維天？章帝曰："咨，經義之明，學無虛假，慨自衆說之歧，難付學官之寫，石渠之議奏將湮，秘室之中經漸寡。昔孝武之世，有大師至千；孝宣之時，求遺文於野。其亦爲朕綜六學，集群雅，如元年賈逵之講五經，仍詣虎觀而論文，簣衆說於臣下。"

諸儒乃拜手稽首而對曰："臣維道仰精剛，義求明塙，亦嘗綜金匱之秘藏，覽明堂之禮樂，河間既對三雍之宫，異義或有五經之駁。今方瞻層構之嚴嚴，想五鹿之岳岳，敢不集衆說而斠詮，祖光誦而揚搉，斀列其墨守之儒，家究師承於樸學。其觀之爲制也，前峙雲臺，南通金馬，東連始生之堂，北接未央之瓦；繡楊虹申，雲楣珠潟，望承善而比崇居，啓明光而思廣廈。相期嘉頌夫前賢，敢說啓聞於來者。臣請議夫五經：《易》，焦、費義不同聞；《書》，夏、歐學偏異力；《春秋》則說有向、歆；《禮記》則篇分聖、德；《穀梁》之外傳已亡；《詩》訓則秦燔未防。五經本衆說之鈎繩，譏學亦群書之羽翼，臣敢效法於前朝，條篇目而奏之，竭下愚之一得。"

章帝曰："咨，朕靈圖廣運，典學端程，以有此盛事也。蓋其采遺得詣，綜論持平，道訓所以在《易》家之列，誥誓所以興中文之爭，《穀梁》所以有五家之議，《禮》經所以有三百之名，《左氏微》二篇尚在，《詩魯故》廿卷猶行。是皆折衷經塙，鈲搉自精，覽兹所議，寥朗而明，其當撰《通德》之論，而一綜其大成。"所以首著崔駰之《易》，旁存魯氏之《詩》，《尚書》則丁鴻舊說，《公羊》則李育承師，樓望則學通嚴氏，景伯則禮注訓辭，皆足篇翰，綜其博奥。方笯黜其離奇，分群說而自若，顧四隩而款其。

然而當日者許書待寫於臣沖，鄭志未傳夫家法，師說則不盡西京，正字則莫頒令甲。經見夫青虹紀瑞於庭中，太學觀經而道夾，孰若我聖朝化洽和同，學無淺狹，室陋茅茨，世多曹鄴？此所以進唐而邁虞，何論夫漢京之盛業哉！

賦得盤雲雙鶴下（得盤字）

軒舉凌雲鶴，雙飛欲下難。無心空際落，比翼望中盤。擊埒山川
迥，鳴皋宇宙寬。思縈千里夢，勢狹九霄摶。靉靆形摩白，回翔頂映
丹。風輕疑有影，露冷警知寒。宛轉依危岫，翩躚拂遠巒。聖朝瞻紃
縵，班序列鴛鸞。

　　　案：以上二題見《笘誃日記》光緒十六年庚寅四月二十六日，
此題爲四月十八日散館試試題，江標列二等第二十一名，爲李鴻
藻所抑。

廣志賦（以耨仁義爲菑畬爲韻）并序

少居窮巷，孤學寡憙，嘗讀東漢崔篆《慰志》、馮衍《顯志》二賦，輒
自歎曰：人各有志，唯不同耳。按《荀子·修身篇》曰："君子貧窮而志
廣，富貴而體恭。"楊氏倞曰："仁愛之心厚，故所思者廣。"旨哉言乎！
夫人雖貧窮而志當遠大，某不自量，時專其想，偶以廣志之説，設爲博
通之詞，亦班孟堅所云"雖不好學，亦善附會"之意也。其辭曰：

粵自太清，剖判維舊，昏則在暮，明則在晝。人爲萬靈，百體是
究。維志本心，無域老幼。收則及鍼芥，放則溥宇宙。知天之高，測
地之厚，儒者宜究也；察人之智，辨物之精，學者不謬也。小子雖不
敏，亦欲通達其途，振刷其陋，接上士以詩書，謝農夫之耕耨。

談天之學，志士當遵。弧角三角，本輪均輪。恒星則與日不動，
行星則與月推循。取橢圓而知面積，設象限而定司春。黃徑度分，赤
徑時分，西學之神也；舊圖步天，新圖經天，中法之真也。日月薄蝕，
地球影均。彗孛經道，軌度行新。維吾聖祖數理之學，通貫天人，一
時志士，聞風自甄，故中學則有梅文穆，西學則有南懷仁。

天學既通，次當測地。七洲宜分，萬國可記。亞細亞者，則爲我
聖人之居，坤維定位，俄羅北藩，印度南侍，東舒朝鮮之翼，西控金川
之臂。偏西則爲歐羅巴洲各國是寄，法恃其雄，英專其利，普魯士爲

北狄舊居，日耳曼亦佛郎左翅。南延阿非利加，則沙漠萬程，海島鱗次。地球之西，則南北亞美利加，絲連而儕類焉。英俄則各占其餘，米墨則兩國無忌。迄今二百餘年以來，四域聞風，萬方慕義，開我海疆，動我邊議。有志之士輒撫膺而歎曰：卧榻之側，豈容酣睡？

人也者，宜與古爲期者也。治經鄭學，識字鄒師。辨聲則李登有《類》，詁訓則《倉頡》可窺。學史以班書爲善，《通鑑》維温公最宜。子家之學，荀、管善詞，知醫則《難經》《本義》，習算則數術記遺，《藝文類聚》則爲類書之祖，《西京雜記》則爲小説之資。他如道家則《老》《莊》寄學，釋氏則《弘明》在兹。梁有《文選》之集，屈有楚國之辭，皆足立志維守。及時而爲用，足以輔聖天子百代治平之要；不用，亦足以窮廬著述，傳諸清時。

物有本末，當可類推。泰西之學，辨析分釐，實爲中國之格致，反見重於四夷。石鑠金鍊，草腐木離。衡水汽，知積水之生動；驗電火，明感觸之速遲。顯鏡遠鏡，明莫甚矣，猶照膽之奇也；日晷時表，準莫甚矣，猶壺漏之善也；汽機之好，便莫甚矣，猶風車水碓之規也；輪船火車，速莫甚矣，猶木牛流馬之嬉也。上古之士，化鍊丹汞，并分棉絲，種羊濺濺，炕雞孜孜。在今有志於格物者視之，亦謂日用所宜，事常有之，譬商賈之工泉布，亦農夫之於東菑。

嗟乎！四學之通，首在讀書。目睹不及，耳聞宛如。人生之軀，七尺有餘，知識既合，行步相施，何所志之不同，而各叩其虛。小子孤陋，集益廣居，澂神定虛，捨末務初。蓋謂天道不遠，惟以測量；地球可遍，祇借舟車。人貫古今，則號稱通達；物求原始，則事不躊躇。當今聖天子詔賢良，求瑤璵，我願有志此四途者，宜廣爲培植，始不失十年閉户而負此經畬。

案：見復旦大學圖書館藏《靈鶼閣駢文録存》。此篇在《録存》中列最末，應當也是翰林院課試之作。

報　論

禁煙私議

　　鴉片之入中國也久矣。其始則僅爲藥品，故來者不多，嗣有吸食之事，一年復一年，一省復一省，浸浸乎遍及中國而無人不食。計各海口每歲所進，不下七萬餘箱，其銀之出口，每歲更不知幾千萬矣。故嘗謂流毒之起不在乎泰西，而在乎兩廣之民。蓋其初不知有煙具也，自廣人設法造有煙鎗、煙燈，飽煖之子喜其牀榻之穩，便視爲日玩之具，遂好之者多矣，於是當道始有以禁之。禁之不能，因而收稅，更名洋藥，後且逐漸加稅，而關稅遂以洋藥爲一大宗。既收稅矣，豈能絶之？故近日左相有請增洋藥土煙稅捐之奏，無禁之名，有禁之實。然此遠圖也，以此而爲禁法盡乎此，不可也。故於左議之後，有至要之圖，與加稅而并行不背者，則莫如禁煙館。

　　蓋自徵稅弛禁以來，沿途設肆，比戶開燈，非一日矣。而吸食者千百成群，幾無人不染矣。於是人皆怪鴉片之流毒，不知又在乎設館之多也。嘗聞老輩言，道光初年，見有一吸煙者，群聚而觀之，以爲異。其時欲買無店也，欲吸無館也。一鄉千百人，吸食者一二人而已，非不欲吸也，無從吸也。及至今日，膏子店之繁多，煙館之華麗，窮工極巧，蔑以加矣，更設花煙間以誘之，二三少年徘徊其側，即不知其味者亦必思一染指。日漸日深而癮成矣，傾家破室而產盡矣，沿乞道路而其癮如故矣，至此而欲戒不能，而其人已廢矣。噫！其原在於鴉片，而其吸則在乎館也。故左相之議非不可行，而煙館鱗比，吸者如故也，一輩去而一輩來，循環輾轉，終無已時。若謂價貴而冀可減癮,偶或有之,恐未能一概謝絕也。蓋吸食者惟煙是務,不在乎價之貴賤耳,若欲使後來之不吸,則煙館斷斷乎不可不禁也。

或曰,煙館之禁,弊竇叢生,急則不宜,緩又不可,此萬難之事也。竊謂前日之禁,上至督撫,下至郡縣,皆偶一爲之,升任去而故智復萌矣,蓋在乎一己之見也。若明下諭旨,通飭各直省督撫,凡有煙館,一律禁閉,則前任去而後任不敢推諉矣。余吳人也,見譚護撫之蒞吾郡時,煙館比櫛,十室之間必有一家,不及三月而道路肅清。其爲過嚴乎? 何無他弊耶? 蓋在乎辦事之認真耳。

或謂加稅後煙價貴而其館自閉。不知以本輕無力而開者有之,若稍有積蓄,未有不竭力開設。蓋館少而吸者多,其利更專矣。又謂城市鄉鎮皆可禁矣,而上海租界則亦將禁之乎? 抑聽之乎? 不知租界,外國所租也,聽之所以別中外也。吾人之吸食在租界者,聽之,一出租界即無從吸食矣。其永不出租界者,即外國之人也,棄之可也;其有思返故鄉者,仍吾民也,吾得而禁之也。況內地一律禁絕,亦可與彼商之。彼既自嚴其禁,不能強人之不禁也。或難之曰,在上者方加稅,非以禁煙也,君烏得而禁之? 不知今所禁者煙館也,非禁人之吸食也,於大局何礙? 況加稅者不得已之事也,苟內地之不吸,洋藥之不來,土煙之不種,此中國之至幸也,何在乎一歲抽數百萬之銀? 或有明於化學者,謂鴉片之傷人在於燈上吸之,受炭氣過重之故也,若下一令,准人之吸而獨不准用燈鎗,則無害矣。法非不善,其如煩瑣何? 況不明其故者多矣,誰能信之? 故棄之而不議可也。方今中興之世,言路宏開,更得左相以統籌大局,區區之見,尚不背於道,與有言職者,自當議及,未始非正俗坊民之實效也。

元和江標稿。

案:見《申報》光緒八年七月初八日(1882 年 8 月 21 日)第9 版。

山左治河議

　　治河非易事，於是有治河之官；官皆非能治河，於是有治河之書。河道有時而變，治法亦有時而異。治河之官日而多，治河之書日而富，至今日而治河之書汗牛充棟，而治河之官多而無用，治河之法不得其中，於是人人皆能言治河之故，而人人皆不能清治河之源。其弊或因乎守舊籍而不明古今之變，即矇於地理而不分南北之途，余故於近日山左之治河而不禁慨乎有言也。

　　山左之水，由於決漫；決漫之患，由於黃河；黃河北徙，由於豐堤之決；豐堤之決，則害於明世。劉大夏治東南淮黃之水，築斷黃陵崗，黃流遂奪淮而行。所築壩堰，當水之衝，截其所往，右行而左之，左行而右之，紆折以築水勢，藉以刷沙而免淤塞，河患乃因之而愈甚。至國朝，康雍之間嚴治河官，乃相率而竭力設法以保目前，名臣如靳文襄，而後人猶議其四閘分流爲靳總河之急淚，蓋當日皆有賠修之事，故不得不僅保目前也。乾嘉以來，河臣皆守舊法而不敢改，日保一日，年保一年。道咸之間，天下兵起，國事呱呱，置此事於不問，於是隨性奔流，竟成北徙。雖天使之，實人爲之也，迄今三十一年矣。

　　余游齊魯而知東省之治河日以艱，東省之水災日以深也。其漫決也，初在乎上游，大約運河受病最深，然海口通暢，尚不致大患，其災僅及於瀕河之民。至近年而海口漸淤，其災則重於濟、武之間，沿河之州縣無一净土，而治更難治。蓋海口之淤不在乎沙，而在乎牡蠣之壳，日積月深，堅過鐵石，河工器具，不能一試，其難一也。南方水清泥濘，築堤之後可耐久，山左則水濁沙鬆，龔定庵所謂以鞭撲之、土篏篏隨鞭下者，朝築而暮坍，濕立而干卸。有秫稭之襯墊，木椿之堅牢，一經數月，料漸腐蝕，木亦傾欹。風勁水深，陡然潰決，數百萬金，一掃而空，其難二也。大臣顧物力之艱，細心節省；下吏體上官之意，加意苛求。秤收料而加斤，驗土方而減價，治民埝則勒抽丁户，求合龍而挖決旁堤。其心思才力無非取悦於上官，雖九重之深憂，萬民之飄蕩，皆有所不顧，其難三也。治河猶治病，治病在乎醫，治河在乎官。醫不三世，不服其藥；官非專政，奚知其精？今治河者皆茫無頭緒，如庸醫不知病源之所在，爭投一方而自試，稍平而復壞，已成而猶疑。即有家世河臣，而爲政者以小事之微嫌而不肯重其權，有其權則在乎不肯使便宜而行事。如魚失水，如鳥失巢，此俗諺所謂巧媳不能爲無米炊者，其難四也。有此四難，治東省之河固非易，則東省之災正未有已也。

吾聞智足以權變、勇足以決斷者爲能，治山東之河，非權變決斷不可也。鰍生之言，似迂而實要，然積重而難返，姑略述之以供譚助可矣。治河之器之至利者，則有鐵笓子、混江龍，日事梳剔，其用似善。不知此二器者，祇能施諸於頓沙淺渚，所云鐵□蘆根者已不能動，何能去至堅之蠣売？自泰西創有挖河機器，以火力之速，鋼鋒之利，事半而工倍，中土惜偶一試行，未肯大用。今若逐地□驗沙石之利鈍，試造機器開挖，則治河之效一。法人之開蘇彝士河也，河故沙漠下游，不能築堤，遂造有取沙機器，沙地不可得石，乃用機器積沙壓成之，至堅且久，入海兩岸，橫截海面以攔沙。如用此法施諸今日之山左，則治河之效二。與其使數百萬之金而用於搶險決口、隨立而隨壞者，何如開挖本地之煤，廣造機器，以濟本地之用，沿河設立鐵廠，因地制宜，而使用則不致病民，不致濫爵，則治河之效三。開設治河館，專擇幼童學習河事，使明治河之性以及測量淺深、繪畫地圖、準驗風雨，不致如矇懂之員毫無把握，則治河之效四。此四效者，可施諸今日之山左，即可施諸天下之治河。中國狃於成法，不肯遽改，吾□其事，亦欲使天下之治河者知法非無法，特不肯幡然而思變耳。

案：見《字林滬報》光緒十一年十一月十六日（1885 年 12 月21 日）第一至二版，未署名。《筤諺日記》十一年十一月初五日載："燈下为《山左治河議》一首。"故據以收録。

擁書説

笞詠主人擁書而坐，有客拊几而笑曰："子書若是之多乎？盍言夫書？"主人曰："諾。客坐，吾語汝。夫書之品，尚矣。同一書也，有藏之書，有讀之書。同一藏書、讀書也，藏則有雅有俗，讀則有用有無用。以累代之好事，或畢生之精力，聚書數萬卷，四部兼收，種則取其奇秘，本更貴乎宋元，舊槧精鈔，琳琅滿目，藏之處則有庫有堂，藏之目則曰抄曰刻，雖有癡而有癖，亦宜雅而宜風，此藏之説也。分別部居，詳考句讀，有漢宋之異途，有校訂之精墒，不必求其抄刻之精，但能通古今之大，擷經史之華，助文章抒展之奇，供吟詠清微之妙，此讀之説也。本則分南宋北宋之珍奇，刻則分官印坊傳之貴賤，丹鉛不去手，借典不憚煩，異花滿庭，暖日當午，約二三知己開函欣賞，讀題跋而重前賢，識印記而征舊族，則藏書之雅者也。亦知宋元之可貴，影抄之可珍，然但取其錦函玉籤，好奇争勝，爲足豪視乎窮酸之儒，不知同一宋元也。有珍秘有尋常，更有印本之前後，同一影抄有出坊賈之手，有出名人之筆，甚則以元作宋，以贗混真，敝帚千金，不值一笑，則藏書之俗者也。研經則首事訓詁、詳求家法，考史則通明志傳、辨別古今，議子則分真訛而取古語以證經，訂集則取文章而可施之於行事，則讀書之有用者也。抱數十萬卷之書，仰屋而嗟，莫分其部，朝習乎經史，暮求夫子集，學無定程，路無專軌。其甚者則重高頭之講章、鄙陋之類林，運典則不知出自何書，論世則惟以孔子惟大，則讀書之無用者也。"

言未已，友顧而嘻曰："如子所云，則天下之藏書讀書者，半不知書者也。天下之書，何日而多；天下之藏書讀書者，何日而蕃；天下之書肆，通都大邑必有十餘家或數十家；天下之讀者藏者，雖窮鄉僻壤皆□知書之人。如子之所云，天下可無事於書矣。即如今上海一隅，書肆之多若繁星，書目必日列於報，誇多鬥奇而日加益，何以人皆趣此無利之途乎？"

　　�子曰："甚哉，客之不明世務也。夫今日之藏書讀書者，大都皆鄙人所謂藏者俗而讀者無用者也。此事不僅上海一隅，而實遍及乎天下；非天下至今而始然，實有書以來而皆然也。子既言上海日報中所登書目之告白，余姑言書目之事，而供吾子之譚資。余嘗見夫報中初列之書目也，必擇其新奇可觀或貴重之品而一登之，其價則畫一無私，其書則有一無二，故售者易而購者亦易。閱歲而書賈知此事之利，遂盡列其目而不分乎高下，然價猶不貳也，故購者仍多，嗣後獲利愈富，操算愈精，一尋常也。而故高其價，售之而無人，遂減其價，而爲七扣八扣之事，於是其價日貴而目愈多。在知者詳考板本論定價值而購之，不知者則仍照初列報之例而受其欺，如是者數年而書利忽壞。人皆責天下之貧而致者，不知此正賈人之自絕其途也。故近日之報刻書目遠不如前年之多，豈近日藏書讀書之人少而前年藏書讀書之人多乎？況近日之書則有曰鉛板、曰石印、曰銅板。鉛板者，起於泰西，盛於同治之末年，以爲天下之精妙無逾於此。然而人猶責其油墨之太俗、印本之不雅，於是石印之書出。取古今精善之本縮而印之，雖盈架之書而不盈巾笥，而所印則又皆有用之本，價廉而物倍，人皆樂趨一時風尚，群起而購之，此事之興正未有艾也。銅板者，發源於泰西，變化乎日本，縮印精美，初僅見畫譜之好，後又乃稍稍印兔園之册而求利，人皆好之，然此事不大能行，蓋謬訛之多也。近有此三種之本，而中土尋常之書反若銷售之不利，此真天下多藏書之俗子、讀書皆無用之人也。然今苟有中土精美之本，偶一入報，其價雖貴，其去必速。即如日本百卷之《大藏音義》及舊印各書，在藏書之雅者及讀有用書者，方且視之如秘寶，必一一以購藏。泰西之書，文字不通，故來者不多，購者亦少。然近日海軍初立，首重譯書，則數年之後，泰西之書必又暢銷天下。同文之治，正千古未有之奇。藏者讀者世正多其人，我子當拭目俟之可也。"客曰："善。"遂由余姑作是説以告天下之藏書讀書者。

　　案：見《字林滬報》光緒十一年十一月二十四日（1885 年 12
月 29 日）第一版，未署名。笘誃是江標之號，故據以收錄。又
《笘誃日記》光緒乙酉（1885）十月二十六日：“得靜涵先生書，言
海軍定後，譯書當其起，覺與鄙見正同。”與本文末數語相合。

書王益吾大司成《勸學瑣言》後

　　讀書而不爲腐儒，幸矣。爲腐儒而能讀書者，吾未之見也。古之
學者，先識字然後讀書，今之學者，善讀書方能識字，此今不如古也。
學僮十七以上，諷籀書九千字，今之學者識一二千字即可自名爲通
儒，即試舉所識之字而盡使其說解字義、分別六書者，則又百不得一
也。通天地人謂之儒，今之學者終歲窮力於楷書、時文，幸而得青紫，
爲國之蠹，不幸而枯守鄉壁，愚者罵主司之無眼，憒憒而終，黠者無所
不爲。吁，亦痛矣！然則果受讀書之害乎？抑不如不讀書乎？皆非
也。人之生也，皆赤子之心也，引之善則善，引之惡則惡。方離懷抱，
則父母教之；及有知識，則出就師傅。古者於進退應對之節而皆教
之，故有弟子之職，後之人日趨簡易，遂著有成書，使讀書而知見古人
之心，習古人之儀。讀書非不善也，無如讀書之不善何。讀之不善，
非讀者之不善也，而在教之讀者之不善。於是繼繼繩繩，越數千年而
天下遂無讀書之人矣。班孟堅曰：古之學也者耕且養，三年而通一
藝，存其大體，玩經文而已，故用日少而蓄實多，三十而五經立也。余
嘗謂今之學者中心於利祿者陋矣，可不必論，即偶有讀書之士，非專
守一藝而不能通，即泛濫四部而無所主，是讀書而猶不讀也。大江南
北，向爲人才之藪，讀書之善，亦非荒僻可及。即舉蘇松常太四屬而
論，自開國以來，爲名儒、爲文苑者指不勝屈。自乾嘉之學起，而經
學、史學各有專門，越二百年而不絕如綫，吳之惠、江，陽湖之孫、洪，
嘉定之錢，鎮洋之畢，遺風猶未艾也。學使居采風之職，嘉善之謝，南
昌之彭，其教之之善，固無論矣。祁文端履江蘇之任，即首刻《說文繫

傳》，一時英彥，盡在網羅，閱數十年，人猶稱頌。近日則有黃漱蘭侍郎提倡風雅，甄錄士類，乙酉優拔之科，江蘇名士幾盡爲所收羅，謝、彭二公之後，實不多見，不意繼侍郎之任者即爲王益吾大司成。大司成生長湘南，學有根柢，久爲天下所尊重，自膺斯任，即首刻《勸學瑣言》一書，俾多士讀之，勉爲名儒文苑之材，何江蘇讀書之士之多幸也！其初擬設局搜刻遺書，除箋經注史，業有成書，隨時錄副送署，精擇刊布外，更爲闔省學人籌一切實獲益之方：分治經籍，箸饌成書，照依州縣，分授卷帙。

　　萃一省之人才以共學，即合衆人之精力以成書。其首治《爾雅》，次《説文》，次《文選》，次《水經注》，皆欲薈萃衆説，各成一書。《爾雅》之學，上元朱述之先生嘗兼采諸説，先列臧鏞堂《爾雅》漢注，次以郭注，陸氏《釋文》，邵、郝、嚴三家，附以己説，爲《爾雅集釋》一書。其名僅見於先生讀書記中，恐其稿已無存矣。今大司成亦即此意，而小有變通，誠至善焉。《説文》之學，至今日已四通八達，無可成書。前年曾聞某君有擬撰《説文長編》一書，特以卷帙浩煩，尚未成稿。今有大司成之法，某君之孤學可廢矣。《文選》之學，起於本朝，二百年來，專家可數。今復薈萃衆説以成一書，他日得成大觀，何、余之學從此可大顯矣。《水經注》自宋以後，世無善本。自趙、戴諸校本出而成完書，後人補圖補説，僅收一得之效。洪容齋曾輯有《水經注碑目》，而明楊慎又輯之。余嘗輯有《水經注引書目》一書，仿照汪韓門《文選注引書目》之例，旁搜側剔，終未能成絕代之文。今爲注疏一書，則可爲善長之功臣矣。他若證史論文，皆實事求是之學。吾知自大司成之提倡，江蘇學者當盡能識字，更善讀書，豈非江蘇人士一大幸哉？昔阮文達爲山東學使，□集刻《山左金石志》，及使浙江，又成《經籍籑詁》等書，皆合衆力而成之者。今大司成之所爲，猶存文達之遺風。嗚呼！各省學使苟得盡如大司成，即各省學者之大幸矣！

　　案：見《字林滬報》光緒十一年十二月二十日（1886 年 1 月

24 日)第二版，未署名。文中"余嘗輯有《水經注引書目》一書，仿照汪韓門《文選注引書目》之例"一語，與江標《許君年表序》中"復輯《水經注引書目》，效汪韓門之所爲"合，故知爲江標所作。據《笘誃日記》，其《水經注引書目》初成於光緒十年(1885)三四月間，至十二年陸續有修訂。王先謙《勸學瑣言》於光緒十一年十二月初九日、十二日、十四日、十六日、十八日(1886 年 1 月 13 日、16 日、18 日、20 日、22 日)陸續刊載於《字林滬報》。

刊書議

惟我大清，聖聖相承，御製、欽定各書頒行天下，復搜刊四部，網羅典籍，一時文學之士，仰承聖教，各就其極，發爲文章，此皆我聖祖仁皇帝教育之仁，亦寔係乎高宗純皇帝之刊印經籍，纂成提要，爲天下式，卓然千古。故今學者必首稱乾嘉，非無故也。案唐以前無刻書，好學之士，必手自抄録，故鄴侯三萬軸已爲富藏，較諸近日之藏書，猶一粟也。五季而後，鏤板傳印，經籍之傳，稍稍廣備，至北宋爲盛，南宋則極盛。元人刻書，多繙宋刻之書。至嘉靖而後，猥雜煩瑣，删削妄改，莫此爲甚。天、崇之朝，天下無佳刻，古書面目幾盡失也。國朝二百餘年以來，力矯明代之弊，官刻坊傳，十書九佳。自道、咸之間，天下兵起，棗梨爲炭，卷帙爲灰，書籍散失，等於秦災。同治中興，善後之事，首刊經籍，設局各省，而江浙得其四，一時實學之士，故亦惟江浙爲多。蓋不見書籍，安能讀書？書籍不易購，則讀書不易通。夫讀書者亦僅能作八股試帖，而即爲讀書之士，今天下之士日多，而真讀書者益少，其病在直□八股試帖而即可掇巍科，□高第，固無俟群籍爲也。語曰，一物不知，儒者之恥。古之士人非淹通群經，熟習史事，旁及諸子百家，不足以稱讀書之士。惟其有博雅之才，故古之爲士者轉少，今之人苟能爲八股試帖，偶得一衿，即可居四民之首，抑何易歟！《説文解字叙》曰：尉爲學僮諷書九千字，乃得爲史。今日之士，苟能識一二千字，搬移運用，即可自命爲通儒。試即舉其所識之字，使其一一解説其正義，旁及乎引申，則又百不得一。嗟乎！今日之士，實皆不識字之人也，安能名之曰讀書之士哉！北方無舟楫，路劣難通，六經之外無他籍，讀書之士，苟得《文選》一書，能背誦《二都》《兩京》者，即可矯然負異於衆矣。其病固不能責初學之幼童，是又不能責乃父乃兄，其病何在？實在乎上官。上官何罪？罪其不能創刊書籍，爲一郡一邑之化也。

同治中，江蘇學政鮑華潭先生《請刊經史疏》曰：或議現在各省經費支絀，籌餉艱難，似購書刊書無暇遽及。夫戡亂則整武爲先，興學則修文宜亟，況購書刊書每年不過籌餉中百之二三，籌捐尚易。誠令學校經史重完，士子深於經者窺聖學之原，深於史者達政事之要云云。江蘇巡撫丁雨生先生《又請蘇省設局刊書疏》曰：溯自軍興以來，州縣中歧途雜處，流品不齊，故今日欲敦吏治，必先選牧令，欲選牧令，必先使耳濡目染於經濟致治之書，然後胸中確有把握。現督飭局員，選擇牧令，凡有關於吏治之書，著爲一編，刊刻□竣，即當頒發各屬云云。

愚嘗謂鮑氏之意，正欲廣興刊刻，以使天下不爲流言之所阻；丁氏之意，恐州縣之不能讀書，失學優而仕之意，先使在上知書籍之有用，藉化及於一州一府。其意至深，其計甚遠，二十年以來，收讀書之效者，未始無人也。

方今各省書局，若江西以經費不足，先行停撤，湖北一局前年已□有不再刊板之舉，餘如他局，亦均以籌餉支絀之辭，肆行裁減，實負我毅皇帝教育之深仁，亦有負中興來諸臣之良法，大可慨也。余嘗考宋元刻書，皆在書院，以山長主之，故校刊精善。今若仿行是法，凡各省大書院，允請於督撫代籌經費，□刊各籍，且校刊之人即責諸在院諸生，則□今所□之各局皆可一律裁撤，將板存於各書院之中，既無□□總辦之名，又收實事求是之效。書院之大，刊書則多；書院之小，刊書則少。書院無裁撤之事，而刊書無窮盡之時。且窮鄉僻壤，凡有書院,皆可刊書□校□書,學校刊□藩署者□爲妥實也。余以各省書局有裁撤之事,又不能設法節省浮費,故先發起端以告,振興文治之大吏或有取乎此,未始非芻蕘之一得也。

案:見《字林滬報》光緒十二年正月廿二日(1886 年 2 月 25日)第一至二版,未署名。文中"《説文解字叙》曰:尉爲學僮諷書九千字,乃得爲史。今日之士,苟能識一二千字,搬移運用,即可自命爲通儒。試即舉其所識之字,使其一一解説其正義,旁及乎引申,則又百不得一"一段,與江標《書王益吾大司成〈勸學瑣言〉後》"學僮十七以上,諷籀文九千字,今之學者識一二千字即可自名爲通儒,即試舉所識之字而盡使其説解字義、分別六書者,則又百不得一也"一段,顯然同出一手。類似表述又見《笘誃日記》光緒十年閏六月初一日:"學者識字始可通文。尉律曰,諷九千字始得爲史,今人識一二千字即可以博功名矣,然即求識一二千字者,使之逐字解之,則十不得一,始知爲文者皆不識字之人也。"故本文當亦江標所作。

制義芻言

試士之法,漢以制策,唐以詩賦,宋以論説,元以經學,因代而異也,明尚制義,而國朝因之。我大清豈不知明代八股之弊端,而特仍其舊,二百四十餘年以來,上至名臣,下及名士,豈有一人不通制義者乎? 海寧楊氏文蓀謂:制義一道,重之者曰,制義代聖賢立言,因文見道,非詩賦浮華可比,故勝國忠義之士軼乎前代,即其明效大驗;薄之者曰,時文全屬空言,毫無實用,甚至揣摩坊刻,束書不觀,竟有不知史册之目、朝代先後、字書偏旁者,故列史藝文志,制義從未著録。是二説也,皆未盡然。夫制義之重也,有重之者,其輕也,有輕之者,非制義之有可輕、有可重也。自有制義以來,固未有不根柢經史、通達古今而能卓然成家者。若他書一切不觀，惟以□求制義爲專務，無惑乎亭林顧氏謂八股盛而六經微也。①

　　愚嘗謂楊氏之説平正通達而無軒輊之病。夫制義一途，其道甚廣，經史百家，皆足包羅，惟在善用之耳。俗儒讀書，不分四部，即制義二字，亦多未能通解。偶有少年喜事，用及一二僻典，大而至於鄉會之試，小而至於書院窗課，不怪其好奇，即責其妄學。彼之隨文敷衍、咀嚼無味者，果然掇巍科，入詞館，不數年而掌文衡矣，於是乃父乃兄責其子弟之狂□，使之朝夕所對無非講章類聯，偶有及群經諸史者，必曰此不□之書，何容需之。於是天下無真讀書人，且無真通制義之人，即有明經史者，亦終以制義爲鄙陋之事，謂能通制義而終無用。盍知其當然而不知其所以然也！

　　夫一文有一文之體，制義亦有制義之體。今不能通其體例，而强欲成之，雖僅運用四子五經，而未必能工。苟明其體例，因題而使才，磅礴精微，各就其極，即諸子百家而亦未始不可入之於制義，而制義亦未始不工。是非制義之罪，而實不知制義體例之罪也。明黄忠節公大節凜然，爲一代名賢，其少時館錢東潤家，日覽章奏疏□，其於時事洞達，人皆重其爲經濟之才，及所爲制藝，則多按切時事，沈雄快利，自爲一代宗匠。是多讀書而有益於制義者。國朝盧文蕭久直樞廷，承旨書諭數十年，無不愜當上意者。凡章京擬稿，公必批邰導窾，筆舌互用，或删或潤，至有原稿一字不留者。同直者無不贊其能，即中外亦皆服其通敏。時郭蘭石主公家，梁茝林中丞每與論及，蘭石謂，此無他奇巧，惟熟於制藝耳。是工制藝而有益於立身者。

　　今天下營營逐逐，皆傋工制義，實則於制義之原流多所茫然。盛衰升降，規模步次，苟能一一舉之，已卓然傋名家。否則驚乎此，復豔乎彼，馳逐東西，迄無一效。甚至摹仿舊調，填砌字數，膚飾庸濫，徒具形模。苟能徼倖，未始不可獲名利，於是不得意者即故陋其説，卑

① 　案，楊文蓀語出自其爲梁章鉅《制義叢話》所作序言。

制義爲無用，甚至以爲天下之大病即在乎此，是末流不知制義之本原，而誤視近日之工時文之人即爲古之工制義之人也。蓋時文制義，名雖同而其質實分，吾願天下讀書之士皆工於通達之制義，毋爲爛熟之時文。嗟乎！以制義而取士，六百年以來相沿未改，好者有之，惡者有之，代遷時易，率仍其舊，人才之興，亦未有艾。惟近日士氣澆薄，往往偶知時文之外尚有他書，即痛詆時文而不爲，卒之自誤其道，即問其他學，亦未必能工。余故偶著是説，以告天下讀書之士，須知讀書必先識字，識字然後能文，他文苟善，即制義自工，毋爲讀書而即鄙制義，好制義而不願讀書，兩途宜合不宜分。在真工制義者，當不以鄙論爲妄談也。

倚雯樓主稿。

案：見《字林滬報》光緒十二年正月廿六日（1886 年 3 月 1日）第一至二版。

釋園

洪北江先生曰：張船山晚居吳門，嘗曰虎邱以珠翠炫目勝，秦淮以絲竹管絃沸耳勝，揚州以園亭池館稱心勝。余嘗聞老輩言，山塘全盛之日，每逢佳節，傾城士女畢聚於茲，一釵一釧，窮極工巧。即小家碧玉，曲院歌姬，一髻之費，小則數百金，大至數千，以爲非此不足以擅勝場。吁，亦侈矣！秦淮爲江南名勝，湘簾拂水，畫閣凌雲，讀余氏《板橋記》，可想見當年薛馬之盛。揚州爲鹽賈會萃之區，《揚州畫舫》一録，述園林之富，過於洛陽。其記營造一篇，至工且巧，非尋常堊築可比，無怪爲船山先生之所稱許也。嗟乎！百年之後，虎邱之珠翠既易而爲洋珠廣翠之僞造，秦淮之絲竹亦變而爲胡琴京調之粗腔，揚州之園林更鞠爲茂□，徒有小教場一區，茶肆之喧顚，酒肉之惡敗，以爲勝地。即以三處而論，亦可見風景之變遷，人情之好惡，氣運之轉移，有心人所以大加慨歎也。

　　夫三者之中，珠翠絲竹既不能繼起，而園亭之盛，近今士大夫往往竭力講求，未嘗不費巨資，然不能如船山之所謂稱心者，嘗分其弊，曰無地，無匠，無工，無材。無地者何？治園林必擇勝地，或山或水，可依可臨，或無山而有遙山，或無水而有遠水。今者起園林，造池館，不明山之向背、水之縈帶，而惟購此一頃之地，千椽萬瓦之中，忽欲作瀑布空堂之想，既無古木，又乏寒泉。即得有舊園廢圃，一水一石，尚有位置，而一經近人之裝點，若宋元名畫忽付諸畫匠之補描，惡俗可憎，致原本亦無所用，故得地之後而次以求匠。

　　無匠者何？造園林必請名手打稿，故獅子林之石不用漿鐵，皆以石鉤連，而久之不壞。國初所造園林，半出李笠翁之手，其精巧屈曲，無一雷同。近世營造，下者徒付諸俗匠畫稿，上者亦僅請畫山水家擬一略稿，某阜一山，某曲一水，若有刻板，□有變易，而匠人□曰不能。即稿佳者而工不能巧，仍無用也，故求諸匠之後而次以選工。

　　無工者何？前人造園林之工人，皆別有其能，非尋常造一堂一屋之工而即可任事也。何處宜高，何處宜卑，何亭宜樸，何室宜華，不失規矩，而純以巧思。故有一園全毀而堂壁猶存，老圃可耕而奇峰獨立。近世不選拔而皆付於庸工之手，灰石亂施，磚瓦碎列，兼之可花也而蔽以樹，宜籬也而圍以□，山無瀑路，水少流溝。然一係工師之不良，亦以用材之太陋，故選工之後而末以衡材。

　　無材者何？皺雲之石爲大將軍之報恩，奇偉之峰爲雅人之詩料，故治園林者必首求佳石。花綱不可得，而太湖英山之峰亦不乏皺、瘦、透之致，宜會聚而供名工之布置，宜峰宜筍，安置得所，亦佳□也。昔嘗游青州，訪馮文毅偶園，其佳石皆置以大□座，非如南中之□，而石累疊而號假山，故直如一堂怪石之供，是亦園亭奇品。總之，因地制宜而已矣。今者貪購料之賤易，僅取陋石而疊之，何異山民之築牆。山既曰假，亦當有邱壑峰巒之像，今則無之，自當責及於衡材也。四者既具，則園自成，反是則有園之名，無園之實矣。

　　吳人好嬉，春秋佳日，有新築園林者，必啓關而供裙屐之欣賞，并集珍禽異獸、法書名畫，而供雅俗之評品。然有識者過之，往往覺其多不稱意。此無他，蓋大局已壞，雖小有修飾，而終覺無濟，猶無鹽嫫母，以名脂佳粉、繡裳華服加之，而未必可掩其醜態。偶經故家園宅，雖塵封蛛戶，頹壁危垣，而終有一種秀雅氣象，猶西施王嬙，雖粗服亂頭，而自然不俗，其根基固異於世俗也。余嘗以園林之新舊，以列女之美惡喻之，物雖懸殊象，情頗印合，且此一事亦足以有慨於今之不如古，故著是說，以告天下園林之主人。

　　　案：見《字林滬報》光緒十二年二月初七日（1886 年 3 月 20日）第一至二版，未署名。據《益聞錄》光緒十二年第 554 期所載《讀笪訒所著滬報論有〈釋園〉一則感書四絕》，知此文爲江標所作。又《笪訒日記》光緒丙申（1896）四月初七日：“讀《國朝先正事略》馮文毅公傳，憶十年前在山東學署，至青州文毅舊第，有園巨石奇秀，分植大石盆云云。”與本文“昔嘗游青州，訪馮文毅偶園”等語亦合。

格致源流說

　　格致之學，由來尚已，凡散見於詩書、發明於經傳者皆是。《大學》一書所云“致知在格物”，直抉千古之奧。顧《大學》雖載其名而已，亡其實，於是漸失格致之真傳。朱子《補傳》一篇言，欲致我之知，在即物而窮其理。然而物無盡時，即理無盡境，於實踐之功，終有所歉。因是遂謂西人格致之學殫精竭思，造乎其極，製器尚象，窮探精微；似若中學，專尚空談，不如西學之深求實驗。不知溯厥源流，中西固有出於一致者。西人初論天文，嘗分天有九重之位，其實中國早有此說，載在屈原《天問》，云：“圜則九重，孰營度之。”有可考也。西人謂地體爲園，則如《周髀》算法云：“地形四隤如覆盤。”《大戴禮》曾子曰：“如誠天圓而地方，則是四角之不揜也。”注云：“圓者必不能揜方之四角。”今地爲天所揜，明地在天中，天體圓，地體亦圓也。西人謂日轉地球一周，由東左旋，中國天文家亦有左旋右旋之説。《春秋》元氏云：“地右轉以迎天。”張横渠謂：“天左旋，處其中者稍遲則反右。”其義亦同。西人近言地動環日而行，而《倉頡》亦云：“地日行一度，風輪扶之。”《尚書考靈曜》曰：“地恒動不止而人不知。”《河圖括地象》曰：“地右動，起於畢凡。”則皆與西人合者也。《墨子》曰：“化■易若■爲鶉，五合水火土，離然鑠金，腐水離木。”此即启化學之緒也。《亢倉子》云：“蜕地之謂水，蜕水之謂氣。”此即闡化汽學之微也。《墨子》云：“均髮均懸，輕重而髮絶，不均也。均其絶也莫絶。”此即重學之説也。“臨鑒立景，二光夾一光。足被下光，故成景於上；首被下光，故成景於下。鑒者近中則所鑒大景亦大，遠中則所鑒小景亦小。”此即光學之説也。經云：“地載神氣，神氣風霆，風霆流形，百物露生。”《關尹子》曰：“石擊火生光，雷電緣氣而生，可以爲之。”《淮南子》曰：“陰陽相薄爲雷，激揚爲電，鍊土生木，鍊木生火，鍊火生雲，鍊雲生水，鍊水反土。”其言電氣甚詳，西國之講求電氣者，亦不能脱此範圍，豈但磁石引針、琥珀拾芥爲述電學者所祖哉！至於《周易》之數理，《堯典》之曆象，《洪範》之物性，何一非格致之開其端？西人格致之學本乎算法，而中國自隸首立法，商高授書，掌於保民，散爲疇人，由來已久。西人名借根方，爲東來法，可見中西曆數同出一源。即如《堯典》所載四仲中星之次，今以曆法證之，恰合四千年前之星度，則古時曆法已精，已可概見。若夫針製指南，鼓能記里，開鐘表之端；井綆桔橰，其機器之先聲乎？土圭度影，斯測量之古法也；成湯作飛車，送奇肱氏歸國，斯即氣球之權輿歟？前乎此者，若燧人氏之鑽木取火，神農氏之嘗藥辨性、作耒耜、興陶冶，伏羲氏之畫八卦、造書契，軒轅氏之作甲冑舟車，金天氏之作弧矢網罟，皆能深明物理，創立制度，以强國而利民。即虞廷之璇璣玉衡用以測天，周官之銅壺晝漏用以紀時，何一非由格致而來？降至夏周，遞相祖述，逮周公作《周禮·考工》之記，可補《冬官》，猶可想見古聖人製作之精心。此中國格致之最古者。自孔門設教，弟子三千，身通六藝者七十二人，而冉有爲之首。《論語》雖未嘗有格致之言，而尼山之論學，志道、據德、依仁之外，終以游藝，可知考察名物象數以爲世用者，實學者當務之急。然則格致之學可棄而不講哉？三代而下，如公輸子之削木爲鳶，可以升天，削木爲御，可以駕車；墨子亦能削鵲而飛，偃師傀儡，手足運動，無異生人；孫武之梯，衝用以攻城，諸葛武侯之木牛流馬，藉以運糧；朱買臣之樓船，祖沖之之千里船，不因風水，施機自運；王彥恢之飛虎輪艦，楊么之輪船，專恃人力，行駛水面，其捷如飛；元順帝之龍舟宮漏，此其奇技妙搆，巧思獨絕，何異西人？特當時作者既亡，繼起無人，遺制淪亡，遂至不可考耳。火器一端，今日西人稱雄於海外，而不知亦由中國流入西洋。中國於南宋金元之際，漸已流行。虞允文采石之戰，發霹靂砲以敗敵，火炮之制，已肇其端。金人守汴城，中名震天雷者，用鐵罐盛藥，以火點之，砲起火發，其聲如雷，此近代用火砲之始。阿里海牙攻樊城，時元世祖得回回亦思馬因所獻新砲法，命送軍前以之攻樊，樊破，遂移攻襄陽，一砲中譙樓，聲如震雷，世所謂襄陽砲也。火砲之制，至是益精，然元代僅一用之而造法不傳，泰西於此時製造火器尚未有所聞也。由是觀之，舉凡西人今日之絕技，莫非中國往哲之遺傳。惟相沿至今，巧拙遂判，此固無庸爲中國諱也。然則格致之學，溯其本，實事事胚胎於中土，或變其名目，或加以變通。中國爲其創，而西人爲其因；中國肇其端，而西人竟其緒。中國信以傳信，數世不可考耳；西人精益求精，專門竟成絕詣。此固中西學問消長之機，亦即國勢盛衰强弱之所由判。留心世道者，默審其機，慨然興歎：務欲中國棄虛文而尚實學，講求格致，胥出於一途，人人思創新法以利國而便民，將見不出百年，中國兵無不精，國無不富，安知不能駕地球各國而上哉！

　　案：見《申報》光緒十五年六月二十一日（1889 年 7 月 18

日）第 1 版，未署名。又收入求是齋主人編《皇朝經世文編五集》，署名江標。

富强策

洪維我國家深仁厚澤，遠邁漢唐；創制規模，迥超前代。朝廷勵精圖治，不尚虛文；因時制宜，貴求實濟。國朝發祥遼瀋，定鼎燕京，以列聖之德威遠播，文軌大同，幅員之盛，亘古未有。十八省外，又有東三省及內外蒙古之散布於北庭，新疆回部之蟠迴於西域，以至青海、西藏，莫不歸諸典籍。東至於吉林之三姓，西至伊犁喀什噶爾蔥嶺之西，南至於廣東之瓊崖，北至於唐努烏梁海托羅斯嶺。緯綫則自赤道北十八度起至五十三度餘止；經綫則自京師偏東十九度起，至偏西四十五度止。南北相距七千餘里，東西相距一萬餘里，截長補短，約得五千萬方里。拓土如是之大，即稱雄於歐美兩洲之各大國，亦復莫與我京。雖俄羅斯跨據亞細亞、美利加兩洲之北境，北至於北冰洋，南界瑞典、普奧、土耳機、波斯回部、外蒙古、黑龍江及英屬美境等處，括不毛，據沃壤，綿亘二萬餘里。然其地半屬寒帶，冰雪凝積，輒至半年不消，開墾之膏腴之地，種植窮灌溉之方，故一切寶藏物產及土脉肥磽，遠不逮溫帶、熱帶之地。又且地曠人稀，戶口蕭索，雞鳴犬吠之聲，四境不聞，不睹人煙者往往幾千里。以是疆土雖倍於中國，其利澤反遠遜於中國。夫基大者業必昌，本固者枝必茂。中土北界寒帶，南接熱帶，論天時則氣候和煦，雨暘時若，颶風雖有，亦不爲災，偶涉風潮，尚堪禦堵，嚴寒既少，酷暑亦稀，則天時又如是之宜。論地利，則膏腴萬里，沃壤四野，地震之災僅見，火山之禍不萌，財利盡於東南而西北稍遜，則地利又如是美。雖頻年晉、豫、粵中、山東、順、直、奉天等處水旱迭乘，說者謂天時地利之不齊，而知人力有所不足也，是在興水利。水利一興，水道可達。如逢亢旱，則向所儲蓄而不涸者，可以挹彼注兹；若遇大水，則洩之無所壅塞者，可旁通而曲達。

如是而猶有水旱之患乎！至於黎庶之衆，則統計省府州縣人丁册籍，核而算之，約得三百餘兆。夫全地球人民之共數亦不過一千三百餘兆，而中華一國竟居全地四分之一，則人民又如是之衆。若論寶藏土產，則地既大者物必博。博五金之礦，遍野蘊蓄，又珍寶、水銀、丹砂、玉石藏乎雲貴，珍禽、香木、玳瑁、明珠出乎兩粤，湖絲、鮮果生於浙閩，珍藥異材產於川蜀，他若茶葉、麝香蕃殖於兩江兩湖，以及皮、參、羊、馬、駱駝之類皆利盡北庭西藏之美。又有千百種貨大宗如豆、穀、棉花等，亦莫非我華自然之地寶也。則物產又如是之盛。夫以三百餘兆之民，居五千萬方里之地，又有如是之天時、地利、物產，無論立國之深淺，開闢之早晚，而一加以生聚教訓，亦不難家給人足，若是則未有不富且強者也，未有不富強甲於天下者也。四洲之人民皆不禁引領而望曰：亞洲之聲名洋溢者，中國也。有子惠誕保者，中國也，何其盛也。行將於變時雍，而群黎慕義，從風向化，而丕顯咸歸矣。則我中國之爲中國，宜乎如是；中國人之望中國，亦無不如是。

乃曩年之役，時爲西國所見輕；今日之用，又向西人而告貸。何竟不如泰西各國之富且強乎？然富強者自富強，貧弱者自貧弱，此普天下所共見共聞。富強固不待告而後知，貧弱亦無諱而不使之知也。溯自康熙一朝，休養生息六十一年，以保我黎民，日臻富強。迄雍正、乾隆時，饒裕特甚，四海咸亨，不惟倉廩豐實，府庫充盈，且有廣東之洋商、各省之鹽商，富將王侯者，指不勝屈。嘉慶、道光初年，尚稱富足，雖不若前時之盛，尚未有如今日之情形竭蹶也。然而今日所以貧者，亦非一朝一夕之故，其所由來漸矣。道光中葉，海疆釁起，元氣已傷。逮至末年，赭寇蠢動，天下騷然，風氣爲之一變，自此而事多於前，用浮於昔。時虞空匱，不免絀支。夫多難所以開邦國，殷憂所以啟聖人。雖利鈍存天，而轉移在人。是在權其時，度其勢，不泥乎古之道，善變乎今之法而已。然而當今之時，處今之世，論今之勢，籌富強之策者，莫不曰：餉不可不裕也，礦不可不開也，煙不可不禁也，荒不可不墾也，商務利權不可不奪也，稅務偷漏不可不杜也，船艦不可不堅也，鎗炮不可不利也，水師不可不練也，製造不可不講也，鐵路不可不築也，敵情不可不察也，公法不可不諳也。凡一切關於富強之術者，皆不可不一一考求也。雖然，若非參新意而折衷，勢必并舊章而無得。無論其所考求，未必真能與泰西各國并駕齊驅，即使果有成效，亦非探源固本之方，長治久安之策，同於談兵紙上，徒托空言耳。況徒知考求，而不知其本末精粗所在，無當也夫！萬事莫不有本，而於治天下之大事，豈無本乎？知其本而源可溯，溯其源則事有序，有序則分先後，先其所先，後其所後，事無難成矣。故富有本，強有本。本所先也，盡人而知之，其本維何？厥有二要。

一曰富之本。財必有源，濬其源則流自遠。自上逮下，國用自無不足；閭閻蓄藏，日見其有餘生。財有三道焉：一，礦宜先開也。溯夫開礦一道，始於《周禮》卝人之官，爲中國自來所有。秦漢以來，礦政日弛，史不經見。迄宋明之季，礦務頓興，乃詔使四出，擾害居民，開礦之利未盡，辦礦之禍已滋。人惟知開荒之無益也，而不知籌辦之不得其法耳。至國朝之礦務，雖不甚興，亦未爲少。或從官辦，或由民採。大而國寶兵器賴之，小而器皿什物以之。如吉林、蒙古之金銀礦，滇、黔、兩湖之金銀銅鐵鉛錫各礦，太原、潞安、江州、漳州之煤鐵銀錫各礦，是皆向所開採以資用者也。近數年來，礦務愈盛，然其流弊亦愈甚。集股數千戶，匯銀幾十百萬，居然聘請洋師，而舉辦者指不勝屈。若長樂、鶴峰、順德之銅礦，錦州、池州之煤鐵鉛錫等礦，一旦決裂，殃及旁人，各處市面大半因之而一敗塗地。當其時、受其害者，上海一隅爲尤甚，良以上海爲萬商雲集之區，買股票者較多也。然而商賈遭此折閱者，元氣爲之大耗。商賈窮，即工農亦窮。有子曰：百姓不足，君孰與足。是豈非在辦理之得人哉？爲今之計，務宜重整新規，一除舊弊。曩之或任民采者，今則概歸官辦。間有民之恒產而不能奪者，亦可斟酌用之，使無失其恒心。官辦之法，應先將各省直礦地凡有便於轉運之處，俱可先行開採。夫轉運易，則費少而利多。其他處之凡有礙於轉運者，可逐漸推廣。於是各省之礦務即責成各省之疆吏，專聘外洋礦師相地脉，探礦苗，擇人委任，慎終如始。雖設一局、立一廠，而任其職者亦必擇公正清廉、幹練知恥之員以重其事，非可以狥情阿比之見而視國家之大事於弁髦也。倘一不慎而沽名盜譽之流乘機濫廁，乃猶詡詡然自以爲熟悉洋務也，通達各國語言文字也，其實胸中并無實在經濟，大半希圖利祿之輩，類皆鄙劣，不足任事，是在當道者審查而慎擇之爾。至開採所獲，除供各口岸製造局及輪船一切應用外，儘可出售他邦以充府庫，每閱一年，彙冊報銷。務期實事求是，涓滴歸公，毋貽鄰邦訕笑。庶幾不三五年，其富可以立致。如果能實力奉行，則將來愈推愈廣，盡發所蘊，當不止與泰西各國抗衡矣。此乃生財之一端，所費尚少，而獲益良多。在今目前所易爲者，此智者之謀也，是開礦亟宜先行者也。

二，荒地宜先開墾也。自東山[三]省迤邐而西，至內外蒙古一帶，其地多産皮貨及東珠、人參等物，惟沙漠曠邈而土脉磽瘠，五穀不甚興旺。間亦有沃壤堪耕者，要不若西藏、伊犂之易於奏功也。嘉峪關以西，一望平原，迢遙千里，地脉較東南爲高，鑿井汲水，往往深至數十丈，而近海者低，遠海者高，此地勢之定理也。然論緯綫尚在赤道北五十度內，尚可種植。考西國墾地有良法，能使瘠薄者成膏腴。土壤之磽，大抵地脉高而水壅於上行耳，土面之水既不流通，則草木失養，穀蔬不生。救之之法，但擇素日肥區，先廣種大樹，令樹根吸水上行，由是逐漸推廣，轉磽爲肥。然後各以其土性所宜而種植之，無令其棄同石田也。況乎高原下濕、棄置荒蕪者，內地各省各處皆有，又非關外平原曠漠之比。開墾既速，招徠亦易，誠能實心籌畫，加意經營，則又何難如坻如京、滿簀滿車，以見其收穫之富哉？善於農務者，務期宇內無不耕之田，閭閻無失業之子，庶幾倉廩實而知禮節，飽煖足而知廉恥。此欲攘外必先安內之一策也，獲利雖較開礦爲少，然所費則更微矣。是墾荒即宜先行者也。

三，蠶桑宜先廣養也。詳考植物之理，桑爲赤道北二十度至五十度界內之樹，故蠶事尤宜於溫帶。況蠶之爲性，喜和煦而惡陰寒，畏溽暑。蠶之所宜，桑亦隨之，此造物自然之元妙也。如陝甘、兩江、山東、山西、河南等處，皆屬桑土，宜蠶，應請飭下地方官，亟諭百姓廣栽桑樹，取其葉以飼蠶，繅絲以出售他邦而厚民生。民惟邦本，本固邦寧，其是之謂乎。惟今所售與西人之絲，大半屬湖州一郡，雖蘇鄉各鎮，如木瀆、橫涇、光福、胥口等處，多有養蠶之家，然統該不及湖郡七分之一。況蘇鄉各鎮，西人祇設局收繭，其利尚薄。考湖州一郡，於同治九年中市絲於西人，得洋銀三千二百零二萬圓。此僅一郡之蠶絲耳，倘各府皆然，則將什百倍之，歲入之數，豈可量者！況近年來，歐州各國既已仿行，均著成效。按光緒九年，歐洲蠶事大旺，蓋是時恰值天朗氣清，風和日煖，故收成獨豐，由是西人咸欣然。獨爲日本效顰已久，市絲西人，奪我利權。在今中國，自更即宜推廣樹桑飼蠶，出絲日多，爲當務之急，且蠶自穀雨以後日漸叢生，計從初生而至采繭繅絲，不過四十日而其事已竣工，費少而獲利饒，何不可爲？是養蠶亟宜先行者也。以上開礦、墾荒、養蠶三者，既興財源自生，民富而國亦富，以是言强，强可恃矣。

　　二曰强之本。取士之法，先宜變通功令，務以實學爲先。國朝稽古右文，因前時之舊，以帖括設科取士，由生員以至進士，率從此一途而入，非是則末由進身。說者以爲其效有二：一能拔擢寒士。夫驕奢生於紈綺，故富貴之真才恒少；琢磨則爲俊彦，故寒素之碩儒恒多。所古古者，下白屋以延英，弓旌之招，每逮於衡茅也。一能闡明文教，使山陬海澨之民盡入義理。聖賢之學推之，泮有鸞聲，香生芹藻，笙和鹿呦，秀擷萃蒿，一時濟濟於廟堂之上者，無不修於家而獻於庭，言有物而行有恒，所謂經濟即寓於文章者也。然而疇人以九數命官，庶士以五材分職，考前代藝文，於經史而外，列叙兵書、算數、技藝諸韜略，用以旁搜博考。此皆實用之學，聖人所不廢。況三代盛時，數理之學與義理之學并重，故足以通經致用，各奏爾能。近世迂拘之士，往往食古未化，而限於方域，囿於見聞。每談及富强之道以及兵算格致之學，輒茫然不知所對，或且從而鄙夷之，謂此何足學。此真井蛙夏蟲之見也。夫人苟究其由來，西國船何以堅，炮何以利，兵何以練，器何以精？船不能自堅，必有堅船之人而其船始堅，推之炮利、兵練、器精，無一非由人為。此無他，精於算學格致而已。格致雖藉算學而闡其微，算學亦以格致而致其用，二者缺一不可。如造船不明算學格致，則昧於動重金木漲縮等理，而造船必不堅。馭船不明算學格致，不能上測經緯，下應海道，又不知水之阻力大小、風之旋轉順逆以及浪之起伏高低。即可測水之淺深，非是，雖有堅船亦不得堅。至於用槍炮而不明算學格致，則拋物綫低昂、度路遠近、藥多寡以及氣阻風差等理，皆無由曉，雖有利炮亦不得利。向惟克虜伯炮最稱猛利，乃愈出愈新，近年來又有阿姆師脫郎炮、綫繞來復彈，有雞心令彈。丸出口後，旋轉前行，直而又準，既少風差，亦無氣阻，炮尾設有里數表，更覺靈巧無比。今津滬各廠皆造之，其氣果精矣。然一炮有一炮之性情，一人有一人之用法，是尤在平時試演熟悉利弊，庶幾臨用之時胸有成竹。此《火器說略》所謂久而習之、神而明之者也。去秋，吳縣葉君子成准拋物綫理，思得一法，擬於槍桿旁添五寸徑半周一片及活垂綫一枝，令兵丁人人知彈綫之方向，而於平日打靶之工可省大半。至於水師，則盡於馭船、用炮二道。明馭船之法，則臨敵善於避炮；熟用炮之法，則施炮可以中敵。於是求水師之強，其道不遠，否則雖有強兵，亦終無用。他若製造一道，於算學格致尤刻不能離，如銅鐵之漲縮、造舟車、建鐵路等。必先知之水有壓托之力，造水櫃、築塘堤；必先明之氣有厚薄之分，造風雨表、輕氣毬、蒸汽鍋、吸氣筒等；以之光之以遠近而生比例、斜直而有角度，造諸遠鏡及回光、透光鏡；重心有偏正，吸力有大小，造助力器及諸汽機賴之；電分陰陽，乾濕亦有濃淡推引，造電綫、水雷等用之。若但知其當然而不求其所以然，則何以推陳致新、駕乎西人而上哉！考泰西各國於算學格致，由鄉而城而都國家，均立官書院，國人無論貴賤，自七八歲為始，照例入院，各就所近而肄習，意美而法良，以是奇器巧技層出不窮，此西國所以強也。中國地廣人稠，若奮其心思才力，超軼西國何難哉！夫天下有萬古不易之理，無百世不變之法。爲今之計，莫如將算學、天文、輿地、兵法及水、火、電、重、氣、光、聲、化、礦、醫等學創設特科，以廣取真才，或於院試及鄉會試時與經古并行取士，廢時文爲餘藝，庶幾功令變而真才出。上有好者下必甚，所謂時文者，乃文章之偏技，文字之極壞者也。夫時文拘人識見，錮人性靈；算學格致啓人睿智，發人巧思。二者固孰得孰失？獨惜算學諸書惟有於上海一隅，行之不遠。國家所設繙譯館，亦僅上海製造局一所而已。他若福州、金陵、天津等處，雖各有局，要無譯書之所。以是名都大會、僻處窮鄉，雖有好學之士，一時難以購求。欲變功令，應先請飭下各省疆吏於各府州縣均設官書局，專求實學諸書，兼延明格致之士，從而開導之。由是家喻戶曉，一掃囊日迂腐委靡之習。或曰，是則應試之士而無主試之人，將奈何？曰，閩中船政局、滬上方言館、京都同文館，以教以養，歷有年所，其中豈無成效可觀乎？有謂官學生學術未能淹通，器局尤多猥瑣，未足授以衡才之任，然一旦脫穎而出，安知無瑰奇磊落之才以仰副拔擢哉？故強之本在乎變功令，宜亟所先行者也。

準上所論，富強之本皆得矣。向之假材與異地，購器於他邦，告貸於鄰國，今則皆可無須。昔之藐我者，今則又所不敢。至欲禁煙，雖屬補空塞漏之一道，然爲害已久，猶之體弱病深，非先下以補劑不能施藥。或謂開建鐵路，流通百貨，而陸地亦收厚利，不知其利固厚，實足以富國而富民，而非大籌大款以興大工則不可，將來依次遞及，亦未晚也。經云：物有本末，事由終始，知所先後，則近道矣。倘不此之務，而徒斤斤然求富強焉，似非所先矣。當軸盍反求其本哉？

　　案：本文原分上、中、下三篇，分別載於《申報》光緒十五年七月初八日至初十日（1889 年 8 月 4 日至 6 日）第 1 版，未署名。又收入求是齋主人編《皇朝經世文編五集》，分爲上、中、下三篇，署名江標。

變學論

通經者致用，幼學者翔行。古人所稱仕優則學，學優則仕，原以見仕之與學異途而合轍也。中國爲聲明文物之邦，數千百年來，尊詩書，崇禮儀，地靈人傑，代出英賢，久爲五大洲各國之所共仰，自八股取士而士類受其厄矣，自捐納宏開而士類愈受其厄矣。迄今之時，由今之勢，而環視中國學校間，其父兄之所授而所傳，而子弟之所受而所習者，猶無非八股帖括，非不窮而思返，蓋以捐納之科，寒儒無力，則捨此無以進身也。夫寒儒所望以進身者，則科甲而已。然即使翰林進士，指顧青雲，而即用者補缺無期，留館者開方無日。且即補缺矣，開方矣，亦安必盡爲有用之材，遂得經綸之大展哉？又況僅僅博一第，青一衿者，將復何望？依人作嫁，以館爲生；錢穀刑名，過時難習；從戎萬里，文弱難勝。以筆爲耕，脩金無幾；養身不足，遑恤寶家。所稱讀不如耕，士不如賈者，論非過激，蓋有由耳。中學之窒於用，胥一世咸知之矣。於此遂曰舍旃舍旃，競從西學，吾恐數千百年來，尊詩書，崇禮儀，孔孟之道，一旦遂絕，非我中國之一大患乎？不知西學宜從而中學亦未可棄也，如人之一身，五官并用，缺一不可。舍西學而守中學，雖心極靈明而手足拘攣，耳目障蔽，將以行遠，頓見其顛越也。從中學而兼從西學，則心之所之，手足耳目皆能赴之，有體有用，而嚮者能説不能行之弊，可與一旦而滌除也。西學之有用，其顯者昭昭若揭矣。上之爲天文、爲地理、爲格致、爲化學、爲史學、爲律學、爲兵學，辨精細於毫茫，窺端倪於造化，雖鬼神而莫測，亦形質之難拘。用以拓地開疆，禦災捍患，國因以富，兵因以强。其次則聲、光、動、植、礦、電之學，以及農桑、製造、商賈、貿易等事，苟能工一技、擅一長，或數世而專其官，或數年而專其利，家給人足，溫飽無憂。又其次亦得以筆墨謀生，遨游各國，或行醫，或講授，院長教習，廣授生徒，視矻矻窮年、案螢槁死者，相去何啻天淵！兩相較量，而孰得孰失，不待上哲，當可瞭然矣。且凡事必舍己而從人，不無出主入奴之勢，必倍師而他學，或有遷喬集谷之嫌，不知今日之西學，仍有與曩日之中學不相徑庭者。歷考前聞，參稽曩志，如西周賢佐，最重多材；東魯大儒，亦誇博學。而且雲車製於黃帝，飛鳶造自公輸。地道雲梯，燕師資其防禦；木牛流馬，漢軍用以餽糧。凡諸西學之急需，皆我中邦之素習。蓋格致之事，本大學所兆基，特機械之心爲我儒所不尚耳。至欲合中西爲一學，則異柯同本，異派同源，并非舍己以從人，背師而他學也。方今聖天子宵旰憂勤，勵精圖治，當務之急，因時制宜，刻下各省督撫及督學院，并皆奏設西塾，廣延教師，日報之中，幾至載不勝載。會看十年以後，人材輩出，國家昇平，外侮息而內患消，正可操券以待。

案：收入求是齋主人編《皇朝經世文編五集》，署名江標。

序　跋

《咸同以來中俄交涉記》自序

　　中俄交涉最久，又在陸不在海，與旁國大異。吾朝開國以來至咸同初年，記載最録，時見繡梓。中越同治，逮及光緒七年定約以前，邊界多故，變遷靡定，按圖證籍，闕焉寡聞。總署所印《中俄約章會要》僅代檔册，非同載記。己丑秋過上海，見有英人雜志中俄交涉之事刊一小册，於咸同兩朝記著頗備。辛卯供職京師，館閣多閒，時爲譯録。壬辰之夏，始經寫定。然譯西書其難有四：文法不同，一也；地名、人名無確音，二也；西文尚反復，中文尚簡浄，删則不能盡其旨，不删又嫌其雜遝，三也；西人言地里者，圖説兼詳，然西文之圖，經緯道里、山川脉絡細若牛毛，中國手民不能盡其技，四也。先是，此書有日本駐華書記官中島雄者以倭文述譯，粗綴津緒，頗嫌黮闇。標仍據西文，譒寫經年，笘觚屢易。

　　因自來言俄事者，若魏默深、何顧船、張殷齋諸先生之籑録，寧波徐景羅之譯俄史，皆止於咸豐初年；曾惠敏世丈之《問答》、洪文卿世丈之《交界圖》、繆柚存户部之《俄游彙編》，則又在光緒七年歸我伊犁之後。咸同兩朝，西北記載偏多失略，而歐洲之士獨能詳叙至此者，蓋以時當《利罷其約》廢約以後，旁國驚疑，持重偏輕，意在言外。大致謂俄人肆志必南，蠶食鯨吞，恐不止土耳其一戰也，及再使定約，外人弭服，始帖然無辭，故記者亦於是而止。兹爲之條貫系夥，略備遺忘，僅可續魏何諸家記事稿而已。若夫講信修睦，設險柔遠，則内有盟府，外在史官，標爲文學侍從之臣，職司籑記，餘非所當言矣。時光緒十八年九月。

案：見光緒二十一年乙未味經堂刊書處刊本（國家圖書館藏）。又有成都志古堂刊本，收入《中國野史集成》，訛誤略多。本文底稿見《笘誃日記》光緒十八年壬辰九月初九日。中俄《利罷其約》，今譯《里瓦幾亞條約》。

《豐順丁氏持静齋書目》序

豐順丁雨生中丞日昌藏書半是吾郡舊家物，乃庚申兵火後爲中丞所得。代其搜訪者，獨山莫子偲先生也。故《宋元本經眼録》中所載之書多記丁氏所得。中丞歸田後，編録藏書曰《持静齋書目》，四大册，頗覺雜糅。丙戌客粤中，見於汪郎亭師架中，爲之重編，分宋、元、校、鈔四類，印記收藏間一附載。甲午秋携稿來湘，寫而刻之，存吾郡藏書掌故也。嗟嗟，武康何靈，長恩空祝，百年載橐，視此長編。光緒二十一年乙未重九日，元和江標記。

案：見《江刻書目三種》。

《聊城楊氏海源閣藏書目》跋

吾郡黄蕘圃先生所藏書，晚年盡以歸之汪閬源觀察。未幾，平陽書庫扃鑰亦疏，在道光辛亥、壬子間往往爲聊城楊端勤公所得，至庚申而盡出矣。標癸未秋游山左，汪郎亭先生出示楊氏《海源閣書目》，并緦卿太史所撰《楹書隅録》。甲申冬，復隨先生觀書於閣中。端勤文孫鳳阿舍人發示秘笈，舉凡《藝芸書目》之所收，《楹書隅録》之所記，千牌萬緗，悉得寓目。大約吾吴舊籍十居八九，蕘翁之所藏則又八九中居其七焉。嗟乎！吴中藏書，庚申之後，幾無全帙，百宋廛中之物更稀如星鳳。豈知琅嬛福地，別在陶南；江夏籤勝，自存天壤。標先代所藏圖籍，既經兵火，靡有孑遺，今海源閣中元本《漢書》猶爲我家舊物，有"蘭陵蕭江收藏"印記可證。眷念先型，愴懷何極。今歲客居南越，適輯菉翁《年譜》成，獨念書録不傳，菉言未刊。前年潘鄭盦尚書輯刻《士禮居題跋》六卷，菉翁卅年精力所聚略見於此。標復亟亟寫刻此目，欲使世知百宋種子尚未斷絶。人亡人得，聚散何常，昔之連車而北者，安知不橐載而南乎？録竟志此，以爲息壤。光緒十三年歲在丁亥中春月，元和江標識於藥洲精舍。

案：見《江刻書目三種》。

《湘學新報》序

嗚呼！變法其宜哉！今策之者曰通商興工，採礦鑄鐵，練水陸之軍，謀舟車之捷，斯固然矣。余惟三代之時，道與器合，選舉與學校合，故人人有干城腹心之寄。漢唐而降，選舉離於學校，上下市以虛文，必待士之卓然樹立於千萬人中、數百年内者，於是始有宋韓范、明王文成、本朝曾左諸公，能使人不詆文章經濟爲兩途，餘則如植鵠於數百步外，雖使后羿關弓、養由穿札，俱在不可知之數。於是反讓西人建學育才諸法符契周官，而曰吾華學者蕭苶退歸，殆難挽抹。嗚呼！存華晞矣！

使者奉天子命，視學楚南，丁時局之多囏，恫皇輿之失紐，攬衣屑涕，於兹三年，思以體用賅貫之學導湘人士，懼有未當也。恭值朝廷屢有整頓書院、廣求實學之議，勉設輿地、算學、方言學會於校經書院。猶懼鄉曲儒士摘埴於途而不知返也，乃取門下諸生粗有所得之巵言，分學凡六，曰史，曰掌故，曰輿地，曰算，曰商，曰交涉，每月約得百葉，分三期刊布，薪與海内切劘，顏曰《湘學新報》。點綫相切而成世界，水火氣電相摩盪而成地球，國與國政教相觝逐而成强弱，人與人心力相迸奮而成政教。普之得賚賜，微氓耳，一憤發而師丹勝敗之機決；美之加利生，豎儒耳，一痛斥買奴而南北花旂之局判然。則人患無志，無患弗成；人患無學，無患無強。使者才薄力綿，誠不足語涓滴江河之效，然心力所結，毀譽胥忘。言游抑末之譏，老氏貴虛之論，思矯其失而未能，世之君子，幸進而教之。光緒二十三年歲次丁酉三月，賜進士出身、五品銜翰林院編修、國史館協修、提督湖南全省學政元和江標叙於長沙使院。

案：見《湘學新報》第 1 期(1897)。

《湘學新報》例言

國於天地，必有與立。民者，所以植國之本也。中國立國之早，甲地球諸邦。生齒鱗萃，五金坌溢，英俄瞠乎其後。然積習太深，實學不講，雖入塾之士夥於恒河沙數，而狃於夏蟲井蛙之見，非故為虛憍，即頹焉沮喪。叩以古今中外盛衰消息之原，愕然無所抉擇。洞微之士以謂此秦以來二千餘年愚民之流弊，明太祖益以新義坑儒，遂使高明秀特遠出萬國之人民，西人常謂中國人聰明勤儉非他國所能及，非虛語也，營營無益無用之途而末由自振。左文襄有言曰，中國之睿知運於虛，外國之聰明寄於實。二語指明癥結，良可慨然。無他，民智未開，斯民學日窒耳。

民智惡乎開？開於學。學術惡乎振？振於師。顧安所得天下之老師宿儒，悉以明體達用之新法淪之？則報館其師範噶矢也。環球報館林立，歐洲各國報館日報不下一千三百餘種，南北美洲日報不下一千餘種，即日本區區一島，而各報亦多至二百餘種，以此致富致強，有同操券，雖婦孺莫不以閱報為事。其報館往往其退位大員或親王之學識兼優者主筆，鄭重周詳，埒於建學。如英國《泰晤士報》，或遇五洲有何舉動，群延頸企足以觀其論議，而凡格致諸報之不脛而走、不翼而飛者，皆具有學治相關之理存乎其間。

覘國者至以此卜其人才之振奮、物理之精研、商戰工程之機要，嗚呼，盛矣！故周知時事，咨驗新理，目營四海，耳屬九洲，舍此別無良法。中國通商以來，風會漸開，香港、廣東、福建、上海、漢口、天津等處，次第開設報館，大致言政者多，言學者少，言改政者多，言廣學者少。去歲，上海《時務》一報，固能通知世局，力破鯫生小儒之成見。現在總理各國事務衙門議准各省學堂准譯藝學新報，又鄉會試三場或議以時務策士，運會所趨，日新月異，而湘省報館闕如，非所以開民智而育人才也。爰擬創立《湘學新報》，將群章甫縫掖之儒，講求中西有用諸學，爭自濯磨，以明教養，以圖富強，以存遺種，以維宙合。其開辦章程具列如左：

　　一、報首隨時恭錄諭旨及新學一切章奏，使儒者曉然於斯舉原本尊王之義，與私家譔述不同。

　　一、海內建議變法之文，如《時務報》《萬國公報》，俱粲然可觀，本報尚從講求實學起見，不談朝政，不議官常。蓋學術爲致治之本，學術明，斯人才出，故大恉區爲六門，曰史學，綜貫古今中外諸史，以知興衰治亂之由。曰掌故之學，切述朝野典故，及夫中西制度之何以通行，各國人心風俗之有無同異，俾學者知所鑒別。曰輿地之學，分地志、地文、地質三種，兵家言附焉。曰算學，簡明淺近，取便初學。曰商學，尚明各國盈虛衰旺之理，及夫內地宜否講求製造，及生利分利之別，以拓利源。曰交涉之學。述陳一切律例、公法、條約、章程，與夫使臣應付之道若何，間附譯學，以明交涉之要。

　　一、每學首列總說一篇，次爲問答以疏通之，義取切近，詞屏枝葉，祇求有當學者云爾。

　　一、每學後擇錄切要書目一二條，附以提要、價目、刻本，俾學者得識門徑，便於訪購。

　　一、本報不列經學專門者，以近來經解諸書汗牛充棟，家法師法，聚訟紛如。或主素王改制，立說以明孔教真派，似於時事有裨，然言之未免過激，故暫闕如。

　　一、報末附談格致淺理，及各處電傳要語，以爲研求物理、周知四國之一助。

　　一、本報每次十日一出，每册約以三十頁爲準，如有謬誤不寔之談，所期海内君子惠寄郵筒，以相捄正。

　　一、繙譯西報原爲奉旨遵行之事，本報初立規模，暫將中西有用之學先擇已譯之書，敷陳梗概，俟門徑粗通，即擬選譯，以求精深之學。

　　　　案：見《湘學新報》第 1 期（1897），又見《萬國公報》第 101 期（1897）。

《黄蕘圃先生年譜》題識

　　蕘翁六十三歲像，原裝入《魚玄機詩思圖》題詞册中，從先生後人實夫借得，即乞芑香孫琴安重橅，刊入《年譜》。時光緒丁酉十一月，元和後學江標謹記。

《古泉拓存》跋

　　京洛緇塵浣未殘，阮囊自笑太寒酸。一函翠墨千蚨影，難當中統鈔幣看。

　　今朝喜見月當頭，好洗人間萬斛愁。莫恨債臺風太緊，居然錢裏過中秋。

　　光緒辛卯八月十五日，距挈眷屬入都已九月矣。讀鮑子年刻李竹朋《續泉説》記吕堯仙中丞語曰：“過節摒擋俗務爲京宦所同苦，余遇節索債者紛集，無以應之，惟將古泉玩賞便可萬慮皆空，攤泉之案即屬避債之臺也。”標自媿菲材俊先同揆，日來正於俗塵萬斛中，就矮燈殘墨，審釋古泉拓本，宵漏聽殘沉，猶不自已。債券積案頭，不肯一寓目，不覺自笑，又自歎也。偶成二絶即題於此，惜不能起中丞而語之曰，數十年後尚有此癡人。元和江標記。

案：見《古泉拓存》書末。

《沅湘通藝録》序

天下之大，無物不有；一省之中，人才衆多；一學之途，百家分貫。若以一物掩天下，一人視行省，百學限一家，陋矣。湖南扼天下之中，南北東西，毗各行省者六，學者之所好，如百川分流，各得宗派。使者奉天子命，視學三年，歲科兩試既畢，例有試牘之刻。乙酉秋冬之間，編校試者之作，不易一字，衺而刻之，得若干卷，名曰《沅湘通藝録》，僅十分之一耳。四書文尤爲湘士所凤誦，通經史大義，發攄爲文，博而不乖於正者，以萬億計。最而集之，不能勝梨棗，此略見一斑耳。又奏定以經學、史學、掌故學、輿地學、算學、詞章學分列六類以試士，盡學者之所長。學者即以其平日專業之事，藉抒於風檐寸晷中，往往日寫千萬字，尚不能盡其所至。嗚呼，盛矣！竊嘗與幕中諸友議曰，試士者，所以盡一省之士之所長而一一試之，非以一己一人之所長而强一省之士尊而宗之也。司馬溫公、朱子、胡安定取士諸法具在，使者亦不過信而好古而已。若以爲試士者矯異於衆，欲以一己之所學而强風會之所趨，是陋也，是愚也。天下多通達才，觀此者當有所許矣。光緒二十三年歲次丁酉十月，湖南督學使者元和江標叙。

案：見《靈鶼閣叢書》本《沅湘通藝録》。

《雙鉤殘宋拓瘞鶴銘四十七字》題識

據武進莊秉文前輩舊藏本，鉤橅於山左學署。越十二年，鋟木於湖南學署。宋拓與今本迥殊，見此可證與北朝碑版相通。光緒丙申六月，江標記。

　　案：見江標刊本《雙鉤殘宋拓瘞鶴銘四十七字》（上海圖書館藏）。

《修書圖》自序

　　阮文達公嘗屬吾郡周采巖作《修書圖》，周本宋子京故事，極風鬟霧鬢之麗。文達云"非吾本意"，遂著其說於《定香亭筆談》中，曰："修書與著書不同。余在京師奉敕修《石渠寶笈》，校太學石經，又嘗纂修國史及《萬壽盛典》諸書。自持節山左、浙江以來，復自纂《山左金石志》《浙西金石志》《經籍籑詁》《淮海英靈集》《兩浙輶軒録》《疇人傳》《康熙己未詞科摭録》《竹垞小志》《山左詩課》《浙江詩課》諸書，皆修也，非著。學臣校士，頗多清暇，余無狗馬絲竹之好，又不能飲，惟日與書史相近，手批筆抹，雖似繁劇，終不似著書之沈思殫精。"

　　標少日讀文達此記，輒有忻羨之意，然不敢希先哲也。比入詞館，協修國史，充萬壽慶典撰文。玉堂清暇，往往喜輯録之學，先成《聲類考逸》二卷，繼輯《黃蕘圃先生年譜》二卷，譯《咸同兩朝中俄交涉記》二卷。前年持節來湘中，適中倭戰事方熾，旋成和議，痛上下不知新學之病，致受欺於鄰國，遂專以新學導湘士。自定條例，擬集士之好學者，仿馬氏《通考》例，撰《西學通考》《西政通考》兩書。又集録先輩及同時人手稿付刻工，輯《靈鶼閣叢書》若干卷，已成者三集。又得南宋書棚陳思刻唐人小集四十九家，影寫付梓，不失毫髮，爲《元和江氏影南宋本唐人詩集》。又精寫各藏書家宋元校鈔本書目，彙而刻之，爲《師鄖室目録叢刻》若干家。適吾鄉吳愙齋世丈開府在湘，遂乞作圖，亦名之曰《修書》，本文達意也。於使院坐室顏曰"修書宧"，欲不廢此意也。圖而記之，恐後來之不知，猶采巖之爲文達圖失此本意也。時光緒丙申七月，元和江標記於岳州試院。

案：見《修書圖》。底稿見《笘誃日記》光緒二十二年丙申三月初四日。

《宋元名家詞》序

此彭文勤知聖道齋鈔宋元人詞，皆出自汲古閣未刊本，余在京師從況夔生中書轉鈔得之，共二十二家，後附四家則從況鈔別本得之，不知何所出也。彭鈔舊附一子目，尚錄有三十七家，同有寫本，而夔生遲不與借，余亦匆匆出京矣。到湘後，聞思賢書局刻書甚精，乃出此帙以示張雨珊先生，遂去臨桂王氏四印齋已刻者，不重出，共得十五家，名之曰《宋元名家詞》，意在搜集諸本，欲爲毛氏之續，不必專守彭氏一鈔也。竊嘗思之，此本自子晉搜杳，文勤補錄，一綫相延，幾三百年，近日好事者互相寫刻，欲副文勤續鑴之願，然諸家中或存或佚，若有數存乎其間，亦重可感已。湘中他日若能羅集群賢，刊爲小集，上追復雅，下繼虞山，豈僅酬文勤之願哉！光緒二十一年乙未九月，元和江標記於湘南使院之得樹軒。

案：見《宋元名家詞》光緒二十一年刻本。文中所述二十二家詞的江標手抄本今存上海圖書館，其卷首有江標題識，即此序文底稿，文字稍有不同，如"聞思賢書局刻書甚精，乃出此帙以示張雨珊先生"原作"聞思賢書局有各家詞之刻，遂出此帙，張雨珊先生見而喜之"，"湘中他日若能羅集群賢，刊爲小集，上追復雅，下繼虞山，豈僅酬文勤之願哉"原作"安得羅集百家，精刻而重校之，則不僅讀文勤之跋以自畫也"。

《紅蕉詞》自序

余十六七時，嘗學詞於陽湖呂鶴緣丈、金匱華篋秋舅氏，凡花庵、草堂諸刻,無一日廢也。弱冠後,意爲輯録之學,且奔走楚粵齊魯間,不暇考聲律。丁亥歲莫,復來嶺南。戊子正月,羅浮舟中檢篋,得諸名公詞,愛而效之,三日得四十餘闋,并去夏在珠崖之作,共得五十二闋,删録三十六首,名之曰《紅蕉》,志廣南作也。詞多無題,從竹垞翁《琴趣》、龔定公《無著詞》例也。吕丈既遠在津門,舅氏已撤瑟百日,標亦十許年來負米南北,希識兩公顔笑久矣。人事變遷,可慨也夫!光緒十四年戊子人日,元和江標建霞記於惠州使院。

案:見《紅蕉詞》長沙刻本。

陶方琦《許君年表》序

標於癸未正月游鄂,始見陶漢愨先生於湖北通志局,先生即以所譔《淮南許注異同詁》爲貽。時標方專力於《倉頡篇》,先生謂近日日本所出慧琳《一切經音義》百卷,足資補輯。表中所云釋藏倭刻佚存書,即指此也。二月,先生返會稽,標亦於五月中歸吴門。又爲汪郎亭先生招游山左,南北遠隔,書問莫通。忽於去歲四月間,聞先生以瘵疾終於都門,愴痛莫已。獨念先生著述於《淮南異同詁》外,尚有《淮南參正》二十餘卷、《淮南許詁存疑》四卷、《鄭氏易疑》《魯詩故訓纂》《爾雅漢注述》《説文古讀考》各種若干卷,是否已付鋟人,不知也。惟此《年表》一卷,海寧查翼夫丈猶藏有副本,爰借刻之,以傳先生。

嗟乎!先生學力,在鄉先輩當出章逢之、實齋二先生之上,不意中年遽卒,又如張皋文、董方立諸君。標以少孤失學,雖不能企洪北江、黄仲則,然所見諸先生往往如朱笥河、阮文達,抑何幸與!標少意輯録之學,又愛古金款識,與先生同好,嘗輯有《蒼頡篇》《聲類》二書,搜採似較乾嘉諸老爲備,皆出於先生所云慧琳《音義》;復輯《水經注引書目》,效汪韓門之所爲;更欲集金文古籀以補鄦書之重文,皆本先生之學者也。惜以先生大去,請質無從,撫迹懷人,則又欷歔而不能自已者已。光緒十二年丙戌正月，元和後學江標。

　　案：見江標刊本《許君年表》（國家圖書館藏）。底稿見《笘誃
　日記》光緒十二年丙戌二月十八日，字句略異，如“復輯《水經注
　引書目》”後原有“擬補洪容齋、楊用修之缺”一句。

張度《説文解字索隱補例》跋

　　光緒己丑之春，標入都謁先生於爛麪胡同。先生酷愛余，視如弟
子行。請以金石書畫碑版源流，言無不盡。比庚辛壬癸間，携眷住西
磚胡同，先生時步訪余居，每談必移晷而去。時久苦肝病，然猶借余
藏王石谷《千巖萬壑圖》卷，手臨副本，有神髓之合，且爲詳跋也。比
來湘中，刻叢書，搜集諸老先生未刊稿本，適錢塘汪穰卿同年以此寫
本見寄，亟校刊之，擬印本寄先生自叙也。刊方竟而聞先生之喪，燈
前手校，不覺淚盈睫。老輩凋謝，余亦鬖見二毛矣，歲月遷駛，可感也
夫！光緒二十二年六月，後學江標謹跋。

　　案：見《靈鶼閣叢書》本《説文解字索隱補例》，又入《叢書集
　成新編》。

徐建寅《德國議院章程》序

　　近之談泰西之學者輒曰開議院之善，殊不知議院之設，其事之
繁、例之嚴、法之密、語之公，非朝夕可見效者。一語必回顧，一事必
詳審，方苦中國凡事不能速效，抑知泰西開議院窒礙之時，更有甚於
中國者？此《德國議院章程》爲徐仲虎觀詧譯本，余亟刊之，以示天下
之喜譚開議院者。光緒乙未十月，江標記於叢書寮。

案：見《靈鶼閣叢書》本《德國議院章程》。

胡兆鸞《西學通考》序

夫黔采發耀，夸父不能升撐犁之階；媼神啓靈，昆明不能驗灰墨
之迹。華離之秘，既洩陶橐之藏，益恢今以咕咿；一介之儒，蜷局斗室
之内，聽睹皇忞聰識。鍵錮而欲與之権今古之變，權中外之要，蓋已
難矣。廼者紫血紅血，導神智於洪荒；石刀銅刀，關屯蒙於大界。坐
舌人而通絶域，蠟頂傳書；援佉盧以證左行，藍皮記事。新識奮躍，群
竅翕張。茂先悚息於望洋，歐陽邅回於剔隱。上之括富强經濟之略，
下之備工藝創述之業，大之窮天地流定之故，小之察動植繁簡之質，
綜彼琦詭，悉藉研抽。未識其書，曷精其學？夫希臘肇造，實開性理
之源；羅馬中興，廼樹律政之幟。他里斯七賢之目，提挈宏綱；拍勒圖
三世之功，殫萃精義。才桀因而屯聚，文物於以洪昌，世紀載綿，動力
交作。德美踵其盛軌，法英擴其雄步。東倭碌碌，亦知變遷；支那皇
皇，胡甘頹棄？費西加説氣，既梳先聲；名理探來中，遂觭絶派；嗣有
繙輯，終虞闊疏。而或以爲學號東來，華夏實其鼻祖；名參格致，孔門
斷其椎輪。《淮南》言槐火血燐，摩電之所自出；《吕覽》稱燔柔濕淖，
化分之所由名。雜藝紛綸，權與於墨氏；鍼灸神異，推本於《内經》。
切音導於諧聲，方言坐誦；弧綫根於句股，步算名家。揣本至見已深，
竟委之思或窘。掘寸土以誇東岱，執一勺以飲北溟，非其惑與！嘗欲
牟網巨，環絡鴻篇，瀹滌源流，掇拾菁粹，集兹青衿，分別群類，上規端
臨《文獻》之書，近法儀徵《篹詁》之集，爲《西學通考》《西政通考》二
書，轆轆湘輻，未遑編訂。丁酉夏杪，胡生兆鸞與同志輯是書成，首學
類，次政類，次教類，與使者意略有未合。然體例賅括，臚舉簡要，覃
砣之詣，有足多焉。卜夏求百二十國寶書，備爲實録；玄奘得六百餘
部經典，益其新知。矧在方今，尤資博採。較尺寸短長之用，審彼己
宜忌之規。挾管窺天，破拘墟之錮習；叩盤視月，息嚮壁之虚言。斯

則攬遠蹠以控五洲，望之來哲；輝寶炬以燭千禩，惠兹儒林者耳。光緒二十三年歲次丁酉六月，湘中督學使者元和江標叙。

案：見胡兆鸞《西學通考》。

李文田《朔方備乘札記》跋

此順德李仲約師讀《朔方備乘》即校注於書眉及旁注者，甲午春，從師假得。乙未秋，長沙試畢，屬吴縣孫伯南茂才宗弼條最而録之，得一卷，亟付繡梓，以餉同好。師精究朔方輿乘，尚有《元秘史注》《元史地名考》《耶律楚材西游録注》《和林金石考》，皆見傳鈔本，他日當彙而刻之，以視今之好譚方輿知今而不知古者，相去奚如？光緒二十一年十月，受業江標謹記。

案：見《靈鶼閣叢書》本《朔方備乘札記》。

《重刻山海經箋疏後序》

棲霞郝蘭皋先生箋疏《山海經》十八卷并附《圖贊》一卷、《訂譌》一卷，已於嘉慶間栞行。越七十餘年，無錫李君澹平重栞於上海。既成，以示標，命爲後叙，以標於此書曾經勘讀者也。廼作叙曰：

夫漢魏以降，注疏迭興；自宋訖明，詁訓漸失。主義理者責破碎夫文字，尚剽取者笑考訂之紛離。雖瀍自謂得三代之遺，文自謂學周秦以上，然衡以鉤稽，求諸指例，恒無當焉。先生以東海之名儒，值聖清之盛治，拾遺補藝，歷千百劫而不磷；博採旁證，集十八人之所益。有李崇賢綜輯之備，無酈善長怪誕之言。卷褔不多，考證無失。索群書之異字，猶仍舊文；求古本之分篇，不存成見。正字俗字，惟墧守乎許書；轉聲近聲，則旁通乎蒼雅。洵足爲禹書之附翼，郭書之諍友者矣。

綜其大綱，厥善有六，尋繹微旨，可得言焉。夫顏成《漢》注，未正東方之名；唐引《說文》，猶雜呂忱之語。繫古來之完帙，尚笑誤於後生。先生則採周秦之遺書，語知統要；寶唐人之類集，條析支離。何氏《解詁》，但求墨守；鄭君箋注，不改經文。其善者一也。拾遺聞於東觀，印信四羊；笑寫本於江南，歌傳六虎。陋尚書之分典，歎尉律之云亡。先生則正寫槧之紛紜，不淆銀鑴；辨形聲之通叚，詳考金根。所以例陸德明之《釋文》，兼存兩本；爲顏少卿之《匡謬》，維正異文。其善者二也。《水經》補注，以經傳之久淆；建武省郡，亦章懷之未解。書策落次，誰證綿褫；圖畫久亡，孰詳脉絡。先生則考其山里，既積算於經由；條其河渠，定發源於昆渤。郭記室惟知畏獸，遜其精詳；王伯厚考證藝文，同兹研覈。其善者三也。漢魏遺書，尚廣鈔於類典；倉頡訓故，竟有藉於沙門。自來文字之散亡，半待後人之輯佚。先生則訪神仙之別藏，猶識遺文；求歐李之官書，尚存古本。集狐千腋，窺豹一斑。其善者四也。歐氏之《詩經》本義，專務新奇；向家之《莊子》遺篇，僅題象注。雖迹同於巧取，亦多惑乎將來。先生則博採通人，既說辭之畢載；顧召幽仄，冀翼贊乎舊書。所以叔重《說文》，兼稱師說；康成經注，多引群言。其善者五也。趙明誠之金石，錄藉易安；班孟堅之天文，續從弱妹。先生則一編脫稿，亦助勘於金閨；三月窺園，必解圍於新婦。陋鷗波之小拔，傲唐韻於仙家。其善者六也。由兹六善，訂厥一編，秘六奇以括囊，集群書而訂誤。蓋出入於《莊》《列》《爾雅》之間，補苴乎詁訓地輿之失。所謂援據六藝，漢學非訛；曲稟宏規，家瀍自守。則是書也，雖吳志伊之廣收博采，尚失謹嚴；畢尚書之以古證今，猶疑臆決者也。

今者中秘留藏，宸章褒美。草元卷在，不爲覆瓴之書；通德人亡，尚念鄭鄉之學。惟是籤分蠹□，半蝕羽陵；寫定禮堂，已成燼簡。吾友李君，證古之學，塙本召陵；博通之才，所師荀勖。痛編韋之稀絕，爰鏤版以方滋。繼余家勤有之堂，甄綜善本；祖南宋書棚之學，采拾遺文。夫豈同好妄下雌黃，致譏顏氏；扃秘藏於宛委，靳付人間也哉！標謬承斠讀，用述源流，憙重譯於四夷；證墣聞乎古訓，求秘函於百宋。思校正夫今文，自恨小文有慚；理董先生，維學盍正牴牾。此又可補乾嘉諸老之未有之聞、校勘諸家之未竟之志也。爰撮體要，以俟將來。光緒十三年丁亥正月，元和江標。

> 案：見1985年巴蜀書社影印上海還讀樓刊本《山海經箋疏》。《笤帚日記》光緒十三年正月十一日："午後擬作《重刻郝山海經後叙》，至三鼓未及畢。"十二日："晨起，續昨《叙》，至晚畢，係駢文也。"

王筠《菉友肊説》序

王菉友先生《肊説》，余昔於山左學幕中得見稿本一巨冊，吳縣孫得芝世丈錄而存之。十餘年來，僅記其名矣。比來楚南，丈子伯南茂才行篋中携丈原鈔本來，爰借校付刊。尚憶在山左時，并見有牟默人先生著書校書兩大篋，皆手稿，惜未錄寫一種，至今猶神往也。物之傳不傳有數，況人之著述，皆精神性命所托，顯晦或不在一時矣。光緒丙申八月，元和江標記於澧州試院。

> 案：見《靈鶼閣叢書》本《菉友肊説》。

王筠《教童子法》序

此菉友先生《教童子法》，舊附《四書説略》後，余以其可砭俗師也，校而刻入叢書中。有極陋極迂處，而極通處甚多，不得不爲善教者。近見德國學校章程，綱舉目張，皆實事求是之學，教童子尤嚴密。國之新者，學必新，教人者尤當知之也，豈此十一葉書即可爲童子師哉！丙申八月，江標記。

　　　案：見《靈鶼閣叢書》本《教童子法》。

張師載《課子隨筆抄》序

　　余百日而孤，爲子之道皆得自母訓，弱冠以前不知世間有酒肉徵逐事，遠行亦不過數十里。年二十三，應汪郎亭師之學幕之訂，始渡海至山左。過芝罘時，蓬萊令鄭君出貽兩册，即此《課子隨筆抄》也。愛而讀之，迄今已十二年矣，未嘗肯一月離，以此自警自戒，即如對吾先待詔公也。今年乙未，余年已卅六矣，奉天子命視學湘中，方爲臣子，懼隕越，適幼梅觀察出示重刻本，屬爲叙之。余反復思，願天下之爲子者皆奉此一册爲師，即爲父母者亦以此册訓其子，天下治家安室胥在乎此，幼梅之功，豈淺鮮哉！

　　　案：見《笘誃日記》光緒二十一年乙未十月十九日。“幼梅觀
　　　察”即李輔燿。

繆荃孫輯《士禮居藏書題跋記續録》序

　　余既集蕘圃先生題跋事迹爲先生《年譜》成，復向江陰繆筱珊前輩借得《續輯藏書題跋》而刻之。前輩搜輯之勤，誠亦不負先生矣。余嘗謂藏書有派，而蘇州爲最精。蘇州之精，前有毛、錢，後有黄、顧，今則知之者稀矣。世方以泰西之學爲新學，棄此等事如宿垢，今得繆前輩搜輯之勤，而標復録付刻工，俾蘇州藏書之派絶而未絶，豈僅傳先生一家之言而已哉！前輩江陰人，江陰藏書之派出自毛氏，仍蘇州派也，合併記之。丙申十一月，蘇州江標記。

案：見《靈鶼閣叢書》本《士禮居藏書題跋記續録》。

徐康《前塵夢影録》序

標生也晚年，十六七時，曾見瘦叟於玄妙觀世經堂書肆中，聞述訪古源流，皆非尋常古董家數。以後即出游，離鄉井，不能時見叟，然未嘗忘一日也。戊子歸里，與令子翰卿習與論收藏，如讀清秘藏，益歎家學之不可及。未幾，聞叟已歸道山，訪問遺事，潘筠盒志萬爲余言有《前塵夢影録》在，匆匆七八年，始介筠盒問翰卿乞得副本，讀而刻之，仍如對叟坐於玄妙書肆也。書肆爲湖州侯念椿所設，侯年亦六七十，目睹各家藏書興廢，分别宋元槧刻校鈔源流，如辨毫釐，嘗稱之曰今之錢聽默。曾屬其將數十年來藏書見聞雜寫一册，亦吾鄉掌故也。方今事事崇新學，而於金石書畫圖籍一切好古之事，恐二十年後無有知之者矣，可慨也夫！光緒二十二年丙申十一月十六日，元和江標記於耒陽舟中。

案：見《靈鶼閣叢書》本《前塵夢影録》。

陸時化《吳越所見書畫録》序

《所見書畫録》者，婁東陸潤之先生箸録其往來吳越所見四朝以來名人遺迹，及國朝四王、吳、惲六大家之所作也。考其源流，次其甲乙，以及紙絹册軸、篦數尺寸、款識印記、題詠跋尾，纖毫畢載。大致仿高氏《銷夏録》，而陸氏載國朝六家稍有異耳。先生自號聽松山人，生乾隆之朝，居吳越之地，承祖父之遺聞，好幽閒之逸事，每扁舟所至，見有佳迹，輒録記行囊，積而成書。并箸《書畫説鈴》二十九則，詞少意概，中於獪賈欺人三致其意，直爲世之盲於目者下一當頭棒喝。此書原已刊行，板早燼毁，偶見印本，價必兼金，實因言書畫之家不可少之書也。

　　侯君念椿，家住雪溪，賈游吳市，與余周旋幾五六載矣，一日出此冊以示，曰：書畫一類，《四庫》居子部，上自謝氏之《古畫品録》開其端，後人箸述不可枚舉，至《佩文齋書畫譜》綜其全，而卷册浩繁，無從循覽。惟此書僅六卷，而辨析秋毫，足資考證，爰仿聚珍版式，亟爲印行，以公同好。屬陶君子苇點勘其訛字，越二月而成，請余弁其端。

　　余惟先生隱吳越間，雖不能如孫退谷、高竹窗之負當世盛名，居輦轂之下，且供奉内廷，久見秘閣之所儲，而此書所記，一楮一絹，大半仍留於吳越，猶易訪求，較諸孫、高二公之所見皆世人之不能寓目、徒爲紙上空談，其所取究何如也？且讀先生自序，謂自思不能繼先世之業，又不屑爲農工商賈以湮其家風，爰述先人之緒餘，好先人之所好，直以生平不得已之懷，藉古人之精神而稍洩其蘊也。嗟乎，世風日下，往往見楹書猶在，而子孫已淪爲下賤、目不識丁者，更何可勝數！若先生者，雖不能以軒冕榮其身，而以高雅出之，實非紈袴輩所能企及，則是書也，豈僅爲怡性悦情之作哉！光緒五年己卯十月，元和建霞江標書於沙毗寓舍之懷珠閣。

　　案：見光緒五年刊本《吳越所見書畫録》。

龔自珍《己亥雜詩》題記

　　龔定盦先生《己亥雜詩》，自加圈識，刻於庚子。印本罕傳，爰重影刊，以餉龔學者。光緒丁酉秋，元和江標記。

　　案：原見江標刊本《己亥雜詩》，江刻該本傳世極少，兹採自王貴忱《可居叢稿·龔自珍詩文集早期刊本述聞（四）》。

葉昌熾《藏書紀事詩》序

　　《藏書紀事詩》六卷，長洲葉菊裳師撰，爲藏書家一大掌故。標於壬辰年在京師奉歸，録一副册，欲付手民而未能。甲午奉使湘中，亟以寫册乞師自定之。日月易遷，又越兩紀，至今年春始以稿本寄湘。即付鋟者，十月寫刻畢，湘潭門人劉茂才肇隅始終任校刊之役。書中多誤，例因上板時原稿割裂，顛倒錯亂，寫手又不工，致刻成始知之，已無及矣。昔潘文勤師刻《滂喜齋叢書》，速成而多誤字，或有笑之，師曰，吾不過以刻代鈔耳。標更自解之曰，能讀此書者，即能自校者也，則又何貴乎一瞬一步之不失哉！光緒二十三年丁酉十月，受業江標謹記於長沙使院之蕙圃。

　　案：見《靈鶼閣叢書》本《藏書紀事詩》。

張炳翔《忍庵學吟草》序

　　叔鵬非詩人也，其氣豪，其志遠，其學專，其文雄，其心力鬥角處，局外人又不能窺其奥，於吟詠特緒餘耳。然名言隽義，雖專門名家若遠不逮。標年二八時，同游於元和嚴子萬師之門，氣誼相投，遂約爲昆弟。愛君才學，傾心特甚，於是簡牘往還，無非韻語。今歲自鵝湖歸，叔鵬出一册示余，曰："此余《學吟草》也，盍爲我弁其端乎？"余受而讀之，大半皆性靈中語，而爲余賦者十之三四。念自三年授學，尺素傳遞，辨字駁疑，各標新説，而言論之間幾欲扼腕者，無非爲文字緣耳。叔鵬猶愛白太傅集，其得意處曲而能達，直抉香山之髓，然於寓意處余心中抓把不出者，皆爲叔鵬竊去，余亦笑叔鵬不知何自而得也。昔雲崧先生有得意句，必寄與簡齋老，而簡齋嘗恨吾心中所欲成不能成之句，多爲雲崧寫意道出。自古才人皆能奪人之妙，不可解已。標十載芸窗，無非虛度，讀經濟書，未獲功名，專祭酒學，多存辟見,小楷八股,鑽研無窮,雖與君所學同、所嗜同,而欲如君之吟詠以寫性情,望日後啖我以牛心,教我以鸚語,或能如是。光緒十一年乙酉冬日,元和江標叙於師鄅室。

案:見張炳翔《忍盦詩存》(蘇州圖書館藏稿本)。

孫點《嚶鳴館百疊集》序

甲申夏,標游汪柳門先生山左學使幕,知有來安孫君君異者,爲前學使幕賓,有奇才,恨不得一見。乙酉秋,應舉子試於江寧,見一清偉修潔之士,友人陸惕身指而言曰,此即孫君異也,遂識其面。又恨不得一快譚。今年庚寅八月,標渡海至日本,下榻公使署,見君異,始得盡數日歡。譚次出示《嚶鳴館疊唱集》百首,於是始知君實奇才也。疊韻詩者,始於唐中葉,累代相稱重。自袁隨園先生獨詆之,於是才塞力詘之士以此爲確證,相戒不相和,幾不知詞壇有此難事矣。今君異破其惑,獨成其難,豈非奇才歟? 君異行年三十有六,生平所歷行省至十許,復渡海至日本已三年。標弱君五歲,所游多同轍,以七年不得相遇之緣,而獨結於海外,此亦嚶鳴求友之證也。惜匆促入都,不得久留與君疊唱,而獨剪燭聽官鼓,爲君叙此集,亦聊解七年相慕之情耳。

與君譚,君奇才頗不在詩句。初以詩奇君者,是猶不知吾君異也。方今中外一家,五大部洲奇才疊起,亦如吾君異詩。標與君異可相期謀爲國富強之奇術,區區之詩,君異將不屑爲,標亦不屑爲君異叙。雖然,奇術固何在哉! 光緒十六年庚寅八月廿六日,元和江標建霞叙於日本東京皇華使館。

案:見孫點《嚶鳴館百疊集》,收入《晚清東游日記彙編·中日詩文交流集》。底稿見《笘誃日記》第十五册末。

沈同芳《鸞簫集》序

　　武進沈吉士哀其行昏禮時同人投贈之作,曰《鸞簫集》,分前後編,墨者雕,語者泐。自粵四千里寄其友婿元和江標而屬叙其悑。標受而讀之,雎雎然悥,慊慊然思,徊徊徨徨,憫惘而迷惑,蓋有不能已於言者矣。

　　古者男子三十而娶,女子二十而嫁,典禮文辭,男婦皆所服習,故本其門,素不相奪倫,燕婉良時,翕然而幼妙。迨及後世,男未及冠,女乍加笄,蹇修之禮,汾沄於高門,華質凋喪,中道姤娸,耻矣。惟吉士舉孝廉,成進士,入翰林,於今皇上二十一年乙未八月乞假,成禮於京師。都門士大夫以其事之多而禮之合於古也,皆奮其藻詠相投貽,粲然於青廬,卷軸連卷,斯文密爾。越一載,標誦諸君子贈辭,懼然而起曰:有是哉,吾聖清二百餘年,以翰林歸娶者,掌録可數,溧陽史文靖、吳縣潘文恭福壽最足徵,其次錢塘則袁先生《擬乞假歸娶》一表著於《隨園集》者,尚喔呭於私塾也。吉士步諸先生後,逴躒而自憙,宜矣。

　　然此皆諸同人之公言也。標與吉士為近戚,敢以其私意申之,曰:標少孤,鞠於母、太夫人,嫛姍顛蹶而至於獨立,慄慄然足有躩,容有肅,怫悅而邁跱,此與吉士所同者,始也。弱年好弄,凡天下之一名一物,必筌緒而志之,喜別録,愛光誦,掎摭利病,為環海痛而發之於長言,此與吉士所同,次也。二十成秀才,三十入翰林,清秘翔涉,家室欲歔,髮未絲,齗未脱,無墮窳之容,有旁魄之志,此與吉士所同者,三也。吉士之昏於汪也,為郎亭夫子之女弟。夫子與標為父執,而又列弟子籍,繼以昏媾之好。標娶其前,而吉士其後也,掎裳連襜,被飾而躝跱,此與吉士所同者,四也。吉士結褵甫一年,已舉一丈夫子,標有二子二女,其孟之生也亦一年,兹已能別四部,究六書,習方言,説當世事，讀吉士《萬物炊累》之文①，頗知抉宗旨，動悱惻矣。此與吉士所同者，五也。標嘗讀詩傳之文曰，兩婿相謂曰亞。亞者，并也。吾與君生相亞，學相亞，職相亞，昏相亞，有子亦相亞，異時共履綦，同簪笏，步趨不相越而爲天下光，亦足以亞儔矣。獨此《鸞簫》一集不能與吉士亞者，故吾三復之，覺怦然動，俙然感也，得勿睢睢然意，慊慊然思，徊徊徨徨，懣惘而迷惑，有不能已於言者乎？光緒二十二年丙申九月，元和江標叙於湘中使院。

　　案：見沈同芳《鸞簫集》（國家圖書館藏）。底稿見《笘誃日記》光緒二十二年丙申八月二十九日。

孫傳鳳《洨民遺文》序

　　此孫丈得之遺文也。丈經說得吾吳惠氏傳派。標與丈同里閈，又同襄校於山左、粵東，朝夕相問難，見几案間書籍金石外，酒一尊而已，無他嗜也，然卒以酒傷。己丑舉孝廉，赴禮部試，終於京師，殘稿叢束，并遺櫬歸。數年來思之輒砰然動也。去年奉節至湘中，適丈子伯南茂才來就襄校之聘，抱遺文來，爲去其屢雜及少年之作，存若干篇，録而刻之。丈尚著有《夏小正校勘記》《説文古本考補證》《味經廬叢稿》。惟《小正校勘》當時曾塙見清稿，今詢於伯南，檢遺篋無有也，亦可憐矣。僅僅此數藝，烏足以盡其能哉！丈以服膺許氏書，又字洨民，即以題遺文之名。春夜斠此文，一燈熒然，風颯颯動窗户，猶似與丈生前校藝時也。光緒二十一年正月二十日，元和江標記於湘中使院。

　　案：見《靈鶼閣叢書》本《洨民遺文》。

---

　　①　沈同芳著有《萬物炊累室類稿》。

成本璞《通雅齋叢稿》序

《通雅齋集》者，門下士湘鄉成琢如所著也。琢如負瑰瑋絕特之才，沉潛百家，睹記甚博，治經篤嗜漢儒，而與宋賢所著之書亦嘗擷其精而深求其理，下筆萬言，如風雨之驟至。余甚偉之。其文遠取式於昌黎、廬陵，近合體於容甫、定庵，一洗近時平淺鈍狹之習。駢儷之文特為高邁，有魏晉人風味。詩則才力雄肆，獻吉、大復之亞，間亦稍入於宋。於詞尤所專精，高者直似南唐五代，次亦在南北宋之間，奇麗駝宕，哀感頑豔。余嘗曼聲微吟，歎為絕倫，湖湘近代無此作者矣。琢如年甫弱冠，所作已卓卓如是，異時其可量耶！余在湘時，初不相識，去年至滬始得一見，議論古今事，縱橫揮霍，洞見癥結，於中西治亂、學術異同之故尤有獨得，殆杜樊川、陳同甫之倫。他年乘權藉勢，發攄意氣，必有奇謀異能震赫耳目，則琢如當不以經生文人老也。時局方艱，吾願琢如養其鋒而勿輕試也。光緒戊戌正月，元和江標序。

案：見成本璞《通雅齋叢稿》。

章仁溥《道古堂遺稿》序

昔阮文達視學粵、山左、兩浙，皆有詩課，故得詩人極多，具見《小滄浪》《定香亭》兩筆談中。試嘉興日，諸生中有獻其父詩者，即吳澹川《南野堂集》也，文達錄其詩而記之，使者采風職也，亦雅事也。標奉節來湘，自慚孤陋，惟事事以文達為師，試辭賦日，必鄭重而校別之。三楚騷人，淵源可溯，故得士亦甚多。二月試辰州，沅陵章生瓚緒年已四十矣，應童生試，見其文皆脫俗。錄取後來見，呈其大父章汝霖《道古堂遺稿》，詩境沖澹，卓然名家，攜至辰溪舟中讀之。章生求為記數語，余曰："此何異吳先生《南野集》乎？"惜我學不如文達，或他日成《萱圃筆談》，當徵記數詩，為輶軒之采，亦使者之職也。

案：見《笘誃日記》光緒二十二年丙申四月初七日。

沈鍪《留漚唫館詞存》序

　　無錫沈姓庚先生工詞，存稿甚富，名《留漚吟館詞草》。先生歿時，值庚申之變，遺稿大半散失。華篷秋舅氏，先生舊友也，事平覓其遺著，得詞僅四十餘闋，爲全稿之第四卷，亟録副本以歸。光緒己卯秋九月，標泛舟濠湖，謁舅氏於藤花盦中，出此册以示標，惜其才富而遇窮，并言二十年來猶無刊本，爰假歸，録付手民。嗟乎！詞學一道，莫盛於宋，其時即可付之伶工，被諸筊弦，故必諧於聲律而後稱工。後人於風辰月夕，多率意爲之，而叩以付伶工、被筊弦之遺意，知者鮮矣。惟先生詞則調歸宫譜，字嚴起煞，真能爲雅音者。噫，斯詞也，庶可傳歟。至於先生孝友事迹及藝術之工，大略已詳於志傳中，其餘非後生小子所得知，故不敢贅云。光緒五年冬十月，元和江標建霞甫拜序。

　　案：見《留漚唫館詞存》光緒八年九月師鄰室刊本（國家圖書館藏）。

書畫碑拓題跋

吳蘭仙小蘭花韻圖叙

　　光緒丙戌季夏之月，紉秋館主以所作《小蘭花韻圖》照相示，索系以叙。余觀其為圖也，肥綠一幬，碎紅十丈，雕楯曲畫，蕙榜重簪。暖雲靄屏，嫩晴晾蝶，名蘤滿樹，鬥影欲妍，垂楊一株，照水自沐。綠天壓架，看肄河内之書；紅藥翻堦，好築長春之館。加以羅襟當風，綺簹入握，牡丹書暖，狸合偶奴，鸚鵡名呼，人工擁髻。棖桃春瘦，夢回小苑之東；藕蕭自圓，人在闌干之北。香凝別館，海燕雙棲，曲奏叢臺，青鸞孤舞，伊人如見，顧形可憐。當夫暝月入簾，晴雲半閣，麝墨盈斗，帖寫昇元，蠣管一雙，畫工宋院。錦盒玉枱，便是長生，橑架棼編，先求秘笈。銀燭照夜，開集古之觴；繡福抽籤，入金源之録。妙哉斯境，麗矣其仙。今者寶墨濕縑，嘉篇疊翠，春波未老，舊事題襟，明月入懷，幽情艷骨。龍綃護檻，慣種燕支；瓊島移舟，曾聆笛拍。觀主人之為此圖也，將毋分絳樹之春，名徵綺市；研膠東之紙，句索香籢也夫？余惟夫窈窕年華，文章知己，感舞袖於春陽，賦玉鉤於錦窆。縹題芍藥，即是秦簾；卷展櫻桃，還疑蓬海。凝情遺世，欲寫相思；有美一人，忍與終古。開函默契，敢寓意於東鄰；名花一時，盡寫真於繡幛。攬中懷之明鏡，結塵夢於三生，請事斯言，為君記意。倚雯樓主撰。

　　案：見《字林滬報》光緒十二年七月初三日（1886 年 8 月 2日）第七版。《笛誃日記》光緒十二年丙戌四月十六日："見伶人吳蘭仙（名子芹）畫花卉，頗佳。"六月初五日："蘭郎能作畫，喜效浙派，人亦豪爽。"六月初十日："爲蘭郎成《小蘭花韻圖序》。"鄒弢《三藉廬贅譚》卷五《紉秋館》："吳子芹菊部，名畹芬，別字紉秋館主人，梨園中之名旦也，色藝俱佳……人皆呼爲蘭仙。顧主人雖膺盛名，深自韜晦，見人吶吶然如不出之口。性耽風雅，習藝之暇，即學寫生。所畫墨梅墨蘭尤得新田筆意，惟不甚多作，時人得其墨迹，珍若連城。主人有小蘭花韻午晴初手卷，名人……題詠殆遍。"報紙版原文中缺字用復旦大學圖書館藏《靈鶼閣駢文錄存》所抄補全，抄本題作《紉秋館主小蘭花韻圖序》。

爲汪郎亭寫篆屏四幅書後

似篆而實非篆者，近日臨鄧完白之俗手也。似非篆而實篆者，何爰叟、莫偲老之篆也。世有能去此二敝者，近十年中或有人也。戊子四月，寫此四幅，頗欲去此二敝，及執筆爲之，不僅去此二敝不能，即欲學此二敝亦不能也。甚矣，學書之難也。昔人謂圍棋、數學今勝於古，標亦謂篆籀之學可與二事鼎足焉。世有知此道者，當不笑其狂言也。

　　案：見《笘誃日記》光緒十四年戊子五月二十二日。

題扇面

光緒己丑五月十五日，過子涵吾兄槐蔭精舍，綠蔭如蓋，闃無一人，案頭得此佳箋，信筆臨古金八種，大似羊欣百練裙也。建霞弟江標。

　　案：轉引自陸建初《人去夢覺時——雕塑大師江小鶼傳》。

題扇面

頤卿吾兄將有墨洲之游，出箑索畫，爲仿香光閣江鄉平遠小景，數萬里外見之，當亦動閭里之思矣。建霞弟江標記於京師。

案：原扇見於榮寶齋（上海）拍賣有限公司 2012 年春季大型藝術品拍賣會預展。

跋吴大澂臨黄易山水册

生平酷嗜小松山水。今夏客都門，與費西蠡同年觀《嵩洛訪碑圖》册於廠肆含英閣，時適大醉，睡眼模黏，不甚記憶。未幾，西蠡以巨值得之，遂假歸，飽讀經日，歡喜贊歎，恨無妙筆臨一副本。冬日回吴門，適翰卿道兄出示窓齋世丈臨小松畫册，酷似小蓬萊閣，神味俱得。蓋此種筆墨，非畫院家知之。翠墨千函，紅蟫萬卷，固有以助其豪端也。他日窓丈見西蠡所藏，當必有一臨本，或能乞得之，則足以傲吾翰公矣。時光緒己丑十月，元和江標記事。

案：此册今存美國哈佛大學燕京圖書館。由白謙慎教授惠賜照片。《笘誃日記》光緒十五年己丑十月二十日：“翰卿出窓齋臨黄小松山水册屬題。”

題沈周《游張公洞》圖

光緒庚寅閏月十四日，約同人集拙政園觀桃花，銅井先生出吴窓齋世丈藏沈石田游張公[洞]圖卷，襄賞竟日。元龢江標建霞謹題記。時同觀者中江李貴猷少眉，皖山寶以藩介人，吴顧肇熙銅井、曹福元再韓，元龢鄒福保詠春、王同愈勝之，新陽李傳元橘農并記。

案：見《南畫大成續集五·題跋上》（日本興文社編印）。《笠
訒日記》光緒十六年庚寅二月十四日：“赴拙政園，請李少眉、寶
介人、顧緝庭、鄒詠春、曹再韓、李橘農、王勝之觀桃花。”李貴猷，
又作李虞猷，字少眉，李鴻裔嗣子。

戴熙仿米芾《九峰煙雨圖》觀款

庚寅五月八日，嘉興沈曾樾苣璘、歙汪嘉棠叔木、武進費念慈西
蠡、元和江標建椴、陸景涵保之同觀。標記。

案：原卷見於北京誠軒拍賣有限公司 2011 年春季拍賣會預展。

跋日本源藍水藏戴以恒山水圖卷

余與藍水別已二年，庚寅八月，游日本東京，訪藍水，歡笑如故。
出此卷相示，爲戴用柏先生所畫，家法俱在，且爲得意之筆。藍水亦
善畫，頗得吾國南宗嫡乳，惜匆促歸，不得乞君一畫幅也。他日望爲
鄙人作一蓬山話別圖，則二神山色，長可作臥游矣。光緒十六年庚寅
八月廿九日，元和江標建霞記於日本東京皇華使館。

案：原卷見於北京誠軒拍賣有限公司 2008 年秋季拍賣會預
展。源藍水，又名村瀨藍水。《笠訒日記》光緒十三年丁亥十一
月初十日：“出門至玉廛春，見源藍水（日本人，工畫）。”

跋王澍《積書巖摹古法帖》

恭壽老人書法得唐人規矩，尤善鑒別書幅。余嘗讀《虛舟》《竹
雲》兩題跋，爲之神往。華篸秋舅氏荔雨軒中藏王維《江皋會遇圖》

卷,獨有老人一跋審定真迹。余嘗得潁上《蘭亭》,有老人跋語,即錄入《竹雲題跋》中者。老人篆書亦入唐室,蓋以昭陵諸刻爲界限,不敢上窺六朝,何論秦漢?此臨古六十大冊,爲華九如表兄所藏,無體不備,大觀哉!近世石墨印行甚盛,安得巨手爲之影摹,以供衆好。光緒庚寅十月,建霞江標記於黃歇浦舟次。

　　案:採自王欣夫《蛾術軒篋存善本書錄》。原卷見於西泠印社拍賣有限公司 2007 年秋季拍賣會預展。

跋黃道周《孝經本義》殘稿

　　右黃忠端《孝經本義》殘稿十四葉,以每葉後紀數證之,缺第三、四、五、六四頁。余初得此冊時,不知其爲忠端手迹也。因見每葉板心有"不易堂藏"四字,檢定遠方氏《夢園書畫錄》卷十五錄黃石齋草書立幅,姓名下有"三公不易"、"六事未能"兩印,知"不易"二字當公所自題。去歲游日本,見閩中羅氏藏公手書《孝經》及《五月江濤送遠人》畫冊,字體塙出一手,於是重付裝池,以爲靈兼閣收藏明賢墨迹之一。光緒辛卯七月,元和江標記。

　　案:原卷見於上海寶龍拍賣有限公司 2012 年春季藝術品拍賣會預展。底稿見《笘誃日記》光緒十七年辛卯七月二十五日。

自題臨王維《江干雪霽圖》

　　王右丞《江干雪霽》,燕文貴臨本,見遵義黎氏。余自戊子入都,過子涵二兄槐蔭精舍,相與論畫,頗有鍼芥之契。辛卯初秋,子兄將出都觀覲,吾省爰臨四名家小幀以贈其行,使他日一展,當憶吾二人精舍相對時也。

案：轉引自陸建初《人去夢覺時——雕塑大師江小鶼傳》。

跋王翬臨江貫道《萬壑千巖圖》

光緒十六年庚寅夏日，重裝於京師。此綾舊有之，然非是卷原物。江標記。

錄翁跋："右王石谷竹卷，卷後原有石谷自書名，下有'石谷'二字印，裝潢者謂其字不工，割去，可恨也。"此卷出郡中湯家巷昧綠齋裱背店楊實甫手，不知爲何家物。數年前，實甫携來，完好無割裂痕，時欲求售，無有得之者。或有人告之曰：此不似石谷筆墨，盡去之以僞元明諸家，或可得善價也。實甫信之，方割去。爲識者所見，曰：此真迹無疑。爰仍黏連之，以示華篆秋舅氏。舅氏故老眼，收藏甲吳下，一見賞歎不絕，惜其割破題語而還之。於是實甫方視爲至寶，到處索重直。知者恨其不完，不知者疑其作僞，同一不售。數年以來，輾展江南諸收藏家幾遍，後爲鄒芷汀表兄知之。鄒亦篆舅甥，好收藏，惟舅氏是去取。實甫遂以此卷寄象山署，適芷汀罷官，未幾卒，實甫索值不得，鄒氏以原卷還之，始於去年二月歸於余。付重裝，割痕不能滅，人有疑之者，亦不能與辯也。近檢罩溪文集題跋一則，與今事絕相類。罩溪之卷，字已無之，此卷雖割而字尚存也；罩溪之卷僅畫竹耳，此則臨專家巨卷也，其珍貴當逾於罩溪矣。恐後之人不知割截之原委，仍有疑之者，故詳述之，且錄罩溪跋語爲佐證。光緒辛卯正月，元和江標題于京師西磚胡同寓中。

利津李竹朋佐賢《書畫鑒影》卷九錄有王石谷仿江貫道卷，題曰："仿江貫道《千巖萬壑圖》，烏目山人王翬。"行書兩行，押尾"王翬之印"方印。又有一跋曰："此余丙午秋爲西廬先生作者，屈指已三十四年矣。時己卯春正云云。"按先生此跋爲西廬之孫重題。先生生於崇禎壬申，距丙午年僅三十五歲。此卷曰臨不曰仿，當初見真迹時手橅者。今據仿本跋語，確爲先生早年與宋元人血戰之作，正師事奉常之日,故與後來筆墨不甚相似,益可知真迹無疑矣。喜極,故復跋於後。光緒壬辰秋七月,建霞江標記。

案:原卷見於中國嘉德國際拍賣有限公司 2008 年春季拍賣會預展。《笘誃日記》光緒十六年庚寅三月十六日:"王石谷臨江貫道《千巖萬壑圖》卷,紙本,絶佳,上有篯秋舅氏跋,前三年曾見之。今以石庵絹本對一、付洋二十番易得之。"王同愈《題烏目臨巨然卷》亦云:"生平所見未表無款之石谷真迹,得此爲二。其一,臨江貫道《千巖萬壑》卷,筆力雄健,巖壑深邃,陰森作六月寒,真傑構也。江建霞同年所藏。初亦以無款記爲疑,將卷首題字一行割去,繼而悔之,遂付潢池劍合。今其後人不能守,已歸他姓矣。"翁方綱跋語見《復初齋文集》卷三十四《跋石谷畫卷》。

題團扇

查梅壑畫有《百尺梧桐閣卷》,兹略師其名,不襲其迹也。壬辰六月寫寄縮春二兄。蘇州建霞弟江標記。

案:原扇面見於中國書畫藝術品拍賣有限公司 2012 年迎春拍賣會(368 期)預展。

題自摹惲王合璧册

惲王合册本過雲樓物,後歸費屺襄同年。壬辰八月,畫社第十二集在屺老齋中,即臨此册。越一月,吉石道兄入都過敝廬,見而愛之,索此屬自題記,殊覺汗顏也。時壬辰九月十七日,元和江標記。

案:原卷見於北京泰和嘉成拍賣有限公司 2008 年秋季藝術

品拍賣會預展。

跋日藏唐人書《蓮花經》卷

嘗見王夢樓《快雨堂臨帖》手跋，云學書四十年，及見《靈飛經》墨迹，始恍然於古人用筆之意。唐人書之可貴如此。趙文敏書《蓮華經》四五兩卷，余曾屢見之，於用筆全學唐人，然古拙處不如矣。今日在貴陽陳衡山處，見唐貞觀間人書《大般若經》殘卷，字體斬方，有六朝意，與此卷用筆相近。昔人云經生多學褚河南，此僅見晚唐人書耳。

　　案：見《笘誃日記》光緒十八年壬辰十二月十七日，兹用《日記》原題。陳衡山，即陳矩。

跋陳衡山藏宋時日本刻經

刻板至佛經爲極古，五代槧木，佛經先於儒書，見於記載甚詳。貴陽陳衡山，至好，自日本携得宋嘉泰時日本刻經，來都門出示，屬題語，以余曾游日本，且於此事亦酷嗜也。余在日本曾得宋紹興二年歸安《圓覺藏》刻《大般若經》九卷，然字體、墨色不如此卷之精。余又得唐寫經五十種，内附刻經兩行，古拙異常，好事者疑爲孟蜀初刻，比較之，似勝此卷。余又得殘宋刻本《廣弘明集》，字體近大歐陽，宋藏《妙法蓮花經》，字體近顏，精采奕奕，遠勝宋書塾書棚所刻各本，然較此則神氣索然，蓋此卷即以唐經生寫本覆刻。中國自宋坊刻以後，不知用此刀法矣。日本近來刻書尚用圓刀，收轉极自如；中國則用直刀，往往刻波折書，多窒礙，有棱角。近日余與衡山皆喜刻影宋書，故皆知之最深，并記於此，所以告後來之刻書者。

案：《笘誃日記》光緒十八年壬辰十二月十七日，用《日記》原題。

題自臨山水册八幅

此石谷、南田合稿，以真本對臨，時光緒癸巳三月四日。寫册八葉，送衡山五兄出宦之蜀，聊以寄意，自忘其筆墨之醜也。元和江標記於京師宣武坊南。

北苑瀟湘圖一角，曾見真本，非意造也。

老儒老妓都一般，落花誰惜舊紅颜。江州司馬如相左，彈破琵琶也等閒。山左張石如作此畫并題此詩，殊有別趣。今臨之，頗有十年前事之感。

戴文節、湯貞愍皆喜畫此。

兼葭秋水，儗南田草衣，建霞。

戴文節有此幅，今在李新吾編修家，建霞記。

雲林生寫“斷橋無復板，臥柳自生枝”詩意，幅紙如新，余十七八時，見於舅氏藤花盦，至今猶縈魂夢也。

臨香光晚年小幅，是純用濕筆者，標。

案：原卷見於四川德軒拍賣有限責任公司 2013 年“文心似海”中國歷代文人書畫主題拍賣會預展。第八幅題識後所鈐“建	朅”朱文印與今蘇州圖書館所藏明刻《剪綃集》江標題跋後鈐印一致。“斷橋無復板，臥柳自生枝”，出杜甫《過故斛斯校書莊二首》之二。

跋王廉州仿大米畫卷

康熙十六年丁巳，廉州先生卒，時年八十，此卷署乙卯，當爲七十八歲所作。清涼精舍乃先生晚年之居，梁退庵《題跋》收一卷，署"辛亥初夏畫於玉峰之清涼精舍"，是七十四歲所作。又見陸氏《所見書畫録》收仿董立軸，署"丙辰仲春於來雲館之水邊林下"，下有"太原游之鑒藏"一印。丙辰後乙卯一年，爲七十九歲所作。標按，廉州與煙客雖子侄行，少煙客僅六歲，廉州先煙客卒三年。煙客向極推重廉州，"鑒藏"一印，當廉州卒後，收其遺墨而加此印記也，故有印記者皆晚年之作。此卷余與福山王漢輔茂才（崇烈）同游前門，得於山左書估，歡憙贊歎，而爲此跋。至於畫筆蒼老，題款雅潔，印記精湛，紙墨淳古，賞鑒家當一望而知，無待余贊美也。

案：見《笘誃日記》光緒十九年癸巳四月初三日，兹用《日記》原題。《題跋》即梁章鉅《退庵題跋》。陸氏《所見書畫録》即陸時化《吳越所見書畫録》。

《甲午銷夏册》題識

甲午五月十八日，爲銷夏詩畫書社第一集，於吉甫侍講同年齋中。此即吉甫自寫其庭階紫薇，所以紀實也。時同集者敬甫熙臣、吉甫熙元、隽甫熙彦、達甫熙徵、劉静皆世安、遠齋錫恒，期而不至者壽臣增、李木齋盛鐸。建霞江標記。

案：見《甲午銷夏册》（附於《修書圖》）。

跋文徵明小楷《赤壁賦》并補圖

右文衡山先生小楷《赤壁賦》并補圖，時嘉靖四年九月，先生已六十六歲。越年五月，又自跋兩行，更小於蠅頭，腕力精健異常。余嘗按其行款，知先生乃臨趙松雪本。此卷共廿九行，行二十字，與趙本同。趙本墨迹今尚在京師卓□□公家，裝一直幅，去年曾出□錢。石刻則在焦山寺中，舊爲文文水所刻，在嘉靖壬戌時，後先生臨寫已二十七年矣。按，先生晚年日書小楷《千文》一本自課，分貽親友，無少耆。此亦一時興到所作，以贈石民望者。民望亦吾郡一知名之士，嘗與唐、祝諸君相往來。余得滕逸湖手録《所見書畫録》，中見祝京兆書、石民望寫叙，即索武進費屺懷同年以小楷録於後。屺懷嘗得文氏小楷卷六段，中有《後赤壁賦》，而無《前赤壁》，字更小於此，欲易以爲合璧，彼此皆有此意，而皆未能割愛也，嗜好之累人如此。賦中"槳"誤"漿"，"藉"誤"籍"，此未足爲先生病，若以此疑之者，非也。

　　案：見《笘誃日記》光緒二十一年乙未七月初十日。

題吳大澂《愙齋集古圖》

　　昔嘗侍潘文勤師於京邸，出所藏古金各拓本以賜，且曰："子爲吾如黃蕘圃百宋一廛故事，成《攀古樓賦》，可乎？"余謹謝，以"非今之思適"對，然心竊願之。以文勤之藏，實足冠絶古今，若一一部居而賦之，真一絶大鉅製也。兹文勤已千古矣，六年以來，迄未成句。今讀吾愙齋世伯《集古圖》三巨卷，收藏之富，鑒別之精，幾與文勤相等，且皆聚散於吳縣，誠奇遇也。當敬求全目，濡毫執卷，合文勤所藏，成《兩金賦》以夸示後來，愙丈當許吾也。光緒廿一年乙未十月，元和江標謹記於湘中使院之讀二通齋。

　　案：此册今存上海博物館。影印本見《愙齋集古圖箋注》。

爲潘志萬題吉金拓本

　　昔嘗怪許書重文所寫大篆與今日所見古金文拓本不同，思欲以拓本補重文，似爲可據。十年以來稍稍藏集，未富也。前年見吳愙齋世丈所撰《說文古籀補》，補輯之願益深。去冬爲鄭盦先生書刻陽湖莊氏述祖《說文古籀疏證》，又恨莊氏說解頗精而篆文繆訛不可指數，摹寫日促，未及一一校正爲憾，且校亦大非易事也。今笏盦姻丈出此册見示，收集之多，深媿莫及。此中之器，大半皆鄭盦、愙齋二先生所藏，姻丈審考尤塙。它日補輯私願如成，擬再乞此册爲鴻寶。姻丈其許我乎？

此笏盦姻丈集古金拓本第二册，恒軒、兩櫑之藏居其大半。竊嘗謂畢阮諸家收集金石，椎輪大輅之功，故《山左金石志》以元記作虎節，《積古款識》取宋造爲周文。近日此學益精，由此而南，得塙證於二千年之後，豈非奇事！前年游山左，見陳壽卿先生，觀其收穫，■爲此學之冠。南方土薄，金器不多見，吳愙齋世丈收藏考證，獨能開南學之漸，吾知他日必有代興者。姻丈此藏亦足爲南學之宗矣。

案：見《笘誃日記》光緒十二年丙戌正月十七日。

跋五鳳二年刻石與居攝墳壇刻字

右五鳳二年刻石、居攝墳壇刻字二種。余於甲申秋謁曲阜孔廟，手拓得之。近日拓工於此二種皆不能有精拓，蓋因五鳳石質甚粗，用大墨包撲之則皆模糊矣。居攝二刻皆刻在石堪中，更不易施氈椎。余以新絮小墨包細審其文而手摸之，窮日之力，得此三紙。墳壇上刻，向來金石家皆題曰"祝其卿"，維近日懷寧方小東釋爲"況亭卿"。余抵石拓紙細審之，磧非示旁，似於"況"字爲近。維不知何以趙德甫、洪景伯已指爲"祝"字，豈亦未見精拓邪？五鳳一刻，塙非甄，竹垞翁之訛，前人已有正之者矣。此余皆親見得之，付裝池，成此小卷，以求正嗜古刻之君子。

　　案：見《笘誃日記》第十二冊末。

題舊拓《天發神讖碑》

　　光緒癸巳十一月朔十日，荔卿前輩出示舊拓《天發神讖碑》，屬縮摹碑文於前。是日鬋燭爲書一通，并以翁王兩家書證之，互有存佚也。元和江標并記。

　　　　案：此拓本今存中國國家圖書館，爲明拓本。跋語又入趙海
　　　　明《碑帖鑒藏》。

題新羅真興王巡狩碑

　　是碑劉方伯喜海《海東金石苑》考證極詳，蓋朝鮮石刻，惟此爲最古。近代金石之學日精，搜羅日廣，屬藩外域，皆見著録。日本有《金石年表》，近日傅部郎雲龍。撰《日本圖經》，輯有《日本金石考》五卷，頗精博。泰西如羅馬、埃及若有古刻，安得有人專集海外金石，成此一書，則足駕《海東金石苑》而上之矣。玉齋尊丈出此拓屬題，爰書鄙説如右，藉補考證海外金石者一條例。

　　　　案：見《笘誃日記》第十四冊末。原文未言碑名，茲據“是碑
　　　　劉方伯喜海《海東金石苑》考證極詳，蓋朝鮮石刻，惟此爲最古”
　　　　之語，以《海東金石苑》所載最古之陳新羅真興王巡狩碑當之。

題綠泉山館碑額

　　光緒乙未初夏，按試來此，於屋後掘得一泉，出石隙中，試之清冽可烹。證以圖志，當即中唐時綠井也，湮塞久矣，爰題此額以張之。

湘中督學使者元和江標題記。

案：見《笥誃日記》光緒二十一年乙未四月十二日，泉在湖南永州。

送《焦山歸石卷》歸焦山書藏記

往嘗讀阮文達公《送楊惠愍公墨迹歸焦山記》，云：“兹送卷歸山，他日如入他人之手，皆能説所從來而賤之，恐世間無此儈父也。”此數語也，常往來於心，以爲文達之語足以概後世之巧取豪奪者。又讀《焦山藏書記》，云：“焦山詩僧借庵因靈隱書藏事，遂議於焦山亦立書藏。”此數語也，亦常往來於心，謂釋家好事無過於借庵者。冬歲抄■■編修，在京師菜市之東馮姓裱背家得一破卷，有圖有記，爲焦山歸石事，又有借盒之名，乃出囊泉易歸。方將付裝以庋几案間，適吳江翁印若中書綬琪過寓廬，見之，訝曰：“辛卯之秋游焦山書藏，見五石俱在，而不知其所自來。若將此卷仿文達歸楊卷事，還諸焦山，則君不負儈父之名，寺僧或尚有借盒其人者。”標聞之，頗然其言。適聞番禺梁星瀚前輩復興書藏，鎮江太守則爲我座主王可莊夫子，遂具函肅書以呈於我夫子，乞轉付藏中。因附記於卷後，重述文達書楊卷之語曰：“世家秘閣之藏，不如名山僧寮之寄。兹送卷歸山事，元作記，存之拙集中，且當代賢卿名士亦多題詠，載之各籍，使海内知爲焦山之物。”標專守此義，不敢贅私説，爲文達之語足以概之矣，後生人來藏中觀石且展此卷者，願毋忘文達之語可也。借盒名巨超，秋屏名覺燈，皆詩僧也，各見文達記中。標聞近日焦山僧有名鶴洲者，善拓《瘞鶴銘》字，或亦秋屏、借盒之徒也，則此卷重歸，亦可忻其有屬矣。

案：見《笥誃日記》光緒十九年癸巳二月廿九日，兹用《日記》原題。

題徐樹鈞藏王獻之《鴨頭丸帖》

宋宣和御府所藏大令帖八十有九，《鴨頭丸帖》其一也，列入行書類。至文宗時，賜柯敬仲，始出禁中。明時又入大内，《畫禪室隨筆》云，神宗皇帝每携獻之《鴨頭丸》以自隨，聞之中書舍人趙士禎云云。今按卷後有香光跋，無年月，不知何時又出禁中。入吳用卿家以後，遂展轉人間，今爲長沙徐叔鴻方伯所得。借觀數月，歎爲稀世之寶，手自鈎摹上石并題語卷尾，以志生平奇遇也。光緒二十三年丁酉十月，元和江標書於長沙使院。

案：原卷藏上海博物館，今據上海人民美術出版社 1959 年影印本《晉尚書令王獻之鴨頭丸帖》（卷軸）録之。

藏書題跋

跋焦循批校本《大戴禮記》

右《大戴記》二册，爲朱文端藏書，本理堂先生手校者也。卷首録方梫如先生一跋，并謂宋板書之不足恃。余讀韓元吉一序，知當日非不知其繆，特未敢改正，其意蓋懼其寖久而傳，又加舛也。是則宋人刊書必加謹慎，不如後世之貿然删削也。况此書繆處固多，而善處亦復不少，如必欲强爲改正，必致善者亦爲所没，不如仍之，而猶存廬山真面也。予嘉宋人刻書之善，并於先生跋後下一轉語。光緒壬午九月元和江標記。

> 案：此書原本及江跋見於西泠印社拍賣公司 2015 年春季拍賣會預展。《笘誃日記》光緒十年甲申閏五月十一日："又焦理堂手校《大戴禮》亦藏余家。"

跋元刻本《爾雅》

余七歲受《尒疋》，至今已二十年矣。丙戌八月，隨輶粵東，上沂東江，過長樂，易小舟，僅主僕，微雨濕篷背，頗好讀書。發篋見巴陵方氏新翻藏刻雪窗本《尒疋》，午後讀之盡卷，句讀不免有脱訛，蓋讀之已如隔世矣。雪窗本乃元槧，余去歲曾見於聊城海源閣，楊氏、臧氏、方氏皆侉之曰宋本，訛也。阮文達《〈爾疋〉校勘記序》侉爲元本，甚塙。光緒丙戌八月二十二日，元和江標記。

案：此本爲巴陵方功惠碧琳琅館翻刻元代雪窗書院本，今存臺北"國家圖書館"。江跋又見《標點善本題跋集録》上册。

跋《仿北宋小字本説文解字》

顏黃門曰："校定書籍，亦何容易。"旨哉言乎！《説文》一書，明葉末流屢刻《五音韻譜》，幾不知有始一終亥之目。毛氏特起，毅然刻之，可謂聖矣。然自持其藏本之多，五次剜改，面目盡失。至我乾嘉之朝，崇尚小學，於是收藏之家，各有宋槧，互相鈔校，絶學大興。然孫刻所據，景鈔宋本也。係錢侗人鈔贈淵翁者，孫即據以上板。錢鈔本今存德化李木齋孝廉盛鐸家。汪郋亭先生説。頜刻所據，元繙本也。其本皆推爲宋槧，今藏楊氏海源閣，余審定之。二家原本，聞見所及，故塙知之。其他儕爲真宋槧者，或存或亡，余皆未見，不敢妄議之也。今丁氏所刻，其據真宋本乎？不可知也。既曰仿宋本矣，何以必據汲古本而改之？中有與王周二家藏宋本、葉抄宋本、印校宋本不合者半，皆從毛氏意改之字。丁君豈不知段氏有《汲古閣説文訂》之書乎？濟南校藝之餘，取五硯樓原刊段《訂》，手校於下方，然專取王蘭泉、周漪塘二家藏宋本、葉石君抄宋本。蓋三本皆小字，雖有互異，其源則一也。袁壽階曰："段氏之意，欲人得一宋本。"余既不得見真宋槧，即就段本校正之，亦聊以解嘲耳。頜氏舊藏元刻本時在案頭，儗再校於上方也。光緒十一年乙酉四月朔四日，江標記於大明湖畔。

王本今藏陸存齋觀詧心源䀲宋樓，周、葉二本未知存佚，俟訪。

按王本有阮文達手跋，曰：嘉慶二年夏五月阮元用此校汲古閣本於杭州學署。毛晉所刻即據此本，凡有舛異，皆毛扆妄改。

案：此本爲嘉慶丁卯刊藤花榭本，"顏黃門曰"至"俟訪"爲朱筆，"按王本有阮文達手跋"一段爲墨筆書於另附浮簽。今存蘇州圖書館。

跋《説文解字》

此印印川先生孫刻《説文》校本，舊藏葉氏楸花盦，今歸長洲張叔鵬明經炳翔儀郼廬，大都本惠氏《讀説文記》、段氏《汲古閣説文訂》爲多，間附校按，俱極精博。余嘗於丙子歲借張氏藏本，過臨於此浦翻孫本之上下方，又於乙酉歲於山左見青州孫模山孝廉文楷藏古金拓本，曾釋古籀各文，擬補郼書重文之缺，余又補臨於下方。首册書衣葉跋卷中上方朱字，皆同邑祝心淵茂才秉綱爲余補臨印氏本原文。首册夾籤多正余過臨之訛者，吳孫洨民丈傳鳳也。光緒十二年丙戌十月二十七日，元和江標記於粵東嘉應道中。

余方臨校此書時，年十有七，叔鵬長余一歲，各以搜訪舊本，講求鈔校，專重讀書者之藏書。心淵則年僅十有二，已能留心於古籍。斯時三人幾無日不見，見必談此等事。余住西城沙皮巷，叔鵬住桑葉巷，相去不數十武，心淵則住東城懸橋巷。每於薄暮來談，談必至上燈後而始去。旁人多笑其幼年不務科舉之學，專力於不亟之故書，并有以吾輩所爲而戒其子弟者。斯時惟洨民丈聞之欣然，索觀所臨本，并加以墨，而鄭重必附以夾籤。今忽忽已十載矣，叔鵬已遷居范莊前，余即賃心淵之屋。去年余與洨丈同客山左學幕，校藝之暇，仍以此等事爲性命。往往以一字之微，斷斷終日，或怒目頸赤，而以爲大辱，然事過即仍好如初。今洨丈仍客山左，劬學自好，日鈔秘書將盈篋。心淵方爲余課長子聰識字，仍分別六書以教，大異世間塾師之所爲。叔鵬則奮力輯刊《郼學叢書》，已成四集，書數十種，志存必傳。余則隨軺粵東，勞人草草，學業無成，維守此故册，每一開卷，猶如昨日。舟窗無事，偶詳書之，不知以後十年作如何境界也。二十七日，師郼又記。

光緒十四年秋，余捷南闈。十五年夏得館選，爲庶吉士。是秋洨民丈捷南闈，十六年夏春明報罷，旋卒於京寓。冬，余偕心淵至都，仍課子聰。十七年夏，心淵以丁外艱歸里。四年中人事變遷，可感也夫！十七年辛卯五月二十日，師鄘記於京師宣武門外西埔胡同。

　　　　案：此本爲清同治十三年東吴浦氏重刻平津館覆宋本，江標
　　　校跋，并臨印康祚、孫文楷校文。今存復旦大學圖書館。

跋《仿宋監本説文解字》

　　余所據宋本乃從印印川先生校本過臨，印本四卷至十卷及十三
卷皆無校語，或先生已見殘宋本也。光緒十一年三月二十七日燈下，
元和江標識於濟南使院之石芝書屋。

　　　　案：此本爲光緒七年（1881）潘祖蔭校刻本，有江標朱墨二色
　　　批校。今存上海圖書館。

跋《仿唐寫本説文解字木部箋異》

　　光緒十一年乙酉五月，自山左南歸。六月二十三日，舟泊邗江，
得於左衛街文運堂書棚。越三日，師鄘記於新豐道中。

　　　　案：此書今存華東師範大學圖書館。

跋《讀説文雜識》

　　癸未四月二十三日，漢陽襄校畢，止宿舟次，由武昌官書局購《説
文》各種書，記於上。師鄘手志。

　　　　案：此書今存華東師範大學圖書館。

跋《一切經音義》

莊校《一切經音義》附《華嚴經音義》，癸未八月笘誃得於□□經坊。

今日細思之，所見足本當即《大藏音義》耳。乙酉四月十八日燈識。

此書尚有明支邮足本，卷帙倍之，壬午仲夏於滬上書肆中見之，以價昂未得。聞近日又有一本新刊於金陵，亦於書肆中略一檢及，據人云亦較此本爲精。此書已屢經傳寫，舛訛必多，不能爲祖本。近日東瀛新刊《大藏音義》，余尚未見。陶子縝編修方琦。已輯有《許注淮南》《倉頡篇》，已較舊輯本倍之矣。此書出，乾嘉間人勝於前代；《大藏音義》出，今又勝於乾嘉矣。甲申二月朔二日，師鄦記於山左使院。

癸未八月十二日，從長洲葉氏緣督廬校藏本過臨。上卷"革"字條原校上"革"字作"革"，與刻本異，不知何所據，附記於後。笘誃江標。過傅家岸，北風大順，復讀此二卷。

案：此書今存華東師範大學圖書館。

跋《筠清館金文》

《筠清館金文》五卷，光緒丙戌七月得於廣州，八月朔十一日三鼓，署於惠州舟次。

績谿程蒲孫丈云，吳荷屋中丞此書釋語，半爲仁和龔定公所撰、掩己名者。定公《己亥雜詩》注云："某布政屬撰吉金款識，爲書十二卷。"即此本也。按今存書五卷，則删去者尚多。夜燈無事，讀全書，見有文筆似定公者，皆注出之。合之，注明定公說者幾倍之焉。爰記書衣，以補定公佚文。元和江標記。

光緒十三年丁亥二月二十二日，舟過羚羊峽，讀此五卷，略加瑣語。山色空濛，細雨濕蓬背，明窗寂静，正好與古人析疑也。閱畢書此，將抵肇慶城外矣。元和江標記。

六月朔四日，吳窓齋丈出示在琿春時所撰鐘鼎彝器釋文考，爰取此書所收之文補錄考證於上方，皆墨筆。朔六日，師鄴記於廣南節署，倚裝匆匆，時將歸里門矣。

> 案：此本今存華東師範大學圖書館。又有陳運彰過錄江標批校之本，今存復旦大學圖書館。

跋漱六樓抄本《汲古閣珍藏秘本書目》

此鈔本葉口題"漱六樓"，余嘗見豐順丁氏收吾郡顧湘洲家書，亦有漱六樓鈔書目數種，究不知爲誰家物也。細審之，知黃蕘圃刻本即用此本寫樣，當亦一善本也。目錄書舊鈔不多見，此亦足珍矣。光緒辛卯十二月，元和江標記。

> 案：見愚齋抄本《盛氏圖書館善本書目》，今存國家圖書館，收入《清代私家藏書目錄題跋叢刊》。

跋藝芸書舍舊藏刻本《汲古閣珍藏秘本書目》

此書舊藏藝芸書舍，故有汪厚齋朱記，即閬源先生之父也。書中印有方、圓"汪"字朱記，乃當日此數種已歸厚齋，用《藝芸書目》對校，可信也。是爲趙靜涵表兄同年手贈。趙得汪氏宋元舊本甚多，今已半歸陸存齋世丈矣。辛卯十二月，江標記於京師。

> 案：此書今存華東師範大學圖書館。汪厚齋朱記指書中"茂苑厚齋汪氏家藏珍玩"朱印。

跋《東湖叢記》

此書雖隨筆札記，而於藏書故實、金石遺文考訂精詳，論説塙當。繆小山前輩初刻此本時，余在山左學幕，得之如獲奇寶。後爲趙静涵師假去，携往倫敦，重洋萬里，無從索歸。然每念及此，時覺神往。今夏在都，從小山前輩索得一部，開卷如見故人，喜極，留記於書衣。時光緒辛卯十一月十二日晚燈，明月當天，茶聲沸銚，亦讀書一樂也。江標記於京師西磚衚衕，子聰侍。

案：此書今存華東師範大學圖書館，爲紅印本。

跋宋刻本《新編婚禮備用月老新書》

光緒十五年八月初三日，貴築黃國瑾以女許海豐吳重憙子邠，福山王懿榮以兄女許國瑾之侄信成，爲之媒者，武進費念慈、元和江標。是日，貴築出此書，與善化瞿鴻機、清鎮杜慶元同觀。標記。

頃在福山座中，觀唐人寫經三卷、趙松雪書《蓮華經》卷。標并記。

案：此書今存臺北"國家圖書館"。江跋又見《標點善本題跋集録》上册。

跋明刻本李賀《昌谷集》

《昌谷集》，余童時案頭有明無注本，與《飛卿集》合刊者，有汲古閣文瑞樓收藏印記。有用藍筆批點處，疑錢東潤手迹。後爲一書賈謀去，至今猶惜之。今有兩注本，皆非精品。江行無事，讀此一過。温集余曾過臨何義門批校本，較此爲精也。光緒十四年三月二日，元和江標建霞跋。

案：此書今存華東師範大學圖書館。

跋清王士禄稿本《然脂集》

此册僅有底稿，世無他本，其《然脂集例》一卷已收入《四庫》。據貽上書子底年譜後曰，先生著書惟《然脂集》二百三十餘卷，條目初就，蓋爲之而未成也。前余所藏僅十一册，爲卷三十三。今冬，書賈侯念椿携四册來，裝潢、字迹均出一手，爲塍上蔣氏物，索價過鉅，不可得，悵然。計余所藏不及原書十之三四，惟其中評贊及“○”“、”，均經塗抹，其例中有《黜評》一條，故墒知爲子底手墨也。

按其書總爲四部，曰賦，曰詩，曰文，曰説，析爲六十四類。余藏至七言律而止，其下爲卷五七言絶句、六言古、六言律絶、五言闕句、七言闕句，其附録曰雜謡語，曰偈頌，曰咒，曰詩餘，曰詞餘。文之類三十有八，曰序引，曰記，曰傳，曰論，曰説，曰頌，曰銘，曰贊，曰訓誡，曰連珠，曰評，曰例，曰題跋，曰紀事，曰詔，曰令，曰誥，曰敕，曰策，曰璽書，曰榜諭，曰書疏，曰表，曰牋，曰啓，曰狀，曰檄，曰書，曰哀册文，曰悼文，曰誄，曰行狀，曰述，曰墓志銘，曰墓碣，曰祭文，曰上梁文，曰雜文。説部則凡雜著之自爲一書者悉隸焉。其傳奇尤雅者，亦附録於四部之末。前余所見四册，則詩餘類也，然亦不全，不知此二百餘卷之書天壤間猶盡傳流否。子底以數十年心力成此一書，而力不及逮，亦可傷矣。時光緒七年辛巳十一月廿二日，師鄆江標手記。

案：此書今存上海圖書館。王士禄（1625—1673），字子底，新城人，清順治十二年進士，官萊陽縣教諭、吏部考功司員外郎。江跋又見《上海圖書館善本題跋輯録》。

跋汲古閣刻本《翦綃集》

　　宋李和父《翦綃集》一卷，舊刻入《江湖小集》中，并和父《梅花衲》一種，皆集唐句也。明汲古閣毛子晉取《翦綃集》刻入《詩詞雜俎》中，《梅花衲》已無從得見矣，而《雜俎》之板亦旋毀。己卯閏上巳，於舊家雜書中無意忽見此册，亟售歸。雖破爛已甚，首尾殘闕，而猶可披讀，爰重爲手裝。計其所闕者，止上卷目録、下卷《古觀題》一首而已。雖詞章小道，無足供巨觀，而除汲古本之外，亦無從披覽矣。余故非重其文，直重其書之少見云尒。光緒五年閏三月初五日，建霞手裝於濠洲，并識數語於後，可見藏書之要，在留心細檢耳。

　　　案：此書今存蘇州圖書館。江跋又見《蘇州圖書館藏善本題跋》。

雜 傳

嚴元照事略

嚴先生元照，字九能，又字久能，別號悔庵，浙江歸安人也，以納粟作上舍生。好讀書，所居名芳椒堂，聚書數萬卷，多宋元舊槧，《曝書雜記》卷下，與錢竹汀、鮑以文、顧千里、黃堯圃等友善，逸事具見於諸家集中。工詞，齋名畫扇齋，金匱楊夔生《真松閣詞》注。齋以畫扇名者，先生娶於錫山嵇氏，嵇有媵婢張秋月。先生愛之，乃謀諸中閨而胖合焉，且援《十六觀經》“戒香熏修”之句，字之曰香修。華秋槎司馬、屠琴塢孝廉爲寫《秋江載月圖》團扇貽之，無錫顧翰《拜石山房詞》注作《西泠載月圖》，未知孰是。因以畫扇名齋，且遍乞題句爲《簪花集》，《拜石詞》注云：“君姬人香修有簪花圖，題者甚衆。”陳雲伯爲賦《香修詩》九絕句。見《碧城山館詩錄》卷六。尤精小學，著《爾雅匡名》二十卷，專以《説文》正體糾《爾雅》流傳之俗字，仁和勞涇元《曝書雜記》涇作經。爲鋟之版。事見上元朱述之《讀書志》卷一。又著有《娛親雅言》，錢竹汀宮詹爲之序。《曝書雜記》下。又《蕙櫋筆記》一卷，原稿存荻港章學柏明經家，葉苔生先生廷琯。手錄其副，并刪去十餘條，見葉苔生先生原跋。新陽趙靜涵先生元益於章氏亦抄一本，則全稿也。趙先生説。先生又工詞，人皆稱之曰嚴九。《拜石山房詞集》卷三。詞集名《畫扇齋［詞］》。先生每見舊刻精抄，必印以“香修”小印。見《東湖叢記》錄先生《鐵網珊瑚跋》。舅氏篴秋老人曰，先生爲鐵橋先生族子，貧病■愁，終年小住常在婿鄉，■與楊、顧諸老輩提倡風雅。詞稿甚富，■流落錫山，曾假讀之，今已不知所往矣。舅氏與先生子粟夫友善，故知其詳云。

案：見《笘誃日記》光緒十一年乙酉十一月十二日。

管君申季誄并序

惟光緒十三年二月八日，管君申季以疾終於吳門里舍，蓋自廣南扶病歸僅三十日也。君回嶺北，我止嶠南，聞信駴悼，此憾何極！嗚呼，哀哉！

君諱禮耕，字申季，一字操邦，蘇州元和人也。高陽苗裔，無譜牒而莫徵；銑露降英，以後生而未悉。標後君十二年而生，識君六七年之久。蛾術之勤，皆見於親炙；雕龍之譽，不採夫耳聞。嗟壽命之何窮，痛學人之已失。嗚呼，哀哉！

君修志沉潛，守神遠貌。爲經生之子，人比許沖；有士行之兄，世知陸倩。所學惟實，綜貫於百家；下筆謹嚴，未編於一集。極下愚之一得，僅略次夫四途。君得韋賢之傳經，守何休之家法。宜略識字，通古籀於《三倉》；務在通經，拾微言於落簡。吾鄉經師若陳南園、馮景亭二先生，得乾嘉之舊聞，振咸同之墜緒，君則一得師承，一曾入室。賈逵受業，侍父而見子春；侯芭從游，問字而隨揚子。其犖經之學一也。

傳題釋老，與儒林而同修；音義衆經，藉字書而始定。北宗神秀，西土桑門，雖儒者之異途，亦慧業之通牖。吾鄉經生若江鐵君，詩人若張京度，則皆律守僧衹，禪宗大乘。君亦業修淨土，揚慈水之瀾；錄寫傳燈，轉意珠之朗。其傳禪之學一也。

六藝曰數，孔門皆通；《九章》之分，康成所次。讀《天問》而知九重之度，考《曾子》而察地體之圓。吾鄉若李四香、顧澗蘋諸先生，皆能理董其失，推闡於微矣。君則體用分求，紹未聞於前哲；中西通法，繼絕業於疇人。其數理之學一也。

唐碑八百，記好事於歐陽；南帖寸縑，辨摹勒在肥瘦。趙明誠《金石》之錄，姜堯章《絳帖》之評。吾鄉若郭靈芬之考訂、畢經訓之收藏，皆足照耀一時，轔轔百代矣。君亦法書深刻，愛看太學之碑；長卷短牋，精別唐臨之本。其碑版之學一也。

嗚呼！君有開敏信古之勤，當以家學師承之後，苟能抽以心傳，假諸眉壽，則玉振江表，微言絕而復存，龍躍雲津，奇寶盡而又出，見表測裏，疇克及之。而竟折玉樹於殷墟，鬱青霞於修夜，豈不痛哉！豈不痛哉！

嗚呼！誄以表德，世留孝若之文；詞以寫哀，集有傷心之賦。爰宗斯義，乃誄之曰：

黦黦者地，漫漫者天。靈鑒何在，喪此大賢。其才胡麗，其遇胡愆？秋陽曇雨，聲匿影遷。邈邈管君，爲道日損。麗藻芝芝，修容婉婉。君之持身，修潔意遠。指架脉㮨，度分別刊。君之好學，說經鏗鏗。譚天測地，股縱句橫。摩訶起演，陀羅譯聲。金石刻畫，鈲撌比精。君尚有藬，樹諸堂北。遺孤扶墻，已成巖巖。繐帳風淒，麻衣掩幅。萬里傷心，援翰時盡。嗚呼管君，懷和告終，方發朝采，遽入殤宮。禹貐召夜，鴞鵬徵凶。嚴霜隕萊，弱草驚風。嗚呼管君，遺墨猶濕。籤題在函，書牘在篋。匪君胡學，匪君胡習？寶此瑯玕，循回世及。嗚呼已矣！管君長辭。欲表君德，文慚不詞。遺輝煜煜，宿恨離離。南雲易散，西樹永靡。嗚呼哀哉！

　　　案：見復旦大學圖書館藏《靈鶼閣駢文錄存》。《笘誃日記》光緒十三年丁亥三月二十六日：“三日來未爲一事，僅成駢語管申丈誄一篇，用以寫哀，然未能述其學業萬一也。”

爲家母華氏六十正壽徵詩文啓

母姓華氏，世居金匱鄉之蕩口鎮。考諱裕恩，議叙從九品。祖考諱文琪，福建福寧府知府。母少好讀書，喜纘事，工文辭，通聲律，年二十八歸我皇考，爲繼室，是年爲咸豐己未。明年庚申，吳中寇起，烽火燭天，皇考於二月中先偕母挈二子避難至蕩口外家，百物不取，獨携藏書一廚。長兄衡僅八歲，次兄鈞七歲，皆先妣吴宜人出。閏三月，標生。六月，皇考以痛先祖母洪恭人之變，遽見背，時標生僅百日也。母欲殉者再，時外祖母徐宜人責以大義，謂滿地兵戈，婿柩未葬，江氏三孤，又將何托？雖存弱息，亦當苟延。時外祖早去世，先舅諱啓運，年尚少，外祖母挈子女及三外孫避難村落，輾轉於湖港間，四年未遇一賊。事平歸里，爲舅氏助餉，得浙江典吏。歲丁卯，舅氏遽卒於錢塘典吏署。外祖母悲痛之餘，念無親屬，决計不願母歸吴門，母亦不願離膝下，遂住蕩口外祖母家，母延名師課余兄弟三人。明年戊辰，長兄衡年十六，入元和縣學。越三年辛未，次兄鈞爲元和庠生。時標年十一歲，好弄無厭，母以兩兄皆已在庠，時勖以讀書。遇節□學，業師歸里，母輒自教讀，手紉兒衣，耳聽兒讀，稍不順口，時或痛笞，常曰："汝父課汝兩兄時，其嚴豈止此哉？"往往涕泣哽咽不能語，標益加厲。然非讀書時，雖跳踴無度，行動錯失，輒教導不倦，未嘗忍加一杖也。癸酉冬，爲長兄娶丁氏。嫂始歸吴門，賃屋購器，細及杯箸，皆母積數年匲資以充之。明年甲戌，丁嫂遽亡，母内理喪事，外慰長兄，旋屬長兄赴京兆試。時二兄以出嗣堂叔，隨叔祖母程宜人於嘉禾，故丙子冬復爲長兄續娶華氏嫂，仍自理家務，不肯以細事交兒輩，常曰："汝等皆有提抱之小孩，豈能兼及他事哉？"家事母獨任之。標年八歲，母教以四聲，讀唐詩，課五七言絶句。十一歲，命爲賦，呈兩兄改之。十四赴縣府試，十五赴學使試，不售，母戒以勿急求，勿倖獲，復命隨師讀書，節衣縮食以供師脯。嘗晚歸，聞早出塾他往，怒呼杖來痛抶，懷中忽脱兩帙，母拾視之，乃新購鈕氏匪石《説文段氏注訂》也，乃曰："兒往購書乎？然此等書或非汝所能通，且不告而往，罪不赦。"仍不與食，曰："爾父遺書一廚，今十四五年矣，未嘗動也，能讀之則爲汝啓扃鑰。"標於是始得讀藏書。標每值新正過諸長，有賜以壓歲錢者，母戒不許博。或聞購書籍碑拓，輒索觀，有非應用者，怒不許買。故十餘年來，積書至百簏，皆母脱簪典裳以爲助，母未嘗一書不知其目也。

標年二十一，爲縣學生。二十二，爲標娶婦汪氏。二十四歲，得湖北學使高公聘，請命於母，母曰："學幕尚可讀書，汝年甚輕，須端行慎事。昔有黃仲則，詩雖好，而不善養其身，吾不願汝爲此流人也。"標自此年出門，歷楚鄂、齊魯、南粵，凡六年，隨兩學使游三省，母輒手自諭戒，以敦品爲上，力學次之，恐標之過勞也。

歲戊子，標年二十九，爲長沙王益吾宗師所拔，兩試得高等，舉優行生，列第一。是年赴秋闈，與長兄衡同舉於鄉。明年己丑，標得進士，入翰林。歸，母有喜色，但曰："惜汝父不得見也。汝知汝出門以來，數年之間，吾之勞苦，更甚往年乎？"不覺涕淚之交流。蓋標以奔走於外，不遑問家事，母内持衣食，外念游子，六年之間，一風一雨，動輒驚心，又爲家貧，不能使標長隨膝下，故曰反不如二十四歲以前也。

歲庚寅，標散館授職編修，秋請假歸里迎母，母曰："汝外祖母年近八十，親骨肉祇余一人，豈可遠離鄉井？汝自携婦及孫輩行，吾仍隨吾母之牀前也。"標不得已，於冬月到都供職。今年八月十八日爲母六十正壽，標以道遠不能歸，欲於十月十八舉觴遙祝，且以母節三十二年，例得請旌於朝，遇覃恩，晉封恭人。

母有孫四人，皆幼讀，孫女四人，皆未字。母晨起必早，躬親細務，暇閱史書。四十歲以前，嘗日紡棉紗數兩，兒輩中衣皆自織之布。平日未嘗製一新衣，一羊裘用十餘年，僅存鞹，不肯一易新也。外祖母疾，衣不解帶者四十餘日，得痊可，親屬中尤稱道焉。年五十，江蘇學使黃漱蘭夫子書"畫荻風清"匾額旌於門，母堂兄篴秋舅氏畫《竹柏圖》爲壽，比吾郡袁氏之竹柏樓，以重節也。母寡言笑，無事未嘗出中門，家庭肅然，御下有法，視諸子婦如己女焉。母行動皆符古淑女，標敢略書以告天下，如有賜以壽言，以蘄吾母壽者，則標所深感而深願者也。

案：見《笘誃日記》光緒十七年辛卯九月二十五日。標題爲編者擬。

記外祖母徐宜人

　　節壽母馳封恭人華母太恭人於壬辰三月十四日爲八十壽辰，母爲元和江標之外祖母也。標生百日而孤，值庚申之難，依母從外祖母居，今已三十二歲矣，計不離吾外祖者幾二十餘年。母之賢德，標聞之詳，今值開九之數，敢不略爲書以告天下乎？

　　謹案，母徐氏，江蘇吳縣人也。世好讀書，知禮儀，以道光四年歸吾外祖候選從九品馳封翰林院編修□□公，時母年僅十有七。當外曾祖□□公任福建蚶江同知，繼升福建福寧府知府，皆隨任於閩。上事翁姑，下和姒娣，內外人無間言。然猶世之女子應爲之事，固不足爲表之者也。自咸豐初年外祖不祿，遺吾□氏□□公及吾母，年甚少弱，於是母主持家事，迄今四十餘年，煢煢之懷，勞勞之情，筆所難全，僅書其略。

　　■治家甚嚴整，早晨必起，諸事躬親。庚申之亂，吾母方嫁，舅氏亦娶，亦未久適，值天下大變，烽火燭天，一日數驚。母挈吾母與舅氏及■■二兒，依黨避難，東西跋涉，不出百里，因不敢離其鄉。時鄉中亦以團練功，得不爲賊所作踐，於同治甲子年歸居，標與吾母仍依而止焉。然自大難之後，家產蕩散，茹含勤儉，得不救失，猶爲吾舅氏助餉，得一典史於浙江。舅氏遂以乙丑冬爲官於浙，丁卯夏，署錢塘縣典史。母聞之喜，挈標之浙署，住兩月而歸。不意其年冬，舅氏以秋闈差事積勞遞殞，母聞之悲慟以年。後立嗣堂侄篆秋，乃第八子世，另爲之孫，以痛吾舅故去■■■許。吾母歸蘇，仍爲延良師，訓吾兄弟三人。

　　明年戊辰，標兄衡入元和庠。越四年壬申，母孫世芳亦入金匱學，標二兄鈞繼爲元和庠生。己卯，標亦入元和學。光緒乙酉，世芳得拔萃科。戊子八月，標得優貢，九月，標與兄衡同舉於鄉。明年己丑，標得進士，入翰林。庚寅夏散館，授職編修。此吾母訓孫及外孫輩之成立，此可記者一也。

母喜閱史部書。標年八歲，母常説漢唐故事使聞記，又爲課古今體詩，使知四聲對偶之事。又時説佛家果報之雜事，以戒孫輩少年之用心。是母訓諸孫輩之可記者二也。

母家經離亂，諸事散廢，母竭力主持。司事僕媼皆相隨廿餘年，無一違言。御下有禮法，不循乎行者，皆面斥，不敢仰視。穉婢偶有錯失，則又教使，不即忍加鞭撲。佃夫村婦來完租税者，皆以一見母面爲樂，母亦待之禮有加焉。此母待人之可記三也。

母晨起必早，躬親細務，《内則》中凡婦工應爲之事，皆數十年如一日。歲用出納，皆手自書記。暇則手植花木，兼覽載籍以自娛，無病未嘗一午睡。此爲自處之可記者也。

先大夫見背，方值亂起，母挈寡女外孫避竄鄉曲。及事平歸，爲外孫輩延名師，皆使向學無荒廢。愛標尤至，下學晚燈，必詢察課之勤惰，一名一物，一禮一言，必教之無失。標年十五，隨家母至蘇州，爲大哥娶歸。明年，標一人仍隨母讀書。至二十二歲，標娶婦後，始常在蘇。二十五歲，應湖北學幕之聘，歷游山左、粵東，前後共六年，每假歸，必至蕩省母，母待猶如童年。一兩月不得書，必盼切於夢寐。然標弱年好弄，初多浮躁，母必痛訶不少假，輒訓以忍耐之法，有合於古先哲之言甚多。此母教訓之可記者也。

母平日未嘗妄費一錢一衣，一應用■數十年，輒戒家人僕御惜福，必陳説故事以爲戒。然値窮無所告之人，天下窘迫之事，則又慷慨布施，無少惜。賢婢數人，前後未贖者，皆不收其■，且倍資而嫁之，皆感泣頌禱而去。母年過古稀，神明不少衰，應物接世，雖少年猶有不如也。嚴而不刻，温而不習，此母一生處世之道，又足可記者也。

　　　案：見《笘誃日記》光緒十七年辛卯八月二十一日。標題爲編者擬。

哭外祖母徐宜人

標，宜人之外孫也，而實孫視標，標亦視宜人爲祖母也。始生至弱冠，而不離乎左右，自弱冠至壯年，奔走南北，渡重洋，游絕域，積數千萬里，即歸亦匆匆一睹顏色。宜人常曰："阿保，蓋少日親而長日疏矣。"阿保者，標之乳名也。嗟乎，此語而得聞乎！是標之所深負不忍言者。嗚呼，痛哉！宜人之歿也，在月之十五日；標聞電耗而哭也，則在翌日之午；其陳詞以奠也，則在是日之黃昏。然病不知其所本，言不知其所云，斂不知其所附，幽明永隔，魂魄相離，僅僅此哭與奠也，又遠在三千里之外，尚得聞之乎？尚得知之乎？是不敢信也，是更可痛也。去年十月，標自海外歸，即挈婦來京師，臨行之前，偕婦及兒輩至蕩口叩辭，宜人臨行目送曰："阿保，諸事須小心，■■近■隨。"標則明年秋日定欲請假言歸，重見爲■。孰知因此致■■■徒虛，嗚呼，今其已矣乎！搏□撫膺，萬悔何極！孰謂生離之日，即爲死別之期，目送之言，竟爲永訣之語乎！追思疇昔，心碎如糜，遙望南天，竟與俱往。吾母，宜人之愛女也，年已六十矣，當此撫棺一慨，不知悲痛何如，宜人有知，尚望默爲保護。苟精神之可感，幸骨肉之來依，濁酒召香，非宜人之所好，惟此區區文字，尚宜人於提抱之日教訓之魂也。能來或■，阿保尚在三千里外，爲文而一祭吾[母]也，嗚呼，痛哉！

案：見《笘誃日記》光緒十七年辛卯十一月十六日。標題爲編者擬。

皕香主人傳

皕香主人姓顧氏，嘉定工人女也。年七歲，工人貧，短粵婦資，以女償之，限三月贖，不能得錢，遂以英餅銀卅五易於徐侍郎之族爲寄女。侍郎族有妾無所出，母之，教以讀。性聰慧，能通《孝經》《女誡》

諸篇，又工繡，韈履皆自製焉。歲丙戌，侍郎族卒，䀢香仍依妾母居。戊子春，妾母携之上海，賃屋而舍。妾故不貞，棄徐氏家，使䀢香習絃索歌唱。九月，別覓屋於公羊里，蓋取班氏書所謂"刺繡文不如倚市門"之語焉。靈鶼於十月過上海，初見於酒樓，意惘惘而有所失，若異於常見者。時䀢香侍鬟名繡者，侍䀢香甚謹，見靈鶼而私語曰："弗思郎脱果爾尼必罕西。"靈鶼笑而頷之，弗思郎脱者，譯言此女佳，果爾尼必罕西者，譯言君可得之，皆泰西語也。是時䀢香譽日噪，過䀢香隴者日相接，至子夜始絶。䀢香酬接應答，揮灑如無事。然略有於以非禮者，則緩而言曰："我之應接，母命也。我之身，我主之，母不能有以命也。"於是犯者皆頸頳舌咋而去，數日不相問。母知之，略諷勸，不聽。知繡奴與渠密，使奴勸之。奴隱以詢，遂泫然曰："我本農家女，不知詩禮。七歲入閥閲門，衣錦繡，飽玉食，以我爲貴家女。徐父教我從兄姊讀，使略知天下有貞節事。今復爲此忍耻含辱之事，我命也。然處污泥而不染者，我之身，母不能强我也，其婉謝吾母。"繡聞之而憬然曰："有是哉？世再有以非禮干汝者，是非人類也。此事三百六十日，吾可一身庇之。"遂於母前極陳利害，母意稍爲之解。己丑秋，繡感䀢香事，自念非笄少，遂嫁一士人去。別之前數夕，與䀢香終晚相對泣，日祝靈鶼來，曰"彼來則吾負可少釋也"。時靈鶼滯道路，方溺聲色，不肯歸。九月望，始至上海，詢之則繡已去，䀢香猶應對如去年。新補一侍鬟曰寶者，已羅敷有夫矣，明婉善侍接，規畫世事，犀利如老吏折獄，侍䀢香謹，猶如繡焉，䀢香亦心腹倚之，惟護䀢香而時凌其母，不如繡之柔而隱也。知靈鶼與䀢香有宿約，故侍靈鶼尤密，每見靈鶼豪蕩揮霍，輒於更漏燈殘下戲而言曰："吾不能保先生一生，但願早入江三家，不致負宿緣，則吾願亦可終了也。"蓋先生者，上海青廬中侍婢呼其主之俗稱，江三者，■■呼靈鶼也。靈鶼留海上一月，事不成，欲浮海至臺灣。行之日，䀢香以事忤其母，母以爪啗其口，舌如糜。靈鶼在酒樓，不知，招之來，雙淚濕巾袖，闔坐相訝，戲謂曰："豈江三行而痛戀之若是邪？"䀢香終不肯言其母之虐。寶忿然見於色，欲三言之，而皆爲䣄香所亂，遂密牽袖而告曰："天長地久，此若與同，君意何如？毋如杜牧之在揚州也。"靈鶼笑答之："姑緩。"遂忿然曰："負心郎寧有是哉！吾錯識人矣！"靈鶼復改容謝之曰："此事恃爾主之，能待一月乎？"寶測睨曰："果然，吾可待之，久則吾身亦不能自主也。"遂爲別。今歲二月，靈鶼自南粵歸。蓋去歲遇颶風於海，不能進基隆門，徑南行至粵也。歸仍不豐於囊橐，無以報所約。䣄香知靈鶼來，急速寶來矙，詢行路勞。寶俟無人時低詢曰："時至乎？"答曰："未也。"齤然曰："吾固知君此去不利，此天也，亦不能責君矣。"越數日，寶之夫來，速其歸。寶欲行而苦戀䣄香，䣄香亦痛留不忍別，婉辭之，不聽，怒詈之，如故。來商於靈鶼，曰："䣄香前所恃者繡耳，繡去而爾來，爾來而愛護過於繡，使不失於初，而有待於靈鶼。今靈鶼無以踐前約，而爾又去，則䣄香永難脫此苦矣。去留不敢決，所苦者䣄香耳。"寶含淚撚衣帶者半炊許，忽忿然曰："吾以死護之，君無他慮也。"遂去。是日四鼓，喧傳有女翦鬢於道，爲其夫挈之而去者，群相誚女之不貞而負其夫。靈鶼懼然曰："此必寶也。"詢之果然。嗚呼！靈鶼真罪人也！失信於繡，失信於䣄香，復失信於寶，且使寶蒙不貞名，靈鶼真罪人也！時匆促此行，遂於䣄香別，仍主前約，入都已五十日，不能行，恐終又將負䣄香矣。苦雨竟日，心愁如擣，翦燭作《䣄香傳》，正所以傳雙鬢也。䣄香者何？廎名也。誰名之？靈鶼閣主也。

論曰：雙鬢皆不知書禮者，而以䣄香一語動之，皆愛護䣄香如寶玉，而不爲其母所惑，然卒皆不能終事。䣄香事之因循窮顏色者，豈非靈鶼之罪乎？靈鶼日祝有爲䣄香營金屋者，今聞有是人矣。嗚呼，豈靈鶼始念哉！

案：見《笘䛴日記》光緒十六年庚寅五月二十三日。

清布衣黎君墓志銘

奉政大夫五品銜翰林院編修提督湖南學政元和江[標]撰

君諱□，字虞臣，岳州臨湘人也。原夫絕地天通，官因姓著，式徵寓衞，侯記詩傳，其來尚矣。自九真望族，經術與蘇氏同稱；羌谷函真，風俗志流沙之義。譜牒綿遠，可略言矣。祖□□，黌序蜚英，早著青衿之譽；世家舊式，一依白鹿之歸。父□□，鼓篋橫經，學通六藝；教冑國子，文備三長。君克劬菑堂，載揚弓冶，潛修儒業，淑鬱家風。耿直愷成，慕汲長孺之行；蕭澹自好，得陶泉明之真。叢桂一山，園題就植；校書千卷，屋積成巢。童蒙詁訓，四言著義，中庸脉絡，一貫須知。守弟子之職，灑掃必恭；讀治家之言，孝弟可信。豈知天不憖遺，殲良遽及；嘉謨方盛，陳馬難留；薤露一歌，遺型千古。以□□□年□月□日撤瑟於私寢，春秋七十有六。有簀在牀，猶抽翰牘，撰聯自挽，尚哀詩書。豈非來去有因，清明在抱者乎？孺夫[人]巴陵孫氏，閫門有訓，斷織流慈，婦道禮儀，無虧晨夕，以□□□年□月□日卒，春秋七十有□，蓋先公二年也。以□□□年□月□日合葬於梳齒壟之陽，禮也。有子七人，曰安，曰含英，皆名列膠序，學有淵源。一經分遺，確承庭訓。孫枝繁衍，重英挺生。安詩學通家，禮門請業，既安德兆，恐墜芳儀，乞銘志幽，述德不廢，爰礱貞石，有待斯文。銘曰：

洞庭之前，君山之麓，衆原陰陰，吉宅是卜。青松千粒，黃壤萬春，古人已矣，長此留真。啓後光前，不欺是戒，川盛筠貞，休文匪暇。陵谷有變，石記是旌，久存令德，永頌英聲。

　　案：見《笘詅日記》第二十册。銘爲江標應臨湘廪生黎安之請所作。□號字句原缺。

札記拾零

一

　　愙齋丈謂郪書所據古籀皆周末七國文字，雖存篆籀之迹，實多訛僞之形，今以古金文證之，多不相類。標實疑許書古籀百不可信一，蓋自隸草興而篆學廢，即如小篆之文，衡以今存東漢金器之字，已多不合六書。許書屢經寫刻，小篆之不訛者，類有説解耳，若大篆則後人無從取證，筆畫之訛，想不待雍熙之刊也。

　　案：見《笘誃日記》光緒十二年丙戌十一月初二日。

二

　　標嘗疑許君嘗見石鼓文，今書中所引籀文如"囿""員"等文與今石鼓無異，一也。嘗見北宋刊《説文解字》海源閣楊氏藏本籀文起止筆劃粗細如一，古文則起止皆作尖形，籀文與石鼓同，二也。今翻刻北宋本《説文》古籀文起止皆作尖形，大訛。

　　案：見《笘誃日記》光緒十二年丙戌十一月初二日。

三

　　全謝山謂五鳳石刻爲重摹本，見《鮚埼亭集》卷三十七跋，謂《張猛龍碑》書法不佳，見同上，謂唐太山摩崖爲前明俗吏更以"忠孝廉節"四大字，鑱其上舊文，爲所毁者半。見同上。標按，此更不然。余親至山頂讀銘文，無有爲大字所掩者。曾聞舊時有拓工來拓此石，天寒籠火其下，至石毁損，今下段字爲後人補刻，先生或以此而訛。

　　案：見《笆諺日記》光緒十二年丙戌十一月初八日。

四

　　陶集卷六《晉故征西大將軍長史孟府君傳》："淵明先親，君之第四女也。"此撰傳自稱字而不名，是一例。又卷八《祭程氏妹文》："淵明以少牢之奠。"是亦稱字。按，昭明太子《陶傳》："淵明字元亮，或云潛字淵明。"是淵明或亦名也。又述淵明對曰："潛也何敢望賢臣。"是潛確是名矣。予疑陶初名淵明，自歸耕後改名曰潛，故傳文如此，不然以字自稱，古未有施諸於文傳者。且潛字文義與歸耕之意甚合，故對道濟則稱潛也。昭明此傳述五柳事，全錄陶文，對道濟語當亦陶文，而昭明直錄者也，特今無可證耳。

　　案：見《笆諺日記》光緒十二年丙戌十二月初一日。

五

　　陶公《五柳先生傳》曰："讀書不求甚解，每有會意，欣然忘食。"標疑陶公此欺人語。其集中《示檀韶》詩云："周生述孔業，祖謝響然臻。馬隊非講肆，校書亦已勤。"昭明《傳》云與學士祖企、謝景夷三人共在城北講《禮》，加以讎校，是陶公讀書精於校讎者。後世讀書不專求字義，往往引《五柳傳》以自解，此大訛事。

案：見《笤諆日記》光緒十二年丙戌十二月初一日。

六

《十駕齋養新録》卷六據顏氏《漢書叙例》，疑《隋志》"《漢書集解音義》二十四卷，應劭撰""撰"字上當有"等"字，并述顏説，謂今之《集解音義》後人見者不知臣瓚所作，乃謂之應劭等集解，王氏《七志》、阮氏《七録》并題云然，斯不審耳。標按，《水經注·河水》篇既引"應劭《漢書音義》曰"，又引"《漢書集注》薛瓚云"，是瓚書并不名曰《集解》，當別是一部。蓋小顏僅見蔡謨取瓚書散入原文之本，故僅題曰臣瓚，莫知氏族。道元猶見單行之本，故題曰薛瓚，且分引《集解》《集注》爲二，先生偶未檢及酈注，故亦蹈小顏之轍也。

案：見《笤諆日記》光緒十二年丙戌十二月十三日。

七

山左近出古塙，文曰"〔字〕"，標疑"〔字〕"即《禮記·曲禮》"司土"二字也。宄敦"〔字〕"，標疑即"司寇"二字。

案：見《笤諆日記》光緒十三年丁亥二月二十三日。

八

《説文》："玎，玉聲也，從玉，丁聲。齊太公子謚曰玎公。"汪容夫《玎文正》曰："按《史記》吕伋稱丁公，丁公之子得稱乙公，乙公之慈母稱癸公，其言實出《世本》。丁、乙、癸并從十干，不得如《説文》作玎也。""古書或借'玎'作'丁'，許氏遂據之而爲之説爾。"標按，汪氏疑之是矣，而未得其塙證。許氏以玎爲玉旁，是猶未得爲塙也，今證諸古金文，始恍然矣。《盂鼎》"文王""武王"，"文""武"二字皆有王旁，非從玉。蓋古金文"王"字下畫皆巨而兩角微仰，吳愙齋中丞曰，從二從山、、古火字也，地中有火，其氣盛也。火盛曰王，德盛亦曰王，是"文""武"二字塙當從王矣。"文""武"皆諡，今"玎公"亦諡，故亦從王。三代以後，"王""玉"無異文，許君不察，遂以"玎"爲從玉之文，歸入玉部，汪君疑之而不得塙證。不意數千年後此鼎一出，始爲煥解。愙齋丈讀盂鼎文，僅定"文""武"系從王之字，非"玟""斌"之文，謂他器未見，當亦臣子尊先王之意，特加王以別之。標今據許氏書，可助其一證，且可以證許君之訛，解汪君之惑矣。（甲午五月，讀李蓴客慈銘《白華絳柎閣詩》癸《盂鼎歌》，亦引玎字■■《説文》入玉部之誤，反以"玟""斌"皆作玉旁，是過泥古書之弊。）

案：見《笘誃日記》光緒十四年戊子四月十八日。《玎文正》見汪中《述學》卷二。李慈銘詩原名《盂鼎銘拓本爲伯寅侍郎賦二首》，言及玎字考證部分曰："我所三摩挲，尤在玟斌字（銘文"玟王"三見，"斌王"一見，俱左加玉字）。於古無可徵，請更對以意。呂伋諡丁公，《説文》作玎誼。丁癸本殷號，周人始製諡。偏旁隨事增，古蓋有斯例。唐虞及三代，以玉供神事。大夫有石宝，郊宗詳其制。王公當用玉，疑非起後世。諡爲作主用，加玉所以志。此乃真古文，千鈞一髮系。寄語一孔儒，撟舌莫詫異（《説文》所引玎公，蓋出《左傳》'徵福於太公玎公'句，許氏序言所稱《左氏傳》皆古文，其所見作玎公也）。"

九

《後漢書·儒林傳·許慎傳》曰，叔重爲郡功曹，舉孝廉，再遷，除洨長，卒於家。今本《説文》題"漢太尉祭酒許慎記"，又許沖《上説文表》曰“臣父故太尉南閣祭酒慎”，是皆與《漢書》本傳不同。段氏玉裁遂疑之曰：“凡史云故某官，皆謂最後致仕之一任。沖云故太尉南閣祭酒，不云故洨長，然則疑洨長落職，又至京師充三府掾，已而歸里，卒於家，不得云終於洨長也。《後漢書·獨行傳》魯平先爲陳留太守，後爲博士，亦其證。”標按，漢人文字塙有不從致仕之職題銜者。如漢孔彪已自博陵太守遷河東太守，而碑額尚題“漢故博陵太守孔君碑”，魯峻自司隸校尉遭母憂，服竟，拜屯騎校尉，而碑額亦題“漢故司隸校尉”。今沖不曰洨長而曰太尉南閣祭酒者，亦猶是也。吳山夫《金石存》跋語時未念及《説文》，故漢人碑版多不可曉之語，如以其爲證，可恍然矣。孫淵如有《許叔重木主結銜議》，云主題洨長，不及太尉祭酒，是從本傳爲斷。標謂説則辯矣，然於漢例則不合也。當時臧氏鏞堂云宜稱太尉南閣祭酒，比范史稱洨長爲得其實，此塙論也，卒爲孫議所隔。當時臧君又惜不讀兩碑額，以折孫君，是與山夫同一失也。

案：見《苾芻日記》光緒十七年辛卯八月二十一日。

十

三吾者，浯溪、峿臺、㕹庼也。庼本㝿字。有清光緒二十一年歲次乙未四月，督學湘省過此，流連半日，辨別次山，僅有溪、臺、庼三吾，并手拓其銘而去。點畫■誤，後世不察，轉寫爲亭，有宋以來，賢者不免。獨段與錢能知其訛，乾嘉小學，卓絕千古。茲實舊形，循讀遺文，臺庼并峙，未有亭字。千載之疑，亟當辨正，刻石記之，以告後來。

案：見《苾芻日記》光緒二十一年乙未四月二十四日。

十一

（耒陽縣）書院以杜陵名者，以耒陽城北有杜工部墓，舊有祠宇塑像。其中祠後即墓，圍以石，有景泰時題墓。石墓後五楹，有樓即新建者。祠門內西有小屋，即谷朗碑，碑石完善，前後額皆有暈，後無刻字。向聞《集古録》云尚有朗子寧侯碑同在祠中，聞之司祠者，皆云早失。内有一生云有一碑額上暈與此碑同，已斷，無字。余亟看之，在東牆角，僅存額，古暈宛然。量其寬，與前碑不差累黍，命健兒洗之，無字，爰屬該生并下段訪出之。如能得之，則出數百年隱而復見之物，且足爲湘中金石添一掌故也。

　　案：見《笘誃日記》光緒二十一年乙未五月初四日。

十二

讀《禮記·玉藻》“孔子佩象環五寸”句，疑“孔子”二字有誤。蓋象環之飾既無旁證，而文句亦雜而不倫，繼讀“公子曰臣孽”句，始知“孔”字乃“公”字之誤，且“孔子”句當在“士佩瓀玟”句上，則與下文大夫、庶子、公子、士文例相同。公子者，公之幼子也。何以知幼子？《公羊傳》“臣僕庶孽”何休《解詁》曰：“庶孽，中賤子，猶樹之有孽生。”《漢書·韓王信傳》集注引張晏：“孼子爲孽。”經曰“臣孽”者，乃臣孺也，故知庶子爲長，公子爲幼。何以佩象環？即童子佩觿，從角例也。世子與公子有長幼之分，而等則同，故同曰“綦組綬”也，否則孔子何以與世子綦組綬同制？以經證經，即以一篇中經例證經，不得云武斷也。

　　案：見《笘誃日記》光緒二十一年乙未閏五月初五日。

十三

澤存堂張氏重刻宋本《佩觿》後附《郭忠恕傳》，與今《宋史》本傳有異同。《宋史》最誤者，"弱冠，漢湘陰公召之，忠恕拂衣遽辭去"兩語令人不解，證之《譚苑》及《集古録跋尾》等書，皆不合。兹讀《佩觿》後傳，始知其中有脱文也。《佩》傳曰："弱冠之年，漢湘陰公辟爲從事。公在徐州，同府記室董裔與忠恕情意不叶，因爭事，忠恕拂衣辭去。"《宋史》脱去董裔事，則上下文不屬矣。

又《佩》傳曰："逢人無貴賤輒曰猫。"案，此楚人語也，至今湘人猶呼"無"爲"猫"。方以智《通雅》："江楚、廣東呼無曰毛。"《後漢書·馮衍傳》："饑者毛食。"章懷注曰："衍集毛字作無，今俗語猶然者，或古亦通用乎？"毛、猫本同聲，忠恕弱冠在湘陰，故習爲此語，後不可改也。今《宋史》改作"苗"，則音又不合矣。一傳之中，一脱一訛，讀史之難如是。

案：見《笘誃日記》光緒二十一年乙未閏五月十五日。

十四

阮文達曰《定香亭筆記》卷四："元潘昂宵《金石例》惟拘守昌黎一家之學，明王行《墓銘舉例》雖兼取韓愈、李翱以下十五家，亦不過中唐以後體制，其於兩漢南北朝制體修詞一道，槩未之聞也。余收穫兩漢六朝碑版甚多，思成一書，以復古式。"標嘗謂墓銘之例，漢魏六朝皆大輅椎輪，略具規模而已，其例莫備於唐，唐以後則無例矣。然唐之例不能取各家文集爲定例，須搜集天下墓銘拓本而編輯之。余嘗有志於此，得墓銘拓本六百餘種，可云多矣，然按諸舊人藏目，遺佚者亦不少，欲求一同志者而共爲之，數年中無人也。瞿木夫曰墓志之例亂於唐，是尚誤信潘、王諸人書者。乾嘉以來，爲金石例者多矣，獨於墓銘例皆未畫一，他日有暇，當輯此一書。

案：見《笘誃日記》光緒二十二年丙申正月十九日。

十五

阮文達跋宋拓《醴泉銘》，謂六朝唐人書碑，別有一種筆，今世筆工，便於松雪書耳。所論極是，然標猶有說：六朝人書，其工在刀非筆，書能如此，故有鋒棱；唐人書，其工在書丹，故有含蓄；唐以後書，務在便易，不肯書丹於石，僅以佳紙良筆作書，任工人雙鉤上石，故與唐人書不同。六朝人書■不用筆，如始平公造象、《皇甫驎墓志》等，一望而知。唐人書皆親書於碑，積朱厚，刻工佳，故自存神味。推而上之，漢晉各碑，皆書丹者，故《王基碑》出土，猶有朱字未刻者。漢人作隸，用絕頓毫筆書，觀《孔宙》等碑額即知。特不知秦篆用何種筆書耳。

試以刀仿六朝人書，易於用筆；朱臨唐碑，易於用墨；雙鉤上石之字，勝於筆書。無論作何等書，皆如此也。

案：見《笘誃日記》光緒二十二年丙申二月初九日。阮元語見其《揅經室集》續三集卷三《宋拓醴泉銘殘字跋》。

十六

丁令爲文誠公子，多搜藏。校閱之暇，問其借閱多種，記其目於後，以志一時墨緣。

馬湘蘭盆蘭供石軸。蘭作雙鉤，花畫并頭，盆以墨筆隨意鉤出，石亦枯秀，看殊艸艸，而雅韻獨絕。右方自題小楷一絕："芳谷風翻香更幽，靜含春色上融樓。昨朝石友携來伴，愛我花開總并頭。乙酉花朝日飲梅花樓下，適黃墨莊先生至，喜甚，作此以贈。湘蘭馬守貞。”“湘蘭”，白文。

董文恪疊嶂回溪軸。高不三尺，寬尺四五寸，墨筆紙本。作兩巒中開一溪，畫遠沙，無一樹，山頭僅作小墨點而已，幽秀絕倫。“疊嶂回溪。戊寅嘉平月橅范中立小景。東山董邦達。”“董邦達”，白文。“東山”，朱文。

項墨林設色山水軸。高五尺許，闊尺七八寸。右方小篆題一詩并行書跋，絹本。“先生志上芸香閣，閣老新峨豸角冠。留取幽人臥空谷，一川風月要人看。庚子夏五月山中宿雨初霽，雲東侍御過余草堂鑒賞古畫。時靜名齋壁上適懸董源《夏山圖》，雲東取以爲冠，焚香鼓琴其下，不忍即去。因仿其意，贈之。昨先生有内臺新命，即以此志別，并當異日招隱之賦云。墨林山人項元汴識。”“子京”，朱文。

金俊明梅花小幅。以墨作梅一枝，枝幹用焦墨點苔，枝頓，亦不類梅，下有沈承樹補竹數枝。右方自題一詩，紙本。“屈子騷經遺不錄，石湖芳譜漫具收。試憑西掖攀花手，提向百花花上頭。壬子小春月寫，并錄馮海粟句。吳郡耿庵金俊明。”“索笑樓”，朱文。“俊明之章”，朱文。“石寐道人”，白文。

文衡山設色小幅。高二尺許，闊尺許，紙本。山石全赭，樹多各色。上方題三絕句，皆小行楷書：“原樹蕭疏帶夕曛，塵蹤渺□一溪分。幽人早晚看花去，應負山中一段雲。正德戊辰七月，文璧製并題。”“桑柘閒閒竹嶼深，春花釅月樹成陰。黃鶴紫燕鳴相和，此是雲山韶濩音。王寵。”“王履吉氏”，白文。“尺楮相看二十年，子今騰踏我頹然。白頭點筆閒情在，莫道聰明不及前。戊子十月三日，徵明重題。”“徵仲父印”，白文。“文仲子”，白文。左下留。

奚鐵生設色山水立幅。紙本，淡赭色。惜紙已敝，接大癡道人《溪居靜遠圖》，“乾隆癸卯臘月，鐵生奚岡。”“奚岡之印”，白文。

王煙客設色山水立幅。高三尺，闊尺四五，紙本。淺絳，用筆若不經意，畫沙濃墨作屈曲，遠山用淡青，尖插一峰，後更以淡墨作一遠山，畫中罕見。題左方："丙辰清和偶憩西田，仿一峰老人筆。王時敏。""王時敏印"，白文。

鄭板橋畫巨石立幅。高三尺，寬尺七八寸，左方題詩一首。石不點苔，而蒼老有棱，妙筆也。"片不崚嶒峭可捫，不須五嶽自稱尊。世間縱有秦皇帝，未敢鞭他下海門。板橋鄭燮畫并題。""樗散"，朱文。"老畫師"，白文。

錢籜石畫蘭幅。絹本已黑。作墨蘭兩叢，撇葉秀挺，花臺重疊，如聞幽香。"東侯同年大兄清賞。乾隆甲申四月廿六日，年弟秀山錢載。""錢載"，朱文。"壺尊"，白文。左下角。

案：見《笘誃日記》光緒二十二年丙申二月初九日。後丁道良將其中馬守貞、項元汴兩幅贈予江標。丁道良，字百川，湖南沅陵縣知縣，丁寶楨子。參本書附錄三蕭穆《記山東藩庫所藏乾隆內府書畫》。

十七

文敏曰："日臨樹一二株，石山土坡，隨意皴染，五十後大成，猶未能作人物、舟車、屋宇，以爲一恨。喜有元鎮在前，爲我護短，否者百喙莫解矣。"標謂山水、人物、花鳥各占一門者，此宋以後人之學也，古人作畫，兼工各藝。近在丁百川大令齋中，見宋人《煙江疊嶂圖》一卷，中各具畫法，此宋人絕技。大至樓屋精舍，小至禽鳥供設，無一不精妙。余見唐宋人畫幅多矣，皆如此者。南宋後分南北兩宗，於是畫者多矣，而古法亦湮廢。畫學豈易事哉！

文敏又云：仇實父作畫時，耳不聞鼓吹駢闐之聲，如隔壁釵釧，行年五十，方知此一派畫殊不可習。譬之禪定，積劫方成菩薩，非如董、巨、米三家，可一超直入如來地也。標謂畫之分南北，即喻禪理之有苦行、頓悟二派，北宗苦行，南宗頓悟，足以擬之。實則天下凡事無一不分兩派，此陰陽相偶之理耳。

案：見《笪簃日記》光緒二十二年丙申二月廿四日。董文敏語見其《畫禪室隨筆》卷二。

十八

余常見古人書畫，後人題記往往曰“傳諸子孫”，又曰“貽某兒某孫以爲永寶”，余竊以爲不然。書畫、金石、碑帖一切玩好，人各不同，故同一收藏家，而各有所好，雖父兄子侄不相合。即偶嗜好相同，不過得一秘本珍藏，或視爲手澤而已，決不能心心相印也。故好古者曰癖，癖豈能同哉？彼之重付子孫，以爲吾之所好，子孫無有不同好者，直夢語耳。雖通人如乾嘉諸老，皆不能免，亦可慨矣。

案：見《笪簃日記》光緒二十二年丙申五月廿七日。

懷珠閣卮言

鶴緣詞

陽湖呂庭芷世丈耀斗以詞館轉遷觀察，甲戌抱鼓盆戚，回山數載，僑居鵝湖，朝夕往還，寒暑不間。丈於長短句剖律考音，精微入細，撰有《鶴緣詞》一卷，余曾請付梓，未許也。録數闋於左，以見一斑。《南鄉子》云："客榜又天涯，翠被鄉愁一倍賒，生怕東風攔夢住，瞞他。侵曉偷隨燕到家，重憶小窗紗。寶幔沈沈玉篆斜，月又無聊人又睡，寒些，門掩紅梨一樹花。"《滿庭芳》云："啼鳩留春，游絲惹夢，天涯又閏清明。夜深人靜，獨向六街行。月裏幽坊如畫，那門邊猶度歌聲。問誰傍尊前撅笛，還似訴儂情。廿年前舊夢，柳枝共挽，私語調鶯。驀東風回首，觸我飄零。料得小墳今夜，映梨花一樹冥冥。可奈此斷腸詩句，月下念教聽。"《撥香灰》云："青鸞鏡裏長相見，歡恨還參半。班雛一去太忽忽，只有淚珠雙繫住東風。重重密約渾難定，兩地成孤另。思量何事不銷魂，第一剪燈深話月當門。"

蘇臺竹枝詞

張叔鵬翔於市上得鈔本《蘇臺竹枝詞》百首，卷面題曰《潛庵蘇臺竹枝詞》，有小印曰"樹臣翰墨"，究不知其誰氏也。詩既工切，用典亦雅潔。閱其序，爲道咸間人。序中句云：詞雖近豔，旨則寓規，俾後之學者知璧月瓊樹之篇都非佳讖，重農務桑之習即是仙源，返樸還淳，心焉望之云云。若預知有庚申之變，亦一奇也。

華芝九舅氏故友詩

華芝九舅氏有故友某，幼而穎慧，十三歲入泮，試古學第一，題爲《繡毬花賦押頭字韻》，曰："泂是陽春有脚，踢上枝頭。"雙關句工巧無比。臨没《寄内》句云："病裏看梅共消瘦，忙中對月又團欒。"

古銅印

余於市肆見瓦鈕古方銅印，長寸有五分，四圍鏤金絲，其細如髮，古色斕斑，文四字，曰"石家侍兒"，知爲金谷園物，以賤值得之。珍愛過甚，日繫腰間，爲肱篋者剪去，懊悔欲絶。後見於賞鑒家，亟欲購歸，索價百金，竟無應。惟願後人得之者珍重過余，則不啻余得之也。

二波軒詞

余於廢書中得長洲王穀之騎尉嘉福《二波軒詞》三卷。按，二波爲惕甫先生中子，出嗣聽夫先生。聽夫殉節呂堰，二波以門廕授職。少負絶人資，讀書十行并下，與伯兄又樗、季弟井叔有"三鳳"目。余惜其殘編將湮，求人重刊，無有應者。録其《臨江仙·和吳山尊記得詞》云："記得董公祠畔住，門前碧水瀠洄。玉扉輕叩獸鐶開。上堂人不見，鸚鵡喚茶來。一帳濃雲香未散，困春小夢初回。日長天氣費推排。笑拈紅豆子，雙隻倩郎猜。""記得嬉春曾有約，未明先啓葳蕤，鏡奩脂盝畫雙眉。雛鬟真解事，簪上小桃枝。商略衣裳渾不定，低鬟著意矜持。含愁點黛諱情癡。相逢佯不語，一笑兩心知。""記得浣紗湖上見，身材翩若驚鴻，羅裙難歛馭尖風。往來苔徑澀，微褪綉鞋弓。倦向紫薇亭上坐，畫樓日晷方中。衣香人影太忽忽。梅榴雙鬢側，斜軃一簪紅。""記得南歸留一日，聯牀款語輕輕，燈花挑落又重生。説來前後事，數盡短長更。徹夜香醪斟淺白，薰鑪人擁愁城。敲殘棋子冷楸枰。最憐簾外雨，做盡別離聲。""記得五雲堂畔路，紫藤一架濃陰，晶簾珠箔晝沈沈。玎瑽風過處，花片打瑤琴。坐久蘭房聲悄悄，

酒邊笑淺顰深。情長情短總知音。郎心須會得，須會得儂心。”“記得
玉羅窗槅下，拈鍼學繡團花，絲絨細嚼吐紅霞。星星香汗濕，衫子換
輕紗。昨夜扶頭添酒病，妝成懶卸鉛華，雲箋展向鏡臺斜。笑抽描黛
筆，蘸墨學塗鴉。”

趙氏舊藏端硯

嘗有市儈持端硯一方求售，底刻小字，端媚秀潤，文云“借取吳剛
修月斧，琢成良璧，相伴圖書古。花落閒牕，人晏處，庭前幾點催詩
雨”，下書“大德三年二月望前一日，道昇書於繡佛樓”，下刊“道昇”、
“仲姬”圖章各一，皆陰文，知爲趙氏物。惜價昂不可得，後爲某紳購
往閩中矣，余至今惜之。

楊象濟詩

楊利叔孝廉象濟爲浙中才子，詩、古文、詞無不精到，尤深經濟之
學。來吳門爲書局總校，余屬在忘年列。未幾歸道山，遺槀零落，爲
收拾其古文若干首，寄秦澹如觀察校勘，集資付梓。其詩集生前已刊
行數卷，然未盡所作，限於資也。錄其未刊之佳者，《見故友俞桐伯畫
贈山水團扇感賦》云：“亂石槎枒落筆蒼，入懷明月想清狂。世間屈死
陳同甫，更與何人哭北邙。君有《北邙痛哭圖》。”“十年塵世儘堪嗟，奇
福雙修果是耶？破屋一棺慈母淚，登盤可忍見椒花。君配嚴氏，能詩，
有《椒花舘圖》，君沒，服毒以殉。”《雙槳》云：“飛來雙槳出橫塘，銀漢紅牆
夢未央。分與鵜鶘酬缺月，也知醜醜勝空房。佳人從古宜空谷，癡想
還憐到玉堂。彩筆江郎才欲盡，辜他眉黛遠山長。”《漫成》云：“奉觴
顧影少隨肩，江泛恩叨大婦賢。儷格可堪長白擬，新詞合鬭小紅娟。
鶴如能和皆先澤，燕待成巢動隔年。駿馬名姬回首處，吳宮花月奈何
天。”讀此可略見一斑。

案：以上七則見鄒弢《三藉廬贅譚》卷八《懷珠閣卮言》，各則標

題爲編者所擬。

黃陶庵

黃陶菴先生，一代氣節，嘗館錢虞山家，以不和河東詩見忤於主人，人皆知之。然其生平學力，每在乎此。虞山當事時，章疏抄報，堆積案頭，陶庵日爲翻閱，一代掌故，了然於心，故爲文皆切實不浮，此學古居今，如有所得也。

秋香

華氏婢秋香，故事永久，膾炙人口，皆知爲唐伯虎事。近見王行甫《耳談》載此事，始知我鄉陳元超少時事也。元超父以疏論嚴氏謫死，元超歸里，致有此事。三笑小説蓋本此，以訛傳訛耳。

河東君

往見書賈持河東君詩稿一册，乃惠山韻香尼手録本。字既秀美，詩又淡雅，上名士題詠甚多，若竹汀、蘭泉、見亭等，均爲製句，倉猝中不及購，爲有力者取去。僅記其《夜起》二句云：“初月不明庭户暗，流雲重疊吐殘星。”真得初唐神韻者。

出局

出局，近人招妓之稱也。《老學庵筆記》卷三載，宋杜莘自蜀入朝，不以家行，高廟諭曰，聞卿出局即蒲團紙帳，如一行脚僧，真難得也。知出局乃出仕之稱，後人訛爲妓耳。

蘭臺生

蘭臺生爲某方伯外孫。方伯致仕歸，治私第於故里，園亭樓閣，麗甲一郡。生年方十五，長身玉立，丰神閒雅，方伯甚鍾愛，招與同居，爲之延名師課讀。生慧絶，博覽典籍，得其大略。初，方伯以家事屬冢婦吳夫人總理，夫人有婢銀蓮者，代其司出入登記籍，喜談詩，好吟詠。方伯視婢僕甚寬厚，故銀作句輒呈方伯閲，方伯亦爲改削，每以爲常。一日，生過方伯室，見案上詩，知銀所作，遂題其後曰："是何名筆勝奇珍，抹粉塗脂句自新。獨有一端終不解，居然婢敢學夫人。"蓋以吳夫人亦工詩也。方伯歸見之，笑曰："阿蘭該打，竟與銀蓮倡和耶。"然愛其才，不肯罪之。後銀持詩去，爲夫人所見笑，謂之曰："好，好，居然一對詩人。"閨室鬨然，銀蓮慙不自容，自此亦屬意於生。生雖風趣，而素性方嚴，每見銀，未嘗少加詞色，故銀亦心重之而外若疏遠。明年，生以應京兆試入都，得榜，遂留京。聯捷，乞假歸娶。生早聯姻，事昔方伯主之所娶，即姨表妹林氏，亦方伯女外孫也，伉儷甚篤。彌月後，生以他事往浙，三月始歸，見銀蓮亦在室，駭問之，因林已向吳夫人乞得矣。初，生之往浙也，吳夫人招女甥往，林見銀蓮，愛之。一日代銀理篋，見生所題句後有一册，皆用生原韻，成詩百首，乃銀所爲也。讀之喜甚，遂從吳夫人乞銀，夫人許之。携歸，別具精舍，勸生納之，生亦不能辭。後閨中唱和無虛夕，今生僅弱冠也，余見其合藳已二十餘卷，亦當今韻事也。

林文忠

　　林文忠出戍伊犁時，王定九先生鼎特請留辦河工，以其詳悉水利，遂往行在。籌悉險要，始得合龍。一日，王定九先生大開宴會，林居首座，忽傳旨到，諭曰："於合龍日開讀。"明日啓旨，曰："林則徐於合龍後，著仍往伊犁。"定九大駭，文忠自若，即日啓行。至伊犁，伊犁將軍某素所器重，問之曰："君欲遠乎？欲近乎？"答曰："林某願遠。"遂批發極遠之所。於是詳求水道，始開河泊，民得其利，至今稱爲神人焉。以上六則續録江建霞《懷珠閣卮言》。

　　案：以上六則見鄒弢《三藉廬贅譚》卷十二《懷珠閣卮言》。

靈鶼閣詩

懷珠閣感事詩（存五首）

垂楊初碧芍初紅，一帶疏籬掩映中。吾有護花旛子在，風姨敢逞昨朝雄。

一載光陰一剎那，天孫依舊渡銀河。桂堂東畔風微動，十二珠簾盡起波。

空廊鸚鵡傍儂啼，團扇多情屑麝臍。留得一雙金約指，教人忍想手如夷。

薄薄妝疏小小鬟，素心一簇自幽閒。水晶簾底分明見，那辨花顏與玉顏。

無限柔情亂若絲，斷腸詩句寄將誰。博山香裊簾初動，燒盡紅箋側豔詞。

案：見鄒弢《三藉廬贅譚》卷五《懷珠閣感事》："懷珠閣者，江建霞取水懷珠而川媚之意，以名其居也。建霞年少多情，有《懷珠閣感事詩》百絕，摘其尤佳者數首云云。"

秋風詞

五夜清風透肌骨，簫聲吹上樓頭月。綺紗窗外露華濃，立冷空堦濕羅襪。才人生小解溫柔，粉落香銷易結愁。廢苑尋春追瘦蝶，空樓設檻祭牽牛。秋風偶到城西路，天上蘭香邂逅遇。豈因修飾便多嬌，不假鉛華嬌更露。偶傳眉語便多情，何必琵琶始解聲。細説從頭恩怨事，教人多作不平鳴。美人家住橫塘曲，門外春波可憐綠。蘭槳年年慣采菱，棗簾悄悄常藏玉。一從選入長干里，飄零只爲飢寒起。秋月新愁品洞簫，春風舊恨吹羅綺。天然生小慣嬌癡，亂挽雲鬟鬆簪珥。前生合是綠衣人，一轉雙瞳剪秋水。愛他碧玉正華年，學唱新歌上舞筵。笑語三更都是夢，琵琶一曲不論錢。登場羞按霓裳譜，嚦嚦清音珠玉吐。縱教强按嫩兒簫，未應浪打花奴鼓。凝羞未肯下妝臺，侍婢低聲緩緩催。細蹙雙眉金鳳瘦，偶開小幙玉蟾來。銀箏未按秋先動，江頭幾唱新囉嗊。淚可如珠一綫穿，情多無緒雙絃攏。柔情脉脉恨悠悠，雨打桃花逐水流。説到令人腸斷處，不堪珠淚哽香喉。逢卿恰又春光暮，不數潯陽江上路。細説當年一段緣，殷勤半是凄凉句。詞人淪落未逢時，閲盡歡場夢也癡。惆悵倉皇分袂日，驚魂短破碎胭脂。移燈欲寫猶停筆，江郎才盡思多窒。難達鶯愁燕怨情，聊傳蕙韻蘭香質。秋風苦守枕棱單，身瘦羅衾不耐寒。窗外月華空自好，團圞未就莫多看。

> 案：見鄒弢《三藉廬贅譚》卷七《秋風詞》："元和江建霞秀才標，少年俊逸，好學聰明，尤工篆籀，與余爲莫逆交。君詩筆超逸，長歌心折梅村，而別饒跌宕之致。十五歲時作《秋風詞》云云。""五夜"疑當作"午夜"。

哭楊利叔先生

朔風寒雨氣冥冥，神化騎箕没曉星。大志未申轅下馬，奇才常困案頭螢。魂歸月夜書藏蠹，夢冷秋湖劍銹萍。維恨下愚吴越隔，權爲杯酒告英靈。

中年皖鄂駐吟身，南北長驅半爲民。洋税擬抽籌急餉，浙鹽濟運借飛輪。丈於咸豐辛酉見西洋於漢皋互市，遂上書節相抽税歲三百萬以濟軍餉。又因楚地無鹽，上言請借番舶致浙鹽以濟。事成，不欲保薦。墓田先置多存義，丈無子嗣，以家中田畝盡捐入義莊。客舍長安慣守貧。烽火漸交人漸老，蘇臺校史筆驚神。時蘇城設書局，丈應總校之役。

杜陵老去客他鄉，吳市佯狂濫舉觴。愧吾愚庸曾賜教，老公才調是詞章。賈生有議留吳客，祖氏無鞭學楚狂。每過酒壚思舊飲，何年再到翟公堂。

百卷輿圖譯外夷，六洲形勢筆頭奇。嘗爲豐順中丞譯西人《地球圖説》百餘卷。每於坐上成新句，慣向人叢罵貴兒。一別蘇臺常想見，再來蘆舍竟難期。何年重覓牛腰稿，爲刊元龍百卷詩。

五嶽遨游興未闌，空中騎鶴斷更寒。鶯花虎阜春情路，詞句蘆溪水咽灘。若問清才薪少續，再求名士世應難。幸聞玉潤珍遺稿，幾卷精神已付刊。

鵝湖競渡推名勝，得見豐儀似宿緣。最愛酒樽消塊磊，每嫌世俗誤神仙。染毫索畫遺陳迹，把盞清談憶去年。從此扁舟歸故里，獨來凶耗草廬前。

慚愧區區未冠生，謬膺識面盜虛名。石交同締三年厚，見丈時贈余畫石，并索余鎸乳石以報之，香敬長思一瓣擎。秋日遨游雙屐健，春風懷抱半潭清。九原若有吟魂在，他日文章訂舊盟。

擬賦招魂宋玉篇，才枯空自淚如綿。獨持弱管驚敲鉢，强抱雄心未著鞭。知己直難求再得，別公未久已堪憐。他年若過巍塘路，斗酒應須拜墓前。

案：見張炳翔《留月簃詩話》第九册（蘇州圖書館藏稿本）："右吾鄉江建霞標之手稿也。建霞負奇氣，喜言經濟，而於詩猶其緒餘耳，平日尤推重楊利叔先生。去歲利叔飲其居，招余同坐，利叔方精神矍鑠，更深肆飲而別。未幾，江建霞爲余言利叔已物故，出哭利叔八律，其詞淵雅，且於利叔一生大節盡括句中。爰録之，使後世知利叔之爲人，其英靈固不可没云。"楊象濟（1825—

1878)，字利叔，號汲庵，浙江秀水人，咸豐九年（1859）舉人。曾任曾國藩等人幕僚，工書畫，著述甚富，傳見《續碑傳集》卷八一。

奉題雪村仁文有道先生六旬小景

一紙麻沙見照形，清神瘦骨自亭亭。通才早薦逢賢相，宦海長辭守故經。豈待鋼鏤傳絕域，固將金鑄立朝廷。惠泉自古推名勝，此老河山毓秀靈。著述頻年幾等身，道咸以後一奇人。獨籌礦稅分金鐵，素抱中懷養性真。智奪泰西功過倍，法宗代數算如神。從今世俗爭名利，我愛先生恪守貧。

己卯長夏元和建霞江標未定草

案：見《中國近代科學先驅徐壽父子研究》。己卯即光緒五年。

《忍盦學吟草》題詞

絕妙才華屬畫眉，髫齡已見賦新詞。成篇大半由情性，得句還因出嶮巇。家有藏書誰比富，人無俗事竹能醫。明朝再與君酬和，未得功名且詠詩。
己卯冬十月廿八日讀《髫齡夢囈集》畢，率題一律，建霞弟江標未定草。
蘆川橫浦渺不逢，白雲玉照無流風。天公又檢張氏一門冊，生爾忍盦爲詩翁。詩翁張氏之叔子，生平雅好惟文史。髫齡即已吟新句，示我一冊堆積已寸紙。張郎張郎誠奇才，取去好句如龍在雲噴風雷。何年得此頷下珠，癡龍閉眼我將驚其開，使彼三十三天碧落黃泉來尋覓，到張氏之室取珠徑去回蓬萊。我時拍手當大笑，看君罹此窮奇災。不然天公毋乃太不平，粗細美惡憑君裁。若他年珠竟失，甘心未必藏一室，若欲考問癡龍珠何在，藏入江郎五色一枝筆。

　　庚辰九月讀《忍盦學吟草》，率成長歌，即請叔鵬吾哥同學吟壇粲政，師鄦室主江標初稿。

　　案：見張炳翔《忍盦詩存》（蘇州圖書館藏稿本）。

記夢

　　秋風乍起，夢魂欲飛，昨成一絕，敢請俯聽。紫綃者曰：“可。”遂吟曰：“悶下湘簾恨女牛，偏他歲歲總無愁。人間雖有人間樂，較得天河幾度秋。”紫綃者曰：“孰謂人間不如天上？”亦成一絕云：“綵鸞去歲嫁文簫，遠送曾經過鵲橋。始信人間勝天上，深情如海復如潮。”素裳者笑曰：“姊，天上人遠不知人間之苦，姑以詩代言之。”又吟云：“少承閨訓拜寒釭，一謫人間俗慮忙。數過春朝三百六，更無新句貯荷囊。”紫綃者歎曰：“一從催織錦雲裳，自此勞勞杼軸旁。莫把詩詞來説起，亦無閒暇鬥瓊章。”紫綃再續一絕云：“馨兒莫羨我無愁，近為卿卿代怨秋。昨夜何郎新琢句，背卿私自寄紅樓。”素裳者回首一哂，紅潮暈頰即答云：“底事無端冷語來，本歸紅葉錯為媒。誰如扣角高吟客，歸侍新妝玉鏡臺。”紫綃者笑以紈扇柄擊之曰：“小婢偏會喫醋。記否漢江濱珠佩究歸何處，累我賠八萬緡矣。”素裳者不語久之，忽曰：“吾今不與汝評論，自有人判斷。”即駕一青鳥去。紫綃者送至廊下，突見余，駭曰：“瓊樓玉宇，何物俗子敢來竊窺！如不速退，須罰詩三百韻。”余見碧玉瓶中貯酒作琥珀色，因乞一杯以潤枯腸，紫綃者即擎杯奉余。忽右廊下一紅衣繡裳女執二劍躍出曰：“無多絮絮！”舉劍來斫。余急退出。遇前婢，呼曰：“郎君誤闖仙闈，令人嚇煞，今其歸乎。”余應之曰：“歸。”遂從婢行至河邊，槎仍在，登之。婢方舉篙，乃曰：“苦海無邊，茫茫無路，郎欲往何處去耶？”方欲答，一陣狂風，槎已傾，冷然在水，張目視之，半盞殘燈，一牀紙帳，依然在人間也。

案:見《申報》光緒五年八月十五日(1879 年 9 月 30 日)第 4
版。標題爲編者擬。

題鄒翰飛茂才《瀟湘侍立圖》

我聞古賢人,寓言十八九。好色侈登徒,閒情賦五柳。唯彼托國
風,一瀉胸中垢。只爲知己無,聊結元虛友。何來范陽子,落落世寡
耦。結愁常解胸,問天徒搔首。執學敢爭先,吟詩恥王後。修史筆如
椽,獨少雲鬟偶。忽爲瀟湘圖,願侍美人右。既非香尉司,亦異金童
守。鸚鵡解新詩,宛頸時窺牖。猗猗竹數竿,風至學龍吼。畫工苦搜
羅,爰此記藉狃。紅樓本事多,名字窮誰某。既考納蘭君,復志隨園
叟。《紅樓》一書,或謂指納蘭公子,或謂指隨園。原書洵厚誣,寄興更何
有。或乃目之哂,吾已色爲愀。因思人間世,勞勞徒擾受。公門工拜
跪,私室願奔走。執鞭錢是求,乞憐顔不厚。有此纏綿情,或勝世故
祖。尚博達士賞,豈病腐儒听。新句補所無,願以覆醬瓿。

師鄇室主元和江標建霞氏稿

案:見《申報》光緒八年六月十九日(1882 年 8 月 2 日)第 9
版。又見張炳翔《淞濱見聞錄》(蘇州圖書館藏稿本)。

寄日本清香樓寶玉生校書

十里春風興太狂,滿城花柳鬧新妝。一枝分自蓬萊島,亦共人間
鬥色香。

盈盈十六破瓜年,裙屐偏疑士散仙。最羨一端眞慧絕,對人吳語
竟珠連。

碧綠茶槍雪白杯,殷勤斟勸笑親陪。小名寶玉呼偏熟,豈是紅樓
夢裏來。

樓號清香人自清，不將絲肉鬥凡聲。滬汀花柳風波惡，贏得多情尚有卿。

小飲樓頭月正高，藏鉤拇戰興偏豪。世間那有癡兒女，觸政還疑隱六韜。

小妹新名喚阿花，嬌如桃李豔如霞。暖風吹起雲如火，猶著唐家七寶紗。

清游吾魄不多留，數日深情似繭抽。記得樓頭閒語處，一言猶帶九分羞。

絕豔空將彩筆描，不堪衣帶水迢迢。阿儂此後情何限，勝似申江上下潮。

壬午五月下浣倚雯樓主初草

案：見《申報》光緒八年六月十九日（1882 年 8 月 2 日）第 9 版。

癸未二日下旬，襄校餘暇戲仿唐人宮詞，即所謂本事詩也，夢盦亦同道中人，見之當爲惘然

一入長門寄此身，蕭郎總是路傍人。東風何事宵來急，自掃梨花當送春。

紗窗靜揩怯新涼，燭影稀微夜未央。昨日內家催進繡，征袍百襲送昭陽。

紅葉何能竟作媒，妝臺懶把鏡奩開。無端聽得宮娥說，第一承恩薛夜來。

獨抱瑤箏理素絲，聊將幽恨譜新詞。可憐鸚鵡雖聽慣，難向君王說與知。

倚雯樓主脫稿於德安試院

案：見《申報》光緒九年七月初十日（1883 年 8 月 12 日）第 3

版。夢盦即蘇紹柄。

六月下旬寄雲樓居士都中藉呈霧裏看花客正刊

世路多崎嶇，吾行轉平坦。人事極變遷，吾處無修短。拂衣徒步出門去，五月遨游興正遽。既登黃鶴樓，復游赤壁下。吟詩作賦兩不能，前有古人後來者。王郎王郎人中龍，把臂一語精神通。南北迢隔顏色改，詩成時寄新郵筒。中春忽踏軟紅路，拜手廣颺玉墀步。帝恩先德兩承光，宦海滔滔呼欲渡。吾作答書如避債，吾作新詩筆端快。以詩代書寄千里，誰知世有山河界。君不能游虎阜山，此願何日始償還。君不能嗅鄧尉梅，此約何日真歸來。吾亦不能作吳語，楚聲咻咻齊聲傅。郢游五月倦歸，復有東魯之行。方音□半學未成，驅車又向他邦行。泰山巍巍插雲漢，車匡人弱馬流汗。始知萬事貴閱歷，世途人事兩難玩。作詩告君知吾處，寄吾新詩識所指。君莫作書寄吾里，慣遲作答無雙鯉。

倚雯樓主脫稿

　　案：見《申報》光緒九年七月初十日（1883 年 8 月 12 日）第 11 版。

倚雯樓綺懷三十首

小引：懺情盦主一別已三年矣。愁逐鏡開，帶知腰細。雪南花北，緣短心長。積思如痲，束句若筍，排而比之，鏗然成韻。想有心人見之，當不怨郎盡負心也。

銀河清淺水流東，萬里騫槎信不通。竊藥嫦娥緣獨短，數錢姹女術偏工。秋風紈扇留蝸墨，蓬島銖衣褪蜥紅。淒斷蕪城涼月夜，滴殘鵑血冷梧桐。

　　春夢添衾午夜濃，曉籌還聽滴銅龍。宮爐煖氣熏裠薄，鏡檻寒塵積粉封。鸚鵡南山圖稿本，胭脂北地冷芙蓉。繡函已化羽陵蠹，留取心魂守碧峰。

　　敢把愁懷借酒降，忍持璃管對蠣窗。偶開簾押香多裊，偷採池蓮蒂總雙。日暗桐陰鳴翠鳳，月移花影吠靈尨。幾時消得閒中景，欲訪蓬山遠隔江。

　　紗碧如煙月半池，喁喁小語賭殘棋。玳梁夢穩棲雛燕，玉簟涼深戲佛狸。花卸鬟輕偷顧影，香多肺病懶招醫。銀荷燈矮搖紅燄，隔著湘簾一任窺。

　　伯勞西去燕東飛，十里青溪暗落暉。閨內金錢占霍女，夢中珠佩感湘妃。靈威有使心空祝，位業無圖訂已非。枉盼角張思俠骨，昆侖已死解人稀。

　　錦襪香消冷玉魚，郎當誰繫隻輪車。吳山越水傳心遠，地老天荒補恨餘。千里不遮纨扇月，萬金難買洞庭書。況當擁髻言愁夜，一段凄涼畫不如。

　　聘錢無處寄黃姑，空自投書托雁奴。早見藍田生燕玉，誰從赤水探蠙珠。紅窗嫟語三更月，綠管修眉十樣圖。如此銷魂誰得似，不堪人作聽水狐。

　　綠窗清晝靜銅蠡，花外傷春鳥自啼。寶鏡粉痕堆草篆，玉池脂水洗柔荑。桐堪避暑多金鳳，簪為招涼補碧犀。茉莉一叢簾半角，晚來香氣勝檀泥。

　　梧葉敲窗月滿階，簾旌人影隔天涯。香絲壓枕牽瑜釧，銀燭垂花暗舫齋。小妹樗蒱貪夜局，侍兒樂府惱離懷。餖金盆小秋蟲貴，唧唧牀頭興自佳。

　　幾夜猖狂醉綠醅，檀車入夜殷輕雷。游龍何事思為媼，惡鵠無端竟作媒。碧海丹心憐旖旎，香溫酒熟忍徘徊。可堪搦月纖纖手，碎却溫家玉鏡臺。

　　誰云衛玠本清神，終遜崔徽卷裏真。綾帳陀羅傳玉貌，屏山屈曲

夢瓊春。共知蕭史藏紅豆,那信桃根化綠蘋。自啓繡籢翻舊稿,蠻箋
十幅勝奇珍。

　　鏡鵲晨開理鬢雲,從知碧玉遜雙文。最憐心地明恩怨,孰問家聲
舊贊勛。弱質臨風隨絮撲,劫花經雪勝蘭焚。夢中灑盡鴛鴦淚,痛絕
人間小鄂君。

　　疏鬟貼褥留香膩,熱淚流懷漬碧痕。搗罷守宮停玉杵,尋來脉望
拜黃昏。枝枝弱柳搖鴛夢,灼灼庭花冒蝶魂。莫道因緣多是惡,無遮
會裏證來原。

　　立盡斜陽瘦影看,更無人處淚闌干。四條玉柱藏秋意,十幅珠簾
捲晚寒。客裏音容人悄弱,夢中情緒月團欒。門前流水盈盈去,爲惜
雙鱗不下竿。

　　響屧長廊認綠鬟,此生只合住巫山。玉鍐回枕雕雙鳳,銀葉嵌觸
畫八蠻。檐角罻尼新識許,樓中燕子故留關。窈娘堤畔深深柳,博得
檀奴半日閒。

　　印認綢繆染臂鮮,却寒簫底話纏綿。偶抽斜插調梅酪,細壓偏荷
貼翠鈿。腕玉白鉤長史帖,淚珠紅染薛濤箋。江頭囉嗊停新唱,對坐
蘭窗話水天。

　　綵鸞空自嫁文簫,寫韻樓荒久寂寥。三月鶯花肥綠葉,一春鮫淚
淡紅綃。文犀領扣鬆知瘦,繡鳳鞋幫窄更嬌。世上支機空有石,年年
望斷鵲填橋。

　　菡萏風開綻玉梢,鴛鴦底事苦同巢。桃花比命先傷薄,梅子含酸
最怕嘲。繡鳳偷描翻譜熟,塗鴉新學愛詩鈔。綠陰小蓋樓頭靜,午睡
涼時扇可抛。

　　燈市元宵鬥海鰲,庾詞射覆各分曹。棋彈一局爭機捷,燭剪千條
氣剌嘈。新樣孟蟬應錦絡,舊時玉燕繫絨條。可堪酒地花天日,剩此
零丁骨瘦桃。

　　帳底偷翻子夜歌,鏡中難畫石家螺。偶開玉匣飛珠鳳,浪説紅牆
即絳河。南內無人留覆鈿,北山有鳥怕張羅。那堪譜續金荃夜,慘綠

年華鬢已皤。

十里和風捲落花，香泥飛處走輕車。盤雲黑㜘同心縷，團雪紅新繫臂紗。歌繞淒凉聞篳篥，絃挱拉雜聽琵琶。百金窰鬥雞缸貴，細品龍芽一盞茶。

十指匀添卍字香，棗花簾底細平章。妝無芳澤身都潔，室有秋蘭氣亦凉。好共雛鬟猜鳳鈿，不辭纖手試鴛漿。茂陵久病瑶琴冷，塵積牆頭古錦囊。

暖日烘簾夢正醒，鴛鴦被底曉寒輕。繡鞋唐製盤金縷，粉盝宣窰貴赤瑛。窺客秋波雙點漆，襲人香氣半如蘅。綺窗無事拋紅豆，不盡愁懷借曲呈。

丁字簾櫳列畫屏，曲闌携手數春星。最憐嬌語轉深夜，莫道癡情爲弱齡。諧謔素工偏默默，腰肢雖瘦故亭亭。霜濃馬滑三更月，衖壁踐燈火尚熒。

窈窕紅窗月半棱，不堪重把畫樓憑。鐵崖勝會悲南浦，石帚名花泣馬塍。自有投懷來赤雀，從今玷玉是青蠅。飛龍藥店知何事，手搵紅綿淚結冰。

卓女爐邊漫游冶，玉人翠黛不勝愁。弱鶯試舞嬌難擧，瘦鶴經秋羽不修。銀燭筵前猜隱語，棗花簾底笑藏鉤。試看別院溶溶月，并坐梨花話十洲。

擬托深情付素琴，誰能海上覓知音。袖中萼釧雙條玉，指上彄環百鍊金。潘令車還空有約，蔣侯囊匱始知心。願從佛國皈清寂，細訪曼伽祇樹林。

忍將紅淚哭何戡，懺盡無生現缽曇。二月仙枝開豆蔻，萬重香雪勝檀柟。飄零一夢絲牽蝶，顛倒三生繭縛蠶。世事大都歸寂滅，不妨來坐遠公龕。

魚鑰潛提夜戒嚴，難將缺月比鶼鶼。一牀蟻夢驚盧枕，幾曲蛛絲網畫檐。温鏡罷妝釵瑟瑟，宋簾擎燭手纖纖。近來補誦天台偈，睡鴨沈檀細細添。

屈子行吟蒙積讒，細將綺語味酸鹹。騷人香草從頭疏，雲鏡修蛾盡日緘。聊續風懷思綠鬢，最難座客是黃衫。拓箋譜出魔天事，忍把閒情一例芟。

倚雯樓主

案：前十六首見《申報》光緒九年七月十九日（1883 年 8 月21 日）第 11 版，後十四首見《申報》次日第 11 版。全部三十首又見《申報》光緒十一年十月初八日（1885 年 11 月 14 日）第 10版，無小序，詩句個別字詞有異。其中第十二、二十首又見易宗夔《新世説·文學》；第九、十八、二十、二十八首又見鄒弢《三藉廬贅譚》卷十二："辛巳夏長無事，江建霞自鵝湖寄《寫靈集》來云云。"則此詩初作於光緒七年。

魯游紀事詩

楚游五月返，時自楚北學使高勉之太史幕中歸，又作魯邦人。勞悴雙輪轉，崎嶇萬里身。塵途初托迹，世事略嘗新。此是男兒志，前途好問津。

幕府群材集，應劉得并肩。才慚王棟博，人説賈生年。問字元亭近，通經北海賢。遙思閩海客，瘴雨雜蠻煙。

游子思親老，長途欲別難。饑驅兄弟隔，勢弱主奴單。舊誼得心印，新交雜故歡。鄉音渾不改，差勝客長安。

在家人事雜，作客讀書多。遠涉重洋險，長勞泰嶽峨。鑑衡慚卓識，文字重儒科。我是東吳子，閒吟下里歌。

案：見錢國祥《山海題襟集》（國家圖書館藏稿本）。

和汪郎亭臘八粥（限甜鹹二韻再疊韻）

朝來瑞雪滿重檐，文事初修武備兼。飛騎行分鵝鸛捷，凍弦膠和鳳麟黏。東堂有命觶升勝，甲帳無嘩鼓警嚴。想到陰平閒校獵，荒山虎夢正甘甜。

泰岳山高列島巖，微聞海國下征帆。好求名將心如渴，始識賢臣味本鹹。三箭中連兒果健，一枝虛送眼空饞。晚堂校罷歸途望，白積千峰化險鹽。

　　案：見錢國祥《山海題襟集》。

和程履新甲申除夕詩

客路三千里，匆匆兩歲除。好奇搜小市，傾橐愛藏書。事業雲扶日，文章獺祭魚。一年半虛度，爲學問何如。

朝來檐鵲噪，喜語報階除。柏葉佳銘誦，桃符吉事書。笙歌開玉燕，錦繡豔金魚。鬥韻含毫樂，新詞頌九如。

　　案：見錢國祥《山海題襟集》。程祚昌，字履新，號笠春，安徽歙縣人，以廩生入汪鳴鑾學幕，後爲恩貢生，官銅陵縣教諭，參《山海題襟集》。

乞子樅畫班定遠象於扇，自題一詩

生入玉門關，死到酒泉郡。立功何必藉文字，賦才史筆等餘燼。陰山雪花大如掌，臂鷹韝脫馬蹄響。晚來罷獵虎帳開，蠻姬低舞胡兒吭。何必困臨邛，何必羞胯下。投筆從來事偶然，姓名一樣麟編寫。侯兮侯兮在何處，一千年後誰心許。我亦天家最少年，寶刀錦綺從侯去。

案：見《笘誃日記》光緒十年甲申五月二十七日。祁肇麟
（1852—?），字子樅，江蘇元和人，光緒二年舉人。

題時妝仕女圖

春風吹透羅襟薄，俏立雲屏爲宛弱。江南江北離情多，自看新妝
知約略。玉環容易金釵小，十五雛姬過秀削。我問卿愁惜太深，真真
紙上應輕諾。

案：見《笘誃日記》光緒十年甲申五月二十七日。

羊流店題壁

游子天涯興太孤，江南回首路崎嶇。寶刀駿馬知誰似，一幅五陵
俠少圖。

鄉思難憑壯志收，萬山不隔一重愁。世途嶮仄渾如夢，客路光陰
又近秋。絕域功名思燕嶺，廿年心事看吳鉤。長途不盡低徊■，爲補
新詩破壁留。

案：見《笘誃日記》光緒十年甲申閏五月二十三日。

爲人題照鏡仕女圖

試把青鸞卜故歡，元宵消息得應難。分明一片相思影，莫當秦臺
照膽看。

欲向唐宮徵故事，當眉人去笑聲無。菱花誰主秋遍早，試擬開元

避暑圖。

案：見《笘誃日記》光緒十年甲申七月二十五日。

題唱酬詩册十二首

至希堂處笑譚一刻，中題詩十二截於唱酬詩册首頁，頗有狂趣。

此卷長留翰墨香，幾回開誦幾平章。若將一字一珠算，我欲從頭取斛量。

一斛真珠求本易，百篇詩卷得偏難。晚燈題句匆匆寫，聊當僧寮掛食單。

再從空處補新詩，搜索枯腸力不支。睡眼朦朧燈半黑，欲從東海寄相思。指書中小華事

東海遥遥夢不通，相思寄在有無中。會當寫遍桃花紙，化作鑪煙托晚風。

簾鉤不動晚風微，香盡金猊夢亦稀。殘燭半紅人已倦，好將魂逐彩雲飛。

五首新詩成太速，漏聲已過子初時。主人亦是工吟者，何不從頭一和之。

主人不和客將去，客有新詩自補圈。甘苦問誰能細味，主人當許吾爭先。

主人詩好不加圈，吾代圈之亦是緣。吾若再圈圈不了，兩人同把好詩傳。

詩不能傳偏好詠，主人笑吾太無聊。明當送與諸公看，句句須知是白描。

白描本是畫家言，藉作詩評故事翻。吾有強詞能奪理，詩中有畫是來原。

九首詩成數獨單，再成一首好團欒。主人大有思歸意，讀我新詩

去亦難。

前題我已錯多題，十二詩成數始齊。莫是黃鶯初出谷，欲思求友幾同啼。

　　　案：見《笘誃日記》光緒十年甲申八月十八日。小華，指山田美代，參本書附錄《東鄰巧笑圖》題詩。

至沙河，夜題四絕於壁，并畫背面侍兒二

十萬貔貅令自嚴，笳聲吹靜出天山。書生第一平生願，直斬樓蘭唱凱還。

銅柱留名千古慕，紫光有像四夷知。柏公朝罷歸來日，袍笏盈牀鬢未絲。

坐濕黃鶯啼未了，雙鉤闌外看鈔書。牙籤十萬紅粧護，陸倩香修恐不如。

朔風吹透鷫鸘寒，一載軺車興未闌。此願自然能畫得，不妨先寫箇儂看。

　　　案：見《笘誃日記》光緒十年甲申十月初十日。

題《秋閨夜怨圖》

有人以《秋閨夜怨圖》索題，即書六截句。名士傾城，本多一例也。

獨背銀釭怨若何，總緣嬌小寵偏多。蛾眉一例多謠諑，莫太含愁損翠螺。

長門一入晝沉沉，瓊姊蘭姨久絕音。間倚錦屏思往事，不知秋色爲誰深。

繡函雙護冷鴛鴦，壓綫年年夜轉長。梅子含酸蓮子苦，兩般滋味

却親嘗。

　　十里青溪黯落暉，西風簾卷袪羅衣。晚來自把青鸞照，莫是黃花比我肥。

　　衣篝香潤人初倦，畫閣凉深夢不驚。欲織回文翻舊錦，銀荷燈小不勝明。

　　博山鑪暖玉釵寒，約略柔情記亦難。吾本三生狂杜牧，不妨先展畫圖看。

　　案：見《笘誃日記》光緒十年甲申十月十八日。

魯游雜事詩十六截句

　　下筆能噓萬彙春，北朱南阮企前塵。少年吾豈洪孫亞，亦與王家幕裏賓。

　　放眼滄溟萬象趨，蓬萊高閣本神區。登臨誰似開陽老，籌海思編一覽圖。

　　永平石刻滿雲峰，北派居然是大宗。四十三番親手拓，墨花香潤一牀封。

　　諸城名刻甲天下，秦漢文章照海涯。百里郵程慳眼福，延光殘字與琅琊。

　　金石志收齊吉化，小瑯嬛未識真文。獨憐不盡山夫説，吾有新書證舊聞。

　　好古我聞陳李王，吉金範士富琳琅。周秦銖量新搜剔，續志重修記錄藏。

　　相國風流已渺然，故園高木未成田。佳山堂在奇峰立，勝事依稀二百年。

　　昔年愛讀漁洋集，今日親來拜墓門。可惜滿堤好秋柳，難將新句與公論。

　　經注窺尋濼水篇，涌輪猶得證流泉。南豐已杳坡公去，空有澄波似昔年。

　　滿堤新綠長菰蘆，明瑟波光勝畫圖，萬柄荷花千樹柳，教人錯認是西湖。

　　鵲華山色削青玉，卅里河堤馬背觀。記得藤花盦里事，髫齡便展畫圖看。

　　河道千年又北遷，議疏議濬策難全。涇川老去知人少，誰續中衢一勺篇。

　　訪古來登孔子堂，六碑森立戟門旁。賦詩苦憶覃谿老，搜剔今難問李黃。

　　武梁石室紙房集，畫像嶔崎盡大觀。愛古重逢趙金石，歸涂有約訪盤盤。

　　培植英多有古風，曹南猶得見奇童。十齡暗誦群經熟，天許重生賈侍中。

　　一叢魏紫間姚黃，未必廬陵記盡詳。我欲續修香國志，世間誰是李東陽。

　　　　案：見《益聞錄》1885 年第 440 期。據《笘誃日記》，此詩作於光緒十一年乙酉正月。

題李聽雨先生蘆雁卷爲乙生先生所徵詩

　　三十年來珍重守，豈緣畫稿得知音。無端一幅零星墨，總是詞人寄意深。

　　瑟瑟秋風滿紙寒，江皋蘆荻木摧殘。須知直此黃河岸，剩有平沙宿更難。

　　　　案：見《笘誃日記》光緒十一年乙酉正月十七日。乙生即錢國祥。

題梅花仕女帳眉四絶句

約略清姿畫本難，要將瘦骨比珊珊。何人寫出湘妃影，一副鮫綃捲薄寒。

雪太飄零玉太粗，素娥例向月中孤。曉來殘夢惺忪起，可有清音喚翠奴。

宵殘夢醒意如何，心事無端上翠螺。記得故鄉銅井路，探花定有玉人過。

新妝儘有如花侶，舊事何從問玉鈎。知否唐宮南内女，明珠難慰十年愁。

案：見《笸誃日記》光緒十一年乙酉二月二十八日。

題孫星華所藏張小蓬《九秋圖》二律

波起南湖柳罥絲，秋光蕭瑟滿天涯。已隨秦女拋吳葛，又見劉郎和楚詞。寫意丹青宜畫閣，賞心紅紫勝瓊枝。披圖何限低佪感，一樣東風總不時。

玉屏風冷護新寒，寫到輕綃次第看。瘦影未宜空飽眼，嬌姿只合當飢餐。錦詞東國人疑集，粉本南朝迹未乾。莫歎勝情未消得，從來陶令亦居官。

案：見《笸誃日記》光緒十一年乙酉三月十八日。孫儀祖，字星華，富藏書。

茌平南門外小雙客店題壁一律

門巷東風瘦綠楊,薄寒輕暖細評量。自搴珠箔窺明月,羞抱銀箏上畫堂。西葛衫輕痕有暈,兜羅綿軟握留香。何當爲定鴛鴦牒,細寫南宮十二章。

案:見《笘誃日記》光緒十一年乙酉三月二十二日。

題龔定盦詩

清才深恐天涯少,豔福從來未必奇。若得河東今尚在,定教手寫定公詩。

不從俗熟矜奇句,却嗜華鬉眂博綜。一笑眺坪相對處,茶煙正颺鬢雲松。

案:採自《龔定盦全集類編》。《笘誃日記》光緒十一年乙酉四月初五日:"讀《龔定盦雜詩》一卷,用朱筆圈識,并題一跋、一絶句(存原書,不録)。"

賀王薇閣生日二首

欲把名花儔使君,百繡久黯羖羅裙。何當綠酒紅燈裏,却借新詞給壽文。

阿兄自笑酸寒甚,愧乏華筵壽使君。欲借新詩□□□,近來詞句太無文。

案:見《笘誃日記》光緒十一年乙酉十月二十七日。

口占奉贈秋月懷珠生

　　一燈相對意茫然，千里歸來話海天。知己幸能蘭作契，生涯只借硯爲田。談心漸入忘形譜，入座慚無上客筵。安得俸錢過十萬，大開廣廈集群賢。

　　三年不見相思重，一見牢愁各自多。君爲功名偏跋涉，吾因著述慣蹉跎。黃金春日誰揮手，白屋秋風怕放歌。小住莫牽舊時感，願留信宿共吟哦。

師鄔漫草

　　案：見《申報》光緒十一年十一月初八日（1885 年 12 月 13 日）第 10 版。

挽上海徐母江茂才保大，藉慰竹鄰、詠梅二先生并呈蔡紫黻、蘇稼秋二兄斧政

　　蒼頡荒遠李斯死，大小二篆世無似。天生南閣老祭酒，一編説解共礱砥。越二千年未燼毀，惜哉朝無尚書史。李唐少温太自是，訛分妄敗迹難指。鍇殘鉉疏誰拾補，紛紛考訂嗟諸子。

　　自宋迄明學未顯，趙篆吾説等廢紙。國朝乾嘉尚絕學，東南嚴段尤足恃。曲阜一老撰義證，獨開北學聰雙耳。同光以來斯學盛，幾疑户户尊許禩。海濱荒遠識字少，何因亦見小學士。就中一子東海裔，十七能諷九千字。初疑雅訓婁傳録，篇符橛樸失真旨。刊邢正郭尊舍人，一一寫定如醫痀。名物尤詳三百篇，讀書首貴尊前軌。子能一字百搜討，形聲叚借分條理。詩雅既窮繼他籍，斷斷未許識字止。群經欲掃千年塵，豈徒一卷珍骯骸。瑞安侍郎黃學使，詁經愛士世無儗。一朝網得青珊瑚，諄諄誘勉吐心肺。子知知遇自有時，更重讀書陋青紫。苦搜窮索暗咀嚼，精神耗餒及骨髓。北風搖搖冷玉函，銘旌

僭憯招魂起。遺稿雖珍付殺青,良材畢竟抽芽委。昔年吾識眉山氏,徐生十語九掛齒。吾今黃埔已三過,未能一識天家駟。昨朝海上有書來,驚看忽盡東南美。咈嘶嚘唶不可已,憒憒惡夢難成誄。吾且作書告來者,瓌奇獨恐蒼蒼否。一燈熠熠細如荳,更共何人續滂喜。

乙酉冬季師鄦室主元和江標建霞甫拜稿

案:採自《字林滬報》光緒十一年十二月二十八日(1886 年 2 月 1 日)。又見同日《申報》第 4 版,標題較略,且多訛字漏字。竹鄰即徐保大之父徐琳增,詠梅即徐保大叔父徐頌增。蔡紫黻即蔡爾康,蘇稼秋即蘇紹柄。

爲錢冠瀛題漢建昭雁足燈舊拓

蠁扁磨挲一卷餘,滄桑換後幾歔欷。浦江秋冷銅仙淚,不照徐陵讀漢書。龔定公《題雁足燈拓本》詩云:"金燈出土苔花碧,又照徐陵讀漢書。"考訂乾嘉僅足憑,經生結習更搜徵。此燈有足分明在,說解何從問李登。慧琳《一切經音義》屢引《聲類》"無足曰燈,有足曰錠",適與此製相反,殊不可解。

丙戌正月朔五日,琯雲仁兄世大人屬題,師鄦弟江標

案:見《清代金石家書畫集粹》。原卷有江標、費念慈、胡玉縉、葉昌熾、潘鍾瑞等十八家題跋。此詩底稿見《笘誃日記》光緒十二年丙戌正月初五日。錢寶鎔(1865—?),字冠瀛,號琯雲,江蘇吳縣人,錢國祥之子,汪鳴鑾之侄,光緒甲午科(1894)江南鄉試舉人,曾隨裕庚出使日本。

游上海龍華歸作

十里夭桃千尺墻,驚沙何事撲人衣。來參佛果聽晨講,偏見名花

艷夕暉。

　　如水雙輪來捷燕，劃波孤槳去如飛。雅游不減長干路，如此風光世亦稀。

　　案：見《笘諺日記》光緒十二年丙戌三月十三日。

滬瀆懷人截句

丙戌十一月師鄞江標呈稿於粵東節署

趙静涵師元益

　　藝芸百宋媵嬛富，天許先生兩美收。知否師承江弟子，蟫魚堆裏亦千秋。

蕭敬孚穆

　　先生十載聞名久，杯酒相逢恨始消。此是桐城真嫡乳，文章天許續方姚。

王西瓃熙庚

　　瀛壖吾識年多少，惟有先生是長年。杯酒興豪銀燭底，雄談誰想見廿年前。

王志静安

　　王郎我識幾春秋，團扇才人白袷儔。近讀新詩轉惆悵，句中半多涉牢愁。

蔡紫黻爾康

　　湖海樓空石笥亡，誰從駢儷識驪黃。孫洪淵雅楊吳秀，不必窺墙竟上堂。

黃石薌觀保

文章一代扶名教，下筆千言若有神。天使雄才佐盛世，未堪紅豆老詞人。

葛子源士濬

滾滾詞源倒峽回，講齊一夕契岑苔。中興諸老多零落，正藉長沙政體才。聞續輯《皇朝經世文編》。

李平書鍾珏

家術何緣見李郎，平原十日快開觴。七洲形勢瞭胸膈，此是重生魏邵陽。

李淡平爕

市隱誰從識李侯，觥觥才調世無儔。勘書重見金文瑞，爲我徵歌幾上樓。

金免癡繼

螺痕香影鬥孤妍，寫遍淞江十樣箋。吾欲商量尊雅譽，不稱畫聖即詩仙。

華式如表兄備珏

天元代數太紛紜，表測儀窺理亦棼。何似矩規明點綫，七洲形勢掌中分。君精泰西繪圖之學。

徐詠梅頌增

徐陵我識三年久，解字還知小阮精。可惜從來遲一面，遺文揮淚付鮘生。詠梅令侄母江茂才保大精形聲之學，弱冠遽卒。余過滬時，詠梅出其遺著尺許，命余爲之檢理焉。

孫少芙夔石、燕秋昆季

孫家昆季各相識，雅意殷勤世所難。豪擲金錢三十萬，要將任俠比王曇。

梅鎮藩豫銀

穆生設醴情何重，把臂論歡碎錦坊。從此新愁添一段，晚秋風雨憶鄱陽。聞有江右之行。

黃式權協塤

鶯喧蝶鬧趣何間，舞扇歌衫興亦頑。吾識蒲西黃夢畹，要將絲竹繼東山。

鄒翰飛弢

瘦鶴三年慳一見，見時相對却無言。袖中出有新詩卷，猶似當年把臂談。

蘇夢盦紹柄

夫婦文章金石錄，左家嬌女更工書。人間竟有文簫侶，多恐鷗波福不如。

蘇玉峰澐

若從意氣論交結，何必文章始一源。我重人間蘇玉局，不將金布傲王孫。

案：採自《花團錦簇樓詩輯》卷一。原稿見《苔誃日記》光緒十二年丙戌三月二十二日，字句多有不同，且多出吳楚翰、浦文球二人。王熙庚，松江府俊秀（見《申報》1887 年 12 月 10 日）。

笏盦索題秦瓦當拓本

歐趙成書石廣收，遺文猶未到殘甓。燕譚餘論分明在，尚是前朝約略求。

麓原遺老好奇古，圖記初教識未央。此學百年開鼻祖，朱楓程敦錢坫趙魏始收藏。

尚書司寇廣搜羅，幕府群賢考證多。纂述直教儕刻石，婁江青浦各揚波。

咸陽三月火猶明，誰向荒墟弔繡甍。金盌人間銀海渴，教人何處乞長生。當文係"長生無極"四字。

　　案：採自《花團錦簇樓詩輯》卷二。又見《笘誃日記》光緒十二年丙戌六月初七日。笏盦即潘志萬。

和程秉剑博羅道中詩

使者軺車未許停，我來同上越江舲。山深衣薄愁添冷，市遠槃空少割腥。一代文章誰作者，萬里滄海我曾經。山樗亦入王公座，分詠無才愧聚星。

疊前韻

南船北馬幾曾停，又共琴書上桂舲。香爲琭消藏宿炷，蘭防蟻蠹警投腥。偶援故事修心史，懶試新茶箸睡經。鄉思近來添幾許，夜闌搴箔數春星。

案：以上二題採自錢國祥《山海題襟集》，其前有汪鳴鑾《博羅道中和蒲孫孝廉韻》《蒲孫疊韻至九同人亦屢疊不已中秋舟中對月雜成四首酬之》等詩。又見《笘誃日記》光緒十二年丙戌八月十四日。

無題四首

十五蘭房靜，含情自奈何。賦應工宋玉，名合比秦娥。宛轉隨紅袖，因循怨黛螺。相將銀燭底，試聽汝南歌。

繡戶巢翡翠，金鎞掠鳳皇。綠搖雙燕佩，紅束九鸞裳。小語銀屏靜，含愁玉枕涼。相思不相見，故故艷明妝。

秋水團明鏡，新愁托畫眉。好花當戶艷，清酒入懷知。拈帶回華燭，量珠壓繡帷。香囊垂叩叩，猶寫定情詩。

已有愁無極，難堪夢昨宵。未能托絃索，何以報瓊瑤。愁思寒金井，柔情上翠翹。天涯多蕩子，休問浙江潮。

丙戌中秋倚雯樓主脫稿

案：採自《字林滬報》光緒十二年九月廿九日（1886 年 10 月 26 日）第七版，又見《笘誃日記》光緒十二年丙戌八月十八日。

題錢寶鎔《倚琴圖》

錢子冠瀛於癸未八月索余作《倚琴圖》，蓋錢子藏有元人遺琴，製甚古，倚者所以寄意也。越四年丙戌八月，同游粵東，出圖重索題句，卒以應之。

清徵忽然得，殷勤護鞠通。有情金絡索，無奈玉玲瓏。古意嗟珠柱，新聲隱碧桐。不堪問人世，流水太匆匆。

明月入寒徑，清愁未許知。偶因三年意，聊寄十年思。老屋自空寂，長松有古姿。請君拂瑤席，未和晉人詩。

案：見《笘誃日記》光緒十二年丙戌八月二十日。

郎亭饋羹，作詩報之

細雨濕孤蓬，寒風透窗紙。煮字正愁飢，忽動小臣指。舟子顧而嘻，一看進甘旨。不辨味之精，先感公意美。惟此一臠珍，却勝千鍾侈。張燈快大嚼，甘滑潤喉齒。豈是啖牛心，否或抉龍髓。坎坎箸方投，忽忽感未已。嗟哉小子身，百日稱孤子。梨棗乞兩兄，蘭芝萎伯姊。有母內可遺，拜賜遠尺咫。瘠田十畝餘，荒蕪失耒耜。幸哉渭陽賢，衣食足可恃。六歲出從師，授經教讀史。十四返吳門，覓屋到杯匜。二十列膠庠，北堂顏一喜。廿二成室家，多難從此始。卓哉我公賢，是年識踵趾。父執似晨星，敢以姻婭視。分座及餼生，迎門幾倒屣。微意窺我公，愛賞等駃騠。昔公使山左，多意感量使。今歲來越東，安敢説公恃。海風吹浪浪，愁思何所止。貽我金錯刀，贈我錦文綺。盛意正無極，豈獨在尊篚。我感公意深，即此足徵彼。新詩句太惡，和調仗公起。有投必以報，聊以當雙鯉。

案：見《笘誃日記》光緒十二年丙戌八月二十三日。又見張炳翔《忍盦隨筆‧詩》。

幕中九友歌

蒲生文學高群流，胸羅萬卷容休休，高譚經濟多良謀。程。祝公醫學能深求，青囊肘後勤旁搜。餘事還好新詩投，惜哉十月難稽留。冠雲相思何悠悠，佳句盈篋能唱酬，駢儷癖好湖海樓。錢。老譽雅愛柔翰抽，韓文一卷珍藏收，家書時盼來星郵。程。叔垣我識詩最優，隸書兩漢能自由，相逢一笑青雙眸。趙。蓉舫文字聞炳彪，高譚汩汩新蕉抽，玉堂楷則工誰侔。顧。黃公藹藹情自幽，相對不能爲楚咻，

晚燈愛戲樗蒲頭。陸生陸生人孰儔，終朝握算兼持籌，小詩吟妥何苦
愁。坐中又有江寧劉，静如白鶴閒如鷗，贈以一字名曰叟。

案：見《苫誃日記》光緒十二年丙戌八月二十三日。第一首
詠程秉釗，第三首詠錢寶鎔，第四首詠程惟祺，第五首詠趙侃生，
第六首詠顧承皋，第七首"黄"疑爲"王"之誤，當指王仁照，第八
首詠陸爾昭，第九首詠劉翼程。當時汪鳴鑾廣東幕友共十九人，
參葉昌熾《緣督廬日記》光緒十二年丙戌十月十二日。顧承皋
（1857—?），原名德焜，字蓉舫，江蘇元和人，光緒八年舉人，事迹
見《吳縣志》孝義列傳。

餘紙口占，略呈近狀，即請雲棲居士哂政

此行本無意，偏忽作南游。地濕蒸生螽，囊輕禿似鶩。文章知性
命，交誼別薰蕕。結習真難改，奇書又廣收。

丙戌秋師許室主稿於羊城

案：見《花團錦簇樓詩輯》卷一。

豐順丁氏持静齋書目題辭

丙戌十月隨輶潮州，郋亭先生出示豐順丁氏持静齋書目四卷，又續增一卷，
雖分四部而新舊雜糅，屬重編之。爰以宋、元、校、鈔、舊刻五類分别部居，兩旬
始畢，附題一律，以志所感。

直教買櫝竟還珠，縷析條分亦太愚。印跋收藏分氏族，宋元抄校
别錙銖。

雲煙過眼情勘擬，天水冰山録豈殊。聞所藏書已有出者。第一傷

心經浩劫，夜闌有夢到姑蘇。吾鄉黃蕘圃、汪閬源藏本在此目者不少。

十月二十日元和江標記於嘉應舟中

案：見《豐順丁氏持靜齋宋元鈔校各本书目》自序，收入《江刻書目三種》。

輯黃蕘圃先生年譜成，喜而有作

兩年搜采寒兼暑，萬里遨游北至南。余自甲申十月在山左輯先生年譜，至丙戌十月在粵東始畢。一卷幾成三易稿，抱殘我更勝枯蟬。

巷名員嶠昔賢居，吾亦新廛近比閭。先生百宋一廛在員嶠巷，今爲潘氏義莊。余近亦卜居此巷，去先生舊居不數十武。第一快心完趙璧，鄭君手稿李家書。鄭桐庵、李明古舊皆居員嶠巷。鄭氏文集手稿、李氏所藏宋元舊本，皆爲蕘翁所得，近日天水表兄書來，許以鄭氏文稿、李氏舊藏成化《虎邱山志》皆歸於余。

澗蘋交絶抱沖死，先生五十二歲跋手輯《廣均姓氏考》言澗蘋已交絶，抱沖爲先生好友，亦先先生卒。佳傳無人爲表徵。今與先生搜佚事，合教異本盡來歸。潘鄭庵尚書刻《士禮居題跋》成，嘗曰，先生有知，當佑我得秘本，茲故戲及之。

實學須從校勘求，前推吳縣後高郵。吳中惠氏父子、高郵王氏父子皆精校勘，成經學大儒。乾嘉絶業聞徵遍，誰似先生徹九流。

案：採自《花團錦簇樓詩輯》卷一。又見《笘誃日記》光緒十二年丙戌十月二十三日，字句略異。

潮州道中長歌一首示璵磬、琯雲兼寄雲樓

野竹蕭蕭激寒玉，溪泉一徑通山曲。北風吹面酒生波，銀荷餤小

金釭續。無數新愁卷浪來，錦箋蠹管空煩促。羅衣況自薄天涯，玉臂清宵寒起粟。此處炎荒本謫鄉，韓蘇猶得尋芳躅。天炎地濕蟻如塵，市遠村荒食無肉。格桀句周瞠駕娘，冥頑倔強怒臣僕。擇衣黃篋四圍遮，雅名特重篷飛六。獵獵風吹玉帳寒，柁樓前後通如竹。猶想先皇極盛年，潮嘉風月何從錄。萬里難回游子心，經年無賴頻馳逐。夜深忽忽夢蘇臺，故鄉風景何曾惡。舊珮輕搖錦帳紅，新蕉細卷紗窗綠。娘子薰爐南宋精，《靈飛》小帖三唐縮。敦鼎千行諷籀書，圖籤十萬森牙軸。雙鉤闌外落花深，鸚鵡空廊啼睡足。人生行樂自有時，莫負春光到秋谷。況是同行盡少年，夜游古尚秉華燭。孤蓬滿背壓斜陽，一握柔情若蠻觸。詩成急寫不能工，輕舟又過幾林麓。

　　案：採自《花團錦簇樓詩輯》卷一。又見《笘誃日記》光緒十二年丙戌十月二十六日，題作《潮州道中長歌一首示譽卿、冠瀛二兄》。璵罄、譽卿，同指程惟祺。

哀華錫鋆鑫表弟

　　一別人天已渺然，夜燈萬里忽纏綿。青梅竹馬垂髫日，玉押牙籤弱冠年。意氣自雄爭傑出，言談慣喜鬥超前。誰知哭父麻衣日，竟爾追隨到九泉。距灌耘從舅之歿僅數月。

　　尋常中表多兄弟，歷數情親獨有君。斗室消寒開夜宴，荒郊散步話殘曛。謝庭歡笑容予雜，漢石臨摹讓爾勤君能隸書。知否滄桑成小刦，破家我忍聽傳聞。

　　案：見《笘誃日記》光緒十二年丙戌十月二十七日："華錫九表弟鋆鑫卒已五載矣，孤燈夜坐，忽念音容，搦管寫情，偶成二律，不知涕泗之何從也。"標題爲編者擬。

夜夢一律

夜夢孤篷萬里思，泉聲燈影意何之。愁來痛飲非余福，靜極窮思到幼時。失意年年追故迹，傷心往往托微詞。才人未老豪情減，多悲秋霜上鬢絲。

案：見《笘誃日記》光緒十二年丙戌十月二十七日。

詠國朝考證諸家

漢朝家法半滅没，宋世淵源殊慌惚。甘泉記録亦無聊，一編何必兩其舌。桐城惡謏從兹起，《商兑》書成笑無理。吁嗟乎亭林不學竹垞狂，堪憐百體皆金瘡。此述門戶之學也。

驚人秘笈稱遵王，始一終亥疑終亡。誰知百載盛絕學，首推段桂王嚴張。引經逸字義層出，操戈誰得入君室。吁嗟乎體用何人別六書，澗蘋一跋春秋筆。此述許學之盛。

諸城金苑空山録，簠齋印舉廉生目。山左文章重吉金，南方絕學神膠續。兩罍款識恒軒圖，樓名攀古人間無。吁嗟乎積古齋傾世不扶，小滄浪畔多菰蒲。此述考藏吉金諸家。

聖清絕業開數理，中西算法超前起。《疇人》一傳儀徵功，譯館千篇海寧始。微積真微誰拾級，比例何比知四率。吁嗟乎宣城久去儀徵亡，廷臣孰解《九章》術。此述疇人之術。

居題士禮齋思適，元抄宋刻矜奇獲。一校再校何太煩，不是書癡竟成癖。毛公父子人中龍，何家昆季嗟心同。吁嗟乎蠹魚乾白蟫魚紅，千金弊帚稱此翁。此述校勘之學也。

納蘭經刻三月待，二十萬金授東海。學海群經托厚民，儀徵始意須編經。玉函輯佚購章稿，引書錯落誰稽考。吁嗟乎獨有長洲百宋翁，殺青一字千金寶。此述刊刻之事。

　　靈巖山館肇經室，椒花吟舫名堪述。春融堂畔春風多，太邱道廣門生訶。文毅風流說兩江，湘鄉相國稱無雙。吁嗟乎門客知名不盡識，笥河佚事今誰即。此述宏獎諸名公。

　　伯淵經術北江史，幕府名才吾與爾。艮庭小篆何其工，窮奇檮杌搜汪中。乾嘉遺事尚堪述，大興朱氏鎮洋畢。吁嗟乎白袷樓頭最少年，離魂猶繞秦關前。此述幕府中之博雅者。

　　漢朝絕學傳女郎，棲霞之郝仁和汪。李家小學亦不惡，《爾雅》古注能搜亡。艷名愛說張春水，文章一印鑴知己。吁嗟乎紅柏莊荒世莫知，仲瞿何在禮門死。此述夫婦皆能文者。

　　絳雲樓已空如雲，影梅庵亦徒留影。空教憶語續香畹，紫姬長恨鴛鴦冷。芳茞先生是何福，香修小印曾經目。吁嗟乎虹屏書跋爭珍藏，至今人猶稱陸郎。此述姬侍雅者。

　　竹窗書畫飛鴻印，水繪宣爐十蘭鏡。牧仲花磁富定哥，覃溪宋拓收餘燼。乾嘉諸老不可作，冶城山館清儀閣。吁嗟乎十三金石古文房，堪憐一炬多銷亡。此述賞鑒諸家。

　　國家三百年來，逸事流風，俱絕千古，拾遺訂墜，頗足詠歌。舟次無聊，偶成短句。事皆徵實，語必求新。讀者勿笑其詩，或稱之曰《今世說》可也。

　　案：見《笘誃日記》光緒十二年丙戌十一月初一日。

爲劉佛卿農部寫《垂虹圖》并題一絕

　　官舫烏篷聽雨時，石尤風緊上程遲。當年記得垂虹路，曾寫襄陽學士詩。

　　案：採自《花團錦簇樓詩輯》卷二。又見《笘誃日記》光緒十三年丁亥二月初七日："佛卿農部爲余題小華詩册四絕甚佳，適渠出扇頭屬畫，爲寫垂虹圖，題一絕句云云。"劉嶽雲，字佛卿。

燈下爲韓芝生先生題泰山刻石十字詩

人間一字不能識，老石荒山聽銷蝕。誰從歐趙拾餘灰，殘甎碎礫皆瓊瑰。大篆未滅小篆刻，世無許氏誰知得。二千餘歲嬴秦尊，泰山屢劫琅玕存。高臺巍巍矗海角，望洋空歎涎流喝。

憶昔駈車過岱時，一庭翠墨徂松滋。詩孫先生好金石，家風寶鋳齋猶昔。自携氊蠟來空堂，一函十字珍收藏。吁嗟乎一函十字珍收藏，好古同癖長毋忘。

　　　案：見《笘誃日記》光緒十三年丁亥二月十一日。韓芝生即韓印。

題吳愙齋先生篆書銅柱銘

石柱文傳埃及古，湘陰郭侍郎使泰西，曾見埃及古石柱，有文字，多象形字。磨崖字審八濛詑。何如一語維中外，天許重生馬伏波。

一表以降二表至，界畫分明散邑船。自古銘金有深義，他年此拓好同看。

聖清盛治古無比，吾公勳業世誰似。回首一千八百年，裴岑紀功等閒耳。

丁亥二月，愙齋中丞世伯大人命題恭求誨正。侄江標，時客嶺南。

　　　案：採自《吳愙齋先生篆書銅柱銘》册。又見《笘誃日記》光緒十三年丁亥二月十二日、《花團錦簇樓詩輯》卷二。

宮詞六首

昨宵小宴閣門開，舞扇歌衫進幾回。如海聖恩誰領得，敕教舊隊入宮來。

似聞學士進新聲，小譜偷傳記未明。生怕六宮齊學得，海棠花底約銀箏。

六博彈棋興屢催，金缸銀燭鬥瓊臺。曉來風雨春寒緊，鸚鵡簾櫳午未開。

上元燈火鬧魚龍，長樂門開接禁中。只爲侍臣多賜宴，特傳新例下簾櫳。

天閒小隊出都城，傳旨宮中盡賜行。聞道掌書兼校寫，此回單許駐瑤京。

社日停鍼別院過，相期花下合新歌。偶從太液池邊立，生受春風拂面和。

案：採自《花團錦簇樓詩輯》卷二。又見《笆諮日記》光緒十三年丁亥二月二十二日，詩前曰：“晚燈成宮詞六首，蓋別有所指也。”第二、第三首順序互倒。

缺題詩一首

寶瑟絃絃思，含愁出畫堂。青衣小家女，黃絹蔡中郎。回首羞紅粉，知心有綠楊。不堪寒影瘦，明月照羅裳。

案：見《笆諮日記》光緒十三年丁亥二月二十六日。

留題陽春舟中

渝舞蠻歌樂未央，蜑煙瘴雨鎮淒涼。何因碧玉小家女，都學青樓大道妝。南域奇花難入譜，海天異境此謨觴。莫疑三宿因緣在，梵女還須屬梵王。

案:採自《花團錦簇樓詩輯》卷一。又見《笘誃日記》光緒十三年丁亥二月卅日。

缺題詩一首

東海靈槎事渺茫,神山返駕亦荒唐。難留梵女三宵宿,猶得琅函百字藏。斗帳珠寒千里月,曲屏燈掩五更霜。蘭臺消息憑誰問,檢點春衣鎮自傷。東海。

案:見《笘誃日記》光緒十三年丁亥三月初一日。

燈

自有明光落枕邊,瓊枝銀燭總無緣。機聲小苑催更柝,釵影侯門鬥列錢。雁足幾時成獨照,蚖膏入夜鎮虛煎。可憐玉帳牙牀客,好夢沉沉正入仙。

案:採自《花團錦簇樓詩輯》卷一。又見《笘誃日記》光緒十三年丁亥三月二十六日。

王薇閣農部寄詩二律,用原韻答之

青鏡回明采,朱絃冷素音。難將歌哭意,寫此別離心。王粲傷成賦,陶潛自抱琴。春江潮上下,未許寄情深。

胥水溫還頓,珠江明且清。遙遙催遠別,冉冉送浮名。風雨暗行役,文章見性情。世難逢伯樂,珍重畫圖呈。

案:採自《花團錦簇樓詩輯》卷一。又見《笘誃日記》光緒十三年丁亥三月二十八日。王薇閣即王壽卿(1864—1896)，字雲棲，號薇閣，江蘇寶應人，王凱泰之子，呂耀斗之婿。《笞諺日記》光緒二十二年八月十三日曰："聞雲棲死矣，爲之愴然。雲棲姓王，名壽卿，爲文勤公幼子、呂庭芷丈之婿。幼年得遺蔭，以主事分戶部，貧不能食，遂出爲廣東通判，到未一年而卒。無子女，一妻年僅三十餘。雲棲生平愛詩，嗜余詩尤酷，亦幼年一知己也。"王凱泰(1823—1875)，字幼軒，號補帆，江蘇寶應人，道光三十年進士(1850)。先後任浙江督糧道、浙江按察使、廣東布政使、福建巡撫，治理臺灣卓有成效，謚文勤，入祀名宦。

梅君鎮藩別半載餘矣，近讀其《感懷》一律，用原韻和之，即以代柬

少年吾識庾蘭成，近主詞壇斂酒兵。未必風懷消意氣，何妨歌哭諱聰明。青鸞鏡小曾占別，金馬門高合有名。同抱太阿須斂鍔，蚩蚩休羨貿絲氓。

案：採自《花團錦簇樓詩輯》卷二。又見《笞諺日記》光緒十三年丁亥三月二十八日。

缺題詩一首

合道何須同枕席，論心休信日深長。若從意氣治天下，終覺文章太露芒。

萬慮千思太周密，竟從疏處失真知。一燈搖影風穿隙，蠟淚成堆恐已遲。

案：見《笞諺日記》光緒十三年丁亥十月初五日。

缺題詩一首

誰知曲唱回心院，共識途登宿怨亭。莫道烏衣非子弟，亦尋王謝始策停。

案：見《笘誃日記》光緒十三年丁亥十月初五日。

缺題詩一首

塞翁失馬岂非福，海上看羊却是痴。万事再从今日始，信天翁号不嫌迟。

案：見《笘誃日記》光緒十三年丁亥十一月十二日。

爲朱月仙題《秋豔圖》四絕句

如此秋花瘦可憐，一函猶認舊詞仙。不將紅燭循廊照，爲賦秋閨怨一篇。

欲向瓊枝證夙因，何妨改寫畫圖新。春光那似秋情好，十幅珠簾護玉真。

蕭蕭絡緯訴愁多，一握柔情自奈何。休上綠陰亭子望，晚來雁影拂簾過。

瑟瑟西風捲酒醒，蕭郎無那鬢浮青。好將銀燭當筵意，寫上迷香幾曲屏。

案：見《笘誃日記》，作於光緒十三年丁亥十二月十四日，十四年戊子正月十九日錄。朱月仙爲上海唱曲女子。

爲袁寄鮨題《鮨寄圖》

句餘遺事感蒼茫，鮨埼亭荒舊史亡。二百年來誰寄意，江南人正客南荒。

合體異形偏共食，出生入死果何因。無端觸我孤兒痛，七載天涯附鮨人。

　　案：見《笘諓日記》光緒十四年戊子正月二十一日。袁寄鮨即袁寶璜。

爲吳問潮題飲酒小影三絕句

粵海吳山渺萬程，此來同話故鄉情。自憐小户長先醒，祇好觀人鬥酒兵。

紅雨如潮綠意柔，晚凉夢醒藉消愁。何妨添箇雲鬟侍，觥史還須錄事修。

白袷青衫冷澂塵，一痕蕩盡可憐春。願君莫向東風祝，紅豆原來最易生。

　　案：見《笘諓日記》光緒十四年戊子二月初八日。

連江舟中偶成截句

手拓同文門畔石，小游武氏紙房祠。漢京小學權輿在，陋絕齊梁俗體師。過曲阜孔廟、紫雲山、武氏祠，手拓各石，齊梁以下，不屑加氊蠟也。

吾別明湖已四年，書僮帖賈尚纏綿。東南賸有金銀氣，難脱泉刀換簡編。到粵後得書籍碑版不及齊魯百分之一。

古人識字爲讀書，今人讀書不識字。此事平生竊恥之，一函永守汝南氏。年十有二讀許氏書，至今十八年，未一日廢也。

問心飲水知寒暖，處世尋途辨正邪。兩種情懷同一軌，萬重恩怨此萌芽。

去日夭桃萬樹紅，今來葵麥動春風。盛衰吾笑劉郎感，一樣堯天雨露中。

意氣雄奇狂簡易，文章淵雅少年難。從今獨抱河東篋，收束威儀定性看。以上三截偶感。

絕學乾嘉袞袞才，不隨黃九共徘徊。寒衣未翦秋風里，一語分明縱利媒。詩雨當軒詩。

文尚沈雄氣吐虹，小詞明豔絕詩工。不才事事難公許，獨有童心證或同。讀龔定公集，見其記鬌乩事輒怦怦動焉。

莫向空齋問九流，春風墓草滿西州。鵝溪水冷寒燈小，覓吾童心到枕頭。哭華篆秋舅氏。

絕妙辭鋒宛轉情，此才敢是誤聰明。明湖十里聽咆鳩，誰分重逢待再生。弔濟寧李道源秀才本立。

峽雨滇雲次第看，六千里外算程寬。明朝便是天涯別，忽忽題襟下筆難。

曹師真摯王郎雅叔彥、毓仙，家衖難忘此別離。此去若逢煩寄語，萬荷香裏我歸時。送程譽卿四首存二。

新寫《紅蕉》一卷詞，十年蹤迹托烏絲。寒燈明滅機聲促，爲憶殘冬下學時。童年熹聲律，今已事隔十五年矣。新成《紅蕉詞》一卷。

萬里論文集古歡，七年私淑瓣香刓。最難父齒隨行長，潘阮尋常敢比看。

曾讀《孤兒》舊日編，傷心一事愧前賢。春山宿草空郊雨，志墓猶虛廿九年。上郎亭丈，此絕求撰先君墓表。

絕峽飛巖次第過，暮雲朝雨任高歌。舟窗一事增新悟，路到奇難景轉多。

竹纜蘭篙水上灘，巉巖處處走寒湍。有人篷底攤書讀，等是云勞到岸難。記途中山水。

案：見《笪詅日記》，光緒十四年戊子五月二十一日錄。

題潘笏庵銅器拓本册

積古齋原破夕陽，清儀閣子亦荒涼。古金賸有笥清館，橅刻精於宋薛王。

還硯堂中結古歡，元函翠餅拾叢殘。古心直上三千載，慚愧靈鶼閣裏看。

案：見《笪詅日記》光緒十四年戊子十月初六日："（潘笏庵送來）銅器拓本五册，爲之審定真僞，其一大册先歸之，後題二詩。"

伴城題壁詩

北轍南轅任記程，試看題壁半留名。出門能有思鄉句，便不成詩總是情。

紅燭燒殘一寸花，夜闌有夢爲尋家。今朝才過初三月，忍向梅花問歲華。

案：見《笪詅日記》光緒十五年己丑正月初三日："至伴城宿，題兩絕句於壁，冀次瀟過此和之也云云。"次瀟即吳丙湘。詩題爲編者擬。

晏城題壁詩

雪花如掌西風逈，行人道上生新愁。吾昨驅車渡黃水，江南正憶多朋儔。朋儔者誰皆少年,各將絶學潛冥搜。考禮吾愛曹叔彦,儀鄦吾憶張長洲叔朋。疇人子弟已分散,華家昆季若汀、若溪能徵求。武進一費屺懷通《公羊》,此學直壓前常州。吴倉碩鍾越生祝子心淵好摹印,吴次瀟胡綏之查翼甫蔣肖鰭工校讐。獨惜徐子毋江知假借,《爾雅》寫定遽即邱。小詩最佳朶紅僊蘇稼秋,豔詞雅擅昆陵鄒翰飛。豪俠九重玉峰子蘇澈,脱手一贈千金裘。其餘觥觥二三輩,亦知派别尋深幽。式如華備珏圖畫識點綫,叔邕汪乃熙大篆知成周。《説文解字》錫山李澹平,中西醫學能通郵。旅店孤燈悄無侣,舊交歷歷存心頭。春風捲幕有餘憶,佩聲釵影思香修。蓬瀛清淺桃源槎,練川瀲灩長干謳。春詞九萬樓九曲,碧桃花底銀箏柔。風懷自古有絶作,才人何必瞞狂游。吾今作詩當記事,不將詞句工雕鏤。噫,不將詞句工雕鏤,能知吾意皆名流。

案:見《笘誃日記》光緒十五年己丑正月初九日:"在晏城停一日,以候郎丈進省城,未也,成七古一首,即題於壁云云。"詩題爲編者擬。

平源二十里鋪和王可莊夫子題壁詩

七載天涯賦浪游,今年始計踏神州。科名敢比郊郇盛,意氣公然蓋鳳樓。余與大兄同榜,皆出忍庵師門。

苦搜石刻别蒼苔,齊魯曾經兩度來。擬續靈巖金石志,蒼茫陳迹動餘哀。

案:見《笘誃日記》光緒十五年己丑正月初十日:"至平源二十里鋪宿,壁上有王可莊師七絶二首:戊子七月十三宿此,聞意、園、鐵齋典試此邦,率書二絶遞之:國子先生始遠游,煙空眼底小齊州。袖中東海全收得,可許平吞萬印樓。漢宫令甓鎖莓苔,豔説題橋得意來。少日釣游重問訊，知君攬轡不勝哀（鐵君少時隨官河間獻縣最久，故云）。又廿九日盛百熙和忍庵壁間韻……余亦和忍庵師二截云云”。王可莊、忍庵皆指王仁堪。盛百熙即盛昱。詩題爲編者擬。

劉智廟和金陵女子白如瑛題壁詩

莫證前原并夙因，吾來已過廿年身。須知文字緣終在，破壁猶能一掃塵。

天涯此去果何因，吾亦當筵感此身。差甚幸無牀笫辱，可憐一樣走風塵。第二首三句用汪容甫弔馬守真文語。

案：見《笥諆日記》光緒十五年己丑正月十一日：“劉智廟店壁有金陵女子白如瑛題壁詩曰：名花墜溷有前因，絮轉蓬飄恨此身。安得憐香逢隻眼，慈航渡妾出風塵。其妹如惜和之曰：朝南暮北果何因，手抱琵琶恨此身。他時姊姊昇仙去，賤妾還須步後塵。自題邯鄲倡女。字迹將没，無年月，不知在何時。以蕭衫和作在丁卯孟夏證之，則當在同治初年也……余亦和二截句云云”。詩題爲編者擬。

十二連橋題壁詩（殘句）

驛亭儘有琵琶女，懶著新詞付與看。

案：見《笥諆日記》光緒十五年己丑正月十四日：“至趙北□，即十二連橋……過橋即止店午餐，店壁尚有道光年間題字，有癸酉湘西漁人題詩數截，甚佳……余亦題詩一絶云云”。標題爲編者擬。

孔家碼頭題壁詩

儘有新詩迹已陳，幾年風月渺成塵。誰知袖拂紗籠外，尚有淋漓洗壁人。

吾與諸公不相識，讀詩盡似吾相知。翦燈一一抄詩去，他日江湖一訪之。

孫郎原倡不能知，燭敗更殘興倦時。聊比宋朝蘇學士，流傳只有和梅詩。壁詩盡洗出之，惟公符原倡字大而多，不能爲力矣。補題此截，俟後來者或有續爲之也。下二語用楊公濟事。

　　案：見《笘誃日記》光緒十五年己丑正月十四："至孔家碼頭
　　歇，店甚大，店壁題詞甚多，皆一時名手，多爲店主人重堊，僅存
　　點畫矣。余費半時，以苦茗廢紙盡洗出讀之……今日起早，言已
　　二更，猶翦燭和墨録此，勞倦極矣，好事極矣。并題三截句於壁
　　云云"。標題爲編者擬。

缺題詩六首

中年歡樂夢中過，壯歲空教奚奈何。吾向尊前深自笑，萬重風雪又關河。

美人心計太幽深，今亦當筵問此心。襟佩琳琅衣■襟，祗留文字是知音。

萬里南來亦有因，好將比翼傲孤身。郵亭僅有琵琶女，不賦新詞著點塵。翟字應人，有疑似李衛公故事者，題一截於壁，今又有疑似■■■■舊事，不覺■然矣。

雙騎南來萬里寬，昨行人當劍仙看。豈知又入■如傳，同笑此名稱或難。

不因求利算求名，如此狂游本不情。最是使人渾不解，郎通吳語

女秦聲。

彈丸擊劍尋常事，共作當年薛素看。蕭奴飛騎同行，■者如堵。可惜媚香樓已廢，傷湘奴，不■■銜到長安。

案：見《笘誃日記》第十二册末。

缺題詩七首

我踏神京後十年，借疑高會似雲煙。槐陰庭院曾三宿，夜雨明燈二月天。

八荒無事詔書稀，用舊句，過眼文章已半非。驄馬無聲魚■■，好從花底解朝衣。

張■王■吾之師，朱十黃郎亦盡知。獨有樊張不相識，祇從畫祖解相思。

雅集年來常有無，乾嘉風趣未云孤。北江已有天山語，冷絕燈窗對此圖。

金鞍玉勒却尋常，難得書生共壇場。同憶鵲華山色裏，河堤新柳碧千行。

吾亦江南最少年，喜從河北著吟鞭。披圖不盡低佪感，細馬明駝又十年。

可憐客裏嫣脂少，尚賸何郎傅粉籢。聊把春愁托畫史，青燈夜雨掩重簾。

案：見《笘誃日記》第十三册末。

爲徐星署畫白牡丹扇頭并題

不寫宣南鬥艷圖，海棠芍藥任千株。自知定負雲臺約，奈此人間怨曼殊。

案：見《笪諺日記》第十三册末。

詠史四首

富貴當五十，少年不自立。吁嗟補蘿女，對此賣薪泣。終賈自少年，所學豈不及。烏呼朱翁子，終愧乘傳入。朱。

君是王佐才，何以從魏武。漢家火德衰，尚有偏安主。峨峨高陽里，署書誰是祖。惜哉今子房，終受濡須侮。荀。

東吳一代賢，陸郎誰與匹。蕭蕭大軍將，名足副其實。噫嘻紫髯兒，豈真有權術。翹首望西南，當有真人出。陸。

方正兼賢良，所舉稱上意。卓哉嚴夫子，生兒當自憙。殿前執戟郎，詼諧一何恣。咄哉此都尉，終當三舍避。嚴。

案：見《笪諺日記》第十四册首，詩題爲編者擬。

爲程明甫題《探梅圖》二截句

吾鄉有海名香雪，萬樹瓊瑤歲歲看。信是先生托清絕，炎方猶抱一枝寒。

嶺上春風懷底株，幾疑驛使守歸途。那知鄧尉山前雪，正補詩人覓句圖。

案：見《笪諺日記》光緒十六年庚寅正月二十六日。

日來爲外欲所迷，將改其初志矣。作此自責，不可云詩也

昔日無錢苦買書，典衣節食飽蟫魚。而今囊有餘錢日，不向街頭載五車。

嗜好太多終是病，博而不雜始成才。十年枉自稱劬學，慚愧今從何學來。

愛讀湘鄉日記精，巧偷勤録到殘更。七年一日遵成法，何事新來倦筆耕。

　　案：見《笘誃日記》光緒十六年庚寅二月初二日。

缺題詩三首

千里傳聞風警鶴，一絲消息雪融獅。三年枉自夸靈藥，解得奇方寫悔遲。

不鬥新茶不種花，山家小夢穩如車。誰知六月蘆芽短，新水生時雁落沙。

龍樹雙椏根一本，繭函萬疊繅孤絲。朝看物理歎奇笑，留待人間達士知。

　　案：見《笘誃日記》光緒十六年庚寅六月初一日。

赴日本途中所作

燈燦琉璃幔卷珠，焦香酒煖走行廚。如何錦繡叢園夜，却似今吾異故吾。

性靈竅窒原聲色，文字功疏爲貨泉。自信放心嘯入笠，却教珠玉

賣清眠。

立竿有影須求直，拜月能圓未許長。一笑近來知物理，卅年枉自爇心香。

海上仙山如此求，秦皇漢武縱優柔。須知辟穀方成道，妙訣何須再別求。渡海大風，兩日不食，故戲及之。

離情夜夢疏多密，奇計朝生弱勝強。不信任天終有獲，還疑放手似亡羊。

佛界輪回説轉通，圓機盡在有無中。試看東海長流水，萬里何從問始終。

語妙千言拙一詞，心機萬縷斷孤絲。越從有處尋真迹，却被閒窗短蠟知。

三載心神守定牢，一言戲笑失神皋。楚王剛熟靈台夢，十萬精騎走怒濤。

不賦和神共意章，先生此去即黃粱。橘奴杏婢皆同氣，任爾靈狐敢跳樑。

真僞原從夢裏生，不堪月落更參橫。《靈飛》妙迹分明在，鍾紹京原是假名。

　　案：見《笘誃日記》光緒十六年庚寅八月十二日。

爲大阪歌姬鶴勇題扇

醉裏狂言醒後歡，鶴飛不耐五更寒。春燈易緑波千疊，璧月能圓玉一槃。歌舞齊梁新樂府，杯羹唐宋舊廚官。蓬萊宮闕尋常事，且向《吾妻鏡》裏看。

庚寅八月游扶桑國，寓大阪，醉酒樓，見歌女鶴勇出袖底扇索書，戲題一律。十月歸國，適心蘭先生詢游蹤并出扇命書近作，即録呈粲并乞教正。建麲江標并記。

案：扇面見於上海國際商品拍賣有限公司 2004 年春季藝術品拍賣會預展。原詩底稿見《笘誃日記》光緒十六年庚寅八月十六日：“子雲邀至酒樓，招舞伎數人來，有名鶴勇者出扇索書，爲貽一律云云。”

爲茝香畫鳳仙花於秋扇并題二律句

不知種誰國，也入譜群芳。嬌影憐幽草，新愁繞畫廊。漢宮春已改，仙界夢難忘。別有傷心事，啼饑是鳳皇。

敢將南國色，移傍畫闌邊。瘦鞠求非偶，蘗芳讓此妍。雙飛疑蛺蝶，孤影妬嬋娟。莫作當門草，幽蘭鉏可憐。

案：見《笘誃日記》光緒十六年庚寅十二月十七日。

爲王芾卿前輩題所藏《斯文贈言》卷

尺牘如山性癖多，遺文收積愛摩挲。輸君獨有傳家集，三百年來字不磨。

三年幾過崇文街，每憶前賢一動懷。安得風流繼盛昔，各將雅集闢幽齋。崇文街，文恪所居，與周原己、吳文定居近，各有林亭之勝，見簡中。

莫釐圖本見前年，文定同游畫石田。痛絕西河今宿艸，忍尋遺篋感雲煙。沈石田與王文恪、吳文定游莫釐卷，舊藏華簽秋舅氏荔雨軒中，今歸他人矣。

案：見《笘誃日記》光緒十六年庚寅十二月十九日：“爲王芾卿前輩題所藏《斯文贈言》卷，皆□□時名公十三人與王文恪手簡也。芾卿前輩爲文恪後人，故重裝而索人題句云云。”

東坡生日偶成四絶句

燈影回紅茶熟後，始知坡老是生朝。椒漿筍脯家廚窘，誰挹寒泉當荔蕉。

畫象收藏有各家，年年破屋掛橫斜。如何一踏長安道，便冷閉窗玉畫叉。

雪壓枝頭月上檐，不甘送煖藉湘醯。朝來只是曹騰睡，冷煞先生寫贊屏。

徐聞入海儋州路，我昔曾經六月過。更憶惠州湖上事，朝雲墓上哭東坡。

案：見《笘誃日記》光緒十六年庚寅十二月十九日。

缺題詩四首

窮愁友道拙，貧態僕心誹。世事隨年進，青燈淚濕衣。
長安不易居，古語豈欺予。或有黃金屋，閉書學蠹魚。
相對牛衣泣，旁人不我知。更殘風靜夜，痛哭五言詩。
亦效平原俠，還疑阮籍狂。世誰青眼客，對坐壁燈凉。

案：見《笘誃日記》光緒十七年辛卯正月十九日。

題《古泉拓存》後

京洛緇塵浣未殘，阮囊自笑太寒酸。一函翠墨千蚨影，難當中統鈔幣看。

今朝喜見月當頭，好洗人間萬斛愁。莫恨債臺風太緊，居然錢裏過中秋。

案：見江標《古泉拓存》書末。《笘誃日記》光緒十七年辛卯八月十五日："讀古泉拓本，爲之審視之，燈下題二絕"。

缺題詩一首

送君歸去幾時回，爲寫溪山粉本來。猶憶來年風景好，文壇詩苑墨江開。

案：見《笘誃日記》光緒十七年辛卯九月初十日。疑爲送今立吐醉詩。

題徐花農前輩畫竹石明月紈扇，送日本書記官中島時雨雄

一枝瘦削玉檀柔，□□□□□□寒。明月日圓還獨照，任他花影上闌干。

合傍嶙嶒瘦石奇，含毫新寫補題詩。玉堂餘事人間少，説與蓬瀛上客知。

案：見《笘誃日記》光緒十七年辛卯十一月初十日。徐花農即徐琪。"寒"字句原缺。

題江鄭堂《募梓圖》

一出蘭陵一濟陽，吾家世系本蕭梁。多情皕宋樓中主，當作同宗遠寄將。

一畫居然值萬錢，六年次弟刊新編。知君心有掔經室，粤水吴山路幾千。按，先生《師承記》刊於嘉慶二十三年冬，《周易述補》刊於道光元年辛巳，皆阮文達鑴版於廣州，計畫此圖在白公堤上，則尚未入粤也。

好事流傳到削觚，乾嘉風趣近疑無。世間大有著書客，安得方君畫與圖。

可惜靈巖山下詩，依劉句好太矜持。《北江詩話》非虛罪，隨手千金事有之。《北江詩話》係先生《過畢弇山宮保墓》詩曰：“公本愛才勤說項，我因自好未依劉。”亦隱然自具身分，惜其爲飢寒所迫，學不能進也。標按，阮文達在粵時曾曰：“子屛隨手千金，我終不能救其貧也。”是事實有之耳。

　　案：見《笘誃日記》第十五冊末。第三首之後《日記》云：“歸安陸存齋世丈以鄭堂先生《募梓圖》小象寄貽，以其爲同宗也。然實與先生分兩支，惟有感於■■，題三絕句。”但第四首也是寫江藩，故附其後。

題陳衡山矩東游詩稿

初唐妙格失雲蹤，僞體誰教世并宗。却笑漁洋詩境仄，□□新錄號談龍。

範水模山事豈難，須將靈性護詞壇。盧仝拗澀香山滑，詩律從知一例看。

東海櫻雲拂袖紅，新詞寫罷付鎸工。奇才誰似陳無己，獨向松陰險韻攻。

蕭選樓亡綵筆無，拙才枉自號書廚。從今一讀扶桑傳，不敢論詩膽氣粗。

　　案：見《笘誃日記》第十五冊末。

缺題詩一首

奇句君從唐律出，狂游吾敢海山探。深情祇爲文同好，大恨偏教語不諳。僅有心知才第一，最難話別月初三。挑燈爲和先生詞，從此溟鴻自北南。

案：見《笘誃日記》第十五冊末。

題卅一歲鏡寫真

不是美人不名士，何緣來作鏡中人。頭顱如許華年換，已過人間卅一春。

世間誰覓駐顔丹，借爾靈芬灌頂寒。印哲中有名海波蘇達者。吾竟佛家成頓悟，化身祇聽指聲彈。

麟閣衣冠一樣圖，愛從團扇聽吳歈。科頭便服儒生面，好認今吾即故吾。

案：見《笘誃日記》光緒十八年壬辰二月初八日。

家蓄一猫，爲野犬所嗛而死，作詩以哀之

不知爾本生何所，隨吾奴來便不歸。猫於庚寅冬爲小奴劉升抱來。痛此殘軀遭虎口，朝來猶夢壓衾衣。

終年相伴愛誰如，輒辦晨餐二寸魚。聽此跳樑聲漸出，從今誰護一牀書。

短尾狸斑兩耳蒼，嚶嚀聲細眼含光。搴帷從此無行迹，明月花枝任過墻。

教猱升木吾何罪，捨肉呼鷹計本愚。悔不《中山狼傳》熟，竟教野鶩逐家鳧。犬來時將餓斃矣，家人欲梃而逐之。余憐其無主也，飼以飯，不忍驅之去，不三日而有此禍。

磔鼠張湯事有之，班書兒豈早能知。晚燈伐犬偏成論，淚濕淋浪

笑汝癡。阿聰十一歲矣，聞猫斃，痛哭者再，黃昏忽自成《伐犬論》一篇。

開卷真教一惘然，畫圖誰與貌唧蟬。生憎二狗崖柴目，斷送仙哥返洞天。

妙絕金陵老雪鴻，七狸花底寫何工。誰知一夕詩題遍，別有閒情寄此中。

案:見《笘諮日記》光緒十八年壬辰二月初九日。

寫山水箑復題六絕句，寄盛虁臣孝廉昌頤

三年相望海東頭，千里郵書懶遠投。一自長安人海裏，無從花底解香騮。

紅杏花開鬧滿城，春風吹過太無情。分明一樣霓裳曲，未必人間盡解聲。

杯酒論歡月幾過，傾城名士悵關河。座中忍出崔徽卷，奈此亭亭小影何。余要至府，出《張憶娘簪花卷》示君，君欲借觀，未能也。

共約同舟競後先，潞河幾夕亦前緣。東風力緊篙師懶，可惜琵琶不過船。

六法依稀畫院空，百年誰與辨宗風。不才事事無專學，獨寫秋山恐未工。

坐席香留已月餘，漫將尺素托雙魚。聚頭扇寫同心句，當作河梁寄友書。

案:見《笘諮日記》光緒十八年壬辰五月二十日。盛昌頤，盛宣懷子，光緒十七年舉人，捐資得德安府知府。

爲璧月盦主題倪墨耕《弄玉吹簫圖》

翠鳳瓊簫出太清，居然畫本亦多情。北崔已去南陳死，更與何人執手行。

壬辰六月爲璧月盦主，建霞江標

案：原卷見於雲南典藏拍賣有限公司 2003 春季拍賣會。

爲華蘅芳表兄題二妓詩集

若汀表兄來，言有一妓能口誦唐詩如流，略知吟詠，字雖拙而不俗，有一姊亦能詩，三年前死矣。若汀曾選其兩人詩并諸人投贈之作爲一卷，持示屬題。余即用其集中（集名爲《碧桐花館》，乃姊集名《綠么韻語》）《寄懷八絕》均題之，詩録於後。妓曰周愛卿。

燭淚痕多酒浪深，問誰相愛抵兼金。一函小艸詩千首，已動劉郎鼎峙心。

桃花扇底約何期，兩字鴛鴦未許知。欲上眉樓羞獨嫁，匆匆忍過綠陰時。

不隨弱絮任飄零，不看樓頭柳色青。爲過蕪蘼山下路，故教滄海未曾經。

斑間風急月凝霜，小妹青溪未有郎。冷煞綠么花十八，銀箏誰與鬥鴛鴦。

珠玉十斛郎可留，媚香誰築高高樓。愁紅怨綠不知數，碧桐花館多新秋。

雲裳月扇茜露披，不寫風懷側艷詩。儘有迷香屏九曲，誰能題遍買春詩。

司勳已老舊知名，誰分相逢有此生。別見奇懷成辣手，居然敢築五言城。集中自言五言絕最難而能工。

誰與閒窗一鬥瓜，新詩和罷月西斜。玉梅有影波心定，羞絕西天稱意花。

　　案：見《笘誃日記》光緒十八年壬辰六月廿六日。

缺題詩四首

不遣新愁生綠葉，漫教舊事比紅兒。藦蕪已瘦芙蓉老，寫盡司勳本事詩。

飛龍瘦骨今彊弱，函枕深秋玉鰈凉。一樣情懷分冷煖，不妨新譜訂鴛鴦。

愁痕隱隱上眉稜，看著河陽半臂綾。莫怨蕭郎騎白鼻，妾家原不住西陵。

火葉風輪出道家，恨誰靈訣走雷車。長房大有壺中術，天女無須一散花。

　　案：見《笘誃日記》光緒十八年壬辰閏六月初五日。

缺題詩五首

微言已絕大義逸，六經荒蕪諸子出。便辭巧說善逃難，碎文廣義嗟間詰。群書充棟卷束筍，寫鈔繁瑣易刀筆。唐宋以還尚梨棗，鼎新繡梓盛閩越。朝成著述暮風行，莫怪讀書讀更拙。閶廬精誦事猶多，隨月移牀興亦好。

萬樹瓊英壓草廬，月明如水夜窗虛。此中自有奇人在，不學寒齋冷著書。卅載開圖一惘然，少時意氣玉堂仙。書史久亡詩客老，教人猶憶道光年。

新說驚人大義■，後來學派更何趨。先生合寫傳燈錄，獨開荊榛示坦途。

　　披圖別自感孤寒，亦有奇書午夜看。廿載機聲燈影里，忍教史筆廢鉛丹。

　　過江名士題詩滿，濯足填詞各有圖。同是少年好風趣，襟懷畢竟勝公無。

　　案：見《笘誃日記》光緒十八年壬辰閏六月十八日。

題王勝之同年臨房山紈扇

　　雲成懞懂樹無根，學米何人一和門。參透筆頭乾墨訣，畫禪以後與誰論。

　　界畫樓臺似李唐，遠山雲樹始蒼茫。世人一例涂濃墨，誰信孫家換骨方。退谷《銷夏錄》論米畫極精。

　　落茄點子化雲煙，此學婁東得正傳。二百年來無嫡乳，笑人空起米家船。

　　妙絶王郎是我師，居然敢學虎器癡。房山已去香光老，此席今時究屬誰。

　　案：見《笘誃日記》光緒十八年壬辰七月二十二日。

與內子汪鳴瓊聯句敬題《秋燈課詩圖》

　　童年舊事開圖見，秋燈小影紅絲硯。標。慈母停鍼課玉兒，新詩一字千挈鍊。瓊。十年圖畫徵詩稿，題圖人去嗟誰保。標。複壁居然返玉函，人生到此真天道。瓊。吾家曾祖圖采芝，廿年重返事誠奇。標曾王父有《采芝圖》遺像，嘉道諸名流題詞者二十餘家，庚申寇亂失去。越二十年，標從他氏贖歸。誰知此圖亦等爾，兩家何幸同斯時。瓊。獨有一事真堪傲，至今慈母猶課兒。標。嗟嗟我動屺岵悲，秋燈淚濕圖中詩。瓊墨迹。

　　案：採自《浙江黃巖西橋王氏譜》（1917 年刻本）。底稿見
《笘誃日記》光緒十八年壬辰九月初四日。《秋燈課詩圖》，王彥
威在其母盧德儀去世後所作，遍徵名人題識。王彥威（1842—
1904），字弢夫，浙江黃巖人，清同治九年舉人，師從俞樾、孫衣
言，李文田門生，官至太常寺少卿、軍機處章京。編《光緒西巡大
事記》《清季外交史料》等，著有《後漢郡國志今釋》《光緒台州府
志》《秋燈課詩之屋日記》等。

題《銅官感舊圖》

茫茫一片銅官水，儘有興亡説與誰。幸得畫圖留故事，後人猶可
付題詩。

咸同勳業漸煙塵，僅有遺聞等寫真。萬馬祁門瘀風雪，短刀韡底
又何人。

到此艱難始見心，大臣心比緑波深。獨憐直下長江水，漸漸樓船
向夕沈。文正立水師，嘗言無萬世不變之道，今確守成法而日漸委靡，殊非文
正用兵本意也。

　　壬辰九月廿一日敬題《銅官感舊圖》，元和江標稿於宣南

　　案：採自章華《銅官感舊圖》。又見《笘誃日記》光緒十八年
壬辰九月廿一日：“右三絶題章壽齡《銅官感舊圖》，圖爲曾文正
公靖港三敗自投於水，章君自舟尾躍下救之，今其子同持册屬
題。”壽齡應作壽麟。

題張樵野侍郎《運甓齋話别圖》

眼前九萬里風雷，上使曾經海外回。鑿空君家成底事，班書柱傳

使邊才。

一夕衙齋笑語歡，良朋珍重畫圖攤。雲臺象與凌煙閣，他日還當一例看。

吾民生計困東南，天許荒洲渡海探。早歲已聞公建議，羈縻終笑漢家男。漢朝治西域，以羈縻不絕爲上策，此無可奈何語也。方今頗重晁錯徙遠以實廣虛之義，足以關孟堅之口。

大地須彌等一家，職方舊紀尚浮誇。鰌生亦負環游志，瀛海曾浮八月槎。庚寅八月，曾請假游歷日本諸郡國，擬東渡太平洋，以期促未果。

癸巳八月題《運甓齋話別圖》，樵野先生侍郎命，即乞教正，元和江標初稿。

案：原圖卷見北京觀唐皕榷國際拍賣有限公司 2017 年迎春拍賣會預展，江標題詩爲篆書。底稿見《笘誃日記》光緒十八年壬辰十二月十八、十九日，言"圖爲倪約堂中丞送侍郎出使美利堅而作"。

題畫

濕墨淋漓畫遠山，幾枝衰柳舞陽關。□燈復把閒情寫，誰似飛鴻盡日閒。

決決流泉出澗新，蕭疏古樹略含春。幽人盡日難尋覓，寫上生綃却似真。

案：見《笘誃日記》光緒十九年癸巳二月廿八日。

送日本大鳥圭介星使回國

何事年未見憶仙，南船北轍兩留緣。一杯醴酒親斟奉，願與仙家共他年。

入手歡將老道呼,還教重與寫真圖。戲繙《鴻雪因緣記》,并擬仁和戴氏歌。

三年杯酒真情洽,一夕聽歌欲唱難。遠道星移金馬去,仙槎風引錦騮安。使君大事能知體,舊史編年已付刊。更喜庭階蘭玉盛,錦衣■■言多歡。

吾祖當年海外游,大■■本有書留。崎山重到收函■,京國新交憶唱酬。北極未探■隱憾,星洲遠拓合周流。年來亦抱寰瀛志,期爾重來訂北游。

案:見《笘誃日記》光緒十九年癸巳三月十七日。

題《畫猴圖》

易氏新圖久寂寥,空知舊譜亦重描。真形已失胡盧押,此是蓬萊別樣綃。

一笑居然賜普緋,李唐故事頗依稀。世人莫責孫供奉,尚識朱家偽主非。

動而彌壽山中■,慧亦稱郎丞相奴。吾亦庚申初降日,不妨猨叟自名呼。

案:見《笘誃日記》光緒十九年癸巳四月初五日。

題太常仙蝶七絕三首

虎阜一見因緣在,何事重尋到草堂。想是舊圖真影失,故教畫史細評量。同年王勝之,畫史也,曾於丙戌年見仙於潞河,未有圖。余前見於虎阜吉勇烈公祠,圖而不真。是日仙事舊圖適在案頭,勝之亦在坐,相與詳證,乞仙暫駐，勝之伸紙執筆——再圖之，無毫髮異，仙始有去志，誠奇事也。

　　殷齋舊語頗詼諧，此是微詞有別懷。清酒一杯留供養，居然仙子降寒齋。張殷齋題羅浮蝶卷有云：爾來京師所稱太常仙蝶者，頗往來於貴人家，干索酒餌，非復前日之高致矣。因題此卷，感慨係之。此別有所指也。

　　獨與文人大有緣，乾嘉諸老說躧蹖。一堂小坐搜遺事，苦憶承平二百年。是日在坐見仙來去始末者，爲陳蓉曙（邇聲）、沈子封（增桐）兩前輩，劉靜皆（世安）、李木齋（盛鐸）、王勝之（同愈）三同年，文芸閣（廷式）同館，皆各證舊說頗詳。

　　　案：見《笘誃日記》光緒十九年癸巳四月十二日。

題太常仙蝶七絶又一首

　　宣武坊南迹已陳，戴圖潘記總前因。不才敢繼諸賢後，再自題詩并寫真。戴文節公、潘玉泉先生私宅皆在宣武城南，屢見仙蹤，各有圖記。

　　　案：見《笘誃日記》光緒十九年癸巳四月十四日。

缺題詩二首

　　明知禍福不關君，奈此陳陳衆説紛。各有因緣休別羨，過墻原不爲香聞。

　　人間■細本尋常，何必真留色相忙。不待羅浮仙客醒，落梅早寫壽陽粧。

　　　案：見《笘誃日記》光緒十九年癸巳四月十六日。

題陸竺齋藏《冰壺夫人桃源春泛圖》卷

百年人事花三日，建。白駒過隙留無術。一紙琳琅字萬行，静。長生獨讓生花筆。開緘珍重芙蓉面，建。何年仙子紅塵見。舊事蘇臺玉鏡緣，静。新聞畫史冰壺傳。滄桑幾劫■■地，建。錦贉玉軸等閒棄。荒市憐將粉本看，静。仙壇訛認麻姑記。誰知此是崔徽卷，建。乾嘉諸老題詩遍。更愛鷗波舫子新，静。仙家伉儷簪花擅。幾時得入平原第，建。柟檀香護重裝麗。拂席珍教玉■新，静。徽詞欲繼芳蘭態。儂家夫婦耽翰墨，建。啓函心醉仙槎例。更憶當年■■簫，静。居然筆底留春色。題詞聊學天真閣，建。晚燈聯句簷花落。亦有靈鶼閣子國，静。新詩還向寰瀛索。建。

　　案：見《笘誃日記》光緒十九年癸巳五月初十日，爲江標與其
　妻汪鳴瓊聯句詩。

題那幼農上公蘇圖《光鑑堂詩存》

畫戟清香正退朝，錦囊詩句寫雲韶。天然富貴無雕琢，興在心腸熱處消。讀書所見，爲餞壽格平孝廉諸詩。

奪席能將險句攻，韓潮蘇海學兼通。廣筵肆坐聯吟罷，更向中閨鬥韻工。謂幼華公夫人。

■■多閒筆硯隨，秋山寫上扇頭詩。焦桐竟入中郎賞，此是平生意外師。公命畫扇，附題小詩呈政，還■示讀全■。

一函鴻寶擬前賢，招隱淮南別有篇。敢倖人間窺一過，已教凡骨幾成仙。

　　案：見《笘誃日記》光緒十九年癸巳六月十二日。

贈徐建寅參贊

題徐仲虎《歸舟圖》，爲篛秋舅氏畫，送其往德國參贊欽使。

萬里歸舟亦壯哉，近時博望却多才。試思誰是探源手，莫道曾從絕域回。

徐侯少小相知久，不必開圖始識君。尹俠田俅今已矣，墨家尚待補奇文。

宣武城南夜雨時，銀荷燈小獨題詩。傷心別下西州淚，墓草春來綠過祠。

案：見《笴諺日記》光緒十九年癸巳六月十三日。

和順德李侍郎師《和林金石詩》十四首

正是開元全盛時，可汗猶子語堪思。陰陽氣隔異君長，此是皇家得體辭。闕特勤碑。

剝落殘碑認短銘，舍人書體出天廷。吾從字畫徵旁刻，大泰山銘小孝經。苾伽可汗碑。

大字先題登里囉，可汗名字曰毗伽。半從佛法治天下，莫怪年來景教多。九姓回鶻可汗碑。

幣施十六萬五千，造此興元閣子年。題字猶書臣學士，至元鈔楮已雲煙。許有壬勅建興元閣記。

梵書大刻是何時，碑是劉公記去思。曾拓中州伊闕石，一般唐突古時碑。碑半刻梵書，皆掩原文上。和林兵馬劉公去思碑。

禱雨而雨祈晴晴，廟記三靈語尚明。立石撰書人仿佛，和寧路字各題名。三靈侯廟記。

脫脫已罷巙巙卒，誰是平章至正秋。一記不傳名姓在，朔方賸有斷碑留。大司農保釐朔方殘石記。

　　誰書總管收糧記，字字分明市糴篇。碑末附書新造字，順宗皇帝妥歡年。嶺北省右丞郎中收糧記。

　　和劑良方世尚知，三皇祖廟已無遺。世間誰信陰陽學，亦入醫家共一支。三皇廟碑二。

　　安陽五刻殘張壽，漢石零星世尚珍。不意元朝存碎礫，亦從百字認殘鱗。淵潛勝槩殘碑。

　　和事睦民書姓氏，判官蠻子列頭銜。和林倉與和林路，大小同官百字鑱。和林倉碑。

　　不花札木各題字，嶺北和寧省路碑。欲檢史書徵姓氏，文經三寫校誰知。嶺北省和寧路題名二碑。

　　青冢年年塞草青，漢家遺碣尚亭亭。紙灰吹起秋風急，來讀徐郎百字銘。漢冢石。

　　和林耆老各題名，四世同居好弟兄。至正四年春二月，大書合擬古田荊。四世同居立石。

　　　　案：見《靈鶼閣叢書》本《和林金石詩》。底稿見《笘誃日記》
　　光緒十九年癸巳七月廿九日。李侍郎即李文田。

缺題詩三首

　　兩枝新柳倍纏綿，欲折長條似可憐。寄語樓頭須護惜，莫教搖落任年年。

　　白門剛過又西湖，呂畫靈芬絕世無。奈此曉風殘月里，有人篷底寫新圖。

　　從今誓不過陽關，鑱盡愁根恨亦刪。一握柔荑春夢醒，不堪煙雨憶湖山。

　　　　案：見《笘誃日記》光緒十九年癸巳九月初一日。

題改七薌《雙紅豆圖》

春痕院書相思字，春風定得相思諡。（殘句）

春意總堪憐，叢芳無此妍。誰家新得種，化出相思夢。淞水老■流，春綃人影愁。

案：見《苫諺日記》光緒癸巳（1893）十月二十七日。原圖曾現身中國嘉德國際拍賣有限公司 2002 年春季拍賣會，編者未及見。

題《來蝶仙堂書畫社圖》

光緒癸巳十一月十八日，彭子嘉民部穀孫、翁印若內翰綬琪集余來蝶仙堂，余出黃葊圃先生《問梅詩社圖冊》同觀。景仰先型，爰仿其事，索內翰寫圖，即爲來蝶仙堂詩畫社之第一集，并系以詩。

問梅舊社已經年，尚有遺圖景昔賢。月舫無人竹堂老，好教重續舊因緣。問梅詩社始於道光癸未，三十年中賓主遞嬗，至壬子漸散，自來詩社未有如此久也。

六年曾住縣東橋，百宋廛空夢寂寥。惆悵年年搜逸事，畫圖真喜見今朝。余舊住縣橋巷，即龔公故里也。曾搜集逸事爲公編年譜，已成，因未見詩社圖爲憾。日來始從吳穎芝探花蔭培借得，即添採其事入年譜中。

草堂曾記來仙蝶，故事何妨便藉名。今年三月太常仙蝶來余居，即名余室曰來蝶仙堂以紀奇緣。不讓乾嘉諸老輩，欲將新社結吟盟。

獸炭香溫玉畫叉，瑤箋銀管任塗鴉。絲豪竹脆尋常事，韻絕寒齋靜鬥茶。

題羅兩峰佛畫

新得羅兩峰畫佛冊，持示子嘉，爲摹一幅於此，因題三絕句。時十一月廿五日。爲詩畫社之第二集也。

宣武城南白紙坊，春來古寺看花忙。羨他醒得揚州夢，手記前身夢一行。兩峰題款曰前身之寺僧。

鬼趣荒唐墨未乾，還圖妙相幽伊蘭。公方避暑我聽雪，等是銷閒兩樣看。兩峰畫於乾隆戊戌六月。

絕妙彭郎著意模，居然放筆寫文殊。文人孽障詩人債，到此真能盡懺無。

題草蟲畫

附草依花亦是緣，一生小隱出蟲天。阿翁下筆真成趣，大好來參小乘禪。

別夢依依不過墙，秦宮花底暖尋香。春蠶縛繭秋娥老，冷煞徐陵翠筆牀。同日又題。

近又得羅兩峰畫草蟲小冊，臨此一幀。癸巳十月廿五日燈下建霞記。

題竹垞翁書太湖眾船竹枝詞墨迹

子嘉持竹垞翁書太湖眾船竹枝詞墨迹，卷有年羹堯補圖，墨氣淋漓，誠奇筆也。爲題兩絕句，即作詩社第三課。

莫畏前途十八灘，人生到處總平安。九州都督城門校，心地何妨一例寬。

一棹春帆穩飽風，六橋煙雨自空濛。那知鴛水詞人筆，寫入將軍畫稿中。圖爲年晚年作於杭州。

兩詩用竹垞翁原韻。江標存稿。

題吳越金涂銅舍利塔

廿八畫社第四課。元和江標摹記。

當年八萬四千塔，沙數恒河比似多。今日閒窗琭一紙，墨痕青上指頭螺。

響拓雙鉤事太難，寒燈靜寫筆花乾。蘇齋寂寂清儀去，尚憶摩挲老眼看。

廿九日補題兩絕。建霞。

題翁綬琪臨白陽山人本《天牛蟲圖》

圍爐小坐畫屏東，寫意揮毫燭影紅。未必畫師深寄托，笑人空詡設辭工。和印若均。標。

少日閒情長歲思，豆棚曾記兩如絲。今朝放學歸來早，偷得紅絲細縛時。

故事閑徵語太奇，天生此種我滋疑。笑他不是尋常物，蝎本前身蠹又兒。題天牛蟲。十一月廿九日建霞。

來蝶仙堂詩畫社第七集聯句

凍月光寒琉璃窗，嘉。晚燈爐落銀蟬釭。建。斑管冷寫詩魔降，印。尖叉險韻鬥玲瓏。玉。誰歔作畫下筆雙，允。椒畦舊稿槀所腔。嘉。淋漓翠墨如奔瀧，建。鉤畫盤曲千鈞扛。印。怪石臥起形崆峋，玉。老松聲作金鼓摐，允。風來山澗巨壑淙，嘉。遠峰隱隱飛隔江。建。黛點零落小於龎，印。雲陰低罨暗黮黮。玉。中有神人號女娙，允。益壽常食白澤坲。嘉。吾思其人足音跫，建。又有赤松傍石躘。印。仙靈隱現雷砰䃔，玉。俯視世界細若肛。允。吁嗟奇畫開繡幢，嘉。展圖驚看神爲憧。建。兔尖影摹吠堯尨，印。倪黃清夢沉吳艭。玉。瑤琴占瑟吹同腔，允。墨瀋迷塞姿信悾。嘉。畫沙老拙蜗如蚣，建。綴黛黑字紛劉邦。印。僕本短視目睳，玉。巨鐘若欲以莛撞。允。敢云磵堂時鳴椿，嘉。閒宵促膝共輕幰。建。騷人粉壁畫蘺茳，印。圍爐團坐笑語哤。玉。宵深月落車駕駹，允。長嘯一聲山崆谾。嘉。街頭靜聽敲寒梆，建。鬥茶走筆千矛鏦。印。健句絡繹泉淙淙，玉。游戲文苑都盧橦。允。千古詩刻皆礥矼，嘉。何如安眠聽逄逄。建。主人欲睡意若悰，印。客猶思飲催倒缸。玉。酒如斫樹收窮厖，允。夜譚滔滔江水洚，嘉。旺童竊視驚紛厖。建。此樂應勝休耕稷，印。安得日月撐長杠。玉。

十二月九日夜，印若、玉書、允之集建霞齋中，同人聯句，用三江全韻，仿柏梁體。子嘉録句并記，時已三鼓矣。

> 案：見《來蝶仙堂詩畫册》。印若即吳江翁綬琪，玉書即楊玉書，允之即元和楊光昌，子嘉即長洲彭穀孫。《筤誃日記》光緒十九年癸巳十二月初九日："晚，子嘉、玉書、允之、印若來，作詩社第七集，成柏梁體三江全韻詩。"翁綬琪畫作《椒畦臨山樵意》爲畫社第六集，作於光緒十九年癸巳十二月初七日。

題《萬卷書樓圖》

仲冬卅日，集允之齋中爲第五課。臨惲南田十萬圖册之一。建霞剪燭記。

碬畫十萬圖册入《石渠寶笈》此幀有惲題曰"此即雲林清閟閣也"，見阮文達《石渠隨筆》。

坐濕黄鶯啼未了，雙鉤闌外著鈔書。牙籤十萬紅妝護，陸倩香修恐不如。

此甲申年山左道中題壁書願詩也。用毛子晉、陸梅谷、嚴九能故事。建霞又記。

題《團扇圖》

淡月如紗冷透窗，兩三枝影總成雙。此生空過羅浮籠，却負尋香脚底簹。

自誇蓬島曾經住，畫圣詩仙各有緣。蕎麥聽歌牙撥弄，獨教參透鬢絲禪。

奈此團團雪影何，曉燈夢醒眼餳波。生香已斷爐重爇，忍遣春寒到被窩。

十二月十九日，日本堤虎吉君威爲畫此册并記西番字於下，閲兩日，燈下建霞題三絕句，即作詩社第八課。

　　案：堤虎吉，又名堤寅吉，化名，真名瀧川具和，爲日本駐天津領事武官，日本間諜，傳見《對支回顧錄》。

題印若琪臨葉榮木《採桑圖》

　　翦刀聲里採桑天，小隱湖山自有年。誰識民風西北異，屠椎剩竟勝耕田。

　　吾憶江南四月天，曲櫨新箔自年年。一家豈有耽閒課，婦採柔桑夫種田。

　　一事難知欲問天，北民苦潦已頻年。客來誰與譚治潞，莫羨南方萬頃田。

　　北馬南船別有天，翦桑種麥各成年。何如我輩徵閒興，惡歲無能到硯田。靈鶼。

題熙元《牡丹圖》

　　寒林香溫玉臂寒，春宵穩睡錦窩安。朝來吃得花肉，飽看銀屏墨牡丹。靈鶼。

　　白玉雕欄護早寒，春來聲價重長安。天生富貴難醫俗，漫借烏金換骨丹。靈兼再題。

　　案：以上十一題見《來蝶仙堂詩畫冊》。

題玉京畫并贈小寶

　　南部煙花夢已闌，柔枝嫩葉付春寒。皕年收拾香櫥蠹，喜有簪花妙格看。

想見衫舒釧重時，玉窗香繭界烏絲。獨愁一事梅邨誤，不譽能書只譽詩。

舉舉師師姓氏迷，飛瓊仙迹近無稽。饁眠小款珊瑚押，莫誤楊家妹子題。靳介人注梅邨詩，以《畫蘭曲》及《無題》四律皆指卞賽妹敏，然無塙證。今見此聯，知即爲玉京道人詠，并非指蔣家三妹也。

愛讀栞河感舊詩，楓林霜信歎來遲。秋風紅豆相思種，定爲蕭郎寫折枝。

小疊瓊箋墨未乾，■波比目畫誰看。青驄容易盧家別，莫抱瑶■下筆難。

　　　　案：見《笘誃日記》光緒十九年癸巳十二月十一日。其中第二、三、四首又見狄葆賢《平等閣詩話》卷一、金嗣芬（字楚青）《板橋雜記補》（《小説月報》1917年八卷十二號《雜俎》所録）、陳衍《近代詩歌鈔》，皆無小字注文。

題畫詩

春草蘼蕪山上山，高樓飛絮去還還。柔毫拓得秋風影，■墻當頭慎莫攀。

嫩葉嬌芽著意憮，女郎名字稱心呼。分明一片相憐影，莫當唐宮素女圖。

六甲靈飛署小名，繭函香冷麝煤輕。問卿懺盡因緣未，如水年華海樣情。

白祫烏巾憶勝朝，江南子弟陋金貂。一家春屬空輕附，轉問秦淮舊板橋。

學士風流出内家，睦親舊宅冷霜華。荒攤拾得瑶清籙，珍重蕭齋玉畫叉。

寫得群芳稿一蔢，羅浮仙影亦匆匆。白門依舊秋風老，持贈誰家袖底中。

金粉南朝半寂寥，春燈燕子夢寒宵。歌闌舞歇閒窗坐，不共新枝鬥楚腰。

案：見《笤貹日記》光緒十九年癸巳十二月十一日。

題翁覃谿乙丑秋日爲葉花谿書篆聯

新柳詩成正此時，海王村市夢思之。寄情更寫游絲篆，當謝漁洋校刻詩。葉雲谷曾與先同刻漁洋五七言詩，事亦在乙丑年。雲谷，花谿子也。葉花谿新柳詩册，覃溪有題句，曾見真迹於廠肆，亦同作於乙丑也。

富春大嶺祝耆年，同寄秋函嶺嶠邊。試讀復初齋一集，尚堪故事說蟬媽。去年先生又爲雲谷題大癡《富春大嶺圖》寄祝花谿壽。

漢石唐碑公獨擅，《嶧山》小篆未同稱。如何絕似孫洪派，對此難猜老輩能。

案：見《笤貹日記》光緒二十年甲午正月廿五日。

送季友隨使英法

歐亞本連邦，所隔本無幾。萬里一飆輕，等是磨盤螘。昨夜使星明，行裝發華煒。送君出城堙，臨風一長唏。男兒志四方，區域歷美瑋。高矚古唐虞，盛事今實偉。流沙輕戶樞，昆侖小脊尾。直過五印度，四讀走亹亹。彼邦苗聰窐，致富敢芴菲。聽聲不察色，妌惡習予娓。友倫重遠道，保身當後宬。言拙貌益■，似春到百卉。郵驛函投輕，颮輪速電焜。勝是夢顏色，情動月到胐。依依袂判胸，惘惘蔾成葦。敢告使君前，陋辭意當齔。

案：見《笘誃日記》光緒二十年甲午二月初五日。

祝朱母馬太夫人七秩壽

金萱樹茂北堂深，王母瓊筵啓■琳。袍爛繡行諸子貴，訓傳班誠一家誠。斷機舊德徵前史，挾纊慈恩感衆心。曾憶登堂親拜母，丹觴敢■德留音。

江左清門舊令儀，扶風母系毓蘭支。髣天福語平安鏡，鳳嶺家書弟子規。綽楔恩■珠綬重，板興■■錦檣遲。遙從北平窺南婺，敬獻金樽呈壽詩。

案：見《笘誃日記》光緒二十年甲午二月二十二日。

題散氏盤

考證乾嘉老輩多，此槃得失究如何。微聞半夜荒園裏，新拓濃煤上指螺。

挈經舊本留方印，鈐認猩紅骨董家。知否翻沙留別器，清儀閣子細摩挲。

一紙珍翰十萬泉，錦賵玉軸鎮纏綿。寒齋亦有新收本，破費重摹十樣箋。

案：見《笘誃日記》光緒二十年甲午二月三十日。

題某鼎拓本

笑煞鄮城錢叔子，居然放膽手重鐫。吾家曾得模糊本，混沌猶存未鑿天。

靈巖山館付秋蓬，枉費英靈集子工。此鼎居然成大隱，還將遺事話青銅。

案：見《笘誃日記》光緒二十年甲午二月三十日。

淇縣旅店和東昌女妓金聲題壁詩

兩首題詞不記年，春花秋月問誰憐。世間缺陷尋常事，誰補媧皇煉石天。

紅粧不信有奇才，難證當年手墨來。總是生成幽怨種，男兒一樣走風埃。

案：見《笘誃日記》光緒二十年甲午九月廿八日。題目爲編者擬。

元邦驛宿和桂儂女郎題壁詩

紅粧何事骯塵沙，尚愛題詩潑墨斜。可惜蓮卿原唱失，教人想煞鏡中花。

此是恒河怨女沙，今宵夢斷月夕斜。人間有此真才女，願解金鈴護落花。

案：見《笘誃日記》光緒二十年甲午十月初二日。題目爲編者擬。

缺題詩六首

看盡狂花萬樹紅，自知無福祝東風。誰家尚有相思種，奈此湘波隔萬重。

阿誰署款幽貞館，此是人間怨女樓。欲整牙籤三萬軸，願卿同上木蘭舟。

　　絮果蘭因事偶然，何人參透鬘絲禪。寒山自有靈均侶，深得香修亦是緣。

　　桃葉桃根打槳詞，秋風團扇對人思。修詞聊托微波寄，正是洞庭木下時。

　　不因帳底喚真真，欲乞崔徽寫貌新。輸與出關圖一紙，休教錯愛鏡中身。

　　瑟瑟秋風過板橋，一枝弱柳易魂消。大堤還願人先折，飛絮成窠更寂寥。

　　案：見《笘誃日記》光緒二十年甲午十月廿六日。

與瘦鶴書

　　眾口悠悠姑聽之，交情吾憶廿年時。惟當謹守書城鑰，莫漫狂吟杜牧詩。

　　寄園小鍵本尋常，驛路傳音萬目張。第一關情荊楚記，休將新語說文場。

　　酒肆藏名事本難，我身清白任人看。須知影事能成錄，冤煞唐家幕府寒。

　　案：見《笘誃日記》光緒二十年甲午十二月十一日。

戲贈東安令

　　東海蘭陵世冑高，水工美女各分曹。敝鄰曾共童顏郭，貴縣何分金魏陶。好向漢皋尋伴侶，休從渭水訪耆髦。釣竿不比生花筆，寄語東安令記牢。

案：見廖樹蘅《珠泉草廬日記》（原稿存國家圖書館，收入《歷
代日記叢鈔》）清宣統己酉（1909）臘月廿八日：“閱《曾文正日
記》，有李姓把總詣公白事，用移文，公作十七字詩譏之，以其不
足責也。光緒廿年，江建霞督學湘學，東安令有文書到院，誤提
學姓作‘姜’，建霞作七律一首譏之云云，亦可謂善戲謔矣。”

題乾隆年內造蠟箋

泥金粉蠟傳宮樣，純廟詩箋舊有名。偶向石渠搜逸事，朱紅小印
尚分明。此即阮文達《石渠隨筆》所記梅花玉版箋也。余尚藏八幅，皆有“乾隆
年仿澄心堂造”八字隸書朱紅小印。

故府飄零到楮箱，海王邨市亦滄桑。長安詞客稱宮體，小比西京
貴洛陽。紙出故定王府，共百餘幅，爲人分購，數日即罄。

剪燭低吟一惘然，開函別自感雲煙。琉球已失高麗遠，難向天家
例貢箋。

甲午除夕江標題

案：採自吳梅《瞿安日記》辛未十二月初十日。底稿見《笘誃
日記》光緒二十一年乙未正月初五日。

題吳德襄出示徐松所藏同人書札六絕句

緘札收藏頗自誇，錢梅溪。陳碩父。專牘富諸家。誰知絕妙名賢
迹，別載資江稿一車。余藏乾嘉諸老與錢梅溪先生札、道咸諸老與陳碩夫先
生札，皆數十百通，與此兩册多同姓名，亦頗有關合也。

曾渡陰凌印尚紅，新疆一賦盡知工。西陲六百年來事，考訂還須
仗阿公。先生《新疆賦》初刻本有“曾渡陰凌”印記，係送當日贈諸同好者，後印
本皆無之矣。

絕學當時各有名，一函相問劇多情。中原朝士今誰屬，蠹盡松皮紙一籯。

公有奇才吾可知，公耽奇癖吾非之。尋常一樣刊書賣，一負宏名一罪私。公使湘中，以所刻書勒諸生買讀，被議去官，而祁文端使吳，亦刻書命諸生買讀，而至今人頌之，何耶。

昨朝來踏魏公鄉，已見奇才出異常。定有古微堂上客，自慚青眼尚茫茫。

石笥山房富録藏，一圖聊與寫蒼茫。相期三百餘年後，亦共此書弟子行。時爲學博畫石笥山房圖扇。

　　　　　　乙未三月題，爲偶三廣文先生屬，建霞江標倚裝書。

　　案：採自《大興徐氏同人書札》。又見《笘誃日記》光緒二十一年乙未三月初七日，有詩無題，詩作正文與《書札》略異。吳德襄（1828—1903），字偶三，湖南醴陵人。

贈新寧教官陶鼎銘

姑妄言之姑聽之，漁洋妙語吾曾知。晚燈笑聽三蕉語，勝讀秦嘉本事詩。

國子先生五柳孫，能將先集當寒溫。揖青詩好尋常事，愛絕驚人古格言。

看朱成碧吾豈敢，以有爲無事實難。差喜近來增見識，五更清夢到邅寒。

試邵陽武童，重名沓至，爰枷號一，三次重來者數日。復有新寧教官陶笙陔（鼎銘）以其先世笙樓先生所著《三蕉餘話》及《揖青山人詩抄》見贈，中有報督學一事，與今日事略同也，即吟三絕，書一扇答之。

　　案：見《笘誃日記》光緒二十一年乙未三月初七日。標題爲編者擬。

贈邵陽童生石陶鈞

　　空谷幽香種幾年，嫩芽新苗尚含煙。何妨移作天家貢，絕品當居百卉先。

　　不向叢榛披辣手，何從真處得奇葩。樵夫未必知名種，持向人前足自誇。

　　何以居之竹石間，搴芳紉佩兩無關。自然幽靜天然好，尚囑藏真少出山。

　　湘波蕩盡騷心未，總是靈根締宿緣。生不當門真自愛，陋他梅柳占春先。

　　校射餘閒寫像來，戲將紈扇作詩媒。只能圖入生綃里，不敢公然詡手栽。

　　石生陶鈞，余乙未春按試寶慶所得士也。童年若成人，以趙恭毅公期之。校射畢，燈下寫扇頭，爲幽蘭一叢，并題五絕句，石生願一和之否。是不讓阮文達《定香亭筆談》中佳事也。

　　　　案：見《笤誃日記》光緒乙未（1895）三月初七日。標題爲編者擬。

寶慶試院示諸生，即用祁文端公原均

　　爲學貴成家，何論漢與宋。讀書先立品，不在科名重。我生識字初，人笑非書種。跳蕩爲嬉戲，閉戶倦絃誦。弱冠忽知文，自愛群儒從。漸熟通俗論，解撰河清頌。方信讀書難，絕學有承統。今年已卅六，一事不異衆。謬衡南國才，來選皇家貢。天生愛好心，卓犖時目送。惟茲三湘儁，固是人中鳳。論文■舊徵，習射善礮控。他日皆奇英,定不等閒用。因茲愧駑材,清夜返自訟。卓卓雙江堂,獨坐懍虛空。願約諸生徒,負才莫狂縱。

案:見《笘誃日記》光緒二十一年乙未三月初七日。祁文端即祁寯藻。

題古上梅蘭榮山舅《香巖賦詩鈔》

三唐功令集麟角,制義成篇始廢輕。誰識梅川藍伯子,能將格律勝西京。

絕妙崔何應制詩,後人摹擬失沈思。河間已去聖徵老,空讀《瀛奎律髓》詞。

餘興能成墨戲來,萬花齊向筆頭開。楚材畢竟異常質,陋煞人間別體裁。

案:見《笘誃日記》光緒二十一年乙未三月初七日。

題歐陽俌詩文集

文字具從辛苦出,行囊寫遍遠游詩。晚燈讀罷生餘感,憶我童年繭足時。

議論不阿扶正直,世風因此感遷移。中原朝士能知否,糜盡天家養士資。

阮公老去《筆譚》存,小子還思例一援。肯錄盤山詩句否,不須無佛自稱尊。

案:見《笘誃日記》光緒二十一年乙未三月初七日。

聞金縣令談光緝甫太守女公子孝烈事，成二絕

是否今生誤讀書，不知天道竟何如。居然孝烈成公謚，慚愧鬚眉飽五車。

臨去從容百不回，忍將遺稿付寒灰。此行永遂承歡願，不是傷心赴夜臺。

案：見《笘詻日記》光緒二十一年乙未三月十一日。

題永州綠泉

昨日忽僕從於後屋掘得一泉，涓涓不息，試烹之，洌而不甘，然較尋常供應之水已勝百倍矣。按此處志書，在萬石山之西，志中有曰"綠井"，爲唐時舊迹，久廢，明萬曆中開濬後即湮。今日之泉正出此處，豈綠井之源邪？擬作詩告守土者護之，惜守令皆俗吏耳。

（絕句一）

祥瑞呈圖空自詡，無源甘醴亦成愚。一泓自有廉泉酌，却勝坡公調水符。

（古體一）

平生居水鄉，凤嗜鬥茶癖。屐履遇溪亭，不酌意不懌。謁來試永昌，重門嚴晨夕。打鼓進魚蔬，清泉先肉食。令嚴調水符，擔石抵瓊液。每憶白沙泉，涎流對幕客。晨起忽聞誼，奇事等天闢。云來屋後泉，涓涓流石隙。群奴別泥沙，諸友掃蘚積。須臾盈石窊，源流尚汨汨。龍團手自煎，清洌湛甌白。試飲沁齒根，清風生兩腋。甘醴豈無源，靈泉定有脉。吾聞萬石山，綠井記古刻。有唐曁元明，舊迹久湮塞。艾圃僅留碑，空憶痕浮碧。安知此水生，不自前源滴。衙齋晚燈間，微吟四壁寂。活火蟹眼青，細沫乳花白。何處止境奇，竟自勞人得。明當告太守，下及弟子籍。願勿等閒視，護此地盈尺。還宜證舊

聞，此是土人責。使者去後來，一勺不求益。惟志緑泉名，蟠匦署齋額。方今海波揚，蝗蛇動倉宅。徵取竭民膏，泉府窘無策。等兹一綫流，空自迸沙礫。既異在山清，又乏穿雲力。世間憾事多，對此三歎息。

案：見《笘誃日記》光緒二十一年乙未四月十二日。標題爲編者擬。

示永州諸生六絶句

永州試畢，思無補於諸生也。清夜挑燈，深自慙悚。率吟六絶，以告諸生，并自訟也。

轉移無術詞因拙，啓導難成學本疏。絶代輶軒空自警，愧教負此受恩初。

文藝非居器識前，讀書休負絶韋編。能將至理歸忠孝，坐破寒氊亦任天。

畫鼓沈沈晝閉門，朝來堂上卷空翻。亦知雪■盈衫客，尚對寒燈淚有痕。

少年贏得路人譽，用祁文端按試過耒陽詩句，敢引前賢證後車。學海無波空自沸，宵來寫寄弇山書。近因補籌校經書院經費，致書吳窓齋世丈，比之以弇山尚書也。

東海翻波炮火紅，區區文字已無功。自慚畫閣連朝坐，看盡重開兩石弓。

語無奇詭方成品，學到精深大是難。定有遺珠沈碧海，何妨寫與使人看。擬求才深器厚、不求聞達之士，願諸生以告使者也。

案：見《笘誃日記》光緒二十一年乙未四月廿日。標題爲編者擬。

題蝶仙第六圖

顧我翩然繞檻來，舊緣重與倒新醅。四千里外從頭數，得見飛仙第六回。

金睛忽改胡兒碧，却喜黃衫尚儼然。試問儂心依舊否，敢將陳約負前緣。

拓得朝來粉本成，遲回似訂後來盟。茜紗窗薄西風急，冷透袜衣自不驚。

蜂螬蠅飛事太奇，此心自許告天知。湖波皺綠衡峰碧，尚有卿來慰吾時。

時事紛紛一歎嗟，故園回首惜無家。朝來無語盟江水，看盡沿堤野菜花。

燕燕鶯鶯想別巢，漫提絮夢逐鞭梢。人間得證憐香約，故事還當教手鈔。

案：見《笘誃日記》光緒二十一年乙未四月廿九日。

又見仙蝶，爲寫一圖

豈爲前緣竟再來，真教沈醉此香醅。春明舊夢猶酣否，遙戀觚棱首屢回。

淡黃衫子微痕黑，風度前朝更自然。豈是寫真猶未肖，故教重認再來緣。

案：見《笘誃日記》光緒二十一年乙未五月初六日。標題爲編者擬。

贈郴州廩生歐陽鼎

郴州廩生歐陽鼎善詞章，謄紅日云有江右之行，請不候獎賞日即去，允之，遂畫一箑，并題兩絕句送之。

郴江贛水迢遙路，送爾征帆去幾程。入蜀文章鸚鵡賦，過江名士究何情。

《七痛》篇成冠衆曹，余因近日中倭議和事，曾以《七痛》命題，生作洋洋千言，爲通場冠，飛書羽檄想枚皋。文章從此成知己，莫負秋江八月濤。

案：見《笘誃日記》光緒二十一年乙未閏五月十五日。標題爲編者擬。扇面圖像見《上海畫報》1925 年第 39 期。

贈衡州府學附生劉焕辰

有府學附生劉焕辰，年僅十二，試詞章及時文，皆楚楚可觀。覆試日出扇乞書，爲書五絕句與之。

意氣雄奇欺世易，文章淵雅少年難。胸中不飽五千卷，空負秋燈照影寒。

四録叢殘孰證源，試尋家法得專門。靈扁無鑰空翻篋，老盡寒窗雪上痕。

經濟先從考證求，爛翻掌故歷朝搜。不知一物儒生耻，欲記寰瀛畫地球。

北朱南阮各分門，絕學乾嘉二老尊。大義先通新説立，實求仍守漢人言。

曠代奇逢舉博通，煌煌天語飭臣工。諸生共抱擎天柱，都在回環萬卷中。

案：見《笘誃日記》光緒二十一年乙未六月初八日。標題爲編者擬。

題《幽貞館圖》

瘦盡東風倦曉寒，永無霜信上紅蘭。湘簾一桁人何處，手挈銀瓶出畫欄。

日斜風暖自娉婷，不鬥濃香上畫屏。談到無言人似否，自紉芳佩寄湘靈。

一角紅櫚證碧城，靈珠女伴侍瓊英。儘教寫上烏絲記，未慣瑤階叩小名。

渺渺洞庭小小愁，雁書輕不過紅樓。謝孃團扇空成影，又見瀟湘水國秋。

案：見《笟諼日記》光緒二十一年乙未七月初六日。

題李文恭公《滄浪小坐圖》遺像

滄浪七老圖猶在，文毅風流等散雲。獨展斯圖徵逸事，好憑小坐補遺聞。

虞山畫格推胡史，筆底傳神定是真。想見因緣記鴻雪，評量畫稿亦斯人。

開卷何時證宿緣，可園風景尚依然。定當遺愛文孫續，合計新詞再記年。

案：見《笟諼日記》光緒二十一年乙未十月十九日。

題臨湘李卓泉螢《趣園詩抄》

詩已刻，極佳，并書"趣園詩趣"四字贈之。

佳石幽泉足勝游，新詩袖底自綢繆。誰知老境荒蕪日，青鬢還應讓白頭。

不作窮愁老態詞，此中心迹勝人時。雍門吟共荊庭詠，苦憶先生至性詩。先生尚有《哭女孫幼芬雍門吟》及《哭先樵炎荊庭詠■刻》。

一鄉群彥文章盛，使者觀風到此奇。始信淵源無別派，師承終傍趣園籬。

案：見《笘誃日記》光緒二十一年乙未十一月初七日。

四絕句答臨湘廩生黎安

翰墨因緣信有之，天涯休恨識君遲。一函漫認冰斯體，爲説唐家本事詩。

偶從金馬入承明，■節還思白屋情。十駕空勞文字約，自搔青鬢悔浮名。

志銘唐代例叢殘，此學真成販古丹。願誦清芬陳祖德，須知我本史書官。生求爲乃父志文。

洞庭西下波千尺，詩句臨湘意更清。合借輶軒徵近録，擬搜小集刻書棚。

案：見《笘誃日記》光緒二十一年乙未十一月初七日。

題平江樵人陳玉泉《風雨樓詩稿》

玉泉家貧苦學，且樵且吟，聞吾知詩，特自呈稿，但求一弁言而已，不似世俗借端因求聞達者，故題二絕贈之。

布衣終老緣何事，大地榛荊手自删。獨有勞人多艸艸，深慚空入寶山還。

風風雨雨劇關心，矮屋低檐自苦吟。吾學陳思搜小集，江湖新稿不須尋。

案：見《笘誃日記》光緒二十一年乙未十一月初七日。

缺題詩三首

一函詩捧奚奴進，兩字驚奇識姓名。猶道當年老名士，微聞嗟惜落花聲。

同出淵源同受知，文勤宏獎想當時。六年分作天涯別，誰意同賡近事詩。

一物不知深自愧，三年使節更傍徨。但期自作天家事，君傳名臣我儒林。

案：見《笘誃日記》光緒二十一年乙未十一月初七日。

孤蓬聽雨，愁思□然，忽寫新聲，聊托古意，非娓娓兒女語，乃人間至性文也

明鏡隱雙龍，朝朝■媌嫵。何時飛入雲，灑作人間雨。錦帶雙鴛鴦，文采自成緒。可惜交頸難，一恨一絲縷。美人既解相思語，何必傷心托鱗羽。空房相對自葳蕤，獨抱瑤琴緊珠柱。博山香裊嫌成雲，枕函鍼銹將還杵。玉郎不歸秋艸黃，偷寫新詞祭牛女。

何意束纖腰，願郎回身抱。何意著新鞋，願郎銜杯小。妾身猶是未分明，空對春花又秋艸。歐羅巴酒櫻桃紅，不教臟肢曼殊好。海蘭煙淨寫真奇，不比張萱畫艸橋。勸郎莫愛新鴛鴦，鴛鴦飛去春蠶蠶。

郎似船頭帆，風起不得落。妾似山頭雲，風過隨所托。妾身尚可移，郎心不可摸。臨江愁煞人，教郎莫情薄。

新月纖纖，娥眉蠉蠉。新月圓圓，我心娞娞。相思綿綿，道路懸懸。聞郎海上多風煙，聞郎海畔多嬋娟。願郎嬋娟常伴眠，不願風煙到枕邊，妾守空房郎勿憐。

雨作愁痕風作怨，紗窗膽小驚無伴。爐煙燒斷不成眠，獨下金鉤掩空幔。隔墻小語冷如絲，風里飛來風里散。牙牌譜碎空心煩，帳角流蘇理還亂。方携明鏡脱銀簪，樓頭忽自聞孤雁。

昨夢郎已歸，示我嬋娟影。嬋娟比妾顔，心手分暖冷。何意却雞啼，好夢忽然憬。朝起得郎書，寫作不多整。上書苦思家，下言好風景。莫非郎枕邊，真有娥眉靚。

蛛絲當户垂，喜鵲噪檐角。何意郎真歸，黃苗尚羞握。先問郎行程，後看郎心貌。誰知三載別，語語仍真確。夢魂聲皆無憑，可憐骨瘦空棱棱。今宵鏡里成雙影，猶思淚結紅綿冰。

　　案：見《笛誃日記》光緒二十一年乙未十二月初一日。

曉妝曲

百花香霧團成雲，牙牀春夢方思君。侍婢金盆■瀉紅，玉錦嬌息微聲聞。西洋警鐘忽機動，倦揉餳眼還■寵。鬆絲初掠不成鬟，欲上流蘇手猶攏。輕寒小掩金訶緊，玉釵低壓烏雲鬢。脱鞋懶自束春綃，暖護蜻蜓嗔宿粉。小步朱窗數落花，斜憑曲檻嗽春露。飛龍明鏡開籢净，玳瑁新篦出内家。額黃微退留春褥，黛羸頁硯含秋綠。愁涴新紅上口脂，却嗔鸚鵡催裝束。静倚熏籠熨手温，金絲小管自含麝。天邊那得長圓月，獨對娥眉淚有痕。

　　案：見《笛誃日記》光緒二十一年乙未十二月初三日。

少年行

春風吹柳柳冒綿，柳綿入水生愁煙。胡姬十五勸客酒，雙鬢小值黃金千。朝朝看盡柳枝綠，不借飛綿作香褥。盡歌金縷自傷春，莫説相思大堤曲。誰家年少黃金鞍，入門翻酒銀瓶乾。醉拂胡牀解腰束，烏雲結辮低頭看。雙絲忽落闌紅襪，袖底珍珠製條脱。何事男兒學女妝，那知同作雌兒活。方今海上多烽煙，玉郎空乞侯門憐。烏紗牙笏不稱意，銅符那敵雙珠鈿。春風入領暖雲鬢，同向團欒鏡里認。再束纖腰宛轉歌，還當合寫臨邛信。

案：見《笆誃日記》光緒二十一年乙未十二月初三日。

和虞笙原韻

猶説芙蓉尺五城，似聞芍藥結雙旌。桃花等是唐仙迹，何必紛紛考證明。

兩三村落比朱陳，■■靈芝大似困。正是上元真甲子，合書金誥進瓊宸。

近聞仙尉探幽新，白馬迎濤遠渡津。翻憶故鄉銅井路，魂消香雪海天春。

陶家自有菊松盟，笑絕勞人柳驛程。新竹留痕茶夢短，得逢仙境品題名。

案：見《笆誃日記》光緒二十二年丙申正月十九日。

和雨時原韻

宦隱神皋漫較量，百年陳迹已茫茫。模糊事記迷西晉，確鑿仙居笑李唐。山色綠團千樹密，溪流紅想一痕長。何妨借此歌桃葉，願築盧家玳瑁梁。

　　案：見《笘誃日記》光緒二十二年丙申正月十九日。

和勉夫

　　魚鳥笑人頑，仙居隱約間。乍辭陶令宅，看盡馬頭山。雁齒泥新渡，龍媒認故關。勞人終艸艸，羨煞野鷗間。

　　案：見《笘誃日記》光緒二十二年丙申正月十九日。龍媒，驛站名。

輿繂行

　　紅絲繫定冰人足，濕篷穩轉前溪曲。雙纏邪許互謳吟，一板傴僂如縛束。人生到此始知難，平地風波腳下看。儘笑一身同傀儡，幾疑小節亦縈蟠。龍媒千尺唐朝驛，一溪下瀉涵紺碧。兩壁摩天峭入雲，孤關插地低磨額。行人到此如蟻旋，何年巧設輿加牽。却恨風颿■不足，陰成行腳功無邊。吁嗟乎海上颶輪日千里，歐洲鐵道同電駛。一樣人間智慧生，眼前笑煞黔驢技。

　　案：見《笘誃日記》光緒二十二年丙申正月十九日。

題雪舲畫

　　寥落關河瘦夕陽，消黃墮粉覆鴛鴦。板橋西去長干路，不是蕭郎亦斷腸。題柳樹、芙蓉。

姹紫嫣紅奈老何，春風無那鬢婆娑。蘼蕪徑裏繁華曲，唱出唐家本事多。題紫藤、芍藥。

晚風簾幙曉闌干，消得柔香耐得歡。愛是無言恩是怨，一生未解有新寒。題荷花。

還他清净女兒身，不爲凌波賦洛神。多恐相思猶未斷，誤看紅豆奈何春。題天竹、水仙。

丙申正月二十一日宿辰州馬號行館，見壁間雪舲畫幀，偶有根觸，率題四絶句。此彭剛直嘗言古人之傷心人別有懷抱也。靈鶼閣主并記。

案：採自《船山學報》1937 年第二卷第十四期《文苑·詩錄》。又見《笘誃日記》光緒二十二年丙申正月十九日："（周）如保，字雪舲，長沙歌童也，今已脫籍，以賣畫養母。"順序、字句稍異。

過小酉山

舟過小酉山，欲一探古藏書處，適午睡未醒。泊舟問訊，已早過矣。欲回棹往，又以日暮天雨。固知山水因緣亦有一定也，賦一詩解嘲。

溪山窈窕煙懸綠，春風吹冷前灘曲。奇境真同古畫看，異聞更證遺書足。吾昨輶車到五溪，先尋二酉插天齊。風廊萬卷恣衡校，古洞千函待品題。今朝解纜城西路，牙籤似簇千崖樹。誰道真成夢想奇，孤蓬一枕黃粱雨。薄暮停舟醒後知，榜人已道起身遲。回頭更望煙巒遠，大錯休論一字癡。晚燈自笑因緣淺，半生空詡知墳典。祇解桂函剔蠹魚，那能福地訶龍犬。却憶舩頭寫本奇，寰瀛小志進天墀。人生休信遺文古，漢武秦皇總不時。

案：見《笘誃日記》光緒二十二年丙申二月十七日。標題爲編者擬。

有人以劉襄勤臨懷素《聖教序》石刻乞題，爲賦一詩

金鉤鐵畫論書史，硬黃淺碧分官紙。唐庫雙鉤笑已無，玉堂響拓嗟誰似。自古文人習氣深，開函先重臨池技。晉寫官奴繭本珍，宋裝令史麻牋美。誰知書派等傳經，却出通侯上將庭。一紙綠天尋祖本，百行白鹿認蘇銘。唐宗御序開禪教，七佛碑頭證列星。昭代臨摹張□□，勝朝結構董華亭。將軍有意開生面，朝朝自洗端谿硯。大字曾經勒燕然，餘情復見書鵝絹。絶塞身歸解綬輕，三湘夢穩揮毫便。十年湖上學騎驢，一任凌煙重畫圖。自種芭蕉留妙迹，漫收柿葉當操觚。蕭齋拓本裝異錦，陝估新函抵匣珠。前年忽報牙山信，船頭不肯奇書進。已看高麗失漢城，忍聞平壤虛雄鎮。八方紛調羽書煩，宿將凋零等市駿。將軍此日非隆中，忽奉天書下九重。聞説廉頗能健飯，不教魏絳再和戎。玉音前後連三至，將軍本有沙場志。重展征袍色尚紅，笑焚鐵硯痕飛翠。舊部方收常勝軍，忠忱過激傷心淚。出師未捷武鄉亡，一柱南天已隕地。忍教重見白旗降，更説書進鴨綠江。船塢早焚歸櫬晚，電函空寄出關忙。償金借地思南宋，稅船租馬輸邦貢。依樣胡盧一紙書，漢唐翻本臨摹痛。朝來對此一函開，仿佛英靈入坐來。自笑史官空有職，忍看上將未登臺。怒猊渴驥空描寫，鐵馬金戈認轉回。今日五溪銅柱下，漫題詩句惜雄才。

案：見《笴諼日記》光緒二十二年丙申二月十七日。

至銅柱坪

此間真到楚頭頭，況有危灘萬疊流。總是忠忱能化俗，不因銅柱得王侯。

案：見《笴諼日記》光緒二十二年丙申二月二十一日。標題

爲編者擬。

題永順周雅林茂才正南《竹譜》

湘痕瀉盡春波綠，柔枝拜倒瑤臺玉。瑟瑟清風駐采毫，剡藤溪絹工裝束。前代林文已失傳，百年鄭李空驚俗。何意開函忽眼明，風枝雨葉劇多情。硯池墨湧金絲飽，紙角青留碧幹橫。却似文章芒角露，還疑風月館池清。吾家茂苑長洲路，芰荷十里薰風度。靜護湘蘭鎮日看，難題修竹凌雲賦。念我初生墮地時，已教鄉里號孤兒。母年清節慈闈苦，竹柏新圖舊有詩。周生少小承母教，能將意氣通文竅。十丈琅玕寫秀異，三升螺黛恣奇妙。衙齋夜對有清風，不在毫端在袖中。一樣幽懷歸筆底，與君同化葛陂龍。

案：見《笘詅日記》光緒二十二年丙申三月十五日。

題漵浦舒生兆熊《説文證是》

段桂嚴王各自尊，汝南流派久分門。若從大義勤搜討，先撥三倉造字根。

舒生許學曉異同，四證分明有折衷。吾有一言休自苦，不須詩句擅雕蟲。生通許學而拙於詩。

案：見《笘詅日記》光緒二十二年丙申四月初六日。

題楊姬筱寶四首

鯉魚風信不尋常，愁絶夭桃一夜霜。曾記綠衣歌宛轉，忍教金約爽鴛鴦。一簾月冷方知恨，甲第門高空自傷。絶妙才華年十五，此生應悔嫁王昌。

　　窄袖弓靴細馬裝，內家新樣出椒房。天生絕代宜南北，世有多情漫較量。銀燭當筵歡有影，并刀如水恨難償。人間亦有黃衫客，奈此重逢李十郎。

　　桃葉桃根枉自憐，此生未必果成仙。多情桑下空三宿，薄倖詩成已十年。湖上綠陰飛乳燕，春來紅雨老啼鵑。年年事事消磨慣，識透淒涼畫榻禪。

　　明知塵世笑啼難，難得此身當寄看。生性空能甘齷齪，托身也算遇團圞。人間怨女悲金屋，門外春明葬玉棺。不敢相期還入夢，忍拈湘管寫紃瀾。

　　湘西夢惡，燕北書來，忽得葦間艸堂函，言楊姬筱寶有紫玉之隕。姬生本南朝，來從北地，梢頭荳蔻，早解新詞，馬上琵琶，亦工胡語。爲漢明妃之贖，方脫牢籠；遇沙吒利而歸，竟成怨耦。曇花不壽，嬌影春傷，恨誄誰題，真愁永志。粵以丙申之春適某王孫，悒鬱而死。僕生曾相識，死便纏綿，一紙書來，三生夢遠。雖池泛春水，事不干卿；而緣寂人間，吾偏多事。聊以懺此生未了之因，悟往日多情之過矣。漫賦四章，幸世有再續《本事詩》者，或不遺之也。

　　案：見《笘誃日記》光緒二十二年丙申五月廿一日。標題爲編者擬。

過機巖對寫一紈扇并題長句

　　上不在天下不地，飛身直上巖腰住。此是人間幾代仙，眼前指點歸真路。一舟溪洞小於瓜，軋軋雙機已落車。雁齒重排方篋穩，龍鱗老皴一松斜。此中布置何人解，千年空許神驚駭。究竟身難寸土離，終教人笑非常駭。遺聞空說武鄉侯，繆語相傳達者羞。總是人間難托足，無端奇想結蜃樓。吾來正值江波湧，銀濤直壓船頭重。遠鏡深窺辨莫明，晚燈細想神猶悚。朝來寫上小齊紈，圖畫分明著意看。到此方知人境仄，莫嫌天地本來寬。

案：見《苦諼日記》光緒二十二年丙申五月廿一日。

贈臨湘余長城

臨湘余長城以詩稿相示，并贈三絕句，以上官昭容相比擬，戲答二絕。

妙語連珠獎太過，頻年空笑黛磨螺。長門不鬭雙眉靚，却恨尹邢避面多。

解贈明珠出漢皋，此情脉脉抵投桃。蕭郎已去潘郎過，又得河陽金錯刀。

案：見《苦諼日記》光緒二十二年丙申七月廿二日。

爲沈呂生畫蘭扇，時沈方被議也

生不當門也被鋤，問君何處托安居。空山寂寞塵寰俗，奈此《離騷》一卷書。

案：見《苦諼日記》光緒二十二年丙申七月廿二日。

題畫蘭扇

一花一蕚却尋常，難得樵夫識此香。甌白官窯新位置，莫教空伴美人粧。

案：見《苦諼日記》光緒二十二年丙申七月廿二日。

畫扇贈童生李定煌

　　清影瀟湘莫太寒，奇芳多半托巖巒。嫩芽細葉還珍護，莫作尋常野草看。

　　樵夫採得出山來，愛此亭亭著露開。他日金甌工位置，莫忘野客手親栽。爲李童子定煌畫蘭扇，李字眉孫，新入泮，拔貢定勳弟。

　　案：見《笘誃日記》光緒二十二年丙申七月廿二日。

畫蘭扇贈李積璜

　　昔年吾敬平江李，今日居然識後人。天岳山峰多峻突，挐雲一樹更圖輪。

　　一花一葉却尋常，難得湘英異衆香。寫上齊紈還自祝，撥根休負老樵忙。畫蘭扇貽李生積璜，生爲次青先生第四子。

　　案：見《笘誃日記》光緒二十二年丙申七月廿二日。

爲虞生臨馬四娘扇頭并題兩絕

　　元兒已老潤娘歸，勝國風流事已非。却記生綃雙影在，一花一葉尚依稀。

　　絕代名姝弔影單，素心雖小耐春寒。儂家拓得秦淮本，莫當煙花帳簿看。

　　案：見《笘誃日記》光緒二十二年丙申八月初七日。

畫《芝蘭長隱圖》并題詩

十年長隱芝蘭友，重湖夢冷金閶酒。舊事無聊托畫圖，新愁悵觸傷蒲柳。回憶江鄉爾汝交，布衣家衖儘詼嘲。銀燈春月瓊枝夜，香椀新茶荳蔻梢。何當轉眼成離別，此心脉脉將誰説。風月消磨記已非，文章意氣情猶結。玉樓何事要修文，瑟版無端撤錦紋。不信芝英空萎落，還疑蘭性自煎焚。迢迢長碧葑溪水，船窗意想神猶似。脱手留真不算奇，相思入骨何如紙。朝來隨意托柔翰，持贈君家阿弟看。一樣交情新舊異，漫題詩句當進歡。

賡生爲其亡兄曉生（與余有夙好）屬寫《芝蘭長隱圖》，并題此詩。

案：見《笘誃日記》光緒二十二年丙申八月初九日。

題自藏馬湘蘭畫蘭竹卷

天荒地老情何已，人間留得相思紙。嬌影濃春似有香，柔痕瘦緑扶難起。誰寫風枝露葉姿，連珠小印■瑤姬。分明南部煙花册，合賦唐家本事詩。紅粧季布今何在，一函千刻留縑海。妙本傳來尚似新，名心到此真難悔。勝朝遺墨世間多，奈此纖纖弱影何。漫説板橋新記好，似聞遺説葬祇陀。湘蘭墓在江寧南城外瑞柏院。宵燈開卷從頭認，昆山徐氏留藏印。卷首有“昆山徐氏鑒藏”朱文印。兩字湘蘭押角鮮，月嬌小記紅泥潤。疏花瘦石自生憐，滿地靈芝大是仙。三尺新篁迎碧月，一叢野棘出寒煙。滇陽誰是真知契，紀年尚是神皇帝。絶妙瑤姬是小名，諸家掌録空無繫。款書“辛巳中秋寫似”。“滇陽契兄湘蘭馬月嬌”小印，“瑤姬”二字爲自來著録家所未見。款題辛巳，爲萬曆九年。對此無端百感生，名臣自古總多情。健菴細認珊瑚押，煊赫猶存傳是名。琅玕更刻蘭坡字，英公早拜天儲使。南北流傳等弈棋，秦淮掌故真堪記。海王村市未荒凉，秘迹驚看出寶箱。勝得名姝隨宛轉，未■多事話興亡。靈鶼閣子常珍護，此生豔福誰堪數。儘好香溫墨妙時，玉鉤細寫同心句。

案：見《笘誃日記》光緒二十二年丙申八月初九日。

贈孫伯南

伯子先生金石緣，每逢佳刻輒流連。浯溪舊約隨䜛臘，銅柱新題釋錦箋。潛孚文章勤箸述，岱南家世守遺編。相期同出天山使，一訪雄銘拓燕然。

案：見《笘誃日記》光緒二十二年丙申八月十一日。

畫扇贈石門教授傅基虞

澧州石門教授傅基虞，字惕齋，以所定《天門書院學約》送閱，大約知宋學而不迂者。然吾猶恐其以頭巾氣教諸生也，畫一扇，并題四絕句贈之。

約言微旨參恒性，不使旁途走誤車。此是儒家真學業，教人兩字衹無邪。

獨將經濟勸儒生，不重虛聲重至誠。腳底問誰能實地，人間空歎議縱橫。

文字榛蕪大雅難，孤邨荒塾苦酸寒。還期一秉司文鐸，贈與囊中飽學丹。

蝴蝶飛階大是閒，衙齋多半日常關。豈知此地非閒職，我憶西京校舍澴。

案：見《笘誃日記》光緒二十二年丙申八月十七日。

畫扇贈澧州學正李瀚昌

澧州學正李瀚昌石貞，與傅同講學，大略亦見《天門學約》，并書一扇與之。

漢宋分門太苦專，乾嘉諸老似成偏。誰知茶粥蘭江夜，細辨枯燈兩不眠。

程朱迂絕陸王空，更有粗疏許鄭同。界限分明皆自誤，□知真學在真通。

天門小約發聾愚，抵得文章照乘珠。澧水自清蘭自秀，十年吾許出真儒。

案：見《笘諀日記》光緒二十二年丙申八月十七日。

題石門梅自馨《奇耦典彙》

聖賢群輔泉明録，此是先生祖本夫？珠繫繩穿歸一貫，不教人笑作書府。

題序淵源百載風，紅堂詩老静山公。文章一脉何曾斷，又見孫枝長緑叢。首册有吾郡石琢堂先生贈詩及族祖静山公題序，今歲梅炎雲、孫鍾英爲余拔取入學。

稗販誠爲實學譏，須知皇覽古無遺。詞林衮衮誇新學，敢説操觚别有師。

案：見《笘諀日記》光緒二十二年丙申八月二十三日，"此書體例與《小學紺珠》同"。

爲易順鼎題張夢晉畫《歲寒三友圖》及柳河東馬四娘扇頭

實甫易君，聞名已十年而未得相見者。比來武陵，乃弟由甫（順豫）爲余識拔士，詢實甫蹤迹，則故在家也。以新刻唐詩及叢書三集寄之，并屬題《東鄰》册子。三日後得復函，備極推許，亦云神契已久，屬試畢過龍陽，至易園湘真館一坐，并寄張夢晉畫卷及柳河東馬四孃扇頭索題。文字之緣，非偶然也，故詳記之。張夢晉畫《歲寒三友》卷，舊藏伯兮前輩處，以實甫是夢晉後身，舉以贈之，實甫屬題。

　　莫問前身并後身，多情自古屬喬人。試看異代同心侶，即是三生未了因。并世有誰知國士，再來猶許識仙真。山塘七里春如海，憶否蓮花唱破巾。

　　紅柏山莊已夕陽，昭明閣子亦荒涼。人間夫婦歸瑤島，身後因緣落碧湘。漫説吳兒成楚客，再從畫史想瑩娘。我當結取鄉園展，約爾重探雪海香。實甫又得乩語云前生是王仲瞿。

　　金臺舊事怕重提，開卷還疑認舊題。總是癡兒誤怨女，誤他嫩葉與柔黃。

　　春草蘼蕪山上山，高樓飛絮捲還回。誰家俗衲參情偈，瘦盡柔條是此媒。

　　幽花弱葉爲誰春，衮衮名流馬足塵。只有侍兒能解得，四娘眼底早無人。

　　黃金脱手買雙鈿，定是平生得意緣。觸我情懷三日惡，人間偏有永離年。余亦藏有月嬌畫蘭、河東畫柳，裝一小橫卷，自題數詩，頗珍重。癸巳冬爲燕姬索去。今夏聞姬殞去，此物當亦化雲煙矣。今靈鶼閣中僅月嬌蘭竹長卷、同心蘭直幅各一。

　　案：見《笘誃日記》光緒二十二年丙申九月初八日。

爲王雨時題扇柄遺拓

　　爲王雨時題其亡室陳孺人鏤牙扇柄遺拓。扇爲孺人之姑手賜，因姑眼疾，百藥不救，孺人以舌舐五日而愈，純孝感天，非可意度也。孺人亡，雨時檢篋得扇柄，刻語於上，自成四絶索和。

紅牙扇柄緑蒲葵，一樣風來事可思。五日心誠新婦孝，十年手授老姑慈。華池自有長生藥，苦口真成折肱醫。奈此遺匳開獨看，數行清淚忍鐫詞。

北堂萱萎白煩傷，想是年來幾斷腸。儘許真情留骨子，只教詩句寫心藏。奇聞定入瓊瑶録，孝行還宜綽楔光。獨坐題詩自悱惻，動人至性此文章。

案：見《笘訬日記》光緒二十二年丙申九月初八日。

題周公瑕畫蘭卷

明齋棐几天然雅，清舞還傳舊日圖。絶代風流比前輩，一花一葉未模糊。

待詔丹墀舊著名，周郎知已冠平生。玉蘭堂上朝朝坐，解得同心腕底情。

案：見《笘訬日記》光緒二十二年丙申十月二十二日。

爲祝心淵畫《望嶽圖》并題三絶

嶽雲千里峰峰白，客路游情脉脉深。累我夜燈搜苦思，從今囊括萬山心。

夏日苦炎冬日雨，三年兩度不能游。儘教寫盡雲山面，等是人間兩瞎眸。

模山範水却尋常，心有名山眼未張。一紙蕭蕭留碎墨，他年再與說衡陽。

承題三絶。此板橋老人隨意詩也，乾嘉後噬不學之矣。建霞記。

案:《望嶽圖》及江標題詩今存蘇州大學炳麟圖書館。詩作於祝心淵游湖南時。

題藕香館遺詩

碧浪湖頭雪藕香，藕香香上碧霞裳。誰知中有詩魂弱，水珮風吹月自涼。女郎遺言葬碧浪湖畔。

左家小女却名嬌，手寫宮詞記勝朝。吾有翁山詩百首，已遲開卷赴靈苕。翁山崇禎宮詞百六十首手稿，字是蠅頭。

慘澹遺銘屬大師，一家況自寫哀詞。笑余亦有垂髫女，只解方言不解詩。長女瑛十歲，能記誦歐洲文字，而不知詩。

案:見陳衍《近代詩歌鈔》。據《笘誃日記》，江標長女江瑛出生於光緒十四年戊子四月廿九日，此詩言"長女瑛十歲"，當作於光緒二十三年。

雜詩一首

旭日曈曈上小窗，萬花扶影各成雙。簾前聽得鸚哥喚，昨夜新寒早過江。

案:見鄒弢《三藉廬贅譚》卷十《七絕》:"七絕詩須要豐神奕奕，渾脫超妙，二十八字一氣貫通，令人信口曼吟，低回不厭，元和江建霞雜詩一首云云。"

易實甫觀察招飲花筵席上戲詠繡鞋詩

一握嬌紅入手溫，春宵簾底儘銷魂。較量響屧廊邊女，那及新橋點屧喧。

次禾原韻

簾外蓮花步步遲，眼中春色問誰知。玉郎被底銷魂慣，那及傳杯到口時。

疊韻

燭底留歡掌底遲，一彎春筍嫩雷知。玉綃細裏紅幫窄，却恐輕愁細雨時。

案：以上三題見〔日〕永井久一郎《西游詩續稿》。第一題本題《原作》，茲據該詩之前《易實甫觀察招飲花筵席上疊韻賦呈》、《酒間和靈鶼戲詠繡鞋詩》二詩重擬詩題。永井久一郎（1852—1913），本名匡溫，號禾原，日本官員、漢詩人。曾供職於日本文部省、內務省等處，1897年來華赴任日本郵船公司上海支店長，1900年回國。在華與文廷式、姚文藻等人詩文唱酬頗多。著有《來青閣集》《觀光私記》等。

題孫子瀟先生《雙紅豆圖》卷子應師鄭同年之屬

嘉道風流在目前，一函贏得百詩篇。人間僅有雙紅豆，誰向東風祝妙年。

不讀天真集外詩，那憑遺事說相思。錦贉玉局多流轉，難得文孫好護持。

案：見陳衍《近代詩歌鈔》。

句

一生無賴堪稱我,到手黃金便買書。

　　案:見鄒弢《三藉廬贅譚》卷四《書傭》:"嘗至江建霞懷珠閣,見案頭書亂無倫次。而建霞愛書成癖,嘗有云云之句,故學有淵源。"

贈侄女江緗芬(殘句)

一脈扶風曾未得,蓮花幕下待君來。

　　案:見王蘊章《然脂餘韻》卷三:"(江緗芬)女士生平私淑扶風,建霞先生將之楚南學使任,女士以詩送之云:量才憑玉尺,搜不到閨媛。應有能文者,扶風一脈存。建霞先生見之,大笑曰,此是一難題目。逾年,寄女士詩云云。此靈鶼遺事之可傳者,附識於此,以資談助。"江緗芬爲江衡女。

題王元珠《惋春遺稿》(殘句)

王郎蘇妹人間有,此日重將轉換來。

　　案:見王蘊章《然脂餘韻》卷四,又入《民國詩話叢編》。王元珠,字雅如,上海人,蘇紹柄之妻,能詩。

靈鶼閣詞

紅蕉詞

菩薩蠻

玉鎪飛鳳銀屏小，畫羅帳卷春雲曉。繚亂海棠絲，還移明鏡遲。
無言成獨立，底事慵梳裹。簾外鷓鴣喚，泥金褪舞衣。

天涯只合多飛絮，化萍還向天涯去。妾命不如他，終年彎兩蛾。
大堤音信絕，夢裏剛離別。雙燕入簾來，故園花正開。

藕絲切斷玲瓏玉，蕉心捲破葳蕤綠。水閣已秋風，屏山幾曲紅。
湘簾三面靜，團扇相思影。晚檻月微涼，開簾吹鬢香。

鴛鴦雙護流蘇冷，蘭膏夜瀉秋蛾醒。梧葉打窗輕，高樓過雁聲。
羅衾圍好夢，寒壓霜華重。夢竟到遼西，難教郎便歸。

玉樓一夜瓊花影，圍爐火煖儂心冷。相別早春時，今看豈暫離。
釵頭寒翠鳳，昨夜銀瓶凍。暗起卜燈花，隔牆啼曉鴉。

棗簾晝永銅蠡靜，牡丹屏寫黃荃影。今日有誰來，貍奴洗面纔。
葡萄天馬鏡，鬥畫雙眉靚。窗底惜餘明，鴛鴦催繡成。

銀荷暈小釭花紫，黃昏已近爐煙膩。滿地是梨花，春風狂太差。

雙鬟金鳳小，卸却殘妝早。翠被不勝寒，熏籠夢合歡。

玉函四疊蟠飛鳳，齊梁樂府工成誦。難得董嬌嬈，高堂挾瑟邀。
從今休識字，好把聰明諱。多恐諱聰明，新愁依舊生。

錦奩雙陸紅牙促，彈棋譜熟翻新局。隔院簸錢聲，空階草亂青。
琵琶和淚抱，悶煞檀槽小。牆內有秋千，春騎墮玉鞭。

春來燕子生愁種，玳梁棲穩濃雙夢。陌上過香車，閒庭落杏花。
綠羅金鳳縷，欲理無頭緒。豈是耐愁多，心情便改麼。

羅敷媚

尋常一夜檐前雨，本是相思，更是相思。無奈今宵夢醒時。
天涯我亦飄零久，孤枕寒支，嬾自填詞，多恐秋霜上鬢絲。

望江南

人何處，明月冷琅玕。一桁湘簾三面雪，半籢秋鏡六朝山，那不
憶風鬟。

相見歡

今朝早起梳頭，換香篝，應是昨宵有約上蘭舟。
勻面了，兜鞵好，下東樓。走向人前又説不同游。

真珠簾從吳夢窗體

濛濛簾外江南雨，悶得愁懷如許。開盡隔牆花，儘儘惜惜庭
户。乳燕嬌鶯都懊惱，鎮做就相思新譜。何苦最長堤，飛絮可堪
無主。
　　將近陌上清明，歎華年心事，邀誰同訴。自分老天涯，又不甘浪

詛。料理文章留事業，看鬢絲、尚非遲暮。休去，待燭底傳書，梅邊寄語。

踏莎行

水驛燈紅，寒衾夢瘦，阿儂聽慣長宵漏。隔江人語不分明，須知總是愁時候。

銀燭銷殘，茶煙冷透，相思已是銷磨夠。江南恐有未眠人，背燈定自喃喃咒。

憶舊游

看綠波如畫，棠槳輕搖，載得愁來。拂面東風緊，正豐貂乍卸，錦幄初開。聽冷一宵細雨，銀燭半成灰。恨此去前程，孤篷瘦驛，何計安排。

難挨，記前度是韻，鬥尖叉語妙詼諧。醉寫迷春句，有冰蟾窺夢，赤燕投懷。雙鬢依然濃綠，一笑又天涯。翻添得新詞，歸時寫出留與猜。

虞美人

玻璃窗子雙鉤搉，不似簾兒。隔去時，相見兩含情，可惜對窗細語不聞聲。

海蘭新寫春風面，持贈天涯。便箇儂，近已到蓬萊，好把一絲兒綫寄聲回。

一剪梅從吳夢窗體

買得三弓湖上山，種滿垂楊，護盡紅蘭。高樓四面傍湖邊，十里荷花、香上闌干。

萬卷琳琅插架寬，玉印金敦，古籀千言。主人朝起細摹看，新爲鈔書、添得雙鬟。

柳梢青

別未多時，見還非少，鎮自相思。明月東牆，梨花舊院，又是來遲。

早知此後如斯悔，當日無心見伊。閉却紗窗，展開錦被，休再題詞。

洞仙歌

蕭蕭絡緯，恁秋風未起，已向階前絮愁矣。正箇儂睡醒，好夢惺忪，鎮無奈、畫燭羅屏窗底。

耐人追憶處，四角流蘇雙笑，濃情鏡心裏。屈指已經年，忍展生綃，好記取生生死死。早知道斯愁少完，時悔當日，相逢不曾如此。

臨江仙仿吳山尊體

記得玉羅窗子下，剪燈自界烏絲。朝來臨得上清碑，不甘羞腕弱，偏説爾非師。

借得湘蘭新譜好，開函教仿雙枝。試將并蒂細描伊，靈心先料著，翻問寄將誰。

記得橫塘雙槳疾，一燈雲母船窗。晚風添得一絲凉，春寒容易受，繡領護鴛鴦。

力薄松醪偏早醉，倦擡餳眼波雙。回腰先近合歡牀，懶教翻翠被，休便脱羅裳。

記得藤牀閒話夜，兩鬟魚子蘭香。銀刀新破綠瓜瓤，會知儂酒渴，故意倩先嘗。

今夜蓮籌偏緩緩，月明尚在紗窗。彈棋嫌急鬥茶忙，不如携手去，池上納新凉。

記得一簾新緑净，牙籤理向蘭窗。紅絲小印押新裝，元鈔秋月補，宋刻絳雲藏。

錦枱柟櫥三十種，千行甲乙排將。新從海外得函雙，畫圖櫻後院，經卷藤三孃藤仄讀。

點絳唇

香盡茶冰，問誰料理黄昏事，嫩凉天氣，只好和衣睡。

別院銀燈，照透盈盈淚。知誰慰，枕綃紅膩，索性將愁諱。

玉團兒

而今無分同鴛牒，惟記取當年鴻雪。一握柔荑，十行細楷，猶記贈別。

茗鱉春水迎桃葉，好花底一生雙活。儂自尋春，卿休怨緑，此意永訣。

洞仙歌仿竹垞翁體

六街燈火，有雲車雙駛，拂面花枝豔桃李。正釵痕側嚲，扇影圓兜，猶記得、一握柔情似水。

高樓容我坐，自拂桃笙，笑撥爐灰學奇字，玉漏已頻催。故意疑人，道尚是、二更天氣。又重試新茶與儂嘗，問蓮子多心，可同滋味。

滿城風雨，者江頭重到，畫閣惝惝赴新約葉。看唐梯幾曲，絳蠟更番，已認識、往日曾經雙照。

勝常慵起問，先寫新詩，道是秋凉脫稿。初低首訴離情，試揭菱花笑。久矣光昏塵飽，原不分劉郎復歸來，真恨補情天、月圓愁島。

袖中何物，信十分愛好，留得生綃寫儂貌。恨丹青儘麗，難畫幽懷，空記得、十八風鬟窈窕。

此情誰與訴，花底惺忪，聊托雲和寄懷抱。帶向枕函邊，試撰新詞，奈一夜柔情顛倒。苦聞說，明日又征帆，但和淚親題，只般般草。

東君去也，望蓬萊山色。滄海西頭北風急，憶雲廊對坐。看寫唐經，端可惜、一卷華嚴未索。

芝罘山下路，莫寄雙鱗，空自殷勤賦瑤瑟。忍自展吳綃，小喚真真，或果也翩然而入。誰知道，此愁永難償，任燕去鴻來，更無消息。

孝廉船到，說淞濱遺事，道是蕭孃已歸矣。望神田山遠，札木町荒，從此後、好把風懷收起。

一函開錦笈，料理裝池，更乞題詞滿餘紙。翻幸貌崔徽，留得螺痕，認幾滴當時清淚。便携著，燈前細看，當月下初逢，樓頭再至。

尋春無意，惱豪絲脆竹，誰解閒愁滿千斛。訝玉簫再世，重到人間，又誰料、破鏡一時圓復。

挑燈濃笑處，入握纖腰，猶見臨風妙裝束。滿壁認留題，盡是檀郎，尚初見贈伊雲幅。惟添得，聯詞妙簪花，有鴛水清才，北齊名族。

鴛鴦鰈緊，忽罡風吹遍，萬樹夭桃謝庭院。算華嚴劫換，瓊島春歸，只可惜、此去無時重見。

浦江東去路，多謝鶯媒，容得孤鸞托籬畔。有客是黃衫，奪得紅綃，不終使紫釵長怨。我從此，千愁任躅，將待譜出新聲，懺除舊願。

鸚湖水碧，看錦帆幾摺，載得西施入東越。正腰圍瘦削，好配瓊枝，同夢裏、暖得一丸殘月。

從來佳事少，了却相思，記補微之更無別。留得半函花，寫恨題歡，當持贈沈郎行篋。只此際，蕭郎路人看盡，君夢雙飛，我裁獨活。

憶秦娥

紗窗黑，知心小婢銀燈剔，不如吹息，淚痕猶濕。

隔牆庭院誰家宅，誰人吹破霜中笛。霜中笛，儘教哀怨，問誰知得。

醜奴兒

脂籢粉盝宣窯製，鬥茗雞缸，鬥酒犀觴，紅玉磁爐海外香。

新收小卷湘蘭畫，水繪裝潢，東澗收藏，押尾前朝薛潤孃。

集外詞

辮拖鴉

兩年小寄明湖畔，正趁荷香歸去。蓬飽東風，心隨北雁，底是不留人住。含愁如許，恨聽水聽風，未携鴛侶。欲寫回腸，香銷燈炧不成譜。苦聽畫橋官鼓，喜無端見汝，添情千縷。

案：見《笘誃日記》光緒十一年乙酉六月十七日。

臺城路

一笑誰分賓主。問卿何處，看瓠齒微矉，依然無語。他日重過，恐成斷腸句。

乙酉季夏中旬，舟過桃源道中，爲填此闋，即龔定公所謂影事詞也。

案：見《笘誃日記》光緒十一年乙酉六月十七日。

洞仙歌

丙戌孟秋，郎丈有小星之賦，譜此賀之，調寄洞仙歌。

喜語傳來，桃葉桃根，春風暖吹。正海南瓊樹，荔支熟候，羅浮香夢，翠羽雛時。蘭槳輕移，玉笙脆炙，好趁銀河駕鵲期。快心事，有蘭臺史筆，替畫雙眉。

從來佳話如斯記，如願琳琅豔印脂。去春曾刻一印曰"如願"，先生見而愛之，要去。比唐宮俊語，常新風月，漢泉壓佩，先兆佳兒。銀蒜低垂，玉荷漏細，一樹花圍。萬卷宜徵蘭夢，看明年今日，又和新詞。

案：見《笘誃日記》光緒十三年丁亥閏四月初八日。郎丈即汪鳴鑾。

鵲踏枝

寂寂春庭春已去，細雨寒燈，誰是春風主。楊柳絲絲偏解舞，那知飛盡長珍絮。渺渺江南千里路，瘦綠成肥，奈此陽春暮。偏是秋花紅幾許，翻疑筆底留春住。

夜燈餞春，寫芙蓉一枝，自笑其不稱也，讀此解嘲。調寄《鵲踏枝》。

案：見《笘誃日記》第十三冊末。

憶舊游曉凉泛舟荷花蕩

起一痕月淡，六柱船輕，小泊堤邊。打起清游興，有衫紋修瘦，扇影兜綿。淡香暗收，銀浦萬葉笑田田。正水佩搖嬌，露綃捲綵，無奈尊前。

堪憐憶□，度是玉簫重到，銀管當筵。留得臨清譜，壬午夏曾寫□水荷香圖，任秋風鏡裏吹老，珠露啼乾。今日重來，柳外打槳記陳緣。譜一曲玲瓏管，江水冷夢圓。

案：見《笘誃日記》第十四冊冊首。

疏影

余自京師帶來一騎，到湘無所用，伏櫪而已。欲贈熊秉三，聞之甚喜，先填一詞以報，調寄《疏影》。即和以一詞，書於扇頭，并騎贈之。

亂山雲暮，有碧騢款款，送君歸去。難得進風，却愛權奇，共我六年相處。世無伯樂將惟寄，空冷煞齎鹽衙府。願自今千里相從，踏遍沅溪煙雨。

正是海波東沸，遥天空，竊歎前事多誤。如此中原，未必無人，鐵騎化爲樽俎。忍教萬馬喑風雪，漫勒彎、遼陽弔古。休提汗血酬功，總是家駒知遇。

　　案：見《笘誃日記》光緒二十年甲午十二月二十一日。熊秉三即熊希齡。

金縷曲

看盡湘波皺，問天涯、一春飛絮，化萍還又。幾樹垂楊青過岸，到底霜痕黃透，儘嘶破、寒蟬聲瘦。小市殘陽斜明處，定紅樓一角偎羅袖。誰相伴，銀燈後。

懷人滋味聽更漏，況孤身、湘雲低裊，篆煙輕覆。夢裏分明醒還未，葉底鴛鴦私守。羞遠寄，成雙紅豆。但祝花朝芳訊近，者春江打槳相迎候。鎮無奈，莫僝僽。

秋痕刻水，涼颸吹衿。袖底相思，新愁入握。倚舷細度，托此微波，調寄《金縷曲》。

　　案：見《笘誃日記》光緒二十二年丙申八月初四日。

高陽臺

南部煙花，六朝金粉，何因重感深宵。十里秦淮，天教生此窈嬈。寶弓細馬黃金彈，任癡兒看盡柔腰。又朝朝九畹臨風，著意輕描。

當年風月今何處，賸畫中愛寵，卷裏藏嬌。一樣湘蘭，教人兩樣魂銷。板橋總是傷心史，到如今、夢也無聊。更飄搖燕子，春燈暮雨瀟瀟。

夜燈憶薛五事，刻燭成此，蓋有感於南渡當年也。

案：見《笘誃日記》光緒二十二年丙申八月初七日。

浣溪紗·蓼

昨夜西風水國涼，朝來無語倚船窗，劇憐嬌影落銀塘。
到處有情隨綠水，此生無福伴紅粧，儘教花應老鴛鴦。

案：見《笘誃日記》光緒二十二年丙申八月初七日。

浣溪紗·小塘鋪書所見

十里郵亭小市寒，絲絲細雨濕紅闌，教人相見太無端。
幾樹花開溪上冷，一痕春斗鏡中歡，鴉青麋綠寫誰看。

案：見《笘誃日記》光緒二十二年丙申九月十三日。

念奴嬌

幾番細雨，恨無端、細雨春絲繫住。望斷前溪人影亂，寶馬香車
何處。一抹柔波，千重軟嶂，誰結尋芳侶。夢回灞岸，紅樓猶自私語。
最是驀地西風，江干黃竹，記識漁洋句。塞外新寒初到信，誰絮
棉衣萬緒。雙槳迎愁，危樓極目，一樣銷魂苦。替人寫怨，畫工心事
如許。

案：見冒廣生《小三吾亭詞話》卷三：“時己亥八月，距建霞之
歿不過五十日，蓋絕筆也。”

聯　語

挽華翼綸

甥生廿八年，學竟何成，幸一藝一能皆出舅賜；
粵游十七月，歸未及見，痛所知所得難說公聽。

　　案：見《笪誃日記》光緒十三年丁亥八月二十三日。

挽劉賡廷

明公允列丈人行，碩德素堪師，悔未從珂里執鞭，親御李元禮駕；
小子忝隨太史氏，揣文倘相屬，會且向墓門秉筆，大書陳仲弓碑。

　　案：見吉城《將就齋日記》光緒十六年庚寅六月二十五日。

挽潘祖蔭(兩聯)

收藏多過阮文達；痛哭今無朱笥河。
藏書頗憶海源閣；積古長師滂喜齋。

　　案：見《笪誃日記》光緒十六年庚寅十一月二十五日。

挽洪鈞

百葉校新圖，遺恨真霾古蔥嶺；
九重昭定論，餘悲誰傳漢張騫。

案：見《笘誃日記》光緒十九年癸巳九月二十日。

附録一　他人題贈

江標《東鄰巧笑圖》諸人題詩

小華（山田美代）題記

光緒九月上旬，倚雯樓主重過滬浦寓樓，歡然道故，蓋一别已四月矣。袖中出小册以示，乃爲儂寫照。是耶，非耶，惟主人知之。主人自六月東歸，重陽風雨，又將航海北游，命自題詞以存鴻雪。伏念異域覊身，竟得文章知己，豈佛家謂之緣耶？免成四絶，不可爲詩，一片至情，當隨君北去。

問從别後愁多少，一幅生綃替寫真。可惜丹青徒費手，不傳幽恨只傳神。

自推小卷自題詞，珍重檀郎筆一枝。十八年來成底事，忽忽已過畫眉時。

海國飄零弱絮多，傾城名士渺關河。記從一識蕭郎面，重唱人間得寶歌。

别已忽忽見更難，漫揉清涙當珠彈。一痕鴻雪留君袖，願把新詩當妾看。

明治十六年十月十日大日本女子東京小花山田美代自題。

江標自題

鏡臺春老，識神女於江頭；玉帳花濃，結細愁於新市。披圖畫静，故是不思；開卷宵深，新詩可誦。孰知小劫則在華嚴，明鏡惟餘落粉。微波已遠，尺鯉難逢。爲録陳辭，藉存故事。世多白傳，願紀以長歌；

我乏黃金,愧藏無深屋。從此海山縹緲,莫駕靈槎;地老天荒,徒慚詞費而已。光緒十二年九月倚雯樓主識。

　　案:以上錄自《申報》光緒十二年十月二十八日(1886年11月23日)第四版。其中小華自題部分又見王韜《淞隱漫錄·東瀛才女》,字句略有不同,并隱去山田美代之真名,將落款誤作明治十九年。

碧海中人

題東瀛女子小華小象册

海上仙人擁妙鬟,也隨驚浪到人間。好留文字因緣在,得遇蕭郎不算慳。

蜃氣樓臺起暮霞,綺羅無數鬥風車。誰能寫出珍珠字,此是東瀛第一花。

碧海中人漫草

　　案:見《申報》光緒十二年十一月初七日(1886年12月2日)第11版。

吳昌碩

倚雯樓主索題小花小影,調寄《好女兒》

碧海鏡青天,風月愛年年。夢去家山何處,眉翠寫神田。塵迹奈嬋娟,恁東風、儘意纏綿。無多豪素,亭亭倩影,越樣生憐。

丙戌六月八日甓禪

　　案:見《申報》光緒十二年十一月初七日(1886年12月2日)第11版。

潘鍾瑞

倚雯樓主人寫東瀛女郎小華小象屬題，爲賦《虞美人影》二調，丙戌小暑第七日也

畫中難畫愁無那，但識傳神差□。二九綺年才過，底事眉雙鎖。飄零海國幽懷左，弱絮風前飛墮。煞費小詩吟妥，淚已彈珠顆。

聽風聽水天涯，我也惹閑愁功課。便算銷魂真箇，平視雲鬟軃。琴心海上誰能和，夢怕東歸驚破。耐盡夜長潮大，山翠神田裏。

香禪居士客平陽壺園作

案：見《申報》光緒十二年十一月初七日（1886 年 12 月 2 日）第 11 版。

查燕緒

題倚雯樓主所寫小花小影

高屧豐鬟異樣鮮，風流不減漢唐年。生花妙遇江郎筆，能併三神山色傳。

昔年曾訪《吾妻鏡》，彈指而今意未磨。何以斯圖頻展玩，源花韻事續新羅。

丙戌大暑後三日粗亭漫稿

案：見《申報》光緒十二年十一月初七日（1886 年 12 月 2 日）第 11 版。

劉毓麟

武陵同年以帙至，則倚雯樓主所圖小花也。豐容泥人，衫屣絕古，水禽一啼，幽花爲春。坂田東踰，谿壑嫵絕，若木偠墮，霏煙于于。奄流南隅，襦尊拾歡，異鄉椮蕭，乃愜信懷。縈促夢黯，稱意圖之，僕良蹴歆，亦寓觀感

三神山自交西舶，一樹桫欏渡海來。猶帶元豐舊花影，晚風吹傍漢王臺。

別時易作沃沮夢，淪落桑條十八年。省識東風無限意，畫圖昨夜影纏綿。

乙酉武進劉毓麐作於江寧

案：見《申報》光緒十二年十一月初八日（1886 年 12 月 3 日）第 10 版。又見張炳翔《儀許廬筆記·書畫下》，但多出以下文字：“丙戌春，余偕倚雯同游申江，時新令正嚴，枇杷花下，盡閉門居，倚雯欲訪桃源，問津無路。余偶與友人譚及，有得其蹤迹者，蓬萊仙子在人間，即偕倚雯往訪。見舊日留題，并沈鶼巢贈詩聯，此即《洞仙歌》‘尋春無意’一闋所詠事也。”劉毓麐（1856—1900），字葆真，後改名可毅，江蘇武進人。清光緒十八年（壬辰科）會元，授翰林院編修。曾入許奉新之幕，後任京師大學堂教習，卒於庚子拳亂，著《劉葆真太史遺稿》。

曾習經
題東瀛女子小花小影爲倚雯樓主作

慧心製就相思字，高髻豐鬟獨立時。風定夫愁鶯語澀，分明眼底是天涯。

海西稽首懾鯨波，徐福高風奈遠何。莫怪衣冠狼藉甚，搏桑東去女郎多。

乙酉孟秋蟄菴漫塗

案：見《申報》光緒十二年十一月初八日（1886 年 12 月 3 日）第 10 版。

無名氏

爲倚雯樓主題小花小影

寶髻雲鬟宮樣妝，亭亭濯秀麗朝陽。叢臺宴罷回風引，却望三山作故鄉。

愁儂北去夢東歸，花落尊前黯舞衣。終古茫茫惟碧海，神田山色女郎磯。

乙酉九月鍾倚裝

　　案：見《申報》光緒十二年十一月初八日（1886 年 12 月 3日）第 10 版。

沈衛

胡蝶西飛不過墻，書傳青鳥亦茫茫。等閒誰遣黃衫客，猶愧當年李十郎。誠知銀漢隔紅牆，一別音容兩渺茫。白句。寄語顏標休錯認，從今門外有蕭郎。

戊子重九，倚雯樓主索題素華畫照，漫成疊韻小詩。因憶甲申薄暮游滬上，識華於美滿壽茶樓，一見驩然，如舊相識，口占三絕贈之云：聞名先已惹相思，潦倒風懷不自持。囊盡銅錢三十萬，照春屏寫九迷詩。是誰裝點出東溟，小小花枝襲素馨。恁底芙蓉香滿口，前身曾誦法華經。華好諷經。意有未盡，復貽以聯云：素素豐神，楊柳春風藏小小；花花世界，梧桐穐雨約生生。偶然游戲，頗惹情魔，展卷懷人，蓋不勝今昔之感矣。

　　案：見張炳翔《儀許廬筆記·書畫下》。沈衛（1862—1945），字友霍，號淇泉、鶼巢，又署紅豆館主，浙江嘉興人。清光緒十六年進士，授翰林院編修，後任甘肅主考、陝西學政。沈鈞儒叔父。

花影詞人

丙戌七月下□，倚雯樓主以東瀛女子小花小象見示，卷首四詩小花所自謂也。愛其明慧，因隱括原詩之意，復引申之，成歸國謠[兩]解

人去也，夢又闌珊燈又烟。猛記別離情話，生綃儂替寫。深淺翠眉誰畫，過時幽恨惹。鴻雪一痕留下，與郎思索者。

人去也，顧影驚鴻翩然下。不辨是詩是畫，墨痕和淚瀉。東望海雲樓榭，相思無翼借。聞説翠深紅亞，箇儂猶未嫁。

案：據《淞隱漫録》，花影詞人又號璦璑居士。

璽巢

倚烟主人屬題小華生小影

長裾高髻自生妍，綠慘紅愁亦可憐。豔絕江郎一枝筆，替傳幽怨補情天。

無言獨立只凝眸，萬種傷心萬種愁。一把淚絲收不住，可能流到海東頭。

漫矜標格冠群芳，小豔疏香易斷腸。一種櫻花好顏色，教儂惆悵憶姚黃。

綺夢年年感不禁，墜歡秋蒂渺難尋。無端一幅生綃影，酒冷燈昏惹恨深。

案：以上二人題詩見《申報》光緒十二年十一月初九日（1886年12月4日）第11版。又見王韜《淞隱漫録・東瀛才女》，但《申報》版正文有個別字或缺漏或模糊。故此處詩題用《申報》版，正文用《淞隱漫録》版。

況周頤

望海潮·江建霞屬題日本女郎小華像

　　浮生塵海，前身香國，高歌眼爲誰青。鮫淚數行，鯨波萬疊，披圖我亦愁生。江筆忒多情，奈別魂銷黯，花困蓬瀛。十二闌干，蜃樓回首接滄溟。

　　尊前竚立娉婷，記栖沈篆小，玳瑁簪輕。日本女多美髪，薰以栖沈，插玳瑁簪。蕎麥豔悰，信州好蕎麥，情郎好顏色。不食麥猶可，遲郎愁煞我。日本諺語，櫻花俊賞，櫻花惟日本有之，號爲花王，豐橋小華所居影事零星。天外識飛瓊，算江湖十載，枉費狂名。莫更浮查，兩潮相應作去聲秋聲。

　　案：見況周頤《第一生修梅花館詞》之《錦錢詞》。

張炳翔

　　眉如柳葉面芙蓉，昔日春江惜未逢。却道丹青能寫意，那知幽恨久形容。小華自題句云“可惜丹青徒費手，不傳幽恨只傳神”。

　　清如皎月豔如霞，小滴人間綠尊華。雲髻高盤裙屐古，教儂錯認是梅花。梅花生亦東海女郎，余昔年申江所見者。

　　此是瀛洲詠絮才，偶然游戲下蓬萊。春申江上花如海，又見名花海上來。

　　本來名士悦傾城，不惜濡毫爲寫生。象系建霞手繪。自古美人原絕代，小華名美代。卿卿不愧此芳名。

　　紫史清幽小督妍，紫史、小督，均東國美人。扶桑毓秀在神田。小華，神田山愛知縣人。看來一捻腰支瘦，俗尚瘦腰，如此娉婷我亦憐。

　　昔日樓頭新玉貌，今從畫裏見真真。笑他一管生花筆，易寫芳姿難寫神。

　　費盡平章絕妙辭，憐渠東國好華枝。翩翩裙屐雲鬟古，想見含愁獨立時。

　　天孫償得聘錢多，聞許牛郎渡絳河。若得七襄機畔見，合歡詞有洞仙歌。

文章知己得偏難，莫怪佳人淚暗彈。一幅驚鴻留小影，披圖好作鏡中看。

案：見張炳翔《儀許盧筆記·書畫下》（蘇州圖書館藏稿本）。

王壽卿

秋風海上傳佳句，癸未秋，君曾以小華詩郵示。曾讀仙娥贈別篇。今日燈前重展卷，只從畫裏認嬋娟。

袖中東海好珍藏，妙格簪花難擅長。悵觸當年情一段，風懷吾欲問蕭郎。

文字因緣信有之，騷人題罷我偏遲。神田山色難描寫，費盡平章數首詩。

已屆殘年又遠游，江頭梅柳送行舟。揮豪此亦留鴻雪，莫慰離人萬種愁。

案：見張炳翔《儀許盧筆記·書畫下》。

袁寶璜

臘鼓送暖，春燈鬥宵，倚雯廔主遣伻致書，屬客讀畫。披圖乍睹，翩婉其形，雒誦終篇，驚呼欲絶，則日本女郎小華生小象并自選四詩在焉。自昔西池王母，觴穆滿而授符；阿育宮妃，給法慧而寓簡。是知才媛鍾毓，無判古今；內閫詞翰，詎分中外。況乎神山瀛海，近箕子之分封；玉女金童，皆徐仙之遺育。弓衣織句，誦遍深閨；番舶購詩，解聞老嫗。同文之盛，周漸被者，屐裙不櫛之倫，凤染孺乎聲教，其多才也，固亦宜乎！今者生花妙筆，傳韻事於東瀛；折柳新歌，播賢聲於北里。舌人重譯，多捐珠解佩之儔；眉史幾番，壓渝舞蠻歌之隊。侯繼高作《風土記》，不編新集瑤池；蔡省風錄婦人詩，未採外藩彤管。

然則雅資談助,兼具勝場者,其唯此册乎? 噫嘻,支機有石,難填情壑波瀾;海客談瀛,雅擅詞壇翰墨。薛洪度校書之地,枇杷門巷;吳彩鸞寫韻之軒,年華豆蔻。豈必婆羅托盋,梵女留三宿因緣;行看海國抱琴,彈孃重千秋題品。

　　案:採自袁寶璜《寄蛞盧遺集》。又見張炳翔《儀許盧筆記·書畫下》,字句略異,作於光緒丁亥正月。

章華
長亭怨慢·題東瀛女子小華生影
　　甚吹散,天涯飛絮,影事模糊,玉鈿何許。畫裏呼名,綠蛾猶認舊眉嫵。浣塵羅襪,攬不起盈盈步。綺夢幻,神山怕弱水,三千難渡。

　　無緒記重逢,阿頓學字,翠樓深處。青驄去矣,且珍惜、酒邊詩句。賸別後,碧草春波,便除却江郎誰賦。算不異當年,祇有重陽風雨。

　　案:見章華《盋山舊館詞》。

冒廣生
日本女子小華生像江建霞京卿屬題
　　大江東去海西頭,舊日蘼蕪尚在不? 贏得旁人傳本事,當初美滿壽茶樓。

　　百年能幾是歡場,我意分明絳蠟光。霧鬢風鬟猶在眼,驚心來日又重陽。建霞與女子別在癸未重陽,今庚子九月,相距十八年矣。

　　襟上分飛淚未乾,瓊樓回首怯高寒。淒涼開寶前頭事,莫作崔徽畫裏看。

　　案:見冒廣生《小三吾亭詩》。

譚嗣同

題江建霞東鄰巧笑圖

散花有夢亦匆匆，八部衣雲劫火紅。空盡東方諸佛土，可憐粉碎不成空。

蒼然一目橫天下，抵死憐才得幾人。太息當年興亞會，蕭寥天地此前塵。

世間無物抵春愁，合向滄溟一哭休。四萬萬人齊下淚，天涯何處是神州。

娟娟香影夢靈修，此亦勝兵敵愾儔。驀地思量十年事，何曾謀種到歐洲。日本伊藤侯近自英返國，大唱進種之議，謂黃種荏弱，遠遜白種，凡歐人游其境內，輒恣令野合，將以善其種。

案：見《譚嗣同集》。

曹元忠

題日本女郎素華小影爲江建霞標

卷中人影邈山河，尚有容光照綺羅。一樣東京乎度未，大唐裝束已無多。乎度未，彼國女郎稱也。

畫眉錯過好時光，說著年華黯斷腸。禁得豐橋橋畔柳，又經十七度重陽。

芙蓉紅淚灑蘭秋，願逐輪蹄共北游。今日重隔東海水，可能將恨向西流。

扶桑回望認伊家，重訪仙源日易斜。從此迷茄懷島上，爲君呃損白櫻花。三河島，彼國稱迷茄懷，見《武備志》引日本譯語。

案：見曹元忠《箋經室遺集》卷十七。

曾樸

題東鄰巧笑圖爲江建霞標作

扶桑曉日妝鏡紅，中有人兮唱玲瓏。靡顔膩理桃李穠，裝束不改唐時風。蘇臺逸客能鑿空，峭帆夜渡滄溟東。富士山下停青驄，搴帷一笑人初逢。手調緑雪分筠籠，清譚霏玉龍鬒通。温泉浴罷金釧鬆，阿貍短尾眠緑熊。東猫尾獨短。春游如夢何匆匆，杜鵑隔海催行蹤。紅葉館中酒滿鍾，甲子樓前月如弓。燭花四裂春夜融，燒槽掩抑彈惱公。醉眼看花花朦朧，飛觴不數鼉樓鐘。飛觴之戲，東妓類能之。又東妓以時刻之多少計纏頭金。別來浪迹如秋蓬，瓊懷滿貯紅芳醲。周昉寫生稱神工，瑶臺遥寫春風容。東方美人多俠雄，明璫如月劍如虹。三條橋下阿駒從，金春坊底小勝慵。今宵一點紅守宫，明日報君提玉龍。紅妝奇骨如相同，我願掛帆辭阿蒙，年年醉卧櫻花叢。阿駒，桐野利秋妾；小勝，種田政明妾。皆名妓也。

　　案：採自《小説林》1907 年第 4 期《文苑》，時署名"東亞病夫"。又見《真美善》1927 年第 4 期，署名"籀齋"，無小字注文。

熊希齡

摸魚兒乙未題江建霞學使東鄰巧笑圖

望扶桑、海波東去，鵲橋萬里如綫。櫻花移種來南國，應恨相逢何晚。愁欲綰，問一幅、生綃影出情深淺，畫圖空見。恨弱絮飄零，新詩題罷，酒醒故人遠。

天涯外，聞道江郎別後，尋春舊約曾踐？白雲遮斷神田路，萍海鷗盟吹散。若莫感，算只是人間聚合皆泡幻。時光又變，怕説與英雄，淒涼心事，觸起遼東怨。

　　案：原件藏上海圖書館，入《熊希齡先生遺稿》《熊希齡集》。

黄紹憲

題江建霞翰林東瀛女郎神田素華小像册中素華自題四絶,倚雯樓主《洞仙歌》八首,其餘題者廿餘人,俱隱姓名。倚雯樓主者,江君外號也

兩月京師無所見,江君示我素華真。微聞列子已嫁衛,見此崔徽空斷魂。洞庭昆侖氣氤氳,赤岸銀河相吐吞。奇書間報傳日本,佳人豔説來橫濱。中州清氣欲銷歇,神田秀色争困輪。當時歡笑俄一夢,麗曲清詩餘涙痕。問形問影亦徒爾,親手留真差可喜。年時亦有斷腸詞,輸汝真真圖一紙。

案:見黄紹憲《在山草堂爐餘詩》卷八《己丑存稿》。

徐仁鑄

江建霞出所圖日本小華生影子索題,得絶句六首,時壬辰七月也

舊時人面識春風,出水夫渠態不同。誰遣江郎施狡獪,一花分作兩枝紅。余先有生影子。

簪珧薰楠逸韻霏,輕盈剛稱五銖衣。不知底事嚴莊褪,才向江皋解佩歸。

吾家徐市到扶桑,遺得藍田種玉方。記否三生幽恨在,星明雲緑夢阿房。

情語纏綿賽繭絲,分明心事訴將離。只愁璧月團欒夜,遥想惝惝感總持。生有自題四首。

蓬島家山去似煙,幾回東望欲投鞭。臨風展卷無聊甚,還抱苔華小字鐫。

江南佳麗毓清才,綴錦聯翩抵玉台。不寫碧桐花下影,情長情短費低佪。卷中有碧桐花裏女郎集玉谿句題,女郎江南人也。

又疊一絶

涙珠灑作今朝雨,省識天邊愁正多。渺渺神田山上望,流光可似

舊橫波。

案：以上二首見徐仁鑄《涵齋遺稿》。

江標《太常仙蝶圖》諸人題詩

文廷式

高陽臺爲江建霞題太常仙蝶圖

柳外輕盈，花間綽約，滕王圖繪難真。乍集閒庭，些些情意關人。江郎自有生花筆，寫蘧仙一段丰神。記當年相見靈山，可是君身。建霞先數年於虎邱曾見之。

羅浮我亦曾清夢，有落花萬片，雨積如茵。不似京華，污衣十丈緇塵。殷勤欲問西王使，遍人間何處宜春。祇憐他，薄酒微熏，膩粉初勻。

案：見文廷式《雲起軒詞鈔》。

徐樹鈞

壺中天慢·題江建霞學使仙蝶圖

神奇變化，似麻姑狡獪人間，游戲幾度，蓬萊觀水淺，來伴三青鳥使，瀛海仙班。玉堂清夢，影事當年記，瀟湘重見，霓裳天半飛起。

笑我湖海閒人，惹蘧仙栩栩，浪游狂醉。雲母峰頭風日好，彌勒一龕同睡。妙手滕王，化身莊叟，色相渾無二。戴圖朱畫，羽衣章采猶是。朱素人、戴文節公皆畫仙蝶圖。

案：見徐樹鈞《寶鴨齋詞鈔》卷二。

江標《來蝶仙堂詩畫冊》諸人題贈

彭穀孫

題《來蝶仙堂書畫社圖》

梅社當年逸興飛，風流先輩感星稀。詩情久覺華清少，鄉夢應知鄧尉非。相望百年成盛事，敢從七子繼遺徽。問梅詩社，吳中有先後七子之目，先七子則先叔祖葦閒公與焉，後七子則有先祖文敬公，一時稱盛。何時積善同懷舊，且向堂前待蝶歸。問梅詩社以積善西院看梅，故名，見先葦閒公詩。

長洲彭穀孫同日寫稿。

　　案："同日"是指翁綬琪畫《來蝶仙堂書畫社圖》之日，時在光緒十九年癸巳十一月十八日。

題書畫社第五集江建霞《萬卷書樓圖》

江郎妙筆擅生花，海外多搜未見書。合步八磚同侍直，此才東觀更誰知。

題建霞臨南田《萬卷書樓》冊并原韻。穀孫。

　　案：以上二題見《來蝶仙堂詩畫冊》，標題爲編者擬。

翁綬琪

題《來蝶仙堂書畫社圖》

官廚賣餅學從前，縱馬長安已兩年。依舊兔毫騁餘事，一生粉本襲南田。

仙蝶堂前結社時，曾留靈迹邁相思。王勝之太史於前月參使日本，臨行曾爲建霞作《仙蝶圖》。問楳接襜儀前輩，樽酒圍爐學紀詩。

吳江翁綬琪題。

題書畫社第五集江建霞《萬卷書樓圖》

藏書最是神仙事，福地何人讀異書。檢點牙籤珍秘篋，阿稽便了課何如。

印若步建霞韻。

案：以上二題見《來蝶仙堂詩畫册》，標題爲編者擬。

楊光昌

題書畫社第五集江建霞《萬卷書樓圖》

分明界畫曾樓起，中有蕭江萬卷書。建霞有"蕭江書庫"印。百宋藝芸成往事，後先輝映定何如。

仲冬三十日步建公原均。光昌。

案：見《來蝶仙堂詩畫册》，標題爲編者擬。

段世理

題《來蝶仙堂書畫社圖》

依依蛺蝶托仙堂，舊社梅花静鬥香。無限因緣圖畫裏，風流從此屬何郎。

乙未秋日湘潭段世理題，言涣彣録。

案：見《來蝶仙堂詩畫册》，標題爲編者擬。

熊希齡

元和江宗師建瓲來蝶仙堂詩畫册謹題四絶

凄風殘月古燕臺，夢裏春明至可哀。寂寞草堂人去後，可憐仙蝶不歸來。

白頭重讀故人詞，畫社題終甲午時。泥爪不勝今昔感，傷心國難尚如斯。

　　愴然淚墮黨人碑，國瘁人亡胡可爲。本有楚材能縱起，沅湘蘭芷動遲思。

　　烽鏑光陰四二年，劫餘遺墨尚依然。人間猶有河汾義，記此師生文字緣。

　　　　案：採自《船山學報》1937 年第二卷第十三期《文苑・詩歌》。又見《來蝶仙堂詩畫冊》，末署"丙子立冬耐庵先生囑題。熊希齡"。

葛鼎甫

題元和江宗師建霞畫桃來蝶仙堂詩畫冊第七課之一

　　元和夫子文通家，丹青妙筆真生花。朱砂細研尺蹄布，繪出翠葉紅桃嘉。紅雲朵轉填金粟，翠黛鴉塗綴蒼玉。二嬈斜窺貌若仙，兩姝并立神離俗。俗骨從來是棄材，仙株一定異根荄。丹梯迂上天臺去，紫極吹從露井開。觚稜殿角連昏曉，步出吳門菭蓬島。金馬門高待漏遲，玉皇案吏朝天早。督學欣逢到碧湘，輶車一路盼文昌。潘郎滿縣非云茂，狄相盈門托蔭長。東方歲宿瑩剛卯，偷獻西王印長爪。獨惜貪讒彌子瑕，漫開笑靨工妖狡。翡翠牀頭不律橫，珊瑚作架墨華精。丹鉛本自殊脂粉，朝夕憑將弟子行。自從劉阮歸林麓，相送扶輪載籤軸。紫陌劉郎去後栽，繁葩聚簇鮮盈掬。今日桃源欲避秦，迷離須問武陵人。漁翁尚不知何處，太守何曾得問津。經年記與程門別，猶見垂垂實如結。指是靈鶼手澤存，眼看化蝶遺蹤説。我亦江南籍太湖，扶疏青繞故廬迂。惜無當日荊關畫，畫出穠華滿具區。

　　　　案：採自《船山學報》1935 年第二卷第十期《文苑・詩歌》。又見《來蝶仙堂詩畫冊》。

元和江宗師建榦來蝶仙堂詩畫册謹題二章

恨念靈鶼閣,瞻依仙蝶堂。一朝傳俊秀,千古閲興亡。止渴茶溫注,除枏飯熟嘗。集聯書手贈,親切異尋常。

蕘圃居猶舊,藏山滿陸廚。搜奇原百宋,珍秘冠三吴。故宅依橋巷,江師題《來蝶仙堂詩畫册》第一集詩第二首云:六年曾住縣東橋,百宋廛空夢寂寥。惆悵年年搜逸事,畫圖今喜見今朝。自注云:余舊住縣東橋,即蕘公故里也。寒門接太湖。鼎甫祖籍吴縣,洞庭西山有葛家塢。海源書目在,江師刊有手鈔《聊城海源閣藏書目》見贈,此書刊在《靈鶼閣叢書》中。披覽一唏噓。

案:見《船山學報》1937年第二卷第十三期《文苑·詩歌》。

蕭仲祁
元和江宗師建榦來蝶仙堂詩畫册謹題二章

避地雷瓊海,依依近十年。波濤憑利涉,神物有奇緣。畫册失而復歸後,謹善藏之。丙寅赤匪擾湘,避亂粤南,携此册朝夕展玩。志業空塵念,師承媿墮顛。不堪蕙圃地,重到幾悽然。蕙圃爲師板輿侍親之地,在今省署東偏。

百家灰燼日,故物此殘存。師友風流盡,師手迹多紙,因鄉宅駐軍多係匪兵,將書物掠失無存,即譚畏公手札一册亦於十九年長沙匪亂全失,僅賸畫册内一通,兹併以歸小鶼。因緣夢寐論。顔碑傳祚胤,明時,季雁山守建昌,以重金購得麻姑刻石,存於府庫,至其孫寶之。虞帖笑房郵。虞永興帖爲人競取,有分得房村二字者。我亦仙堂蝶,遥遥夢裹魂。

案:採自《船山學報》1937年第二卷第十三期《文苑·詩歌》。又見《來蝶仙堂詩畫册》,詩前有小序曰"小鶼世兄徵求先師遺墨,以此册歸之,奉題二章",小字注文略異,末署"乙亥(1935)中秋仲祁識,時年六十三,寓長沙福禄里荔垣"。蕭仲祁

(1873—1967),字理衡,號荔垣,湖南湘鄉人。1903年赴日,入東京法政大學,留學期間加入同盟會。1909年回國,曾任懷仁縣知縣、國民黨湖南支部政事副主任、湖南都督府司法司次長、實業司司長兼内務司司長、省礦務局總理、湘軍總司令部秘書長、廣東南路禁煙處秘書主任、湖南省政府秘書等職,後回湘任教。

題書畫社第五集江建霞《萬卷書樓圖》

右師所臨南田先生十萬圖册之一,爲來蝶仙堂詩畫社第五課也。倚蒦闢檻,對柳疏寮,圖書寫驢,琴酒陶韻,古緑入室,奇青繞心,胸趣攸適,豁然真搆。夫子洎諸名公酬唱,琳瑯叢製,清勝尤傳。仲祁捧吟,情爲騰湧。魯人陳縣而爰居不樂者,痦厥欲也;瓠巴按拍而潛鱗出泳者,悦其魂也。孤素之流,鶉伏蓬保。遠皇墳於萬里,望清秘之在天。肊噴於中,境閟於外。弱冠無就,壯大可知。一夢瑯嬛,問張華而不見;十年藩溷,鬱太沖之壯心。南不見辰陽,東不見魯殿。圖史南面,曰惟前生,著録等身,以讓斯世。吁乎悲矣,不其惜與?恍然奇逢,探懷而出,雖曰目涉,請以神遇。西笑出門,依長安之樂;大嚼而過,奚屠肉之投。士衡云:"都人冶容,不悦西施之影;乘馬班如,不輟太山之陰。"以揆斯遭,一何徑庭。曩嘗讀黄九煙先生遺集,志其將就之搆,廢餐者屢。今觀於此,惵然若失所以者,奢忲之思猶然。烏有清虚之府,伊維愛吾也?噫,雙鉤闌外,文字多靈;四部書中,觀摩有日。師新刊《四庫全書目録類叙》。新醪緑蟻,喜餐陸眷之聰明;舊坐黄鶯,爲問廣桑之香火。撥雲林而窺清閟,人名福地神仙;投玉牒而話江蕭,我亦通家子弟。

乙未秋仲湘鄉蕭仲祁敬題。

附:蕭仲祁致譚延闓札

祖庵世兄偉鑒:

昨午由銀行匯下百圓，當即持單去取。屢承惠賜，受領之下，感激非淺矣。刻下在書篋中檢得老師遺存當年畫册一卷，兹乘舍親華君來滬之便，帶呈奉贈，以作紀念物耳。蔡世兄處近日有來信否？念甚。餘俟續布。專肅鳴謝。敬請台安。太夫人前叩安。師母歸蘭陵氏襝衽。廿二晚。以上共廿六葉。祁■記。辛酉贖歸，其日重五。

案：以上二則見《來蝶仙堂詩畫册》，標題爲編者擬。

追和蝶堂聯句

清光緒乙未秋，以經古試受知元和師，補博士弟子，命題此册於長沙學署萱圃，同題者長沙陳光孚、曹典球、湘潭言涣彣、葛邃銘、段世理。題畢，長公子孟聰陪飲甚歡，引入内齋，款語移時，授以應讀書目暨治學之要，并賜聯、扇。聯語云："江山英俊生文藻，義例頻煩托寓卮。"扇畫水墨秋蘭，題："留香自在憑誰護，天許柔葩綴九秋。空詡樵夫能採得，試思好過在山石。"云寫明人李九煙先生句，隱惜余早歲授徒清苦也。丁酉鄉試報罷，赴江南上海製造局幕，就觀西譯各書。再謁師於泥城橋寓樓，語及《山谷刀筆》，詞意肫摯。是秋政變，師既高隱，祁仍還鄉塾，遂以睽隔。

癸卯鄉選後，遠學海東，宦游遼沈。壬癸之際，回湘供職。年光荏苒，志業翻然。早慟師歸道山，孟聰亦勤學殞身，自傷老退，東望慘悽。庚申，與茶陵同離湘職，客居滬瀆，再展斯册，則當日同題之陳光孚、言涣彣亦復下世，茶陵囑題至再，鴻泥重印，久難爲懷。爾時湘事夢如，往來滬漢，此册日在行篋中。一日携至長沙酒樓共觀，醉中失去，大索旬日，以百金贖歸。山谷謂不疑於物，物亦誠焉。李翹叟一動其心，遂果被盜，事正相類。長沙寇變相墮，余家書物殘毀殆盡，師贈聯扇亦俱散失，摩挲畫册，益以珍惜。春間，茶陵函囑孟聰之弟小鶼來取題册，則當年在萱圃時總角至立、游戲花畔秋千者，今亦鬚鬢寒蒼矣。感舊哀時，愧歎何能自已，輒追和蝶堂聯句，用全江韻一章，寄請茶陵教正。

鄉居岱遐山硿硿，牧樵襍讀語言厖。年將及冠眼尚矓，吾師天人持節幢。湖湘英俊望風降，我蝨其間窮而惷。再拜稽首心焉懜，謬承顧盼萬目眰。如玉海中浮一豇，洪鐘不拒寸莛撞。兩載刮磨去暗黮，偶從高吟躡飛。鞭策疲驥陵九嶙，自慚格格出蝸蜓。夫子一笑聲蹬蹬，戊戌政變吠萬尨。幽人高棲雲錦淙，不材遠逐東海雙。耳食政法如緣橦，東施效矉玉女娀。遼天走馬風淞淞，西南兵起鼓聲韸。歸來濫竽擘新腔，哲人仙游飛鳧雙。鈞天玉振餘玎瑽，茲冊芬豔撲寒釭。精神沛發千鈞扛，茶陵尊師藝則逄。幾度屬題對酒缸，怯膽忽餐健體肨。一朝散失如墮瀧，奔走求之途擊椌。神明鑒我意愚悾，贖歸喜逾舟隨椿。卅年一夢在牀杠，劍痕舊刻留吳艭。舊時眉眼秀於雙，志業已矣鬚眉厖。滄海湯湯橫流浲，正色已溷驪與駹。臭味誰別蘭與茳，海內風煙鬥矛鏦。欲尋巖壑事耕稯，採藥長伴鹿門龐。冊中一幅松林江，煙雲蠻隸百尺矼。硡然欲往心春樅，所嗟詩筆曹鄶邦，高鴻遝響答南窗。庚午夏五湘鄉蕭仲祁，時客武昌省府。

案：見《來蝶仙堂詩畫冊》，標題爲編者擬。

先師遺冊題畢，將寄南京，畏公忽爲逝世，用梨洲除夕哭友詩韻五章志哀

龍存虎養復如何，宴坐黃庭十載多。馬僕無端占歲厄，星精奕奕未銷磨。戊午駐零陵，用同善社法打坐，云積功已至四五層。二十年前關外行，遼東觀治奏初成。尊前兄弟論肝膽，白首無功媿此生。徐東海督東三省，試辦新政。公往觀治，余與家兄詩蓀同宦奉天，把談至酣。海內烽煙入望愁，江湘幾度付橫流。書生開國尋常事，大業蹉跎廣泰樓。治湘數遇變擾。戊午春，公偕子武、適蓀、心滌暨余至粵寓廣泰樓。孫中山倚望至殷，以調和兩粵謀統一相囑，余心贊之。公與中山未深譚，徑赴永州，遂再致湘變。零陵顛沛幾交親，共識張侯意氣真。今日江天雙墮淚，乾坤破碎更何人。追悼子武，并傷九一八關東之變。摩挲遺冊愴先民，同是玄亭問字人。師友凋零餘後死，寸心搖蕩萬由旬。庚午季秋仲祁再識。

案：見《來蝶仙堂詩畫冊》。

譚延闓

此元和江先生舊藏也。丁酉秋中曾見之湖南學署。今十九年矣。先生收藏極富,中更喪亂,散佚都盡。乙卯春,重謁師門,去先生之逝亦十六年,不勝華屋山邱之慟。汪夫人撿此見贈,蓋篋衍中所存遺迹惟此而已,是可悲也。三月廿八日延闓記。

案:見《來蝶仙堂詩畫册》。

石陶鈞

靈鶼先師嘗以美之創作示其生活之豐富,今其豐富之生活似漠然於世,而創作之神秘與其尊嚴歷久而燦在,并不斷斷於數量之盈虛。畏公以散佚都盡爲可悲惜,而獨享有什襲此吉光片羽之權,以師門之樗材如陶鈞者視之,其福愛之灝大,殆不可算。吾師創作之劬恩,畏公述之以自由之願力,摧被荒惡,觸契美妙,建設昭明,不及百年,必有著録淵源,立證吾師之以美化大中國者,茲册子其尤章章之證物也。回憶於長沙萱圃侍師座展觀時,去今已二十又六年。頃於畏公處重溫手澤,於其還時,滌筆記之。辛酉除夕前二日,石陶鈞於海上。

平水停以盛,公爲天下藏。蝶仙如有意,來伴盇山陽。予既傷此册之輾轉失主,今以子靖先生之發意、翼謀先生之官守,將永爲蘇省國學圖書館所公有,聞之欣然,紀二十字并記。丙子大學,石陶鈞。

案:見《來蝶仙堂詩畫册》。

曹典球

葛仙夢醒,羅浮路開。陋虛白清净之光,謝緑野功名之想。高賢一集,編蓮社之小傳;才人小憩,題滕王之古圖。虎谿無以,侈其清譚;董巨於焉,遺其詩稿。三生酒福,半點書癡,天地自寬,神仙有意,于何見之？非我建霞江夫子書畫社之明證與？

若夫龍門入畫，伊川泉石之謀；放鶴名亭，東坡記文之妙。紀白珍戶牖之迹，埒盧肇燕屋之分。借采衣於老萊，譜遺詩於謝逸。遠圖半幅，唐派猶存，寫盡江蒼，依然莊夢，則第一集翁内翰《來蝶仙堂圖》也。

輞川已古，摩詰誰摹？筆墨難乾，未了此層孽障；畫圖猶在，終留一點名心。是色是空，無物無我。蒲團入定，自是苦僧；畫訣成書，居然作者。凍蛟脊聳，摹湘妃獨立之神；白鶴霄凌，寫高士孤行之致。等片雲之精神，自能涵養，謝俗人之籬下，差表奇特。仙蝶一卷，足形似之。且富貴一生，團圞雙葉，午晴一綫，知好蒼須，看半開福國重來，慶命婦於兹寫照。則第二集彭氏佛國、我師《仙蝶圖》、熙氏《牡丹圖》也。

遺山論畫之詩，長慶懷人之句。耆英小會，借金鉢爲推敲；詩酒論心，續節灘之詠事。則第三集詩社之盛也。

蟲吟唧唧，恍惚悲秋；鶴夢篷篷，自禁寒露。領元人士氣工遠之妙，非南宋雕蟲刻畫之微。披竹垞之遺編，得忠懿之奇寶。浮屠萬丈，秘築黄金之臺；朱提舊文，疑得青龍之簡。則第四集翁内翰《寒螿圖》臨本、我師金塗塔摹本也。

琳瑯別館，齊海雲之靈龕；安樂行窩，埒仙人之傑構。石渠譜其餘事，五鳳助其添修。萃五日之神明，作雙管之齊下。詩人寄托，擬兹嶙峋；神鬼夜號，疑其飛去。蒼黄變格，癯仙乍驚；清白寫懷，中央自正。則第五集吾師《萬卷書樓圖》、熙氏石、耆氏臘梅也。

唐宋以來，山水論雜。吹雲潑墨，畫迹詳彦遠之辭；潑地烘天，荆浩謝俗工之筆。則第六集翁内翰臨山樵意也。

農桑故圖，曾紀松雪之集；豳風遺緒，足闡史皇之旨。蟠桃偷得，王母在堂；墨花自吟，蘇公弄筆。則第七集翁内翰《桑田圖》、我師蟠桃、熙氏墨牡丹也。

嗟乎，有書即仙，無俗乃佛。自老莊以降，虛無爲宗，未能因藝見道,實事求是,所以虞畫衣冠,周重保氏,皆以昌形下之學,盛六書之傳。神仙之傳,不并重於六經;方技之流,徒侈談乎物化。我師因來蝶而經營書畫社,非以警寂滅之僞學,通道藝爲一門與?典球撫茲七集,用仰高山。竊念人各有能,材宜節取,分之而各據一勝,合之而均足千秋。他時懷九老於香山,定說丹青之手;此日翻六如之畫譜,聊抒駢儷之辭。篆刻輒慚,謹維附驥,亦但守我師立社之本志云爾。

　　乙未仲秋長沙曹典球題辭昭潭。言渙彣敬書。

　　案:見《來蝶仙堂詩畫册》。

錢葆青

　　受學常州葉菊裳,絳紗弟子冠班行。湘沅搜遍芳蘭芷,畫裏鬚眉已老蒼。京卿爲菊裳學使高足弟子。

　　朝局阽危戊戌年,中樞復老惜松禪。蘆臺一作軍門客,淚灑詞人到九泉。戊戌禮闈後,康户部開强學會於京師。予方卧病,户部訪予於襄陽郡館,貽以所著《新學僞經考》《孔子改制考》諸書,報以唐張氏志石消鐵鑱銘及熹平鏡拓本,從予訪當世人材甚急。迨五月召對後,約予留京,而京卿亦以中書之試爲言,實則別有用意也。予毅然訪楊雪門於蘆臺軍次,招而應懌菘耘師杭州之約。未幾,朝局一變,六君子之亂作,殆哉。

　　煤市街頭第幾橋,月痕如水滔如潮。殘賸十幅靈鶼閣,賸有江山畫六朝。菊裳餞予於煤市橋,京卿執禮甚恭。

　　玉堂餘事寫詞流,畫盡人間幾重愁。無限滄桑無限淚,不堪萬卷仿書樓。册中仿南田萬卷樓一幀,即雲林《清秘閣圖》也。

　　當年王氣浙西東,款款中朝記表忠。八萬四千金塔影,何如手挽射潮弓。册中京卿摹予遠祖金塗塔,用雙鉤法,極有致。

　　太常故事托精靈,一樣滄桑幾度經。不見當年仙蝶影,傷心莫問海東青。册爲京卿來蝶仙堂畫課。

　　五日一石十日水,前身摩詰畫尤難。畫中詩與詩中畫,都是光宣掌故官。王勝之先生亦有仙蝶之異，故自號曰栩緣，曾爲京卿作第一圖，惜不得見之。

中原風雅盛乾嘉，賭盡筠廊玉畫叉。自是承平傳故事，夢痕何處認東華。

香火前生各有因，百年辛苦爲傳薪。茶陵付？湘鄉老，都是龍華會裏人。册爲京卿汪夫人持贈譚組廠編修者，編修移之瓊樵，皆京卿門下也。

工如刻楮妙簪華，畫多工緻，字尤斌媚。愛護人間碧色紗。一册詩書畫三絕，滄江虹月走天涯。

辛未上巳，爲瓊樵先生督題，乞正之。弟錢葆青，時年七十有三。

案：見《來蝶仙堂詩畫册》。

程瀛石

四十年前夢，師門曷敢忘。黃鐘成毀棄，丹旐久飄揚。劫後留鴻寶，人間重吉光。無多同學在，述舊感雷塘。

胡公珍放失，受賜說茶陵。縹帙驚奇遇，縑題愧不勝。忠魂傷蝶化，遺迹尚龍騰。重酹仙堂酒，靈來倘式憑。

子靖先生屬題江靈鶼師來蝶仙堂詩畫册，勉呈二首。乙亥中秋蛟湖程瀛石。

案：見《來蝶仙堂詩畫册》。子靖即胡元倓。

胡元倓

元和江宗師建霞來蝶仙堂詩畫册謹題丙子夏至

清時游宴春明夢，故紙雲煙劫後痕。白首門生重展讀，當年詞客幾人存。此册爲元和師清末居詞館時友朋燕集之作，今社友已無存，即督湘學時承命題詠者亦寥落如晨星矣。

傳經慚負青氈業，興學差盟白水心。四十年來知己感，吳江墓木久蕭森。余少承家學治經，於光緒丁酉拔貢試受知於師。旋游學海外，歸創辦明德學校,艱難支拄,未遑晉謁師里,心常耿耿。

　遺編贈托得傳人,翰墨因緣一段新。絳幔黃爐都寂寞,師門風誼忍沉淪。師母汪夫人以此册寄贈譚畏公,未幾畏公去世,師母亦於今年仙逝。

　飄零遺墨共追攀,胠篋居然合浦還。畏公以此册囑蕭理衡題詠,理衡於飲次被竊,旋贖歸。願借名山護文藻,長留鴻雪在人間。丙子入都,理衡屬携此册,將返之小鵑世兄。時柳君翼謀主江蘇國學圖書館,商請度藏館中以存鄉邦文獻,并影印分貽同好,藉留紀念。吾師有知,當亦莞許。

　　案:採自《船山學報》1937年第二卷第十三期《文苑·詩歌》,又見《來蝶仙堂詩畫册》。又見《明德學刊》1937年第十五卷第二期,題作《敬題江建霞師來蝶仙堂詩畫册後》,第一、二首無小字注文。胡元倓(1872—1940),字子靖,號耐庵,湖南湘潭人,近代教育家。1902年留學日本弘文學院速成師範科,歸國後創辦明德學堂、經正學堂。1911年赴日任中國留日學生監督,歸國後創辦明德大學、明德中學。

王第祺

元和師來蝶堂詩畫册敬題

群芳無主客吟孤,名士因緣入畫圖。一自問梅人去後,草堂煙雨是姑蘇。問梅詩社後有草堂新社。

呵護神靈快舉杯,鬢絲禪榻好懷開。江山花鳥都無恙,已歷滄桑萬劫來。此册失復得。

畫意詩情問摩詰,風流異代各千秋。琳琅珍重今何處,曉日鶯花萬卷樓。此册捐存江南圖書館。

回首師門舊夢非,白頭校字亂書圍。來仙堂上詩千卷,蝴蝶西園故飛飛。前年校師遺稿於蘇州車上,見蝶黑質黃章。頃讀此册,復於西園兩見蝶飛,一黑質黃章,一黑質白章。多年不見蝶,今屢見之,其仙蝶耶?非所知矣。丙子立冬後一日王第祺敬題,年七十一。

案:見《來蝶仙堂詩畫册》。王第祺,湖南岳州(今岳陽市)人。

江新

　　此册爲先君子遺墨之一,於民初先慈曾撿贈茶陵畏公者。嗣因轉囑禮衡世長兄題識,携至長沙被竊,[未]幾失而復得。去年旅湘,承禮衡以新正在搜求先人遺迹,特將此册持還。按此册於光緒癸巳冬,先君子集彭子嘉年伯、翁印若世丈於來蝶仙堂所成之詩畫社册,距今四十有餘年矣。子嘉年伯猶健在,先君子與印若世丈均先後去世,摩挲手澤,不禁愴然。今胡子靖世長兄以此册庋藏江蘇國學圖書館,存鄉邦文獻,藉留紀念,來商同意。新行能無似深思,縹帙飄零,幸名山庋護,使先人文藻長留,固所忻願。尚有王勝之年伯繪《來蝶仙堂圖》舊藏余家,一俟重裝,亦將送存圖書館庋藏,俾韻事永傳,同留終古焉。

　　丙子冬,新敬記於滬北靜園。

　　案:見《來蝶仙堂詩畫册》。

柳詒徵

　　元和靈鶼江京卿文采風流,照耀海寓,督湘學時,得士最盛,新政胚胎,爲世指目,因之摧挫,抑塞以終。生平撰著,未克寫定,遺墨流傳,門下士爭寶之。詒徵嘗見石君醉六寶存京卿手寫文卷評語、致石及它友書,裝池成帙,散原、任公、組庵諸先生題識綦詳。良以光宣新政,民國肇基,遂海内先河,宜遠溯之京卿,不徒以藝事重也。

　　此册詩畫兼有,彭穀孫、翁綬琪、熙元、耆康迨日本堤虎吉諸人之作,而以京卿爲主盟,高情逸韻,流溢縑素。稽其社集次第,自癸巳冬迄甲午春,正金甌無缺、舉國晏嬰時也。册府蓬山,悠游養望,宣南文宴,遥接蘇賢。而薪火之厝,已勃鬱於束藩。輶軒一出,蝶夢都非,豆剖瓜分,迫於眉睫,瑰才敏識,始鋭身以先覺覺民,而腐朽聾瞽之徒,第知挾舊勢以相激蕩。人亡國瘁，局勢紛更，京曹宦味，閒燕從容，訖亦不可蹤迹矣。

顧後此卅年中，醉六從戎，組庵枋國，曹君梓毅從政，而胡君子靖盡瘁於教育，九死不悔。沅湘風教，彪炳於時。以老氏觀復之語證之，雖謂京卿至今不死，可也。詒徵未克親炙京卿，與沅湘諸君子雅故，飫聞京卿愛士之風。子靖鬢雪髯霜，睠念師門尤篤，客冬將自寧返湘，大集湘人士，置酒高會，鄭重出是册授詒徵，曰："吾師蘇人也，庋是册於蘇省圖書館，以式蘇人，以暨鱗革於京邑之學者，視私之一家子弟為公。"復要詒徵請公帑精印，使淑京卿者咸得人手一編。詒徵高子靖不死其師之心，敬諾弗敢辭。春和景明，遂理董而授之印人，附識緣起，昭告學子。庶幾儀賢隆師，古誼因是不墜，匪為京卿廣墨緣，為盋山增掌故云。丁丑春三月，鎮江柳詒徵記於盋山陶風樓。

案：見《來蝶仙堂詩畫册》。

江標《修書圖》諸人題贈

吳大澂

昔阮文達公視學浙中，曾畫《修書圖》册，題詠甚富。今建霞太史奉使來湘，亟亟以表章幽隱為己任，輯刻叢書已成一集，并影刻宋書棚本唐人小集三十餘家，與文達後先濟美。索作是圖，略仿南田簡澹之筆，簿書叢雜中俗塵擾擾，洗滌不去，不值方家一笑也。乙未中秋吳大澂。

李瑞清

璞琢慕玉人，室廎哀工師。榱朽有崩圮，扶危賴賢才。荆楚恣磋礴，珵珩競呈奇。曠懷宏儀徵，碩學綜華夷。搜經闡幽逸，崇論曙昏霾。觺序忻日新，探討窮纖微。柱立孤搖搖，橫流日奔馳。億兆積於點，誰云難獨持。世人貴守常，萬國仰無爲。烹鮮服老訓，坐化致雍熙。抗目睇九州，感此中心悲。爰爰歎免迁，覺聰當有時。

《修書圖》侍李瑞清謹寫爲建霞老前輩題。

梁啓超

蝶戀花·題江編修《修書圖》

萬萬千千名下士，絮絮雕蟲，兀兀隨人計，欲索解人無一二。是東來法，西來意。後有鄱陽前夾漈，今有元和，更讀橫行字。修取全球書目志，石渠天祿尋常事。

新會梁啓超。

譚嗣同

魯中汲汲彌縫者，誤盡群烏是舊巢。公意不嫌殺風景，直須取付祖龍燒。

更語翰林今小宋，惟應有酒一中之。江山如此尚如此，書局何因得自隨。

三界惟心不等閒，聖人糟粕亦如山。衆生絕頂聰明處，只在虛無縹緲間。

剗盡靈根尚有餘，來生懺悔又成虛。無聊軀殼相廝混，身已嫌多何況書。

譚嗣同謹題。

葛鼎恩

儀徵扇儒風，斯道抶蒙翳。鳴鳴鳴高弦，纖纖暖寒毳。若茶烹甘泉，如食炙柔脆。十思却九顧，一本布萬諦。滔滔如洪流，支派亦胡細。巨鐘懸巍梁，箏琶響疑嚏。萬象拱辰極，不數小星曀。珠玉紛琳琅，燕石不同契。阮氏雄岳岳，折角咤群裔。壯歲喜剞劂，攘摭户深閟。擁几皆鴻篇，插架耻曲藝。義弩磨已銳，學瀚浩無際。嶺粤肇開府，吳西廠高第。魯越連經廚，秀雅競磨礪。漢儒重師宗，餘子若輿隸。詁經嶐橫舍，纂詁溢遞澨。金石頻鉤爬，尊彝豈頹敝。淮海集英靈，輶軒起沈滯。推算窮杪忽，疇人傳行世。竹垞編小志，粉藻靡支離。詞科名摭録，組織汰粗欐。缺補羅散佚，詞饒擅遒麗。課詩消古愁，清暇偶連綴。絲竹厭煩沸，博贍忌傲睨。告窳忽超躍，頑惰獲砭劑。倏爾聾者聰，如俗頓仙蛻。東南一冠冕，億士奮揚袂。譬如治絲棼，經定緯從繫。聲華被廖廓，尚冀後能繼。渺渺乾嘉還，梨棗幾隆替。規規門户習，洶洶恣排擠。吁嗟兵燹殘，旋被蠹魚噬。屈指掀掌故，潛心創體例。宋刻及元鈔，讐校斥流弊。訛舛懲魯魚，貤繆摘虎帝。元和振裘領，沙汰遹流彗。遇澀新沐浴，憎繁割疣贅。説經聞鏗鏗，緘櫝唤童揭。叢殘手勤剔，上與文達儷。湘沅苦霾集，如暗忽逢霽。疏慵驅舊習，典册益新慧。兹圖意殊遠，畫舫問疇濟。南田簡逾妙，揮毫倘能逮。澹澹回清波，悠悠掃塵埵。曲檻描枯枝，疏櫺掩蘿薜。中誰把瓊笈，廣掎目斜睥。畫幌聊自遣，書廚儌終懟。循塗躍前轍，今昔豈殊計。迢遥萬柳莊，飄揚試凝睇。

乙未八月奉題夫子大人《修書圖》，湘潭葛鼎恩初稿。

奉題元和江宗師修書圖有序

昔儀徵阮公試浙，曾畫修書圖册，題詠甚富。今元和江宗師建霞試湘，鉤幽抉冥，蕘刻成集，益影刻宋書棚本唐人小集三十餘家，一踵阮氏故事。中丞吳縣吳公清卿，作是圖贈之。院試事畢，奉江師命雅集試院，因出圖索題，以副命云。

儀徵扇儒風，斯道抉蒙翳。山崎分高卑，水流别洪細。大鵬張高翮，凍雀縮寒毳。珍羓袪腥臊，美炙戀柔脆。精懷珠玉光，鞴斥碔砆礪。鐘鏞洪如雷，箏琶弄疑嚏。不才自屈恧，入世但侘傺。十思却九顧，一本布萬諦。萬象拱辰極，不數小星暳。阮氏挺鍾毓，遺書久行世。魁碩信岳岳，群輩任泄泄。遠識彌廣輪，精鈔遍陬澨。時若無師承，教曷有統系。伸手起顛躓，頓足唤夢囈。不痛下針砭，安能愊疫厲。撫魯存弁髦，督粤變椎髻。英風被開府，化雨澍列第。注疏求精

詳,校刊記融咄。慮有一字謬,謂是千載泠。詁經從典墳,纂詁溯篆
隸。鉤爬金石文,鑒核鼎彝製。隸首功不滅,疇人傳難替。翊世資股
肱,抱殘割疣贅。東南元氣足,先後歷開繼。淮海相毗連,蘇揚共維
繫。江左同一隅,輔車不排擠。元和振裘領,衆彥迅揚袂。盤錯成輪
囷,深宏固根柢。棫樸羅滿庭,棗梨積盈砌。一心在茅茹,萬事不芥
蒂。用是多英賢,罔不贊奮勵。非渠富參考,曷物啓智慧。欣有輶軒
使,曲爲寒畯計。秘奧當傳鈔,缺失應補綴。妙縱容獨窺,恨難獲兼
濟。鄺侯今已殞,曹曾昔聞逝。訪友復別離,詢途更迢遞。嫏嬛回莫
到,酉穴探無際。始識籤帶垂,遠勝長裾曳。觀今賴剞劂,嗜古重書
契。毋但矜弁言,端先審凡例。訛舛懲魚魯,貤誤摘虎帝。每見先哲
評,麻沙尚繆盭。百宋與千元,搜遺渺難逮。最難覓孤本,畢世罕一
睨。江師多舊藏,刊布不深閟。讀鬻啓荊榛,披騷種蘭蕙。中丞撫南
楚,讀畫復談藝。寒鴉枝上立,老樹不知歲。石氏墨華精,毛公筆鋒
銳。好作名山藏,儒林廣嘉惠。

　　案:葛鼎恩第一首採自《修書圖》,第二首採自《船山學報》
1937年第二卷第十三期《文苑·詩歌》,與《修書圖》原詩差異較
大,故并録之。

吳獬

　　世間只有讀書樂,如渴得酒病得藥。所恨滋味自咀嚼,旁人一滴
難領略。公樂與人當著書,使粘受沫飢受糈。又嫌傾瀝苦肝肺,坐令
頭白牙齒疏。有讀書樂無著苦,除是神仙作官府。神仙我福官我權,
吸是山川吐雲雨。更借修書變浮華,前阮儀徵今建霞。吾宗中丞未
知趣,畫作尋常編撰家。
　　建霞同年仁兄大人正之,臨湘吳獬鳳孫敬題。
　　屈曲橫空古味幽,三千精騎射風流。便知長吉心肝嘔,莫使寒郊肺腑愁。
讀吳子詩,有味乎其言,題四句。邵陽樊錐丁酉五月中。

案：吴獬（1841—1918），字鳳笙，號子長，湖南臨湘人，曾創辦廣西正誼書院、岳州府中學堂，任教於岳陽金鶚書院、衡陽石鼓書院、長沙嶽麓書院、湖南高等師範等處。

王宗潮

詞林纂集掇芬芳，閒暇清和撰玉堂。六代繁華都入夢，數家文字有濃香。鴻章積案樓頭月，訛簡囊荒書館霜。阮使儀徵風尚古，繼颜書室會琳琅。

枯樹高風久絶塵，畫簾長捲硯頭春。南朝詩句翻新刻，西國章條轉舊輪。管敗叢鈔訛訂亥，功餘選刻味含辛。酒香茶味無多好，先後名流一麗人。

丙申八月恭題夫子大人《修書圖》，南州王宗潮初稿。

易順鼎

修書宬即挈經室，前輩風流見典型。綜五千年二萬里，裨廿四史十三經。誰令遼海疲關白，且就湘山問殺青。陶鑄人才開運會，規模猶陋定香亭。

建霞學使《修書圖》。易順鼎。

蔡鍾濬

曠代諧幽，契寫蕭閒，狂花滿屋，蒼雲浼紙。阮後紀前風未歇，贏得才名如此。看墨浪千層疊起。祖漢禰秦刊定本，陋百家諸子皆糠秕。壯不屑雕蟲技，半生問學求其是，冠三千翰林風月筆，華濃綺。沆水湘山春窈窕，收盡一時蘭芷。還念汝，西風燕子，明日南樓孤月霽。隔空江，一夢搖煙水，問奇字，倩雙鯉。

《金縷曲》。丙申重九後三日題夫子大人《修書圖》。武陵蔡鍾濬未定稿。

孫宗弼

叢殘簡册是雲煙，聚散人間久惘然。藝海珠塵煩掇拾，刊行孤本著鞭先。

大名書庫屬蕭江，雄峙拚教鄰下降。刮目金鎞留阿堵，劇憐餘子苦頑憨。

話到疇人散四夷，圖書異域亦争奇。從今滄海遺珠得，一綫還期隻手持。

翹材館傍洞庭開，絕代文章已劫灰。昆山徐相國曾於洞庭山麓招集賢士修《一統志》。曩哲瓣香心折久，踏青雪後躡芸臺。

建賴世丈誨正。弼呈稿。

案：孫宗弼，孫傳鳳之子。

王鳳藻

大雅何從啓性真，全憑格物證扶輪。才臣敢負君王眷，理學推陳此出新。君於陛辭時曾垂詢湘中近來理學。

不必通經自課虛，定香亭合後來居。疇人傳外多新得，載輯中華久逸書。

建霞吾兄正。弟王鳳藻呈稿。

黄文煒

手撥殘灰甲乙編，玉堂清暇感流連。詩從南渡翻新本，學是西來衍大傳。金石訂窮三島外，異書搜到六朝先。詞臣多少興亡慨，輯中西格致經篇。

定香亭子説風流，一瓣南豐緒更抽。遺墨再刊魚豕誤，散材都得蕙蘭收。新詞采藻無多簡，古屋落花第一樓。前後君恩雙記取，儀徵元和兩千秋。

丙申嘉平月恭題夫子大人《修書圖》。章水黄文煒初學稿。

段世理

左芬才思清如玉，況佐飛華筆一枝。中外新編讐錯簡，齊梁殘稿訂叢辭。一分魚蠹一分恨，無數鶯花無數癡。讀罷靈鶼書四集，黄金多合買胭脂。

飄然寫入畫圖中，直接南田楮墨工。孤館獨憐書卷佐，三湘一顧楚材空。綺樓集好參餘例，學海堂開見古風。自愧元和門下拜，南來道脉阿誰同。

丁酉春三月謹題夫子大人《修書圖》。世理初稿。

陳兆奎

大通會有時，佛書言，滅度後三千年，天下當大通，以時數考之，其言或多驗，斯文峙今古。事雖隨物易，道以先聲樹。伏生發壁藏，劉子校琳宇。昔聆神漢材，今見元穌矩。清原峻區吳，潛光抉荆楚。九師揚妙儀，百廢忻俱舉。高言唱峨峨，遺制何甫甫。大隱同市朝，名山媚煙雨。彼美庶不遐，溷世將誰語。行當并心迹，閟此清穭杜。

夫子大人命題，丁酉中春陳兆奎初稿。

唐璋

不入琅環地，誰知有洞天。搜羅三萬軸，綜覈五千年。學海規模廣，文樓翰墨緣。小文選樓乃前撫吳中丞書，又有各家朱墨書畫拓。芷蘭重採擷，一派衍薪傳。

儀徵垂不朽，纘武仗元和。南宋摹唐集，宗師曾獲南宋書棚刻唐人小集，又景寫鋟板，東周化楚歌。宗師來湘，獨以新學導士，故云。畫圖空色相，典籍與摩挲。執是盟蓮社，詞人列宿羅。

宗師大人命題，丁酉五月新化唐璋謹呈。

石陶鈞

文選樓空已百年，傳衣海内闢支禪。嫏嬛舊夢無人記，重啓銀潢久秘篇。

賭墅爭墩世不窮，替人星斗掛當中。堂開三達文如海，可識皈依只一通。

入門僮僕盡鈔書，用雷司理句，節撚松枝訂魯魚。淘盡百家歸一派，定香亭合後來居。

八千梨棗煮茶消，重訪當年七里橋。故事流傳成佳話，填胸老輩即同僚。

橫搜海島列於藩，檔冊羼冪萬紙屯。身後榮名新得主，武康山下慰精魂。

曾訪東瀛真福寺，李唐面目古時香。滄海不解興亡痛，博得詞臣淚萬行。

復翁年譜待鏤雕，記得遷居到縣橋。百宋一廛留種子，廣開油幕作書寮。

千秋四部一言開，用孫淵如句，抹盡丹鉛滿鄴臺。更有畫圖新樣好，紅梨花下蝶仙來。時太常仙蝶來署中。

八面玲瓏擅巧思，救時心有古人知。憐才興學三年事，到處江山爲護持。

桃花兩度遇芳春，揚棄群言一脉新。我向絳帷私稽首，黃金先鑄六朝人。

丁酉三月，夫子大人命。邵陽石陶鈞。

沈同芳

《修書圖》用孫淵如題熹平石經拓本次翁閣學方綱原均

乾嘉諸老書中蠹，食盡奇字五千年。儀徵相國尤誕逸，手搜筆抹宏流傳。石渠寶笈彌燦若，輶軒金石時琅然。風鬢霧鬢失真旨，塙説可稽《定香》編。詞臣奉命多清暇，風氣遂開浙中先。淮海英靈網耆宿，疇人步算窮度躔。鈔胥筆僵腕欲脱，寒畯舌撟口流涎。卷軸積案高逾丈，墨瀋浣衣天如錢。此風未沫迹已往，文字有靈誰雕鐫。英英元和逡起雋，心摹力追握槧鉛。飆馳風雨妙手疾，吐納彝夏憤膺填。經經緯史猶餘事，神州赤縣星珠聯。湘中士氣夙騰奮，或因市虎訛相沿。自今學臣力袪蔽，當如管中窺豹全。莘莘胄子獲師範，答難問疑此真詮。畫圖一幅繼前武，筆花斑斑午夢圓。我歎修書修未尋，願讀萬遍鈔萬篇。揚雄有言雕蟲技，讓公出頭結古緣。

丁酉夏四月武進沈同芳。

吳瑞

楚金入冶鑄恩深，實學從今是此箴。經濟文章同一軌，準繩不待別途尋。

五銖裋褐染征塵，借得《吾妻鏡》裏春。八百童男中夏乳，傳燈羞說上昇人。

丁酉五月奉夫子大人鈞命，巴陵吳瑞題，時年十四。

樊錐

片紙趣破裂，積屋耗精血。橫掃滄海虛，放恣神鬼折。乾坤曠寂寥，往來倏消滅。中中孕書子，區區意不屑。皇皇太史公，咄咄奮此烈。持幅索尚書，老筆分秀傑。畫取修書因，禋祀流風絕。掣眼窺瑤華，盥手讀論列。網羅夫如何，誓欲有所雪。一章。

安石學商鞅，很很變新法。變抑不及骨，胡以劈嬴乏。莽莽六萬年，卵土一泡插。團團六大州，胎膜一片夾。五千載雌雄，八百兆鵝鴨。夢幻紛多難，兒女蹙悲怯。鑿破新戰場，夭郤小魔劫。黑水倘可漂，赤血何足歃。丈夫固不測，拂塵看青氈。二章。

萬古修書虛，一旦用書實。無虛更無實，日夜弄不律。著述如散錢，修書如串質。散錢入串質，大用絕邊帙。莫窮於無人，莫弱於無術。書以使之有，修以使之逸。百鳥一鳥奮，萬馬一馬率。嘗膽古所有，食肉胡所嫉。英雄見當諧，志士事竟必。三章。

寥寥陰山蒼，瑟瑟秋樹碧。插架十萬青，虛室一分白。了無紅粉兒，徒有丹黃客。初日劃清曉，明月燭幽夕。浩浩懷古歡，鬱鬱挾新策。錯比阮子堂，不是揚子宅。何曾似六朝，未免聳一席。安得回日月，風力跨金石。攬此全球子，拱與天子拍。四章。

　　夫子大人《修書圖》，邵陽樊錐。

蔡鍔

　　群子驅甲兵，百氏爭鬥揌。低淺逐墟涔，高深極淵嶽。晦顯絕分析，純疵紛溷濁。耿耿萬古人，肝膽橫卓犖。竊比夫子修，重以《春秋》削。慷慨矚河山，憤激起衰剝。九派走東海，一一如夢覺。千壑朝祁連，支支相批駁。大哉阮文達，公欲折其角。

　　夫子大人命，邵陽蔡艮寅，時年十三。

劉肇隅

　　淵淵學海，衆流斯貫。恢拓壇坫，黼黻河漢。恭德彌勤，微言復旦。誰其嗣之，道無畔岸。其一。

　　岳岳元和，於今勘疇。研精耽道，緒言日抽。采采湘蘭，軒軒阮樓。師於使院後建小文選樓。山不讓高，河不擇流。其二。

　　傳習孔卓，家法漢侈。偉哉長洲，契於詩史。纂修彌富，鉛槧未已。思誤日適，我慚居士。其三。新刊成《藏書紀事詩》六卷、《黃蕘翁年譜》二卷，均屬隅校。又有《宋元本行格表》二卷，命隅校補，稿本留湘付鍥。又見師所輯《聲類考逸》稿本。

　　赫彼高閣，左圖右史。寫書置官，求書發使。會友以文，言析其理。彊種翼教，嘉惠邦士。其四。師於校經書院建藏書閣，又創設方言、算學、輿地三學會。

　　漢鑿宋拘，東來亦誣。睅睅支那，疇主疇奴。民智用闓，群學斯趣。微言讜論，詔以索塗。其五。開《湘學報》館，講求中西有用之學。

　　瞻彼雲連，蘊茲荆璞。杞梓在林，琳琅成軸。文選之遺，武康之福。道以永年，其曰可讀。其六。新刊《沅湘通藝録》，又欲刊《校經堂叢書》。

　　蕭蕭長離，比翼咸池。涼飆西來，吹折荆枝。嗟予小子，共世同悲。觀念高深，如何勿思。其七。二世伯左華先生新逝。世伯曾爲余題亡弟鑫耀讀書圖。亡弟應師歲試入學，去年八月卒。師惜其苦讀早逝，繪圖哀之，又欲刊遺稿於《校經堂叢書》中。

宣尼修史，游夏莫贊。子輿善性，告子發難。侍坐期年，日窺經幔。春風載途，慨焉永歎。其八。

丁酉仲冬，元和夫子輶車北返，發圖示題。維時《靈鶼閣叢刻》近五集矣，影橅唐詩盈五十家，遠紹虞山汲古之心，邁步吳縣潄喜之武。閲世必傳，厥功殊偉。肇隅初翻簿録，勉佐讎勘，藉窺孔壁之書，恒問雲亭之字。自侍杖履，已互裘葛，情以昵加，感緣恩重。謹貢詩八章，聊述所懷。若謂持蠡管之知測海山之量，則非所敢也。門下士劉肇隅識。

張栴

撰述抗懷風雅，一枝大筆如椽。採擷殘篇膡稿，光華炳燿流傳。上紹定香遺業，論功媲美前賢。此册河山并壽，巖廊永保豐年。

奉題建楸吾師大人《修書圖》，即求誨正。澄江張栴謹呈。

袁康

九言長古一章奉題《修書圖》

我朝獻縣儀真兩文達，匹如嵩華太少分雙峰。研經老人經術愈邃密，大師許鄭異代躋高蹤。幸逢聖世河海頌清宴，右文稽古於鑠宣皇風。漢京十四博士紹家法，鈎沉索引蔚起爲儒宗。先持教鐸後持開府節，公餘詮訂劬學逾書傭。誤文脱簡讐校亦樂事，畫簾斐几鉛墨分橫縱。寫真聊爾著之百城裏，南面絶勝五等邀新封。咄哉小宋分符領史局，添香呎筆環侍唪驚鴻。騎箕公去大雅惜不作，瓣香敬爇近得江文通。懷抱景純光明五色錦，鳳池翔集珥管誇夔龍。秀才異等才可使絶域，廣持郡國噓植歸宗工。帝曰汝諧往哉視湘學，三年化雨滂沛沾章縫。舊編楚寶一再事賡續，沅蘭澧芷快擷芝囊中。詞臣報主雖云仗文字，詎徒爾雅瑣屑箋魚蟲。況當敵國外患互窺伺，航七萬里兵艦連艨艟。洞彼狡謀兼習彼長技，驅除庶獲反手收全功。星軺周歷咸使喻我意，俗目庸耳頓覺開盲聾。更收秘笈羅列古佳帙，宵吟鎖院宫燭雙摇紅。影鈔精繕檢付剞劂氏，靈鶼館外刀槧争磨礱。擬呈四庫仰期贊文治，昭回雲漢光耀彌蒼穹。同官中丞同里又同志，弼成盛業唱和聞吁喁。剡藤一幅作圖紀勝事，墨痕澹遠競爽南田翁。爲撑文園半角數椽屋，繞華枕石帶草圍青蔥。脱去定香亭本舊眉目，意象與繪超拔之心胸。問玉堂客誰能識時務，信惟修書仙宦真人雄。鯫生鰓鰓尚欲進一解，杞憂緯緯恤不知顓蒙。伏念活國類如藥癒病，浪投劫劑禍患將安窮？譬諸蛇蝎鳥附瘵沈痼，神甦狂易體骨痤疲癃。非進參蓍亟與補元氣，真精銷鑠内毒虞心攻。一誤再誤噬臍悔奚及，妄加朘削奈此群醫庸。推之國事窶弱今已甚，富强有術遐邇思追從。第計功利不復顧道義，本實先撥何以維其終？太史解人卓犖具精鑒，諒與鄙見水乳徵交融。還期侃侃上書發閎議，勿令喋喋曲説淆宸衷。正本清源培養首聖學，循名責實修省先深宫。用以表率公卿暨士庶，因而整飭禮樂兼兵農。經文緯武裕之在道德，大法小廉允矣抒公忠。教化既成風俗信茂美，太平盛軌日上覘隆隆。將見内先自治外侮息，戰勝朝廷語豈懸虚空。縱或豕蛇野性莫馴服，主客勢判自足平諸戎。底須效彼事事落後局，邯鄲學步一例成愚惷。作詩爲告喜事衆年少，要知是理鑿鑿非夢夢。竊願上端道揆下法守，悉屏異學名教咸專崇。四維克張百度各就緒，陵消伏莽山海消煙烽。輔翊天子明堂覲四裔，萬年萬里候尉車書同。圖形典仿形求傅巖例，紫光煊赫踵武傳真容。

録呈建霞太史大人郢正，寶山袁康拜稿。

許鏻

星軺問俗走衡湘，選士頌焚五夜香。却讓通儒識時務，早令窮裔破天荒。湘中舊以西學爲詬病，賴先生而風氣始開。治安策定俞丹陛，經濟才能重玉堂。爲語西清諸侍從，莫徒華國仗文章。

寫真本橅定香亭，前輩儀徵見典型。一代總持尊樸學，千秋絶業纂遺經。碑尋緑字登岣嶁，穴啓丹書泛洞庭。劇喜新編成楚寶，朝天裝襲芷蘭馨。

建霞吾師大人命題,即請誨正。雲間後學許鑠未是稿。

案:以上録自江標《修書圖》。

江標所藏《募梓圖》諸人題詩

吳士鑒

題江鄭堂先生募梓圖,圖爲江建霞前輩標所藏

負笈江湖幾歲寒,書巢蟫蠹飽叢殘。先生家在揚州城東門外,所居之室顔曰書巢,藏書甚富。乾隆丙午出游,書遂散失,因繪《書巢圖》以志感。阮文達有題圖詩詳記其事。汗牛今滿人間世,糟魄精英一例看。

雷塘遠與靈巖接,更有韓城下士心。想見棗棃新斷手,酒酣奪槊一長吟。《定香亭筆談》嘗言鄭堂爲人權奇倜儻,能走馬奪槊,豪飲好客,至貧其家。王韓城師極重之。

昔讀羽琌張大辭,寧能南面擅摳褈。怪他瞠目哆頤客,便欲褰裳拜大師。見《定盦集》於江子屛所著書序。

案:見吳士鑒《含嘉室詩集》卷一。

徐仁鑄

爲江建霞同年題江鄭堂募梓圖

千金散盡付雲煙,老去猶難結習捐。豪族上章紛逐鬼,幾曾辦得給孤錢。

死友更生檢遺集,又看掩骼到雷塘。乾隆老輩吾終敬,高誼能扶雅道長。

漢儒師法宋淵源,著述如斯體亦尊。不識全椒書薦士,原嘗食客竟同論。

案：見徐仁鑄《涵齋遺稿》。

癡燕氏

師許屬題江鄭堂先生募梓圖

著書非炫才，闡發前人旨。梓書非幸名，苦心示來世。彼蒼且顯著作才，日月星辰并垂示。乾坤自古遞元會，萬劫不磨維文字。不然宓犧結繩何太愚，倉頡造書真多事。募梓繪圖本是心，布施誰副先生志。給孤園中金不貲，曹倉空有洛陽紙。沿門托缽尚不難，持圖募梓良非易。努目金剛怒且含，低眉菩薩笑應死。吾道干城世豈無，斯文護法究誰恃。吁嗟乎！笪河不作儀徵亡，遺書誰惜名山藏。覆瓿文章枉千古，不如祖龍一炬燒。咸陽猶得騰爲萬丈光，聊吐磨丹漬墨之奇芒。

癡燕氏作於宣南紅珠館

案：癡燕氏，不詳其人，又號紅珠館主。

江標《紅蕉詞》諸人題贈

袁寶璜

豔絕生花筆一枝，雅宜紅袖寫烏絲。回頭海上三山影，腸斷金荃本事詩。

竹垞董浦錢衎石，詞人例作嶺南游。嶺南游客江南夢，付與紅蕉一段秋。

程秉釗

劖月鎪雲筆一枝，晨研奇字夕填詞。金門賦後幽棲賦，蹤迹分明似釣師。君詞頗近竹垞，因用大著《一翦梅》意頌禱之。

嶺海聯吟歲又深，雕蟲觸我廿年心。一錢不值吾家事，敢向天涯覓賞音。拙句多不妝拾，君及郎亭學使屢勸付梓。

屠寄

素冠過嶺憂難忘，寶劍歸裝興未闌。敬禮小文宜潤飾，儷文數首，求君點定，總持側體謝譏彈。

荷香湖上鈔書日，瓜熟牀頭中酒時。用原作《一翦梅》《臨江仙》詞意。自是江郎工恨別，銀刀玉印總相思。

水榭長廊綺閣連，方壺圓嶠在人間。南皮瓜李成追憶，剝盡紅蕉又一年。

孫文詒

高陽臺

芍淚啼香，蘭愁鎖夢，瓊箋豔譜紅蕉。傷別傷春，閒情翦付鴛綃。文波隔斷相思路，悵芳蹤，瘦損蠻腰。恨迢迢蓬島，停雲淞浦回潮。

青衫我亦嗟淪落，聽啼珠怨玉，總惹魂銷。柳色青青，天涯誰寄長條。東風吹醒樊川夢，算從前，嫩約都拋。感香巢，鳳泊鸞飄，水遠山遙。

王壽卿

齊州粵嶠總前游，記否當年寫韻樓。猶有大唐裝束在，夢魂飛繞海東頭。

風懷如許少人知，天與生花筆一枝。蕉葉心多難細剝，漫將幽怨付新詞。

鄒弢

柳長春

幽恨絲絲，離愁冒冒，春風只許江郎管。却從何處證靈修，春花穗,秋花怨。

密約初抛,墜歡重眷,天涯幾許人腸斷。新詞展讀意闌珊,儂心好比蕉心卷。

師友挽聯與哀悼詩文

章太炎

東吳菰廬,乃有江氏。誦數之賢,一二三四。雖未知時,主文善刺。雖未知人,好龍亦至。今也則亡,永堲永泗。

案:此爲章氏所題像贊,見唐才常《清前四品京堂湖南學政江君傳》,《逸經》文史半月刊第 22 期。又見蘇州大學圖書館藏《望嶽圖詠》册。

葉昌熾

藏書紀事,幸附叢編,蕩節言旋,張范盛名攖黨禁;
士禮徵文,遂成絶筆,菀裘來築,應劉幽憤損天年。

案:見葉昌熾《緣督廬日記抄》光緒二十五年己亥十月二十九日。

金武祥

蓬瀛著望,沉澧持衡,只緣賈誼憂時,頓使盛年悲鵬鳥;
禪院繙經,山塘載酒,才共江淹别賦,不堪遺集讀靈鵝。

案:見金武祥《粟香隨筆》。

丁立鈞

爲國碎身,君死在庚年前可矣;要終原始,此獄俟再世後定之。

案：見唐才常《清前四品京堂湖南學政江君傳》。

江衡

哭季弟

艱難況味久同諳，昆季中年共苦甘。連折兩枝天太忍，孤支一木我何堪。

小宋科名特占先，一帆風利達前川。曇華隱現何忽促，離合悲歡止十年。

慣典朝衣購素縑，嗜書成癖債頻添。黃金揮霍尋常事，願得郰侯三萬籤。

俸米長安臣朔飢，俄分南楚與西岐。河梁一別三年久，同是投身宦海時。

新學湘中提倡初，因時立術未爲疏。縱教説盡生公法，僅有頑人石不如。

無端蜮射中危機，三字衡冤難保非。元祐毀碑終有日，可憐墓草已添肥。

一霎浮榮四品官，殤時英氣尚眉端。劇憐震旦何時旦，長夜漫漫一例看。

飢驅不合作閒人，出處兩年嗟我身。此後晨昏謀色笑，只愁無語慰慈親。

案：見江衡《溉齋詩存》卷一。

汪鳴鑾

建霞之殤,僕病未能往視,哭之以詩

誰料斯人竟玉廔,病餘老淚儘橫流。才華絕世成何用,一闔棺時萬事休。

上有偏親兩鬢霜,下遺妻子各悽惶。如何撒手全無語,豈遂逍遥極樂鄉?

廿年相處最情親,論古惟君鑒別真。此後牙琴空入聽,高山流水問何人。

韓、詩孫舅氏。程、蒲孫庶常。袁、渭漁比部。管、申季明經。顧、容舫廣文。孫祁、得芝、子樅兩孝廉。兩弟維卿、潤生。同增宿草悲。皆曩歲同在粤東學署者。强盛如君何至此,茫茫天意孰從知。

方期隔巷往來頻,密邇高齋喜有鄰。張老豈知歌便哭,可憐輪奐一番新。君買宅嚴雁前,遷居有日矣。

案:見汪鳴鑾《萬宜樓詩録》(蘇州圖書館藏稿本)。

鄭孝胥

聞江建霞京卿卒於蘇州感賦二首

西北空嗟倚蓋傾,傷心君子共時名。先登已作行間氣,定論終推牖下榮。箸述盍成酬短景,風流頓盡薄餘生。蘭膏煎後天年天,一歎吾徒意未平。

詔書夕下震朝端,江鄭同登世所看。不出固應全首領,獨存真欲裂衣冠。龍顏日角縈魂夢,玉宇瓊樓警歲寒。極目茫茫天又闊,淚河莫爲助波瀾。

案:見《道咸同光四朝詩史》甲集卷五。

曹元忠

哭江建霞

名場角逐十年中，看爾扶搖竟培風。八月輴軒歸太史，九洲瀛海動王公。聞名帝自知枚叔，薦表人猶説孔融。他日爲君傳黨錮，怕教滂母淚龍鍾。

當時朝局變滄桑，名列刊章第幾行。西海飛鱗憐作膾，南山霧豹幸深藏。粹編任説金陀恨，季覗先生嘗舉某君原奏難保無云云，以爲可對莫須有，嬾版誰銘玉局亡。我自心痛邦國瘁，豈關隕涕爲江郎。

秋日重游龍壽山房，叔衡、建霞相繼告殂，簡其題名，不禁於邑感賦二首

曾記扁舟泊寺門，半塘秋水綠粼粼。青蒼雲樹扶樓閣，白業禪經動鬼神。今古百年長夜夢，平生幾處舊游人。紙皮筆骨華藏海，莫怪比丘要捨身。

人生過眼等雲煙，萬事空留未了緣。誰與是非管身後，且將見在斗尊前。輪回漫説永明夢，文字聞參安道禪。悟道真空成解脱，談因論果總茫然。

案：以上二題見曹元忠《箋經室遺集》卷十七。限於篇幅，兹略去第二首中有關佛教典故的原注。

黄遵憲

己亥续怀人诗

南嶽雲開篳路初，歸來秋雨卧相如。零星幾卷靈鶼閣，只算江郎製錦餘。元和江建霞。

案：見黄遵憲《人境庐诗草》。

吳用威

輓江建霞二首

翌年不見靈鶼子，風調平生遂渺茫。地下精魂應聚泣，人間癯鬼果猖狂。青蠅弔客言堪痛，蒼狗浮雲事可傷。高誼自慚輪范式，素車誰叩汝南喪。

沈冤未敢訴天閽，帝遣巫陽召楚魂。畫餅聲名真自累，蓋棺功罪竟難論。明堂異日思前席，幽室何年照覆盆。料有據牀人更慟，白頭揮淚視諸孫。

感舊八首(其六)

漂零書畫滿東都，削籍歸來一畝無。他日人間訪坡谷，斷煤殘楮已模糊。江建霞。

　　案：以上二題見吳用威《蒹葭里館詩》卷一。吳用威(1872—1941)，字董卿，浙江仁和人。光緒辛卯舉人。曾入兩江總督端方江寧財政局。國時歷任財政部秘書、河東鹽運使、鹽務署參事、運銷廳廳長、國務院秘書、行政院參議、鐵道部機要秘書、監察院監察使等職。

題靈鶼遺像

新領霞司使不還，紅綃一片落人間。榑桑花擁瀛洲路，東海西頭望華山。

　　案：見吳用威《蒹葭里館詩》卷二。

王景沂

輓江建霞京卿

京國十年書畫史，譚詩結客見君恩。傷心宣武城南路，華屋明燈照酒尊。

美人東海無消息，誰供櫻花哭素心。可有芙蓉城作主，碧天涼訊夜沈沈。日本女子小華君十餘年□□友也。君藏其詩篇，爲《東鄰巧笑圖》，徵題詠至數千百家。

□□叢殘今不續，群蛙詬病亦何論。多應不解皇輿痛，把臂彭城叩九閽。君倡設《湘學報》，多爲□□所詆。"痛皇輿之失"，□□所撰《湘學報》序中語。

□□□歌燕市酒，維新舊夢已成灰。披圖更有傷時淚，怕展江亭小影來。

□□□看顔色瘦，深談倍覺性情真。只餘一面因緣在，別後音書隔萬塵。

□□才調更無儔，厄運心傷兩應劉。腸斷海陵嗚咽水，屋梁寒月夢蘇州。

　　案：見澳門《知新報》第 115 期，作者原署"江都王存"。王景沂（？ —1921），字義門，號存子，江都（今江蘇揚州）人，光緒十五年舉人，三十年由内閣中書改任廣東長樂縣（今五華縣）知事，著有《瀅碧詞》等。□號部分因報紙原爲殘本。

劉肇隅

八哀詩（其六）江建霞學使

風流儒雅重，世亂亦談兵。兄弟傷知己，膠庠忝并名。

蜃樓新夢醒，鶡閣古刊行。《靈鶡閣叢書》共四集，余在幕中校刻多種。贏得殘書畫，千金起管城。

　　案：見劉肇隅《守闕齋詩鈔》（湖南圖書館藏紅印本）。劉肇隅，號澹園居士，湖南長沙人，曾師從葉德輝、江標、杜仲墀等人，著有《守闕齋詩鈔》《觀海堂文鈔》《闕伽壇詞》等。

冒廣生

蝶戀花庚子五月，再游吳門，同人泛舟山塘，追悼亡友建霞、畏巖

年年載酒山塘路，元鬢消磨，第一情緣誤。欲拾墜歡無拾處，塔鈴自向空中語。忽然幾陣瀟瀟雨，吹過鄰家，笛子聲凄苦。莫譜方回斷腸句，鮑墳春草青無數。

案：見《國學萃編》第十一期《今詞綜》卷二。

吳門感事寄金洀丈，即用其冰泉唱和韻

花步新凉雨，瓜皮舊勝游。可憐垂柳色，猶似去年秋。桓笛聲何苦，黃罏淚未收。南朝江總句，還望極元搜。謂亡友建霞

案：見冒廣生《小三吾亭詩》。

李平書

黃菊（其二）

春明暌隔幾星霜，盛會當年十里塘。乙丑六月，江建霞譜弟招赴什刹海觀荷，同座多是科新貴，極一時之盛。今建霞辭世，什刹海風景不知若何，思之能無黯然。柳汁染成新錦樣，槐花忙逐舊巾箱。半閒衰朽充丞相，作惡狂風號大王。一霎繁華蹂躪盡，獸蹄鳥迹遍官坊。

案：見李平書《且頑老人七十自叙》。

張炳翔

輓江建霞京卿標百韻

西風摧木葉，寒威日以逼。燐火煽荒墳，兩岸鵑啼血。我正駐橫山，營葬安窆穴。時營葬亡室在鄉，十月十九日安窆，君適於是日下世。噩耗忽傳來，故人又淹沒。交君廿五年，不覺淚沾臆。回溯舊交情，試

爲從頭説。憶自初識君，我年纔十七。同學在師門，咿唔共一室。與君同游嚴子萬師之門。經史證異同，文字考遺佚。吟詩習篆隷，嗜好更如一。相隔一巷居，往來蹤迹密。君時游鵝湖，君外家蕩口鎮華氏，故常隨侍太夫人往。余祗安蓬蓽。郵筒往來忙，書無間晨夕。君避暑鵝湖，簡札往還無虛日。辨才君無礙，我言偏多訥。君愛余肫摯，余喜君超軼。異姓爲兄弟，遂成交莫逆。文場同角藝，先後芹香挹。君先余一載，同以取古學游庠。君當賈生年，君年弱冠即襄校湖北陶子縝學使幕，有小印曰"陸生入幕賈生年"。橐筆游楚浙，蓮幕佐衡文。青齊復燕粵，又游陸鳳石、汪柳門兩學使幕，襄校山左粵東。家居時日少，從此疏蹤迹。旋又入成均，賢書名高列。戊子以優貢登賢書。兄弟榜同登，文名譽軼轍。令兄霄緯同捷，對策《鄉試録》各登一道，進呈御覽。并蠻赴春闈，喜君又聯捷。師友共登科，茅茹彚征吉。己丑，君與葉菊常師、王勝之、費屺懷、曹耕生諸君同捷。君既入詞林，我祗耽著述。時余方輯《歷代史論萃編》《許學文鈔》《國朝詠物詩續鈔》《續柳絮集》《讀書師法録》《大藏經音義目》《説文段桂箋》諸書。鄒氏共儀師，余書齋名儀鄒廬，君曰師鄒室。鑽研費日力。六書説解多，叢書我校輯。余時梫《鄒學叢書》。君忽海外歸，庚寅，君游日本返里。論文喜促膝。怡園書畫社，時吳恪齋中丞方集書畫社於怡園，虎阜木蘭楫。歡會惜無常，兩月旋言别。及我攀桂枝，詞曹君供職。一簡忽來招，公車於焉息。癸巳，余倖捷甲午，公車入都，承招下榻君寓。故舊喜相逢，令兄霄緯由白下來，孫燕秋由申江來，均同寓君處。詩酒聚京國。我旋下第歸，甲午禮闈，余薦而未售。君亦奉命出。君奉命督學湖南。三湘人才藪，衡文持玉尺。學報例最善，奏辦《湘學報》，不談朝政，不臧否人物，專考時務實學，於各報中體例最善。勸士功專壹。學舍設中西，儒生宜培植。課程手訂定，綜核務名實。風氣闢通商，經國需儒術。博古必通今，識時爲俊傑。大帥有同志，時張香濤制軍、陳右銘中丞均學通中西，與君同志。凡設立學堂，推廣報務，公與有力焉。英俊濟濟集。交涉重工商，學探東西域。平生廣交游，名流遍結納。中外震文名，公卿交折節。羨君才學富，必建不世業。朝廷圖自强，新政行戊戌。中外學貫通,使才舉自薛。君在東瀛,曾謁出使大臣薛侍郎福成,保君熟諳外交,可備使才。經濟本夙裕,救時志頗切。天子知君才,飛擢逾常格。戊戌夏,君告假出都,寓滬上。特旨以四品京堂候補,并派爲總理衙門章京。一旦忽超遷,高位登九棘。交鄰古有道,章京命入直。聞命病未赴,朝政變八月。太后復垂簾,新政盡改革。謠諑到娥眉,一朝遭忌嫉。黨禍竟株連,奇冤成不日。授職未三旬,倏得復倏失。三字莫須有,君爲某御史挾私憾,以"難保無"三字牽連黨人被議。誰人能昭雪。閭里歎同聲,才爲江令惜。視君曠達懷,談笑無鬱鬱。云得身自由,可以安家食。榮辱本無關,爵禄任予奪。惟此憂國心,頃刻無少釋。棄官歸去來,田園樂自適。奉母返蘇臺,結墅寓城北。賃居北張家巷。冠蓋疏往還,閉户如隱逸。金石自娛情,插架羅舊帙。吟諷聲悲壯,校讎謹塗乙。石刻訪遺文,秘笈付剞劂。靈鶼輯叢書,七集刊未畢。君罷歸里,日以金石書畫自娛,并搜篋中未刻全書,彙刊《靈鶼閣叢書》七集。君體素强壯,不類余多疾。奈何病經旬,奇變成不測。十月建乙亥,中澣九日卒。余長君一歲,君年正四十。前日有書來,喜得乘龍匹。君長女訂姻潘氏,於初九日行文定禮,時尚未病。墨彩視猶新,江郎已絕筆。棣萼有三枝,伯氏影成隻。君兄霄緯以名翰林改官陝西,知城固縣事。去歲因君次兄左華茂才之喪歸里,今又遭君變,其何以堪。花縣方歸來,告我言嗚咽。上有七旬母,何言伸慰藉。繐幃哭聲悲,嫠婦年相埒。煢煢兒女三,長者甫成立。卜築菟裘老,方營新居於鰐溪。正欲移書窟。書窟,君齋名。琴在人云亡,大廈竟虛設。才人不壽多,君或神仙謫。生作玉堂人,死應返玉闕。今日展遺容,風流頓消歇。通籍剛十年,時光眼一瞥。我命未早達,君命反短折。君今未大用,已遭黃楊厄。料知五百年,盛名豈磨滅。嗟余不遇時,青氈冷如鐵。兩度赴春闈,龍門遭點額。欲作出山泉,近因會典告成,議叙以知縣分發補用。自慚駑駘質。富貴不可期,家居亦藏拙。見君如此,名心頗爲灰冷。哭君君不知,悲懷難嘍㖒。含殮未能視,響痛人琴絕。峰青人不見,夜鼓湘靈瑟。欲與君再語,泉路安可必。故人長已矣,來生交再結。拉雜話悲情，濡毫淚和墨。百韻詩代哭，古誼附元白。

案：見張炳翔《忍盦詩存》卷十五《杞憂集上》(蘇州圖書館藏稿本)。

祭江建霞京卿文

嗚呼！君竟玉廔赴召耶？君以經濟宏通之才，磊落俊偉之品，邁往英毅之氣，光明洞達之心，無一不宜禔福悠久、壽考期頤者，而竟止是耶？戊戌秋，君以莫須有事，遭蜚語，涉黨禍，罷官歸里，侍親課子，休沐里門。承歡之暇，時與二三故交共杯酒，談笑諧謔，喜得自由，又每出所藏秘籍書畫、古玩碑帖，相與評賞而鑒定之。觀君之精神充足，意興瀟灑，此豈但宜壽考也！又似陰陽之氣所不能害，霜露之感所不能侵者，而竟止是耶？去年仲冬，余卜葬妻子女於靈巖山畔，聞君偶有微疾，余僕夫駕矣，安窆有日，未可逾期，不克視君疾於榻次，遣童往詢，云病尚無妨，乃僅逾三四日，方吾婦下窆之辰，而君之凶問遽至，豈前恙遂劇耶，抑何疾危殆之速耶！於戲！所謂宜禔福悠久、壽考期頤者，竟不可信耶？豈人之精神充足、意興瀟灑者，不可致大年耶？余不能不致疑於天地之常理矣！

君文章早達，掇巍科，登玉堂，逾格超遷，特旨以四品京堂候補充總理衙門章京，不可謂不遇，而朝廷之欲倚君辦理外交，又不可謂不知君。督學楚北，首開風氣，設《湘學報》，拔識時俊彦，增書院膏獎，培寒畯之士，永去後之思，其建樹不可爲不偉。雖鯤游暫息，屈伏里閭，然朝廷一旦欲圖富強，復行新政，如君之簡在帝心者，必將復有大用，以竟未盡設施之志，又安可死耶？即海內外之友朋，亦方期君之復起以共濟時艱，則不忍死。即未能用於朝，而梓鄉學堂未立，工商未興，欲待君之創辦興舉，又何忍死？而君竟死耶？人謂君去歲若早入覲，必與六士同死，幸養疴申江，未即就道，得免於難，殆天所以留君待維新之用，則不應死，而君竟死耶？君不死於王室阽危之秋，而死於里居憂憤之日，死雖異而吾知天之務以一死見君忠君愛國之心，則一也。詩曰："人之云亡，邦國殄瘁。"幸君於湘楚振興新學，首開風氣，得人稱盛，又多海內交游，異日有出而捍大患，夷大難，樹大績，成維新之功臣者，或即爲君門下志士，或與君同志舊交，則君雖死，而亦可謂精神不死也。

炳翔與君戚附葭莩，誼結壎篪，又同學同志，情誼更摯。今當執紼之期，盡也腸斷，因值臥病，在牀偃息，不能匍匐几筵，一伸哀悰。命子文駿絮酒瓣香，讀文表忱，披瀝慟悼，伏維冥鑒，顧予悃忱，尚饗。

案：見張炳翔《漢晉專研樓文稿》卷三十（蘇州圖書館藏稿本）。

冒廣生

弔江建霞文

君之生平，墓則有志；君之禁錮，史則有記。悠悠之口，滔滔之世，吾姑略焉，詳吾交際。往歲戊戌，八月涼秋，君新獲罪，星言寫憂。佳人南國，大道朱樓。我歸握手，海水西頭。君顧我言，惟可飲酒。英英白雲，萬事蒼狗。我竹攢腸，我碑銜口。陶然引滿，便盡一斗。寒雨連江，落月照屋。別君一年，歲序其速。西崦叢桂，東籬早菊，書來召我，同賞幽獨。踐君之約，扁舟半塘，訝君憔悴，頗失故常。憂不年永，文能命傷。我時不言，我心皇皇。而君意氣，仍復飆舉。彈箏酒歌，命儔歡侶。金費曹祝，一時縞紵。白足枯禪，紅妝少女。招尋山寺，寶笈雲籤。元僧善繼，明臣宋濂，血書黯黯，蓮華華嚴。標題歲月，頂禮觀瞻。所嗟我居，距君數里，東西張角，艮坤韋李。紫蟹初霜，白魚上市，曾過君廬，共飯歡喜。我家水繪，徵君手翰，閱二百年，絹素飄殘。兒觥歸趙，薄俗則難，非君雅誼，誰結古歡？君有畫圖，曰靈鶼閣，徐淑秦嘉，題者合作。不鄙謂我，過江索詩，我詩甫成，君已長辭。與君之別，日月幾時，頗聞君行，申江之湄。寄我畫扇，長堤柳枝,情文不已,縢之以詞。陳王書來,謂君已死,落葉哀蟬,淒風滿紙。芳草依然,琴尊已矣,曾謂交君,緣盡於此。君病同我,常拙謀生,米鹽瑣屑,子目權衡。既非性近,亦由習成。生前汲汲,身後空名。君有老母,年已垂暮,德妻令子,擗踴叫慕。謂天蓋高,而莫余顧,謂地蓋厚,而莫余訴。我思漢唐,迄宋迄明,蘭摧膏煎,千古傷情。生別惻惻,死別吞聲,誰與哭君,青蠅營營。嗚呼哀哉!

案:見冒廣生《小三吾亭文甲集》。

宋貞

祭江靈鶼師文

嗚呼,我師元都講虛,公超市曠,哲人云亡,斯文其喪。三吳雲愁,三湘雨愴。迹師行誼,晶白清方。大儒東漢,名公盛唐。觥觥司空,言表行坊。簪笏壺閫,英傷江湘。允稱象贊,克迪前光。爰在弱齡,孤根卓立。內既無怙,外鮮朋執。下學上達,鑽幽洞密。唾落珠璣,節鏗鐘律。撫翼沖漢,早歲飛聲。登玉堂署,修石渠經。殿前作賦,才冠蓬瀛。麗詞泉湧,壯思雲奔。超前軼後,天馬橫行。帝曰佳哉,龍門爾列。執簡是司,教胄兼責。校士春官,網瑚可必。衡文湘水,針度精悉。剖璞披沙,心細毫末。三湘萬里,青衿載歡。甄拔沈黝,磥礌庸頑。經師人師,湘北湘南。攬勝芙蓉,感弔泪水。青草桃溪,輶軒所止。樸育人文,雍雍濟濟。使星三秋,鄉月萬咫。如何一旦,緬邈幽泉。徽容已矣,謦欬闃然。梁顛木頹,戚戚何言。靈衣襲几,奠酒盈杯。埃榻屑涕,縞幀擘悲。殲我明懿,昊天胡爲! 生芻攄哀,靈其顧而,嗚呼尚饗!

案:見《香豔雜志》第三期《閨雅》。宋貞(?—1902),號夢仙,上海人，許鎔之妻，工詩畫。曾拜江標爲師學畫，宗法改琦。[①]

其他題贈

華翼綸

和江建霞甥題楊利叔畫石

天與奇才必無福，俾之一世紛栗六。天與庸才必無福，俾之朝夕飽饘粥。與以足者去其翼，榮枯有定若轉軸。惜哉利叔吾老友，家居秀水本名族。自從少小失怙恃，大母愛憐親教讀。稍長爲文儕輩驚，十五即已列庠塾。廣結交游遍海内，如日初昇照林木。奇書萬卷讀未厭，著作等身且盈簏。下筆千言可立就，便便誰竟五經腹。只緣無福故有才，中年遇亂愁窟伏。澄清有志挾策游，名公鉅卿齊刮目。策行已不居其功，襆被歸來守窮蹙。家經兵燹室無存，僦得蝸居理篇牘。應試昔亦舉於鄉，蹭蹬春明困輪輻。付諸一笑事偶然，坐對南山看籬菊。所望後起繼書香，胡竟有剥不來復。桃根桃葉一棹迎，佳人未肯倚修竹。復携紅袖艷雙雙，覆轍依然臏孤獨。從此吁嗟竟喪身，長沙未去忽賦鵩。我甥年少愛君才，睹物傷懷惜不禄。有才無福天所命，此處得盈彼必縮。我讀君畫和甥詩，欲與才人齊痛哭。

爲建霞甥題畫卷

畫山必此山，早爲東坡嗤。造物無成心，變化隨手施。譬如空中花，結想任離奇。我素厭時俗，俎豆迂與癡。上且及米顛，自恨無常師。及至一落筆，萬象紛奔馳。意態雖各異，暗與前人期。畫竟輒棄去，片紙無留遺。偶然有陳迹，厭惡不自窺。吾甥忽拾取，一一付裝池。暇日手相示，向我乞一詩。我詩亦如畫，顛倒不自知。詩成題畫後，覆瓿還相宜。

---

① 見《申報》1948 年 8 月 20 日第 8 版《自由談·弘一法師與許幻園》。

江建霞作武昌之游，詩以贈之

我昔曾游處，甥今足壯游。江山新重鎮，人物舊諸侯。古意求騷雅，遥情發楚謳。休將錦囊句，輕付東水流。

案：以上三題見華翼綸《荔雨軒詩集》卷下。楊象濟，字利叔，咸豐九年舉人。

蘇紹柄

癸未季夏偕師鄲室主自楚歸，時師鄲復有山左之行，出示手摹麓臺司農畫卷索句，漫成長歌藉以志別

國初以來畫山水，神妙并數婁東王。麓臺司農尤傑出，可惜卷軸多遺亡。今君何處得真本，藤花館裏精搜藏。偶然撫摩得神似，煙嵐雲樹連青蒼。氣韻生動意淡遠，一枝妙筆歸江郎。春來與君游鄂渚，江山形勝供眺望。煙波浩浩繞雲夢，晴川歷歷環漢陽。袖中赤壁有圖畫，昔時夢想今果償。蓬窗商略添畫本，恨未乞得儲行裝。歸途風景亦不乏，秣陵山色窺蒼茫。北固金焦各擅勝，峰巒時與舟低昂。別後寄示非近作，索我題句何匆忙。知君即欲往山左，此游尤覺超尋常。日觀峰頭足登眺，急寫一幅寄草堂。

蘇紹柄像
（見《蘇州總商會同會錄》）

朵紅仙侶俶稿

案：見《花團錦簇樓詩輯》卷一。朵紅仙侶爲蘇紹柄在《申報》《字林滬報》上發表詩詞的筆名。據詩題，知此詩作於光緒九

年癸未夏。蘇紹柄(1852—1926)①(見第 393 頁圖)，字蓮峰，號
稼秋，一號夢盦，上海人。肄業於上海龍門書院，清光緒十八年
江南歲貢生。光緒十三年(1887)，董理上海建汀會館事。後至
臺灣襄理江南製造局報銷兼稽核。光緒末年曾爲蘇州建幫煙業
董事，聯合各煙業商會發起抵制美貨運動(見《山鐘集》)。清宣
統時爲蘇州長洲元和吳縣聯合自治議事會議員、蘇州商會副會
長，曾赴日考察商業。與其妻王元珠俱能詩。

錢國祥

贈江師㵑茂才標即題其畫壬午

家世生花筆一枝，獨兼三絶畫書詩。不惟無忌似其舅，況以㵑君
爲我師。多藝全憑餘事作，妙年難得此才奇。眼前便是蓬萊島，指望
雲程直上時。

　　　案：見錢國祥《式誥堂詩稿》卷四。錢國祥(1835—1907 以
後)，字乙生，號南泉，一號吳下迂叟，吳縣人。蘇州府學歲貢生，
肄業於上海求志書院，候選訓導。清光緒十七年(1891)，被兩江
總督劉坤一聘爲上海製造局兼翻譯館校勘，教習方言館、畫圖館
工藝學徒，造就甚衆。在滬編校《各國交涉公法論》《交涉便法
論》，風行海內外。平生博學，喜交游，通經學、算學、地理、詩文
等，尤精於醫。曾入梁耀樞、汪鳴鑾幕，著有《字泲》《春秋定義》
《籌算易知初編》《勾股演代》《勾股中西解集解》《東游日記》《後
東游日記》《扶桑紀年》《國朝三邑諸生譜》《式誥堂詩稿》《式誥堂
文稿》《乘桴集》《峰青館詩鈔》《竿山草堂唱和詩》《閩中唱和集》
《古稀唱和録》《適泰記》《閩游記》《海上近聞録》等。

_____

① 蘇紹柄生年據《清代硃卷集成》第 411 册，第 357 頁；又據《上海名人辭
典》第 152 頁，知其卒年七十四歲。

閩中述懷，用江建霞《魯游紀事詩》韻，即寄山左汪郎亭學使兼酬師鄘四首郎亭，柳門別號

三十餘餘客，五千里外人。浮雲玩斯世，明月認前身。交盡同鄉熟，詩成異地新。叨陪星使駕，到處可知津。

游遍閩南北，行裝僅一肩。仙蹤搜絕境，理學溯當年。山色武夷古，海濱鄒魯賢。素心人不見，泰岱渺風煙。

交情新舊等，去往一般難。山左有書來招。北望鵬程遠，南飛雁影單。寄書不盡意，把酒且爲歡。聚散浮萍迹，何妨隨遇安。

時世需才急，山川毓秀多。魯雲極紛鬱，閩嶠亦嵯峨。用取通經士，文論拔萃科。隨軺心竊喜，一路聽弦歌。

　　案：見《式詁堂詩稿》卷四，又見錢國祥《山海題襟集》。汪柳門、郎亭均指汪鳴鑾。

題卞玉京小影師鄘摹本

金陵王氣秦淮水，山川靈秀有如此。固應鍾毓多偉人，不生名士生名妓。桃根桃葉美於前，莫愁又在湖之涘。六朝金粉易銷磨，南部煙花踵接起。古今尤物何太多，留與詩人作浩歌。色即是空空即色，不生不滅無人識。佳麗末途兜率筵，皈依全仗慈悲力。玉京道人翩然來，凡心不復然死灰。國運已終佛緣始，故宮禾黍有餘哀。祇陀菴築慧山下，錦樹林邊身可捨。代償其願得良醫，勝似諸生鬧復社。受恩必無不報恩，滿紙法華皆血痕。一縷情思長不斷，祭酒終爲門外漢。

　　案：見《式詁堂詩稿》卷四。

題華丈篆秋翼繪山水册爲師鄘作

我不解丹青，頗好游山水。浪迹三十年，從衡五千里。三浮滄海中，深入無涯涘。江漢所朝宗，亦復溯原委。北征逾遼東，天外峰巒

起。西登太華顛，去天僅尺咫。驅車燕趙都，常山得仰視。縱轡過中
州，嵩室極邐迤。愛食子陵魚，舟向富春艤。仙霞嶺絶高，上插雲霄
裏。乘桴窮南溟，有若大鵬徙。閩嶠遍躋攀，奇險不可擬。偶來訪岱
宗，河水何瀰瀰。寰區名勝多，嘗鼎半染指。夢想所未經，見之輒驚
喜。時過境屢遷，十無一二紀。梁溪有老人，畫筆擅長技。豪爽率天
真，齷齪羞與比。鬱勃滿胸中，潑墨亂淋紙。暇日乘興酬，酷愛入骨
髓。尺幅爭傳觀，俗工盡披靡。郭熙不重生，大癡得宗旨。經營意匠
工，神似非形似。去年造其廬，圖書紛列几。貽我所作文，伯仲馬班
史。宅相屬江郎，好學師舅氏。行篋出所藏，粉本歎觀止。感懷舊迹
陳，根觸不自已。髣髴有前游，間或覯於此。探奇製芒鞵，更從今
日始。

　　　　案：見《式詁堂詩稿》卷五，作於光緒乙酉、丙戌間。

三疊韻和程秉釗《博羅道中詩》，寄懷粤東陸惕身、江建霞

目極天南玉騎停，聯吟把盞上松舲。近得諸君倡和詩。秋高雕鶚
凌風健，海闊魚龍帶雨腥。敢與江郎爭筆彩，不妨陸羽廢《茶經》。惕
身不飲茶，又聞粤茶貴，故云。梁園賓客今尤盛，上應奎婁十九星。郎亭
幕府聞有十九人之多。

　　　　案：見《式詁堂詩稿》卷五，又見《山海題襟集》。陸爾昭，字
　　　　惕身，陽湖人，舉人，後任浙江候補知縣、江山縣知縣。

郎亭疊韻代書近況寄示再疊韻酬之（六首其六）

吳澹人江師郵楓葉冷全凋，容易蘭膏一夕消。人世由來如大夢，
今朝有酒醉今朝。

寄輓江師鄰京卿標三疊詠菊韻

瞥如鷹隼健凌秋，少年才名五鳳樓。校士三湘求實學，喚人猛省急回頭。

一旦沈冤負覆盆，人歸故里葉歸根。隻身僅免清流死，禁錮終叨不殺恩。

昏昏白日慘無光，澤畔靈均恨共長。再入帝庭應可待，遠游爲賦集重陽。

朋黨休爭舊與新，歸田轉可葆天真。卜鄰初買葑溪宅，共此門前一水春。

但聞著作等身添，多取傷廉總不嫌。教子讀書常閉户，蕭齋袛有鳥窺簾。

遠道驚聞玉樹凋，賦成服鳥淚難消。賈生竟以憂傷卒，大暮先歸不再朝。

　　案：以上二題見《式詁堂詩稿》卷六。

程秉釗

五疊前韻寄贈江建霞、程譽卿

江郎麗藻筆無停，程子鄉愁滿客舲。高詠正逢秋月皎，遠游同怯海雲腥。玉函金薤三壬字，鐵畫銀鉤六甲經。方信匠門無若士，二君皆師柳翁，始光含譽并文星。

　　案：見程秉釗《知一齋日記》（國家圖書館藏稿本）。又見錢國祥《山海題襟集》，題作《九疊韻贈建霞、譽卿》。

鄒弢

題柳夫人道裝小像爲江建霞作

昔僧覺阿曾題此像，有"黃絁若向空門老，勝作尚書傳裏人"之句，微有貶意，然美人例爲人憐，好事文人每多曲怨，雖誤適虞山，而觀其志節，勝馬阮多矣。客窗排悶，因反覺阿意，作長歌一章，呈請諸家敲正。

驂鸞人去瑤華冷，綽約雲鬟留倩影。換得麻姑仙女妝，瑤樓舊夢芳蘭警。夢警芳蘭境不同，至今韻事豔河東。斷紈猶剩眉娘貌，遺粉重摹小玉容。教坊淪謫隨歌舞，幾輩煙花視塵土。香國詩篇第一才，美人名字無雙譜。南朝誰與鬥嬋娟，環佩姍姍骨欲仙。當代誄詞新品第，前生慧業大羅天。堤邊豈是尋常柳，除非才子能消受。肯學楊枝易定情，還嗤桃葉輕求偶。屢將瓊瑟感湘靈，若箇能垂眼獨青。生恐王郎多薄倖，何妨秦女尚飄零。羊車玉隊相徵逐，銜餌投竿皆意屬。杜唱宏農得寶歌，誰修石尉藏嬌福。虞山詩叟貌豐昌，大雅扶輪壇坫張。山斗聲名長樂老，文章意氣蔡中郎。載酒尋芳行樂去，東風偶到儂家住。枇杷花下一枝春，豆蔻梢頭三月暮。彩鸞稱意遇文簫，知己琴心歷亂挑。百琲珍珠藏碧玉，二分明月嫁紅綃。紅綃二人瓜年小，鬢髮修容美且好。柳葉偷描時樣眉，蘭窗競寫新詩稿。手擘濤箋共唱酬，等閒歡笑亦溫柔。絳雲樓悄花添媚，紅豆莊深草解憂。霓裳霞帔新裝束，絕世豐神看不足。香頰微渦脂暈紅，春山淡蹙眉痕綠。情悰眷戀妙無涯，如此風流信可嘉。今日因緣黏柳絮，舊時門巷住桃花。桃花扇底殷紅血，歡場星散真愁絕。僥倖名芳護寶欄，不隨卞李同摧折。只嫌夫婿覓封侯，同命鴛鴦誤并頭。草草韶華流水逝，年年香夢落花愁。晚來飛鳥游方倦，變計歸山名已賤。宦海原非卓女心，畫樓重作關姬伴。西風容易感秋深，悟醒黃粱慘不禁。奪骨難求丹續命，斷腸空矢誓同心。同心有誓含悲慟，昏燈悄帳啼雌鳳。碧海長迷鈿盒緣，紅閨已冷刀環夢。夢裏游仙何處招，梧桐夜雨可憐宵。縱教鍊得芳心苦，玉骨能禁幾度銷。生成薄命傷遭際，冰蘗霜松怨誰替。蝴蝶綢繆亦太癡，芙蓉憔悴終非計。一回惆悵一淒涼，且屛鉛華學道妝。净業皈依王妙想，前因悟徹杜蘭香。消除窒礙清塵障，黃絁慘改嬌模樣。七寶修成玉女身，九華現出維摩相。可奈瓊兒涕淚新，胭脂狼藉鏡奩春。謔臺有累難安衆，綺閣多愁孰解人。解人已逝空相憶，往事思量淚沾臆。小院憑闌摩鳳簫，晴窗寫韻研螺墨。贏得相思逐恨增，茫茫身世杳無憑。望夫縱化山頭石，不及黃泉見不能。漫勞燕子憐紅粉，婆催春夢終歸盡。十樣蠻箋懶寫懷，一圍鸞帶拌躑忿。冷析寒砧鬼語聞，孤燈慘淡耿黃昏。竟將秋水文鴛格，化作春風杜宇魂。生綃一幅留遺像，霞舉仙姿軒俊爽。彩筆爭傳女子名，紅裙掃却塵寰想。釵聲花影渺當年，我幸題詩列下邊。爲語江郎珍重好，莫教零落變瓊煙。

梁溪瘦鶴詞人鄒弢稿

　　案：見《申報》光緒八年二月初五日（1882 年 3 月 23 日）第 3 版。

訓寶應秋月懷珠生并寄建霞吳門

　　京洛歸來客作家，相逢蹤迹又天涯。可憐一樣多情種，也類傷春薄命花。

　　愧無雞黍款佳賓，濁酒寒蔬誼益親。極口津津鄉味好，知君深諒故人貧。

　　十里城西數往還，不辭風雨扣柴關。何須重説金蘭雅，知己交情見一般。

　　黃花疏豔助秋吟，聚首光陰抵萬金。君贈言有一寸光陰一寸金之句。清茗一甌燈一穗，秋窗深夜細談心。

　　等閒花草豈因緣，浪費腰纏十萬錢。寄語歡場狂不得，自家珍重自家憐。

　　案：見《益聞録》光緒十一年（1885）第 512 期。

江君建霞連捷木天詩以寄賀

可記胥江訪戴時，裁箋鄭重贈新詩。文通才調清流貫，鄒衍情懷濁酒□。落拓言□制棘里，飛騰君到鳳凰池。歸來側聽泥金報，無限心期喜不支。

梁溪瘦鶴詞人拜稿

　　案：見《申報》光緒十五年八月三十日（1889 年 9 月 24 日）第 9 版。

贈福慧書生江建霞

年少翩翩況妙才，吟箋十幅手親裁。花間訂譜調瓊尺，詩裏傳情賦玉臺。今雨三生團舊夢，時余正與同人作消寒會，冷煙一徑訪寒梅。多君賜我裁雲稿，剪斷愁根讀幾回。

　　案：見鄒弢《三藉廬賸稿》詩賸上。

倭刀歌爲江建霞作

吾聞獨化稱神世界闢，神武天皇初立國，二千四百餘年一系傳，治亂相循尚武力，防奸嗜殺不顧血痕腥，男女競以刀爲飾。此風相煽至今沿，秋氣橫腰添寶色。江郎本是飛天龍，破浪曾至東海東。彼都人士承颜色，贈以督亢之匕首，與呂虔之青鋒。瀟湘館裏寒更鳴，寶刀出匣八座驚。一笑示我我愵息，但覺光芒作秋華明。聚精會神鑄得六州錯，千辟萬灌厲冰鍔。鵝膏途暈若新硎，貴品兼金賜重爵。霜鋒犀利直吹毛，藉此橫行亦足豪。願借倭刀截倭首，庶幾混一華夏，盡戴神州鼇。君不見燕薊北望邊氛熾，不用此刀亦畏避。東瀛何事侮中原，治國還當問大吏。

　　案：見鄒弢《三藉廬賸稿》詩賸下。

江建霞過訪梵王渡感贈,次舒問梅韻

榮光不起璧同沈,文字無靈涕淚深。憂世尚存遺大想,投時難感愛才心。時諸稚菊房師薦被棄。倡樓憔悴尤調瑟,旅社凄涼懶倚琴。鬱勃壯懷磨寶劍,夜寒長嘯答龍吟。

聽罷銅蓮十二沈,回腸常鎸入古愁深。虚名誰重陽春脚,香誓將寒皎日心。千里思親空負米,幾人作吏喜焚琴。黄鐘聲啞明珠暗,但向山中抱膝吟。

案:見鄒弢《三藉廬賸稿》詩賸下。

百字令·題江建霞《初日芙蓉圖》

春温回首葬天涯,牽起絲絲離恨。記取臨歧珍重語,脉脉眼波微暈。儂意膠心,卿情爍骨,顛倒鴛鴦命。蕭孃將嫁,來生鈿盒重訂。

却喜海外瓊仙,江郎寫出幽媚傳真韻。天女瀛台妝窈窕,印出瑶宫花影。夢斷旁妻,詩題本事,抵得銀河聘。三神山遠,玉簫再世難證。

案:見鄒弢《三藉廬集》卷四。

王壽卿

答詩一

披圖敢笑名心重,到眼先驚素願狂。争得功名成唾手,定教八座慰萱堂。

案:見《笤帚日記》光緒十一年乙酉二月初七日:"寄王漱經冠服小影,戲以朱色著頂,王寄詩云云。"

答詩二

成竹在胸詩筆老,傳抄十六魯游詞。譚經吾未窺崖岸,慚愧人間百不知。

案:見《笘誃日記》光緒十一年乙酉二月初七日:"又以《魯游雜事詩》寄之,王答詩云云。"

讀笘誃所著滬報論有《釋園》一則感書四絕

歎息名園一代空,林泉小劫付塵紅。國初全盛誰能繼,可許重生李笠翁。

地匠工材論最精,就中結構記分明。亭臺也是文章格,落筆從來總忌平。

吳中名勝任游觀,高士來窺已不歡。失却廬山真面目,安排第一稱心難。

砌石堆磚未足奇,葺來多不合時宜。它年若有園林福,定乞先生替主持。

丙戌中春漱經廎主稿

案:見《益聞錄》光緒十二年第 554 期。前二首又見《花團錦簇樓詩輯》卷一,題作《讀笘誃所著〈釋園〉一則,不禁悵觸,書四絕句錄二》,落款"雲棲居士",故漱經即雲棲,即王壽卿。《釋園》一文見《字林滬報》光緒十二年二月初七日(1886 年 3 月 20 日)第一至二版。

寄倚雯樓主粵中

慘作半年別,天涯久絕音。春風知己淚,明月故人心。路遠難傳簡,愁多懶聽琴。蓬山真萬里,思共白蘋深。

是我舊游地,雲山記得清。荔支稱絕品,翡翠早知名。有意逢良友，無緣話別情。蘇臺空悵望，離緒藉詩呈。

雲棲居士

案：見《花團錦簇樓詩輯》卷一。

師鄒遠貽酥句，走筆謝之，兼寄淡民

靈氣山間助，前緣石上連。有心憐契闊，無路寄纏綿。得句傳天末，贈詩均登《花團錦簇樓詩輯》中，懷人又燭邊。相思復相望，珍重遞魚箋。

中夜聞雞起，豪情不自禁。委懷在風月，放膽住山林。萬里功名念，千秋著作心。鍾期今既遇，快撫五絃琴。

雲棲居士

案：見《花團錦簇樓詩輯》卷二。淡民指孫傳鳳，當時與江標同在山東學政汪鳴鑾幕中。

師許譜兄得庶常，喜賦四章藉以奉賀

文名豈止震蘇臺，聽報泥金可喜哉。餘子誰挲倉頡訓，近輯《倉頡篇》。斯人信是玉堂才。船山豔福今重現，璇閨賢而多才，頗似船山夫人。竹垞風懷舊續來。贏得金閨諸士女，一時爭看錦袍回。

珥筆歡然新直廬，詞曹不是等閒居。齊驚天下無雙品，快讀人間未見書。片羽吉光如拱璧，收藏金石古簡甚富。紆青拕紫此權輿。男兒到此應無憾，羨煞胸中富五車。君天才敏捷，舉筆即成佳制，真奇才也。

素願曾聞愛十洲，星軺定許遍遨遊。少負遠志，有出洋想。華才蓋世無多讓，蘭譜交情第一流。南去明珠重聲價，近爲粵都張香帥延主廣雅書院校勘席。北來隻雁或稽留。久不得君子手札。異時珍重珊瑚網，莫遣遺珠歎未收。

秋風曾共秣陵行，慚愧山人百不成。敢惜辛勤編著述，或因疏懶

誤公卿。江鄉重整新行李，僕即擬出山，朝籍猶存舊姓名。只爲衰門
須再起，從今努力勉前程。

雲棲居士

案：見《花團錦簇樓詩輯》卷七。江標獲翰林院庶吉士在光
緒十五年五月，此詩當作於同時。王壽卿，字雲棲，號薇閣。

王安
贈江建霞
翩翩才譽播吳中，令我低頭拜下風。他日應時作霖雨，即今吐氣
貫長虹。爭誇倚馬千言富，豈特雕蟲六藝通。請看照春屏上句，家家
珍重碧紗籠。

願花常好館主

案：見《花團錦簇樓詩輯》卷二。"願花常好館主"爲王安在
《申報》《字林滬報》上發表詩詞的筆名，參《花團錦簇樓詩輯》
卷四。

黄觀保
寄江建霞，用願花常好館主韻
奪席譚經戴侍中，況傳綵筆擅家風。文章曾許斑窺豹，氣概何殊
澗飲虹。嶺海輕裝經歲別，滬壖舊雨一函通。君近有滬瀆懷人絕句。
遙知蓮幕宏搜獎，赤箭青芝滿藥籠。

蘭誃稿於枕淞閣

案：見《花團錦簇樓詩輯》卷二。"蘭誃"爲黄觀保在《申報》
《字林滬報》上發表詩詞的筆名，又作"爛誃"。據"君近有滬瀆懷
人絕句"一語，知此詩作於光緒丙戌（1886），江標《滬瀆懷人絕

句》已見本書。

張度
題江標藏董其昌《東佘山居圖》

經風橢，陬馬海，立雲華，奇古荒寒之境，正驚心駭目際，恍置身琅嬛福地，執番掌記者，娟秀盈胖，志趣有不可思議者。於香光之筆墨，如或遇之。靈鶼閣主從蓬萊三島古謂即日本地。携回斯卷，幽居默對，時試問其志趣何如。光緒辛卯秋叔憲爲建霞識。

案：見董其昌《東佘山居圖》。

王闓運
獻仙音·江建霞母華淑人《翠柏圖》

歐式灰寒，孟家機暖，長念殷勤慈母。紫誥回鸞，金鱮捕鯉，春暉待報難補。寫不盡，書燈味，當年折菱處，歲華暮。　　問從來，學饗冰坼，幾曾見，翠柏碧筠寒沍。莫作傲霜看，想人生，隨分爲遇。玉樹庭階，喜承歡，更有謝絮。只披圖暗恨，我亦曾經荼苦。

案：見王闓運《湘綺樓詞鈔》。

袁昶
題《竹柏圖》爲江節母壽

枯桑知風百昌病，竹柏蕭然獨也正。青蔥峭蒨不知寒，雪虐霜饕鍊真性。真宰不隨寒暑遷，何甥謝舅兩俱賢。高枝屈鐵老風格，筆妙能將母意傳。昔時一鳳將雛九，蹴圮崩騰疲褓負。連天烽火幾播遷，弊篋遺書猶篤守。吳中辛酉之亂，節母携三子避難至江北，他物皆棄，獨守遺書數篋不忍棄，卒教諸孤成名，節母力也。亂定歸治下譔廬，機聲燈影課紬書。優龍劣虎門終大，截髮刊蔥誰得如。諸郎摘髭取高第，慈明無雙嬏衆藝。謂建霞太史。養堂潔白飯青精，菜綵斑連工荾製。筍將扶掖度京華，江夏終迎羽葆車。兒草天書趨夜直，婦和羹臛飲朝霞。宴集勝流皆起舞，祝無量壽詞高古。奇矜自可倒三松，花雨還看霑八部。竹實離離老鳳餐，西來柏子麝銜殘。捧觴歐九娛親雅，猶寫韓文舊本看。

　　案：見袁昶《安般簃詩續》癸集。

王先謙

江建霞母華太夫人守節教子，五十時其兄翼綸繪《竹柏圖》爲壽。今建霞督學湖南，兄衡亦入翰林，并有譽望，太夫人六十有四矣，爲題此詩建霞名標，吳縣人，余督學時所取優貢

　　竹柏樓高壯江縣，蘇州楓橋有袁節母竹柏樓，雙清復此開圖卷。縱橫豪翰凌風霜，壽相貞姿眼中見。大雷書意蓄悽婉，渭陽詩情增感眷。豈惟孝綽重徐娘，早是景文知褚炫。鷥迴紫誥下天關，郎君雙入蓬萊班。高名況作大小山，湘江魚筍開慈顏。皇天老眼信未瞑，富貴豈不由憂患。它年名迹流傳遍，燈影機聲伯仲閒。

次韻陳右銘中丞送江建霞學使任滿回京

　　颸輪截海天無垂，氣所未吞以息吹。魯戈挽日桑榆時，如墨悲染楊泣歧。陳公江公經行處，邵伯甘棠劉尹樹。開襟共飲清湘水，分手何堪黃葉路。楚南學子潛湖濱，不聞東海將揚塵。聰明墮黜心智塞，匪有宗匠誰陶鈞。元和使者胸崢嶸，指點覺路金繩生。衆材雲蒸初出土，豫章倚屋勞孤撐。九州有論非迂大，滄溟之水一衣帶。沈思六合費網維，會借長才策荒外。勸君努力毋縮手，壯年未合棲南畝。瀅沈聊復托同心，馬范喜聞如一口。中丞、學使議論投契，故以司馬光、范鎮爲況。

案：以上二題見王先謙《虛受堂詩存》卷十五。

吳用威

答江建霞

潞河東去浪千疊，一片離心逐逝波。夢裏孤稜上金爵，眼中書畫值紅鵝。京華北斗空相望，詩格西崑近若何。欲寄牢愁到天末，鳳城回首五雲多。

人日寄及盦兼懷勝之、建霞癸巳

今年人日空相憶，忍見梅花不意消。落落春風萬人海，明明曉夢五更潮。香車寶馬銅駝陌，禁柳宮鶯玉蝀橋。料爾城南文宴盛，可曾換酒擲金貂。

江亭題壁同建霞二首

七年三喫京華土，墮馬慵妝只自憐。安得一竿相料理，秋風鮭菜五湖船。

棋局長安劫未殘，承平諸老漸雲煙。劇憐一樹江亭柳，青眼看人二百年。

方嘯霞招飲南河泡，江建霞、韓毓泉合作《南湖雅集圖》，爲題三絕句

彰義門西柳萬行，水村山郭晚蒼蒼。推篷大有江湖意，不獨荷花似故鄉。

主人好客兼耽畫，强使倪黃合作圖。怪底筆端香拂拂，眉痕花氣兩模糊。

從來吳質最工愁，瓜李南皮記勝游。他日爪痕何處覓，一尊吾欲酹眠鷗。

案：以上四題見《蒹葭里館詩》卷一。第二題"勝之"指王同愈。

文廷式

爲江建霞編修標題畫猫三首録一

酒酸不售祇區區，我與賢郎用意殊。聞道城門容鼠舞，貍奴不搏固當誅。

建霞有佳猫爲犬所嚙，其子年十三作磔犬文。

爲冒鶴亭題其先世菊飲卷子卷初失去亡友江建霞得之以還鶴亭

有客蕭然感逝光，水邊籬下寄芬芳。久同皂帽稱遺老，爲愛黄絁近道裝。陶令停雲還憶友，少陵漏雨欲移牀。寂寥二百年間事，留與君家翰墨香。

良朋相贈等瓊琚，兩度滄桑事久如。漫擬亡弓仍楚得，可憐獲璧是秦餘。山陽聞笛心多感，漢上題襟意已疏。三載杳然成一夢，那堪重答秣陵書。

案：以上二題見《文道希先生遺詩》。

葉昌熾

重刊《藏書紀事詩》，手自編校，辛亥暮春殺青斯竟，既幸及身寫定，又悲亡兒之不及見也，泫然有述，二十五六叠前韻（其二）

頭白重逢寫定辰，中州續集次居辛。此詩不録生存，今續入九家，皆山陽之笛韻也。牆隅賸稿兵間拾，庚子拳禍，自昌平避地歸，長物蕩然，此稿於地下檢得之。槃曲幽光没後伸。并及龍邱菶後佩，惜無馬嶺繡君賓。自宋至本朝藏家，無涼州人士，借用《史記·游俠傳》。黄壚開卷如相見，王謝風流尚白綸。謂江建霞太史。

案:見葉昌熾《奇觚廎詩集》卷中。

譚嗣同

送江建霞歸蘇州詩

君歸鄧尉花無奈,我憶滄浪夢有餘。五百名賢香火坐,平添雙席又何如。

案:見《譚嗣同集》。當作於光緒二十三年十一月江標卸任學政時。

馮煦

浣溪沙題江建霞所藏屈翁山手書崇禎宮詞冊

一老纍然躅野陰,漢家城闕劇蕭森,鵑啼鶴唳又而今。
遺迹半淪皋羽研,行吟還抱水雲琴,更無人識黍離心。

案:見馮煦《蒿盦類稿》卷十。

熊希齡

疏影

天寒歲暮,正家書切切,逼人歸去。落日西南,一段鄉愁,飛入亂山深處。臨源忽見桃花色,却贈與冷吟開府。也應憐游子行程,催送一鞭風雨。

回首東方鼓角,又烽煙萬里,和戰都誤。草澤孤臣,有意勤王,慷慨折衝樽俎。如何了却封侯志,借突騎立功千古。到年時,血戰歸來,記取封侯相遇。

案:見《筥諮日記》光緒二十年甲午十二月二十二日,并云"時秉三欲從戎,自練數營,征倭人也"。江標將坐騎贈予熊希齡，熊氏因此有作。

題石醉六所藏靈鶼遺墨

三楚曾翻文海波，侯官之後有元和。椳楲梁棟誰收拾，同感師門涕淚多。

千秋逸事定香亭，手寫幽蘭獨眼青。一卷離騷心更苦，人間孰解醉和醒。

愛才如命起相爭，左右爲難楚兩生。我亦其中排解者，共留佳話說多情。

片言隻字盡收藏，時向南豐一瓣香。一讀一揮知己淚，長沙鵬舍倍凄涼。

案：見《熊希齡先生遺稿》。"楚兩生"指石陶鈞與劉煥辰。

陳三立
爲石醉六題其師江建霞京卿遺墨冊

建霞振奇人，矯如六尺驄。麗文副夙業，藝能復旁通。篆刻詩書畫，造微靡不工。當年聚蕚下，逐隊塵濛濛。顛倒狎群輩，悲歌燕帝空。國敝出視學，騰聲齊祝融。救時務變法，灌輸破聵聾。余亦侍持節，親睹造士功。麓山臨餞席，睇眼迎霜楓。一別殉翻覆，茹君萬恨終。石侯輯遺札，印迹留薦紅。愛才極誘誠，悃愊探無窮。相知愧未盡，信有研經風。且徵石侯賢，緘縢氣誼隆。湖樓燈火寂，夢痕掛殘叢。懷賢哀窈窕，易代攄孤忠。

案：見陳三立《散原精舍詩別集》。

王同愈

題江建霞臨董册

建霞同年畫册,及玉本十三行、《來蝶仙堂圖》,圖系癸巳年余所畫,時建霞在西塼胡同方燕客。小鶼年侄屬爲加墨。閣置槎南草堂者有年。余重其爲故人手澤,每寇警避地,輒以自隨。八一三寇焰益肆,草堂長物,盡付劫灰。小鶼寓廬,先人留貽,亦歸浩劫。而此三物者,因余避地而獲全,殆有天幸。今小鶼將有昆明之行,因題而歸之。丁丑重九前三日,栩緣老人,時年八十三。

題來蝶仙堂圖癸巳年余爲建霞畫

越四十四年,小鶼年侄携示是册屬題。回憶前塵,如在天上,此樂豈可復得耶? 册中舊雨,僅余與散原兩人在。陸文端、陳蓉曙通聲、沈子封曾桐前輩、李木齋盛鐸、劉静皆世安同年、文芸閣廷式同館、李仲仙經羲同館、陳伯巖三立同年、易實甫順鼎觀察。頃聞散原亦歸道山矣。卒於宣南。殘餘一老,展閱題記,但增忉怛耳!

案:以上二題見王同愈《栩緣文存》卷一,入《王同愈集》。

黃協塤

張憶娘簪花圖題詠是靈鶼閣刊本

大名鼎鼎化煙雲,翻藉斯圖策墨勳。我替國初諸老輩,傾心拜倒石榴裙。

憶孃風貌誠難匹,豐潤才華亦少雙。却怪畫師楊子鶴,戰國曾未寫閩江。圖爲虞山楊晉作,今藏豐潤張氏家。子鶴,晉字也。

案:見黃協塤《鶴窠邨人詩稿》卷五(復旦大學藏)。

陳如升

病榻懷人詩

游戲人間四十秋，才於造物有何尤。玉樓一夕歸偏速，不許紅塵暫停留。

元和江建霞太史標罷官後，杜門養疴，撫金石書畫以自遣。己亥秋，見訪於吳倉石大令石人子室，以東洋女子小華生小影索題，爲題詩四絶、詞二闋。歸之不數日，太史之惡耗至矣，嗚呼，惜哉！

案：見《國學萃編》第廿三期《詩群》。陳如升，字東寅，江蘇寶山人，布衣，著有《同叔先生遺著》。

王景沂

高陽臺改七襄玉京道人小影江建霞屬題

紫鳳愁春，紅蘭泫夕，鬢絲容易滄桑。前渡秦淮，愛河緑遍垂楊。琴心不縮王孫住，怨金徽、彈出清商。恨難忘，水樣流年，夢樣歡場。

桃花開後靈妃笑，有仙眉佛髻，妝點秋娘。畫裏東風，而今不到鴛鴦。白頭怕説開元事，泣春燈、宮樹青蒼。惜餘芳，寫盡新詞，斷盡柔腸。

案：採自王景沂《瀯碧詞》。又見《國是》1913 年第一期《文苑》之《絶妙今詞選》。

程頌萬

次韻題冒辟疆先生菊飲詩卷贈鶴汀刑部二首(其二)

靈鶼小印墨籠塵，返璧年時哭故人。卷爲江建霞藏，贈鶴汀。有美一人成憶語，號三公子竟能貧。雉皋池館秋如昨，燕子河山迹已陳。展卷金門話菜海，一番朝市未全新。

案：見程頌萬《石巢詩集》卷二。

范當世

冒鶴亭以江建霞所贈辟疆先生菊飲倡和詩卷屬題，即用辟疆韻題二首

東林複社去堂堂，水繪亭臺亦已荒。十世頓成來複象，千秋徒爲後人狂。身前橫被諸艱試，地下應無滴酒嘗。要語鶴亭還自逸，老夫專以醉爲鄉。鶴亭汲汲焉不朽是務，頗自傅會，以辟疆土復生，不獨時勢同也。

一卷唏噓紙上塵，江郎情態與成陳。神州赤縣猶鈎黨，晚節黃花孰替人。世不唐虞誰洗淚，土非回憲總羞貧。洪流激極知何似，海色天光日日新。

案：採自范當世《范伯子詩集》卷十六。又見《國粹學報》1908 年第 40 期《文篇·詩録》。

成本璞

贈元和江建霞先生

北闕敷文化，南天耀使星。求賢思報國，致用本通經。沆瀣流芳澤，荃蘭播德馨。殷勤量玉尺，述職在三齡。

不有匡時哲，誰扶大雅輪。詩書通性命，文字見精神。經術江都重，諸生原憲貧。璇闈樺燭冷，憐取振奇人。

杞梓生三楚，旌幢歷百蠻。添將詩酒債，載得鶴琴還。任達希嵇阮，行藏契孔顏。湘流清照影，拄笏看西山。

微言存聖證，通德即經神。解詁折衷易，尋聲悟義新。乾坤分鑿度，毛鄭作調人。師説差能守，橫流孰問津。

麟史千秋筆，芝泥一代藏。徵文多杜馬，奮藻儷班揚。石室緘縢固，名山考訂詳。廢興同一嬗，睇古意彷徨。

六藝支離後，群家纂述勤。英詞高百代，古義嬗三墳。貴與通經籍，班生志藝文。漸知西亞學，未遇祖龍焚。

駢散非殊體，群曹故見封。伏波譏畫虎，慧地善雕龍。絕詣何人解，鴻詞一代宗。只應凌庾鮑，便欲軼汪襲。

西昆三十六，餘緒衍梅村。綺語憑誰識，新詞欲斷魂。刀圭盧駱誤，優孟李何尊。輸與旂亭唱，斜陽白下門。

倚聲尋妙響，斷雁和湘弦。煙柳斜陽處，曉風殘月天。清奇姜石帚，幽艷柳屯田。腸斷江南句，風流屬謫仙。

四王吳惲逝，妙筆付誰持。眼底疑無物，胸中常有詩。已看倪叟懶，休笑米生癡。十幅鵝溪絹，還題老畫師。

嗜古真成癖，圖書滿畫堂。吉金窮款識，殘碣辨微茫。版本流傳別，縑緗鑒別藏。牙籤親署字，揮腕走鍾王。

軾轍文章伯，機雲綺練才。校書訂金石，舒翰吐瓊魂。博士言推戴，疇人術翼梅。棠陰移峽北，同步鳳池來。

仲郢傳家學，斜川有父風。佉盧書易辨，象譯語能通。乍訝鳴雛鳳，還應號聖童。絲綸能世掌，英譽播江東。

曼衍魚龍國，淒涼猿鶴軍。樓船衝白浪，簫鼓醉紅裙。微灑銅仙淚，斜飛鐵甕雲。滔滔冠帶族，無地著斯文。

悟得西來法，誰無恤緯憂。英才開震旦，絕學契歐洲。獻策悲陳亮，哀時有馬周。艱危仗豪俊，橫睇海天秋。

薄俗甄陶苦，雄邦變化奇。高材開學會，危議救明時。鉤黨中朝禁，清流異代悲。六州愁鑄鐵，控馭在南維。

海國遨頭好，天開不夜城。香塵隨寶馬，高閣按瑤箏。十里揚州夢，三生杜牧情。圖畫曾省識，巧笑憶東瀛。

燕許生今代，夔龍集鳳池。高堂朝潔膳，繡閣夜聯詩。乍出中書省，俄成幼婦詞。天顏應有喜，先遣侍臣知。

自笑儒冠誤，蕭條擲歲華。受經同孟喜，問字愧侯芭。詢祖生毛羽，中郎惠齒牙。一編封醬瓿，樽酒在天涯。

寂寞千秋事，蒼茫萬里行。向來論感激，底用換浮名。推獎慚非分，徘徊倍有情。勞勞亭下路，辛苦事長征。

案：見成本璞《通雅齋叢稿》卷四《瀫溪集》。

木蘭花慢
閱《西青散記》載絹山女子雙卿事，賦呈元和江建霞師

是華鬘劫後，甚時暗墮芳塵。儘夜雨鵑啼，西風雁語，門掩黃昏。禁他一生憔悴，袛落花寂寂逗春魂。斷送韶華，塵土年年，偷種愁根。

娉婷倩影歎新來，枉作苦吟身。怎鬢掠煙殘，容和月瘦，誰與溫存。休説憐才紅粉笑，鍾譚詩派不須論。明詩自空同、大復振漢魏盛唐之緒，衰於二袁，亡於鍾譚，國亦隨之。震亭、梧岡生於百數十年之後，復揚其波而吹其灰，豈不異哉。爲報隨鴉，彩鳳捲簾，瘦損春人。

百字令
別江建霞師

風塵擾擾，只高歌，青眼望誰年少。六代煙花千載恨，不道流光易老。醉舞搖花，狂歌顫月，苦爲情顛倒。虛名易誤，甚時商略懷抱。

最憶儒雅風流，吾師宋玉，休恨知音少。淪落天涯成底事，春比王孫歸早。籍湜尊韓，晁秦依軾，俯仰空微笑。故山無恙，布帆風裏斜裊。

案：以上二題見成本璞《通雅齋叢稿》卷六《湘瑟秋雅》。《百字令》又見中國國民黨《國民》(上海)月刊 1913 年第 1 卷第 2 號。

吳獬

贈江學使建霞
老麑雕龍早一編，文通夢筆錦聯篇。怪來春滿輧車裏，萬影扶花已妙年。

手日丹黃汗日青，筆談珠玉落公庭。牛腰十二年來束，知是研經

是抱經。

　　制藝卑來坐法拘，萬言萬得總逃虛。觀君所取知君意，只是逢人教讀書。

　　戒嫌奚落獎嫌張，兩誤無從善抑揚。若個教君提學法，訓詞字字帶謙光。

　　機淺終緣嗜未深，丹砂融後見黃金。風懷少作休芟薙，認取憐才一片心。

　　削鬢鐫顱染腕紅，防奸校武例憧憧。吏胥彈手官清坐，天定權衡一把弓。

　　胥師垂死抱遺編，夢想沉珠見爥天。倖獲選聯孫見錄，定知熱淚湧重泉。

　　山谷詩孫窮死孤，叢殘鑒罷許編摹。莼湖東畔魂憔悴，能向行轅一拜無。

　　卓泉老淚哭秋樵，兩眼偏盲兩鬢凋。聞捧趣園詩趣頌，死灰平地上雲霄。

　　收得駿駒教又攻，騰驤日祝起長空。肯教今代張童子，名盡韓公一序中。

　　阿買分書字未奇，阿綱滿幅蚓迷離。時來誤過雲煙眼，便擬持夸鄉里兒。

　　共駕黃牛謁紫宸，君依日月我風塵。誰期香火因緣在，澗里花重伴錦茵。

　　　　案：見吳獬《不易心堂集》。

陳希濂

吳中風物（第卅一首）

　　記得江郎筆夢花，同時任職入京華。兄曾兩陝為司牧，弟已三湘駐使車。

江衡、江標同入翰林，一任知縣，一任學臺。

　　案：見《"記得"詩——詠清末民初之蘇州》，《蘇州史志資料選輯》2001年刊。陳希濂（1867—1945），字艅詩，號麟書，元和人，光緒辛卯江南鄉試亞元，任教於晏成中學、東吳大學等校。

孫同康
題江建霞前輩紈扇壽石工璽所藏也

　　意在熙笙伯仲間，生花江管自斑斕。師承南閣窺堂奧，前輩自號師許，門卷西磚遠市闤。前輩在詞館時，賃廡西磚胡同，余嘗借宿齋中，見其篝燈作畫。余於丙辰冬間移居西磚胡同，今已十年矣。青簡尚題鵜硯字，前輩又自號靈鵜，亦稱鵜硯廬主人，蓋仿沈仲復年丈鰈硯廬之例也，紫陽舊列鳳池班。此扇上款爲季衡仁兄年大人，蓋爲上元朱舍人應杓作也。朱與霄緯太史及余均爲甲午同年生。合歡秋扇休捐棄，曾侍丹墀咫尺顔。

　　沈憂不望蟄龍知，惻愴間吟落葉詩。花看長安懷昔夢，蘭馨空谷動遙思。禪心今日尋摩詰，風雅當年仗總持。劫後南田留妙墨，百錢競買爲羲之。

　　案：見《鐵路協會會報》1925年第158-159期（上海圖書館藏）。朱應杓（1871—?），字南斗，號季衡，江蘇江寧人，光緒二十一年乙未科進士。

梁鼎芬
賞心亭餞春乙未

　　飛花片片望成空，腸斷山樓水榭中。萬物忽驚春序政，餘生猶戀酒顔紅。當牕已曙還疑月，盡夜無眠却怪風。瞀亂神思渾未整，世間何處有崆峒。

　　辛丑八月長安雨夜憶録。俳庵館丈吟定，鼎芬稿。

案：此爲梁鼎芬題江標團扇荷花圖。

［日］永井久一郎

酒間和靈鶼戲詠繡鞋詩

夢邊有響故遲遲，恨煞簾垂香暖時。一瓣金蓮開掌上，前頭鸚鵡未曾知。

案：見［日］永井久一郎《西游詩續稿》卷一。

江建霞標、陶心雲濬宣、汪穰卿、葉浩吾瀚、羅叔蘊振玉、汪□□大鈞、曾敬貽、蔣伯斧招飲森槐南及余於辛園，即席賦詩言謝，兼贈園主辛仲卿必達

共載辛園酒，情深文字緣。池蛾光可掬，籬菊影堪憐。佳宴度長夜，高談驚四筵。主人舊相識，不獨爲林泉。亭榭林泉，結構壯麗，移栽中外花卉，特多養菊花。

案：見［日］永井久一郎《來青閣集》卷二。又見單行本《西游詩續稿》，詩題較簡略。

唐才常

菩薩蠻

紅橋不隔銀河綫，圍屏十二開秋扇。軟蕩一窩雲，瑠簫雲裏聞。
腰支沈郎瘦，彩筆江郎妬（謂元和江標與沈爲姻婭也）。夫婿羨喬家，嬋媛天上花。

案：見《國民日報彙編》1904年第4期："嘗見沈某太史乞假歸娶，集中有'瀏陽庸困黨'題詞一首云云。調寄《菩薩蠻》。"沈某太史即沈同芳，其妻與江標妻子爲胞姐妹。

張炳翔

贈江建霞序

張子之庭，茁嘉卉焉，偶放一花，而蝶已至矣；有盆池焉，偶投一餌，而魚亦至矣。吁，蝶與魚奚自至耶？夫以方丈之庭，其於太空也，視之無睹也，僅寸之莖，其於吾亭也，視之無睹也。而之蝶與魚者，其於宇宙之間，自吾人視之，又無睹也。然以渺末之軀，游乎虛空之所，計未必能如人之心營目盻，窮乎兩間而極乎四海，而於吾之庭未始遺焉，此其知之神而至之速也。是孰使之然乎？感之何微而應之何速乎？抑別有陰率其間而莫自主乎？因是思之，龍吁氣成雲，固非龍之所爲也，雲自從也。世有伯樂，然後有千里馬，非盡伯樂之特識也，馬之待伯樂而自至。國將昌而才能生焉，族將大而賢子出焉，德之不孤而至誠之不可掩如是矣。

江子建霞生而穎敏，少即好古學而不喜時藝。與余最投契，少余一歲，不徒姻婭，且盟昆弟也。近因連不得志於學使，不獲青一衿，方恨學之不能趨時，而患同志者少，無切磋之益也，頗鬱鬱不得志。余慰之曰：僕與君幼同孤，長同學，居同巷，學同志，平居常與君妄議天下事，如陳同甫之心胸，今又同遭擯棄於主試者，勿患其不遇也，患所學之未至耳。使君能鍥而不捨，專精乎古學，雖時藝之未能勝人也，必有好古之學使賞識乎古學者，一登龍門則聲價十倍，名下士之願納交者，不患無其人也。我見應之速而至之驟者，無以異此蝶魚矣。爰本此意，序以爲贈，建霞其姑俟之哉！

　　案：見張炳翔《漢晉專研樓文稿》卷十七（蘇州圖書館藏稿本三十卷本），作於光緒四年（戊寅）。

江建霞《懷珠集》序

嘗讀《文賦》，曰“石韞玉而山輝，水懷珠而川媚”，人苟懷才，自難淹藏。昔歐公況才爲鳳鳴河清，則才之可貴不其然乎？今使人同爲一事，則才者勝，詩亦何獨不然？有情也，非才不能達；有學也，非才不能運。然今之能作時文，工詩賦者，亦自詡盡其才矣；能掄元，可奪魁，亦自喜展其才矣。不知爲名臣，爲醇儒，爲世間不可少之人，斯可謂盡其才、展其才。若斤斤爲功名計，則國家取士爲朝廷佐治理，豈僅爲士子榮頭銜也哉！

同學江子建霞，幼時日記千言，爲制藝即肆其才，不拘拘於法律繩尺，兼習勾股演代，喜談經濟、輿地，傍及金石、詩畫、篆刻，莫不兼通，雖由好學，亦其才之足以副也。今歲受知於夏子松侍郎，取古學，補博士弟子員。雖其才尚未展，亦可見不專力於時文而時文亦能工，不益見其多才乎？

今示余近日詩稿一卷，名曰《懷珠集》，展讀之，古體則得力於駿公，近體則堪儕乎仲則，雖未嘗求同，而時與吻合，非所謂能達其情、能運其學即所謂才者乎？夫才亦貴善用，尤貴超出世人所見之外，不得僅於詩稱其才，則吟風弄月非可爲能，即慷慨激昂亦不足尚已。今世之才如建霞者，不知尚有幾何，抑更有遠出其才，余未得交，不知其才者乎？余之才遠不逮建霞，加以家務繁心，身弱多病，不能充以學力，以至濩落無成。以建霞之天姿敏妙，志銳學專，他時必不僅以詩名也。故識數語於簡端，聊爲後日左券云。

時光緒六年庚辰七月下浣三日燈下。

案：見張炳翔《漢晉專研樓文稿》卷十七（蘇州圖書館藏稿本三十卷本）。

送江建霞標之鵝湖即次留別原韻

頻年同學喜摩研，判袂匆匆別緒牽。綠水青山新伴侶，暮雲春樹舊詩篇。消魂怕讀文通賦，訪舊應乘范蠡船。聞說鵝湖風景好，定添佳句入吟箋。

病後寄建霞

梅花霜月近殘年,惠我新詩寫錦箋。幾度欲酬多間阻,藥爐茶鼎對愁眠。

> 案:以上二題見張炳翔《忍盦詩存》卷一《髫齡夢囈集》,均作於光緒元年(乙亥)。

贈江建霞,用李青蓮贈孟襄陽韻

自識江郎後,雄談廣見聞。新詩成刻燭,豪氣欲凌雲。學業休如我,才能合讓君。傳家有彩筆,不藉齒牙芬。

> 案:見張炳翔《忍盦詩存》卷一《髫齡夢囈集》,作於光緒二年(丙子)。

與江建霞標訂昆弟交即贈

盟心盟松柏,松柏歲寒有本質。結交結君子,君子交久多成德。我愛江郎具古風,筆力堪敵千軍雄。肝膽素負氣豪邁,傲岸直逼凌雲松。憶昔同學乍相晤,一傾蓋間交如故。好古君非酒肉朋,聯吟我學邯鄲步。今日金蘭初訂盟,但願久敬兩無更。雷陳管鮑同其誼,水乳膠漆喻其情。人生相與貴在能切琢,世情交好豈言樂。他年立功萬里覓封侯,與君同上凌煙閣。

對月懷江建霞鵝湖

花稍月落影移窗,兩地相思對影雙。賣賦却嫌文價賤,消愁難遣酒兵降。池邊草長名留謝,夢裏花開筆授江。料得鵝湖風景好,一編閒坐擁銀釭。

> 案:以上二題見張炳翔《忍盦詩存》卷一《髫齡夢囈集》,均作

於光緒三年(丁丑)。

江建霞出示感懷三十韻,作此以慰時建霞與余院試均未售

最愛文通筆一枝,鄭虔三絕畫書詩。弱齡已抱終軍志,秀質還同衛玠姿。笑我文章難奪命,知君才調本匡時。魯公尚有顏標誤,誰識三生杜牧之。用君印語。

寸陰須惜日如梭,學問何妨共切磋。書愛古人嫌讀少,事關天下縱談多。江山過眼思形勢,塊磊填胸合詠歌。大器從來成最晚,壯懷休被墨消磨。

寄江建霞

鵝湖目斷數行書,知己天涯悵索居。白眼屢遭情自奮,青氈坐擁悶難舒。梅經雪壓香偏透,竹被霜侵翠不除。知爾同心撐傲骨,一箋遙訊近何如。

　　案:以上二題見張炳翔《忍盦詩存》卷二《自鳴集》,均作於光緒四年(戊寅)。

楊蕊淵夫人手批張叔夏《山中白雲詞》江建霞索題

晴窗展玩細評量,雅賞曾經屬女郎。細認鴻泥朱印燦,閬琴清與館生香。閬爲蕊淵所居,館爲李佩金書齋也。

丹黃甲乙自長吟,想見濡毫愜素心。他日重批樊榭本,始知叔夏兩知音。陽湖呂庭芷觀察藏有屬樊榭校本。

閨中手迹最堪珍,未識留題卷裏人。幸得兼塘詞一卷,良朋相貺豈無因。建霞得謝序賓贈顧兼塘詞,始明原委。

手墨今朝始屬楊,一編鄴架好珍藏。詞人才女都零落,僅得遺留字數行。

贈江建霞

風流瀟灑見天真，元白何期更結鄰。同學訂盟情益摯，投詩知己句彌真。早儲學富名山業，預待花看上苑春。倚馬才高甘避舍，八叉敏捷實超倫。

案：以上二題見張炳翔《忍盦詩存》卷二《自鳴集》，均作於光緒五年（己卯）。

題江建霞《柔翰集》

旭日炎炎正三伏，垂簾掩卷無娛目。新詩一卷郵筒來，急欲開編快一讀。江郎年少正弱冠，仗劍直欲斬樓蘭。閒來無事作閒句，慷慨悲歌弄柔翰。儒生既抱廊廟志，共目郎君遠大器。一從鵝水避塵囂，筆底波瀾愈恣肆。何況傷時似杜陵，一腔意氣尚崚嶒。卷中更有懷知淚，渭陽唱和花盦藤。謂令舅氏藤花盦主華笛秋太守。句奇直使才人妬，倚馬下筆千言賦。文名久已播吳中，遂令朝貴生傾慕。謂呂芷庭觀察、汪柳門侍講、秦澹如運使。讀書十載已等身，插架萬卷日相親。測地試演勾股法，令兄霄緯茂才精算，君亦能之。談經六藝妙紛陳。喜許祭酒學。想君年少負雄抱，興酣不用金尊倒。不善飲。嶔奇那顧世人驚，時時愁悶向天惱。憶昔同學出同游，惟我與君情最投。俯仰千古同聲慨，花朝月夕互唱酬。又向文壇共鏖戰，無人識得此邦彦。嗚呼，伯牙之琴曠世希，卞和之玉本無價。大器終須閱歷成，鯤鵬待時羽毛化。今果一旦遇知音，今歲受知夏子松學使，并取古學。聊慰平生勤學心。他年持節往西域，爭説江南多珍琛。八瀛之地供犇走，豈同張子老户牖。從此直上青雲端，拾取金印大如斗。讀遍君詩抑鬱生，愧我讀書名未成。邇來舉業學未工，何如投筆去請纓。

華笛秋山水長卷爲江建霞題

生平喜畫不解畫，不分源流與宗派。偶見名畫愛不釋，讀之心目爲暢快。小齋獨坐方無賴，江郎示我舅氏繪。脫籤展卷一批尋，妙在山重水復外。先生史筆大如椽，文章脫稿竟相傳。藝餘作畫入神妙，時手誰復與并肩。平素酷好黃大癡，婁東麓臺亦兼師。十日一水五日石，古人雖往今見之。架頭更喜收藏富，寸縑尺幅多研究。宦游曾到粵西南，東登泰山北天壽。先生一一作手稿，煙雲錯落筆鋒掃。老眼模糊愈出奇，文章遜此謀篇巧。貌得江山淡復濃，不求似處筆愈工。才大始得通變化，亦與韓柳歐蘇同。春冶秋明妙施設，腕底奪得造化訣。有時静坐聊揮毫，却與嘉陵争奇絕。密林陡壑境盤紆，如睹溪山無盡圖。水墨相和便點筆，明窗想見自清娱。豹奴似舅有同嗜，斷幅收取無遺棄。卷軸裝成位置工，八紙蟬聯相鱗次。想君數歲勤搜集，窗前相對時翫習。杜陵有句堪移贈，元氣淋漓障猶濕。蔣霞竹《墨林今話》評先生畫語。

書齋賞雨和建霞四疊前韻

海棠無力醉墙東，賞雨齋中茅屋同。蠏眼響低茶竈火，蝦鬚聲灑竹窗風。蟬瘖古樹吟難響，雁濕遥天字不工。庭際冷煙凝更密，且敲新句寫深衷。

送江建霞之鵝湖五疊前韻

握手臨歧步欲東，此時離思正相同。今朝共聽催詩雨，何日重吟落帽風。心念舊游情獨厚，句因疊韻意加工。里居咫尺偕晨夕，此後推敲少折衷。

讀江建霞無題詩，戲書其後

情種愁根一樣癡，夜闌剪燭話當時。三生杜牧揚州夢，卅首西昆艷體詩。曾有青衫留別淚，只無紅豆寄相思。願君身作司香尉，莫使飄零好護持。

案：以上五題見張炳翔《忍盦詩存》卷二《自鳴集》，均作於光緒六年（庚辰）

辛巳春日述懷和江建霞韻

看到梅開又一年，春寒尚覺聳詩肩。息游最好居文囿，守拙何妨墾紙田。志氣凌雲時俗誚，功名有日世情憐。待君折得蟾宮桂，我欲追隨赴北燕。

人言我輩少年狂，室有圖書萬卷藏。各展羽翰凌健翮，莫因貴賤易中腸。吟詩頗動蹉跎感，作事難隨襁褓忙。笑我青衿猶未獲，奈他白日去堂堂。

相思寄建霞

一自離別後，相思總未知。每逢歡樂處，總是憶君時。昨宵夢裏見，疑假亦疑真。喔喔晨雞唱，醒來愁煞人。

柬江建霞

風流文采説江郎，筆燦生花久擅長。旖妮鍾情慕風月，才華絶世托辭章。生成仙骨非凡骨，畢竟詩腸非酒腸。君不飲。料得讀書方午倦，科頭柳下避驕陽。時結柳枝吟社。

案：以上三題見張炳翔《忍盦詩存》卷三《管領春風樓集上》，作於光緒七年（辛巳）。

江建霞赴汪郎亭學使鳴鑾山東幕詩以送之

江郎才譽傾公卿，衡文兩眼如鏡明。輶軒使者屢側席，賓筵醴酒爭相迎。青衫名士青油客，辛苦爲人持玉尺。隨節曾乘鄂渚舟，訪碑又踏泰山石。此去休嗟道路長，游踪歷遍聖人鄉。齊雲魯樹供吟眺，書滿徵車詩滿囊。余因病辭，不能與君同游爲憾。得人暗爲平陽慶，指汪公。自古文章重司命。陸生入幕賈生年,君今歲在鄂省高勉之學使幕中,用此語爲印記,志卷籤。心印分明即心秤。

> 案:見張炳翔《忍盦詩存》卷三《管領春風樓集上》,作於光緒八年(壬午)。

題江建霞手臨麓臺司農畫卷

偶然設色染煙嵐,萬里雲山筆底含。展卷宛如灘七里,富春秋色可相參。麓臺有《富春秋色》卷。

水净沙明樹鬱蟠,挈來疊嶂又層嵐。如何絶妙山林景,少箇詩人把酒看。

> 案:見張炳翔《忍盦詩存》卷三《管領春風樓集上》,作於光緒九年(癸未)。

偕潘麟生丈、江建霞泛舟山塘游雲巖寺

秋月春花托興長,娛情都在水雲鄉。詩吟紅杏樓頭句,酒泛青山郭外觴。古寺尋碑扶短策,旗亭畫壁帶奚囊。知君雅有煙霞癖,到處留題字幾行。

寄懷江建霞

藉他酒力上顔紅,興到何妨時一中。照我寸心天上月,挑人離緒草間蟲。只緣識字愁難懺,便不西風鬢亦蓬。最憶江郎吟興好,日煩青鳥寄詩筒。

> 案:以上二題見張炳翔《忍盦詩存》卷四《管領春風樓集下》,均作於光緒十年(甲申)。

懷江建霞山左

腹有詩書不礙貧，登樓王粲慣依人。性耽詩卷清談娓，心具冰衡鑒別真。篆隸書成常仿古，文章花樣喜翻新。主賓此日應相契，傳得元燈志可伸。

建霞見示有贈一律，即步原韻奉和

得傍巫峰拜彩雲，情天長願佛香薰。春如璧月光初滿，人比瓊華瓣未分。萬點穠桃徒色相，十年塵夢寂聲聞。憐他走馬蘭臺客，從此文園渴更殷。

讀江建霞《師許室詩草》，即書其後

爾我愛吟詩，性情復相契。我詩與君詩，面目絕相異。君詩如春花，設色頗鮮麗。我詩如秋蟲，唧唧鳴草際。其音非不清，覺有寒酸意。各自張一軍，各自成一派。是爲君子交，曰周不曰比。

一劫復一劫，生人日不窮。耳目口鼻間，無一相雷同。此非人之力，亦非天之功。乃悟詩文旨，可以此理通。彷彿美人貌，幽豔各相逢。南朝金粉白，北地胭脂紅。或於村落見，或藏金屋中。貧富既各異，妝飾自難工。

案：以上三題見張炳翔《忍盦詩存》卷四《管領春風樓集下》，均作於光緒十一年（乙酉）。

江建霞過訪，喜而有作

一別經年久，歸來乍款廬。暢懷情話久，知己禮文疏。心事惟將母，生涯在著書。明朝到員嶠，親訪子雲居。

游龍門書院偕江建霞同訪李平書鍾珏、蘇侶生紹基、陳季藩世垣、葛子源士濬茗話

結伴進城闉，吾園訪故人。高情有如此，同學盡超倫。雞黍三年

約，鶯花二月春。龍門登恰到，聲價倍堪珍。

偕江建霞、李平書游也是園（今爲蕊珠書院，有文昌宫、奎星閣）

不是園林也是園，別開勝境避塵喧。參差亭榭回廊曲，薜荔陰濃護短垣。

何年蟾窟種分栽，蕊露如珠傍斗魁。他日秋風如許折，一枝攀向廣寒來。

有客題詩墨尚新，庭前怪石自嶙峋。那知樹上嬉春鳥，曾伴文場鏖戰人。

李平書招蘇稼秋、江建霞及余酒樓小飲

陰晴不定養花天，四壁嘈嘈奏管絃。三月光陰如過客，一時杯酌聚當筵。文通態度同嬌女，玉局風流似謫仙。祇爲陽春煙景好，清談醉倒酒尊前。

偕蘇稼秋、孫燕秋、江建霞同游静安寺申園

約略清幽似輞川，一絲風景颺茶煙。緑添池蘚新晴後，紅映樓臺夕照邊。馬水車龍隨地駐，墻花路柳惹人憐。歸途回首煙中寺，遺迹評量到古泉。

五月初旬江建霞將至粤東，招飲山塘舟中，即送赴申江

畫舫真宜載酒行，謝君打槳鎮相迎。浮眉山翠消人意，照眼花紅不世情。碧皺河光先暖鴨，緑移岸樹只籠鶯。尋芳那厭歸來晚，新月遥看隔浦生。

多君杵臼論交新，便覺天涯近比鄰。話向尊前肝膽見，數來眼底弟兄真。船移歇浦催征棹，柳著離愁并送春。廿五長亭勞極目，山塘分袂悵明晨。

案：以上六題見張炳翔《忍盦詩存》卷五《病除集》，均作於光緒十二年（丙戌）。

賀江霄緯衡、建霞標昆季同捷賢書

棣萼聯輝樂更加，門前報録語喧嘩。百年科第天荒破，君家同族從未有兄弟同榜者。五策經綸國士誇。霄緯第五策、建霞第三策均進呈御覽。軾轍文章隆戊子，郊祁事業屬君家。明年并轡京華路，再探春風及第花。

同胞更喜作同年，難弟難兄樂比肩。桂折蕊宮鳴鹿共，花開杏苑定蟬聯。祇緣才藻無高下，不使科名有後先。此是德門多隱德，豈徒節烈溯從前。君家四世節烈。

案：見張炳翔《忍盦詩存》卷六《愈愚集上》，作於光緒十五年（戊子）。

喜江建霞庶常標至，即席賦贈

匹馬長安奪錦回，欣逢舊雨笑顔開。刊書我重召陵學，經世君真管子才。對飲何妨傾魯酒，坐談多半語燕臺。嫦娥掩面從旁妬，恨不相從下界來。是夕無月。

建霞庶常招王勝之庶常同愈、金心蘭、倪墨耕、劉臨川及余集趙采采漱藥庵即席有作

共喜乘槎海上回，藥庵小宴且追陪。兩年判袂詩成卷，一室論文酒滿杯。飛燕依人花解語，明蟾吐魄桂方開。木天書法名流畫，一箑今朝合作來。是日以扇互相書畫，余得合作一箑。

贈江建霞

乘槎消息問張騫，君曾游日本，把酒襟懷陋謫仙。君不善飲。過眼

雲煙笑東海，在東瀛觀舊書畫不少。等身詩卷寫南天。君曾游粵東、湖北。
杯中對影邀吟侶，琴裹知音遇水仙。應把狂名向君贈，千秋誰賦壯
游篇。

送江建霞入都

　　握手愁言別，情深倍黯然。携家君遠隔，下榻我猶便。約赴都寓
君家。心逐關云去，夢偏池草牽。令兄在白下水師學堂教習。明年期把
晤，秋老菊花天。

　　今宵分袂後，南北路迢迢。乍喜吟箋遞，俄驚別酒澆。離情縈岸
柳，愁緒逐江潮。此後停雲望，相思暮復朝。

送江建霞入都後再寄一律至滬上柬建霞

　　煙波渺渺木蘭舟，指點仙槎上斗牛。眷屬漫携浮海去，蓬瀛本是
列仙游。碧天風色催征棹，青瑣朝班聽曉籌。君到鳳城回首望，江南
留得一閒鷗。

　　　案：以上五題見張炳翔《忍盦詩存》卷八《自怡集上》，均作於
光緒十六年（庚寅）。

擬《自君之出矣》寄建霞

自君之出矣，望風勞懷想。思君如潮汐，晝夜隨時長。
自君之出矣，塵積鏡不明。思君如芳草，到處逐春生。
自君之出矣，當窗停機杼。思君如棼絲，歷亂無端緒。
自君之出矣，憔悴紅顏色。思君如逝水，日月無休息。
自君之出矣，獨寐聽雞鳴。思君如華燭，煎淚復煎心。
自君之出矣，花開懶取摘。思君如葉落，風吹滿庭積。

寄江建霞庶常都中并懷令兄霄緯孝廉白下

千里安從想玉珂，蓬山人似隔天河。才名屋問東西陸，雅望山推大小何。學士青錢名字好，荆枝白下別愁多。今朝細雨斜風裏，記否胥江有志和。

宴集儀許廬，醉後成長歌贈江建霞

蕭江太史人中豪，詞源滚滚如波濤。昔年雪案同焚膏，聯翩酣戰詞埸鏖。羨君拔幟揮旌旄，良金美玉豈終韜。騏驥一遇九方皋，直入龍門聲價高。芙蓉宮闕恣翔翶，歸來身著宮錦袍。金蓮燭送令狐綯，一枝健筆冠花曹。乘槎欲釣東海鼇，蓬壺咫尺快游遨。關山萬里一周遭，飄飄仙樂聞朗璈。在東瀛觀舞樂諸藝。嗟我青氈禿筆操，功名無志等鴻毛。聞君快論癢欲搔，四筵况復多賢髦。清言亹亹談風騷，一堂歡笑聲啁嘈。醉後欲揮五色毫，奚童磨墨不辭勞。是日索建霞書者甚多。且書且飲逾陶陶，不減吏部狂持螯。側聞窗外風颼颼，君更酌我碧葡萄。勸我讀書名莫逃，狂歌起舞共酕醄。

案：以上三題見張炳翔《忍盦詩存》卷九《自怡集下》，均作於光緒十七年(辛卯)。

偕金心蘭、陸廉夫、江建霞、顧引年譜君集怡園即
事，建霞首唱二絶，余亦繼聲

歷遍神山海外歸，畫圖經卷□精微。見建霞所得東瀛名人畫幅及唐人寫經卷。同人聞見今朝廣，煮茗□心逸興飛。

佳句詩吟金不寐，心蘭以游天平山舊句索江建霞書楹帖。焚香畫法陸探微。廉夫作餞別圖贈建霞。墨池賸有金壺汁，頃刻詩成意蕊飛。

病羊

案：見《花團錦簇樓詩輯》卷十。據詩可知江標當時剛從日

本回國，結合《日記》相關記述，此詩當作於光緒十六年十月下旬。

翁印若中翰綬琪畫壁松樹歌爲江建霞編修題

滿屋松刺驚風濤，聲如幽壑騰潛蛟。老幹森森挺千尺，問誰繪出虯鬚鶴頸之繁條。印若舍人稱妙手，都中畫師誰與偶。盤根夭矯帶煙深，倚墻屹立蒼鬐叟。翠帚掃風風不停，月輪映出光瓏玲。壁有一圓穴，日光映紙如月。枝柯怳作動搖勢，笙簧仿佛空中聽。韓幹畫馬馬體紓，僧繇畫龍龍飛去。今君落筆勢雄奇，毫顛早挾凌雲氣。分明夜景當青穹，此畫欲奪造化工。我方面壁索題句，主人一曲譜松風。建霞填《風入松》詞。

甲午春日，師鄞室忽來太常仙蝶，集於庭樹，主人飲以酒而去，余適他出未見。翌日以便面乞主人圖其小象，欲與老道結一仙緣。繪成即吟一律以謝主人，并呈霄緯、燕秋一粲

栩栩影蹁躚，庭前老道旋。蝶名老道。今朝師許室，忽到太常仙。預賀蕭齋喜，主人係出蕭江，仙蝶到處必見吉祥之事，今來其預賀喜事耶？來尋塵世緣。惜余無福見，乞畫復題牋。

　　案：以上二題見張炳翔《忍盦詩存》卷十二《涉江觀海集下》，均作於光緒二十年（甲午）。

寄懷江建霞太史標，時督學湘中

洞庭衡嶽耀文星，桃李三湘萬木欣。六十心依慈母綫，太夫人年六十五。三千路隔故山雲。澧陵遠隔鴻飛杳，鎖院深沉蛾術勤。極目龍門成小別，遲遲霜雁醉書裙。

　　案：見張炳翔《忍盦詩存》卷十三《緘恨集上》，作於光緒二十
二年（丙申）。

江建霞太史自湖南學使任滿，赴都返命，道出申江，余適在滬，三年不見，歡然道故，賦呈二律

　　門牆桃李手親栽，又報乘槎嶽麓回。帝倚江淹崇實學，人誇陸贄濟時才。君弱冠入學幕，襄校之時，有"陸生入幕賈生年"小印。自從科舉文章改，此後衡陽風氣開。湖南咸同間人才傑出，多中興將相，但不喜歐洲科學，除經史詞章外，輿地、格致、算學、化學、外國史學、時務等均不甚留意。君衡文曉諭，注重實學，時文不必拘定格式，又辦《湘學報》，即以門下高才生撰著，而君爲別擇刊行。從此學界均趨於新學，而全省風氣爲之一變。多少三湘新弟子，他年定有出群材。

江建霞超擢京卿寄賀

　　五洲萬國已來庭，熟悉人情勢與形。大業及時頭未白，列卿超擢眼同青。博通經濟鳴斯世，豈藉文章報大廷。聞説求賢宣室意，電傳促駕急如星。

寄江建霞以慰近况

　　鬱律蟠胸筆瀉秋，一般無賴强工愁。篋中紈扇拚同棄，江上漁竿莫悔投。燕市空聞收駿馬，神山何苦引仙舟。莫教豪氣銷除盡，且共高吟大白浮。

與江師鄮茗話

　　離合年來慣，相思慰刹那。宛如鷗鷺集，喜話洞庭波。花月琴尊裏，荊枝涕淚多。令兄左華去秋物故。門墻桃李盛，多士盡搜羅。

晤江建霞，知以"難保無"三字被議，偶成一律以慰之

　　才賀超登儕列卿，旋聞冤獄禍非輕。花初開處狂風起，帆正懸時

逆水行。過眼煙雲都是幻，平心恩怨自分明。本來宦海原多險，何必雞蟲得失爭。此冤與"莫須有"三字獄相似。

　　案：以上五題見張炳翔《忍盦詩存》卷十四《緘恨集下》，均作於光緒二十四年（戊戌）。

偕江建霞編修泛舟同訪祝少英部郎承桂，遂游青陽堤，醉後賦贈建霞

傷春客緒逢春惡，春到腰肢瘦於削。雨雨風風嬾出門，不管花開與花落。朝來有課叩柴關，相逢一笑慰離索。昔年相逢在燕京，春風并轡陶然亭。去歲相逢在滬城，春江花月偶怡情。今日青陽堤畔游，携朋載酒上吳舲。人生百歲能幾何，相逢幾度朱顏皤。君聞余言笑絕倒，謂余且莫傷懷抱。世事過眼等浮雲，我尚強仕君未老。相逢慎勿話離愁，不如一醉除煩惱。玉山傾倒落花前，醉眼看天天亦小。

　　案：見張炳翔《忍盦詩存》卷十五《杞憂集上》，作於光緒二十五年（己亥）。

江城梅花引・懷江建霞

柳花風軟閉重門，冷閒身，伴殘春。一炷沉煙，香染博山溫。慢脫錦囊調玉軫，絃錯雜，語殷勤，意逡巡。

良朋良朋隔江濱，渺風雲，阻音塵。望也望也望不到，漢渚湘濱，白日相思，清夢到黃昏。儘有回腸描不得，苑花開，梁月落，但憶君。

滿江紅・寄陶子珌、江建霞

磊落英多，恍如對六朝人傑。憶過從，銜盃揮麈，豪情縱逸。不覺醉心元亮酒，且欣拭目文通筆。漫無端，長別賦將離，愁難述。

花月榭，娛情室，圖書府，談詩席。況胸無寸染，長吟抱膝。牛馬

兒孫君豈亞，江湖廊廟人誰匹。計何時，重話語從容，期永日。

滿江紅·送江建霞赴試

屈指同游，恰二載芸窗晨夕。渾不覺流光如馳，星霜幾易。奮志青霄功早赴，潛心黃卷名終得。況君家兄弟共磨礱，驪珠拾。

蘭與蕙，香堪挹。騏與驥，鞭可策。歎一時分手，余情脉脉。短詠長吟原自慣，心摹手繪應如昔。最難堪，几席共追陪，行將別。

百字令·贈江建霞時政變被誣歸里

雞鳴風雨，憶當年弱冠，常同筆硯。無端忽被奸頑誤，試取鋼金百鍊。宦海風波，江湖滋味，被英雄嘗遍。路轉峰回，共識廬山真面。

今朝退掃閒軒，重歸故里，檢點殘書卷。家園花木尚如舊，焉使荆榛盡鏟，吟得意詩，飲無憂酒，正好和風扇。萱堂無恙，戲舞斑衣庭院。

採桑子·雨夜書懷寄江建霞

去年翠宇璚樓夜，選遍鶯花，醉遍桃花，那信春寒有這些。

而今冷雨疏窗下，燭影星斜，簾影雲斜，坐憶瑶京漏正賒。

　　案：以上五題見張炳翔《雙鳳磚研室詞》（蘇州圖書館藏稿本）。

汪鳴鑾

建霞有詩見貽奉謝二首

清芬舊德誦南濠，燦爛傳家五色毫。秋駕相期勝重遠，春暉豈易答劬勞。孤寒翟相明經貴，早慧終童建節高。學業勳名非兩事，較量麟角與牛毛。

張北吳南許頡頏，此才不達抰吾眶。潁川敢謂交群紀，高密由來

世鄭王。寸鐵不持真志士，萬金難贖是韶光。蹉跎半百慚無補，宜有
箴銘置坐旁。

案：採自汪鳴鑾《萬宜樓書札》（蘇州圖書館藏稿本）。又見
《笘誃日記》光緒十四年戊子五月初七日。

三疊博羅道中和蒲孫韻索建霞和

西抹東塗手不停，紛羅書畫壓江舲。錦囊不憚嘔心苦，鐵筆宜防
血指腥。蝸扁雙鈎橅籀史，靈飛一卷仿唐經。不廉自昔稱年少，臣朔
前身是歲星。

案：見汪鳴鑾《萬宜樓書札》。

江建霞學使寄贈新刻叢書十一疊前韻酬之

采風喜得楚材多，使節三年一霎過。房杜嘉猷笙磬合，振興實學，
與陳右銘中丞頗相得。劉樊雅韻瑟琴和。君配爲余堂妹。豈容名士遺湘
澤，忍使騷人感汨羅。收拾叢殘傳不朽，歡聲騰躍洞庭波。

案：見汪鳴鑾《萬宜樓詩錄》（蘇州圖書館藏稿本）。

與江師鄲書

足下天才絕世，秀異過人，鳴鑾自有知識以來，求之戚郖友朋中，
吳通政外，殆罕其儔。鳴鑾敬之重之，悅服而傾倒之者，至矣。大凡
人於所親愛之人，則所以期望之者彌切，於所欽企之人，則所以責備
之者尤深。蓋高遠之修，重大之業，非可概求之流俗也。自庚辰得讀
足下與洨民書，聞聲思慕，始知足下之爲人，迄今已五年。再逾五年，
則足下亦三十矣，過此，四十五十亦旦夕耳。足下試思今之勝於五年
前者若何，則後此之五年可知。時乎時乎不再來，願足下熟思而審處

之,急起而直追之,趁少年鋭氣之時,殫果力精心之用,人百己一,人千己十,何業不就,何功不成?此間同人皆以足下不能專心舉業爲惜,此猶皮傅膚受之説也。自來許鄭之經術,程朱之理學,韓范之勳績,揚馬之文章,何一不從艱苦勤勤而出?若朝習一事,暮更一業,耳聞於此,目注於彼,雖有兼人之量,冠世之資,旁鶩紛營,終虞無濟。一見便知,一學便得其要,雖未究其始終,早已得其梗概,此足下之所長也。惟秉資過高,每流輕易,見事過捷,不屑研求,由是欲速而不能耐煩,好勝而不能虚己,以爲大略不過如此而忽於庸近者有之,以爲小節無足求詳而狃於便安者又有之。就晏起則平旦之清氣何存,喜浮談則一日之流光易逝。多游戯之事,則荒真實之功;逐泛濫之途,轉累專精之學。以至一筆硯之安排,一書籍之位置,一衣服之藏棄,一食物之收儲,略不經心,聽其錯亂,在散人漫士,不妨脱略形骸,而儒者檢束身心,不離日用行習。凡天下事,當於大處著眼,小處下手,朱子所謂銖積寸累功夫。即一事一物,莫不有至之理,一定之程,雖造次不可苟也。足下才識勝鳴鑾十倍,何俟芻言,惟平日尚不以鄙人爲大謬,敢布其愚,聊備採擇。此去夏所屬稿也,自愧無以益足下,欲書而躊躇者屢矣。今將遠别,如骨鯁在喉,而不能補一吐也。勉附古人贈言之誼,幸垂荅焉。

　　　案:見汪鳴鑾《萬宜樓書札》。據"自庚辰得讀足下與汝民書……迄今已五年"語,知此札作於光緒十一年。

俞樾

《靈鶼閣叢書》序

　　叢書古有之乎,吾徵之漢《藝文志》矣,小説家有百家百三十九篇,夫合百家爲一書,至百三十九篇之多,則其家自爲篇可知矣,是即叢書也。其體例實近於雜家,《漢志》所謂雜家者,乃一人之書,旨趣不純,故謂之集,非合衆書爲一書也。然我朝《四庫全書》子部雜家類中,《說郛》《說海》諸書皆入焉,是可知叢書即爲雜家,而漢志小說家之百家即今《說郛》《說海》之類矣。班氏稱:雜家者流出於議官,見王治之無不貫。師古曰:王者之治,於百家之道無不貫綜。然則爲叢書者,宜乎如入五都之肆,南金北毳,無物不備;又如入大官之庖,山之珍,海之鱐,陸之毛,無不羅列於鼎俎閒,始不媿叢書之名。若馬總《意林》所集百有七家,皆是子書,陸澄《地理書》所集百六十家,止於地理一類,皆未極叢書之大觀矣。江建霞太史以名翰林視學湖南,其時西學大興,異諭蠭起,太史寓余書,言自來湘中,惟確守經學詞章四字,以爲根柢,不敢忘家法。烏呼!其所見正矣。校士之餘,輯刻叢書,先成三集,郵寄吳下,乞序於余。余觀其第一集,如臧氏之《韓詩遺說》、王氏之《大傳補注》,則經學也;其第三集,如譚氏之《漢鏡歌解》、陳氏之《碧城仙館詩》,則詞章也。君之教楚士,真能確守家法矣。至其第二集,如諸家藏器目録以及士禮居題跋,亦於經史有資考證,而如《中西度量權衡表》《新嘉坡風俗記》則又近乎今之新學,得無與家法小有出入乎?曰:非然也。此叢書之所以爲叢也,使爲叢書而沾沾於一家之言、一隅之見,譬猶入五都之肆,而惟是布帛菽粟之儲,入大官之庖,而惟是鷄豚魚鼈之味,豈足動觀者之目而饜讀者之心哉?方今聖謨袉被,萬國同文,師古所謂王者之治於百家之道無不貫綜者,今之視昔,蓋有加矣,此等書庸非議官所宜備者乎?異時天子重開四庫館,博搜載籍,以備天禄石渠之藏,而君所輯叢書,自三集以上,日新月盛,無美不臻,吾知其必采入集家,著録四庫無疑矣。

　　案:見《靈鶼閣叢書》,又見俞樾《春在堂雜文》六編卷七。

附録二　傳記

葉昌熾《江標建霞事實》

元和江建霞太史，名標，號師鄦，又自署笘誃。天姿英悟，妙解文章，與兄霄緯觀察有變丁之目。丙戌、丁亥之間，從余問字，同客嶺嶠。戊子、己丑，聯捷成進士，與余同入翰林。視學楚南，未報命，以病卒，年未四十。自建霞歿，而搜輯金石文字無相余者矣。建霞童時讀書外家，舅氏華篆秋先生名翼綸，家富藏弆，耳濡目染，遂精鑒別。研精許學，酷嗜鼎彝文字，所作篆籀皆有古法。書畫篆刻，旁逮天算格致，一見輒能深造，殆有宿慧。家本寒素，不善治生，起居服御，如豪貴家，屢諷之而不能改也。京秩本清苦，長安又不易居，所得古器及宋元精槧名畫，輒以易米。余所見書畫之精者，如鄭元祐《僑吳集》有黃蕘翁跋，沈西雍《訪碑圖》，踰時問之，已寄諸外府矣。奉使三湘，不名一錢，歸裝惟有輯刊《靈鶼閣叢書》五集五十六種、仿宋陳解元書棚本唐賢小集五十家。今遺書數十櫝，其子孟聰茂才尚能守之，然精本則寥寥無幾矣。其嗜書出於天性，真知篤好，宋元刻本，舊鈔舊校，源流真贋，瞭如指掌。輯《黃蕘圃年譜》一卷。潘文勤師輯《士禮居藏書題跋記》網羅極博，建霞又遍訪藏書家，得《補遺》一卷。天假之年，昌其名位，名山之藏，未知觀止。崔駰以不樂損年，范滂以清流被錮，其命矣夫。

案：見《碑傳集補》卷九，又見葉昌熾《藏書紀事詩》卷七。

胡思敬《江標傳》

江標,字建霞,江蘇元和人。光緒己丑進士,官編修。好爲駢體文,兼工繪事。講金石目録,自三代鼎彝、秦漢六朝碑版,下至宋元明人書畫,無不究心。嘗游東洋,嬖一女子,欲委身事之,不果,影其小像歸,題曰《東鄰巧笑圖》,遍徵名人詩畫,其豪拓不拘小節如此。視學湖南時,以變士風、開闢新治爲己任,所取文多怪誕,不中繩尺。又倡設《湘學報》。御史黄均隆劾之。時康有爲已進用,四卿新入軍機,譚嗣同與標尤善,相與營解,寢均隆疏,不報。且擢標四品京堂,入總署。後革職,禁錮於家。

　　案:見胡思敬《戊戌履霜録》卷四,又見《碑傳集補》卷九。

唐才常《前四品京堂湖南學政江君傳》

君諱標,字建霞,江蘇元和縣人。幼喪父,孤貧力學。母華太夫人授以經史大義,過目輒不忘。比長,繫心時變,日討求中外强弱形勢,慨然有矯世變俗之志。光緒十五年己丑,成進士。明年,授職翰林院編修。是時出使大臣薛福成方殷憂世局,慮使才乏絶,不能與各國抗衡樽俎間。既見君,乃大喜,薦於朝。朝議狃於積習,視凡大臣保舉人材例,交總署存記,未即用也。

二十年,視學湖南。故事,學臣雖赫奕爲欽命官,自循例衡文外無所爲,不足表見當世。君既有所蘊蓄,不得志於時,乃即思一官操鼓舞天下之權。湖南在十八行省中最頑固守舊,視西學如仇讎。君不計利害,毅然以闢道自任。下車之日,以輿地、掌故、算學試士,有能通地球形勢及圖算物理者,雖制義不工,得置高等。又許即制義言時事,一決數百年拘牽忌諱之藩籬。年餘,士習丕變,爭自濯磨。又一年,舉行選拔科,得知名士數十人,物論翕服。君乃躍然謂諸生曰:

湖南真人才淵藪哉！他日天綱潰弛，出而任天下事者，其在兹土乎？

　　是時陳公寶箴奉命巡撫湖南，與君有夙契，既至，規畫一切新政，惟君言是聽。如礦務、學堂、報館、南學會、保衛局，君皆力贊成之。紳士譚嗣同，以仁勇明達聞天下，尤與君爲莫逆交。君凡事推誠與人，絕無城府，遇事難行，集衆婉商，娓娓敦勸，無毫釐專制意。比既施之實事，則堅忍强毅，務達其志而後已。故陳公及湘紳之通達者，皆喜君温厚，而又倚其堅毅能任大事。然君精神所專注，以變易民氣與開通一省喉舌於不覺者，則校經學會、《湘學新報》，其改革之原也。世觀於湘南開化進步之速，幾莫解其所自。嗚呼，非君孰維綱是！

　　二十四年夏，皇帝毅然變法，思得人助理大政，因素耳君在湘名績，特命以四品京堂候補在總署章京上行走。故事，庶僚以大臣保薦升遷者，必召見稱旨乃易階。君時未復命，遽由七品溠升四品，且命遷階後始入覲供職，異數隆恩，世罕倫比。君感激涕零，以身許國，急拼擋諸事，爲入都計。比黨禍作，廷議落君職，錮之里第。

　　君幽憂侘傺，痛皇權之日削也，權奸之恣橫也，謠諑之亂是非也，忠臣義士之闃無一人也，恒汲汲顧影拊心，中國之無可爲，欲身爲犧牲而不可得，輒誦庾子山“袁安念王室，傅燮悲身世”與夫“日暮途遠，人間何世”之句，淒然淚下。蓋其私憂竊歎，無生人之趣久矣。

　　今年九月杪，君至上海，客白岩龍平君家。同人見者均訝其清癯有肺疾，令速就醫，君怡然置之。未幾返蘇，遽以十月十九日卒於里第。君卒後，家匱甚，太夫人猶在堂，子女幼，行路皆慘悽爲酸鼻。嗚呼！昔之與君爲久要，而又同以變法維新號於國中者，其若之何哉？人生固寄也。君憔悴盡職以死，死足以不疚，亦奚悲？獨悲夫炭炭中國，當兹存亡絕續之交，維新首領又弱一個。《詩》曰：“人之云亡，邦國殄瘁。”其是之謂歟！

　　君於學無所不窺，自歷代典章文物、金石目錄及新譯泰西物理圖算諸書，皆能究極源委。其爲詩文，援筆立就，有和平沖夷之志。遇事喜怒不形於色，毀譽雜出，未嘗以介懷，尤非他新黨剽急浮競者所及。其不拘小節，世或以是疑之。然柔外剛中，天性素定，不足累其所守也。遭世大變，中道夭折，未能竟其所學，悲夫！

贊曰：痛乎！往年譚復生之哭吳鐵樵也，曰：中國遂乃不可爲乎？鐵樵而竟死也。甫逾一年，而海內志士又以哭鐵樵者哭復生矣。去年十月，君忽泣告余曰：中國遂乃不可爲乎？復生而竟死也。又甫逾一年，而海內志士又以哭復生者哭君矣。海內賢達人，僅僅有此數，其涕泗幾何，能堪幾哭而堪幾死耶？人或謂，去歲若早入都，必與六烈士同死。顧幸裴回海上，得免於難，殆天所以厚君而留待維新之用哉！然君不死於難，而死於痁疾憂憤，其趨死雖異，而天之務死之與其死於拳拳君國之心一也。六烈士死逾年，海外人士設紀念會以祭之。君之死也，寧遂無人紀念者乎？君於湖南得人最盛，異日樹大節，倡大難，行大改革者，或即出君門下，不然則皆與君雅素者也。中國果改革所以紀君者，必不後於六君矣。

　　案：採自《逸經》文史半月刊第 22 期（1937）。又見《亞東時報》第 18 號（1899）。又見蘇州大學圖書館藏《望嶽圖詠》冊。唐才常原稿見《唐佛塵烈士遺稿》，今存湖南圖書館。

祝秉綱《江建霞京卿事實》（附蔡爾康跋）

君江氏，諱標，字建霞，江蘇元和人也。世有清德，父蘊之先生諱雲，生三子，長衡，次鈞，君最幼。早孤而慧，太夫人華氏挈至外家讀書。十歲學爲詩、古文辭，自比洪北江，以顯親報國爲志。稍長，通許氏學，研究群經，旁通九流及史志制度之學。弱冠，補諸生，俞曲園樾、陶紫縝方琦見君所著，激賞之，名益盛。旋應高勉之學使釗中之聘，游楚北。嗣佐其妻兄汪柳門侍郎鳴鑾校閱試卷，之山左，之粵東，南北奔走萬餘里。一時知名士皆願與納交，學乃大進。時朝野方承平，君綜覽全局，竊獨憂之，謂近百年學術不足以濟變法。越事起，其言稍驗。因益肆力講求經世之務,旁及泰西各種專門之學,靡不得其要領。蓋君之見微知著、欲礱厲材器、爲異日開新之用者,自此始。既應有司試,王祭酒先謙嗟賞爲過江第一流。光緒十四年,以優貢中式戊子科舉人。己丑,成進士,得館選。乞假游日本,考察變法所自及學校規制。明年,散館,授翰林院編修。既官京師,周旋諸公間,多所獻替,時見採納。

二十年,東事起,廷議多主戰。君上政府書,力言日人不可敵,海軍不可恃,同洲之誼不可絶,并熟籌交涉及善後事,洋洋數千言,皆當時至計。且以此議郵致駐日使臣汪鳳藻,使力與日本外部消弭其事,皆不省。臺諫復力攻主和議者,并及君,某侍御露章劾之,留中未下。比戰事糜爛,乃服君深識,然已無及矣。先是,薛侍郎福成疏薦黎庶昌等,其才皆可使絶國,君亦與焉。上固已心識之。

是年八月,拜督學湖南之命。召見時,天語垂詢沅湘間鉅儒,且諭以崇正學爲體,興新學爲用,以開通風氣爲首務,果有奇才,許破格奏薦。君感激受命。履任後,首整校經書院學規,捐俸增築藏書樓,廣購書籍圖器,任人縱觀,以開濬全省民智爲己任。按試各郡,遴拔真才,激屬士氣,以是所至悅服。復因考政有關防,不得與士紳議新政,遂銳意兼程併試,冬夏靡間。甫兩載,歲科皆竣事,乃得與湘撫陳中丞寶箴、紳士熊庶常希齡諸公往還商榷。首奏創《湘學報》,開學會於校經書院,并設新學官書局、時務學堂,檄行各府州縣,凡書院盡改課實學,且分設學會。次如行小輪船,開官錢局,造土貨,興電燈,勸開内地各礦諸務。凡時局所急,湘省所宜者,皆悉心擘畫,次第推廣。湘中風俗渾樸爲天下最,驟語開新,謠諑紛起。君夷然激勸,漸就範圍。今且日新月盛,才彥坌湧,其勢隆隆,轉爲天下倡,乃歎君篳路藍縷之功爲不可没也。二十三年春,德人游長沙,爲湘民所拒,幾釀巨釁。君彼此勸導,卒獲無事。

生平處事,善以無厚入有間,雖盤根錯節,無不立解,然性尤方嚴。某制府子歸應試,物議咸謂必列選拔,君平閲其文,竟置次等,人士益服其公。所特拔者，如唐才常、畢永年、任元德、樊錐、易鼐諸君，尤有國士之目。他如裁供張，嚴約束，禁槍冒，在君皆小節，不足述。繼任者爲徐太史仁鑄，與官紳續開南學會，創《湘報》，時黃京卿遵憲由鹽道權臬篆，創保衛局等諸善政，皆君發其端。由湘回籍，海上同志方興報館、學堂、學會，君皆助其事。

二十四年春，入都覆命，旋請假歸。適新政之詔迭下，江西巡撫德中丞壽於南昌，江蘇瞿學使鴻機於江陰，皆議設學堂，爭延君往主其事。君方在海上，擬設中立報館，蘄開全國民智，爲新舊學作調人，關繫較大，故皆不應聘。七月中，特旨賞四品卿，充總署章京，電論著本省大吏敦趣啓行。時新舊黨已有水火之勢，君感特達之知，欲竭其智計，匡救彌縫之。方束裝上道，而訓政之詔已下。御史某銜君校試黜其子，以庇護新黨劾之。罷職。

歸吳下，杜門課子，偶作書畫自遣。手鎸小印，鈐其尾曰"廊廟江湖總聖恩"。蓋雖放廢，猶惓惓君國云。家本寒素，而臨財不苟，好濟人急，以是宦橐蕭然。然奉太夫人極盡孝養，歸田後，猶罄其資，經營新居，冀博堂上歡。并擬以餘屋設閱書社。與朋輩及後進語，諄諄以勵學匡時相勗。其志未嘗一日忘天下，卒以此憂憤病肺炎，二十五年冬十月十九日，終於里第，年四十歲。維新志士皆失聲，雖未謀面者亦爲位哭焉。

君於學無所不窺，遺著甚多，皆未編次，刊行者止《黃薲圃年譜》、《紅蕉詞》數卷。在湘時，曾刊《靈鶼閣叢書》《唐人小集》《沅湘通藝錄》各種。妻汪鳴瓊，錢塘世族，工書畫。長子聰，未冠已補博士弟子員，能世其學。次子新，三子中，均幼。女子三人。

記者曰：嗚呼！天何禍我中國如是其酷耶！戊戌春夏間，新舊鬨於野，滿漢爭於朝，而君蒞湘三載，舊黨翕然，不聞有出而阻撓者。誠使早筦樞密，開誠調護，寧知八月之變不消弭於無形乎？彼六人者既罹慘禍，君又抑鬱以死，"人之云亡，邦國殄瘁"，悲夫！

（以上祝秉綱文）

　　不佞與京卿交十五年許，蘇滬相隔衣帶水，不恒見，見則共論天
下事，京卿恂恂如也。歲在甲午，日本難作，京卿適督學湖南，郵示觀
風題，即以開濬民智爲首務。湘士素不稔新學，至是爭共講求，以博
風簷之知遇，而化民成俗之道即寓其中，厥功偉矣。不佞先譯《泰西
新史攬要》二十四卷，繼復作《中東戰紀本末》八卷，京卿嗜痂成癖，稱
爲新學之導師，湘中幾家有其書，賤名乃幸掛通人齒頰。旋接京卿書
幣，欲以皋比見屬。自維謭陋，且會家慈疾革，旋丁内艱，固辭不往，
京卿始改延某君。然胸有智珠，遇事仍加裁制也。三年報最，入都覆
命。值新政雲起，京卿顧心竊憂之，乃乞假來滬，擬設中立報館，爲新
舊學作調人。忽奉優詔，擢四品卿，甫逾旬日，遽爾落職。無亦爲延
師不慎之故？抑不佞之誤京卿也？悔何及矣。乃京卿仍夷然自適，
不以榮辱攖心，而其啓迪來學之誠，尤不以升沉改操。今年秋，京卿
自蘇來滬，流連文燕，歡若平生。然竊驚其骨立形銷，詢問所苦，以嬰
疾對，則勸以善葆天和，旋別去。入冬以後，林樂知先生膺教會公舉，
將立大書院於蘇州。不佞既爲譯《十九周季年豫迎二十周旺氣説》一
首，録十一月分公報，分貽當道，而分董柏樂文先生則與京卿在蘇，商訂
書院一切章程。不佞心竊自維喜將盡滌昨非，而重佐京卿，以相與有
成也。十月中旬，柏先生貽林先生書云，京卿攖肺熱證，殆不可治。
柏先生素以知醫著，書中陡下此語，令人心折骨驚。無何，遽接赴音，
竟應修文之召。嗚呼哀哉！天實爲之，尚何言哉！昨偶閲中外日報，
得京卿事實一篇，不著撰人姓氏，既録如左，即爲之跋，蓋將與天下之
知京卿者同聲一哭也。己亥臘月旁死魄槃次，上海蔡爾康灑淚書。

　　案：採自《萬國公報》第 132 期（1899）。其中祝秉綱《事實》
又見江標批校本《説文解字》（清同治間東吳浦氏重刻平津館覆
宋本，今存復旦大學圖書館）書末，收入王欣夫《蛾術軒篋存善本
書録・辛壬稿卷一》，但《萬國公報》本多出若干重要字句。

趙炳麟《江京卿傳》

　　江京卿,名標,字建霞,江蘇元和人也。三歲失怙,賴其母以育,七歲就傅,其母織紡以供學資。標長,事母孝敬,慮名之不揚,無以顯其親也,爲學愈力。第光緒己丑進士,改庶吉士。博極群書,窮覽六略。嘗憐國運日蹙而外患之無已時也,慨然曰:“今日欲亨世屯,非詳考各國形勢利病,欲交涉措施之適當,難矣。”乃與弟衡詣同文館習外務,散館,授編修。出使英法大臣薛福成知標之博通古今也,薦標及王同愈、曾廣鈞可備使才,記名樞府。標於是益究世務,率時務諸士立强學會於京師,尋放湖南學政。湖南多氣節之士,强幹可任,而惡談西藝獨烈。標欲開其風氣,擴其心智,創刻《湘學報》,學分數門,曰經,曰史,曰天算,曰時務,取士喜新奇,文不合於常格。湘人以此謗標。任滿回京,路過申江,遇日本人某,談亞洲大局,秉燭繼夜。標曰:“中日文字同,種類同,風俗同,壤地相近,教派合一,當和衷努力,約從相依,庶無唇亡齒寒之懼。若同室操戈,互相殘賊,所謂韓盧東郭,徒利田翁也。”日人起而曰:“然哉,然哉。韓魏相争,齊楚構難,此六國之所以并於秦也,吾輩當僇力自强,共維大局。”乃立東亞同文會,中日士商聯名者以萬計。標至京,會變法議大行。標嘗與江右陳熾、洮陽趙炳麟宴於江亭,酒闌,巡行階除,看西山巧老,葦海青漪,風泠泠然自東南來,熾笑曰:“如此好江山,使之奠如磐石者,誰也?”炳麟曰:“天下之事,難與圖始。非常之舉,久而後效。今民利未興,而謡諑四起,不久即敗耳。”標、熾合贊曰:“然歟。所見略同也。”未幾,標得其母書,言年老多病,即請假歸。而朝廷知標名,擢四品京卿,在總理衙門行走。標未就職,新政果敗。言官見其擢官也,劾之,落職。標奉其母居於家,絶口不談時務,數年卒。

　　　　案:見趙炳麟《柏巖文存》卷三。此傳記事實訛誤較多。

費行簡《近代名人小傳・官吏》

江標

　　字建霞，元和人。以編修督湖南學政，提倡新學，以龔自珍、魏源之説訓士，選刊《沅湘校士録》。戊戌以洊擢四品京堂，政變褫職，永不叙用，旋殁。標博學清才，少年高第，人皆期其騰上，而竟顛困以終，世頗惜之。初治小學，後爲今文學，少治公羊《春秋》、韓氏《詩》、小戴《禮記》，然皆通大略，不及章句也。文學齊梁，詩多側豔，有《靈鶼閣集》。標狀貌若好女子，風流自喜，而膴仕非所求。丁酉冬，予見於上海，時方響用，乃凄然有謝脱塵網之想，由其師六朝人，且兼學佛然也。工書，兼篆隸行草。

附録三　其他相關記載

論湘省振興西學之速

　　國家之治亂視乎人才，人才之盛衰由乎學校。然中國從前之學校所講習者，大半係許鄭之訓詁、程朱之義理，爭立門戶，聚訟紛紜。其下者更以空疏無用之時文與夫纖巧浮僞之試帖汩没才智，窒塞性靈。詢以古今之治亂興亡、中外之强弱得失，輒茫然未知所對，至所謂聲光電化爲專門名家之學，足以有濟實用者，更無論矣。自各口通商，交涉日廣，中國漸知西學之不可不講，於是沿江海各省，如閩廣浙江諸處，風氣廣開，人肄祛盧之書，家習隸首之學，咸思集彼族之所長，輔吾人之不逮。至秦晉鄂蜀，僻在邊壤者，近亦聞風興起，雲鱗瀵萃。惟湘省素以士氣聞天下，通商數十載，西人足迹交遍中國，而從未越洞庭半步，其志氣之堅、魄力之厚，實爲他省所不及，於是薄海内外咸以守舊目湘士。

　　今者時事益艱，需才孔亟，天子宵旰殫慮，思推廣西學、培植人才爲自强根本，各省大吏仰體宸廑，皆以添設學校爲急務。湘之人士於是翻然思變，盡棄其空疏無用之時文、纖巧浮僞之試帖，而一從事於西學。又經陳佑民中丞極力提倡，設立時務學堂，召生徒，延教習，厚集款項，嚴定章程，計取學生百二十名，諭以學成後咨送京師大學堂練習專門學問，考取文憑，或咨送外洋各國，分住水師、武備、化學、農學、礦學、商學、製造等學堂肄業，俟有專長，即分別擢用。一時濟濟英才，咸思振興以備國用。元和江建霞文宗又復創立《湘學報》，計分公法、商務、史學、算學諸類，皆講求實濟，不尚空言。原其用意，蓋一以矯迂腐謬戾、不知時變之小儒，一以警輕率淺躁、浮慕西學之俗士。蓋所謂西學者，必須於彼中政治風俗洞悉於心，而又須心性樸誠，志氣忠勇，庶不使沾染洋風，捨己從人，豓彼教而致忘根本。其用心爲至大且遠，以是兩年以來成才日衆。昔之以守舊目之者，今悉以創開風氣稱之，然則湘中之興西學雖後於各省，而其心轉專於各省。蓋天下事鬱之愈久者，其發之必愈捷，守之愈篤者，其變之亦愈誠，此固理之可共明者。

　　且不特此也，湘之興西學固盛於近年，而湘之鄉先輩固有開其先者矣。曩昔曾文正督兩江時，創議資遣學生出洋；左文襄創福建船廠，招子弟習西國語言文字及新奇工藝，以時出洋。宏識遠謨，早收明效。曾惠敏崛然繼起，遂能力爭俄廷，不辱君命。其餘若魏默深《海國圖志》之書，郭侍郎《使西紀程》之作，其議論精核，考證詳明，久爲海內推重。當數公之時，中國與泰西各國互市未久，受患不若今日之深，交涉不至今日之難，士大夫舊德民依，咸以闒葺爲積習，而之數公者，獨深識遠慮，不避謗嘲，不辭忍訴，毅然慨然，以倡此義。今中國屢弱益甚，英德俄法諸國咸起而垂涎瓜分，讕語流播寰區，其待才之亟，勘定之難，實百倍於曩日。海內人士維亦攘臂奮袂，慷慨譚時事，而所得者皆係彼中之粗迹，其學術之本原，政教之條例，皆茫乎未有所聞，以故求才數十年而卒未聞魁奇特達之士出於其間。以上分宵旰之憂，下佐疆臣之治，非必天之靳於生才亦以在上之提倡，或未必能實力耳。今中丞陳公、督學江公慨念大局，丕引新基，楚南爲自古人才之藪，衡湘鍾毓，磅礴鬱積，其得氣既厚，其生才必奇。往者赭寇之亂漫延十餘行省，曾文正倡立義師，號召豪傑，卒以削平大難，重定寰區，雖各省奇才異能，亦皆出而效命，而溯其建功之多，推湘中爲最，其勇往之懷、果決之志，誠有足以壯士氣而振頹風者。今日者，時勢雖衰，人心未煥，苟使薄海人士咸得良有司竭力振興，設法獎勵，而又能如湘人士之一往無前、實心振作，用可用之士氣，開未開之民智，則鄰國雖强，不足畏也。鄙人投筆無才，恤緯有志，竊持此言，以告薄海之君子焉。

　　案：見《申報》光緒二十三年十二月二十二日（1898 年 1 月
　14 日）第 1 版。

章士釗《柳文指要·通要之部·湖南學風》（節選）

　　嘗論湖南文風所由長養而唱導者，有二源焉，一源出於功令，一源出於鄉老。此包括山長及私塾老師。實則鄉老也者，即自始卵育於功令，而退居大小師資，又無在不受學政指揮，質而言之，一源而已。以云學政，除右舉二張功養深淳、號爲絶特者外，吾所親歷而嚮往，有元和江標。標固辭賦之雄，而菀湘適値甲午、庚子二變之交，江標，吾於乙未之秋及丁酉之冬兩次逢場，其人俊俏風流，容觀甚美。標娶汪鳴鑾之妹鳴鳳，有文名，聞有"建霞鳴鳳共賞之作"印章鈐於考卷，吾却未見過。於時張皇號召之職志，左爲詞章，而右乃洋務。爾時所謂洋務，由考生看來，不啻以吾國古代名、墨萌芽與泰西近今科技成就兩相交織而成。如湘人魏源所撰《海國圖志》，允爲恰合時好之經典著作。丁戊之間，江標發刊《湘學新報》，以舊式雕版綫裝成之，不古不今，不中不西，唐才常、楊守仁等之論文居多，而本土白芙堂之天元代數亦雜廁其間，斯乃新舊交替之活生生標識，不失爲劃時代之特殊怪相。由此一轉，即化爲革命浪潮，"東方之怪鳥，鳴於東瀛此爲梁鼎芬罵湖南學生語，亦包含楊度在内。"。楊篤生混罵野雞政府、忘八官場之《游學譯篇》，亂流而出，壓倒輿論，於是吳南屏曩日標榜之古文，曹孟其已訾爲酸氣太重，上不得臺盤，蓋與滿洲翎頂、忘八野雞同時灰飛煙滅以去，不見形影。時郭嵩燾之《洋務條議》，既漸爲人忘却，前代古文家韓柳之名，則絶非青年人所能與知，屈韓申柳，更從何談起！李愛伯讀柳文，覺子厚虎虎如生，此在江左士大夫或然，吾湘了不聞有此。

唐才常《瀏陽興算記》(節選)

元和學使江公按臨是邦,才常乃糾同人劉善涵、涂儒翯、羅棠等,首以改革南臺書院章程請。江公瞿然曰:"久矣夫,余之輟食棄餐,撫劍東向,欲求振刷於是邦也,不圖義聲首唱,與余耿耿之心相符契者,有瀏人是也。"

元和江公曰:"余嘗至日本,見其人民聰秀而性强悍,鄉曲豪舉游俠之雄,遍於八洲三島。其明治以前,殺朝臣,攻使館,劫師船,縱橫韃戮,飆忽萬狀。有處士十六人者戕法蘭西人,及臨刑時,戮至十四人,慷慨就死,無少瑟縮,法使乃反袂掩面,泣不忍視,曰:'停刑停刑。'夫其桀悍若此,以云更變,難乎難矣。然自迭遭挫辱以來,瞿然於閉關銷港之非,而一意開通,大修學制,爲亞東雄國。吾之以日本望湘人士也久矣,今其氣象庶幾近之。"

又語才常曰:"余初出都時,或怵之曰:'湘人以守舊聞天下,子蒞湘毋言時務,不然且立蹶。'比至湘,則殊不然。與士大夫言,皆愴念世局,恤恤然憂,皇皇然懼。又以史學、掌故、輿地、算學策士,則崇閎之論,明達之儒,往往而有。於是歙魏默深、郭筠仙、曾劫剛諸先生之流風未沫也。又益喜茲邦之熱力進奮,忠愛纏綿,爲中國聰强之嚆矢也。然非瀏人一舉而破其局,而通其閎,則吾烏知是邦趨向之顓一,血性之充周至於此矣?吾子勉乎哉!"

案:見《湘報》第 45 號(1898 年 4 月 27 日),又見唐才常《覺顛冥齋內言》。

譚嗣同《與徐仁鑄書》(節選)

方江學政之至也,謗者頗衆。及命題喜牽涉洋務,所取之文,又專尚世俗所謂怪誕者,拔爲前茅,士論益譁,至橫造蜚語,箝捬震撼。

而江學政持之愈力，非周知四國之士，屏斥弗録；苟周知四國，或能算學、方言一技矣，文即不通，亦衰然首舉之。士終知莫能恫喝，而己之得失切也，乃相率盡棄其俗學，虛其心以勉爲精實，冀投學政之所好，不知不覺，軒然簇然，變爲一新。

　　　　案：見《譚嗣同集》。

皮錫瑞《師伏堂日記》

　　光緒二十年十一月初十日：江學使習目録之學，然此學非可以取士。江擬行季課，願捐廉，携幕友十三人，想是做聲名者。

　　光緒二十年十一月廿五日：葉煥彬至，言江學使觀風有《續經義考》《續小學考》等題，此須書多，假以時日，非倉卒可辦也。

　　光緒二十年十二月初三日：祭酒云江學使知予名，并知予二子之名。云得之都中，不知誰所告也。

　　光緒二十年十二月十一日：擬經解題數十。見江學使所刊題目，多大著作，不過欲見己之學問而已，未足以取經學、詞章之士也。

　　光緒二十年十二月十四日：江學使觀風有《湖南金石詩》。善邑古迹寥寥，爲二兒作《嶽麓峰禹王碑》《李北海嶽麓山寺碑》詩二首。

　　光緒二十年十二月廿七日：江學使來拜，或以祭酒言之。

　　光緒二十年十二月廿八日：往江學使處回拜，言整頓校經書院諸事，人謙和，年三十許……學使擬刻叢書，索予著作，云經費不足，止可刻小書，又云和議即在上海定議。

　　光緒二十一年正月初九日：江學使每月有課，其經學、詞章題皆無可著筆，故代二兒作史論。

　　光緒二十一年正月廿七日：江學使刊書有《大傳補注》，云出壬老，不知何如。

　　光緒二十一年五月廿九日：江學使好怪殊甚，邵陽領批作小講收筆:"天且冗,地且陷,所以病天。聖且褻,褻且裘,裘且長,長且短,短且袂,袂且右,所以病聖。"可謂文妖,無怪廷議欲廢八股也。夏季課題多説洋務,爲作《讀漢書黨錮傳》。

光緒二十一年七月二十九日:得家信,吉兒考經正取第三名,善化取經三人,伊居首。經正取十人,次取二十人,詞章取八十七人,共百七十七人,多矣哉……江公好談洋務,宜切洋務説,恐考生未畢解其意。

光緒二十一年十月十五日:江學使不甄別,校經春夏課亦未發,而冬季課題又出,經學題《釋儒》《釋士》《補經義考自叙》《跋唐寫本玉篇後》。

光緒二十一年十月十九日:蔡[案,指蔡與循]云學使有意整頓校經,逸梧、雨珊欲邀壬秋主講校經,而杜仲丹不辭,學使只得敷衍了事。杜并不欲開除人也。

光緒二十一年十月廿八日:往見葉焕彬,見江學使所刊書甚精,多書目,所謂目録學。其所著詞名《紅蕉詞》,或小楷,或北魏,刻工皆能得筆意,足見湖南刻手之佳。每字二文。

光緒二十一年十一月初三日:焕彬至,以吉兒取經學卷見示,云江學使將刻入試牘,屬自改定,更爲改定數處。

光緒二十一年十一月十二日:江學使極欲使[王閭運]坐校經一席,而卒不成,諸公陰忌之,非獨周、杜爲祟也。

光緒二十二年二月初三日:聞冀省吾丁憂,江學使有趕回看會之説。

光緒二十二年二月十一日:江建霞所選《通雅集》文甚奇,大約所傳新出試牘即此本也。

光緒二十二年四月十二日:[于]秉郇亦聞江宗師考拔甚嚴,屬意者別調一處,如此亦甚好。

光緒二十二年七月初四日:見吉兒信,云考經正取第二,補廩有機會,可成事,約費百七十金。小鶴考經亦正取第九,足見湖南通經者赴。吉兒云科試文不得意，題爲“愛之”二章，甚無義理。芷青云廿日起程，案已發，吉兒一等第二，第一者乃新生周介祺，不考拔，吉兒資格最高，可望。惟望如天之福，早得捷音。考拔正在此數日，如此大熱，甚苦矣。

光緒二十二年七月十一日：電報適至，吉兒僥倖選拔，不勝欣慰。

光緒二十二年七月十二日：寫家信，并致信祭酒道謝，屬代致宗師，此可不便致書，歸後面謝。

光緒二十二年八月初七日：得七月廿三吉兒來信，并不提及用費多少，但云見宗師贊用廿金，而譚瞎子之子四百金，廓哉，廓哉……宗師考二場嚴於頭場。宗師本不重時文，幸吾邑中如龔、唐者皆非長策論者，故易見長耳。

光緒二十二年十月廿七日：江建霞刻《靈鶼閣叢書》，談洋務者多新異可觀。

光緒二十二年臘月初九日：校經，江宗師自爲政。

光緒二十二年臘月十七日：往胡子威、汪叔明處。子威云今日風氣大變，談時務者皆趨風氣，求如前日之士氣已不可得，經史實學皆可廢矣。予意亦以爲然。

光緒二十三年二月初九日：閱《靈鶼館三集》，有《碧城仙館詩》，皆絶體。

光緒二十三年二月十二日：見江學使辭行，云擬五月會覆。吉兒節前須歸，解部卷要平正合格，擬頒發格式，文三頁，策論二頁半，儘可做過。

光緒二十三年六月初五日：問秉郇湖南事，云小輪船將有成議，藝學堂未立，東洋車不行，又辦電氣燈、火柴公司，房屋始畢工，《湘學報》銷未暢。

光緒二十三年六月十一日：閱《知新報·湘學章程》，言校經新制與報甚悉。

光緒二十三年七月初二日：閱《湘學報》……得吉兒前月半信，云會覆在七月杪,江宗師擬待優貢考後同覆。

光緒二十三年七月廿七日:得吉兒十三日來書,十六考優,會覆擬廿六,右帥病,有江學使入闈監臨之語。

光緒二十三年九月十三日:江建標［案,當作霞］病重,似中風,不語,年始壯而遽得老病,惜哉。

光緒二十三年九月十四日:葉焕彬至。葉云……徐學使乃彼房師,經學、詞章、時務皆講究,不如江建霞之博雅。

光緒二十三年九月廿七日:易實甫來拜,云江建霞已能言,尚未能起牀。

光緒二十三年十一月初四日:易中實邀游麓山,約已刻往,登舟則主客皆未到,到齊已過午矣。中實與陳笠唐、江建霞、梁卓如、李虞琴、陳伯嚴、熊炳三、蔣少穆及予共九人,黃公度不到。易與江用親兵承差扈從,三板升炮……江以前游山致病,在書院等候……諸君游畢,同登舟。飲至二鼓,談時事甚暢。校經請沈子佩,伯年云江西學堂請陳伯潛,大半不到,即請江建霞。江云昨報皆經筆削……

光緒二十三年十一月初十日:至逸吾祭酒處赴飲,建霞、公度、卓如、虞琴、秉三在坐……十七壺園音尊,公餞建霞,予以叔父喪辭。江詢江右事甚詳,蓋以伯年延主務實講席之故。江右固陋,未必相安,當見伯年告之。

光緒二十三年十一月十三日:江建霞以兄故,辭十七音尊。

光緒二十三年十一月十四日:……遂携此函詣伯年,并詳告以江西情形,官不尊師,紳謀盤踞,我在經訓已不安於位,將來學堂借才異地,亦必如此,恐非江建霞等所能耐,我明年亦決意辭館……至焕彬處久談……所作《靈鶼閣叢書序》甚佳,能以考據兼詞章者,惟祖護八股,不可解耳。

光緒二十三年十月一廿一日:歸聞祭酒復知照廿四請江建霞餞行,而梁、李二人已先請陪江,豈有分身術耶?

光緒二十三年十一月廿三日:梁卓如、李一琴請客改廿六,廿四公餞學使……學使不辭同産之服，我恐亦不能辭。

　　光緒二十三年十一月廿四日：午後往江學使處送行、李秀峰處謝步，均不晤，遂至葵園。祭酒云湘中官紳議留我在湘，恐右帥不允。詢江西修金多少，大約可爲我設法。予云江西我亦不願去，惟明年已接關，伯嚴云明年必須一往，且俟彼回署再説。祭酒亦云江西風氣難開，已勸江建霞不必往矣。

　　光緒二十三年十一月廿六日：赴時務學堂。梁卓如、李一琴招飲，在坐新學使徐劍甫，稱予年伯，云乃翁癸酉同年。江建霞至，召諸生講學留別。予窺之，兩學使、兩院長四人共坐，諸生彬彬列坐，所講亦是尋常發落語。在坐逸吾先生、陳程初、葉煥彬、易實甫、鄒沅帆、譚佛生、熊炳三。譚、熊將同江建霞到湖北……右帥贈江學使詩，予未見。見公度詩，慷慨淋漓。節吾與唐繼常，客將散始到。

　　光緒二十三年十一月三十日：江建霞與葉煥彬爭石醉六、劉蓮生兩學生，實甫與王祭酒爲之調度議和。輪船水淺不能來，又北風，故江未解纜。

　　　案：採自皮錫瑞《師伏堂日記》（影印本）。

《白岩龍平日記》

　　明治三十二年一〇月二三日：江標父子由江蘇到來，寓我屋。

　　明治三十二年一一月二三日：耳江標訃聞，爲一驚。既而唐才常、汪康年皆來告，初信其實……作書吊江標。

　　明治三十二年一二月一三日：馳价告王一清、文廷式處。少間，王同二夥從來，文與蔣恭鍇來。蔣係江建霞舊交，家有九十餘歲老母，不仕官，不出省，而官紳往來尤廣，家資亦殷實云。

　　　案：採自中村義《白岩龍平日記：アジア主義実業家の生涯》。

歲。先生問:邵陽先生輩魏源你們知得嗎？讀過他的書嗎？你們要學魏先生講求經世之學,中國前途極危,不可埋頭八股試帖,功名不必在科舉。他這一段話,把生長在靜水灣的我忽然啓示了一個新的宇宙。我頓時感到,我須接受城市的影響,這城市還不是邵陽,至少應該是這佳客或魏先生所經歷的那些城市。因爲邵陽只知道八股文應試,而這佳客反而以抛棄八股文、不必應試指導其新入門的學生,我當然欲罷不能的接受他的指導,這明明是才進入考試類型的生活、就要破壞這生活的發端。

及我再度謁見先生之日,他已準備送我與公溥入長沙校經書院肄業。這書院不講學,山長杜貴墀僅月考,以經史題試諸生,作文雖不課八股,仍是考試。四月,我同公溥到長沙注籍於書院,而我却住於葉德輝家,從葉受經學,也是先生所介紹的。先生頗好言通經致用,正是中學爲體、西學爲用之說的前導。認葉有考據之學,以爲可師。八月,先生自湘南返長沙,乃不滿葉所持論,命我從葉家轉住督學官署内蕙圃。圃有藏書二萬餘卷,我始發憤作汗漫的博而寡要的縱覽。先生教我每畢一書便作一提要呈閲,雖在百忙,必爲我指陳得失。先生長子孟聰與我同年生,亦同受課。直到一八九六年秋間,未嘗稍懈。譚延闓與我訂交即先生於蕙圃所介紹(譚亦出先生門下)。其後民國九年,譚爲我題跋靈鶼遺墨,還憶舊事説"逡巡引退,自愧弗如",可見當日情景甚爲譚所健羡。我今雖不能爲斯賓納乍先生,實是馮安德,我不能補説,我從符號生活窺見中國文化的梗概,實江先生有以啓之。

先生於一八九七年十二月督試事畢。在湘三年,除職務應盡者外,其特殊事迹,如創辦《湘學報》,改建校經書院圖書館,自捐廉俸購置所謂洋務或時務圖書不下七千種。又自編刻《靈鶼閣叢書》,我嘗爲之校理,且與唐才常共負《湘學報》歷史掌故撰文之責。每值先生輶軒巡試,我則移居書院,及歸長沙,我復返官署。三年之中,始終在先生薫陶之下,發起并完成了許多自研究,已自忘其在考試類型生活中度日。可惜好景不長,當先生離湘之辰,我與劉煥辰本已決計隨行赴滬,先生且言爲我徐圖海外留學,不意葉德輝以詭計與强力困我兩人於斗室中,先生遍索我等不得,明知係葉作祟,艤舟不發,更托王先謙、梁啓超、熊希齡先後與葉妥協,葉竟不承認,先生只得怏怏行。及我等得自由,先生已片帆遠去,我憤不可耐,遂永與葉絶。次年所謂戊戌政變之年,先生憂時疾世,由通信示我以今後爲學謀國的方術,顯爲排滿復漢説張目,不幸一八九九年十一月二十一日即以四十之壯逝世。我每悼念先生同時,亦遺憾葉德輝。時代當改革之際,新舊紛爭涉及個人,往往如此。湖南自江先生去後,繼督學者爲徐仁鑄,一如江先生所措施,我每試必第一,非必文果出衆,正由心理相同。

　　一八九八年三月,長沙時務學堂開學,其組織與所倡學説傾於民主政治及一般科舉常識,并主張廢科舉、設學堂,梁啓超爲其主要導師。仁鑄推薦我與子善及蔡鍔加入梁門爲學堂學生,我嘗因唐才常得交譚嗣同……在順流中,我一味天真爛漫的積極趨新;轉入逆流,却不得不沉思反省的消極疑古。家塾生活所鑄成的尊孔一念,動摇之下乃至掃蕩無餘,始有更進一步探取新的宇宙觀及人生觀的渴望,以期將來爲民族指示偉大而適應的文化路綫。這項有意義的發起,要算是考試類型生活期中最重大的收獲。我應該再説一句,實江先生有以啓之。

　　案:節選自石陶鈞《六十年的我》(湖南圖書館藏)。

楊樹達《積微翁回憶録》

一八九七(光緒二十三年丁酉),年十三歲

　　四月。湖南提學使元和江建霞先生標。設實學會於北門外湘水校經堂,今爲廣益中學。延通算學、地理、英文者各一人爲教習。入會講習者,人繳費制錢拾千文,畢業后退還。余兄弟甚願入會習算學,

而費無所出。開學之日,余等往觀,見算學教習易君講授開方術。余笑謂兄曰:"此不甚易乎?"校經堂頗有藏書,江先生特開放令堂外人來堂閱覽。各發閱書證一紙,令署己名氏。余方立學使案前署名,有一人指余私語其友曰:"此少年頗解算學。"蓋余與兄語時,此君從旁聞之也。余署名訖,學使問余曰:"爾曾入會否?"對曰:"未也。"問:"何不入會?"曰:"家寒,不能備學費耳。"學使令召易君至,謂曰:"聞此生頗知算學,可命題試之。"易君因領余至其居室,以開方題命余布算。余得數,示易君。易君首肯,復率余向學使復命。學使遂於余閱書證上批云:"准該生免費入會。"余等歸家,家人聞知,皆以爲喜。然余獨入會而伯兄不能偕,則仍恨事也。先君因走商好友畢松甫丈,永年。丈新受知於學使,得拔貢者也。明日,畢丈偕先君率余至學使署致謝,先兄亦偕往。先君向學使致謝後,言兒輩向來共學,仍求爲先兄免費,學使允之。於是余兄弟寓堂習算學者數月,所學亦較進。戊戌政變,江先生以新黨落職。先生之風流儒雅,愛才如命,至今湘士有遺愛焉。

趙眠雲《江建霞軼事》

元和江建霞督湘學時,邵陽蔡松陂將軍以十二歲入縣學,雖童年,已嶄然露頭角,以大器目之。召入試院,嘉獎備至,語之曰:"觀君文,雖不及老生之細密有法度,然英爽之氣森然逼人。天下將有事,君萬不可以文士自命,當早宏建樹,爲衆豪傑倡。"蔡唯唯受命。蓋江亦素主改革者,每案臨各屬,常思甄拔奇異之才,湘中士風爲之一變。革命興雲,湖南獨多出類拔萃之士,建霞甄陶之功亦不可没也。

案:採自《紅雨》1924 年第 1 期(上海圖書館藏)。又見趙眠雲《片雲》甲編《心漢閣雜記》。

梁啓超《石醉六藏江建霞遺墨》

余生平所歷，鏤刻於神識中最深者，莫如丁酉戊戌間之在長沙。時義寧陳公爲撫軍，其子伯嚴隨侍，江建霞、徐研父先後督學，黃公度陳泉、譚壯飛、熊秉三、唐紱丞以鄉黨之秀左右其間，咸并力壹致以提倡當時所謂新學，而余實承乏講席。未幾，建霞受代去，艤舟待發，來時務學堂與余別，紱丞方贈余一菊花硯，壯飛爲之銘。銘曰："空華了無真實相，用造刱偈起衆信。任公之硯佛塵贈，兩公石交我作證。"建霞睹之，曰："此銘鐫刻，豈可委石工？能此惟我耳。我當留一日，了此因緣。"遽歸舟脫冠服。向夕，褐裘抱一猫至，且奏刀且侃侃談當世事，又泛濫藝文，間以詼諧。夜分，余等送之舟中，剪燭觀所爲日記，忽忽將曙。建霞轉相送於江岸，濛濛黃月，與太白殘焰相偎煦，則吾儕別時矣。自爾竟不復相見，今遂二十六年，建霞墓木既拱，同人亦零落略盡，余研固早已殉戊戌之難，而此情此景，猶縈旋吾腦際如昨日也。醉六與蔡松坡在當時同學中齒最稚，亦最爲建霞所賞愛。松坡既了一大事以去，醉六亦盡瘁於戎馬間十餘年，而世變每下愈況，與吾儕夙者所夢想者乃日以遠。余與醉六亦且間數歲始獲一會合，今夏講學東南，醉六來謁，出所寶藏建霞遺札相視，撫誦再四，殆不能爲懷。差可喜者，吾儕以積年憂患之身，尚能留此書生面目，不爲地下師友羞。行矣醉六，願長保此歲寒也。壬戌初秋。

案：見梁啓超《飲冰室文集》卷七十七。

張蔭桓《戊戌日記》

四月初四日丙戌：晴。前日晤江建霞，述湘中近竟滿城電燈，上年秋闈亦用電燈。湘中能通電綫已不易，復張電燈，抑何開新之速也。

陳銳《裒碧齋雜記》(節選)

汪穰卿似龍國太，文芸閣似屠户，王禄波似囚犯，陳伯嚴似尼姑，江建霞似理髮師，袁綬俞似成衣匠。少年意氣，同人互有品題。細思之身分，都略相似，亦謔而虐矣。

案：又見《學山詩話續》。

李伯元《南亭筆記》(節選)

元和江建霞京卿標，督學湘中，創學會學報，一意提倡新學，以開湘省風氣之先。戊戌坐康黨，奉西后旨革職，交原籍地方官嚴加管束。京卿帶罪回籍，未入里門，先詣各衙門稟到，聽候管束。各大吏皆與之爲舊好，且深知其冤，即請仍歸故第。惟於翌日特委長元吳三首縣，帶同拍照之人，前往北張家巷京卿府中，相邀共拍一照。大抵以一分寄都，爲業已回籍之證據，一分粘附案卷備查，餘數分則由三縣與京卿各執，以志會合之緣。於時京卿笑曰："契約所載，每有'恐後無憑，立此存照'云云，今不圖與三公祖共之。"一時傳爲趣語。後清廷特原其罪，而京卿不幸遽歸道山。近有人以此照見示，除京卿外，有一容貌極似上海縣汪瑶庭大令者，詢之果是，蓋大令曩年方宰長洲也。

江標奉管束命，某月朔，素衣至吳縣署，由側門入。縣令某，蒙古人也，龐然自大，略無撝謙之意。江所居與吳縣署才數武，自此每日黎明必至宅門投到。縣令某，嗜煙甚，每遲起，十日後不堪其擾，乃使人轉圜，并負荆請罪，江始莞然而罷。

李伯元《南亭四話》

馬厩

京師某處馬厩舊有一聯曰："馬骨嶒崚，吃豆吃麩兼吃草；車聲歷

碌,拉人拉客不拉錢。"其語滑稽可喜。江建霞太史嘗擬題一聯曰:
"群空冀北。"下聯苦無以屬,即漫書曰:"家在江南。"某君一日笑問建
霞曰:"家在江南,是馬之家在江南耶? 抑人之家在江南耶?"相與
大笑。

易宗夔《新世説·排調》

　　江建霞風流倜儻,最好詼謔,然寓意甚深。嘗爲人畫紈扇,作二
鼠,旁有以胡桃及花生數枚,題其上曰:"老鼠哥哥,你底事終宵鬧我,
臘燭已殘,油燈又破,忍使俺無端悶坐。剛到新年,福橘烏菱,早飽哥
哥肚,只剩得幾莢花生,還有胡桃一個。些些桐子,不值今宵小喫,恐
教受餓。勸哥哥明日還來,預備乾糧,細嚼五更鼓。"江公爵里見前。

陸錦燧《景景醫話》

急勞

　　江建霞,名標,余至好也。一夕筵次,聞其咳嗽,余曰:"君咳不
暢,有外邪閉塞肺經,宜服開洩藥。"江曰:"有西醫勸服止嗽藥水,擬
即服之矣。"余曰:"西藥余未詳其性,但顧名思義,恐是劫劑。古云傷
風不醒便成勞,似不宜服。"渠意不謂然。江與余省試先後出汪瑤庭
先生門,時汪任長邑,其明日爲師母壽誕,約祝壽再見。至明日,江不
至,晚筵時,瑤師云:"江僕來,言建霞病,不來矣。"以爲小恙,未之省
視。又匝月餘,聞噩耗,爲之駭然,不意筵次一別,遂成永訣。後晤其
兄霄緯,云病重時,至曹君智涵處診治,曹極言病險,建霞猶不爲然。
曹告其家人曰:"尺脉弱甚,腎虧已極。"余細思之,此猶是邪留於肺,
肺病,金不生水,爲止嗽藥水强止其嗽之害。蓋腎陰素虧者,肺熱液
涸,腎無來源,往往不起。勞瘵中有七日之急勞,半由於此。人皆以
爲日甚短,不疑其爲勞耳。

鄭逸梅《人物品藻録初編》

江建霞與譚延闓

故行政院長譚延闓,其文章書法,實得力於乃師江建霞之薰陶爲多。建霞,清元和人,諱標,號蒄圃,又字師鄭,又自署笘誃。幼讀書舅氏金匱華翼綸家,翼綸富於藏弆,耳濡目染,遂精鑒別。研習許學,酷嗜鼎彝文字,所作篆籀,皆有古法。戊子己丑連捷成進士,入翰林,視學楚南,譚延闓即其所拔之士也。建霞死,年只四十。身後蕭條,哲嗣小鶼,尚在髫齡,建霞夫人撫孤守節,刻苦異常。譚其時已顯達,常來拜謁師母,一若建霞在時,恭謹侍立,非呼之坐不敢坐。譚有雪茄癖,平居吞吐爲樂,其隨從携有雪茄,欲私進之,譚恐失禮,搖手以示意,建霞夫人見而命之吸,并自吸捲煙以爲倡,譚乃告罪吸取一枝焉。某次,江家遷居滬上白克路之某里,譚親來道賀,問屋是否己産。建霞夫人以租賃對,譚力簽巨款之券一以與之曰:"此雖戔戔,然足爲購屋值。庶幾居住有定,不致勞於遷徙矣。"其風誼有如此。

建霞美風姿,嘗御蜜色灰鼠袍,一字襟背心,閒步市廛,婦女輒流盼,有衛玠璧人之號。且喜涉足花叢。某節,負數百金,阮囊羞澀,無以應付。有陸燕秋者與之同游,斥資代償,建霞殊感之。既任京官,即招燕秋寄寓其邸。值秋闈應試,上海籍者,只燕秋與孫漱石二君。燕秋既捷,報者誤爲漱石,漱石初頗慶倖,既知非是,乃大失望,一時傳爲話柄。建霞又與梁谿鄒酒丐相友善,酒丐《三藉廬集》中頗多述及建霞。建霞好古敏求,編有《靈鶼閣叢書》,金石爲最,共十九種,次各家詩文,共十種,次經義小學,次書畫目録版本,各六種,次地志傳記,次雜説筆記,各四種,而屬於泰西政治學術風俗者乃有八種。又輯《宋元本行格表》《士禮居藏書題跋續記》若干卷。藏書亦綦富,死後,以五千金讓歸毗陵盛氏。茲《靈鶼閣叢書》已收入商務《叢書集成》中矣。

　　案：以上二則又見鄭逸梅《梅庵談薈》。其中第一則又見《申報》1937年7月5日第19版。

張一麐《古紅梅閣筆記》卷八

江標

　　吾友江標，字建霞，己丑翰林。游歷日本，知吾國之未可言戰。甲午朝鮮之役，曾上書掌院請代奏，未果。暨督學湖南，極力提倡新政新學，如唐才常、譚延闓、譚人鳳、畢永年之流，皆所取高才生。試取《沅湘校士錄》觀之，則列名者非維新之魁傑，即革命之偉人。自湘錦旋，正拜京卿與總理衙門章京之命，未幾政變，以言官參劾，有與熊希齡庇護奸黨、潛通消息語，革職交地方嚴加管束。君所居與唐家

張一麐七十二歲像
（見《心太平室集》）

巷相近，常至小學堂談時事，又以廣東、浙江兩書局全份書籍寄附學中。是時學會禁矣，科舉復矣，保國會有名者幾被錮，王君九有勸余避至上海之語，余以會員中自尚侍及翰詹科道不知若干人，未必及余，坦然處之。惟守舊之徒揚揚得意，昔之自附維新者惴惴懼禍，獨君意氣自若，過從益密，不數月忽患肺疾以逝。南菁書院山長丁叔衡先生挽聯云："公死在庚年前可矣，黨獄俟再世後論之。"極為精警，一似預知庚子之拳禍與革命之將興者。使建霞至今猶存，不啻房杜之河汾、商山之黃綺，而當其生時毀者多而譽者少，是知先知先覺之難為而依草附木者之易於容悅也。

張一麐《五十年來國事叢談》(節選)

余戊戌三上春官試,以姊夫夏孫桐爲同考官,回避,留京無俚,友人秦樹聲約至粵東館,入保國會,列名於公車上書,五月歸里。是時德宗銳意革新,設學校,廢八股,召楊鋭、劉光第、譚嗣同。林旭參預新政,黜禮部六堂官,湖南巡撫陳寶箴設南學會於長沙,維新之聲日盛。迨八月政變,嗒然若喪。余在唐家巷小學與弟一鵬課諸生,革職京卿江標時相過從。今閲江君《沅湘校士録》,所得士如黃興、譚人鳳、蔡鍔、唐才常等,什八九皆江君門下士。惜江君是冬以肺疾逝世,不及見諸偉人之發揚蹈厲也。

案:見張一麐《心太平室集》卷一。

葉瀚《愧餘生自紀》(節選)

愧餘生,杭人也,生於同治二年癸亥五月九日……年二十二喪母,益不願株守故里,得亡友直隸李君友三介紹,至江蘇松江華亭司信札,兼爲浙紹沈子良家庭教師。半年復至江蘇省會,時蘇省有風會亦未開,士夫多講求經、小學、詞章、時藝等。惟地近上海,互市場。又士夫多肄數理化者,生得乘間托人締交,得識江君標、烏程嚴君某,皆有意於經世學。

案:見葉瀚《愧餘生自紀》(中國國家圖書館藏稿本)。

支偉成《清代樸學大師列傳》

潘祖蔭(節選)

公於經通公羊《春秋》《爾雅》,於史通范氏《後漢書》,同光間承襲魏餘風，今文經學盛行，許鄭之誼遂微，公益從而左右之。元和江標出其門，視學湘中，創設時務學堂，益務張"新周改制"之説，固清季學術變遷之一大關鍵也。

吴士鑑《含嘉室自訂年譜》

光緒十六年庚寅，年二十三歲：

二月覆試，取列一等第一名……三月會試，榜發不售……是年專心輿地之學，盡閲張殷齋、何願船、徐星伯諸家之書。與姚翼堂講求金石，遍搜廠肆，得拓本益多，考證地理官制，積有跋尾若干通，是爲《九鐘精舍金石跋尾》之創始。與江建霞、標。徐研甫、仁鑄。王翼北崇燕。訂交。建霞精於板本金石，研甫專攻詞章，翼北承文敏之訓，研經考史，旁及金石目録之學，月必數見，頗得切劘之益。

孫詒讓《古籀餘論後叙》(節選)

繼余以貲郎留滯春明，時吴縣潘文勤公藏彝器最盛，與濰縣陳壽卿編修塏，而宗室盛伯熙、福山王文介兩祭酒，元和江建霞、陽湖費峞裒兩編修，同邑黄仲弢學士，皆爲兹學。每有雅集，輒出所藏金文，辨證難字。適文勤得克鼎，文字奇瑰，屬王、江諸君爲正其讀，考跋纍纍，莊成巨册，公以示余，俾别擇其是非。

案：見孫詒讓《籀廎述林》卷四。

孫詒讓《克鼎釋文》(節選)

叀，當从江建霞吉士讀爲惷。毛公鼎惷天字正如此作。《爾雅·釋詁》：惷，亂也。言其純一而不亂也。

案：見孫詒讓《籀廎述林》卷七。

劉心源《奇觚室吉金文述》卷二

曶鼎（節選）

此鼎已毀於兵火，原拓罕觀，此係道光時翻本，與阮書合，回翦貼之釋文行數、字數即原式也。江建霞藏原拓四紙，其最初本"落""蒙"字隱，餘皆剔"落"後拓者。江云，篆迹頗有剔壞者。

［日］岡倉天心《支那旅行日志》（明治二十六年）

八月十九日：高洲大八氏と共ニ江票翰林ヲ訪ふ，古銅鏡及周陶片ヲ惠マル，鏡ハ漢鏡，陶片ハ周ノ彝器。一字愛或誓卜作ル，臨淄ヨリ出ッ，多字中ニ陽字アリ，山西ヨリ出ッ，江曰く六朝小仏山東灘県人模造多し。

八月廿一日：明天の出発ヲ見合す，遺憾なり。夜十一時，江翰林武梁習及石像ヲ贈リ併セテ日本古寫経ヲ請フ。

　　　案：見《岡倉天心全集》（北京外國語大學北京日本學研究中心藏）。江票當爲江標。《笘誃日記》光緒十九年癸巳七月初九日："至日本使館答拜美術學校岡倉覺藏，渠云欲游歷中州，至西安、成都、武昌，至滬回國。於中國古畫古刻皆究心。"初十日："屬肖石寫一函與受之，又爲寫一函與陳衡山，一函與黎蒓齋，多皆托照料岡倉，又爲代購武梁祠畫像一分，又後秦造像一尊贈行屬。"

俞樾《宋澄之湖樓筆談説文經字疏證序》（節選）

錢氏之書，有甘泉薛君子韻爲之疏證，成書六卷，初刻於閩，再刻於揚，而前年鄞人郭君傳璞又重刻之，并以陳氏及余所補者附刻於後。夫陳、錢兩家適相當也，末綴余書，所謂貂不足而犬續者歟。然陳氏之書至今無疏證者，而余書則吳下有江建霞標曾爲作疏證，其書未行而宋澄之文蔚又踵爲之，兩君皆余門下士也。

案：見俞樾《春在堂雜文》四編卷七。

葉德輝《書林清話》（節選）

吾友江建椴標著有《宋元行格表》二卷，余爲校補，刻於長沙，言版片者當奉爲枕中鴻寶也已。

案：見葉德輝《書林清話》卷六《宋刻書行字之疏密》。

葉德輝跋明刊本《沖虚至德真經》

《列子》八卷，張湛注，附殷敬順釋文。余辛卯二月得於都門廠肆，即莫友芝《宋元舊本書經眼録》中所稱元本匯刻六子之一也，據云每半葉十二行、行二十六字。今案莫所記行字爲首序及劉向《書録》，其實正文只十一行、行二十四字耳，書版中心上有《六子全書》四字，爲書估塗抹偽作小黑口，諦視尚可識別。偶與建霞學使談次，出示相示，學使詢余所自，余告以故，乃知即學使蕭江書庫物，爲境迫質出者。長安居大不易，至於歲寒逼典鬻書畫，乃吾人弟一殺風景事。不意此書閱二三年之久，涉數千里之遙，忽與故主相見，不可謂非快事也，因書數語還之。學使爲余言，所藏尚有《文子》，與此字同，延津劍合，合浦珠還，當共浮一大白。歲光緒甲午嘉平月，長沙葉德輝志於郋園。

案：見日本天理圖書館編《天理圖書館稀書目録・和漢書之部第四》。

葉德輝《跋〈士禮居藏書題跋記〉（滂喜齋光緒十年刻本）》（節選）

　　蕘翁《題跋》於書目別開一派，既非《直齋》之解題，亦非《敏求》之骨董，文筆稍多蕪累，而溺古佞宋之趣時流溢於行間。吾友江建霞太史標於此刻外續搜得數十篇，刻於長沙學署，版歸吳中……癸卯十月廿四日德輝跋。

　　此《士禮居題跋記》一卷，元和江建霞學使所搜輯續刻者也，版心行格一依前式，余爲主校勘，刊成，以紅本見贈，因合前記裝訂成册。時光緒乙未冬十月德輝識。

　　案：見葉德輝《郎園讀書志》。

葉德輝《跋〈鹽鐵論〉十卷（影寫元麻沙本）》（節選）

　　此影寫元麻沙本《鹽鐵論》十卷，余乙未冬間從江建霞學使靈鶼閣中所藏元刻本傳出者也。元本爲向來藏書家目録所未載，故乾嘉老輩如顧千里僅見明涂禎本，其重涂刻本謂涂本出於宋刻，其實顧并未見宋本也……知涂刻與此刻同出一源……世人耳食宋元本，豈知元本亦有不可盡據者耶……又豐順丁禹生日昌《持静齋書目》中載張監税本半葉十行、行十八字，余從中丞嗣君叔雅茂才京師行笥見之，乃九行十八字，蓋書目誤作十行，亦未取以校，至今恨恨。此册前附師鄾跋，師鄾即建霞書室名，跋中"豐潤"乃"豐順"筆誤字，至謂"以張刻略校，其精勝處甚多"，是則未曾細校，信口欺人之談，固不值通人一笑也。丁酉冬至前一日麗廔主人葉德輝記。

　　案：見葉德輝《郎園讀書志》。

葉昌熾《藏書紀事詩》卷七（節選）

真賞齋中有仲宣，銘心絕品不論錢。甘陵鉤黨人間籍，天上樵陽散作仙。江標建霞。

案：原文於此詩下尚有江標傳記，同《碑傳集補》卷九所載《江標建赬事實》，本書已録，兹不重複。

葉昌熾《語石》（節選）

卷二

及門江太史建赬幕游山左，歸爲余言，隨軺所經，廢刹甗甒，耕場碌磚，捫之輒有字，剔蘚摩挲，非殘甓即斷幢也。惟武定、東昌兩屬，濱臨大河，遷囂遷耿，不常厥居，古刻多淪入波濤。張勤果公爲東撫，欲續《山左金石志》，延筱珊主其事，未卒業而勤果没，惜哉。

卷五

東坡笠屐象最多，江建霞太史搜輯至十餘種，但皆後賢所刻，以寄瓣香之祝，神情意度各各不同，化爲百東坡，未知誰爲真我。

李謙撰文稱爲前進士題名記，湖南黔陽縣有登科題名碑，立於寶祐甲寅，余從建霞得一本，諸家所未著録也。

卷十

野寺尋碑，荒崖捫壁，既睹名迹，又踐勝游，此宗少文、趙德甫所不能兼得也。前人往往繪圖記事，以留鴻爪，余所見有兩家。一爲沈西雍《河朔訪碑圖》，即編輯《常山貞石志》時所作也，共十二幅，舊在江建霞處。建霞弱冠好弄，千金輒散，早已流落人間。一爲黃小松《嵩洛訪碑圖》，共二十四幅。小松本工山水，親爲點染，超入神品。

初見於廠西含英閣，虞山翁叔平師論值未諧。適奉命主順天試，忽促入闈，遂歸武進費屺懷同年。壬寅度隴，及門秦介侯大令爲余言，《嵩洛訪碑圖》尚在川沙沈氏，屺懷所得其臨本也。此兩圖皆至寶也，每圖各有子目，惜未能記之。

［日］島田翰《皕宋樓藏書源流考》（節選）

予之游歷江南河北也，舟車所接，皆藉書卷爲淹滯。而旋聚旋散，鮮有傳至二三世者。就予所見，唐樓朱修伯侍郎之散，吾友江建霞太史得《大金集禮》《濟南集》，皆舊鈔本。

蓋海外藏書之家稱四大家，近又加五，聊城楊氏、錢塘丁氏、常熟瞿氏、歸安陸氏、宗氏、盛氏、德州徐氏、武進董氏、湘潭袁氏、常熟翁氏是也……除此，則湘淮閩粵之間，士大夫所藏可知也。仁和汪柳門侍郎、長沙葉煥彬侍郎、江陰繆筱珊太史、山陰徐氏古越藏書樓及元和江建椴太史遺藏亦不尠。

案：見光緒三十三年（1907）武進董氏所刊單行本。又見《國粹學報》第四年（1908）第八期、傅增湘《藏園東游別錄》。

汪康年《汪穰卿筆記》（節選）

癸未正月，余隨石星巢師入都，過上海，閱書抱芳閣。先生見汲古閣初印《六十家詞》，卷端有查初白先生姬人小印。先生大喜，以四十元得之。余乏資，偶閱架上，見有寫本《曲目表》，抽視之，則鎮江支君所編，有錢梅溪先生序，遂購以歸，僅小銀元四角耳，後爲江建霞同年刻入《靈鶼閣叢書》中。

江建霞有屈翁山《崇禎宮詞》，又《三吳紀》《吾潘紀》則未言誰撰，又有《測圓海鏡細草》，與今本多異。

蕭穆《敬孚類稿》卷九

記天禄琳琅目録三四兩編本

　　大内所藏宋元槧及影宋寫本經史子集各書，乾隆間命儒臣編纂目録成書，賜名《天禄琳琅書目》，與《西清古鑑》同刊，而藏書家多弄《古鑑》每無書目，故僅寫本流傳。《續目》爲嘉慶間敕編，亦僅有寫本。光緒間長沙王祭酒先謙曾得兩編鈔本，刊於家塾。近時元和江太史標督學湖南，復得兩編舊鈔本，刊於長沙試院。

　　先是，壬辰癸巳間，今上鋭意講求古籍，命南書房翰林查天禄琳琅各書，則已於咸豐間毀於圓明園之夷氛矣。既奏覆，上又命諸翰林檢查宮中各宮殿所珍藏書畫之所，稽檢宋元本書，編排目録。始請開昭仁殿廊下所藏各書，皆爲《續編》著録本。又請開慈寧宮，則所藏悉爲正續兩編目所未載。又請開景陽宮殿内設諸櫥，皆王麓臺、董東山、柘林父子及劉石庵、英煦齋諸公書畫之未裝潢者，自國初訖嘉道間名公卿凡數十多家，兩壁中悉有多寶櫥，開門稽視，内皆抽屜，外屜籤題宋、元、明某窰某器，檢視則皆非原物，與籤題無一符合，僅開三兩櫥，不復再閲矣。又查至殿隔扇後皆列大架，庋明人詩文集，始洪武，訖崇禎，分代排列，架上充棟。集部多《四庫書目》未著録者，顧無一宋元之本。既奏，奉旨亦飭編目録。乃盡發所弄，以資檢核。明人諸集既盡，別架復庋有書籍，則均宋元槧書也。於中檢得道光中詞臣奉敕編纂《天禄琳琅書目三編》寫定進呈本一函，具奏。請旨敕南書房諸翰林每日入内廷賜午饍，限至申正始退，以慈寧宮藏本爲始，又檢查翰林院清祕堂、寶善亭所儲各書中宋元本，及内府收藏之本，經三次著録者，編爲《天禄琳琅目録四編》，顧方未及半而有甲午中日之役，遽爾中止。三次編目，與《正編》《續編》例同，惟《四編》兼載每葉行字，較勝以前諸編，惜未能竣也。

　　以上皆江建霞太史標官翰林時親得諸南書房諸翰林之司此事者，言之特詳，而各書名目則當日與纂諸君皆有鈔録本。又諸君檢查

宋元本中有宋刻巾箱本《文選》李善注板片，高廣徑寸，十數册，印紙
又極寬大，每册上冠以高宗純皇帝自少至老御容。建霞聞於某翰林
曾恭睹之。又《天禄琳琅三編目録》，王廉生祭酒懿榮有寫本，建霞曾
見之，今都中仍當有傳寫者。此今七月二十二日余在吳門訪江建霞
太史，觀所藏古書字畫半日，二十四日建霞來寓縱談及此。建霞又
言，甲午年，簡放湖南學政，召見時，上諭及上海石印《圖書集成》，建
霞因奏言：“能以《永樂大典》石印尤善。”上深以翰林院所藏之本殘剩
無幾爲惜。建霞又奏言：“皇史宬藏本可據。”上諭已經敕查，并無此
書，更無他處可查矣。因總志之。不料□月□（原缺）日，建霞忽爾物
化，歲晏，雨窗無俚，追思此等要聞，非秋間在吳門晤建霞乃得聞之，
後來未必有相晤能言之者。建霞年僅四十一，留心文獻，表章古籍，
克盡其力，所刊叢書三編亦多有可傳者，今求如其人者罕矣。己亥除
日記。

記山東藩庫所藏乾隆内府書畫

同治間，貴州丁文誠公寶楨官山東巡撫，嘗清查藩司銀庫，見有
四五巨箱封鋼嚴密，訊之庫吏，云：“貯已百有餘年，從未開視，不知珍
藏何物也。”因令檢稽前此檔案，則乾隆間高宗純皇帝第六次南巡至
中途有詔，飭留京王大臣檢運内府書畫若干種赴行在，繼而敕令“毋
庸遞送”，而詔索各種已運至山東，因命交布政使庫收藏。流交百有
餘年，列宗迄未有旨宣索，歷任撫藩亦未開視。文誠云，弆藏日久，或
致蠹蝕，令送署内曬晾。遂召良工摹仿，裝池如舊式，盡易所貯，仍歸
之藩庫。

光緒乙未、丙申間，元和江建霞太史標督學湖南，按試辰州，時文
誠有從子某，方攝篆沅陵縣令，一日與江君談話及此，江君因從假觀。
丁令日以一篋送學院署便覽，中多鈐“石渠寶笈”及“乾隆御覽之寶”
諸璽，皆宋、元、明人精品，裝潢悉玉軸牙籤，陰刻題字，古錦包手，間
有高宗御筆題識者，經見凡數十種，皆山東藩庫舊藏元物也。

　　己亥夏六月，余到吳門與建霞往還，縱談及此。庚子元日，偶檢舊藏書畫，并憶江君所述，特補記之，以廣見聞。

　　　　案：以上二則見蕭穆《敬孚類稿》卷九《書記》。董東山、柘林父子，即董邦達、董誥父子。

徐樹鈞《寶鴨齋題跋》卷下

馬和之召南圖

　　光緒廿三年十一月，在江建霞學使署見所藏馬和之召南圖一卷，絹本，微損，畫法精妙，人物如生。《殷其雷》一章，畫一人凝立，側耳聽雷；《摽有梅》一章，畫一人執筆握卷，若日者爲女卜吉；《騶虞》，貌似猛虎，猙獰有神；《江有汜》一章，煙水空茫，悠然意遠。自《鵲巢》至《騶虞》十三章，每章畫一幀，前題詩序并詩，篆書精麗，惟闕《何彼穠矣》一章。卷尾有"臣馬和之畫"五字，小如綠豆，前後無珍藏印。跋尾書建霞言"得之意外，其價甚廉，蓋道州何子貞丈之弟子毅先生家藏物也"。建霞又得《惲南田册》八幅，山水花草，寫生有神，每幅自題二三段，蓋生平極得意之作，高江村亦有題字，安化羅蘇溪先生所藏。後有羅子貞丈爲羅蘇溪題跋，極爲贊賞不置。建霞歸裝，獲此二物，足以壓卷矣。

陳矩《跋江建霞太史藏唐開元中日本光明皇后寫文殊師利問菩提經卷》

　　日本光明皇后寫經，泥金花鳥箋稱首，黃白箋亞焉，完者上，切者次焉。經本流傳多截作數行，分藏諸寺。花鳥箋名鳥下卉切，黃白箋名出雲切等名，未易枚舉。古筆了仲有印，有書紀之。倭人藏經，衣以宮錦，軸以水晶，鑄銅代囊，束以紫綬。余游東西京諸寺，泥金花鳥箋未見全者，僅獲數行，携入滇中。唐鄂生中丞見之，詫爲奇寶，勒之藥師院壁。按日本史，聖武天皇天平元年秋八月以光明子爲后，光明本藤原淡海次女，體膚妹白若雪，自有光艷，其名以此。性嗜佛，建寺度僧，修悲田院、救藥院，恤天下餓恙。繼阿閦佛降浴室，乘紫雲去。建阿閦閣，發願寫經，流播彼國。先是，日本使來中國多齎人筆迹歸。后書深得晉法，清迥秀麗，冠絕一時。今觀建霞太史此卷，雖係黃箋，然首尾完具，流傳至今已千餘年，又無潮蒸蟲蝕之傷，藏之靈鶼閣中，當與玉環繕經、彩鸞寫韻并爲天壤奇秘。

案：見陳矩《靈峰草堂叢書·東游文稿》。

鄭逸梅《人物和集藏》（節選）

《黃堯圃年譜》初刻硃本，爲江建霞所藏，以贈褚德儀禮堂，輾轉歸我。褚鈐印很多，又親筆寫一題識：“靈鶼先生博學嗜古，凡金石刻辭、宋元槧本，愛之如性命。通知外事，談天下事口若懸河，以翰苑擢總卿，戊戌以黨事罷職，侘傺以没。先生與予訂交最後，情獨親，視余如弟。此書乃戊戌年冬同居海上所贈者，今先生墓木拱矣，展閱遺著，不勝人琴之感。光緒三十四年二月八日，褚德儀記於嘉興韭溪寓舍。”

錢大成《江建霞藏書》

乙酉正月，余於蘇州護龍街書肆以僞幣八百元得江建霞舊藏《經籍訪古志》八冊。封面有建霞手筆題記曰：“《經籍訪古志》六卷，附補遺一卷，八冊。光緒己丑二月，朱子涵治中貽。師郰記。”下鈐有“建霞”一印。書中著録各書行格，皆以朱筆圈出，想據以輯《宋元本行格表》也。復有標注一二十條，稱貴州陳衡山（榘）得宋刊本《中説》後，即糊板重刻。衡山又得北宋刊本《二李唱和詩集》，景印後，即以原書贈傅牟園（雲龍）。是皆書林逸事，足資談助。以宋刊本糊板重刻，則未免大煞風景也。

　　建霞，名標，號萱圃，又號靈鶼、師鄦，清元和人，爲葉鞠裳入室弟子。嘗任湖南學政，光緒戊戌受命在總理衙門行走，康梁失敗，即被放，隱居海上，以醇酒婦人自遣，不一年即卒。《孽海花》中亦及其人，以"姜劍雲"隱射其名，固一風流跌宕標格不凡之美少年也。

　　建霞藏書頗富，刻書亦多。在長沙日，嘗倩吳愙齋中丞繪《修書圖》。建霞自稱："余無狗馬絲竹之好，又不能飮，惟日與書史相近。……集録先輩及同時人手稿付刻工，輯靈鶼閣叢書若干卷，又得南宋書棚陳思刻唐人小集四十九家，景寫付梓，不失毫髮。……"唐人小集印刻極精，曾以皮紙刷印若干部。蘇州某書肆曾以此書殘本染色冒充宋本，以欺吳瞿安先生，購歸數日，始發覺，則其書精好可知。《修書圖》一時名流題詞者無慮數十家，梁任公《蝶戀花》曰："萬萬千千名下士，絮絮雕蟲兀兀隨人計，欲索解人無一二。是東來法，西來意。後有鄱陽前夾漈，今有元和更讀橫行字。修取全球書目志，石渠天禄尋常事。"譚復生亦題詩，有云："魯中汲汲彌縫者，誤盡群烏是舊巢。公意不嫌殺風景，直須取付祖龍燒。""剗盡靈根尚有餘，來生懺悔又成虛。無聊軀殼相厮混，身已嫌多何況書！"梁譚二公，一時維新俊彥，侃侃而談，復生言尤伉爽，肖其爲人。爲學日益，老氏恒□，盡棄詩書，乃能入道。吳稚老所云焚盡綫裝書之言，猶未徹底也。戊戌前後，一時名士之言論如此。建霞固亦當時所稱"維新黨"也。

　　建霞著書亦甚富，《宋元本行格表》《黃蕘圃年譜》，則有涉於目録板本之學者也。復能畫，花卉尤工。

　　建霞勇於用世，乃稍稍一出，即鎩羽而歸。終乃以藏書家名世，抑亦建霞之不幸歟？宜葉鞠裳於建霞致深切悲慟之意已。鞠裳《藏書紀事詩》六卷本建霞刻入《靈鶼閣叢書》。七卷本則葉氏家刻，時建霞已歿，因有一詩及之也。

　　　　　　案：見《申報》1948 年 9 月 8 日第 8 版。

張鳴珂《寒松閣談藝瑣録》卷五（節選）

江建霞標，元和人，由進士官翰林院編修，出汪郎亭侍郎之門。予癸巳入都，恒於侍郎所談宴甚洽。君工小篆，能刻畫金石，又善作畫。後視學湘中，畫國朝諸名人著書之廬十六幅，鏤板作詩箋行世，得者珍如球璧。

竇鎮《國朝書畫家筆録》卷四（節選）

江標，號建霞，元和人。光緒己丑進士，授編修，放湖南提學使，捐俸創建書院，興實學。喜作山水，工篆書，大楷得趙文敏遺意。

汪辟疆《光宣詩壇點將録》

地壯星母夜叉孫二娘　江標

姑蘇男子多美人，姑蘇女子如瓊英。君不見，湯師謀，卞玉京。

建霞美風儀，號稱識時之彦，世皆知爲清末革新運動之人。然詩工殊深，風致娟然。有《靈鶼閣稿》，頗自秘惜，己亥毁於火。

易宗夔《新世説·文學》

江建霞以文學負盛名，所作詩尤驚才絶豔，上掩玉溪、冬郎，次回《疑雨集》不足道也。詩文多不留稿。有人傳其《綺懷詩》數章，弱冠時讀書鴛鴦湖所作，吉光片羽，彌足珍貴。江公醇里見前，《綺懷詩》九首録其二：“鏡鵲晨開理雲鬢，從知碧玉遜雙文。最憐心地明恩怨，孰問家聲舊贊助。弱質臨風隨絮撲，劫花經雪勝蘭焚。夢中灑盡鴛鴦淚，痛絶人間小鄂君。”“帳底偷翻《子夜歌》，鏡中難畫石家螺。偶開玉匣飛珠鳳，浪説紅牆即絳河。南内無人留覆鈕，北山有鳥怕張羅。那堪譜續金荃夜，慘緑年華鬢已皤。”情詞哀豔，似非少年所作，然論其晚境抑鬱無聊，身世實足愴感，是詩彷預爲之讖也。

案：《綺懷詩》全詩三十首，見本書《靈鶼閣詩》。

冒廣生《小三吾亭詞話》卷三（節選）

江標詞

　　元和江建霞京卿標，跌宕文史，縱橫一世，書畫金石，色色當行。嘗得先巢民徵君菊飲詩卷，脱手相贈。建霞贈余卷時，嘗語座客，此事足傳否，未幾下世。余乞當代名流題詠殆遍，非惟誦芬，亦以報亡友於地下也。今春廠肆持先徵君手書《六憶歌》長卷來售，爲人中道劫去，以原值歸之，不可，以相當之書畫酬之，亦不可。此真趙王孫所謂獨孤之視東屏，其賢不肖爲何如者矣。建霞病殁，余爲文哭之，刻《小三吾亭文集》中。所謂"兕觥歸趙，薄俗則難，非君雅誼，誰結古歡"者也。建霞所刊《紅蕉詞》一卷，蓋未通籍以前，客嶺南所作，録其《菩薩蠻》十闋，真花間之遺音也。

靈鶼閣圖題詞

　　建霞與其夫人汪静君嘗畫《靈鶼閣圖》，畫者日本女子小蘋野口親。一時題者，秦嘉徐淑，皆合作也。余與甌碧聯句，賦《百字令》題之，題成而建霞已殁，不及見也。聞其弆藏大半散失，此圖不知尚在靈鶼閣否。所藏馬守真畫，係先巢民徵君贈虞山宗伯者，建霞詞所謂"新收小卷湘蘭畫，水繪裝潢，東澗收藏，押尾前朝薛潤娘"，即指此也。已歸某氏。難聚易散，一邱之貉，古今同慨。

江標絕筆

　　建霞嘗爲余畫扇，題《念奴嬌》詞於上，詞云："幾番細雨，恨無端、細雨春絲繫住。望斷前溪人影亂，寶馬香車何處。一抹柔波，千重軟障，誰結尋芳侶。夢回灞岸，紅樓猶自私語。最是驀地西風，江干黄竹，記識漁洋句。塞外新寒初到信，誰絮棉衣萬緒。雙槳迎愁，危樓極目，一樣銷魂苦。替人寫怨，畫工心事如許。"時己亥八月，距建霞之殁，不過五十日，蓋絕筆也。

　　案：見《國學萃編》第十期。其中《紅蕉詞》之《菩薩蠻》十闋已見録本書《靈鶼閣詞》，限於篇幅，兹不重複。"新收小卷湘蘭畫"一詞見江標《紅蕉詞》之《醜奴兒》。

文廷式《純常子枝語》卷五

太常仙蝶，乾隆以來，故實頗多。癸巳三月，余於江建霞標編修齋中見之，四足鈎吻，能飲，與記載悉符。建霞繪圖索題，余題《高陽臺》詞一首云：柳外輕盈，花間綽約，滕王圖繪難真。午集閒庭，些些情意關人。江郎自有生花筆，寫蓮仙一段丰神。記當年相見靈山，可是君身。羅浮我亦曾清夢，有落花萬片，雨積如茵。不似京華，污衣十丈緇塵。殷勤欲問西王使，遍人間何處宜春。祇憐他，薄酒微熏，膩粉初勻。

案：此《高陽臺》詞又見文廷式《雲起軒詞鈔》。

鄒弢《三借廬贅譚》

吳秋孃

丹徒吳秋孃，寒族也。父某爲諸生，早故。母某氏，世家女，生子女各一，長即秋孃。秋孃美而慧，壓綫之餘，兼事翰墨，能課其弟。吳縣紳僕陳升饒於資，涎女美，賄媒，欲羅致之。女母以相隔遠，但知陳爲紳，不知其爲僕，竟許之。陳就婚女家，女見陳不韻，對母輒泣默不言。母見婿蠢，亦心鄙之數月。女隨陳回吳，盡得梗概，乃大慟，欲寄書其母，然後自裁。恐傷親心，未果，而與陳終不甚款洽。陳知輕己，漸亦反目，且虐之。陳嘗晚歸，見釜已虛，促女起爲炊，朦朧中誤以羹污陳衣。陳怒以鎚擊其趾，復踢其腹，痛嘶踣地不能起。陳益怒，以鎚連擊數十下，血雨橫飛，哀號終夜。晨勉起作書告母，購紫霞膏吞之，夜半自帳中躍起，呼其母者數。陳知其中毒，亦不救，遂死。其母來蘇，欲訟之官，經勸而止。并携女書來，中有"銅鎚亂擊空，宛轉以哀嘶。血雨横飛偏，艱難以覓死。多情誤我，薄命憐儂"等句，書長不贅録，時光緒庚辰七月也。江建霞曾爲作傳，并言女死非其所，洵然。

案：見鄒弢《三借廬贅譚》卷一。

畫梅

建霞爲余言，湘陰彭雪琴宫保，玉麐。幼時玉貌風流，丰姿俊雅。鄰女梅仙見而悦之，托嫗致意，願委身以從。宫保感其意，頗首肯，後格於勢，事遂寢，女因而致死。宫保傷之，誓願畫梅花十萬幅以報，故其題采石磯太白樓詩云云。

案：見鄒弢《三借廬贅譚》卷二。

書傭

隨園云：吾輩少貧，欲讀書，苦無力置書，及有力置書，又苦無暇讀書。然則有力置書者，宜乘暇讀矣，乃八股誤之，嬉游忽之。每見儉腹青衿，往往五經亦不能背誦。雖在大族，而架上琳琅，腹中酒肉，不亦甚可惜耶！葉苕生《鷗陂漁話》云：司馬温公獨樂園中文史萬餘卷，晨夕繙弄，雖累數十年，皆新若手未觸者。此在惜書者宜然，而余厭其煩。周櫟園亮工先生《因樹屋書影》，述其先人論架上無整齊書注云，本本精良，一一完善，手且未觸，目於何有，但觀架上，便知腹中。此雖爲有書不讀者下棒喝，然亦有理。今之市兒暴富，本不識讀書樂，偏欲與文墨作緣，乃多購書籍，務極精工，置之室中，以壯外觀。而問其此書之旨，茫若瞀暗，故有藏一書而累世不壞者。若我輩得一好書，便如性命，翻閲無厭，易至破損，豈能歷久完善？嘗至江建霞懷珠閣，見案頭書亂無倫次。而建霞愛書成癖，嘗有"一生無賴堪稱我，到手黄金便買書"之句，故學有淵源。曾爲余言，愛書者，愛其能實我胸中，若但事護惜，是書傭也。余曰：然。

案：見鄒弢《三借廬贅譚》卷四。

懷珠閣感事

懷珠閣者，江建霞取水懷珠而川媚之意，以名其居也。建霞年少多情，有《懷珠閣感事詩》百絶，摘其尤佳者數首詩云云。

案：見鄒弢《三借廬贅譚》卷五，詩見本書《靈鶼閣詩》。

秋風詞

元和江建霞秀才標，少年俊逸，好學聰明，尤工篆籀，與余爲莫逆交。君詩筆超逸，長歌心折梅村，而別饒跌宕之致，十五歲時作《秋風詞》云云。

案：見鄒弢《三借廬贅譚》卷七，詩見本書《靈鶼閣詩》之《綺懷三十首》中。

昨夜歌

余嘗於友人案頭見《昨夜歌》一首，秀麗清新，筆亦靈妙，後叙“觴月館簫史”，不知爲何人。去年晤江君建霞標，知爲其胞兄筱渭明經手筆，因向索觀。建霞復請摘《贅談》中，因録之。

案：見鄒弢《三借廬贅譚》卷十。筱渭，當即江標次兄江鈞。

七絶

七絶詩須要丰神奕奕，渾脱超妙，二十八字一氣貫通，令人信口曼吟，低回不厭。元和江建霞雜詩一首云：“旭日曈曈上小窗，萬花扶影各成雙。簾前聽得鸚哥唤，昨夜新寒早過江。”而余亦有《尋春不遇》兩首，江君頗愛誦之，詩云：“隔溪彷彿是紅樓，縷縷垂楊宛地柔。

立瘦斜陽人不見,蘼蕪綠到板橋頭。”“青山一角畫橋西,草綠花紅路半迷。如此好春尋不著,東風吹恨上棠梨。”

案:見鄒弢《三借廬贅譚》卷十。

貽硯齋詩刪

杭州仁和秀芬女史慈意,又字莟玉,秋水先生之弱女也,兄雲壑柳湖,從姊碧梧,名雲鳳,皆能詩。而秀芬生而聰慧,八歲即嫻吟詠,未笄而成作家矣,著《貽硯齋詩稿》四卷、《衍波詞》二卷。適同邑錢清鎮、陳穎樓明經,風雅士也,閨中唱和,聞者豔之。余友江建霞從市上購得女史手錄遺稿一本,字亦端秀,余假歸讀之,擊節不已,因選錄於後。

案:見鄒弢《三借廬贅譚》卷十一。《衍波詞》後由江標刻入
《靈鶼閣叢書》中。

李愛珠詩

李愛珠詞史,住閶門之宋仙洲巷,佻蕩笑謔,似無甚心機者。江建霞茂才往訪焉,詞史見江扇上自書詩句,吟哦三復,訝其識字,問之不答,知有隱衷,益善遇之。嗣後,每往必索詩。一日,出小箋書三絕句贈江,悽然曰:“君語多情,余本河南世家女,因荒歲,爲人掠賣,作此賤業,見游章臺者多鄙俗,故絕口不作韻語。今讀君詩,不覺脫口成誦,殆有情不自禁乎?”詩云:“明知量窄頻斟酒,故識才多屢索詩。此事當非嫌我惡,從來生性本憨癡。”“桃根桃葉事尋常,爲愛名花惱寸腸。我是文通詩弟子,錦屏端合換門墻。”“絮泊萍飄誤綺年,好春明日又誰邊。縱然賺得江州淚,不灑東風染杜鵑。”詩未必佳,而得此人於風塵中,抑亦罕矣。

　　案：見鄒弢《三借廬贅譚》卷十二，又見雷瑨《青樓詩話》卷上。

懷珠閣卮言

　　案：見鄒弢《三借廬贅譚》卷八、卷十二，已録入本書。

金武祥《陶廬後憶》

　　梵夾題名迹未消，評花醉酒幾停橈。如何七里山塘路，江費風流并寂寥。

　　己亥中秋，薄游姑蘇，江建霞京卿標、費屺懷太史念慈邀游虎邱泊舟半塘，訪龍壽山房，觀元善繼禪師血寫《華嚴經》各題名卷中，二君收藏甚富，均携書畫至舟中品賞。先是，與建霞叙於嶺南，別十年矣。屺懷則與其尊人幼亭觀察爲同郡世交，往還尤稔。今俱先後下世，吳閶重到，能無黯然！

　　吕云：江費二君流譽吳趨，文采輝映，乃靈鶼不禄，西蠡仙游，虎阜獅峰爲之減色矣。

　　　　案："吕"指吕景端，字幼舲，號蟄庵、藥禪，江蘇武進人，光緒八年（1882）舉人，工書，著有《藥禪室隨筆》。

王賡《今傳是樓詩話》

五六、鄭孝胥挽江標

　　元和江建霞京卿標，亦戊戌變政史之人物。君於甲午奉命視湘學，毅然以開通風氣自任，湘中士習爲之一變，《靈鶼閣叢書》即當時校印者也。湘人刊《翼教叢編》，于時賢多所詆謨，却無一字及君，亦征公論。君詩不多見，《題孫子瀟先生雙紅豆圖卷》二絶，録其一云：

"嘉道風流在眼前，一函贏得百詩篇。人間盡有雙紅豆，誰向東風祝妙年。"殊清雋可喜。君與閩縣鄭海藏同於戊戌以京卿被命，旋於是年八月被放，隱居滬上，以醇酒婦人自娛，不及一年，遂捐館舍。海藏有聞君卒於蘇州感賦二首云："西北空嗟倚蓋傾，傷心君子共時名。先登已作行間氣，定論終推牖下榮。著述早成酬短景，風流頓盡薄餘生。蘭膏煎後天年夭，一歎吾徒意未平。"又云："詔書夕下震朝端，江鄭同登世所看。不出固應全首領，獨存真欲裂衣冠。龍顔日角縈魂夢，玉宇瓊樓警歲寒。極目茫茫天又闊，淚河莫爲助波瀾。""江鄭同登"句，亦政變史中之一掌故也。

五七、詩諷誤姓

建霞督湘學時，有縣令某通書誤"江"爲"姜"，曾賦答一律，有"釣竿不是生花筆"[1]之句，頗爲一時傳誦，餘則久忘之矣。偶閱報載某君詩話，謂嘉善錢南樛先生爲言清時其鄉人黃某官廣東惠嘉湖道，有才名，其友致書，封簡誤"黃"爲"王"，黃因報以一詩云："江夏琅琊未結盟，草獨三畫最分明。伊家自接周吳鄭，敝姓原連顧孟平。須向九秋尋菊有，莫從四月問瓜生。右軍若把涪翁誤，辜負籠鵝道士情。"此詩滑稽典雅，與江詩異曲同工，附錄於此，聊發軒渠。

五二二、黃遵憲懷人詩

吾友溧陽狄平子《哭黃公度》詩云："奇才天遣此沉淪，湘水愁予咽舊聲。莫問傷心南學會，風吹雨打更何人。"自注"先生官湘省時，與陳右銘中丞、江建霞、徐硯父兩學使皆爲南學會領袖"云云。按甲午敗後，變法議興，當時各行省奉行最力者，厥惟湘撫。公度方任陳臬，實贊其成，凡所興舉，如時務學堂、武備學堂、保衛局、商辦礦務、湘粵鐵路、內河小輪船，皆其犖犖大端，而南學會爲尤著。南學會者，

---

① 　案：全詩見本書《靈鶼閣詩》之《戲贈東安令》。

公度與江建霞、譚復生、梁任公等主之。其時德人奪我膠州，各邦且有分割中國之議，湘人設會講習，亟謀自保，將以次推行於南部各省，庶他日雖遇分割而南部猶可不亡，此會之所以名"南學"也。公度在湘僅一年，旋以戊戌政變去官，養疴上海，翌年即歸嘉應故里。其《己亥懷人詩》即是時作，《懷義寧陳右銘》云："白髮滄江淚灑衣，別來商榷更尋誰。閑雲野鶴今無事，可要籃輿共護持。"《懷善化皮鹿門》云："平生著述老經師，絕妙文章幼婦詞。今日皋比談改制，《黃書》以外錄《明夷》。"《懷元和江建霞》云："南嶽雲開華路初，歸來秋雨臥相如。零星幾卷靈鶼閣，只算江郎制錦餘。"《懷義寧陳伯嚴》云："文如腹中所欲語，詩是別後相思貲。三載心頭不曾去，有人白晳好鬚眉。"《懷宛平徐研父》云："臣罪當誅父罪微，呼天呼父血沾衣。白頭元鬢哀蟬曲，減盡維摩舊帶圍。"《懷瀏陽唐紱臣》云："頭顱碎擲哭瀏陽，一鳳而今剩楚狂。黿手正需洴澼藥，語君珍重百金方。"《懷李柄寰、蔡艮寅、唐才質》云："謬種千年兔園冊，此中埋沒幾英豪。國方年少吾將老，青眼高歌望爾曹。"《懷鳳凰熊秉三》云："龍泉知我劍隨身，三鬥撐胸熱血新。是我眼中神俊物，熊羆男子鳳凰人。"之數君者，類皆南學中人也。

五二三、章士釗詩記湖南戊戌事

　　孤桐曩有《題徐善伯見視戊戌〈湘報〉全冊四十韻》，紀述綦詳，足征信史，實爲近數十年極有關係之作。詩云："戊戌初變政，湖南日有功。經始時務堂，厥在丁酉冬。義寧爲中丞，陳寶箴。元和士所宗江標。今隽誰舉首？岳岳鳳凰熊。榜書食蛤蜊，三君坐齋中。初試時務學堂新生於學院食蛤蜊齋，陳、江、熊三公同監試。諸生就廳事，管墨爭斫礱。試題，年長生《墨子論》，年幼生《管子論》。吾年十六耳，伸紙走蛇龍。時見絳袍客，凝意瞰諸童。江建霞時著絳袍，往來巡察，豐神絕世。蔡生名艮寅，攝影肩相從。與吾校一歲，弱亦將毋同。蔡松坡原名艮寅，少吾一歲，在賈太傅祠拍照驗體格，與吾并肩，熊秉三親自照料。炳寰文炳然，氣度尤和雍。陳公激賞識，特假詞色隆。李炳寰首場冠軍，交卷適與余相次，余見右帥問話甚久。炳寰號虎部，內方外圓，儀容絕美，後死庚子漢口之亂。時余方病瘧，細瘦如秋蟲。程令裏軀幹，乃蹈孫山空。新會乍入湘，舉邦爭迎逢。祠堂一夕宴，裘帶絕從容。任公初至，全省官紳在左文襄祠宴之，盛極一時。明年開新鱟，總持推巨公。汝南一登喚，萬籟鳴諸穹。吾不入梁門，勢迫非由衷。相見七年後，笑語兩融融。任公後在東京設政聞社，余始見之。繼學遣家弟，士夏拗而聰。家弟陶年初名士夏。題名赫然在，再覽吾神恫。爾時數湘政，警保堪追崇。嘉應黃公度，智略鬱蟠胸。黃爲皐司設保衛局。會友號南學，房虛遞始終。南學會每星期開講。鹿門皮先生，致用經早通。湘報羅群言，民氣何蓬蓬。瀏陽兩奇傑，一掃浮翳空。譚嗣同、唐才常。樊易號怪物，樊錐、易鼐，鼐後改名宗夔。何畢成鬼雄。何來保、畢永年，何死漢口之難，畢亡命，不知所終。延年不纏足，延年會，革除應酬惡習；不纏足會，解放女子，皆鳳凰、瀏陽所創。載筆賅纖洪。新聞此噚矢，稚弱諱無庸。愛國自有真，語語明樸忠。圖新卅餘載，所志昭宋聱。不知中何崇，視天猶夢夢。既壯倏及老，不閟於我躬。緬懷先覺士，愧憾兼無窮。善葆此瑰冊，得失非楚弓。天陰偶循誦，可以愈頭風。人事各代謝，吾能明其蹤。誰與證吾言，君舅香渠翁。香渠劉善泑，善伯之外舅也，時爲《湘報》總理。"戊戌迄今，昀逾三紀，巨浸稽天，遂有今日，殆亦維新諸賢所不及料耳。

郭則澐《十朝詩乘》卷二三

戊戌新政，基於湘省之南學會。時陳右銘撫湘，江建霞、徐研甫先後爲學政，創行《湘報》，延梁卓如主之，風氣一變。然湘紳守舊者隱不相容，王祭酒、先謙。孔觀察憲教。爲之砥柱。黃芥滄賦《長沙二松歌》有云："風濤一夕自天下，警若暮鼓長椎桴。名材異產有呵護，何物貿貿操斧。"謂王孔也。政變後，陳徐皆譴罷，江擢京卿，亦奪職。黃公度《己亥懷人詩》懷右銘云："白髮滄江淚灑衣，別來商榷更尋誰。閑雲野鶴今無事，可要籃輿共護持。"懷建霞、研甫云："南嶽雲開華路初,歸來秋雨臥相如。零星幾卷靈鶼閣,只算江郎制錦餘。""臣罪當誅父罪微,呼天呼父血沾衣。白頭玄鬢哀蟬曲,減盡維摩舊帶圍。"

王蘊章《然脂餘韻》卷三(節選)

元和江女史緗芬,霄緯先生之淑女也。光緒丙申,霄緯先生以名翰林出宰秦中,時適靈鶼閣主視學三湘,雙丁二陸,秀擢連枝,風雅一門,鍾靈閨閣。緗芬隨侍任所,年才十五耳。計會出入,家書往還,悉以委之,無少差誤。靈鶼閣主自湘中馳書云:哥署中有內文案兼內帳房,羞煞阿弟矣。一時傳爲佳話。稍長,尤喜筆算,自加減乘除,以至分數化法、比例開方、勾股三角,三月間盡通之。繼學代數天元,悟元代二術中西之通,學益大精。年二十許,字吾友同邑顧君熙齡。婚有日矣,未及成禮而以染疫卒。豐才嗇遇,竟夭天年,造物不仁,可勝悼歎!歿後,霄緯先生哀輯遺著,付諸削氏,名曰《西樓遺稿》。吉光片羽,散失尚多,僅存算草一卷、詩一卷而已。曲園老人題詩云:"數理精微聖代開,閨中亦復擅奇才。疇人傳補葛王沈,謂海寧葛宜、常熟沈綺、江寧王貞儀也,意即本女史詩。再補文通愛女來。""聰明本是世間無,不厭推尋到六觚。嘲橘也存圍徑數,有《嘲橘詩》云:圍祇三寸弱,徑止一寸強。切瓜便是割圜圖。有句云'切瓜便作割圜看'。""趨庭更復學吟詩,不是尋常警悅詞。說兔論貓都有意,待從集外再搜遺。有《畜兔說》《貓捕鼠論》,未刻。""才命相兼自古難,此才留與後人看。千秋兩卷西樓集,壓到前朝葉小鸞。"其傾倒於女士者至矣。

女士生平私淑扶風,建霞先生將之楚南學使任,女士以詩送之云:"量才憑玉尺,搜不到閨媛。應有能文者,扶風一脈存。"建霞先生見之,大笑曰:"此是一難題目。"逾年,寄女士詩云:"一脈扶風曾未得,蓮花幕下待君來。"此靈鶼遺事之可傳者,附識於此,以資談助。

狄葆賢《平等閣詩話》(節選)

卷一

元和江建霞學使(標)力排群議,講求時務,湘省風氣之開,君爲先河,然竟以是罷去。雅善詩畫篆刻,庋藏名人遺迹頗富,己亥歲僑寓滬壖,一炬蕩然。迨予由泰州移居吳門時,君已抱病,猶得縱談竟日。未幾謝世,靈鶼閣稿亦不可復覓矣。兹從徐積餘處得其遺詩數首,《題卞玉京楹帖》二絶句云:"想見衫舒釧重時,玉窗香繭界烏絲。獨愁一事梅村誤,不譽能書只譽詩。"又《題玉京畫》云:"愛讀琴河感舊詩,楓林霜信歎來遲。秋風紅豆相思種,定爲蕭郎寫折枝。"信筆揮灑,妙緒天成,覺余澹心。《板橋記》之言益可徵信。君嘗以冒辟疆《菊飲唱和詩卷》歸之冒氏,藝林至今歌詠之。君有子名通,能讀父書,綽有餘韵,君爲不亡矣。

卷二

乙巳二月,黄公度京卿病没嘉應珂里。人亡國瘁,此慟何極! 追思往事,率成短章五首·聊以當哭。詩云:"……奇才天遣此沉淪,湘水愁予咽舊聲。莫問傷心南學會,風吹雨打更何人。先生官湘臬時,與陳佑民中丞、江建霞、徐硯父兩學使皆爲南學會領袖,今諸君俱下世矣。"

近又見江建霞京卿《漢冢石》詩一首,乃和其師李仲約侍郎《和林金石詩》之一也。詩云:"青冢年年塞草青,漢家遺碣尚亭亭。紙灰吹起秋風急,來讀徐郎百字銘。"哀感流麗,風神奕奕,每一誦之,不禁歎江郎彩筆,猶在人間。

潘飛聲《在山泉詩話》

過渡時代,置身科名,沈酣經史,而倡興新理新學,思喚起疲聾,製造人格,以强中國,元和江建霞京卿標實爲傑出。建霞於戊戌罷官,竟齎志以終,余爲中國哭是人也。余與建霞不相識,近閲《湘學文編》，始知其録余文入《湘報》中，欲求其遺詩不可得，憶從冒鶴亭扇頭見建霞所繪《江亭秋柳圖》，蕭疏澹逸，不似玉堂人筆，其襟抱可想。鶴亭又語余，建霞藏名畫甚多，有改七香琦寫玉京道人小像，頗珍貴，江都王義門景沂曾題《高陽臺》一調云："紫鳳愁春，紅蘭泣夕，鬖絲容易滄桑。前度秦淮，愛河緑遍垂楊。琴心不縐王孫住，怨金徽、彈出清商。恨難忘，水樣流年，夢樣歡場。桃花開後靈妃笑，有仙眉佛髻，妝點秋娘。畫裏東風，而今不到鴛鴦。白頭怕説開元事，泣春燈、宮樹青蒼。惜餘芳，寫盡新詞，斷盡柔腸。""畫裏東風"二語，余最賞心，故因記建霞并存之。又聞建霞以日本女子小華爲膩友，藏其詩篇小影，作《東鄰巧笑圖》，徵題詠至百餘家。

夏敬觀《學山詩話》

"一年不見靈鶼子，風調平生遂渺茫。地下精魂應聚泣，人間瘧鬼果倡狂。青蠅吊客言堪痛，蒼狗浮雲事可傷。高誼自慚輸範式，素車誰叩汝南喪？""沈冤未敢訴天閽，帝遣巫陽召楚魂。畫餅聲名真自累，蓋棺功罪竟誰論！明堂異日思前席，幽室何年照覆盆？料有據牀人更慟，白頭揮淚視諸孫。"此仁和吳董卿用威。挽江建霞京卿標詩也。建霞爲湖南學政，繼之者徐仁鑄，皆朝官中之能持清議者。其在湖南，主張維新。值湘撫陳寶箴力行新政，爲湘士之舊派者所不悦。及戊戌事變，同時被黜。未久徐、江遂先後逝世。建霞死，其母尚在，故末語云云。董卿與建霞交誼至深，方建霞初入詞林，回蘇籍，過滬，流連數旬日。其贈送知交聯扇，悉爲董卿所代筆，董卿固善書。今市間有鬻建霞墨迹者，多董卿行書，識者亦莫之辨也。

袁嘉穀《卧雪詩話》卷八

近人七絶，多墮纖巧一派，然宛轉纏綿，亦多可喜。鶼影樓女士《湖上》云："緑窗繡綫乍添長，一陣風來一陣涼。六幅碧湘簾子外，海棠枝上又斜陽。"《春日》云："晚妝樓上獨凝眸，心逐楊花遇陌頭。紅是斜陽青是草，不分明處是春愁。易實甫句云"紅是斜陽綠是雨，春愁化得不分明"，蓋此詩所本。又江建霞《題玉京畫》云："愛讀琴河感舊詩，楓林霜信歎來遲。秋風紅豆相思種，定爲蕭郎寫折枝。"西湖有廉莊，乃惠卿新居，余嘗小艇往游。惠卿出其夫人寫經及近著多種相示，知其別號曰廉夕陽，因"夕陽穿樹補花紅"句得名，真纖巧之尤者，心思亦不可及。

慨歌《二十年前的白話詩》

留法洋畫家江小鶼氏，新自天津來滬，寓畫家王濟遠氏處。記者特於今晨往訪，論及近代歐洲畫派之趨勢，歷三小時之久。後談及中國最近新文學之勃興，江氏於行篋內檢出一紙相示，蓋其尊翁建霞公所作之白話詩也。建霞公在清末時曾爲太史標，文名重大江南北，此詩以時日計算，至少當在二十年以前，兹特錄之於後，於以見白話詩亦并非胡適之氏所首創也。

　　蠟燭已殘，
　　油燈又破，
　　忍使俺無端悶坐。
　　剛到新年，
　　福橘烏菱，
　　早飽哥哥肚。
　　只剩得胡桃一個，
　　些些桐子，
　　不值今朝小吃，
　　恐教受餓。
　　勸哥哥明日還來，
　　預備乾糧，
　　細嚼五更鼓。

此詩雖近乎滑稽俚俗，而細味別有深意，讀者可於言外得之。

案：見《新藝術半月刊》1925年第1卷第6期（上海圖書館藏）。

蔡雲萬《蟄存齋筆記》

江建霞

江標字建霞，在科舉時代以能文稱於當世，鄉闈中式，以二場經文中《爲電》一藝最爲主司者所激賞，對於電學頗有所發明，當時傳誦。嗣遂聯捷成進士，授職翰林院編修，未幾即簡放浙江［湖南］學政。聞其幼年讀書於鴛湖之側，曾有豔遇，作《綺懷》詩八章，前中華圖書館曾刊入《游戲》雜志，予刻已記憶不全，一首云：“自嗟無福引文蕭，寫韻樓荒久寂寥。（次聯忘却）靈犀扣領松知瘦，繡鳳鞋幫窄更嬌。世上支磯空有石，年年望斷鵲填橋。”又一聯云：“身無粉飾妝都潔，室有秋蘭體章芳。”又一結聯云：“可堪掬月纖纖手，碎却溫家玉鏡臺。”玩其辭意，大約爲歡未終，有感傷追憶之慨。嗣因掛名黨籍革職，亦可見清末黨禁之嚴也。

王韜《淞隱漫録》卷十一

東瀛才女

小華生，居日本之神户，固小家女子也。秉性穎悟，秀外而慧中。涉書史，解吟詠，書法亦秀逸。在家無所事，見藝妓之撥琵琶侑觴者得金錢獨夥，心竊慕之。乃改習三弦諸技，兼學歌曲，按節發聲，響遏行雲，雖老妓師自歎弗如。鄰家姊妹咸曰：“藝成矣，可出而應客矣。”第耻在鄉里作此生活，乃航海至滬。時四馬路最爲熱鬧，賃樓三楹，小憩行裝。東瀛女子多來滬北設屋賣茶，特其品甚賤，捉臂捫胸，備諸醜態，大雅所不屑至。女初至見之，心竊鄙焉。因此聲價自高，凡遇俗賈市商，輒不酬接，甚或加以白眼，於是名亦不甚著。

有倚雯樓主者，風流倜儻人也。道過申江，停蹤旅館。素知滬上爲煙花淵藪，思來一擴眼界，特塗脂抹粉者，多不當意，遍訪數家，輒未許可。忽聞人言："有東洋茶樓者，即妓館也。"爰笑謂其友曰："食指動矣，他日我如此，必嘗異味。"時已薄暮，令友導往。凡歷數家，輒曰："此牛鬼蛇神也，何所見不逮所聞耶？"至小華生所，一見如舊相識，情話斐亹，良久不去。友人知其意之所屬，特呼咄嗟筵，爲之洗塵。酒綠燈紅，歌聲忽發，悠揚宛轉，令人之意也銷。於是兩情益密，遂留宿焉。生固工寫生，臨別索姬畫像以去。九月中，以勾當公事，復過滬上，偷閑訪之其家，小華喜甚。生袖出姬像示之，拈花微笑，維妙維肖。生日必一往，鴻爪雪泥，爲之勾留者殆浹二旬。時生方有朝鮮之行，捧檄遄征，未遑羈滯，黯然銷魂，惟別而已。小華特吟四絕句以送其行，其詩云……

明慧如此，即中華女子，尚所罕見，況日本乎哉？生話其事於友人花影、璽巢，均有題詞，亦并錄焉……

小華曾往京口，旋即返棹，以其地多碩腹賈，不解文字飲，莫有知其才者，故不能久留也。旋日本領事禁妓之令下，倚市門者群然返國，小華當亦在逐中。天南遁叟於壬午、癸未兩年自粵旋吳，每逢宴會，輒招小華爲席糾，主觴政，相契數載，初不知其能詩也，亦可謂交臂失之矣。

　　案：《淞隱漫録》又名《後聊齋志異》。文中小華所吟四絕句與後題、王韜友人花影與璽巢之題詞又見光緒十二年（1886）《申報》，均已收入本書附録一《江標〈東鄰巧笑圖〉諸人題詩》，兹不重複。文中云"九月中，以勾當公事，復過滬上……爲之勾留者殆浹二旬。時生方有朝鮮之行"，但據《笘誃日記》，該年（1883）九月，江標北上是往山東就幕於汪鳴鑾，并非往朝鮮。又云"旋日本領事禁妓之令下，倚市門者群然返國，小華當亦在逐中"，亦屬不確。張炳翔《儀邸廬筆記·書畫下》："丙戌（1886）春，余偕倚雯同游申江，時新令正嚴，枇杷花下，盡閉門居，倚雯欲訪桃源,問津無路。余偶與友人譚及,有得其蹤迹者,蓬萊仙子在人間,即偕倚雯往訪。"又江標《笘誃日記》光緒丙戌三月廿六日:"至一家春番菜館小坐,同坐平書、燕秋、式權及余五人,各有觴斝。余亦招一人,遂招山田美代來,三年不見,相逢猶識,亦一重緣也。"

錢基博《猛廠集序》

余之奉手於猛廠先生也晚,而讀猛廠之文、知猛廠之名則甚早。余年十二受學於余仲父頌眉公。元和江建霞學使,余仲父光緒戊子鄉榜同年也,學使之罷湖南學政而歸,過仲父而餽以所刻《靈鶼閣叢書》,仲父則檢其中《沅湘通藝録》相授,課以典閱,而猛廠之文燦然列焉……猛廠少而工詞賦,光緒乙未應童子試,以《文選學賦》《祝秋海棠文》受知於建霞學使,袠然舉首。

　　案:見曹典球《八年嘉遯録》卷末(湖南圖書館藏)。猛廠即曹典球。

翁同龢《翁文恭公日記》

光緒己丑(1889)四月初十日:新貴江標、劉奉璋來晤。

光緒癸巳(1893)五月廿九日:江建霞送扇兩柄,其畫及篆皆精。

光緒癸巳六月初三日:門人江建霞來看畫,此人聰明而神氣不定。

光緒甲午(1894)四月二十七日:江建霞送唐寫經、佳。葫蘆碗。

光緒戊戌(1898)閏三月廿三日:封奏五件。……徐樹銘二,一論湘不可開口岸,渾淪未説破;一請選用老師宿儒片,論陳寶箴設保衛局人短衣持棍,又論江標講新學,并及徐仁鑄。

鄭孝胥《鄭孝胥日記》

　　光緒戊戌(1898)正月廿七日：夜，赴江建霞之招於西薈芳，江未至，遂返寓。

　　光緒戊戌正月廿八日：晨，作簡與江曰："昨夕鴉武之九，又逾三十迷匿，鴉武爲一點，迷匿謂一分，戲用英語。僕乃離虹口，指西薈，叩天水之廬，咨文通之迹。時則夢雨方飄，靈修未至。欲通詞自托，而吳語非嫺；欲息影小須，而倡條靡識。於是逡遁却步，躑躅回車。交吕之詠徒存，訪戴之興斯盡。爽約勿咎，尋芳奚遥。謹狀。建霞史氏足下。海藏樓箋上。"

　　光緒戊戌閏三月初五日：晨，過江建霞、李息園。午後詣公司，江建霞、劉葆良來。

　　光緒戊戌閏三月初七日：江建霞邀至一品香晚飯，在坐者汪穰卿、何梅生、劉葆良。

　　光緒戊戌七月廿四日：錄今日軍機大臣面奉上諭：翰林院編修江標著賞給四品京堂候補，江蘇候補同知鄭孝胥以道員候補，均在總理各國事務衙門章京上行走。

　　光緒戊戌八月廿一日：今日王稷堂言，有參黄仲弢、江建霞、張菊生及余者，又有言拿問張季直者，余笑曰：今日人尚以被累爲恥，將來恐有以不被累爲恥者，則士君子盡矣。余所同召見者張蔭桓、譚嗣同，所同被旨者江標，今皆敗，余雖未斥，度非久當出國門矣。彼曹固當及罪，然生於今日而冀有賢不肖之分，亦難矣哉。

　　光緒己丑(1899)四月廿八日：復考鐵路學生。有附生李定煌者，江劍霞門生，曾習法文二年，錄爲特取。

　　光緒己丑十月廿七日：聞江建霞標卒於蘇州，聞之凄然。

　　光緒己丑十月廿八日：作《哀江建霞》詩二首。

　　案：李根源(1879—1965)，字息園，雲南人，曾留學日本，入同盟會。劉樹屏(1857—1917)，字葆良，江蘇揚州人，光緒十六年(1890)進士，上海澄衷學堂監督，兄劉可毅，弟劉歡。何嗣焜(1843—1901)，字梅生，一作眉生、眉孫，江蘇武進人，曾入盛宣懷幕，創辦南洋公學。

王同愈《栩緣日記》

光緒己丑(1899)七月十四日：徐懷遠浩。來。徐持建霞來信，工畫，屬爲揄揚云。建霞有扇面二百頁，石谷《千巖萬壑》卷，文《赤壁圖賦》卷，廉州小米卷，欲得千五百金，爲市宅計。

光緒己丑八月初二日：接建霞告貸信，即復。

光緒己丑八月初四日：建霞來電借款，即復電：已有函復。

光緒己丑八月十四日：接建霞信，匯寄洋式百元。

光緒己丑十月廿六日：得建霞同年作古之信，深爲愴然。十月十九，病肺而卒。

葉昌熾《緣督廬日記》

卷二

光緒壬午(1882)二月初一日：江生標來從游，郎亭所薦。

光緒壬午六月十二日：江建霞來，云新得陳實父先生家友朋手札中胡竹邨多至數十通，段若膺一札已抽去，是可惜也。

光緒壬午七月初六日：得建霞書，附來陳碩夫先生冊葉一本。

光緒壬午十月十二日：得薌生書并《紅雨樓書目》《南薰圖象考》各一冊，《四書典故核》四冊。得建霞書，其友人托銷《天一閣書目》文選樓本，因即留之，價洋三枚。

光緒壬午十月廿九日：得建霞書，以新刊《留溫吟館詞》一冊見贈。

光緒壬午十二月十八日：得建霞書，知明年就鄂中高學使館。

　　光緒癸未(1883)六月廿八日：建霞來，云陶子縝編修藏有《大藏音義》，爲諸儒未見之本，共一百卷，從其中搜緝《倉頡篇》逸文，較孫伯淵所刻者多至兩倍。許慎《淮南子注》亦一鉅册，他可知矣。編修甚秘其書，不輕示人。又以翼甫所作送行序并詩四首見示。

　　光緒癸未八月十二日：建霞來，云月内赴山東學幕。

　　光緒癸未八月十三日：得建霞書，論祥禪之異，頗有折衷。附來新刊金山錢氏書目，内有《文子》校勘記，謂文子皆襲《淮南子》，歷舉兩書文同者，條分縷晰，抉摘精審，其見甚卓然。

　　光緒癸未十一月廿八日：得孫泫民及建椴山左書，據云山左銅器極多。

卷三

　　光緒甲申(1884)七月二十日：得建霞兩書，知山左造象有二百餘種，又新得元刊《李翰林集》。

　　光緒甲申九月三十日：又建霞一函，云新見牟陌人廷相手校汲古本《説文》《易林》、莊刊《淮南》、孫刊《晏子》、明程榮本《韓詩外傳》、畢刊《呂覽》、盧刊《逸周書》、明本《韓非》，朱墨爛然，惜未遇録。又陳仲魚先生文孫尚守遺書百篋，流寓濟南，宋本已化雲煙，元刊及手校各本多有在者，柳門能得之矣。又云新得舊籍多種，以嘉靖本《嘉祐集》爲最，并寄篆書《説文部首》一册，仿石鼓文，頗有進境。此子天分絶人，余所見，萠禮卿外，殆無其匹。今更能潛心樸學，真不可量矣。

　　光緒乙酉(1885)三月初二日：又得建霞山左書，知方爲《黃蕘圃年譜》，可云先得我心。又云郎亭謀刻碩父先生《師友淵源録》。又寄來大明湖匯泉寺經幢拓本。

　　光緒乙酉四月十三日：得建椴書，云東昌楊氏藏《咸淳臨安志》百卷全帙，即《竹汀日記》所載劉燕庭藏本，蕘圃手校本至有八十餘種之多，過商河，於城隍廟廊下搜得周顯德二年經幢。

　　光緒乙酉六月初七日：嚴子範自濟南來，云得之建霞已南歸，建霞在濟爲余購得經幢百餘種，聞之欣忭。

光緒乙酉九月初九日：建霞來飯，談陳壽卿收藏之富，爲古今所未有，印擧已成書，銅印至數千。又云尹氏所得朱博頌不可信，茹珍墓志已在王蓮生處，千佛山造像寺僧塗以朱漆，爲歛錢計，不令人拓，雖學使亦無如何也。

光緒乙酉九月十六日：建霞來，携示新得書籍數種，以元刊《輔教編》爲甲，宋釋契嵩撰，引大小徐《說文》及諸經傳與世行本有異同，惜祇一卷，非完本矣。

光緒乙酉九月十七日：又訪建椴，見舊抄本《皇明通識》，明宣城吳岡與其侄蕭公撰；又嚴久能《蕙榜雜記》，吾家十如老人録本，借歸；《虞山小史》七本，無撰人，高麗人録本，據建霞云出自錢東澗；又《愛日精廬藏書志》一部。

光緒乙酉九月廿八日：柬建椴還元刻《輔教編》殘本，明鈔《測元海鏡》，舊抄《衍極》，有蘇齋校語，元刻明印本《藝文類聚》，元刻本《李翰林集》，王子底《然脂集》手稿殘本，元刻《禮記》，巾箱本陳澔《集說》，沈小宛批注《遺山集》，寥寥數語，不能附刻《石湖詩》後也。

光緒乙酉十月廿三日：訪建椴，見新得宋刻《近思録》，高氏妙賞樓舊藏本，又携歸聊城楊氏《宋存書室宋元本書目》，後附朱子清《結一廬目》。

光緒乙酉十月廿七日：閱建椴所記《山左金石志》未收新出漢魏六朝碑目，如左：漢：麃孝禹碑，河平三年。費縣；今在李山農宗岱處。君車圖，正陰有題字。濰縣陳氏；琅琊太守朱博頌德殘碑，諸城；尹彭壽家。無鹽太守劉曜碑殘石，同治庚午出蘆泉山陽土阜中，《隸釋》箸録之。東平州；學明倫堂下。普照寺漢畫像；伏生受經圖畫象，沂州；琅琊書院。兗州刺史楊叔恭殘碑，八分書，建寧四年。滕縣；今在安馬樓莊内。永□（原缺）七年殘碑，同上；馬氏家藏。建康元年殘碑，上有二人。魚臺；烏氏家藏。晉：明威將軍郭休碑，八分，有陰，泰始六年。掖縣。宋氏家藏。北魏：趙珝造像記，皇興三年。黄縣；高貞碑，正光四年。德州；州學。馬鳴寺根法師碑,樂安;大王橋泰山行宫。張白妃造像記,天平二年。樂安;中堅將軍墓表,即鞠彦雲墓志,正光四年。黃縣。北齊:廣古寺造像;天保九年。魯彦昌造象;天保六年,二幅。張龍伯造象,天保元年。諸城;尹彭壽家。朱□(原缺)思等一百人邊象記,河清四年。高苑;邑義一百人造靈塔記,武平三年十二月。滋陽;在兗州考院。普照寺造象,蘭山;洪興寺造像,同;許始等造象,同;韋本振等題名,鄒縣;韋子深等造象四面碑,同;晉崖康邕題名,同;韋太陽等造象,同。北周:小鐵山摩崖佛經銘,乙咸韜八分書,大象元年。鄒縣;趙郅李巨教摩崖題字,同;寧朔將軍孫洽等題名,同。隋:劉景茂造像;宋叔敬造象;開皇十年吳□(原缺)造象;開皇十五年女紅花等造像;以上皆千佛山。王懷賢妻鄧敬造象;景龍元年僧無畏造像;以上神通寺千佛崖。陽照寺造像,樂安城;西南八十里。龍華寺碑,正書。博興,城東二十五里,近名白鵲橋。比邱尼静觀造象;開皇六年。千佛山鄧景造象;邑子元等造象;有側。千佛山李景崇造象;吳□(原缺)造象;許道等造象三種;以上歷城。宋□(原缺)等造象,萊陽;宋僧海妻張公主造象;楊文蓋造象;比邱僧智照造象;以上歷城。佛説出家功德經,嘉祥;王盱造無量壽佛碑,益都;涅槃經,汶上;五峰山蓮華洞大象主鍾崔等五十四人題名,長清。

　　光緒乙酉十一月廿一日:申季晨來,《古籀疏證》已藏事矣,籀篆皆出建霞手。

　　光緒乙酉十二月初三日:爲建賴作《輔教編》跋。

卷四

　　光緒丙戌(1886)正月初三日:建霞來,述其外家華氏藏書甚富,有名湛恩、字紫屏者尤好事,陸存齋所得北宋本《白帖》即其物,歿後,三子一笥仕浙中爲縣令,一爲參將,一家食,俱不好古。建霞曾見有元刻篆圖互注本《六子群礁》隨意棄擲,即扃閉者亦多飽蠹腹。然向之或借或售,則護持如頭日腦髓,可謂書之一劫。建霞又云,昆山趙君静涵名元益,亦華氏甥,有史載之方,宋本售於皕宋樓,今藏書尚多能讀能守,西塘橋蔡氏藏鈔本最多,黃蕘圃士禮單疏即歸其家,可以問津,索價一葉一餅金。

光緒丙戌正月初八日:建霞招飲,遍觀所藏古匋器及碩庭彝器拓本二册,錢乙生藏雁足燈拓本一幀,舊抄明《唐肅集》一本,有蕘圃跋,滂喜齋刻所未收者也。借歸高深甫《燕閒清賞牋》一册、陳文述《碧城仙館詩》一册。

光緒丙戌正月十一日:柬建霞送去古籀潤筆十金,假歸《月河精舍叢抄》《吹網録》《鷗陂漁話》《無錫縣志》、舊抄《丹崖集》《萍州可談》、宋刊《近思録》。

光緒丙戌二月初二日:爲建椴跋抄本《萍洲可談》,僞書也,與《説郛》本、《秘笈》本、守山閣本全不合。朱彧,宣和間人,而書中所及有朱文公、楊誠齋、周益公事,其爲書估僞作,以欺不學者,無可疑。卷端有徐健庵、汪閬原藏印,非僞爲者,二家亦爲所蒙耳。

光緒丙戌二月初三日:見碩庭,言藏有鄭元祐《僑吳集》,明初刻本。建椴來,云趙静齋新刊叢書十餘種,皆士禮藏本。

光緒丙戌二月初九日:生經古案,建霞正取第六,曹揆一元忠首列,申季徒師鄭兄也。

光緒丙戌二月十二日:王益吾學使有續刊《皇清經解》之舉。考建霞得首列,可謂破格拔人,吾鄉後起庶幾知嚮學乎。曹,吳縣首列。

光緒丙戌二月二十日:訪建霞,見其所得齊天保□年麴伏奴造像,高五六寸。又出其新得吉金拓本,皆退樓、恒軒物也,間有藏滂喜齋者。又假歸隋淳于儉墓志銘一紙,據云東省新出土,志云"君諱儉,字德素,冀州清河人也,春秋六十三卒。妻武威孟氏,以開皇八年合葬於磐陽城西南黃山東北孝水裏",陵墓存焉。

光緒丙戌三月初二日:得建霞書,示書目一紙,皆士禮舊物,直六十三元:《西溪叢語》二卷;舊抄本,有跋有印。《逸老堂詩話》二卷;舊抄本,有跋有印。《松崖隨筆》一册;復翁手抄,有跋有印。《老學庵筆記》三册；顧、黃二家校跋印記。《鄭桐庵文集》一册；鄭手稿，華山大師批，蕘翁跋。《雞窗藂話》一册；舊抄本，有跋。《虎邱志》。成化本，有跋有印。

光緒丙戌四月初五日：建霞來，云在滬得沈西雍《河朔訪碑圖》手卷，湯雨生、潘紱庭文，皆有題跋，又在龍門書院見拜經樓所藏書，中有劉績《霏雪録》，又趙静涵藏《惠松崖日記》，一爲先生手迹，一則蕘圃與其僕張秦合抄。

光緒丙戌四月十二日：建霞來談，云《儀顧集》前二卷考證之文皆出於粵人，某存齋購得之，攘爲已集之弁冕，實亦不佳也。

光緒丙戌四月十九日：建霞來，云慧琳《音義》上海姚君文棟從朝鮮得大字本，將付石印。

光緒丙戌四月二十日：訪建霞，出示沈西雍《河朔訪碑圖》，潘星齋丈所繪，引首五篆字黃壽鳳筆也，湯雨生、黃安濤、周沐潤、吾家十如老人、釋達受、祖觀皆有詩。又陳言夏手稿一册，皆爲人代作祭文，注明代某某，牧齋、稼軒、錢履之、孫本芝居多。

光緒丙戌九月十九日：因粵行在即，不能久留，先慈塋兆尚有海漫，七班即托五叔岳康吉照料。熾催舟進城，得申季函感冒新痊，欲展緩兩日，廿三日首途。適得郎亭、建霞兩書，知二十左右按臨潮州，約廿三四日始畢，爲期尚寬，即復函如約。

光緒丙戌十月十二日：酉刻抵潮州東關外湘子橋，有津吏譏察。至西關泊上岸，偕操養、若溪同進試院，見郎亭學使同幕祁子樅、顧蓉舫、承皋。程譽卿、惟祺。錢冠英，皆同鄉，又汪薇卿、鴻祺。介石，鴻鈞。皆學使之弟，績溪程蒲生、秉銛。歙程履新、祚昌。章門王仲蘭、仁照。陽湖陸惕身、爾昭。趙叔垣、侃。江寧劉禹門翼程。及建霞，共十有三人。

光緒丙戌十月十四日：建霞見示蕘圃四跋，據云皆趙静庵物，有跋無書，以贈茞卿矣。

光緒丙戌十一月初四日：在巡檢署飯，蓉舫、仲蘭、建霞、冠瀛皆以失道向隅，又十里爲兩口塘，五里秦嶺，亦以仰止文公名，五里興龍庵，十五里老龍，復登舟，舟大而華，余與操養、若溪、建霞同船，是夜即泊於此。

光緒丙戌十二月初一日：辰刻，偕操養、芍溪、建𩏩同游豐湖書院。

光緒丁亥（1887）正月二十七日：從居停借《楹書隅録》一部，聊城楊勰卿太史記其父至堂河帥所藏書也，前有自序云："先端勤公平生無他嗜，一專於書，所收數十萬卷，庋海原閣藏之，屬伯言梅先生爲之記，別闢書室曰宋存，貯天水朝舊籍，而以元本、校本、抄本附焉。癸亥、甲子間，紹和里居撰《海原閣書目》成，復取宋元各本記其行式、印章、評跋，管窺所及，間附數語。乙丑入翰林，簪筆鮮暇，此事遂輟。頃檢舊稿之已成者，得若干種，釐爲四卷，命爲《楹書隅録》。寫校既竣，撫書遠想，哀慕曷極。同治己巳仲夏，楊紹和彦合甫識。"是書未及付刊，太史即歸道山。建霞云，其嗣君爲丙子孝廉内閣中書，性豪侈，不能乘騎而以二百金購良馬，俾奴子罄控縱送以爲樂，又因歲暮空匱，以所藏朝珠命奴子出售，久之無問津者，大怒，即以賜其奴，直千金不顧也。

光緒丁亥二月初三日：至濠畔街閲肆，建𩏩欲購銅鼓，索直三十金，不成。

光緒丁亥六月十七日：仁齋示石刻二種，一爲元魏時刻經，一爲唐經幢，皆無年月。適芍溪、建霞啓行，即托帶一函覆之。留唐幢，還魏石。

光緒丁亥八月十一日：建霞書來，云操養故後，百物蕩析，有至好某專心注力覓其遺物，且百計減其值，果有此事，真堪腹痛，但細思不得其人也。又云張塘橋蔡氏主人身故，遺書盡出，陸潤齋得其上乘，姚念慈次之，西蠡、翼甫得其一鱗片爪，叔朋則終日泉與書交戰，一事未成也。

光緒丁亥八月十三日：尹伯圜來，察其學問志趣，不過如吾鄉徐翰卿之流。余初從建霞聞其名，甚慕之，而所見乃不逮所聞。

光緒丁亥八月二十日：得建霞書，以經幢二種見貽。啓函視之，其一爲岱嶽題名，碑之側，非經幢也；其一趙州景祐幢，不全本，余藏有全拓，但此本拓在百年前，神采奕奕，余舊藏本所不逮耳。建霞云其書可匹眉山，更上則馬鳴寺根法師碑，也可謂知言。

光緒丁亥十月十一日：得建霞書，云新得元纂圖本揚子《法言》。

光緒丁亥十二月二十一日：建霞自蘇州來，見示《闕史》抄本，有"趙輯寧印""素門""古歡書屋""摛藻堂藏書印""平陽季子收藏圖書"五朱記，蓋由小山堂而入汪氏也；又抄本《元城語録》一册，每卷有"錢謙益印"及"家在虞山之麓尚湖之濱號漁樵子"大方印；又抄本《烏臺詩案》，前有士禮居藏印，後有吳枚庵跋……

光緒丁亥十二月二十二日：建霞述在滬上晤凌霞子與，藏舊抄本甚多，又在醉六堂書肆見勞季言手校本。

卷五

光緒戊子（1888）六月廿六日：建霞贈唐萊州刺史德政碑一通，又殘經幢一通，僅存三面，其一面亦不全，有朝請守北海孫令顧□昌等題名，云在山左所得。

光緒戊子八月初二日：得建霞書，知在考市新得《水經注》王伯申校本，明鈔本《姑蘇名賢小紀》，有半查馬氏叢書樓印，又焦氏《國史經籍志》，首册蔣子遵手鈔，有跋，又有南昌彭氏知聖道齋圖記，又見巾箱本《論孟注疏》，每葉廿行二十三字，格外後半葉上方有論疏諸字，中心記字數，遇宋諱加圍，據云雕印精美，若爲廖氏群玉世綵堂本則至寶矣，即盱江覆本亦不失買王得羊也。

光緒戊子八月廿五日：得屺懷書，從江陰吳冠英丈處購開元石幢，見贈百朋之錫也，闓藝主公羊舊誼，與鄙意合，并云建霞次藝以西法算術詁題，廣爲周徑、厚爲地心、載華嶽句爲重學，振河海句爲攝，力奇而確，得未曾有，二場詩題"既景廼岡"三句必主形家言，屺懷知而不爲，此爲名心所制耳。

　　光緒戊子九月初三日：建霞來暢談，以新得舊抄《吳郡名賢小紀》見示，出自叢書樓，又宋刻巾箱本《論語正義》，紙墨不古，明藩府刻耳。

　　光緒戊子九月初六日：得建霞書，寄贈佛象幢拓本共六面，魏元象元年張敬造，凡分三層，上刻佛象，中造象人姓名，下序贊，筆法精整，北書中之上品。

　　光緒戊子九月初七日：展閱建霞所贈幢，歡喜贊歎，爲作二跋，并請西蠡題額。

　　光緒戊子九月十二日：建霞來夜飯，爲言篴秋先生所藏書畫爲其甥慈溪令鄒君以三千金購去，有拓本一篋求售，因屬圖之。

　　光緒戊子九月十五日：余四十初度，建霞招游虎阜，以病辭之。午後來，以匋器拓本五十餘種爲壽，得之，貽無量壽佛經拓本。

　　光緒戊子九月十七日：建霞得之招游虎阜，在縣橋巷回真道院前下船，見河干一石刻，七如來，制作甚古……既至虎阜雲巖寺，建霞遍拓摩崖題名及顯德經幢，最後在五十三參之上得崇禎己卯石幢，亦爲妄人磨刻七如來，同日得三幢，皆爲七如來所損，爲之惋歎不已。

　　光緒戊子九月廿二日：晨至電局探南闈信，但知筱渭、建霞同捷。

　　光緒戊子九月廿四日：得建霞書，附來石田山水一軸，因文天爵、王濟之約同游不果而作，質之西蠡，謂有駿骨之歎，因即還之。

　　光緒戊子九月廿六日：訪建霞，見舊書十餘種，云在世經堂携歸，劉彥清所藏也，以明本《史記》爲最佳，非王刻，非柯刻，亦非秦藩本，察其紙墨，總在正統以前。又明刻本蘇潁濱《古史記》、徐武子選杜詩、手抄本吳山尊《韓晏合刻》，皆精好，聞上馹皆爲姚彥侍、蔣香生所得矣。

　　光緒戊子十月初五日：西蠡出所藏趙承旨行書千文、米虎兒山水手卷見示，建霞携方蘭坻所畫《耆年服物圖》，眼鏡、湯婆等物無所不具，殊有別趣。

　　光緒己丑(1889)正月十七日：建霞與郋亭自旱道同進京來，云在蘇得元刻小字本《鹽鐵論》，周香嚴校《唐語林》，有黃蕘圃跋，又云泖生書盡出，又云山左道中所見經幢皆改爲琭瑋，與吾鄉之改鐫七如來佛號同爲一厄。

光緒己丑正月十八日：建霞在廠肆新得祁刻印本《說文繫傳》，有苗仙麓手校數十則在眉端。

光緒己丑正月十九日：過廠肆流覽，惟見隋孫桃枝造象，諧直未成。昨建霞云含英閣有宋石幢一座，索直二十金，今日再同往視，是元祐年刻，予以十金，亦不允。

光緒己丑二月十二日：建霞來談，云朱子安治中藏有唐荊川所校《晉書》，又有《裘杼樓書目》，子安尊人修伯先生日記數冊，述所藏所見版本甚詳。

光緒己丑二月十六日：再同以明四忠遺墨屬建霞署首，四忠者，楊忠烈公漣、趙忠毅公南星、黃忠節公淳耀、陳忠公子龍也。忠毅自書詩稿在削職追贓時作，其言沈痛伊鬱，不堪卒讀，忠烈則與其鄉長官論災歉書也。

光緒己丑二月十九日：鄭盦丈奉敕校《通鑑輯覽》，招偕再同往相助，即聯輿赴之，以懋勤殿鈔本對通行刻本，頗有異同，盡一卷而畢。同校者郋亭、鶴巢兩丈，建霞、花農、廉生、夢花、苐卿、子培、子封、許子源及梁君某。子培云新在隸古齋得南詔德化碑、韋皋碑，因急偕建霞往訪，亦選得韋皋碑一通，唐宋碑造象經幢十餘通。

光緒己丑二月廿四日：得建霞書，附來秦姚興弘始九年造象一通，其末有云“爰刻諸石，以銘寸心”，安有六朝人而爲此語者？贗品無疑矣。

光緒己丑三月廿六日：建霞來談，見示曹刻《集韻》，有大興翁氏石默書樓印，覃溪先生物也；又明嘉靖刻《淮南子》三十八卷，無高誘注，每卷首行題“漢太尉祭酒臣許慎記，上明後學閩中王鑒、太原傅霖蜀雅甘來學重刊”，後有跋題“嘉靖上章攝提格玄月既望，後學閩中王鑒書于仕學堂之龍雷窟”。

光緒己丑三月廿九日：赴苐卿齋，見屺懷、建霞、婁縣張錫恭問遠、華亭雷瑨君曜，同游法源寺，觀唐遼諸石刻，又過崇效寺……建霞又從李書估處取到元刻袖珍小兜、方仁齋《傷寒直指》《源流至論》，皆有泖生丈藏印，尚有鈔本甚多，苇卿、屺懷即聯輿往。

光緒己丑四月初二日：訪建霞，晤，云見元至正刻《玉篇》、明宣德本《廣韻》，書估以"宣"字挖改"大"字，充大德本，不知"宣德"下尚有"辛亥"字，大德無辛亥也。又見陳仲魚校《華陽國志》，内鈔配兩卷，仲魚先生手録，前有王臣恭靖廷印，秦中藏書家也。

光緒己丑四月初九日：會榜揭曉，清晨至屺懷寓避囂，坐甫定而捷音至，屺懷中第十二名，報者譁於門，囂愈甚，不得已仍返館，則報者亦至，幸中第八名。午後知建霞亦雋。

光緒己丑四月初十日：起見全録，王勝之得第二，爲之狂喜，然石麟、康甫、季直、芸閣渭漁、蒲孫皆爲遺珠，愈向隅矣。午後從劉次芳都諫處詢得余卷與建霞同出第十四房，房師周郁齋先生名雲章，閩縣人，内閣中書，即往投贄。師云余卷爲鄭盫師取中，未及薦，二三場首藝已發刻矣。既遍謁四座師及邊潤民師，惟高陽師未見，邊座主云丙子江安二省惟余一人爲碩果，其意殊不平。

光緒己丑四月廿四日：黎明至西苑門聽宣，狀元張建勳，廣西臨桂人，余列二甲第二十名，屺懷二甲第六名，建霞二甲第十三名。

光緒己丑四月廿九日：午後建霞來，知朝考已揭曉，建霞及屺懷俱一等，余至二鼓後始得信，列二等五十四名，咫尺蓬山，仍爲罡風引去，惟有自訟而已。

光緒己丑四月三十日：建霞來，知余卷在麟芝盫手，未黏一籤而置下等，寫作之不能勝人可知矣。

光緒己丑五月初十日：得報，知奉旨改爲庶吉士。午後建霞持來點用全單，江蘇得館選者共九人，統計朝殿覆試名次，余在十二三之間，竟得不次點用，殊爲非分。

光緒己丑五月十九日：再同招游積水潭，見瞿子玖前輩、貴喆生給諫、文小浦、張子苇、屺懷、建霞，喆翁出示米南宮三札真迹。

光緒己丑六月初二日：得鄭盫師書，以克鼎拓本一紙見貽，屬爲釋文。甫展函，建霞來傳示廉生書，述師意甚急，如不應命，以後所索拓本皆將謝絕。

光緒己丑六月廿六日：再同、建霞新得古帶甚多，余索得六品。安陽馬服營。

光緒己丑六月廿九日：至陶然亭，應建霞之招，見楊叔喬、文道希、黃季度。季度收藏字畫甚富，盡携以來，有貫休畫《三教同源圖》及《面壁圖》，張南山考爲東坡携至嶺外，雖不可信，然必非宋以後物，又陸叔平畫山水立幅及便面，王雅宜書宮詞百首，仇唐人物，四王山水，皆至精，邵瓜疇畫山水卷子，有覃溪題小楷至二萬餘字，精妙不可思議。

光緒己丑七月初三日：午後西蠡招飲，至則無客無肴無酒，坐良久，其親井家送饌來，建霞亦至，不至如東坡之設皛飯，幸矣，見所得《弇州四部稿》。

光緒己丑七月十四日：建椴來，偕赴廠肆，購雅雨堂刻《金石錄》一部，裴岑紀功碑朱拓一通，又龍興寺道德經幢，開元二十三年刻，有宋端拱閒題字，孫、趙所未箸録，又華陰華岳廟程琳題名記。

卷六

光緒庚寅（1890）四月十三日：從建霞處得家書，附來新吾函并經幢一包，云沈君伯雲所藏共五十餘種，欲舉以相貽，喜甚。及啓視，則僅湖州天寧寺幢八種，余亦有藏本，餘皆風峪石經，非石幢也，爲之爽然若失。

光緒庚寅四月十九日：午後報録人至，知余列一等第十二名，江蘇一等五人，屺懷居首，劉振青次之，余又次之，橘農、勝之又次之，建霞、羌山、叔穌、詠春皆列二等。

光緒庚寅四月廿一日：夜屺懷、建霞來談，知建霞爲高陽所抑，屺懷適遇河陽，余與詠春前輩同爲仲約閣學所閲，詠春竟遭辣手。余首鼠兩端，尚不至爲所勒帛，幸矣。

光緒庚寅四月廿八日：黎明赴西苑門聽候引見，蒙恩授編修，屺懷、橘農、振青、建霞、勝之、詠春前輩皆留館，劉羨山改部属，孫叔和改知縣。

光緒庚寅十月廿八日：夜校《鹽鐵論》元本，爲建霞所藏，出於麻沙書肆，亥豕迷目，而時有一二絶佳處，古本所以可寶也。

光緒庚寅十一月十九日：建霞贈唐人寫經手卷及日本刻多賀城碑閣臂各一，頗精。

光緒庚寅十一月二十日：訪建霞觀唐人寫經長卷。

光緒庚寅十二月初四日：文勤師領帖，竟日陪賓，夜作七律二首，爲建霞題《募梓圖》，圖係方姓江爲江子屏先生作。

光緒庚寅十二月十五日：建霞招番膳，縱觀唐人寫經十餘卷，及元刻集《千家注杜詩》，末卷中一葉有“積慶堂刊”木記，板心有“至正戊子印”五字，又董文敏題陳眉公《東佘山居》七律三十首墨迹，又《東佘山圖》四幅，每幅繫以小詩，又王惕夫、曹墨琴合璧册，惕夫自寫論帖詩，每一詩即仿所論石刻，體精絶，舊爲吾家十如老人所藏，載入《鷗陂漁話》，又顧恂堂畫册十幅，有郭頻伽題小詩。

光緒辛卯（1891）正月十五日：建霞、勝之來，同游廠，得陳文莊《無夢園集》一部，共二函廿册，分十四集。

光緒辛卯六月初四日：得建霞書，附來溪州銅柱銘拓本，木齋同年所貽也。

光緒辛卯六月廿六日：得建霞書以黎蒓齋觀察所刊《汗簡箋正》四册見貽。

光緒辛卯七月廿九日：建霞新得大房山《投龍璧記》，原石舊藏瑯貝勒邸第，今爲一碑估攜至，索直四十金，尚不昂也。《投龍璧記》開元廿七年張湛詞，外間久無拓本，前日李雲從以一通求售，以爲舊拓，而不知其石之已出也。

光緒辛卯八月二十日：建霞來送別，辰刻登程，仲午送至通州始別去。

光緒壬辰（1892）閏六月十二日：訪建霞，暢談，見汪厚齋《溪亭獨坐圖》，有孫淵如、梁山舟諸人題，又有張匠門手札、黃野鴻自書詩册。

光緒壬辰閏六月十八日：仲約侍郎招天寧寺，偕蒿隱、佛青、夢花、禮卿、道希、建霞、西蠡、木齋、靜偕、仲弢、子培、子封、藝風、柚岑。秋暑甚酷，席散，徘徊至日昳始進城。天寧寺在彰義門外，喬木千章，浮圖百尺，幽曠之致，較龍泉、憫忠諸剎爲勝。

光緒壬辰七月十三日：至建霞處，見陸純伯，云廠肆新見元刻《莊子口義》。

光緒壬辰八月十二日：李雲從來，得韓顯宗墓志一通，西蠡以爲好事者贋造，建霞以爲木刻，皆吹毛之論也。

光緒壬辰九月十五日：午後建霞來談，携桂未谷所摹《漁洋禪悅圖》見示，翁覃溪題詩，精妙不可思議。

光緒壬辰九月廿六日：得杜翹生函，屬題章价人《銅官感舊圖》。屺懷招廣和居，同裴伯謙、蒿隱見明程模《白潭圖》手卷，周臣畫，有模自撰《白潭生傳》，題詩者共十七家，始王雅宜，訖周公瑕，中有皇甫子深、袁尚之昆季、文雁門。彭席散，復偕建霞至蔚若新居，在閻王廟街，岳大將軍鍾琪舊第也。

光緒癸巳（1893）二月廿三日：建霞贈刁遵、王僧兩志。

光緒癸巳二月廿四日：隸古碑估來，得刁魏公志，勝於建霞所貽。

光緒癸巳四月十六日：建霞約往陪莒上兩觀察，見鳳石、紱卿諸君。

光緒癸巳七月廿三日：木齋、靜偕、建霞招飲，見宋拓《洛神賦》、舊拓房玄齡碑。

卷七

光緒甲午（1894）三月廿八日：聞大考前列喧傳，一等五人，道希、佩鶴、伯撝、戴鴻慈、陳兆文，詠春在二等前列，蔚若、穎芝皆二等，即往蒿隱處觀全單，余與屺懷、韶臣、建霞、小山、禮卿、子封、蔚庭皆三等,静皆、研芙在三等末,子獻四等,此次己丑一科全軍皆没,惟惲薇生二等前列,尚可望轉坊階耳。木齋諸君在闈中,聞此信當以不預考爲幸矣。

光緒甲午五月廿三日:建霞贈明俞琬綸《自娱集》二册,長洲人,前有文文肅序。

光緒甲午七月二十日:栩緣自東瀛致建霞書述日高起釁之始,屢次請添兵、請撤館,當軸皆不省,又附管見八則,亦頗中肯綮,近數日内邸鈔無非祝嘏摺子,則其鑿枘宜矣。

光緒丁酉(1897)正月十八日:得建霞書,徵刻潘文勤師《海東金石記》《蒿隱遺稿》。

光緒戊戌(1898)二月十八日:王兩時來,述建霞臨行與焕彬交關,幾成笑柄。

光緒戊戌閏三月十九日:建霞來,并呈所刻拙著《藏書紀事詩》,尚精好,渠作一序,其門人湘潭劉茂才肇隅任校勘,附一跋於後。

光緒戊戌五月初七日:至建霞處,以壽文屬其染翰。建霞贈金石書三種,醴泉一册,係縣志中抽出殘本,後附《太名府金石志》,僅十餘葉,金華府一册,僅十葉,其郡人王家齊編次,同治癸亥刊於嶺南,向來所未見也。

光緒戊戌七月廿七日:得及盦柬,建霞賞四品京堂,并聞在總理衙門行走,校邠師身後受特達之知,建霞又搏摇欲上,若僕之碌碌無能,將填溝壑,真所謂蜂腰矣,可愧可愧。

光緒戊戌八月二十日:鳳石新生子周晬,往賀,同鄉皆集,聞有密諭查辦一單二三十人,惟知刑部洪汝沖、工部李岳瑞及建霞在其列,餘不知也。

卷八

光緒己亥(1899)正月廿九日:得允之書,建霞新遭回禄,盡失所有,禍不單行,可憐可歎。

光緒己亥十月十八日：鳳石來，傳建霞噩耗，云得自蔚若，聞之駭極，猶冀其非真也。

光緒己亥十月十九日：昨聞建霞噩耗，驚悝不寐，晨起即以一函詢蔚若，還書云得自縮閑，十九日知其病篤，二十日聞易簀矣。旋子沂得家書云，鄙人前奇一函，廿一日到，已不及見，其所輯《堯圃年譜》尚在案頭也。嗚呼！建霞竟死矣！天生美才，不善用之，摧殘沮抑，至於不永其年，良可痛惜。余所著《藏書紀事詩》，以此得罪樞要，十年沈頓，悔讀南華《秋水篇》矣，潘文勤師欲付梓，甫發德音，騎箕遽去，今建霞刻成而逝，豈真爲不祥之物邪？以一聯挽之云：藏書紀事，幸附叢編，簒節言旋，張范盛名攖黨禁；士禮徵文，遂成絕筆，菟裘未築，應劉幽憤損天年。

光緒己亥十二月初四日：善化俞伯鈞同年来久談，不滿於葉煥彬，云建榾在湘士論有去思，皆平情之論也。

光緒庚子（1900）十月初三日：度門無事，檢點篋中長物，盡作金杯之羽，化《五百經幢館圖》兩幀，一爲子樅同年筆，一建榾所作，兩君皆已作古人，無從補繪。此等物，洋兵土匪視爲土苴，必歸夫已氏之橐，毫無疑義，可恨已極。

卷九

光緒辛丑（1901）八月十三日：答王夢林，贈開皇十三年唐仕儒銅造象一龕，僅高三寸許，極精，建霞舊藏也。

卷十二

光緒丙午（1906）七月初四日：酉初赴郎亭師之招，錢乙生明經、鼎孚、栩緣、雲盦、子沂皆同集，導登萬宜樓藏書之所也，上下三楹，樓上四面列置書櫃，中空以通天氣，闌干繞之，又用鹿盧以便取携，建霞之意匠也。

卷十三

　　光緒戊申（1908）五月廿六日：得栩緣函，言襄陽錢仲選大令赴都謁選，得湖南平江縣，回里赴任，道出吳門，宿其齋，一日甚念鄙人，以葉字元押寄貽，猶憶廿年前在都門物色廠肆不可得，建霞爲仿刻一押，聊以慰情，今以垂暮之年得睹真品，良友之贈，可感可佩。

　　宣統己酉（1909）四月初二日：拙稿《藏書紀事詩》編輯待訂，本非定稿，蒙建霞携至湘中，遽以上木，其中引書踳駁，前後顛倒，不但亥豕之迷目也。自《語石》付刊，即欲改正，以次命梓人重刻，苦無暇日，前數日始力疾從事，至今日第一卷畢，如方漸爲南渡前後人，郭延澤、杜鼎昇皆宋初人，而原刻次於天水之末，又誤延澤爲延緝，如此之類，未可枚舉。又刪去羅紹威一首，重改定徐楚金、朱遵度、王樂道三首，前後兩本，後人必致聚訟，自此本出，建霞所刊一本可置覆瓿矣。

　　宣統己酉七月十六日：仲侯函來，附到子沂滬上函，代購趙撝叔所刻《仰視千七百二十九鶴齋叢書》一部，五集三十册，首册面葉撝叔題字兩行，書估因此居奇，原約十二元爲斷，又增小洋八角。此書銅井曾以一部見贈，爲建霞借去不歸，一瓻豈可輕付。

卷十四

　　宣統庚戌（1910）二月廿七日：補撰《藏書詩》江建霞太史一首。

　　壬子（1912）十月十一日：得友卿書，言建霞身後蕭條，又罹孟聰之變，生計奇窘，《靈鶼閣叢書》、仿宋《唐人小集》兩版托覓售主，其意在見歸，籌布糈之不暇，安能及此。

卷十五

　　乙卯（1915）三月初二日：薄莫，有客自賚函請見，問其姓氏，曰許鑠，號幼園，浙之平湖人，占松江籍，僑於滬，其婦宋貞，字夢仙，能詩工畫，早逝，以小象遺繪求題。展視，陳伯嚴、鄭蘇龕、吕蟄庵、吾鄉芸巢、雲盦皆先有題詞，笑而許之。又出其遺稿一册見貽，題曰《天籟閣四種》，實衹有詩十餘首、雜文五篇而已，嘗游建霞之門，門生門下女門生，何竟不知。

卷十六

丁巳（1917）二月十二日：燈下檢建霞遺書，有錢圓沙批《莊子》，繆文子手鈔《書説》，翁覃谿、焦里堂校《三輔黃圖》，丁儉卿批《文選》，又有《松窗百説》《黑韃事略》，裝一册，後有明皇象山人姚舜咨跋，似是真迹，此本爲甲，若拔其尤，脱穎而出矣。

繆荃孫《藝風老人日記》

光緒己丑（1889）十一月二十日：江劍霞又約葤香樓酒叙，竹篔、雲門、星海、子淵、張遜[異]之孝謙全坐。程蒲生、葉鞠裳約聚豐園小飲，子淵、劍霞、星海同坐。

光緒庚寅（1890）六月初七日：拜陳鈺卿、錢子密、汪柳門、江建霞。再赴文芸閣慶和堂之約，蒯履（禮）卿、黃仲弢、叔頌沈子培、江建霞、曾頌伯廣鈞同席。

光緒辛卯（1891）七月二十八日：晤江劍霞、徐鑄庵、陳芸敏……

光緒辛卯八月二十二日：詣董效曾、江劍霞、楊虞裳……

光緒壬辰（1892）五月初二日：出拜方和齋、余壽平、湯伯温、汪穰卿、江建霞、王莆卿……

光緒壬辰五月初九日：江劍霞、蔣星甫式瑆來。

光緒壬辰五月十七日：取江建霞交《藝文類聚》三册回。

光緒壬辰七月十四日：陸純伯招飲江蘇館，葉鞠裳、徐彦甫、江建霞、翁印若綏琪全席。

光緒壬辰七月十六日：招王子裳、柯愁庵、文芸閣、張孿鈞、陸純伯、葉鞠裳、江劍鴉、王扞鄭、汪淵若小飲江蘇館。

光緒壬辰七月廿日：江劍霞來交《俄人事實》，囑付老周鈔。

光緒壬辰七月廿二日：沈子培、子封約小印廣和居，夏虎臣寅官、屠敬山、劉寶箴、江建霞、劉建伯、費屺懷同席。

　　光緒壬辰七月廿三日：詣江建霞、王菘隱、劉建伯談。建霞送元刻柳集零本。

　　光緒壬辰七月卅日：還建霞《述俄三編》，又贈俄圖乙分。

　　光緒壬辰八月初三日：詣純伯、建霞談。

　　光緒壬辰九月十五日：詣江劍霞談，交《大金集禮》一冊托校。

　　光緒壬辰九月廿六日：屺懷約廣和居小酌，諸遲菊可寶、裴伯謙、勝之、鞠裳、建霞、甫卿同席。

　　光緒壬辰十月初四日：約裴伯謙、嚴雋雲、陳蓉曙、江劍霞、夏虎臣、抽岑小飲廣和居。

　　光緒壬辰十月初七日：嚴雋雲約小飲江蘇館，王旭莊、費屺懷、王勝之、江建霞、夏虎臣、晏誠卿振恪同席。

　　光緒壬辰十月廿八日：李木齋招飲，左笏卿、芸閣、劍霞、右丞同席。

　　光緒壬辰十二月初三日：柯遜庵招飲，毛石君、曹庚生允源、葉鞠裳、王甫卿、鄒紫東、江建霞同席。

　　光緒癸巳（1893）正月初四日：順德師招飲，張樵也、袁爽秋、王甫卿、沈子培、子封、馮夢華、劉佛卿、黃仲弢、蒯禮卿、王廉生、江建霞、李木齋、柚岑同席。

　　光緒癸巳三月朔：建霞、子封招小飲，并觀書畫，見趙又度左山水卷二、石谷山水卷一、石濤山水卷一、南樓老人山水冊、蔣南沙花卉冊子、唐人寫經兩卷，均絕佳。

　　光緒癸巳三月初三日：屺懷約長春寺修禊，鞠裳、勝之、建霞仝席。

　　光緒癸巳四月十六日：江劍霞招飲，吳廣庵、陸存齋、陸鳳石、葉鞠裳、王甫卿、費屺懷同席。劍霞以新輯《蕘圃年譜》稿本托校。

　　光緒癸巳五月初二日：校《黃蕘圃年譜》至四十歲。建霞來假去百金。

光緒癸巳五月十四日：檢《蕘圃年譜》還劍霞。以過校《老學庵筆記》相借。

光緒癸巳五月廿三日：校《老學庵筆記》下册。建椴借《倉山月話圖》卷子去。

光緒癸巳五月廿六日：還《老學庵筆記》。

光緒癸巳八月初九日：詣江劍霞談，劍霞還《倉山月話圖》卷子，以江鄭堂先生《募梓圖》屬題。

光緒癸巳十月十八日：還江建椴《募梓圖》。

光緒癸巳十一月初二日：江劍霞送《雙紅豆圖》卷子來轉交況周儀中翰索題。

光緒癸巳十一月初四日：江建霞借明刻唐人集去。

光緒癸巳十一月廿五日：江建霞送沈姓庚詞來。

光緒癸巳十二月十一日：建霞借朱青立山水册去。還建霞廿四金。

光緒癸巳十二月廿三日：建霞招飲，徐叔鵬、蒯禮卿、陳潤光、王子□、徐彦甫仝席。

光緒甲午（1894）二月十七日：還建椴《甌香館尺牘》兩册。

光緒甲午五月十二日：江建椴送朱青立畫册、士禮居續跋來。

光緒甲午九月十五日：售唐人廿四家詩與江建椴，得廿金。

光緒乙未（1895）四月廿七日：接江建霞湖南信。

光緒乙未八月十五日：發江建霞信，附寄七家詞二部、《荆川集》一部。

光緒乙未十一月廿八日：接江建霞信，寄還詞稿。

光緒丙申（1896）十一月十八日：見江建霞叢書三集。

光緒丁酉（1897）四月二十七日：接江建椴信，寄《靈鶼閣叢書》。

光緒丁酉十二月初八日：……晤建霞學使。

光緒丁酉十二月初九日：江建椴、王雪丞來。

光緒丁酉十二月初十日：未刻，赴王鞠堂之招，建椴、譚復生、陳兆葵同席。晚赴王勝之之招，張遜之、周少樸、王雪橙、丞。江建椴同席，觀建椴藏惲册、王咸《離騷圖》、董文敏山水册、趙又度《南嶽山房圖》。

光緒丁酉十二月十二日：晚雪，建椴送書來。

光緒戊戌（1898）正月廿日：發費幼丈信……又徐積餘致江建霞信一件。

光緒戊戌閏三月十二日：詣凌塵遺、志仲魯、江建椴、汪穰卿、蔣伯斧、羅叔醞、董壽京。贈建椴《常州詞録》一部。

光緒戊戌七月卅日：詣汪頌穀、江建霞、李木齋談。

顧肇熙《顧肇熙日記》

光緒戊戌（1898）七月十九日：袁爽翁來，午間赴翁小舫招，坐有窓齋、筱帥、杏翁、高□之、江建霞，各出書畫賞析。

戊戌七月廿三日：在味菇園請袁爽秋才伯、徐進齋星使，筱帥同列。

戊戌八月初二日：過江建霞，知近有電旨以四品京堂在總理衙門章京上行走，與鄭蘇盦孝胥同命也。

戊戌九月廿二日：晚赴陸墨緣約，翁誦良、建霞拓得第十七日書。

戊戌十月廿五日：傍晚邀莊心安、汪子元、淇泉、子萱、揆一聚堂園。

戊戌十月廿八日：晚赴建霞、晉甫招。建霞坐中有莊心安。

戊戌十一月初五日：昨夜橋西回禄，江建霞家中與叢古精舍俱被災。

戊戌十一月初十日：赴徐子靜瀚卿招，坐有窓齋、郎亭、吳倉碩、費屺懷、江建霞。

　　案：以上條目節選自稿本《顧肇熙日記》之《市隱集》第二册，今存蘇州圖書館，該册封面題云"戊戌六月朔""己亥三月杪"。

附錄四　江小鶼事迹與作品選錄

繪畫

評畫家李超士

　　李君的畫，我看見的并不多。所看見的不過是他在法國學校里的習作，都是一種基本的練習。他回國没有幾時，并未有新的作品，所以他的藝術上的特點也就没有充分的表現出來。但是他的個性是很沉静的，所以才有絕大的毅力，願去從事於基本的練習。不像現在我國一般自命不凡的畫家，學都没有學好，就有自不量力底作品出來，欺眩一般不懂美術原素的人，流毒社會，還要居高自尊的教起學生來，貽誤青年。并且以爲自己作品可以傳播萬世，真是可笑，真是我國美術界的孽障！我這句話，并非是抬高洋畫，恭維李君的高妙。實在無論中西的繪畫，只要能從基本功上去用功夫，没有不可發揮自己的個性和一國的國民性的。所以李君對於繪畫上一種見解和主義，可爲十分完全了。我希望他拿留法時所見所聞的經驗，來把我國現代社會上所産生的不良的種種藝術改造改造，就是我國美術界的幸福了。

　　江小鶼，九，三，十。

案：見《美術》1920 年 3 月第 2 卷第 1 號。

天馬會常年大會記

上海天馬會於前日（一日）下午舉行常年大會，提議及議決事件略志如下:(一)改選職員,當經全體會員投票,選舉江小鶼爲幹事,王濟遠爲書記,陳曉江爲會計,均以七票當選。其餘會務由各會員分任之。(二)推薦新會員,當經劉海粟、江小鶼依據會章,推第二屆繪畫展覽會出品標特選者俞寄凡、洪野,并公推審查員吳昌碩、王一亭、李超士爲新會員。(三)討論種種會務之進行,由全體會員逐案表決。并聞定於七日舉行新舊會員交誼宴會云。

案:見《申報》1920 年 8 月 3 日第 11 版。

法國美術界消息(天馬會)

本會會員江小鶼、陳曉江二氏,昨自法國巴黎來信,報告法國現代美術界底消息説:

天馬會諸公鑒,我們到法後的大略情形,分開幾類,先將已經看過的博物院及展覽會報告如下:第一個就是歐洲最大的博物院,他的名字叫羅佛而,以美術爲主。他所藏的東西全是古代美術,但是十九世紀已死的各名家的作品亦在内。我們看了三次,還没有看到十分之一。第二個是大畫院。他并不是永久陳列一樣的東西,他是由國家造了專門爲開展覽會用的,現在就有兩個展覽會在裏面,一個就是散龍,再有一個國家美術展覽會。這兩個會裏都是陳列最近各作家之出品。散龍是很正派的,國家會就有些古怪了。但是十分新奇的作品,這兩個會裏是不能陳列的。第三個是羅克省白而。他的外觀没有羅佛而這樣大,他的陳列品全是現代名家所作的。第四個是小畫院。但是名目是小,實在并不小,亦是陳列近代名家的作品。凡是一個美術家,先經過是散龍;散龍裏最好的,可以到小畫院;小畫院之後,選到羅克省白而,然後分到法各省的畫院裏。最好的才可以選到羅佛而……

案:見《民國日報·覺悟》1921 年第 7 卷第 8 期。

繁華風轉記(七)

留學巴黎之天馬會員江君小鶼亦云:學問一道,斷無可以淺率成功之理,作畫亦然。新體過於狂放,便不成其爲畫,而倡始者數人,其爲學初步,均從最舊之畫院派入手,少年舊作,大有可觀;壯年偶弄狡獪,牽附學理,尚可閧傳一世。若幼稚學生,毫無根柢,亦復令其相率仿效,斯真誤盡人間之子弟矣。

案:見《申報》1922 年 5 月 23 日第 17 版。作者昭實。

繁華風轉記(八)

江小鶼君又謂:日本人士能得風氣之先,故以其東方精神向西大陸表示,亦能措施裕如;若我中國人士,不明世界潮流,缺乏美術思想,其最大病源,實因近代"美術"二字在中國祇爲貴族性質,不能普及平民。一般畫家嚮壁虛搆,如作山水畫,徒知摹仿古人,不能身歷名山大川,從實處下工夫,徒以出洋實習爲難,不知中國内地廉價旅行之歷練尤爲切實重要。查中國之所特長者,一切純係自然神化,無所假借,無所依傍。如中國畫雲彩能簡單而明瞭,此項圖案在外國實難能可貴。又如花草鳥獸,外國人大抵缺乏天才,且中國人慣用毛筆,極精細之圖畫,均能一筆下去,不必再加修改,此法於美術工業中畫磁一項尤占便利,因磁面花式重畫一筆,一經重燒,色彩上便不能如一筆下去之明潤矣。語有之云:"知己知彼,百戰百勝。"我中國人正宜善自珍惜,俾克盡其所長。我中國須知歐美人士之勝於我者無他道,僅止一種堅定之毅力,富者出金錢,貧者用才力。如於展覽會時有人提倡某項畫術,從而捐納極巨獎金,重賞之下有勇夫,不患不精進也。

案:見《申報》1922 年 5 月 24 日第 18 版。作者昭實。

《江小鶼繪畫展覽目録》自序

余髫齡隨侍先君子建霞公之湘任，即好塗抹，先君子顧謂余曰："中國無畫師久矣，汝其好自爲之。"余默識不敢忘。未幾，先君子棄養。辛亥政變後，東渡入日本國立東京美術學校，習西畫凡五載，粗得門徑而已。民國十年春，再赴歐習畫，又五載。留法稍久，歷比、德、瑞、奧、俄，從諸名家游，默察今古巨製與夫東西通變之源，益感生也有涯、藝也無涯。欲刻苦自策，力求深入堂奧，乃羈愁旅思，行役艱辛，往往心與願違。平日雖日事探索，未或稍懈，而迄今未得愜心之作、有以慰先人期望也。在歐習人物居多，不恒作風景，迨此次歸國，漫游大江南北，心有所動，寫景自樂，但非所擅長也。道途僕僕，散佚於行旅，因膏火不繼而售去，所存寥寥。今兹歸國，辱蒙諸同志之敦促，無敢藏拙，所望當世通人度金鍼，則後此之努力未始非今日之所賜也。

　　案：採自 1926 年《江小鶼繪畫展覽目録》（上海圖書館藏）。又見《申報》1926 年 9 月 10 日第 22 版《書畫訊》轉引，言展覽共四日。

江小鶼氏旅歐之作品

與陳曉江氏同時出洋之江君小鶼，旅歐六載，於今已滿載藝品榮歸祖國，刻在天津小住。而江君作品之一部，即於此次旅外繪畫展覽會中相見矣。陳列品計十九點，其中四點爲號外，五點爲後援出品，餘十點爲正式出品。號外之製作，係臨摹西洋名家作品，雖未能完全酷肖真確，然已得襲原作神采十分之七八。此種苦心與工作，在日本皇家時有重獎，遣派繪壇名家赴歐摹寫，以供本國博物院之寶藏，給民衆以豐富之欣賞，故彼國之藝得以益進。而吾國有如江君之毅力者，稀如鴻毛麟角。於此，吾等對江君應表十二分之謝忱與慶賀。今將其號外作品之名列次：

（作品）	（原作者）	（生產地）	（時期）
自畫像	拉飛爾	意大利	文藝復興期
自畫像	倫勃蘭	荷蘭	十七世紀
收藏家	獨米埃	法蘭西	十九世紀
猫與少女	夏伯郎	法蘭西	十九世紀

江氏之創作，得益於意大利名家之作風頗富，故能將藝術之真髓寓自然以深刻之表徵。其善描寫優秀與沉静，正如其人之性格。今將其作品幾點介紹於吾同志。

《自畫像》。温文爾雅，以國畫之筆調出之，背景爲精細之浮雕，表面飾心金。此幅足能表示本人之態度與思想。

《夢》。爲一側卧之裸體少女。在柔媚之肌肉與静和之顏面上，輕拂一層幽幻之夢境，正如入甜蜜之睡鄉。

《意大利雪山》。皎然一白之山峰，與深藍天空相映帶，於最鮮明之空中配合，富綺麗之情趣。

《柏林郊外》。蒼翠之原野，用青與綠等鮮明之色調，以簡捷直率之筆出之，與前幅有同一意味。

此外如習作（一）老婦人之嚴肅、習作（二）少女之憂思，均能各顯其特有之表情與性格。

江氏之作品附列於該會者，未知能否稱爲主要製作，故難以論及其疵點。甚望江君有個人展覽會之動機。

案：見《申報》1926 年 4 月 24 日第 24 版。

文藝界歡宴江小鶼

天馬會同人昨假座大西洋西菜館，歡迎新由歐洲回國之江小鶼君，因江君爲手創天馬會之一人。列席者，天馬會在滬會員劉海粟、王濟遠、俞寄凡、張辰伯、丁悚、滕固等。外有鄭振鐸、葉紹鈞、王伯祥、洪深、嚴獨鶴等四十餘人加入。

席間公推劉海粟爲主席，略謂：江君天才出衆，赴歐之前，曾在日本美術學校畢業，其藝學上之根柢已深。後留法五年，刻苦用功。今日歡迎江君，不特天馬會同人之微意，文藝界亦所同情也。

次由江君起立，略謂：兄弟去國五年，與諸君闊別已久，例當陳述個人在外國之情形與歐洲藝術界之現勢，以答在座諸公之盛意。惟以時間關係，不能暢所欲言，祇得略談衷曲耳。兄弟去國係自費，時受經濟上之壓抑，在表面上固使兄弟於物質上有所節制，而背面反使兄弟自鞭自策。因爲無論何人，多受一次激刺，必增一次自己反省。此點兄弟前已報告在座中幾位知友矣。至歐洲藝術現勢，非一言可盡。繪畫、建築、雕刻，俱有思想上一致之傾向。據現勢而論，蓋從印象派以後，已爲劇變之時代，派別紛繁。每一派別中，必有領袖人物，其作品確有可傳者也。因劇變而異説蠭起，流弊亦在所不免。兄弟去歐，已在歐戰之後，因人心厭亂，傾向和平之東方，對於東方藝術之醉心，可謂至熱。在現存作家之作品中，可驗出一二。兄弟時晤彼邦人士，詢及兄弟來法旨趣，若謂學習美術，彼詫曰：中國爲美術國，何必捨己從人？後兄弟遇有是種詰質者，答以來此學習洋畫，以備他日中國畫之參考，而助長中國之新藝術。其人乃稱善而退。兄弟雖作此誇言，但頗自愧。蓋外人之迷戀吾國美術，乃吾先人之遺產，此後吾人之責任如何，吾人當如何努力於產生新藝術，以爲國光，則在座諸君當有賜教云。

繼由鄭振鐸、洪深、嚴獨鶴、李毅士、滕固、王濟遠相繼致辭，詼諧百出。散席時已夜漏十二時矣。

案：見《新聞報》1926 年 7 月 20 日。

蘇省教育會美術研究會開會紀（節錄）

會議情形。蘇省教育會美術研究會昨日（十六）下午二時在該會三樓舉行常會……

幻燈演講。昨晚七時半，映放幻燈，有下列諸畫片，并由江小鶼君演講。所講演歐洲名畫目次如下：

（甲）文藝復興時代之三大家 Vinci D. Le 文西，生於一四五二年，卒於一五一九年，伊大利佛羅即西 Florence 派。（一）覺宮特，La Jaconde，原作藏於法國佛羅宮博物院。（二）肖像原作藏於法國佛羅宮博物院。（三）真女與孩，La Vierge et L'Enfant，原作藏於倫敦。（四）真女與孩之草稿，原作藏於巴黎美術學校。Michelangelo 米開郎其，生於一四七五年，卒於一五六四年。（五）最後之審判，Le Jugement dernier，原作藏於羅馬。（六）聖之家族，Sainte famille，原作藏於義大利之福祿郎西。（七）梅堪西之墓（雕刻），Tombeau de Laurent de Medicis Rapallo，拉斐爾，生於一四八三年，卒於一五二〇年（羅馬派）。（八）聖婚，原作藏於柏林。（九）顯聖，原作藏於羅馬。

（乙）德國派畫之始祖 Dürer Albrecht 竇蘭，生於一四七五——一五二八。（十）雜草（素描），原作藏於奧京維也納。（十一）鵪鶉（素描），原作藏於奧京維也納。

（丙）勿拉瑪派之大家 Flamand Rubens 呂彭司，生於一五七七——一六四〇。（十二）基羅受刑圖一，藏於比利時。（十三）基羅受刑圖二，藏於比利時。（十四）基羅受刑圖三，藏於比利時。（十五）基羅受刑圖四，Van Dyck 丈狄克，生於一五九九——一六四四。

（丁）勿拉瑪派大家。（十六）肖像，藏於奧京維也納。（十七）肖像，藏於奧京維也納。

（戊）西班牙派之名家。Velasquez 范拉司開子，生於一五九九——一六六〇。（十八）賣水者，Vendeur d'ean，藏於倫敦。（十九）肖像，原作藏於西班牙京城。Goya Lucientes 顧亞，一七四六——一八二八。（二十）肖像，藏於倫敦。

（己）荷蘭派之大家。Rembrandt 倫白郎，生於一六〇六——一六六九。（二十一）自畫像，原作藏於柏林。（二十二）大偉與沙衣，David deuour Saul。

（庚）法蘭西派之大家。Boucher 蒲顯，生於一七〇三——一七七〇。（二十三）獵神入浴圖，Diane au bain，巴黎羅佛宮博物院。Prud'hon 蒲流東，生於一七五八——一八二八。（二十四）□稿，David 達費特，生於一七四八——一八二五。（二十五）加冕，藏於巴黎羅佛宮博物院。Ingres 恩格爾，生於一七八〇——一八六七。（二十六）華孟之榮譽，Apolleosed' Aomire，原作藏於巴黎羅佛宮博物院。Rousseau 羅沙，生於一八一二——一八六七。（二十七）風景，藏於巴黎羅佛宮博物院。Meissonier 梅沙尼，生於一八一五——一八九一。（二十八）拿破侖之戰迹，原作藏於法國。Merson 梅松，生於一八四六年。（二十九）基督之聖迹。

　　案：見《申報》1926 年 8 月 17 日第 10 版。報紙原文法語詞彙多誤，茲據美術史資料糾正。

記小鶼之畫

畫可爲乎？曰：學問之本不立，性情之際不深，苟諧俗噉名爲心，其出之也，不鄙倍則規橅而已矣，如之何其可爲也！然則畫終不可爲乎？曰：含咀乎天地萬物之英華，探索夫中西文化之隆替，高瞻遠矚，今抱古懷，有爲而爲，畫之工拙，人之毀譽，皆在所不暇計，如之何其不可爲也！是説也，余嘗聆諸古畫家者言矣，今讀小鶼之畫，尤心嚮往之。

小鶼姓江氏，吳中世家子。其尊甫建霞太史，書畫詩詞名海內，著有《靈鶼閣集》。小鶼承其家學，天禀高超，志潔行芳，薄名利而不爲。惟嗜畫自其天性，束髮趨庭之日，即嘗捐棄俗學而爲之。長而游日本，進東京美術學校，專力攻藝者五年，一度歸國。鑑國中藝術之不昌，不願暖姝自劃，遂抱絕大宏願、犧牲一己之精神，再赴歐洲，進研藝學，沉浸鬱勃，歷有年所，所學益專且精。今歲歸國，遍游釣游之地，發抒其夙抱之蘊，時日所積，擇其尤精者，將於月之十日舉行小鶼展覽會於三洋涇橋之安樂宮，表示努力奮鬥之精神、轉移東方文化之職志。其願宏，其心亦良苦也。

日者造其廬，出其留歐時之傑作并暑期中旅行寫生若干幀相示，并爲余述繪畫之樂趣綦詳。余則匆匆披覽，未克逐一摩挲，舉其不易忘情者，爲文論列。自知恟愁之見，不足以語精深，顧數年來高山仰止之誠，敬爲當世研斯術者告。

其旅歐作中有《北國冰姿》一作，表現肌膚之起伏與柔軟之感覺，何等静穆，確能顯作者油繪人體之能事。《巴哈縞素》一作，係在歐洲逆旅中從窗隙遠望所寫者，雖江外積雪滿山，而作者仍在融和之空氣中，故畫幅上能於寒冷中表出和煦之感。此種繪畫，非深入堂奧者不能。《古戍綠楊村》一作，歸國後旅行揚州寫生。揚州，古煙花地，春色最宜。作者却於炎暑至此，於流火鑠金之中寫出優柔之色調。劇烈之夏景，一經作者柔美和平人格化，色彩特殊更變。此等佳作，固非參透此中秘鑰者未易領其微旨也。《大江東去且浮家》一作，雖在夏日，絕無紊亂不安之景。江水浮雲以及對岸之青山，均似浸潤於和平静寂之空氣中，何等高妙自然。《流波已逐流年去》一作，係鵝湖風景。此景乃作者兒時釣游之地，多年異國流浪之餘，重逢舊地，對故國之斜陽，感歲華之易逝，河山無恙，人事已非，流水一灣，依舊蕩漾，故畫面上充滿懷舊之情緒矣。速寫之猫，亦係旅歐作品。作者於動物描寫素非所好，但生平酷愛狸奴，一時興來，寫此數幅，雖寥寥數筆，而猫之活潑神形已栩栩欲活、躍然紙上矣。其《處女地》一作，係植物寫生。此幀純係東方趣味，用單純之色彩與柔順之筆觸，表出含苞欲放之神情，澄懷獨往，幽思在襟，色香并繪，天趣盎然。其他佳作，尚難悉數。

縱觀小鶼所作，覺一畫之成，杼柚匠心，無不以冲澹淵懿出之。其旨悠然以遠，其筆狷然以清。即有時慷慨激昂，亦無撫劍疾視之態。蓋其抱懷深遠，藹粹篤雅，畫如其人，而於所謂鄙倍規撫云者，非第能遠之而已。余每一展玩，爲之竟日怡情。從此精其所造，嘉惠後生，迪育賢儁，士夫交推，四方風從，斯其導揚之力、濬淪之功，皆中土盛美、藝苑之榮光也。

　　案：見《申報》1926 年 9 月 12 日第 17 版。作者劉庸熙，上海美術專門學校教師。

記美專雙十同樂會（節録）

　　年年國慶，上海美術專門學校校友會例有同樂會之舉，以表現藝術人生，冀化干戈爲玉帛。其志可嘉，其事亦甚高尚。今歲自新教務長江小鶼氏主政以來，對於各種藝術運動，提倡不遺餘力。一般新學生富有藝術思想者尤夥，以美濟美，倍覺興高采烈。日前七時，在該校第二院膳廳開同樂大會，表現各種歌舞。集男女同學五百餘人，爲樂與人同之大游藝，其盛舉也。當晚七時許，會場電炬齊明，燦燦如羅星，仙樂風飄，裙屐雜沓……是日游藝節目共有十數項之多，聲色歌舞，并皆佳妙……

　　案：見《申報》1926 年 10 月 14 日第 13 版。作者劉庸熙。

美術研究會新職員選出

　　江蘇省教育會美術研究會，本届舉行常年大會，照章改選職員……劉海粟當選爲會長，沈信卿當選爲副會長，汪亞塵、王濟遠、張辰伯、俞寄凡、潘天授、滕若渠、李毅士、江小鶼、楊清磬、謝公展、陳肇宏、潘伯英等十二人當選爲評議員，薛演中、劉利賓、王春山、劉庸熙、何明齋、許醉侯、湯少棠、朱屺瞻等八人當選爲幹事員。刻由該會開示新當選職員名單，函送省教育會查照云。

案：見《申報》1926 年 10 月 17 日第 10 版。

與江小鶼論畫

余與小鶼別久矣。日前讀其畫於安樂宮，暢論畫理，興趣盎然。回憶民九，余執教長沙雅禮大學時，小鶼與勤毫來訪，同涉湘江，登嶽麓，携繪具寫風景，午而往，夕而返，歸已遲，渡舟無。幸小鶼善日語，乘日人某君之船而返，歷歷如在目前，而時光已經六載矣。是六年間，小鶼與余於藝術上之工作均無間斷，惟環境各異，而所經藝術上之途徑亦不同，因是對於藝術上之主張或各有所見，或不謀而合，或異途而同歸，或旨同而異趨，茲略述於下。小鶼之卓識，固可爲先覺之覺後，而冷月之謬見，亦可藉此以就正有道焉。

小鶼於十年春赴歐，習人物居多，於人物畫法亦有獨到之處。如《遼西春夢》及《摹夏白郎之少女與猫》，筆法沉著中又具活潑之致，色調淡樸而幽雅，適如其人。余尚謂，畫家苟經十餘年忠實的研究之後，其個性雖不欲表現於畫面，而不知不覺間自然流露於其作品，不可強求，亦不能自已者。小鶼之畫，蓋亦如是。其取材以人物爲主，而油繪尤所特長，出品中都油繪，而無水彩畫。小鶼之言曰"余覺油繪表現較爲充分，故喜用油色"云。其出品中之木刻，樸雅可喜，尤爲難能。木刻在東方，中古已盛行，惟無刀法之趣。江氏之作，則致力於刀法，故益顯其活潑自然之致。其《黃金時代》（自畫像）一圖，合雕刻與油繪爲一，生面別開，尤非兼長木刻之技者所不能爲。余幼時即喜塗抹，與小鶼同。初作國畫，繼習西畫，七年秋至長沙執教雅禮時，尤醉心歐化。辛酉以來，思折衷中西而調和之，集古今之長而混合之，并就我中華之特長而發揮之，不足則採西法以完成之。管見所及，以謂我國山水畫法宏遠廣博，筆法章法實超乎西國風景畫之上，所不足者，遠近透視之理或有所誤，光陰明暗之變未能充分耳。且嘗思歐西物質極盛之區，目之所接，多人工之美，即一花一木亦多經人工之栽植，而爲有規則之形態，人體綫條之優美，肉體彩色之調和，較爲上乘，而工藝上亦取材於是者爲多，故西人多長於人物畫，而亦重視人物畫。我國則否，五嶽五湖之大且美無論焉，即一鄉一村、一溪一山之間，到處多保存其自然之美，大塊文章均足假我以畫材，合天籟與人籟爲一，而表現我之個性，發揮我之興趣者甚豐且富，固不必均執於人物一途也。是以我近年之作以山水爲主，且爲利便，故喜用特製之宣紙，而用色亦以本國水色爲多，是與小鶼所見不同之處也。

余嘗抱無派別、無古今、無中外之立體的世界觀念。蓋藝術家不可不知家派，而不可以家派自拘；不可不知古今，而不可以輕重古今。藝術大同，更無需分乎中外，將來世界大同，我輩藝術同志當爲之先導。畫家之世界觀念不可無也，盡我之能，集中西古今之長，冶爲一爐，是現代藝術家所當努力者。且也，專攻寫實者之作品，論形象果畢真，雖技巧驚人，而畫內無作者個性之表現，畫外無文學意義之含蓄，畫匠之作，不足重也。然浪漫者流倡言表現，形似且不能，安求其形而上之哲理哉？故余嘗以客觀的實現爲基礎，而以主觀的理想完成之，是求理想與實質之調和也。質之小鶼，不謀而合。

小鶼之言曰：“余今之油繪，無論人像、静物、背景，均用淡雅之複色，不用深色，無假借之習；光陰方面，且將漸趨於淡薄，或竟不用陰影；畫人物，或竟作平面之狀，如東方之古意；布局取均齊之狀，一切重於裝飾的意味。”（此意已於其自畫像中略見之）云云。是蓋感西方過重物質而生之反響，反而求諸東方之意趣。余與小鶼宗旨雖同，然欲藉西方光陰之長，以補我國之短，是異其趨者。且小鶼主張自動的內心之表現，藉畫面以發揮，是與余旨亦同，惟彼主一切旁人或古人之意，均所不願。而余則以我爲主宰，即古今詩人之佳作，苟與余之意旨相合者，或讀詩而有畫，或天然之對象觸我之情，即藉畫以發揮之，則畫中或有詩。有自我之意而無我之見，亦略異其趨焉。

余與小鶼途徑之不同，前已言之矣。小鶼謂其筆法由簡而漸繁，用色從複雜而成簡單，譬諸一畫初視之爲灰色，而細考其色，則由多種顏素而成。無苟且了事之習，故顯其沉着，取對象喜静少動，色調多冷少熱。余亦嘗謂此煩悶熱烈之社會，畫家宜與觀者以一服清凉散，是與小鶼異途而同歸者也。退而記之，還請小鶼有以教我。

十五年九月十五日

　　案：見《景風》1926 年第 3 期（上海圖書館藏）。作者陶冷月
　　（1895—1985），原名善鏞，江蘇蘇州人。1932 年以後定居上海。
　　擅畫山水，兼習西法。

天馬會同人之希冀

　　溯本會成立以來，甫及九稔，而同人等則以爲，公布藝術上之心得，乃美化社會之最良動機。是以不辭勞瘁，逐年開展覽會，迄至於今，已屆八次。雖屢蒙社會人士表熱烈之同情，加以宣張，加以贊助，然同人等努力之心未敢稍懈也。本屆未實現之初，本擬有擴充會務計劃，奈以各種困難紛至沓來，致不能如願以償。特於特刊出版之日，志斯數語。一方則請同情者亮其苦衷，一方則誓與同人等共勉，嗣當竭盡駑駘，努力前趨，任提倡藝術之責，爲美化社會之導，庶幾能滿足同人等苦心孤詣之本願，而得以慰同情者之渴望也耶。

　　案：見《上海畫報》1927 年第 290 期。作者江小鶼。

對於十五年以後中國藝術界的希望

　　去國五年。這五年中，祖國藝術界上如何活動，雖有報紙記載，朋友函告，總難明白他的底蘊。歸國後半載之間，雖自京而滬，與二方舊雨時得促膝，卒以人事匆忙之故，不能詳究他的内情。所以在這個標題之下，有所論列，祇是我的片面所見，隨想所及的東西，還望海内顯達諟教。

今日中國的藝術界，自樂觀方面看來，是一個苦悶的時代，自悲觀方面看來，是一個混亂的時代。苦悶之後，必有新的現象，這是樂觀者的結論。混亂持續，必致破產，這是悲觀者的結論。這兩方面的見解都言之有故，持之成理，我原不存心批判孰是孰非。據我的觀察，這兩方面的見解，不是并行一個見解，在歷程上有先有後，這是之後我會說明的。

藝術的範圍本來狠廣，我所要說的是指造形藝術一方面。這裏我假定分爲工用的與純粹的二部分。照現在情形而論，工用的藝術在吾國早已破産了，所可寶貴的只有先民的遺産。我們試思最近便的，如瓷器與漆工或絲織品等，現今所流行的東西中，有那一種可比得前代的精美，有那一種可列爲歷史的進化之産物。歐洲自機械革命之後，工業之發達，一日千里。吾們大家都知道的，他們講求日新，凡人類心思才力所及的，他們無不早先實現。他們的東西是他們心思才力所創的東西，然而人類的心思才力之生産，也有淵源的。假使一傾而盡，必致沉滯，他們現今正納悶於沉滯的時候，所以他們轉了一個機，傾向於東方的趣味，尤其對於吾們中國的東西甘拜下風，競相效之。我國人大約也聽得這個消息了，於是有一般不明時代觀念的守舊的先生們，以爲他們崇拜中國，我們中國樣樣色色都好，不由得大發其誇大狂。在這裏我們要曉得，歐洲人崇拜的中國，是前代的中國。前代中國的藝術自有長處，自有前代人心思才力之不磨的迹象。他們對於現代的中國，祇有嫌惡藐視之情，他們絶不知現代中國有所謂藝術一種東西。他們只曉得現代的日本還有點工用藝術，有一顧的價值。說起日本人的東西，是百方唾罵的“東洋貨”，而我國守舊的先生們又以爲他們是剽竊吾國的東西。誠哉誠哉！我前十年在日本住過五年，我不敢說日本完全剽竊吾國的東西。他們是基於吾國古藝術的原則上，採取歐洲人的方法，灌入自己的心思才力而成的東西。在這點上，是很可敬佩的。吾國現代工用藝術不發達的原因，果然非常複雜，其最大原因在不肯化去心思才力，把先民的遺産來發揮廣大，且畏難而返，更不肯化去心思才力來承繼先民的遺產，致不能持續其偉業。還有學歐洲的，也學得不入腔調，可笑可憐。吾國工用藝術破產的大原因就在此處。這問題暫時擱起，再說別的。

在純粹的藝術一方面而言，雕刻、建築在現今沒有甚麼生氣，我們也就談不到他。至於繪畫一門，在現今似乎很熱鬧，有國畫，有洋畫，有美術學校中專設此類學科，有同人團體倡導研究。在現今中國藝術界上有些風氣（Atmosphere）的，的確只是繪畫。其中國畫是吾國固有的東西，洋畫是歐洲傳來的東西，向來有這們的區別，我們也只好隨他這們的區別來說。照現狀看來，國畫界上，前輩已甚零落，後起者雖日盛一日，然而動人的作品很少產出。我的朋友滕固曾說：“今日的國畫家，不是爲有畫而作畫，是爲請名流訂潤格而作畫。”這話雖近於刻薄，然自有真理。現今公認的國畫前輩作家的作品，依舊粗疏狂放，不見進步。自認爲後起之秀的也淺嘗輒止，浮氣充塞。這種情形，我們也不忍去看，也不忍聞問。我們中國的繪畫是一頁最有價值的歷史，所謂院畫與文人畫的爭執，是繪畫發達的一個癥候。院畫體製的雄偉、功力的精緻，是中國繪畫上的正宗。因爲他的末流陷入滯板雕琢，才有文人畫起而矯他的弊病。文人畫的高潔渾樸、雅韻諤然，是中國繪畫上的別流。而他的末流狂放不羈，傖態可哂。今日中國的國畫，大都以文人畫自榜其高。學者不務功力，學張天師畫符，七歪八曲，以爲有金石氣，有書卷氣，離開文人畫的本意不知有幾千萬里了。而洋畫方面，歷史本來很短促，十餘年努力的成績，平心而論，在質量方面都不算壞。但聽得近來有人以印象派相號召，有人以表現派相號召，這是我不敢贊成的。我們要曉得，學人家而單學表面，是一件很危險的事。西方之有印象派、有表現派，不是憑空而來的，都有歷史的根柢。不有古典派，浪漫派從何而來？不有浪漫派，自然派從何而來？前派與後派之代興，都有關節可尋，都有發展之迹象可尋，不是一旦一夕就可成一局面的。現今吾國洋畫界中，以派別主義相號召的，無非要省一點工夫來抄近路。這我敢說是洋畫界的致命傷，我不希望有這種消息。但願爲傳聞失實。我便收束起來談別的話了。

　　上面所述工用藝術一般與純粹藝術的繪畫方面之現情，説他是混亂時代也好，説他是苦悶時代也好。但我們仔細一想，吾國現今藝術界的情形只好説是混亂時代，還夠不上説苦悶時代呢。何以故？混亂時代是無自覺的時代，苦悶時代是有自覺的時代，混亂時代終止之後才現出苦悶時代，苦悶時代終止之後，然後跨入創造時代。試看下表：混亂時代的現象，是藝術界中人不肯出死力來奮鬥，不肯用精神來修養，只東抄西襲，聊以塞責。我國現今的藝術界，差不多是這樣的：上不能繼承先民的遺産，中不能刻苦學西方的精粹，下不能發展自己的體驗。造成混亂時代的主因，原也是這樣的。所謂苦悶時代，是修養時代，是奮鬥時代，是自己努力時代。不過功虧一簣，還在許多道路中先擇一條最大的道路，吾國現今的藝術界還没有踏入這個時代。所謂創造時代，是大作品的出現時代，吾國現今的藝術界還差得遠哩。吾國今日之藝術要超升到創造時代，非有大天才刻苦敏求，感應先民遺産的精華，吸收西方藝術的美點，加上自己的偉力，而來創造旋轉歷史局面作品不可。這種人我本來很希望的，也是時下批評家所希望的。然就一般而論，我不得不降低限度，希望吾國今後的藝術界要進入苦悶時代，進入有自覺的時代。希望藝術界的同志暫時拋去古今東西的妄想，自己下一種刻苦工夫，增加藝術上基本的自力。有了自力，才可創造。換言之，我希望今後的藝術界脱去混亂時代，而進入苦悶時代，因爲達到創造時代的路程上，一定要經過這個階段的。我再劃一表來作總結束：

（創造————苦悶————混亂）
（將來————今後————現在）

　　案：見《新聞報》1927 年 1 月 1 日增刊第 2 版。作者江小鶼。

全國美術展覽會總務會成立（節錄）

　　教育部全國美展會在中央研究院成立。第一次總務會議由蔣夢麟主席，陳小蝶紀録，總務委員列席者蔡元培、楊杏佛、褚民誼、陳石珍、王一亭、狄葆賢、朱應鵬、徐志摩、林風眠、徐悲鴻、張聿光、錢瘦鐵、李祖韓、林文錚、丁衍鏞、江小鶼、李宗漢、范文照、李毅士、劉海粟、周峻二十一人。

　　議決各款如下：⋯⋯三，推定常務委員王一亭、李毅士、林風眠、徐悲鴻、劉海粟、江小鶼、徐志摩。四，各部辦事計分五組：一徵集組，二陳列組，三會場組，四編輯組，五事務組。各組細則由李毅士、王濟遠、江小鶼、陳小蝶、陳石珍分任起草，提出下次總務會議通過之⋯⋯

　　案：見《申報》1929 年 1 月 17 日第 12 版。

全國美術展覽會總務委員會（節錄）

　　全國美術展覽會經教育部主辦，設辦事處於南市新普育堂。成立總務委員會後，迭開常務委員會議二次，擬定各項辦事細則草案，於前日在亞爾培路國立中央研究院開第二次總務委員會議。出席者狄葆賢、楊杏佛、褚民誼、王一亭、葉恭綽、陳石珍、徐志摩、江小鶼、王濟遠、丁衍鏞、李祖韓、錢瘦鐵、劉海粟等各委員，由楊杏佛主席，王濟遠紀録⋯⋯

　　議決各案：⋯⋯三，陳列組推定江小鶼⋯⋯

案：見《申報》1929 年 1 月 22 日第 11 版。

藝苑繪畫研究所春季近聞

自二月二十六日起開始實習，招收研究員十五人、研究生十五人。

本埠西門林蔭路藝苑繪畫研究所，爲洋畫家江小鶼、王濟遠、張辰伯、朱屺瞻四人所創辦。自去年冬季成立後，一般留歐回國之畫家與留日回國之畫家，以及國内著名畫家，如潘玉良、邱代明、高藥宜、張弦、關良、倪貽德、宋志欽、唐蘊玉等，并各地中等學校藝術教師，及各美術學校之畢業生，如葉正蒼、李雲岩、劉先德、董天野、金啟静、周劍橋等，相繼加入該所爲研究員，實爲國内研究洋畫之最高機關。

兹聞春季自二月二十六日起開始實習，招收研究員十五人，分午前部、午後部，油畫、水彩畫、素描（人體、石膏、静物）三類。有志研究藝術，欲求深造者，可先報名。并聞該所於春季中須舉行繪畫展覽會，從事藝術運動云。

案：見《申報》1929 年 2 月 15 日第 16 版。

全國美術展覽會總務會議紀（節錄）

教育部全國美術展覽會於二月十六日在國立中央研究院開第六次總務委員會議。出席者葉恭綽、狄葆賢、李毅士、李金髮（張伯忠代）、劉海粟（劉穗九代）、王濟遠、褚民誼、陳石珍、江小鶼、范文照（江小鶼代）、吳湖帆、李宗侃（王濟遠代）、馬叙倫、丁衍鏞（陳之佛代）、李祖韓、林文錚、林風眠（林文錚代）、錢瘦鐵等十八人，主席馬叙倫，開會如儀。

（甲）報告事項。一，陳總幹事報告，關於日本方面代徵美術出品辦法案，經由上次總務會議決議，不能單獨辦理。保險一節，一方面由總幹事及江小鶼、王濟遠兩委員前往日本領事館聲明，一方面由會函復江蘇交涉公署轉致……

（乙）討論事項。一，本會會徽須能代表中國文化而含有美術意味者，其式樣及實地推江小鶼、王濟遠、李祖韓、李毅士、陳之佛五委員擬議，交下次會議決定。二，決議關於招貼廣告事宜，推請江小鶼委員負責辦理……

案：見《申報》1929 年 2 月 19 日第 12 版。

中日繪畫展覽會出品會消息

決定徵集細則與會期。

昨日爲中日繪畫展覽會出品會成立後，開第一次職員會，於覺林蔬食處。到會者狄平子、張善孖、王莅孫、江小鶼、汪英賓、任菫叔、李毅士、姚虞琴、呂十千、劉穗九、謝公展、李祖韓、吳仲熊、吳湖帆、楊清磬、葉恭綽、吳東邁（虞琴代）、王濟遠、李秋、王一亭（王莅孫代）、周湘舲（葉恭綽代）、徐志摩（楊清磬代）等，公推葉恭綽主席……

次由江小鶼報告，謂與張善孖、李祖韓同赴日本副領事田中及土屋等等接洽，情形如下：一，日方甚盼華方對於此次組織上或宣傳上所有諸種印刷品隨時交換；二，關於會務上進行辦法，日方當以吾華組織大體爲準；三，此後華方有任何事件須與日方接洽者，可與副領事田中暨土屋堺三郎、飯島四人面洽云……

案：見《申報》1929 年 8 月 16 日第 16 版。

中國畫會主辦美術講座

今晚七時半舉行第二次，歡迎各界自由參加聽講。

中國畫會第二次美術講座，定於今晚七時半在八仙橋青年會舉行。昨日下午二時，由該會總幹事李綺石邀請各講師，在威海衛路中社舉行第二次茶話會，決定錢瘦鐵、陳小蝶、江小鶼爲主講，黄賓虹、賀天健、李綺石衛陪講。講題如下：錢瘦鐵講金石在藝術上之地位，陳小蝶講國畫之派別，江小鶼講雕塑與中國文化，黃賓虹、賀天健、李綺石講題臨時宣布。并聞該講座完全係公開性質，歡迎各界自由參加，無須憑券入場云。

　　案：見《申報》1935 年 3 月 22 日第 13 版。

雕塑

江小鶼與陳英士銅像

　　吳門江新，字小鶼，爲現代藝林之巨匠。昔以西畫得盛名，初不知其尤長於雕塑也。迨最近爲革命先烈陳公英士造銅像，大展懷抱，識者咸稱其雕勝於畫。兹考其經歷以證之。按江氏於民國紀元東渡留學，入東京美術學校攻西洋畫時，即潛心研究雕刻。良以從事於雕，必先致力於畫，待畫有根底，方雕能入手，雕比於畫，更勝一籌也。其同學日人保田龍門氏，今日本之名雕刻家也，當時嘗謂江氏之雕刻天才勝於繪畫，促其歐游，以求大成。故江氏於東京美校畢業歸國後，即籌資渡歐，專攻雕刻與繪畫。曾作自畫像一幀，用木版雕成黃金時代之形形式式作背景，入選於法國國家展覽會，歐西名家僉稱賞不止。氏滯留歐西各國凡五載，於民十四冬繞道西比利亞歸國，息影津門。時段祺瑞堅請江氏爲馬廠起義之李長泰造象，惟江氏不願爲軍閥宣力，卒未就。南下，值戰亂頻仍，無所展其技。今幸革命告成，各省爲紀念先烈，議立碑像，浙江省政府首先延請江氏造陳公英士銅像。江氏得此，方足一伸平素之積學。近聞卜居於金神父路花園坊，特闢研究室數間，從事工作。以畫家而爲雕刻家，在歐西已成慣事，在吾華猶屬創見，用述其經歷如是。若江氏者，誠不愧爲現代藝林之巨匠也。

案：見《申報》1928 年 9 月 14 日第 21 版。

陳英士銅像正趕造中

定十五日送杭建立。

陳英士先生先烈第十三周年殉國紀念，瞬將屆期。浙江省政府特請滬上藝術家江小鶼君塑鑄烈士戎裝勒馬式大銅像一座。將建立於杭州西湖濱第三公園門前，以資瞻仰。已於三月前開始塑造，刻將鑄成，茲記其詳情於後。

銅像形狀。烈士銅像形狀爲戎裝勒馬式，頭戴軍帽，身披大氅，腰佩寶刀，雙手勒住馬韁，馬之兩前足上提，作立馬前奔之勢。高達十英尺，長亦十英尺，寬爲四尺餘，狀根英偉。其重量約六千餘斤。奠基石已達成，高達十八英尺。

造像手續。陳烈士銅像，先用鐵製成正架，塑成泥像，須時三月。次用石膏製成模型，再翻砂鑄銅，亦須一月。分十大部及數小部鑄造，由藝術家江小鶼親手塑造。工場主任張辰伯及助手二人督同各部工人四五十人，分擔鑄造工程。現烈士像及馬身均已鑄成，正在修鑿裝配中。昨日適鑄頭胸部，鎔銅二大鑪，在翻砂模型之一側開二圓孔，鎔銅即由孔中灌入，逾時即成，儀容宛狀。聞頭胸部之重量計有六百餘斤。

開幕日期。昨據江海關監督陳其采氏云：“五月十八日爲先兄十三周殉國紀念日，銅像開幕典禮定於五月十五日，屆時中央將派員參加。江先生能在短時間內如期造成，頗屬難得，取費亦祇二萬餘元。十五日由余（陳氏自稱）護送運杭。”

江氏略歷。江小鶼君名新，年三十六歲，江蘇吳縣人，爲江建霞太史之公子。專攻藝術，曾留學法、德、奧、瑞士、羅馬、日本諸邦多年，雕塑繪畫造詣極深。於四年前回國，歷任上海美術專門校教務主任等職，及鑄造譚延闓等諸要人銅像，今造先烈陳英士先生銅像。爲我國自造銅像之第一成功者。

案：見《申報》1929 年 5 月 1 日第 13 版。

江小鶼致各機關函（爲北站總理銅像事）

各界捐款在北站建築銅像一事，自招標以來，迄已一月有餘，尚未決定用何人圖樣及令何人承造。投標人藝術家江小鶼君對於建像常委會有所建議，昨分函市黨部、市政府、警備司令部、兩路局、市商會五機關（即五常務委員）云：

徑啓者，查各界建築銅像籌委會、推尊處等五機關組常務委員會，負責進行一切關於招標建築一事，業已招標。小鶼以爲，建製銅像係一種特殊藝術，與普通建屋等工程得先繪具圖樣招標者迥異，是以於上項辦法頗覺懷疑，惟以時間匆促，故僅在説明書中聲明石臺基可以另由他人承造，且關於石臺基一部之約價亦未加肯定。竊念總理爲我國父，彪炳千秋，今在滬建築銅像，關係中外觀瞻，尤須特別慎重。小鶼之所以願竭其技能以承乏者，意即在此。今投標結果尚未揭曉，然以小鶼親歷之經過，深覺其中有若干重大錯誤，足以釀成不良之結果，即：如此類專門藝術，由招標以迄審查，必須令有此類知識學術之人充任，方足以示公允而昭慎重。今則各機關所派出席之人即貿然主持其事，致招標手續即生出重大錯誤，其事爲何？即未限制於圖案內不許列名是也。查招標通例，決無於圖案內列名之理，今不加限制，致審查伊始即知某圖爲某人所繪，致外間議論蠭起，審查員無所適從，遷延經月，討論多端，迄未解決。此其一。次則審查列席無一藝術專家，其所評判，不知以何爲根據，以何爲標準。設依圖辦理而不能適用，或主張修改而專門家又不能照做，不知其責將由何人負之。且也□會中路局委員王君曾函邀小鶼到局，以私人資格磋商更改圖樣及可否與另一投標人張辰伯君合作，却又不同時邀張君三面同議，此種態度，亦殊費解。兹謹正式聲明，此次北站建築銅像之事，必須按照下列手續辦理，方爲允妥。

（一）建造銅像之藝術，在平面的圖樣上審查其優劣極難，應有專家詳細審察其設計之是否中式，并調查該藝術家之過去成績及資望。（二）製像之主要手續爲泥塑模型，故尤須審察其過去之成績品是否有藝術上之價值，并須調查其鑄銅工場設備是否適合造像之用，緣鑄像工作決非普通之翻砂工場可能。（三）在審查圖樣時，應注意銅像爲主要品，石臺基爲附屬品，因石臺基苟有圖樣則任何石工可建築，而銅像則非深有製像經驗者不能勝任，否則即蹈喧賓奪主之嫌。

以上各款，均屬應行辦理之事。或者將以前所投之標一概取消，另行徵集海内各專家圖案，尤足以昭慎重。蓋以此重大工作，僅比較二三人，實難於取決也。兹聞常委會之審查標準適與此相反，雖審查之結果尚未可知，但審查員之身份以及審查方法既可推定其不能產生良果，則無論小鶼圖樣是否被取抑落選，小鶼均難同意，且自信在藝術地位上，尤有主張上列各點之理由。用敢不辭冒瀆，函請注意，即希查照示復爲荷云云。

案：見《申報》1930 年 8 月 2 日第 16 版。

總理銅像承造人決定

開標結果江小鶼當選。

上海各界總理銅像建築委員會，昨日下午在路局會議室舉行第六次全體會議，決定重要問題。到會委員王曉籟、葉惠鈞、鄭澄清、王彬彦、葉秀甫等十人。會場陳列總理面部模型二座，但未標明何人所製，以資公允。次即開會討論，公推王曉籟主席。討論結果如下：一，討論李金髮模型能否參加案。議決，事前未送圖樣照片，不准參加。二，討論採取何種模型案。議決，先在模型書甲乙兩字，投票決定。開票結果，乙六票，甲二票，放棄兩票，以乙當選。三，討論開標案。議決，當衆開標。開標結果，江小鶼、張辰伯標價相同，均爲一萬二千元，但乙種模型爲江小鶼所製，結果由江小鶼得標。四，討論銅像基座案。議決，照路局所製改模型登報招標，詳細説明書公推王金職委員擬定核議。

案：見《申報》1930 年 9 月 13 日第 13 版。

雕刻家江小鶼訪問記

由於參觀過這次上海藝術預展裏所陳列的那麼豐富的古代銅器和玉器雕刻，所給予我的印象，不覺聯想起現代的幾位從事雕刻的藝人了。

在這次預展裏面，我們所能看到的還不過是全部"古物"的幾分之幾，然而已經足够我們花費半天的時間從事賞鑑，僅從數量上説，已經是值得使人吃了一驚。我們在看過了先代藝人所遺留下來的心血凝給成的大量"古物"，却難免不對現代的從事雕刻的藝人勾起一層縈切的期望；可是，如果回頭一看現代的雕刻藝人所成就的作品，在藝術方面的價值能否和"古物"比擬，固是疑問，但就量的方面説來，實在也是少得有點叫人氣餒。由此，我們可以想見先代藝人對藝術的努力和苦心，的確是值得一般後來從事藝術的人們追蹤取法的。

我因爲對於雕刻這種藝術比較容易感到興趣，所以在參觀了藝術預展後出來，似乎還没有盡興。於是，我們找到一位熟識的朋友介紹，再跑到虹橋路上去訪問了一下現代的名雕刻家江小鶼先生，因爲我早就聽説他家藏有不少的雕刻作品和現代的"古物"。

我們到達他那裏的時候，已經是下午四點鐘模樣，天氣又是那麼黑沉沉的要下雨的樣子，因此在我們見面的刹那間，孫君便急忽忽地代我説明了來意。

在没有和江先生見面以前，我心裏却早就替他的形態畫好了這樣的輪廓：白净的臉孔，拖長的頭髮，穿的是西裝，説話常時會夾帶一兩句英語或法語。可是，當孫君替我介紹時，却突地使我吃了一驚，原來他的態度和面孔，恰恰和現任的中委李石曾先生没有兩樣：一件絳色的夾袍，袖子上已經有點毛茸茸地"拖鬚擺柳"；脚上穿了一雙布鞋,走動時現着很老成持重的神態。

他聽了孫君一番介紹,便很高興地引着我們走到一間精緻的客房裏坐下。彼此寒喧一陣,我便找着一個問題開始訪問了。

"最近在上海舉行的藝術預展,江先生大概去參觀過了吧?"這個問題并不切實際,我心裏想。

"想去看看,可是這兩天不得空。你一定是去參觀了?"他笑了一笑。

"我看倒看過了,可是也等於'劉姥姥進大觀園'似的,樣樣都是不懂!要是江先生去看一看,倒可以對那許多古代雕刻給予一種藝術上的評價。"我虛心的説。

"這却不敢輕下批評",他微微搖了搖頭,接着説,"不過去看了以後,也許有很多的東西是值得我們學習的。我覺得,一個從事藝術的人也和一個研究文學的人一樣,要虛心接受前人的遺產。先代藝術家在技巧上的成功,的確使我們這些後來的'藝徒'有點'望塵莫及'。現在衹是拿我個人來説,以一個從事雕刻生活將近二十年的人,自己始終不敢對產生的作品有一件認爲成功的。由此可以想見,雕刻藝術的確不是一椿容易幹得好的工作"。他皺緊着眉頭,顯着不很滿足的苦悶。

"江先生雕刻生活是從那一年開始的?"我接着問。

"説來話長了了",他吸了一口煙,慢吞吞地回味着,停了一會,他説,"起先我在日本原是學畫人像,後來自己感覺到,畫像這種藝術似乎有許多地方不能整體的表現,就是畫的技巧學到了登峰造極的程度,也還是不能暢所欲爲地把一個人像整體的從紙面上表現出來。所以我在日本住了五年之後,便跑到法國開始學習雕刻藝術了。在法國也足足住了五年,總算把我所要學的東西學得了一點回來。不過,我學雕刻其所以能有點心得,却要完全歸功於我學有畫像的根柢。因爲學雕刻,如果沒有繪畫的經驗,却是費了許多時間而結果還是難有成就的"。

“江先生第一件成功的作品是什麼哩？”

“這却不敢説。剛才我已説過了，對自己已經完成了的作品，没有一件敢認爲是成功的。而且，我現在對於雕刻差不多已形成了一種職業生活的狀態，對於一件作品，往往因了經濟關係受到對方的限制；彷彿像個匠人似的，對於一件作品自己雖有很好的表現，可是顧主所歡喜的却不一定是你那自稱得意的作品。如果勉强地説有一兩件作品是滿意的話，那也衹有已故的上海紗業大王吳麟書的銅像和現在的馬相伯先生的造像。不過這也衹是自己認爲滿意罷了”。他哈哈地笑着：“現在這兩尊像都還在那邊廠裏，不妨走過去看看。”

我們從那間客房裏出來，他打前走着，經過一座小小的花園，前面不多遠就是一座白鐵搭起來的廠屋，彷彿電影場裏的“玻璃棚”似的，有着十幾畝地的範圍。進門第一間便是雕刻室，在這裏放着的有幾十種已經翻過銅的石膏像和正在從事雕刻的“泥胎”。每一個没有完工的“泥胎”上都有很厚的一塊濕布包着，好像病院裏傷了頭顱的傷兵般的，驟然看到時神經上不禁微微地戚到一陣緊縮。他搶先走進這間雕刻室，忙着吩咐工人把所有的“泥胎”上的濕布都一個個地揭起來，一面告訴我説，這幾尊“泥胎”是些什麼人，雕刻的工作還有多少，經過若干的時間才可以翻成石膏模型。這麼口講指畫地娓娓的談着，彷彿一個生物學的教員對學生授課似的精細。

最後，才看到他所説的紗業大王吳麟書和馬相伯先生的像了。吳麟書的銅像是一種坐的姿式，這在一般的紀念銅像用這種姿式却是僅見，不過雕刻的技巧的確不是筆底下可以形容得出來的。

“這尊銅像的姿式，在中國恐怕還是絶無僅有的吧？”我覺得有點奇怪。

“是的，一般的紀念銅像都是立體的，這一個却是恰恰例外的了。但是我所認爲滿意的作品也就是這個。雕刻這尊銅像時，總算思想上没有受到限制，不過在剛剛接洽的時候，倒也費了不少的脣舌，後來還是我在報酬方面情願讓步，纔算依了我的思想表現完成了這件作品。"愉快的神情充滿了在他的臉上。

從雕刻室走進去，就是鑄金廠了。這裏裝着二個煉銅的大爐，一架可以軋到十五噸重量的軋重機。廠屋的正中樑上高高地掛着手指般粗的三根鐵練，在這鐵練底下便有一個煉銅的火爐，把銅放在鍋爐裏熔化之後，才拿鐵練把熱銅高高的吊起，朝銅模裏面灌注，然後才成功了"銅胎"。

這種鑄金的設備，看起來并不見得怎麼複雜，可是一個雕刻家而兼辦鑄金的工廠，在現代的中國却還是絕無僅有的。

"這種鑄金的方法，在中國六朝時代就有的。不過古代的藝人常有一種不能免的惡誓，往往喜歡把自己所學得的一種絕技寧可到死都不願公開傳人，因此後來這種鑄金的方法逐漸的湮没無聞。等到我們現在要用起來，還得巴巴地跑到國外去向人求教了！我回國之後第一次就接着了陳英士先生一個銅像，限期十個月完成。可是後來'泥胎'我倒雕刻好了，翻銅却一時没有方法解決。如果送到日本去翻製，固然是很便利，但在時間方面却已經感到非常的侷促。同時我又覺得一個從事雕刻的人對自己的基本技術都要求人，總是不應該的。結果我還是决心自己翻製，工人都是臨時把許多親戚家裏的包車夫和傭人找了來，訓練了一個多月。大家都對這種工作感到很濃厚的興趣，同時也學會了一些應用的技術了。陳英士先生銅像也就在這七拼八湊的小型的鑄金廠裏面經過九次的試驗，才在距限期還有一月的時間裏完成了我的翻銅的處女作了。現在這幾個過去做車夫的的工人，已經是有了很好的翻銅技藝，最近我所有的作品，關於翻銅部份，差不多都是他們自動幹好的。"

他一面説着，一面把我們帶進一間很小的刻製間。這裏是兩間房連着：一間裏放着嶄新的刻銅的機器和許多刻好的大小的銅模；一間裏放着幾十種顔色斑剥的銅器，從那種形式和上面的字迹看來，一般人恐怕都不能辨認清楚那是今人所製的贋品的。

"這架刻銅機，在我買來的時候，連經銷的那家洋行也不能告訴我使用的方法,而我又没有經驗過這種機器,但是我爲了想將來成就一種美術工藝,却又非買這樣一架機器不可。結果還是把它買了回來,每天和我的一般工人都像學徒似的來幹這種試驗工作。現在算是已經有點成就,刻了不少的銅模和圖章了。"他從玻璃樹櫃裏拿出十幾種銅模和圖章給我看着。

　　"將來成立一家美術工廠,那是很容易的。"我説。

　　"做總得這樣往前做的,可是能不能順利的進行,却還是需要很大的努力呢!"他現着很虚心的神氣説。

　　案:見《申報》1935 年 4 月 14 日第 24 版。作者若愚。

江小鶼訪問記(節録)

　　……前日在中國石公司逢到十年前天津順直水利委員會的舊同事陸東磊先生,多年不見,自然有説不出的快樂,好在中國石公司的經理姚華蓀和工程師吴南凱兩先生也是舊同事,陸先生發起要去謁見藝術家江小鶼先生。

　　姚先生開了石公司,所出材料,高貴的非常之多,和藝術有些關係。陸先生是從小的老同學,他們二位去訪江先生,各有各的目的。我是因爲閑居無事,又久慕這位藝術大家的盛名,自然也非識荆不可……江先生住在虹橋路二百〇五號……半村半郭,風景清幽,馬路也是柏油的,坦平和租界無異……江先生的住宅可説是半中半西,牆面一律白色,屋子并不怎麽大,外面打了竹籬,看不出是我國大藝術家工作的地方……江先生正在工作,老同學到了,不得不破費一小時寶貴的光陰,叫請進去。我們走進第一間房屋,便是江先生塑象的地方,面積不小。江先生春風滿面的立在門口迎接,我是非常的興奮,爲什麽緣故呢? 大凡是藝術家,脾氣古怪、不近人情的多,今天江先生乃以盛意招待,非常可感。江先生身材并不大,面貌秀潔,雙目神光奕奕,一望而知是個極頂聰慧的人。身上穿了花花緑緑的短外衣,脚上仍是白橡皮底鞋子，頭髮養得狠長，這大約全世界的藝術家不約而同，懶得理髮的。兩鬢已白，究竟用腦的人是容易老的。

這間屋子裏所陳列塑像不少，好似一坐廟宇。有半身的，也有全身的，有正在塑起的，都是黨國元老或者社會聞人、文學大家。全身的有孫中山先生，銅像已經設在市中心區市府門前，江先生屋裏的是個模型。又有黃克強先生，銅像在漢口。譚故院長延闓、吳稚暉先生、李平書先生、湖南主席何健先生的塑像，都是半身。正在那裏起塑的是朱古薇先生，係我們浙江的文學家，而且是清代的探花。塑像的第一步，先需看了照相，和畫油畫差不多，大約由面上各部位，如髮際幾多高、眉毛和雙眼距離多少、眼眶幾多大、顴骨幾多高、鼻準幾多大，然後用泥慢慢的塑上去。這種泥出在無錫，我想，做泥菩薩大阿福的恐怕就是這種泥吧。藝術家工作的地方本來沒有多大秩序，何況是塑像，所以更屬簡單，只有一些爛泥和塑像的木頭架子，其餘是一張破沙發。許多塑成的泥像頭上都包好濕布，防恐龜裂。江先生和我們寒暄幾句，姚先生目的在推廣石料，所以將許多大理石、花崗石、玉沸石、閃長石拿出來給江先生去看……這位藝術家連連顛頭，表示願意介紹。

塑像參觀完了，江先生真客氣，又領我們去看他的翻銅廠。也是一間大屋子，棟樑上面懸有起重機，聽說是中國人自己製成的，廠裏面有十幾個工人正在修飾許多火爐，式樣一色，外面雕紋刻鏤，精巧美觀……後來問江先生，才知這種火爐是他的新發明品，製造成功了，要大批的售出去。翻銅廠裏，已經將李平書先生的銅像翻好，姿勢優美，栩栩如生。江先生言，外面塗上的油漆也是國貨，不必遠求於人。我聽了又多一層歡喜，因爲國貨多一樣應用，外貨便可以少入口一樣啊。據江先生自言，他的翻銅廠裏什九都是國貨，但有一隻鎔銅的機爐是德國貨，上海尚沒有第二隻，鎔一噸銅，僅須一小時，燒柴油二十加侖，快而省……地上又有一個窟窿，滿堆草鞋，我們不知是什麼緣故，江先生說，這是我國的古法鎔銅，可惜要到下午才動手，要不然也可以見識一下。廠屋外是一精緻的小屋子，擺上一部最新的雕刻機器。江先生的令弟正在工作……江先生説他令弟兩耳已聾……這雕刻機，凡屬五金，都可以上機雕刻人物花草的，尤其是凹版。旁面陳列孔祥熙、吴鐵城的銅版和許多肥皂模型，惟妙惟肖。江先生説，造幣廠裏也可以應用凹版雕刻，恐怕要比現下所有的袁頭好得多呢。

　　江先生又領我們去看仿古銅器作，已經做成各式各樣的銅瓶，有的是毛坯，有的已經雕成花紋。又有銅觀音一尊，古色古香，十分可愛，有一個年老的銅匠正在摩擦。地上放了許多泥製的、蠟製的模型，江先生解釋給我們聽，中國古法的製造銅器，先是用泥製的模型，後再塗以蠟，蠟型塗成了，再用火去燒，然後將銅澆上去。那麼銅瓶完成了，外面的花紋也是貼上去并精刻出來。這些仿古銅器都是依了北平琺瑯器的造法而成，玲瓏古雅，若是放在古玩堆裏，不識貨的人是辨别不出的。江先生真是多才多藝，製造的東西没有一樣不美，没有一樣不好的。他又領我去參觀無綫電機上用的小銅器，正在塗色，五采絢爛，好玩之至。

　　各部工廠參觀完了，才領我們到住宅裏去小坐。住宅外面是一塊小小的園地，擺上幾種盆花，此外没有什麼點綴。走進住宅裏面便是客廳，地方不大，外面一間完全西式，盡是沙發；裏面一間是華式的，擱几、茶几、椅子、八仙檯子等都是蘇州式樣，牆上所掛的也是中國式的對畫屏條。我們坐下來開始談天。江先生説，他是留學法國的，歐洲各國也都到過，回來之後，第一批承辦的塑像便是黨國前輩陳英士先生。陳英士先生的銅像是騎馬的，雄壯無比。江先生承做以後，泥像蠟像都塑好了，滿心以爲若大上海，翻銅匠定是有的，誰知道事有出人意料之外者，全上海都尋遍，一個也覓不到，事情幾乎弄僵。江先生没法，不得已自己動手，所有幫忙者無非他自己的車夫，再有車夫的朋友。於是翻了一次不成功，以至到二次、三次、四五六七八次，才得告成。陳英士先生的塑像費用，乃完全消耗在這個上面。現在總算有了人才，可以無慮了。講到銅像上的黑幕，非常歎息。江先生說，我一個人，好似演劇，生旦凈丑，統須來得，藝術和工業本來不相關，但如翻銅一業，上海無人，所以只好自己實習，因爲翻銅的緣故，所以連帶産生了仿古的銅器作，裏裏外外統要我一個人調排，有時扮演皇帝，有時不得不扮做太監。末了又講論些美術工藝，我見時光已經不早，催着要走，江先生一直送到門口，我們上了汽車而走，他才進去……

　　案：原文分四部分連載於《華洋月報》1935 年第 6 至 9 期（上海圖書館藏），兹合爲一篇。作者天涯客。

江小鶼談雕塑之窮

　　客有訪雕塑專家江小鶼君者，談雕塑甚趣。江謂，人咸目江爲富有者，蓋每雕塑銅像一座，價恒在數千以至數萬元，即什一之利，已屬可觀，何況利不止此，實則窮得祇有自己曉得也。請舉其例。一，李平書銅像，既已塑成，價無從出，已故木業鉅子張致良爲李門人，願負其出，不料議方成，張忽以心臟病逝世，從此無著落。二，胡文虎捐鉅款，爲建市中心區市立醫院。市政府爲酬其功，擬於醫院前建立胡之銅像，由江承建。不料像既成，而市府建醫院已用盡，而尚不足，資有餘資再鑄銅像。吳市長心有餘而力不足，江再三交涉，尚無眉目。諸如此類者甚多。費盡心機，枉費時日，銅像既成，價則無出。他如哈同銅像，議已成，但居中者要求之用扣過鉅，卒未成議。至於戈公振、袁孔瀾兩像，則由江奉送，友誼關係，未取分文。一像之成，恒積日累月，藝術家之心血，其利如此，言下而勝感慨。

　　案：見《南洋畫報》1936 年第 3 期。

其他業績

江小鶼口中之霓裳公司

　　一昨之夕，寶恩遇名畫家江小鶼君於友人次席，談話間，江君提及"公司如何"，寶恩不禁詫爲奇異。蓋江君以素性不羈、超然物外之藝術家也，既不役於人，又不孜孜貿利，則所謂公司者果何指耶？因叩其詳，始知即藝術化之裁縫店霓裳公司也。江君又言："公司事務之關於美術方面者，若裝門面、陳櫥窗以及將來之新妝式樣，胥歸我一人任之，日來因而大忙，苦極苦極。"又謂："吾輩創此公司，盈虧本所不計，祇求一聚集作樂之地，故將來終必化爲一俱樂部耳。"後衆言及上海婦女慰勞北伐將士游藝大會中之兩交際花時，江君又云："小曼（陸小曼女士，徐志摩夫人）與唐瑛女士二人在該日游藝會中所用衣飾，已悉托敝公司製辦矣。"言下意頗自得。

　　　案：見《中國攝影學會畫報》1927 年第 96 期（上海圖書館藏）。作者寶恩。"霓裳公司"，一般作"雲裳公司"。

雲裳碎錦録（節録）

　　雲裳公司者，唐瑛、陸小曼、徐志摩、宋春舫、江小鶼、張宇九諸君創辦之新式女衣肆也。開幕情形，愚已記之《申報》。兹復摭拾連日見聞所得，瑣記如下：

　　雲裳之市招。雲裳市招係金地銀字，字作篆體，出名畫家吳湖帆君手。君爲吳窓齋先生文孫，擅山水，兼工書法。初，有主張不用篆字作市招者，顧小鶼以爲篆字古雅，且雲裳二字筆畫亦并不繁複奇詭，故卒用篆字。小鶼尚擬別製二市招，張之窗口，以引人注目云。雲裳西名爲"楊貴妃"，因西方人多知之，而李白"雲想衣裳花想容"之《清平調》亦與楊貴妃頗有關係也。

　　……

杜宇合作。但杜宇君來訪小鶼，謂上海影戲公司願與雲裳合作，雲裳每有新裝束出，可由上海攝爲影片，映之銀幕。其足以引起社會之注意自不待言，他日銀燈影裏可常見雲裳花團錦簇之新妝矣。杜宇并主張與雲裳連合舉行一艷裝舞會或喬裝舞會於大華飯店，一旦成爲事實，則轟動滬瀆，又可知也。

……

雲裳之新計畫。雲裳所製衣，不止舞衣與參與一切宴會、音樂會等之裝束，今後更將致力於家常服用之衣，旗衫短衫與長短半臂等無不具備，所選色彩與花樣，務極精美，較之自赴綢緞莊、洋貨肆自選衣料、躊躇莫決者，其難易不可以道里計矣。

……

案：見《上海畫報》1927 年第 263 期。作者周瘦鵑。文中所言《申報》所載屛幕情形，是指周瘦鵑所撰《雲想衣裳記》，見《申報》1927 年 8 月 10 日第 12 版。雲裳公司當時地址在上海静安寺路 Love Lane 巷口。

天馬會演劇籌備之一斑

約七日前，天馬會同人爲籌備演劇籌款事宴於一枝香，約余參與并商議接洽戲臺。時洪深君在座，因托往借中央大戲院。奈輾轉相商，竟以己與他處先有合同關係，遂不果。越三日，小鶼與夏令配克（即斜橋影戲院）商定租借。陽曆十二月六、七兩日，乃復約天馬會同人再聚於一枝香。是日午後遇梅生兄於精美點心店，即偕往。余上沅、蘇少卿、丁慕琴、江小鶼諸先生已先在。徐老太太、陳剛叔、徐志摩先生接踵而至。因將兩日應演戲劇排定如下：

第一晚：加官（江小鶼）。《別窰》（孫子衡、戎伯銘）。《起解》（沈恒一）。《能仁寺》（王凌雲）。《寄子》（蘇少卿、吳我尊）。《寶蓮燈》（翁瑞午、胡仲齡、李小虞）。《七星燈》（陳剛叔）。《玉堂春》（陸小曼、翁瑞午、徐志摩、江小鶼)。《群英會》(俞振飛、袁寒雲、席少蓀)。

　　第二晚：加官(澄心，即徐老太太)。《霓虹關》(戎伯銘、張光宇、楊清磬)。《鬧學》(徐孟賢、徐仲德)。《捉放》(鄂呂弓、吳老圃)。《思凡》(澄心)。《御碑亭》(蘇少卿、俞振飛、翁瑞午、袁寒雲、戎伯銘)。《回營》(袁寒雲)。《販馬記》(陸小曼、江小鶼)。

　　入場券分一、二、三元三種。座位有一定號數，均可預定。購券或預定座位，可至斜橋雲裳公司接洽。惟須及早，否則有向隅之歎云。

　　案：見《申報》1927 年 11 月 23 日第 17 版。作者吉孚。

救濟東北難民游藝會(節録)

　　本市市商會、總工會、會計師公會、律師公會四團體，鑒於東北義民艱苦浴血於冰天雪地，待救力殷，特發起主辦游藝大會，籌集款項悉匯東北救濟。日來積極進行。兹録其會場布置如下：設置東北小畫院。聞該會特請前輩畫家張聿光先生主其事，畫家江小鶼、孫雪泥二先生助理之，并在三樓設置馬占山血戰嫩江橋像真布景，務使國人入此畫院者俱受極大之感動。此外另設小學、中學、大學、職業學校及個人圖畫園，特請美術家劉海粟先生規劃各園及全部，并督率上海美專校高材生布置計劃……

　　案：見《申報》1932 年 11 月 30 日第 11 版。

江小鶼發明鼎彝式省煤火爐

　　藝術家江小鶼君，近在虹橋路自設美豐鑄金廠，除塑鑄銅像外，并利用鍋爐機器，不在鑄像之時間，兼製各種雕刻金屬美術品。兹鑒於市上所售火爐式樣均不美觀，且皆耗煤，故特自行研究，製造一種新式火爐，外表形式如三代周秦之鼎彝，內裝一種新式通氣火磚，故用煤極省，較諸舶來之瓊克臘爐，用煤尤少。此項火爐，不日即可大批出貨，聞將托家庭工業社及國貨公司各百貨公司出售。

案：見《申報》1933 年 11 月 22 日第 12 版。

餘音

交通部上海廣播電台（一三〇〇）今日下午五時一刻至三刻，特請江小鶼先生演講"國貨與美術"，屆時請各界注意。

案：見《申報》1936 年 11 月 18 日第 5 版。

西南流動劇團

戰事發動後，滇省居西南軍事與政治之重心，各地人士群相來歸，市況倍形熱鬧。戲劇團體以宣揚民衆愛國熱忱爲旨者，紛紛組織鄉村演劇團，至各鄉表演。就中以金馬劇社之貢獻尤多，每星期日下鄉，多至二三十里，足迹遍全滇。全團受民衆教育館津貼之數僅七元，此戔戔微款，而促使全團三四十人忍饑露寒，跋涉耐勞，其一片教育民衆及鼓吹全民熱忱之心，具見忠誠也。其他如西南聯大學生亦時有組織話劇團體流動巡回至各鄉村鎮表演；最近藝術家江小鶼、張正宇及王公弢等蒞滇，亦以粉末登場而籌獲大量救濟難民款項；五十八軍婦女戰地服務團近亦蒞滇省出演。以是戲劇空氣極度濃厚。民衆在工作耕植之餘，得以目睹戲劇之激昂演出，當增加不少信心也。

案：見《展望》1939 年第 6 期。

甪直保聖寺唐塑羅漢東渡

希有古物日軍運去，尚剩四尊仍難保全。

昆山通信。甪直保聖寺羅漢像，係唐朝楊惠之所塑，楊爲中國古代塑像藝術聖手。洪楊一役，殘剩八尊，并壁塑斷片若干。前經顧頡剛撰一文，刊諸《小説月報》，遂引起日本文學家大村西崖之研究趣味，來華游歷時親至寺中攝取影片，并加説明，成《壁塑殘影》一册。以是世界各國藝術家均極注意，每逢來華，必至該寺參觀。旋經葉恭綽、江小鶼等聯同江蘇省政府組織甪直保聖寺唐塑保管委員會，將殘剩之八尊羅漢重行修治，壁塑雲濤斷片亦砌合成形。落成之日，各界紛往參觀。方以爲此僅存之唐塑八尊當能永久保存，不再失散，詎自江南各縣淪陷，保聖寺駐有日軍，寺中唐塑羅漢久爲彼邦注意，特將姿態尤形生動之四尊運回日本，作爲古物。今僅存四尊而已。最後殘存之四尊，是否能得保全，尚難逆料也。

　　案：見《申報》1940 年 2 月 23 日第 8 版。

雜記

靈鶼新閣開幕觀禮記

　　靈鶼新閣者，江子小鶼新，襲其先人建霞京堂所署小叢書名，以詒□閣而爲藏鰈之所也。江子幼挺奇姿，克紹家學，賦高軒於竹馬之年，擬跨竈於銅車之歲，固已稽山獨步，聲滿一堂，江夏無雙，喧騰衆口者矣。鵝湖朱門，愛後來之王粲，重三復之南容，欲配參軍，早托弱息，遂以王謝之門庭，訂朱陳之嫁娶。

　　月之四日，假西藏路一品香，行青盧開幕禮。余以情關友好，誼切通家，幸獲寵招，趨列宴席。一時嘉賓戾止，冠蓋喧闐，賢主歡迎，簪裾合沓。河魴飾詠，羨嬌客之乘龍；堂雁修儀，欣使君之得婦。瓊笙迭奏，霞觴與梅萼齊飛；瑶管雜陳，輿綵偕楓林并染。江郎則射雉謫星，珠皂振綵；素女則修蛾替月，玉藻揚華。主婚者爲江霽緯太史衡（小鶼之胞伯），證婚者爲李平書先生鍾珏。

　　五時，由司儀員高唱行禮，衆賓趨蹌入座，一對玉人，由男女儐相導引出禮堂，北向立，鶼鶼鰈鰈，儼佳耦之雙雙；肅肅雍雍，誦香囊之叩叩。首由證婚人宣讀證書，辭曰：“夫縱笄之典，自古綦隆，錦瑟之榮，於今稱盛。是以儷皮徵禮，爲莊鴻案之容；駢馬呈儀，用卜鳳鳴之吉。詩歌桃李，進化首重人群；禮備悦礜，平權旨成姆敎。今者三星在御，是合上章之年；百兩相迎，特行著代之禮。本妻由義合之意，陳束帛以明虔；袪婚以賄成之風，屏耀金而示檢。同牢之席，偕賓客而一品駢陳；合卺之章，會親朋而百家燕爾。青廬之禮既成，黃絹之詞再賦，嘉耦允稱，萬年券此。”

　　辭畢，再由證婚人宣讀頌詞，序曰：“蓋聞家隨雍睦，實開化育之原；夫婦倡隨，乃正乾坤之位。兹者吉日其迨，佳耦斯聯，鐘鼓樂其好逑，山河頌其偕老。同心同德，克符五世之昌；鼓瑟鼓琴，永洽百年之好。鍾珏儀襄壇坫，會集冠裳，欣逢嘉禮之成，爰獻多男之頌。”頌曰：“螽斯詵詵，麟趾振振，百男集慶，八士咸純。非直繁多，德星駢臻，瓜綿瓞衍，富貴長春。”讀畢，先由兩新人蓋印，繼由證婚人蓋印，再由主婚人蓋印，兩新人向證婚人暨介紹人行三鞠躬禮。證婚人、主婚人暨介紹人退席，兩新人交拜，行三鞠躬禮，兩新人并向來賓行一鞠躬。禮成設宴，觀禮者簽名於證書後。證書係用古錦裝潢成巨册，什襲珍藏，殆所謂“萬年券此”者是也。

　　是日，禮堂布置莊嚴，兩側遍懸親友賀聯，書畫丹青，璀璨耀目，置身其間，幾疑開成績展覺會。中有蔡子先生一聯云：“畫眉合啓靈鶼閣，却扇應模天馬歌。”本地風光，不減名貴，并有某君賀詞一首，亦風華典瞻，綺麗可誦，詞曰：“兩行寶炬，一派笙歌，珠佩搖鸞皇協律，彩輿降烏鵲填河。倩江郎五色柔毫，細畫修蛾。此中特地春多，雙照銀河。隔繡帷，梅花初綻，擘鸞箋，柳絮輕哦。還須防私語，偸聽簾外鶯歌。”此外佳作，不勝枚舉。斯時親朋畢至，杯酒聯歡，宴酣無厭，飲不攢眉，梯突有賓，笑同開口。已而盛筵告終，遠客先散，余感良辰之難再，勝會之不常，技本雛蟲，願濡毫而繪藻，才非繡虎，喜侑爵而揚芬，庶幾印可留鴻，圖堪索驥云爾。是爲記。

案：見《申報》1926 年 12 月 9 日第 13 版。作者劉庸熙。

鶼婚小記（節錄）

予叔小鶼由法國歸後，由美專聘任爲該校教務長，深得全體師生之歡迎。鶼於七八年前曾與蕩口朱素達女士訂有婚約，情好綦篤，現已於日前（星期六）在西藏路一品香正式結婚。爰紀其情況如次，以博閱者一粲……

禮堂所懸幛聯字畫頗多，如熊希齡、譚延闓、李平書、何嘉禄及駐滬日領事矢田七太郎等，均有致贈。蔡元培君之聯對爲："畫眉合啓靈鶼閣，却扇應模天馬歌。"沈信卿君之頌詞爲"珠聯璧合"四字。又有一喜幛爲天馬會所贈，尤覺別緻，正中僅一"愛"字。另有"藝術叛徒"劉海粟君之對聯，字句頗覺奇特，上聯爲"愈衝突感情愈厚"，下聯爲"不激蕩節奏不盡"，可謂別開生面。惜是聯并未懸於禮堂，乃懸於寓中。否則爲來賓所見，當有一番趣評也。

來賓以文藝、美術兩界人物爲多，服飾則以西裝爲夥……祁綏卿君任總管理職……

案：見《新聞報》1926 年 12 月 10 日第 1 版。作者江柳聲。

我所知道的江小鶼

漢口三民路與民族、民權路交匯處，有一尊孫中山銅像，它的設計者就是我在《緬懷汪亞塵》一文中提到的江小鶼。

小鶼，江蘇蘇州人，名新，和我是草橋中學的同學。可是他班級比我高，是同學不同班的。他取字是有淵源的，他的伯父江衡，字霄緯，光緒甲午翰林；其父江標，字建霞，光緒己丑翰林。建霞刊有《靈鶼閣叢書》，小鶼指繼靈鶼而言……小鶼也是一個美男子，爲《留東外史》說部中的人物，其中叙述了他的羅曼史。因他留學日本，與《外史》作者向愷然是很相熟的。他又留學法國，從事雕塑，享著大名。

當他返滬，我們星社諸子設宴爲他洗塵，到了一百多人，觥籌交錯，歡笑一堂。他也參加爲星社社友，拍了一張團體照，我當然陪坐在内。還記得這照上，他抱著一頭黑猫，據坐其中，他蓄著幾莖羊鬍子，別有一種風度。可惜這照在十年浩劫中失去了。

我和他頗多會晤的機緣。這時吳湖帆寓居滬西嵩山路，闢梅景書屋爲作書繪畫之所。我和湖帆爲同學，時常到梅景書屋去聊天。小鶼喜丹青，也和湖帆爲同學，亦屬座上常客。我們不期而遇，引爲樂事。我又供職於上海影戲公司，該公司設在滬北通天庵路，是美術家但杜宇創辦的。恰巧小鶼闢靜園於八字橋頭，和杜宇的公司相距不遠。靜園占地數畝，略有樹石，可以憩息，又有廣屋可以鍛冶，爲澆銅製像之需。有一天，他的夫人自作西式點心，邀了吳湖帆、冒鶴亭、但杜宇、殷明珠（杜宇夫人）及我同赴靜園，作半日遣興。小鶼室内供著許多自己仿古所製的彝鼎、盤盂及銅螃蟹、銅蜥蜴等，居然綠鏽斑然，饒有古澤。他又僱筆工製了許多毛筆，任人携取。聽說這是他的家風，是相傳有素的。"一·二八"戰起，他毅然西行，在昆明居了若干年。龍雲深慕他所製的陳英士像，控著駿馬，英姿勃發，也請他塑了一具銅像。及至抗戰勝利，他竟客死昆明。

前年，我的孫女有慧、有瑛作香港旅游，曾訪殷明珠於九龍。在殷家猶見湖帆當年在小鶼靜園中所作的畫。歸以見告，我爲之悵然。

案：見鄭逸梅《藝苑瑣聞》。

江小鶼像

（《北洋畫報》1928 年第 177 期《妙
齡時代之海上名畫家江小鶼氏》）

（祁佛青繪,《天鵬》1928 年
第 3 卷第 3 期）

江小鶼在創作中(《文華》1929 年第 3 期)

江小鶼自畫像(手執篆書錦卷)

(《美展》1929 年第 8 期)

江小鶼塑上海孫中山銅像

（《大衆畫報》1934 年第 12 期）

江小鶼塑黃興銅像

先烈黃興先生銅像　江小鶼製作完成後留影

（《唯美》1935 年第 8 期）

江小鶼塑漢口蔣介石銅像

(《唯美》1935 年第 6 期)

江小鶼塑陳其美銅像

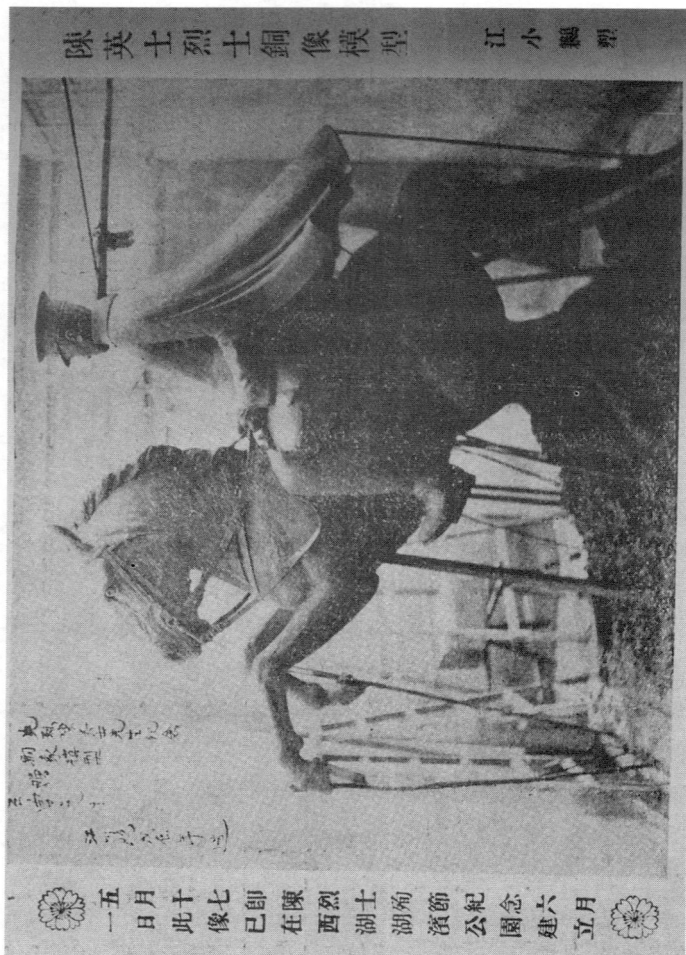

（《華北畫刊》1929 年第 23 期）

江小鶼塑譚延闓雕像

(《美展》1929 年第 10 期)

江小鶼塑邵洵美雕像

(《美展》1929 年第 1 期)

江小鶼塑陳三立雕像

(《大道》半月刊 1934 年第 23 期)

江小鶼塑朱慶瀾雕像

（《美術生活》1934年第2期）

江小鶼繪易卜生像

（《新月》1928 年第 1 卷第 3 期）

江小鶼繪明孝陵

明孝陵
小鶼

(《十日杂志》1936 年第 18 期)

江小鶼所作雜志封面一

（《真美善》1927 年 11 月創刊號）

江小鶼所作雜志封面二

(《現代學生》1930 年 10 月創刊號)

(《現代學生》1930 年第 3 期)